문화적 냉전
CIA와 지식인들

WHO PAID THE PIPER? : The CIA and the Cultural Cold War

by Frances Stonor Saunders

Copyright © 1999 Frances Stonor Saunders.
First published in Great Britain in 1999 by Granta.
All rights reserved.

Korean translation copyright © 2016 by Greenbee Publishing Co.
Korean translation rights arranged with Lutyens & Rubinstein Literary Agency
through EYA(Eric Yang Agency)

문화적 냉전 CIA와 지식인들

발행일 초판1쇄 2016년 10월 20일 • **지은이** 프랜시스 스토너 손더스 • **옮긴이** 유광태 · 임채원
펴낸이 이희선 • **펴낸곳** (주)그린비출판사 • **주소** 서울시 은평구 증산로 1길 6, 2층
전화 02-702-2717 • **이메일** editor@greenbee.co.kr • **등록번호** 제25100-2015-000097호

ISBN 978-89-7682-437-0 03900
이 도서의 국립중앙도서관 출판예정도서목록(CIP)은 서지정보유통지원시스템 홈페이지(http://seoji.nl.go.kr)와
국가자료공동목록시스템(http://www.nl.go.kr/kolisnet)에서 이용하실 수 있습니다.(CIP제어번호: CIP2016022525)

나를 바꾸는 책, 세상을 바꾸는 책 www.greenbee.co.kr

문화적 냉전
CIA와 지식인들

지은이 프랜시스 스토너 손더스

옮긴이 유광태 · 임채원

B
그린비

"어떤 운명 혹은 숙명이
너를 죽기도 전에 이곳으로 데려왔느냐?
길을 안내하는 저이는 누구냐?"
"저 위 고요한 세상의 어떤 골짜기에서
전 길을 잃었습니다. 나이가
반평생 차기도 전이었지요."
— 단테 알리기에리, 『신곡 — 지옥편』, 15곡 46절
〔박상진 옮김, 민음사, 2007〕

나는 그것이 비밀이라는 것을 알고 있다.
왜냐하면 여기저기서 모두가 속닥이고 있으므로.
— 윌리엄 콩그리브 William Congreve, 『사랑에는 사랑』 Love for Love

감사의 말

이 책을 쓰는 일은 계속해서 연장되는 유랑 생활과도 같았다. 낡은 박스들과 파일들로 이루어진 보기 흉한 짐 더미를 이리저리 끌고 다녀야 했기 때문이다. 기록보관소의 자료들로 이루어진 긴 여정에 끼워 주고, 마음 놓고 일할 기회를 만들어 주었던 분들, 엘리자베스 카트라이트하이넷Elizabeth Cartwright-Hignett, 프랭크 더벨Frank Dabell, 닉 휴어Nick Hewer, 어사 키트Eartha Kitt, 허마이오니 래브런존슨Hermione Labron-Johnson, 클로디아 세일럼Claudia Salom과 마셀로 세일럼Marcello Salom 부부에게 감사드리고 싶다. 앤 패스터낙 슬레이터Ann Pasternak Slater와 크레이그 레인Craig Raine이 보여 준 끊임없는 지원과 굳건한 믿음에 특별한 감사의 말씀을 드린다. 이 두 분의 소개로 뉴욕에서 벤 소넨버그Ben Sonnenberg를 만날 수 있었다. 나는 벤의 우정이 보여 준 활력과 박학함에 마음의 빚을 지고 있다. 앤 패스터낙 슬레이터 또한 수정 제안서를 써주어 내 어깨를 한결 가벼이 해주었다. 이분이 내 글을 읽기 수월하게 다듬어 주지 않았다면 내 초고는 정확성에만 집착하는 딱딱한 글이 되었을 것이다. 책을 쓰면서 뒤늦게 카먼 칼릴Carmen Callil의 도움도 있었다. 내가 자신감을 상실하고 주저앉을 무렵, 전폭적이고도 분에 넘치는 신뢰를 보내 주었기 때문이다. 이는 나에게 크나큰 격려가 되어 주었다. 제이 와이스버그Jay Weissberg 또한 이루 말할 수 없는 도움을 주었다. 영화 전공 역사가로서 보여 준 그의 학식과 지식의 넓이는 여전히 내가 도달할 수 없는 경지로 남아 있다. 힘든 짐을 나눠 지며, 유머 감각을 잃지 않고 험난한 여정을 함께했던 이 프로젝트의 파트너들에게도 감사의 말을 전한다. 편집자 닐 벨턴Neil Belton, 나의 에이전트 펠리시티 루벤스타인Felicity Rubenstein, 그랜타 출판사Granta Books의 모든 분들, 교열 담당자인 제인 로버트슨Jane Robertson, 제러미 버글러Jeremy Bugler, 토니 캐시Tony Cash, 토니 커루Tony Carew, 로런스 시마노위츠Lawrence Simanowitz, 뉴프레스The New Press 출판사의 앙드레 쉬프린André Schiffrin, 벨독레빈앤드호프먼Beldock, Levine & Hoffman 종합법률회사의 멜빈 울프Melvin Wulf가 그들이다. 머다나 벤저민Madonna Benjamin, 조이 헬러Zoë Heller, 콘래드 로버Conrad Roeber, 도미틸라 루포Domitilla Ruffo, 로저 소님Roger Thornham, 마이클 와일드Michael Wylde의 우정이 보여 준 넓은 도량과 놀라운 인내심에 말로 이루 다 할 수 없는 감사를 표하고 싶다. 그러나 어머니 줄리아 스토너Julia Stonor, 오빠 알렉산더 스토너 손더스Alexander Stonor Saunders가 없었다면 책 밖에서의 내 삶은 궁지에 빠졌을 것이다. 이 두 분의 격려, 애정에서 우러나온 지원, 그리고 끊임없는 지지에는 아무리 과한 감사를 보내도 부끄럽지 않다. 이 책은 그들에게 바치는 것이다.

*　　*　　*

문화적 냉전을 주제로 조사를 시작했을 당시, 미국의 정보공개법Freedom of Information Act의 덕을 볼 수 있을 것이라는 기대가 높았다. 연구자들이 정부의 수많은 기밀문서들을 열람할 수 있었던 것도 이 법 덕택이었고, 그 결과 FBI에 대한 연구도 최근에 와서 굉장히 활발해졌다. 하지만 CIA 문서를 열람하는 일은 별개의 문제였다. 1992년에 보낸 내 첫 질의서에는 아직도 아무런 답변이 없다. 이후의 정보 공개 요청은 받아들여졌지만, 요구한 기록을 제공받기 위해서는 도합 3만 달러에 달하는 비용이 들 것이라는 통고를 받았다. 하지만 〔정보공개법 덕분으로〕 CIA의 정보 및 프라이버시 담당관으로부터 정보 공개 요청이 문제없이 처리되었으며 비용도 전혀 들지 않을 것이라는 말을 듣고서야 걱정이 조금 줄어들었다. 정보공개법은 영국의 역사가들에게는 매우 반가운 소식이었다. 이 사람들이야말로 국가 안보와 관련된 문건들을 연구할 때마다 거대한 장애에 직면해야 했기 때문이다. 하지만 정보공개법의 적용은 적어도 CIA에 대해서만큼은 개탄을 금치 못할 수준이었다. 그렇기 때문에 이러한 상황을 상쇄해 준 것은 개인들이 보관하고 있던 많은 문건들이었다. 역사적으로, 미국 행정부의 영역은 점차 사적인 영역으로 확산되어 왔다. 특히 냉전기의 미국 외교 정책은 정부 부처와 함께, 자유계약 직원, 준#정부적 수준의 기관과 인사들로 이루어진 일종의 컨소시엄 사이에서 공유되고 있었다. 불법적인 활동과 첩보 활동의 주체가 분할되어 있었던 바로 그 상황이 역설적으로 그러한 활동을 면밀하게 조사할 수 있게 해준 조건이 되었다. 여기 미국 문서보관소의 축적량을 뛰어넘는 민간 문서들의 바다를 저인망 어선처럼 훑어 보려는 사람들의 이야기가 있다.

어떠한 연구가 되었든 민간 문서들에만 온전히 의존하게 되는 상황이 오면, 당연히 많은 문서보관 담당자와 사서 들의 도움을 받아야 한다. 연구자들이 그 복잡한 문서들 속으로 들어가 다 둘러보고 나올 때까지 전문적인 길잡이 역할을 해주는 분들이기 때문이다. 이분들의 역할이야말로 역사라는 집을 지탱하는 대들보다. 하지만 여기에 구조적인 하자, 건축상의 하자가 생긴다면 이는 전적으로 저자의 책임이라는 점을 먼저 덧붙이고자 한다. 뉴욕의 태미먼트 도서관Tamiment Library, 시카고의 조지프리젠스타인 도서관Joseph Regenstein Library, 텍사스 애빌린의 드와이트 D. 아이젠하워 도서관Dwight D. Eisenhower Library, 워싱턴의 국립기록보관소 National Archives, 컬럼비아대학의 버틀러 도서관Butler Library, 워싱턴의 조지 미니센터George Meany Center, 텍사스 오스틴의 해리랜섬 인문학연구센터 Harry Ransom Humanities Research Center와 린든베인스존슨 도서관Lyndon Baines Johnson Library, 보스턴의 존 F. 케네디 도서관John F. Kennedy Library, 미주리 주 인디펜던스의 해리 S. 트루먼 도서관The Harry S. Truman Library 운영진들의 도움과 조언에도 감사드린다. 또한 런던의 정부기록보관소Public Records Office, 레딩대학 도서관의 문서 담당관, 런던 도서관의 운영진께도 감사를 드리고자 한다.

많은 분들이 이 책을 위해 인터뷰에 응해 주었고, 그 과정에서 반복되는 방문, 전화, 팩스, 편지 등을 예의 바른 태도로 참아 주었다. 모든 인터뷰 대상자의 이름은 각주와 참고문헌에 밝혀 두었다. 그분들 모두에게 감사를 드린다. 그중에서도 지나칠 정도로 너그러이 시간을 내주어 자신만이 간직한 기억, (비판적인 태도를 곁들인) 굳건한 지지, 그리고 개인적으로 소장하고 있던 사진까지 이 책에 실을 수 있도록 은혜를 베풀어 준 다이애나 조셀슨Diana Josselson 여사께 특별한 감사의 말씀을 올린다.

차례

잭슨 폴록(Paul Jackson Pollock, 1912~1956)의 추상미술은 CIA의 문화 전략으로 세계화된 대표적 사례다.

| 일러두기 |

1 이 책은 Frances Stonor Saunders, *Who Paid the Piper?: The CIA and the Cultural Cold War*, London: Granta books, 1999를 옮긴 것이다.

2 본문의 주석은 모두 각주로 표시했으며, 옮긴이 주는 끝에 '―옮긴이'라고 표시했다.

3 본문과 각주에 사용된 괄호와 대괄호([ ])는 원저자의 것이며, 굵은대괄호(〔 〕)는 독자의 이해를 돕기 위해 옮긴이가 추가한 것이다.

4 IOD, OPC, IRD 등 국내 독자들에게 생소한 약어들은 중복되더라도 번역어를 반복해서 표기해 주었다.

5 단행본·정기간행물 등에는 겹낫표(『 』)를, 논문·기사·음악·영화·그림 제목 등에는 낫표(「 」)를 사용했다.

6 하나의 장 안에서 반복되는 각주의 서지정보는 축약해서 적고, 장이 바뀌면 최초로 등장하는 곳에 다시 전체 서지정보를 적어 주었다.

7 외국 인명·지명은 2002년에 국립국어원에서 펴낸 '외래어표기법'에 따르는 것을 원칙으로 하되, 관례와 현지의 발음을 고려하여 일부 인명은 독자적인 표기를 사용했다.

서문

바람직한 선전선동 활동이란 그러한 활동을 수행하고 있다는
사실이 드러나지 않는 것이다.
— 리처드 크로스먼Richard Crossman

냉전이 최고조에 달했던 시기에, 미국 정부는 서유럽에서 문화를 이용한 선전선동 활동cultural propaganda[1]이라는 비밀 첩보 프로그램에 막대한 자원을 투입했다. 이 프로그램의 핵심은 문화 분야에서는 선전선동 활동이 있을 수 없다는 주장, 그 자체였다. 프로그램의 운영은 미국 첩보 활동의 주축인 미 중앙정보국Central Intelligence Agency, CIA에 의해 철저히 그리고 비밀리에 이루어졌다. 이 비밀 첩보 작전의 중심에는 1950년부터 1967년까지 CIA 요원 마이클 조셀슨Michael Josselson이 주도했던 세계문화자유회의 Congress of Cultural Freedom, CCF[2]가 있다. 활동 기간 동안의 성과는 엄청났다. 활동이 가장 활발했을 즈음, 이 단체는 35개국에 지부를 두고, 수많은 직원을 거느렸으며, 유력 잡지 20종 이상을 발행했다. 또한 미술 전시회를

---

1 'propaganda'는 문맥에 따라 '선전선동', '정치선전' 등으로 옮겼다. — 옮긴이
2 이 단체명을 '세계문화자유회의'로 옮긴 것은 『동아원색세계대백과사전』의 번역을 참고한 것이다. 이 사전에는 이 단체가 한국에서 추상미술을 소개하는 '문화자유초대전'을 열었다고 나와 있다. 이하 가독성을 위해 '문화자유회의'라고 줄여 쓰기도 했다. — 옮긴이

개최했고, 뉴스 통신사를 소유함과 동시에, 세간의 이목을 끄는 국제 컨퍼런스를 조직했으며 음악가와 미술가 들에게 수상 기회와 공연 기회를 제공했다. 이 단체의 목표는 서유럽의 지식인들을 마르크스주의와 공산주의의 매혹에서 벗어나 '미국의 방식'the American way을 수용할 수 있게 만드는 것이었다.

CIA는 1947년 설립 당시부터 정보요원,[3] 정치인, 기업인 등의 인맥과 아이비리그 출신의 학맥을 이용, 광범위한 분야의 유력 인사들을 끌어들여 '컨소시엄'을 만들기 시작했다. 이제 막 출범한 CIA의 두 가지 목표는 공산주의라는 병균이 퍼지지 않도록 예방접종의 역할을 하는 것, 그리고 미국의 외교적 이권을 선취하기 위해 길을 닦는 것이었다. 그 결과 CIA 협력자들로 이루어진 놀라울 정도로 견고한 인적 네트워크가 만들어졌고, 그들의 힘으로 모종의 관념을 널리 알리게 되었다. 그 관념이란 바로 팍스 아메리카나Pax Americana, 그러니까 새로운 계몽의 시대가 전 세계적으로 요청되며, 그러한 시대는 곧 '미국의 세기'라고 부를 수 있으리라는 것이었다.

CIA가 만든 이 컨소시엄은 미국이 냉전을 수행하는 데 숨겨진 무기로 사용되어, 특히 문화 분야에 광범위하게 투하되었다(헨리 키신저Henry Kissinger는 이 컨소시엄의 구성원들을 "패거리주의에서 벗어나 원칙을 위해 나라에 공헌한 귀족계급"이라고 표현했다). 좋아서 한 일이 아닐 수도 있고 모르고

---

3 여기서 말하는 '정보요원'(case officer, 다른 번역어로는 '공작관', '작전요원'이 있다)이란 보통 영화와 같은 대중매체를 통해 우리에게 익숙한 CIA 요원들, 즉 현장에서 공작 활동을 하는 '현장요원'(field agent)과는 다르다. 이러한 정보요원은 대학교, 대사관, 민간 재단 등에 배치되어 신분을 숨기고 활동하며, 요원 모집과 관리·육성을 포함한 전반적인 인적 관리를 수행하고 대인관계를 통해 정보 수집과 분석을 맡는다. ― 옮긴이

한 일일 수도 있겠지만, 전후 유럽의 작가, 시인, 미술가, 역사가, 과학자, 평론가 중 이 은밀한 사업과 연관되지 않은 사람은 거의 없었다. 미국의 첩보기관은 20년이 넘도록 의심도 받지 않고 실체도 들키지 않은 채, 표현의 자유라는 이름 뒤에 숨어서 서유럽에서 혹은 서유럽을 **위해서**, 상당한 규모의 자금을 복잡한 경로로 지출하며 문화적 전위 조직을 운영했다. 이 '컨소시엄'은 냉전을 '사상전'으로 정의하면서 잡지, 서적, 학술회의, 세미나, 미술 전시회, 콘서트, 시상식 등 방대한 양의 문화적 무기를 비축하게 되었다.

이 컨소시엄의 구성원 중에는 스탈린Iosif Stalin의 전체주의적 성격이 드러나면서 마르크스주의와 공산주의라는 신념을 버린 급진주의자 혹은 좌파 출신 지식인들도 포함되어 있었다. 아서 쾨슬러Arthur Koestler가 "실패한 정신적 혁명, 불발된 르네상스, 역사의 거짓 여명"[4]이라고 애도했던 '분홍색 시기'Pink Decade,[5] 즉 1930년대부터 조금씩 드러나기 시작한 그들의 환멸은 새로운 공감대를 찾으려는 시도와 과거의 권력을 대체할 새로운 질서를 수립하려는 움직임으로 즉각 이어졌다. 사회적 통념을 파헤치고, 제도적 특혜를 의심하고, 자기만족에 빠져드는 권력을 불편함 속으로 몰아넣었던 지식인들의 급진적인 반체제 전통이 '미국의 과업'American Proposition을 지원하기 위해 중단되었다. 이 비非공산주의자 집단은 수년 전에 나타난 공산주의 지식인 카르텔과 유사한 모습으로 막강한 정부 기관들의 지지와 물질적 지원을 받으며 서구 지식인 사회에서 또 다른 카르텔

---

4 Richard Crossman ed., *The God That Failed: Six Studies in Communism*, London: Hamish Hamilton, 1950.
5 젊은 지식인과 문화·예술인을 중심으로 사회주의에 대한 관심이 고조되던 시기. 대공황에서 시작되어 스페인 내전에서 절정을 이루었다. ─ 옮긴이

을 형성했다(그러나 한 사람이 양쪽 모두에 속해 있는 경우도 많았다).

"분명, 삶이 스스로를 정돈할 수 있는 능력을 잃어버린 …… 그러한 시대가 왔다." 솔 벨로Saul Bellow의 소설 『험볼트의 선물』Humboldt's Gift 의 화자 찰리 시트린이 한 말이다. "삶은 정돈**되어야 한다**. 지식인은 이를 의무로 받아들여야 한다. 말하자면 마키아벨리Niccolò Machiavelli의 시대에서부터 지금에 이르기까지 삶을 정리한다는 것은 하나의 거대하고도 아름다운 기획이었지만 이제는 지난하고 갈피를 잃은 것처럼 보인다. 험볼트처럼 창조적이고 영민하고 특출 난 사람조차 그토록 거대하고 무한한 다양성을 가진 인간 경영이 이제는 특별한 소수의 손으로 이루어지게 되었다는 생각에 빠져들었다. 그도 특별한 소수였고, 따라서 권력을 가질 수 있는 후보 자격을 갖추고 있었다. 글쎄, 그렇다면 그렇게 못 할 이유도 없지 않은가?"[6] 공산주의라는 거짓 우상에 배신당한 지식인들은 그렇게 수많은 험볼트가 되어 미국에서도 새로운 바이마르 공화국을 건설할 가능성에 주목하고 있음을 깨닫게 되었다. 만약 정부가, 특히 정부의 첩보 조직인 CIA가 이러한 기획을 도와주러 나선다면 말이다. 글쎄, 그렇다면 그렇게 못 할 이유도 없지 않은가?

좌파 출신자들이 CIA의 계획에 엮일 수밖에 없었다는 사실은 생각해 보면 그렇게 이상한 일은 아니었다. CIA와 지식인들 사이에는 공통의 이익과 신념에 기반한 공동체가 형성되어 있었다. 설령 스스로 깨닫고 있지 못했을지언정, 그들은 (소련의 전체주의에 맞서) 문화적 냉전을 수행하기 위해 고용되었던 것이다. 미국의 뛰어난 자유주의 역사학자 아서 슐레진저 2세Arthur Schlesinger, Jr.는 CIA의 영향이 "항상 혹은 빈번히 제기되는 애

---

6 Saul Bellow, *Humboldt's Gift*, New York: Viking, 1975.

기들처럼 그렇게 반동적이거나 사악하지만은 않았다"라고 쓴 적이 있다.[7] "내 경험상 CIA의 지도층은 정치를 잘 알고 있었고 이를 제대로 이용할 줄도 알았다."[8] CIA를 자유주의의 수호자로 보는 이러한 견해는 CIA에 협력하도록 하는, 혹은 그 정도까지는 아니라 하더라도 CIA가 선한 의도를 가지고 있다는 신화를 받아들이도록 하는 강력한 동인이 되었다. 하지만 이러한 인식은 CIA가 냉전기 미국의 힘을 대변하며 해외 사태에 무자비하게 개입하고도 그 책임을 뻔뻔하게 회피했다는 세간의 평가와는 어울리지 않는다. 1953년 이란 모사데크Mohammad Mosaddegh 총리 실각, 1954년 과테말라 아르벤스Jacobo Árbenz 정부 축출,[9] 1961년 처참했던 피그스 만 침공 사건,[10] 악명 높은 베트남의 피닉스 프로그램[11]을 지휘했던 조직이 바로 CIA였다. CIA는 수만 명의 미국인을 사찰했고, 민주적으로 선출된 타국의 지도자들을 괴롭혔고, 암살을 모의한 사실을 의회에서 부인했으며 그 과정에서 거짓말의 기술을 새로운 경지로 끌어올렸다. 그렇다면 CIA는 얼마나 신기한 연금술을 썼기에 아서 슐레진저 같은 고결한 지식인마저 CIA를 소중한 자유주의를 담은 황금 단지로 여기게 만든 것일까?

서방 동맹국의 문화 부문에까지 손을 뻗쳐, 다양한 창작 활동을 음지

---

7 Arthur M. Schlesinger, Jr., *A Thousand Days: John F. Kennedy in the White House*, London: Andre Deutsch, 1965.

8 *Ibid.*

9 아르벤스는 과테말라의 군인 출신 정치인으로, 1951년 좌파 정부 수립 후 토지 재분배 과정에서 미국계 청과물 회사 유나이티드프루트(United Fruit Co.) 소유 자산의 국유화를 시도한다. 이에 CIA는 쿠데타를 기획해 아르벤스를 축출하고 카를로스 카스티요 아르마스(Carlos Castillo Armas) 군사정부를 옹립한다. ― 옮긴이

10 1961년 4월 16일 쿠바 혁명 정권의 카스트로(Fidel Castro)가 사회주의 국가 선언을 하자 미국이 바로 다음 날 단행한 쿠바 침공 작전. 쿠바 망명자들로 군대를 꾸려 쿠바 남부의 피그스 만을 공격했지만 사흘 만에 패하고 말았다. ― 옮긴이

11 베트남 전쟁 당시 남베트남민족해방전선의 기반을 무력화한다는 명분으로 CIA가 주도한 프로그램. 주요 인사 및 민간인에 대한 납치·고문·암살 등이 이루어졌다. ― 옮긴이

에서 도와주고, 지식인과 그들의 활동을 '거대한 게임' 속 장기판의 말로 전락시키는 미국 첩보 조직의 활동 영역은 가장 큰 공분을 일으키는 냉전의 유산 중 하나다. 그 시대를 변호하는 논리는 ─ CIA가 아무런 조건 없이 물질적·재정적 지원을 해주었다는 주장에 근거하는데 ─ 여전히 힘을 발휘하고 있다. 미국과 서유럽 지식인 사회 내에서는 CIA가 문화적 영역에서 자유롭고 민주적인 표현의 가능성을 증진하는 데 관심이 있었을 뿐이라는 주장을 사실로 받아들이고 싶어 하는 사람들이 있다. 그리고 "우리는 지식인들이 어차피 하게 될 말을 하도록 도와주었을 뿐이다"라며 '자유 재량권'blank cheque 운운하는 방어 논리가 이어진다. CIA의 금전적 도움을 받았다는 사실을 그 자금의 수혜자가 모르고 있었고, 그 때문에 그들의 행동이 바뀌지 않았다면, 이런 경우 비판적 사상가로서 그들의 독립성이 그렇게까지 훼손받을 일은 아니지 않은가 하는 주장이 나올 수도 있다.

하지만 문화적 냉전과 관련한 공식 문서들을 보면, 앞서 제기된 '이타주의 신화'[12]들을 체계적으로 반박할 수 있는 근거들이 나와 있다. 개인과 기관에 대한 CIA의 물질적 지원은 지식인들이 광범위한 설득 활동, 선전전의 일원으로 기능하기를 기대하는 차원에서 이루어졌는데, 여기서 '선전선동'propaganda이란 "특정 집단의 사상과 행동에 영향을 주기 위해 기획된 뉴스, 특별한 논증이나 문제 제기의 방법으로 특정 정보나 신조를 퍼트리려는 조직적인 시도나 움직임"으로 정의할 수 있다.[13] 이러한 시도의 필수적인 요소는 '심리전'이다. 이는 또한 "국가가 전투 이외의 활동과 선전

---

12 CIA가 선한 의도를 가지고 있다는 식의 믿음을 이렇게 칭하고 있다. ─ 옮긴이
13 National Security Council Directive, 10 July 1950. *Final Report of the Select Committee to Study Governmental Operations with Respect to Intelligence Activities*, Washington: United States Government Printing Office, 1976에서 재인용.

활동을 계획적으로 활용하는 것으로, 외국에 속한 집단의 의견, 태도, 감정과 행동에 영향을 미치려는 의도를 갖고 사상과 정보를 전파하는 것"으로 정의될 수 있으며, 그럼으로써 "국가가 목표를 달성하는 데 도움을 주도록 하는 행위"를 말한다. 더 나아가 '가장 효과적인 선전'은 "**특정 주체가 사실은 누군가가 바라는 대로 움직인다 해도 스스로는 자신의 의지에 따라 움직인다고 믿게 되는 것**"이라 정의 내릴 수 있다.[14] 여기에 대한 정의 자체를 왈가왈부할 필요는 없는 것 같다. 그러한 사례들이 미국의 정부 문서, 전후 문화 외교 자료 등 도처에 널려 있기 때문이다.

지식인들에 대한 자금 지원이 남모르게 이루어진 것을 보면, CIA는 지식인들이 공개적인 지원은 거절할 것이라 가정했음이 분명하다. 하지만 그러한 기만책으로 도대체 어떤 자유가 신장된다는 말인가? 소련에서는 어떠한 자유도 논의의 대상이 될 수 없었다. 작가와 지식인 들이 강제수용소에 가지 않으려면 국가의 이익에 봉사하는 수밖에 없었기 때문이다. 따라서 그러한 비非자유un-freedom에 대한 반대는 정당한 일이다. 하지만 어떤 방법으로 반대할 것인가? 전후 유럽이 그 자생적인 동력으로는 서구 민주주의의 원칙들을 회복할 수 없었으리라는 가정은 과연 정당한가? 혹은 미국식 자유주의의 세례를 받지 않고서는 유럽에서 정교한 민주주의가 등장할 수 없다는 가정 역시 정당한가? 유기적인 지적 성장, 자유로운 토론, 제약 없는 사상의 흐름과 같이 사회 근간을 이루는 과정에 다른 나라가 은밀하게 개입하는 것은 어느 선까지 받아들일 수 있는 것인가? 사람들이 스스로의 자유의지대로 행동한다고 생각하지만 자유freedom 대신에, 실은 자신이 통제할 수 없는 힘에 속박당하는 상황, 다시 말해서

---

14 Ibid. 강조는 인용자.

사이비 자유ur-freedom를 초래할 위험이 있는 것은 아닌가?

　문화계의 전쟁을 수행한 CIA의 모습을 보면서 다른 불편한 의문들이 생긴다. CIA의 재정 지원이 지식인의 성장과 사상의 전개 과정을 어느정도까지 왜곡했을까? 그들은 지적인 자질이 아니라 정치적 입장 때문에 선택되었던 것은 아닐까? 아서 쾨슬러가 학술회의나 토론회를 두고 '국제학술 매춘부 대회'라고 풍자한 것은 무슨 의미였을까? CIA가 만든 '문화 컨소시엄'의 구성원이 되면 어떠한 명성이 뒤따르는 것일까? 국제적으로 청중을 끌어모은 작가나 사상가 중에서 원래는 중고 서점 지하창고에 처박히게 될 작품을 남겼을 뿐인 2류 학자 혹은 거품 인기에 편승한 지식인은 과연 몇 명에 이르는가.

　1966년, 『뉴욕타임스』에는 미국의 정보기관이 저지른 다양한 범위의 첩보 활동을 폭로한 일련의 기사들이 등장했다. 쿠데타 기도와 (대부분 실패한) 정치적 암살에 관한 이야기가 1면에 쏟아져 나오자, CIA는 국제정치의 초원을 일말의 책임감도 없이, 그리고 한 치의 거리낌도 없이 휘젓고 지나다니는 "난폭한 무법자 코끼리"the rogue elephant가 되었다. 이러한 첩보 영화 식의 극적인 폭로가 일어남과 동시에, 미국 정부가 자신의 활동을 더욱 지성적으로 치장하기 위해 서방의 문화 엘리트들을 어떻게 관리하고 있었는지 또한 적나라하게 드러났다.

　많은 지식인들이 스스로의 기준이 아니라 미국 정책 입안자들의 지시에 따라 움직였다는 사실이 밝혀지면서, 이에 대한 혐오감이 널리 퍼져나갔다. 냉전의 절정에서 지식인 계급이 누렸던 도덕적 권위는 이제 심각한 위협을 받게 되었고 빈번한 조롱의 대상이 되었던 것이다. '합의에 의한 통치'consensocracy가 붕괴함에 따라 중심도 흔들리기 시작했다. 그리고 그 중심이 해체되자, 자신의 목적에 따라 특정 사실을 왜곡하고 싶었던 좌파와 우파 세력에 의해 이야기 자체도 단편적·편파적으로 —— 때로는 터무니없이 —— 수정되었다. 역설적으로, 폭로가 가능했던 환경이 사건의 실제 중요성을 가려 버렸다는 말이다. 베트남에서 벌어진 미국의 강박적인 반공주의 활동으로 사회적 붕괴의 위기가 생겨날 지경에 이르고, 펜타곤 문서Pentagon Paper와 워터게이트 사건Watergate scandal 등 연속적으로 스캔들이 불거지자,[15] 소위 문화 투쟁Kulturkampt 사업을 지속해 나가거나 이를 통해 권력을 휘두르는 일은 어렵게 되었다. 이제 문화 투쟁은 비교적 부차적인 일로 치부되었다.

"역사는 잘못 지어진 콘서트홀과 같아서 음악이 들리지 않는 사각지대가 있다." 아치볼드 매클리시Archibald MacLeish의 말이다.[16] 이 책은 그러한 사각지대를 기록하려 한다. 이는 특정한 시기에 거장의 공인된 연주가 아닌, 다른 소리와 다른 선율을 찾는 행위와 같다. '사사로운 인맥'과 여기서 일어나는 결탁, 사적인 관계의 힘을 탐구하는 것이 적절하다고 믿고, 또한 살롱 외교와 밀실 정치의 중차대함을 믿는다는 점에서 이 책은 비밀의 역사이다. 이 책은 "태양시를 측정하기 위해 천 일에 걸쳐 피라미드와 오벨리스크를 지으면서, 각자가 생각하는 방향대로 잘못 지어 놓는 바람에 너무나 다른 모습과 이해관계를 갖게 되어 버린 사람들까지도 결국 모두 동의하도록 만드는 공인된 허구의 기록"이라는, 역사에 대한 고어 비달 Gore Vidal의 묘사에 이의를 제기한다. 어떠한 형태의 역사 서술도 "모두가

---

15 펜타곤 문서는 미 국방성의 1급 기밀 문서였는데, 1971년 『뉴욕타임스』를 통해 그 실체가 폭로되었다. 이 보도로 베트남 전쟁의 단초가 되었던 통킹 만 사건이 미국 측의 조작이었음이 드러났다. 워터게이트 사건은 공화당 닉슨(Richard Nixon) 대통령의 재선을 꾀하는 공작원들이 민주당사에 도청장치를 설치하려다 발각·체포된 사건이다. —— 옮긴이
16 *New York Times*, 21 January 1967.

동의하는 사실"에 대해 따져 보려 한다면, 츠베탕 토도로프Tzvetan Todorov의 말을 빌리자면 '신성모독 행위'가 되어야 한다. 역사를 서술함은 영웅이나 성인 숭배에 이바지하는 일이 아니다. 오히려 가능한 한 진실에 가깝게 다가가고자 하는 일이라 할 수 있다. 그럼으로써 막스 베버Max Weber가 말한 '세계의 탈脫주술화'disenchantment of the world[17]에 참여하는 행위가 된다. 역사는 우상숭배의 정반대편에 존재한다. 따라서 현실에 유용하도록 이미지들을 꾸며 내는 것이 아닌 진실의 힘으로 진실 그 자체를 구원하기 위한 행위인 것이다.[18]

---

17 베버는 세계가 미혹으로부터 벗어나는 것을 이렇게 표현했다. — 옮긴이
18 Tzvetan Todorov, "The Communist Archives", *Salmagundi*, Summer 1997.

1장

우아한 시체[1]

여기는 불만족스러운 곳이다
희미한 빛 속에
지나간 시간과 다가올 시간이
—T. S. 엘리엇T. S. Eliot, 「불타 버린 노턴 가의 집터」Burnt Norton

유럽은 살을 에는 듯한 전후戰後의 여명에서 깨어났다. 1947년 겨울은 최악의 한파로 기록되었다. 1월부터 3월 말까지 동장군은 독일, 이탈리아, 프랑스와 영국에 전선을 전개하여, 눈곱만큼의 자비도 없이 진격해 나갔다. 생트로페에는 눈이 내렸고,[2] 앞으로 헤치고 나가기 어려울 정도로 강풍이 불었다. 템스 강 어귀에는 얼음 덩어리가 떠다녔고 식품을 운송하는 열차는 선로에 단단히 얼어붙었으며 파리행 석탄 운송선은 얼음에 갇혀 버렸다. 그곳에서 철학자 아이재이어 벌린Isaiah Berlin은 "우아한 시체와도 같이 공허하고도 생명력을 잃은" 도시의 추위에 "공포"를 느꼈다.

유럽 전역에서 상수도 서비스, 하수 처리를 비롯한 거의 모든 기반 시

---

1 '우아한 시체'(exquisite corpse)는 무의식과 우연성을 중시했던 20세기 초 초현실주의자들이 만든 게임의 이름이다. 몇 사람이 모여 각자의 종이에 단어를 쓰고 이를 취합해 기괴한 문장을 만들어 낸다. 그렇게 해서 만들어진 최초의 문장이 "우아한 시체가 새로운 포도주를 마실 것이다"인데, 그중 '우아한 시체'가 이 게임의 명칭이 되었다. —옮긴이
2 생트로페는 프랑스 마르세유 인근 휴양 도시로, 겨울 평균기온이 10도 정도로 따뜻한 곳이다. —옮긴이

설들이 붕괴되었다. 식량 공급도 줄어들었고, 석탄 또한 단단히 얼어붙은 장비로 인해 채굴이 어려워지자 비축량이 사상 최저 수준으로 떨어졌다. 운하와 도로를 두꺼운 얼음으로 뒤덮은 혹한이 한참 더 계속된 후에야 약간의 해빙기가 찾아왔다. 영국에서는 두 달 만에 실업 인구 100만 명이 증가했다. 행정과 산업이 눈과 얼음에 갇혀 버렸다. 양 400만 마리와 소 3만 마리가 죽어 나가는 등, 삶 전체가 얼어붙은 듯했다.

베를린에서 미래의 수상 빌리 브란트Willy Brandt는 유럽의 붕괴를 상징하는 '새로운 공포'가 도시를 장악했다고 묘사했다. 매서운 추위가 "맹수처럼 인간을 공격하며 집 안으로 몰아넣었다. 하지만 집 안이라고 해서 안식이 있을 리 없었다. 창문은 그저 널빤지와 석고보드로 가려 놓았을 뿐 변변한 창유리도 없었다. 벽이며 천장은 갈라지고 구멍이 나 있었던 데다, 안에 있는 사람들은 종이와 넝마 조각을 덮고 지냈다. 사람들은 공원에서 뜯어 온 벤치로 방을 덥혔다. …… 수백 명의 늙고 병든 사람들이 자신의 침대에서 얼어 죽어 갔다"[3] 긴급조치의 일환으로 독일의 각 가정에 난방용 나무가 한 그루씩 배급되었다. 1946년 초, 티어가르텐 숲의 나무는 모두 베어져 밑동만 남았고, 얼어붙은 진흙 바닥에 전승기념탑만 황량하게 서 있었다. 1947년 겨울에 이르러서는 유명한 그뤼네발트 숲도 깡그리 없어져 버렸다. 폭격에 폐허가 된 도시를 덮고 있던 눈송이도 독일에 대한 히틀러Adolf Hitler의 허황된 꿈이 남긴 참혹한 유산을 감출 수는 없었다. 베를린은 멸망한 카르타고처럼 패배하고 정복되고 점령된, 절망과 추위로 뒤덮인 유령도시가 되어 버렸다.

그러한 악천후가 냉전의 물리적 현실을 부각시키자, 국경을 잘라 붙

---

3 "The Big Chill", *Sunday Times*, 5 January 1997.

이고 인구 구성을 옮겨 붙인 얄타회담 체제의 새로운 유럽이 그 모습을 드러냈다. 프랑스, 독일, 오스트리아, 이탈리아 등 각국 정부는 고향을 떠나 집을 잃고 전쟁에서 돌아온 1300만 명의 사람들을 처리하는 문제에 고심했다. 점령지에 몰려드는 연합국 병사들의 행렬도 문제를 더 크게 만들었다. 점점 더 많은 사람들이 집에서 쫓겨나 복도, 계단, 지하실, 피폭지에서 잠을 자는 무리 속에 끼어들었다. 영국휴전감시위원회British Control Commission의 초청인 자격으로 베를린에 체류했던 클라리사 처칠Clarissa Churchill은 자신이 "베를린을 뒤덮은 비참한 혼돈에서 지리적으로나 물질적으로 보호를 받고 있다"라는 생각이 들었다고 했다. 그녀는 "나치 당원이 살던 집 따뜻한 침실에서 레이스로 장식한 시트의 감촉을 느끼며 눈을 뜨고, 남아 있는 책들을 들여다보는 등의 사소한 경험에서 정복자가 가질 법한 희열과 함께 어렴풋한 위협을 느꼈다. 그 희열은 거리를 잠깐 둘러보거나 온기 하나 없는 독일인들의 아파트에 가보기만 해도 즉시 사라져 버릴 것이었다".[4]

승자에게는 흥분의 나날이었다. 1947년 미군 기지에서 50센트에 팔던 미국 담배 한 보루가 독일의 암시장에서는 1800라이히스마르크에 거래되었는데, 이는 공식 환율로 180달러에 달하는 금액이었다. 이런 식으로는 담배 4보루만 있으면 저녁 파티에 독일 오케스트라를 부를 수 있었다. 24보루로는 1939년산 벤츠 자동차를 살 수 있었다. '페니실린'과 나치 부역 혐의를 말끔히 세탁해 주는 '퍼실샤인' Persilschein은 가장 고가에 거래되었다.[5] 이러한 경제적 파국 상황에서는 아이다호 주에서 온 노동계급 출신의 사병들도 가히 황제의 삶을 살 수 있었다.

---

4 Clarissa Churchill, "Berlin Letter", *Horizon*, vol.13/75, March 1946.

파리에서는 폭발물 처리 담당관의 자격으로 해방 당일 프랑스 땅을 밟은 첫 영국군 빅터 로스차일드Victor Rothschild 중령이 나치가 징발했던 마리니 가街의 집 한 채를 가족과 함께 지낼 거처로 삼았다. 그곳에서 그는 젊은 정보 장교 맬컴 머거리지Malcolm Muggeridge와 함께 어울리며 빈티지 샴페인을 즐겼다. 집사는 해방 전 바로 그 집에서 독일인들에게 고용되어 일했던 사람이었는데, 주인이 바뀌어도 아무것도 변한 게 없는 것 같다고 말했다. 백만장자 가문 출신의 정보 장교 존 헤이 휘트니Jonn Hay Whitney가 징발한 리츠 호텔에는 스콧 피츠제럴드Scott Fitzgerald의 프린스턴대학 동창인 외교관 데이비드 브루스David Bruce가 찾아들었다. 그는 이후 어니스트 헤밍웨이Ernest Hemingway, 해방 의용대원들과 함께 호텔에 와서 마티니만 50잔씩 주문하곤 했다. 데이비드 브루스처럼 미국 전략사무국Office of Strategic Services, OSS(CIA의 전신) 소속으로 첩보 활동을 수행한 헤밍웨이도 리츠 호텔에서 위스키를 비우곤 했는데, 쭈뼛거리는 에릭 블레어Eric Blair(필명은 조지 오웰George Orwell)와 보다 당당한 태도의 시몬 드 보부아르 Simone de Beauvoir, 그녀의 연인 장폴 사르트르Jean-Paul Sartre를 술에 취한 정신으로 대접하기도 했다(이때 사르트르는 인사불성이 될 때까지 술을 마셔, 생애 최악의 숙취에 시달렸다고 기록하고 있다).

영국의 철학자로서 당시 정보 장교로 복무 중이었던 『언어, 진리, 논리』Language, Truth and Logic의 저자 A. J. '프레디' 에이어A. J. "Freddie" Ayer가 운전사를 대동하고 군용 무전기를 장착한 대형 부가티 차량에 올라 도로를

---

5 '퍼실샤인'은 유명 세제 브랜드 '퍼실'과 독일어 'schein'('빛남/광채', '증명서' 등의 뜻이 있다)을 붙인 말로, 나치 전력을 세탁해 준다는 의미에서 당시 나치 전력 면책 증명서에 대한 별칭으로 사용되었다. 여기서는 신체의 질병을 치유하는 페니실린과 나치 전력이라는 질병을 치유하는 퍼실샤인을 비슷한 발음을 이용해 엮은 것으로 보인다. ─옮긴이

질주하는 모습도 당시 파리에서 흔히 볼 수 있는 익숙한 광경이었다. 아서 쾨슬러와 그의 연인 머메인 패짓Mamaine Paget은 앙드레 말로André Malraux와 함께 보드카, 캐비아와 블린, 발리크와 시베리아식 수플레를 곁들인 '만취의 만찬'을 즐겼다.[6] 젊은 미국 외교관(조지프 알섭Joseph Alsop을 가리킨다)의 아내 수전 메리 알섭Susan Mary Alsop 역시 "오뷔송 융단과 양질의 미국 비누가 가득한 아름다운 파리의 집"에서 연달아 파티를 열었다. 하지만 집 밖으로 나서면 "힘들고 지치고 고난에 찌든" 얼굴들이 그녀를 반겼다. "암시장에서 물건을 조달할 수 있는 사람들 빼고는 음식은 구할 수조차 없었고, 그마저도 충분하지 않았어요. 빵집은 텅텅 비어 있었죠. 랑플메이에르Rumplemayer 같은 카페의 쇼윈도에도 '견본'이라는 문구 외에는 아무것도 없이, 정교하게 종이로 만든 케이크나 빈 초콜릿 박스만 보일 뿐이었어요. 포부르생토노레 가衝의 상점들은 지푸라기로 만든 흉물스러운 물건들 가운데 '진짜 가죽제품' 아니면 '견본'이라고 표시된 신발 한 켤레만 자랑스럽게 전시해 놓고 있었죠. 리츠 호텔 앞에서 제가 담배꽁초를 하나 버리니까 점잖게 차려입은 신사 한 명이 꽁초를 주워 피려고 달려들더라고요."[7]

거의 같은 시각, 소설가 블라디미르 나보코프Vladimir Nabokov의 사촌인 젊은 작곡가 니콜라스 나보코프Nicolas Nabokov 또한 베를린의 소련 통치 구역에서 담배꽁초를 버리고 있었다. "돌아서려는데 어둠 속에서 사람

6 캐비아는 철갑상어의 알이며, 블린은 러시아식 팬케익으로 고기, 생선, 야채 등 다양한 식재료를 넣어 먹을 수 있는데 그중에서도 캐비아를 곁들인 블린은 별미로 꼽힌다. 한편 발리크는 말린 철갑상어 등살을 얇게 떠서 만든 요리이고, 수플레는 달걀흰자에 치즈, 고기, 생선 등을 넣고 오븐에 구운 요리다. — 옮긴이
7 Susan Mary Alsop, *To Marietta from Paris 1945-1960*, New York: Doubleday, 1975. 또한 Antony Beevor and Artemis Cooper, *Paris After the Liberation, 1944-1949*, London: Hamish Hamilton, 1994를 참조하라.

그림자 하나가 튀어나와 막 버린 담배꽁초를 집어 들었다."[8] 이 '우월 인종'들이 담배꽁초나 장작, 먹을 것을 찾아 헤매던 그때, 아무런 표시도 되어 있지 않은 히틀러 총통 벙커Führerbunker[9]의 폐허 자리는 베를린 시민들에게도 무엇을 하던 곳인지 거의 알려지지 않은 채로 남아 있었다. 하지만 토요일이면 미 군정에서 일하는 미국인들이 횃불을 들고 파괴된 히틀러의 옛 총통 관저 지하실을 헤집고 다니며 루마니아제 권총, 반쯤 타다 남은 지폐 뭉치, 철십자와 각종 장식품 등 특이한 물건들을 집어 갔다. 숙녀용 외투 보관실을 찾아낸 어떤 사람은 나치의 독수리 문양과 '총통 관저'Reichkanzlei라는 문구가 새겨진 황동 코트 태그를 떼어 가기도 했다. 한때 만 레이Man Ray의 뮤즈였던 『보그』Vogue의 사진작가 리 밀러Lee Miller는 히틀러의 벙커 욕조에서 성장盛裝을 하고 포즈를 취하기도 했다.

하지만 그러한 즐거움은 곧 사라지고 말았다. 베를린은 소련 점령 지구로 둘러싸여 마치 망망대해의 돛대 끝 망루 같은 모양을 한 채 네 개의 통치 구역으로 분할되었다. 베를린은 "냉전의 트라우마를 나타내는 상징"이 되었다.[10] 독일의 '나치 청산 작업'과 (민주주의 독일로의) '체제 전환'이라는 표면상의 이유로 연합국의 베를린통치위원회Kommandatura를 통해 공조하던 4개 점령국은 삭막한 국제 정세를 이겨 내지 못하고 서로에 대항해 이데올로기 공세를 강화해 나갔다. "소련에 대해서 나쁜 감정은 없었다." 에스토니아-러시아계 미국 장교 마이클 조셀슨의 말이다. '당시에 나

---

8 Nicolas Nabokov, *Old Friends and New Music*, London: Hamish Hamilton, 1951.

9 히틀러가 새로 만든 신제국궁전(총통 관저) 지하에 만든 벙커. 히틀러와 부인 에바 브라운(Eva Braun)이 이곳에서 최후를 맞이했다. ― 옮긴이

10 Peter Coleman, *The Liberal Conspiracy: The Congress for Cultural Freedom and the Struggle for the Mind of Postwar Europe*, New York: The Free Press, 1989에서 제임스 버넘(James Burnham)의 말.

는 오히려 비정치적이었기 때문에, 그때 만난 대부분의 소련 장교들과 개인적인 친분을 유지할 수 있었다.'[11] 하지만 당시는 소련의 영향권에 있던 '우방국' 정부들의 강력한 요구, 여론 조작을 위한 재판, 소련 내 강제수용소의 증가 등을 이유로 상호 협력의 정신이 심각할 정도로 위태로워진 상황이었다. 미군과 소련군이 엘베 강 강둑에서 서로를 부둥켜안은 지 채 2년도 되지 않아 1947년 겨울에 이르자, 그 포옹은 상대방에 대한 욕설로 바뀌어 있었다. "소련이 공공연하게 공격적인 정책을 펼치기 시작한 직후였고 소련 점령 지역에서 극악무도한 일이 다반사로 벌어지던 때였다. …… 소련의 정치선전이 노골적으로 反서방 노선을 걷게 되자 나의 정치적 의식이 잠에서 깨어났다."[12] 이렇게 조셀슨은 기록하고 있다.

미 군정청 사령부Office of Military Government US는 '옴구스'OMGUS라고 불렸는데, 독일인들은 이 말을 처음에는 '버스'를 의미하는 단어인 줄 알았다. 미국에서 징발한 이층 버스 옆면에 이 단어를 페인트로 써놓았기 때문이다. 미국이 다른 3개 점령국에 대한 스파이 행위를 하기 전, 옴구스 직원의 일이라고는 높이 쌓인 서류 뒤에 앉아 성분 조사서Fragebogen와 씨름하는 것뿐이었다. 성분 조사서란 국적, 종교, 전과 기록, 교육, 전문 자격, 전 직장 및 군 복무 이력, 기고나 연설, 수입과 자산, 해외여행, 그리고 당연히 정치적 배경과 관련한 것으로 직장을 구하는 독일인들이라면 누구나 작성해야 하는 서류였다. 전체 독일 인구를 대상으로 '나치주의와 군국주의'의 아주 희미한 흔적까지 심사하던 이러한 업무는 따분하기 이를 데 없었

---

11 Michael Josselson, "The Prelude to My Joining The 'Outfit'"(MJ/HRC). 〔괄호 안의 'MJ/HRC'는 문서 관리처를 나타내는 것으로, 이하 이 책에서 이러한 형식으로 된 문헌들의 관리처 목록은 권말의 참고문헌에 모아 밝혀 두었다.〕

12 Ibid.

으며, 관료적이고 때로는 불만스러운 일이었다. 나치의 총통 관저 계단을 청소했다는 이유로 건물 수위가 블랙리스트에 오를 수도 있는 반면, 히틀러의 기업가, 과학자, 관료, 심지어 고위 장교까지 독일의 붕괴를 막으려는 점령국의 절박한 노력 덕에 슬그머니 복직하기도 했다.

당시 미군 정보 장교에게는 성분 조사서 더미에 끝도 없이 항목을 채워 넣는 일 외에 나치 정권이 남긴 복잡한 유산을 다룰 수 있는 방법은 없었다. 하지만 마이클 조셀슨은 다른 접근 방식을 택했다. "그 당시는 조셀슨이 누구인지 몰랐지만, 이름은 들어 본 적이 있었습니다." 그 시기에 런던에 소재한 MI6Military Intelligence Section 6[13]에서 일했던 철학자 스튜어트 햄셔Stuart Hampshire의 회상이다. "조셀슨의 명성은 유럽 정보기관들의 정보망에 퍼져 나가고 있었죠. 그 사람은 대단한 해결사였어요. 무슨 일이든 해내고야 마는, 그러니까 **무슨 일이든** 말이죠. 당시 소련 국경을 넘는다는 것은 거의 불가능한 일이었는데, 조셀슨은 해낼 수 있었어요. 교향악단이 필요하다면, 역시 조셀슨이 해결해 줄 수 있었고요."[14]

억양까지도 완벽한 4개 국어를 유창하게 구사했던 마이클 조셀슨은 미국 직업 장교들 가운데서도 가장 가치 있는 자산이었다. 더군다나 그는 베를린을 속속들이 알고 있었다. 1908년 에스토니아 타르투에서 유대인 목재상의 아들로 태어난 조셀슨은 1917년 볼셰비키 혁명으로 인해 발트 해 유대인 거주지에서 쫓겨 나와 1920년대 초에 처음으로 베를린에 당도했다. 가까운 친척들 중 대부분이 볼셰비키에게 살해당한 상황에서 타

---

13 영국의 정보기관으로 해외 파트를 담당하며, 비밀정보국(Secret Intelligence Service, SIS)이라고도 한다. 영화 007 시리즈의 주인공 제임스 본드가 이 조직에 속한 것으로 나온다. 한편 영국 국내 방첩을 담당하는 보안국(Security Service, SS)은 MI5라고 한다. ─ 옮긴이
14 Stuart Hampshire, interview in Oxford, December 1997.

르투로 돌아가기란 불가능한 일이었고, 아서 쾨슬러가 '인간쓰레기'Scum of the Earth[15]라고 부른 세대에 속하는 사람이 되었다. 즉 20세기에 의해 자신의 삶이 파괴되어 고향에 대한 애착마저 단절되어 버린, 일종의 '뿌리 뽑힌 자'déraciné였던 것이다. 조셀슨은 베를린대학에서 수학했지만 학위를 받기 전 학교를 떠나 짐벨삭스Gimbel-Saks 백화점에 구매 담당 직원으로 입사해, 이후 파리 지점장이 되었다. 미국으로 이민을 떠난 지 얼마 지나지 않은 1936년에는 미국 시민권을 획득했다. 1943년에는 미 육군에 입대했는데, 유럽 출신이라는 배경 덕분에 정보 업무나 심리전을 담당할 만한 자격을 인정받았다. 조셀슨은 당연하게도 미 군정청의 전시심리전단 Psychological Warfare Division, PWD 소속 정보과에 배속되었고, 그곳에서 일곱 명으로 이루어진 심문팀의 일원이 되었다(이 심문팀은 지휘관이었던 로젠버그Albert G. Rosenberg 대위의 이름을 따 '로젠버그 전투단'Kampfgruppe Rosenberg이라는 별칭으로 불렸다). 이 팀의 임무는 "나치 강경파와 나치가 아닌 사람들, 거짓 증언과 진실한 진술, 입심 좋은 성격과 입이 무거운 성격을 신속히 구분한다"[16]라는 목표하에 매주 수백 명의 독일 포로들을 심문하는 것이었다. 1946년 제대 후, 조셀슨은 미 군정청의 문화 담당 공무원으로, 이후에는 미 국무부와 독일 주재 미국 고등판무관실의 일원으로 베를린에 계속 머무르게 된다. 미국 공무원의 자격으로 그는 독일 신문, 라디오, 엔터테인먼트 미디어의 '인력 심사' 업무를 담당했다. 당시 모든 매체들은 "나치 척결이 완수될 때까지" 활동이 중단된 상태였다.

---

15 이는 1941년 발표한 아서 쾨슬러의 자서전 제목이기도 하다. 이 책은 쾨슬러가 1939~40년 프랑스에서 겪었던 일들을 담고 있다. ― 옮긴이
16 Josselson, "The Prelude to My Joining The 'Outfit'".

그때 같은 조직에 몸담았던 사람이 바로 니콜라스 나보코프였는데, 그는 1933년 미국으로 이민하기 전까지 베를린에 살고 있던 백계 러시아 인white Russian[17] 이민자였다. 큰 키에 잘생기고 개방적이었던 나보코프는 넘치는 매력으로 아주 손쉽게 우정(그리고 애정)을 쌓는 인물이었다. 1920년대 베를린에 있던 그의 아파트는 이민자들로 이루어진 문화생활의 중심이자, 작가·학자·예술가·정치가·언론인 등 서로 다른 분야의 지성이 만나는 장소가 되었다. 이 국경을 초월한 망명자들의 모임에는 마이클 조셀슨도 끼어 있었다. 1930년대 중반 나보코프는 미국으로 건너가, 스스로 '최초의 미국 발레 음악'이라고 겸손하게 이름 붙인 「유니언 퍼시픽」Union Pacific을 아치볼드 매클리시와 함께 작곡했다. 그는 뉴욕에서 작은 스튜디오를 얼마 동안 앙리 카르티에 브레송Henri Cartier-Bresson과 함께 사용했다. 두 사람 다 돈이 전혀 없을 때였다. 나보코프는 훗날 그의 책에서 다음과 같이 밝힌 바 있다. "카르티에 브레송에게 공산주의 운동은 역사와 인류의 미래에 대해 책임을 지는 일이었다. …… 나는 이런 [그의] 시각을 많은 부분 공유했다. 그러나 나의 조국 러시아에 대한 애끓는 갈망 때문만은 아니었다 하더라도, 그토록 많은 서유럽과 미국 지식인들의 친공산주의적인 태도를 받아들일 수도 지지할 수도 없었다. 그들이 러시아의 공산주의 현실에 이상하리만치 눈을 감으면서, 오로지 대공황의 여파로 유럽을 휩쓸었던 파시즘의 물결에만 반발할 뿐이라는 느낌이 들었기 때문이다. 1930년대 중반의 친공산주의는 소련의 선전선동이 만들어 낸 러시아 볼셰비

---

17 러시아 혁명 당시 정치적으로 보수적인 귀족, 지주, 부르주아 출신의 러시아인을 통칭하는 말. 백 러시아인(white Ruthenian) 혹은 벨라루스인과의 혼동을 피하기 위해 '백계 러시아인'으로 옮겼다. —옮긴이

키 혁명 신화에 의해 교묘하게 육성되었기에 이는 일시적인 유행에 그칠 뿐이라는 생각이 있었다."[18]

1945년, 나보코프는 W. H. 오든Wystan Hugh Auden, J. K. 갤브레이스John Kenneth Galbraith와 함께 독일에 있는 미국 전략폭격조사단US Strategic Bombing Survey Unit의 정훈국Morale Division에 합류해서 심리전 요원들을 만나게 된다. 이후 오랫동안 알고 지내던 마이클 조셀슨과 정보관리국Information Control Division에서 일자리를 얻었다. 나보코프가 작곡가로서 맡았던 분야는 음악으로, 이를 통해 "양질의 심리적·문화적 무기를 확보해 나치즘을 척결하고 민주주의 독일에 대한 순수한 열정을 진작"해야 했다.[19] 그의 업무는 "독일 음악계에서 나치를 축출하고 '깨끗한' 독일인이라고 생각되는 음악인들에게 (직업적으로 활동할 수 있는 권리와) 허가를 내주는 것", 그리고 "독일의 콘서트 프로그램을 감독하면서 민족주의의 징후가 나타나지 않도록 방지하는 것"이었다. 어느 미 군정청 소속 장군은 파티에서 나보코프를 소개하면서 다음과 같이 말했다. "이분은 음악통입니다. 독일놈들Krauts에게 어떻게 음악을 해야 하는지 알려 주는 분이죠."[20]

조셀슨과 나보코프는 단짝까지는 아니지만 뜻이 통하는 사이로까지 발전했다. 나보코프가 감정의 기복이 심하고 육체적 매력을 발산하는 편에 지각을 밥 먹듯이 하는 사람이었다면, 조셀슨은 내성적이고 고상하고 꼼꼼한 성격이었다. 하지만 그들은 망명자라는 정체성과 신세계 미국에

---

18 Nicolas Nabokov, *Bagázh: Memoirs of a Russian Cosmopolitan*, London: Secker & Warburg, 1975.

19 Benno D. Frank(Chief, Theater & Music Control, OMGUS Education & Cultural Relations Division), 30 June 1947, "Cancellation of Registration for German Artists"(OMGUS/RG260/NARA).

20 Nabokov, *Old Friends and New Music*.

대한 믿음이라는 공통의 언어를 공유하고 있었다. 그들에게 미국은 구세계의 안전한 미래를 담보할 수 있는 유일한 안식처였다. 전후 베를린의 극적이고 흥미진진한 시대 상황은 이 두 사람의 관심을 끌었고, 실무자로서 또한 혁신가로서 재능을 발휘할 수 있는 기회를 주었다. 나보코프는 훗날 그의 책에서 조셀슨과 함께 "성공적인 나치 사냥을 수행했으며 유명한 지휘자, 피아니스트, 성악가 몇몇과 수많은 오케스트라 연주자에게 활동 정지 처분을 내렸다"[21]라고 밝혔다(물론 그들 중 대부분은 그럴 만한 사유가 있었고, 일부는 오늘날까지도 그런 처분을 받아야 한다). 이 두 사람은 공식적인 견해들을 거부하면서까지 나치 청산에 대해 실용주의적인 관점을 취했다. 다시 말해 과거 나치 치하 독일 예술가들의 행동을 성분 조사서만으로 뚜렷하게 sui generis 구별할 수 있다는 입장을 거부했던 것이다. 한 동료는 훗날 "아무리 어려운 상황이라도, 그 어떤 것에 대해서도 즉각적인 판단을 내려서는 안 되는 것이 지식인의 역할이라고 조셀슨은 진심으로 믿고 있었습니다"라고 증언했다. "그분 생각에 독일 나치즘은 그로테스크한 것들이 뒤섞인 혼합물이었죠. 미국인들은 대체로 이에 대한 개념이 없었습니다. 미국인들은 그저 몰려들어와 누가 죄인인지만 찍어 댈 뿐이었죠."[22]

1947년 당시 지휘자 빌헬름 푸르트벵글러Wilhelm Furtwängler는 대중들에게 비난의 대상이었다. 그는 파울 힌데미트Paul Hindemith에게 '퇴폐적'이라는 딱지를 붙이는 일에 공개적으로 저항하기도 했었지만, 결국 어느 시점부터는 나치 정권과 호혜적인 관계를 맺게 된다. 프러시아 주 의원으로 공천을 받기도 했던 푸르트벵글러는 나치가 임명한 다른 여러 고위직

---

21 Nabokov, *Old Friends and New Music*.
22 Melvin Lasky, interview in London, August 1997.

을 차지했을 뿐 아니라, 제3제국이 유지되는 동안 베를린 필하모닉 오케스트라와 베를린 국립오페라단을 계속 지휘했다. 1946년 12월, 연합국공동관리위원회Allied Control Commission[23]가 처음 그의 이력에 관심을 가진 지 1년 반이 지나, 이 지휘자는 베를린에서 소집된 예술가조사위원회Tribunal for Artists에 출석하기로 되어 있었다. 이 안건에 대한 청문회는 이틀이 넘게 계속되었다. 결론은 모호했고, 위원회는 그의 조사 파일 처리를 몇 달씩 미뤘다. 그러던 와중에 연합국공동관리위원회는 뚜렷한 이유 없이 그를 무혐의 처리했으며, 1947년 5월 25일 당국은 미국이 징발한 티타니아팔라스트Titania Palast 극장에서 베를린 필하모닉을 지휘해도 좋다는 허가를 내줬다. 마이클 조셀슨이 남긴 문서 중에는 내부자들이 푸르트벵글러의 '비공식적 사면'jumping이라고 일컫는 이 사안에서 그의 역할이 어땠는지 언급하는 메모가 있다. 조셀슨은 이 메모에서 "나는 위대한 독일 지휘자 빌헬름 푸르트벵글러가 나치당에 가입한 적이 없음에도 나치 청산 과정에서 겪게 될 굴욕을 피하도록 하는 데 지대한 역할을 했다"라고 밝혀 두고 있다.[24] 이러한 조작은 나보코프의 도움으로 성공할 수 있었지만, 몇 년이 지나고 난 뒤에는 이 문제의 처리 과정에 대해서 두 사람의 얘기가 명확하게 정리되지는 못했던 것 같다. "자네는 푸르트벵글러가 동베를린에서 기자회견을 열어 **우리가** 즉시 자신의 혐의를 벗겨 주지 않으면 모스크바로 망명하겠다고 위협했던 날짜가 대충 어떻게 되는지 기억하고 있는지 모르겠네." 나보코프가 1977년 조셀슨에게 한 말이다. "자네가 푸르트벵글러 씨를 소련 점령 지구 쪽에서 데리고 나와 우리 쪽으로 모셔오는 데 무

---

23 패전 이후 추축국을 통치하기 위해 미국, 소련, 영국, 프랑스 4개국이 설립한 기구. — 옮긴이
24 Josselson, "The Prelude to My Joining The 'Outfit'".

슨 역할을 했었다고 기억하고 있는데 말이지. (그렇지?) 매클루어Robert A. McClure 장군[정보관리국장]이 당시에 푸르트벵글러가 한 짓에 대해서 짐짓 화를 냈던 일이 기억나는군⋯⋯."[25]

한 미국 관리도 푸르트벵글러 같은 인물이 '신분 세탁'되었다는 사실을 발견하고 분노했다. 1947년 4월 뷔르템베르크바덴 미 군정청의 연극 및 음악 최고책임자 뉴얼 젱킨스Newell Jenkins는 "그렇게 많은 나치 유명 인사들이 음악 분야에서 어떻게 여전히 활동할 수 있는지" 분노하며 해명을 요구하기도 했다. 푸르트벵글러와 마찬가지로, 헤르베르트 폰 카라얀Herbert von Karajan과 엘리자베트 슈바르츠코프Elisabeth Schwarzkopf 또한 미심쩍은 전력에도 불구하고 연합국공동관리위원회에 의해 쉽게 무혐의 처분을 받았다. 카라얀의 경우는 논쟁의 여지가 거의 없다. 그는 1933년부터 나치 당원이었고, 나치 당가 「호르스트 베셀의 노래」Horst Wessel Lied[26]를 주저 없이 콘서트에서 연주했다. 그의 적들은 그를 "나치 친위대 폰 카라얀 대령"이라고 불렀다. 그러나 나치 정권에 협력했음에도 불구하고, 그는 재빨리 베를린 필하모닉 오케스트라의 왕좌를 아무런 논란의 여지 없이 되찾아 올 수 있었다. 그리고 이 오케스트라야말로 소련의 전체주의에 대항하는, 전후의 가장 상징적인 방파제가 되었던 것이다.[27]

25 Nicolas Navokov, to Michael Josselson, 28 October 1977(MJ/HRC).
26 1933년부터 1945년까지는 독일의 국가(國歌)로 쓰이기도 했다. ─ 옮긴이
27 1946년 3월 25일, 오스트리아 빈에서 열린 '연방극장(Federal Theater) 고용 예정 및 자유계약 미술가·가수·음악가·지휘자·제작자의 정치적 성향을 평가하기 위한 교육부 산하 청문위원회'의 한 모임에서 다음과 같은 합의가 있었다. "일급의 지휘자들이 태부족이기 때문에 카라얀이 오스트리아의 음악 발전을 위해 일해 주는 것이 필수적으로 요청된다. 특히 1946년 잘츠부르크 페스티벌에서 세계적으로 유명한 지휘자 4명(토스카니니Arturo Toscanini, 브루노 발터Bruno Walter, 로드 비첨Lord Beechum, 에리히 클라이버Erich Kleiber)에게 지금까지 보낸 초청이 모두 거부된바, 카라얀이 유럽의 일급 지휘자의 역할을 맡아 주어야 함은 더욱 당연한 일이다"(NN/HRC).

슈바르츠코프는 동부전선에서 무장친위대Waffen SS를 위해 독창회를 열었고, 괴벨스의 나치 선전 영화에 출연하기도 했으며, 괴벨스가 작성한 "신의 은총을 입은" 예술가 명단에 등재되어 있었다. 그녀의 나치 당원 번호는 7548960이었다. "정권이 마음에 들지 않는다고 해서 빵 굽는 사람이 일을 그만둬야 하는가?" 유대인의 피가 절반 섞인 그녀의 동료 연주자 페터 겔호른Peter Gellhorn의 질문이다(그 역시 1930년대에 이르러 독일을 탈출해야 했다). 물론 빵은 구워야 한다. 연합국공동관리위원회는 슈바르츠코프의 혐의를 벗겨 주었고, 그녀는 화려한 경력을 쌓게 되었다. 그리고 훗날 영국 왕실로부터 여사Dame[28] 작위까지 받게 된다.

예술가들이 당대의 정치 참여를 어떻게 책임질 것인가 하는 문제는 나치 청산 프로그램의 일관성 없는 방식으로는 절대 해결할 수 없었다. 조셀슨과 나보코프는 이 프로그램의 한계를 날카롭게 인식하고 있었고, 그로 인해 그러한 절차를 건너뛰려는 그들의 동기는 인간적으로, 심지어는 용감한 모습으로 보였다. 다른 한편으로는 그들 또한 도덕적 혼란의 희생자였다. 반공주의 세력을 결집시키는 상징을 만들어 내야 한다는 요구가 나치 제국에 협조한 용의자들의 혐의를 벗겨 줘야 한다는, 시급하면서도 당시에는 잘 알려지지 않은 정치적 지상 과제를 만들어 냈다. 파시즘과 가까웠다는 혐의도 관용의 대상이 되었다. 그 대상이 공산주의에 맞서는 데 이용될 수만 있다면 말이다. 누군가는 소련에 맞서 지휘봉을 잡아야만 했던 것이다. 나보코프가 조셀슨에게 보낸 1977년의 편지에는 그들이 실제

28 영국에서 남성의 기사(Knight)에 해당하는, 여성에게 주어지는 작위. 2등급 이상의 훈장을 받을 경우 공식적인 칭호로 인정되어 이름과 함께 불린다(단, 남성의 경우 '경'Sir이라고 불린다). — 옮긴이

로 푸르트벵글러와 소련을 떼어 놓아야 했다는 사실이 드러나 있다(소련은 그에게 베를린 국립오페라극장을 맡아 줄 것을 제안하며 접근했었다). 그동안 푸르트벵글러는 양쪽 진영을 모두 오가며 연주하고 있었다. 1947년 5월 티타니아팔라스트 극장 무대에 그가 나타났다는 사실은 '오케스트라 전쟁'에서 연합국이 소련을 꺾고 승리했음을 여실히 보여 주는 사건이었다. 1949년에 이르러 푸르트벵글러는 미국 문화 프로그램의 후원하에 외국을 여행할 수 있는 독일 예술가들 중 한 명이 되었다. 1951년에 바이로이트 바그너 축제가 재개되자 오프닝 무대를 지휘했다. 리하르트 바그너 Richard Wagner는 ('민족주의'를 고취시킨다는 이유로) 공식적으로 연주가 금지된 상태였음에도, 이때의 바이로이트 축제는 바그너 가문에 돌려준 상태였다.

언젠가 미국의 전시 정보기관(CIA의 전신인 전략사무국OSS) 수장이었던 윌리엄 도너번William Donovan은 다음과 같이 유명한 말을 남긴 바 있다. "히틀러를 물리칠 수만 있다면 스탈린과도 손을 잡겠다."[29] 손바닥 뒤집듯이 쉽게 이제는 독일이 "우리의 새로운 우방이 되고, 제2차 세계대전의 구세주였던 소련은 적군이 될 것"임이 명백해졌다. 이러한 사실은 극작가 아서 밀러Arthur Miller가 보기에는 "야비한 일"이었다. "시간이 흐르고 난 뒤에야 비로소 이러한 고통스러운 입장 변화, 선악의 딱지를 한 나라에서 뜯어 내 다른 나라에 옮겨 붙이는 짓은 세계가 이론적으로나마 도덕적이라는 통념을 퇴색시켜 버리는 데 일조했다는 생각이 들었다. 어제의 친구가 오늘의 적이 될 수 있다면, 도대체 선과 악은 어느 정도 깊이의 현실성을 갖

---

29 R. Harris Smith, *OSS: The Secret History of America's First Central Intelligence Agency*, Los Angeles: University of California Press, 1972.

고 있다는 얘기인가? 도덕적 의무 개념에 대한 허무주의와 그보다 더 나쁜 것, 즉 앞으로 국제적 문화의 특징이 될 하품 나오는 오락거리들은 히틀러 사후 8년 내지 10년에 이르는 재편 기간에 태동한 것이었다."[30]

　두말할 것 없이, 소련에 대항하는 데에는 충분한 이유가 있었다. 그들이 혹한의 전장으로부터 맹렬하게 진격해 오고 있었기 때문이다. 공산주의자들은 1월에 폴란드를 점령했다. 이탈리아와 프랑스에서는 공산주의 쿠데타가 있을 것이라는 소문이 나돌았다. 소련의 전략가들은 전후 유럽에 널리 퍼진 불안정성이라는 기회를 재빨리 낚아챘다. 스탈린 체제는 그 일사불란하고 완고한 성격에서 비롯된 열의와 지략을 발휘해 서유럽 정부들과는 비교할 수 없이 활기 넘치는 상상력을 구사할 수 있음을 보여 주었다. 그래서 소련은 수많은 비전통적인 수단을 사용해 유럽인들의 의식 속으로 다가오고 있었고, 그들의 편에 설 수 있도록 여론을 회유하는 작업을 펼쳤다. 어떤 면에서는 새롭고, 어떤 면에서는 과거로부터 부활한, 방대한 네트워크의 전선戰線이 형성되었다. 그 네트워크는 1940년, 제2차 세계대전 이전 크렘린의 비밀 선전선동전의 핵심적인 두뇌 빌리 뮌첸베르크 Willi Münzenberg[31]의 사망 이후 활동 중단에 빠진 상태였다. 이제 노동조합, 여성운동, 청소년 단체, 문화 기관, 언론, 출판에 이르기까지 모든 분야가 표적이 되었다.

　문화를 정치적 설득을 위한 도구로 이용하는 데 전문가였던 소련은 냉전 초기에 '문화적 냉전'이라는 중심 패러다임을 확립하는 데 많은 노력

---

30 Arthur Miller, *Timebends: A Life*, London: Methuen, 1987.
31 청년공산주의인터내셔널 의장을 지낸 후 독일 공산당 최고의 선전선동가로 활동하며 선전 활동의 전위 조직인 일명 '뮌첸베르크 사단'을 이끌었다. 하지만 대숙청 이후 스탈린과 반목하여 반파시즘, 반공산주의 활동을 벌이다 나치 치하 프랑스에서 살해당한다. ─ 옮긴이

을 기울였다. 스탈린 체제가 경제력 면에서 미국에 뒤처져 있었기 때문에, 그리고 무엇보다 핵무기를 보유하지 못했다는 사실 때문에, '인간 정신의 전쟁'에서 승리하는 데 주안점을 두게 되었던 것이다. 한편 미국은 뉴딜 시기에 예술 분야에 대한 막대한 통제가 있기는 했어도, 문화 투쟁 분야에 서는 숙맥이나 다름없었다. 한 정보 장교가 색다른 전략이 있을 수 있다는 것을 예측한 것이 1945년에 이르러서인데, 그 전략은 이미 소련이 채택해 서 사용하고 있었다. 이 정보 장교는 전략사무국OSS의 도너번 장군에게 다 음과 같이 보고한 바 있다. "원자폭탄의 발명은 국제적 압력을 행사하는 '평화적' 수단과 '전쟁'이라는 수단 사이의 불균형을 불러올 것입니다. 따 라서 우리는 '평화적' 수단의 중요성이 확연히 증가할 것이라고 예상해야 합니다. 우리의 적들은 [전례가 없을 정도로] 더욱 자유로이 선전전, 체제 전 복, 사보타주와 같은 수단을 발휘하여 …… 우리를 압박해 올 것입니다. 우 리는 이러한 모욕을 더욱더 기꺼이 참아 내야 하며 우리 스스로도 그러한 수단을 마음껏 사용해야 합니다. 어떤 희생을 감수하더라도 개전의 비극 을 피하려는 우리의 열망을 담아서 말입니다. '평화적' 수단은 전쟁 전의 유화기, 명시적인 전쟁기, 전후의 공작 시기에 점점 더 필수불가결한 요소 가 되어 갈 것입니다."[32]

　　이 보고서는 비범한 통찰력을 보여 주고 있었다. 보고서는 심리전, '평화적' 수단에 의한 여론 조작과 타국의 적대적 입장을 약화시키기 위하 여 선전선동술을 활용한다는 새로운 냉전의 개념을 제시하고 있었기 때

---

32 Gregory Bateson(Research & Analysis, OSS), to General Donovan, 18 August 1945(CIA.HSC/ RG263/NARA). (이 보고를 작성한 그레고리 베이트슨은 미국의 문화인류학자이자 언어학자로서 제2차 세계대전 당시 미군에서 나치 영화 분석 업무를 맡고 있었다.)

문이다. 그리고 (미국과 소련이 조우하여) 베를린에서 포문이 열렸을 때 여실히 드러났다시피, '작전용 무기'는 문화의 성격을 띠고 있었다. 문화적 냉전이 시작된 것이다.

각 점령국들이 선전전에서 서로 점수를 올리듯이 경쟁했기 때문에, (당시 유럽의 비참한 상황과 어울리지 않는) 부자연스러울 정도로 세련된 문화생활이 왜곡된 형태로 등장하게 되었다. 1945년 "인간 육체의 악취가 폐허들 위로 여전히 피어오르던 그때", 러시아인들은 아름다운 조명에 붉은 벨벳이 드리워진 아드미랄스팔라스트Admiralspalast 극장에서 국립오페라단이 참여한 크리스토프 빌리발트 글루크Christoph Willibald Gluck의 「오르페우스」Orpheus로 화려한 개관 공연을 개최했다. 포마드를 바른 다부진 체격의 소련 고위 장교들은 「예브게니 오네긴」Yevgeny Onegin을, 혹은 노골적으로 반파시스트적인 각색을 한 「리골레토」Rigoletto를, 훈장이 부딪히는 쩽그렁 소리가 간간이 음악을 방해하는 가운데 함께 관람하며 미군 관계자들에게 흡족한 웃음을 지어 보였다.[33]

조셀슨이 맡은 첫 번째 업무는 (러시아 국립오페라단의 유일한 라이벌이라 할 수 있는) 독일 국립오페라단이 보유하고 있던 수천 가지의 의상을 회수하는 일이었다. 나치는 그 의상을 베를린 밖 미국 점령 지역에 있는 소금 광산 지하에 안전하게 보관하고 있었다. 비 내리던 음침한 어느 날, 조셀슨은 나보코프와 함께 의상들을 접수하기 위해 출발했다. 베를린으로 돌아오는 길에 조셀슨의 지프차는 나보코프가 타고 있던 징발한 벤츠 승

---

33 Richard Mayne, *Postwar: The Dawn of Today's Europe*, London: Thames & Hudson, 1983. 이 책은 파시즘 이후 유럽의 물질적·심리적 조건에 대한 생생한 재구성이다. 나는 연합국 점령하의 베를린에 대해서 메인의 기록으로부터 많은 도움을 받았다.

용차 앞에서 달리고 있었는데, 전속력으로 주행 중 소련이 설치한 통행 저지선을 들이받고 말았다. 무수히 상처를 입고 의식을 잃은 조셀슨은 소련군 병원에 후송되었고, 소련의 여성 간호 장교들이 그의 상처를 봉합해 주었다. 다시 일어설 기운을 차린 그는 미국 점령 지역의 막사로 돌아갔다 (당시 떠오르는 신예 배우 피터 반 에이크Peter van Eyck와 함께 사용하던 막사였다). 소련 의료진의 보살핌이 없었다면, 조셀슨은 살아날 수 없었을 터였고, 미국 대對소련 문화계 선전선동 활동의 디아길레프[34]가 될 수 없었을지도 모른다. 소련은 결국 향후 20년간 자신들의 문화적 헤게모니를 침식시킬 장본인을 살려 놓았던 것이다.

1947년 소련은 베를린의 운터덴린덴 대로에 '소비에트 문화의 전당' House of Soviet Culture을 개관하는, 또 다른 기습 공격을 감행한다. 이렇게 소련이 주도권을 잡자, 영국의 한 문화 담당 장교는 놀라움을 감추지 못하고 이를 부러워하여 이 전당이 "다른 어떤 점령국도 이루지 못한 것을 이루었으며 우리의 미약한 시도를 무력화시키고 말았다"라고 보고했다. "전당은 가장 화려한 장식으로 가득 찼다. 고풍스럽고 훌륭한 가구며, 방마다 깔아 놓은 카펫에, 눈부신 조명, 더위가 느껴질 정도의 난방에 새로 페인트칠까지 되어 있었고……바와 흡연실도 구비해 놓았다. ……가히 사람의 마음을 설레게 할 만하며, 여기에 구비해 놓은 부드러운 카펫과 샹들리에는 마치 리츠 호텔에 온 듯한 느낌을 준다. ……폭넓은 대중들에게 손을 내밀면서 러시아인들이 문명화되지 않았다는 선입관을 바꿔 놓을 수

---

34 세르게이 디아길레프(Sergei Diaghilev)는 발레뤼스 발레단(Ballet Russe)을 창단·운영한 기획자로서, 뛰어난 예술가들과의 작업, 그리고 그 작업을 흥행으로 연결시키는 기획력으로 당대 유럽 예술 분야에 미친 영향력이 막강했다. 저자는 조셀슨이 이후에 '문화적 냉전' 분야에서 벌일 활약을 그에게 비유하고 있다. ― 옮긴이

있는 대단한 문화 시설이다. 최근 이러한 소련 측의 시도는 우리에게 좌절감을 준다. 우리가 이루어 놓은 것은 너무 보잘것없다. 정보센터 하나에 열람실 몇 개뿐인데 그나마도 석탄이 없어서 문을 닫지 않았는가! …… 러시아가 이렇게 문화 투쟁에 돌입했으니, 이곳 베를린에서 우리도 영국의 성공을 위해서 박차를 가해 러시아에 필적할 만한 대담한 계획을 세워야 한다."[35]

영국 측에는 열람실 난방에 필요한 석탄이 부족했던 그때, 미국은 미국의 집Amerika-Häuser을 개관함으로써 소련에 대담한 반격을 가하기 시작했다. '미국 문화의 전진기지'로 설립된 이 기관은 혹독한 기후를 피해 안락한 환경 속에 책을 읽을 수 있는 열람실과 영화 상영, 음악 연주회, 토론회와 미술 전시를 할 수 있는 공간을 마련해 두고 있었다. 모두 "압도적으로 미국 문화를 홍보하는" 내용이었다. '잔해에서 벗어나'Out of the Rubble라는 제목의 연설에서 교육문화국장은 미국의 집 임직원들에게 그들의 업무가 영웅적인 사명을 띠고 있음을 다음과 같이 강조했다. "이토록 막중한 임무를, 이토록 도전적인 업무를, 또는 이토록 위험천만한 일을 할 수 있는 특권을 가졌던 사람은 일찍이 없었습니다. 여러분은 패배하고 정복당하고 점령당한 독일인들의 지적·도덕적·정신적·문화적 재교육에 도움을 주도록 선택받은 사람들입니다." 하지만 그는 다음과 같이 지적했다. "문화 영역에서 미국의 엄청난 기여가 있었음에도 불구하고, 이러한 사실이 일반적으로 독일인들에게나 전 세계에 잘 알려지지 않았습니다. 우리의 문화는 물질적인 것으로 알려졌고, '우리 유럽이 가진 것은 기술과 지식이

35 R. E. Colby(British Control commission, Berlin), to Montague Pollock, 19 March 1947(BCCB/FO924/PRO).

요, 너희 미국이 가진 것은 돈이다'라는 말이나 듣기 일쑤였죠."[36]

　　주로 소련에서 나온 정치선전의 영향으로, 미국은 문화적으로 척박한 나라, 껌이나 질경질경 씹고 쉐보레 차를 몰면서 뒤퐁 나일론으로 휘감고 다니는 속물들의 나라로 받아들여지고 있었다. '미국의 집'은 이러한 부정적인 고정관념을 뒤집는 데 큰 역할을 했다. 어느 열성적인 '미국의 집' 직원은 다음과 같이 말했다. "한 가지는 확실하다. 미 본토에서 공수해 온 출판물들이 …… 수대에 걸쳐 미국은 문화적으로 낙후된 곳이라고 생각하던, 그리고 부분의 잘못을 전체의 잘못으로 호도하곤 했던 독일 사회에 매우 깊은 인상을 심어 주었다." "문화적으로 지체되었다는 미국에 대한 역사적 관념"에 바탕을 둔 상투적 견해는 '좋은 책' 프로그램으로 인해 서서히 약화되었고, 미국에 대한 부정적 시각을 고수해 왔던 바로 그 독일 사회가 이제는 "조용히, 하지만 깊은 인상을 받았다"라는 얘기였다.[37]

　　떨쳐 없애기 힘든 상투적인 선입관들도 있었다. '미국의 집' 강사 한 명이 "오늘날 미국 흑인의 위치"에 대해 설명하는 자리에서 "선의에서 우러나온 것이라 볼 수 없는" 질문에 맞닥뜨리게 된다. 그 강사는 "질문자들이 공산주의적 의도를 가졌든 아니든 간에 관계없이 격렬한 질문 공세를 받게 되었다." 미국의 집 측으로서는 다행스럽게도, 이 강연 후에 "흑인 5중주단의 공연이 이어졌다. 공식 폐막 시간 이후에도 이 흑인들의 노래는 계속되었다. …… 이 사건이 보여 준 의미는 너무나도 시의적절한 것이어서 이 흑인 그룹이 재공연을 열도록 하는 결정이 내려졌다."[38] 미국에서의

36　Alonzo Grace(Director, Education & Cultural Relations Division), "Out of the Rubble: An Address on the Reorientation of the German People", Berchtesgaden, undated(OMGUS/RG260/NARA).

37　W. G. Headrick(OMGUS Information Control Division), "Facts About the US Information Centers in Germany, 19 August 1946(OMGUS/RG260/NARA).

인종문제는 소련의 정치선전이 집요하게 이용했던 문제로서, 많은 유럽인들이 미국이 과연 민주주의를, 즉 미국이 스스로 세계에 전파시키고 있다는 바로 그 민주주의를 실천할 능력이 있는지 미심쩍은 생각을 갖게 만들었다. 따라서 아프리카계 미국인들이 유럽에서 연주하는 활동은 그러한 치명적인 인식을 씻어 내는 역할을 하게 될 것이라는 계산이 있었다. 1947년 미군 당국의 보고에는 다음과 같은 계획이 들어 있다. "미국 최고의 흑인 보컬리스트로 하여금 독일에서 콘서트를 열게 한다. …… 매리언 앤더슨Marian Anderson이나 도로시 메이너Dorothy Maynor가 독일 관객 앞에 등장하는 것은 대단히 중요한 일이다."[39] 흑인 아티스트들의 홍보 활동은 미국 편에서 문화적 냉전을 수행하는 전사들에게 가장 시급한 선결 과제가 되었다.

소련의 문화적 공격에 대한 미국의 대응이 이제 속도를 붙여 가고 있었다. 미국 현대 문화의 성취는 모두 무기가 되어 유럽에 파견되었고 베를린은 그 전시장이 되었다. 줄리어드, 커티스, 이스트먼, 피바디 등 미국 최고 아카데미의 새로운 오페라 영재들이 수입되었다. 미 군정은 독일 교향악단 18개를 관리하고 있었고, 같은 수의 오페라단도 휘하에 두고 있었다. 많은 독일 작곡가들이 활동 금지를 당한 상황에서, 미국 작곡가들을 위한 시장은 기하급수적으로 확대되고 있었고, 작곡가들은 이러한 상황을 최대한 활용하고 있었다. 새뮤얼 바버Samuel Barber, 레너드 번스타인Leonard Bernstein, 엘리엇 카터Elliott Carter, 에런 코플런드Aaron Copland, 조지 거슈윈

38 *Amerika Haus Review*, July 1950(OMGUS/RG260/NARA).
39 OMGUS Education & Cultural Relations Division, Theater & Music Section, "Periodic Report", March 1947(OMGUS/RG260/NARA).

George Gershwin, 잔 카를로 메노티Gian Carlo Menotti, 버질 톰슨Virgil Thompson 등을 비롯해 많은 미국 작곡가들이 정부의 찬조 아래 유럽에서 초연을 열게 되었다.

미국 내 학자, 극작가, 연출가의 자문을 받은 엄청난 규모의 연극 프로그램 역시 시작되었다. 릴리언 헬먼Lillian Hellman, 유진 오닐Eugene O'Neill, 손턴 와일더Thornton Wilder, 테네시 윌리엄스Tennessee Williams, 윌리엄 사로얀William Saroyan, 클리퍼드 오데츠Clifford Odets, 존 스타인벡John Steinbeck의 희곡이 무대에 올랐다. 관객들은 고드름이 천장에 떨어질 듯 매달린 꽁꽁 얼어붙은 극장에 옹송그리며 모여 앉아서 연극을 구경할 정도로 열성적이었다. 삶의 기본 원칙들을 관객에게 전달한다는 '도덕적 기관'Moralische Anstalt이라는 실러Friedrich Schiller의 극작 이론에 따라 미국 당국은 값진 도덕적 교훈을 담은 인기 연극 리스트를 만들어 낸다. '자유와 민주'의 원칙 아래 헨리크 입센Henrik Ipsen의 『페르 귄트』Peer Gynt, 버나드 쇼Bernard Shaw의 『악마의 제자』The Devil's Disciple, 로버트 셔우드Robert Sherwood의 『일리노이의 에이브러햄 링컨』Abe Lincoln in Illinois이 상연되었다. '신념의 힘'이라는 원칙은 괴테Johann Wolfgang von Goethe의 『파우스트』Faust와 그의 다른 작품들, 아우구스트 스트린드베리August Strindberg와 버나드 쇼의 연극을 통해 표현되었다. '인류 평등'의 메시지는 막심 고리키Maxim Gorki의 『밑바닥에서』Na dne, 프란츠 그릴파르처Franz Grillparzer의 『메데이아』Medea에서 추출해 냈다. '전쟁과 평화'라는 주제로는 아리스토파네스의 『리시스트라타』Lysistrata, 로버트 캐드릭 셰리프Robert Cedric Sherriff의 『여로의 끝』Journey's End, 손턴 와일더의 『위기일발』Skin of our Teeth, 존 허시John Hersey의 『아다노의 종』A Bell for Adano이 공연되었다. '부패와 정의'는 『햄릿』Hamlet, 고골Nikolai Gogol의 『검찰관』Revizor, 피에르 보마르셰Pierre Beaumarchais의 『피가로의 결혼』*Le Mariage de Figaro*, 그리고 대부분의 입센 작품들이 다루는 주제라고 여겨졌다. 또한 '권선징악', '도덕·취향·예절', '행복의 추구', 더 나아가 '나치즘의 폭로'라는 더욱 음울한 규범을 주제로 공연이 이루어졌다. "그리스 고전들처럼 헤어 나올 수 없는 운명의 지배에 따라 파멸이나 자기 파멸에 이를 수밖에 없는 모든 연극들"은 "현재 독일인들의 정신적·심리적 상태"에는 부적절하다는 판단이 내려졌다. 『율리우스 카이사르』*Julius Caesar*와 『코리올레이너스』*Coriolanus*(전제체제에 대한 찬양), 『홈부르크의 왕자 프리드리히』*Prinz von Homburg*와 그 밖의 클라이스트Heinrich von Kleist의 희곡들(쇼비니즘), 톨스토이Lev Tolstory의 『산송장』*Zhivoy trup*(사회에 대한 정당한 비판이 반사회적인 결말로 치달음), 크누트 함순Knut Hamsun의 모든 연극(명백한 나치 이데올로기), 그리고 "언제든 나치즘에 봉사할 우려가 있는"[40] 다른 모든 작가들의 작품이 블랙리스트에 올랐다.

"책은 전쟁만큼 대단한 것이다"라는 디즈레일리Benjamin Disraeli의 경구를 유념이라도 한 듯, 방대한 출판 프로그램이 시작되었다. "가능한 한 가장 효율적인 방법으로 미국의 이야기를 독일 독자들에 제시한다"라는 것이 주된 목표였다. 점령 당국은 '일반 도서'의 출간을 지속적으로 보장해 주겠다며 상업 출판업자들을 독려했다. "선전선동물이라는 오명을 쓰지 않을 수 있었기 때문에, 정부가 지원한 출판물보다 더 쉽게 독자들에게 다가갈 수 있을" 것으로 기대되었기 때문이다.[41] 하지만 그들이 의도하

---

40 Lionel Royce(Theater & Music Section, OMGUS Education & Cultural Relations Division), to Hans Speier(Office of War Information, Washington), 12 May 1945(OMGUS/RG260/NARA).

41 Douglas Waples(Publications Section, OMGUS Information Control Division), "Publications for Germany: Agenda for Psychological Warfare Division and Office of War Information Conference", 14 April 1945(OMGUS/RG260/NARA).

는 바는 물론 선전선동물이었다. 미 군정청 전시심리전단PWD의 의뢰를 받아 수많은 작품들이 번역되었다. 하워드 패스트Howard Fast의 『시민 톰 페인』Citizen Tom Paine, 아서 슐레진저 2세의 『뉴딜정책의 실행』The New Deal in Action, 뉴욕현대미술관Museum of Modern Art, MoMA이 펴낸 『미국의 건축』Built in the USA 등 그 범위도 다양했다. "가장 영향을 많이 받는 연령층인 어린이들에게 적합한" 책들도 독일어판으로 출간되었다. 너새니얼 호손Nathaniel Hawthorne의 『신기한 이야기』Wonder Tales, 마크 트웨인Mark Twain의 『아서 왕궁전의 코네티컷 양키』A Connecticut Yankee in King Arthur's Court, 로라 잉걸스 와일더Laura Ingalls Wilder의 『초원의 집』Little Town on the Prairie 등이 이에 속하는 작품들이었다.

전후 독일에서(그리고 다른 점령 지역도 포함해서) 대다수 미국인들에 대한 평판은 결정적으로 이러한 출판 프로그램의 도움을 받았다. 또한 미국 문화의 위신도 높아졌다. 루이자 메이 올컷Louisa May Alcott, 펄 벅Pearl Buck, 자크 바전Jacques Barzun, 제임스 버넘, 윌라 캐더Willa Cather, 노먼 커즌스Norman Cousins, 윌리엄 포크너William Faulkner, 엘런 글래스고Ellen Glasgow, 어니스트 헤밍웨이, F. O. 매시어슨F. O. Matthiessen, 라인홀트 니부어Reinhold Niebuhr, 칼 샌드버그Carl Sandburg, 제임스 서버James Thurber, 이디스 워튼Edith Wharton, 토머스 울프Thomas Wolfe의 작품들이 발표되었기 때문이다.

노골적인 '반공주의 프로그램'의 일환으로 유럽 작가들이 동원되기도 했다. "소련의 외교정책과 그 정치체제인 공산주의를 객관적이고 설득력이 있으며 시의 적절하게 비판한 모든 글"[42]이 그 대상이었다. 이러

---

42 Ula Moeser(OMGUS Information Control Division), "Political Education Program", undated (OMGUS/RG260/NARA).

한 기준에 부합하는 것으로는 앙드레 지드André Gide가 소련에서 환멸을 느낀 경험을 다룬『소련 기행』Retour de l'U.R.S.S., 아서 쾨슬러의『한낮의 어둠』Darkness at Noon과『요가 수행자와 인민위원』The Yogi and the Commissar, 이냐치오 실로네Ignazio Silone의『빵과 포도주』Vino e Pane가 있었다. 이렇게 쾨슬러와 실로네는 이후 미국 정부의 품에서 벌인 수많은 활동에서 그 첫발을 내딛게 되었다. 몇몇 책들은 출판 허가가 보류되었다. 존 포스터 덜레스John Foster Dulles의 이제는 시대착오가 되어 버린 저서『러시아와 미국: 태평양을 사이에 둔 이웃』Russia and America: Pacific Neighbour이 당시의 희생양이었다.

미술 영역에서는 모호이너지 부인Sibyl Moholy-Nagy이 독일 청중들 앞에서 작고한 남편 라슬로 모호이너지László Moholy-Nagy의 작품, 그리고 시카고의 '신新바우하우스'New Bauhaus의 새롭고 흥미로운 지향에 대해 강연한 것을 들 수 있을 것이다. 그녀의 강의를 두고 어느 호의적인 기자가 말했다. "미국의 문화와 미술에 대해 불완전한 인식을 갖고 있던 우리들에게 많은 정보를 제공해 주었다."[43] 이러한 인식은 구겐하임미술관Solomon R. Guggenheim Museum의 '추상회화'Non-Objective Paintings 전시회를 통해 더욱 확산되었다. 이는 뉴욕파New York School[44] 혹은 추상표현주의로 알려진 미술이 정부 차원의 지원 아래 열린 첫 전시회였다. 전시회 측은 새로운 미술로 관객들이 충격을 받을까 싶어 '현대미술의 근본 사상'에 대한 강의를 관람객에게 제공하기도 했다. '예술적 표현의 추상적 가능성'을 소개하며

---

43 *Amerika Haus Review*, July 1950(OMGUS/RG260/NARA).
44 1950~60년대 뉴욕에서 액션페인팅, 추상표현주의 회화, 재즈, 즉흥 연극, 실험 음악 등을 창작하던 시인·화가·무용가·음악가 들의 비공식적 그룹을 가리킨다. 협의의 의미로 추상표현주의 회화만을 일컫기도 한다. — 옮긴이

친숙한 중세 회화를 예로 드는 내용이었다.

퇴폐미술Entartekunst 전시회에 대한 기억[45]과 그토록 많은 미술가들이 미국으로 탈출해야 했던 고통스러운 기억이 여전히 생생한 가운데, 이제 유럽 문화는 파시즘이라는 거센 파도에 부서져 새로운 비잔티움[46]인 미국으로 떠내려 간 듯한 인상을 주었다. 소문에 의하면, 뉘른베르크 전당대회의 인파를 겪어 봤던 사람들조차도 어느 강사가 "미국에서는 특별한 스포츠 이벤트의 경기장을 가득 메운 관중들의 수에 필적할 만한, 엄청난 청중들이 들어찬 늦은 밤의 대규모 교향곡 야외 콘서트가 열린다"라고 하자 놀라워했다고 한다.[47]

모든 노력이 성공적이지만은 않았다. 엘러리 퀸Ellery Queen의 『미스터리매거진』Mystery Magazine이 독일어로 번역·출간되기 시작한 일은 마이클 조셀슨 같은 사람을 당혹스럽게 만들었다. 그러나 예일글리클럽Yale Glee Club[48]의 활동을 모범으로 삼아 "집단주의의 해독제로 기능하기 위한 대학 커리큘럼상의 예술 교육이 지닌 엄청난 중요성"[49]을 모든 사람에게 납득시키기란 어려운 일이었다. 심지어 다름슈타트 악파Darmstadt School는 출발부터 삐걱거렸다. 미 군정 당국의 대담한 시도였던 '다름슈타트 신음악 휴일 코스'Darmstadt Holiday Courses for New Music는 급진적인 신음악에 대한 의견 충돌 때문에 노골적인 적대감을 불러일으켜 거의 소요에 가까운 사태

---

45 나치가 추상미술을 '퇴폐적'이라고 규정한 뒤 압수·소각한 일을 가리킨다. ― 옮긴이
46 예이츠(William Butler Yeats)의 시 「비잔티움으로의 항해」(Sailing to Byzantium)에서 따온 비유. 이 시에서 비잔티움은 현실을 초월한 이상적인 예술의 세계로 묘사된다. ― 옮긴이
47 *Amerika Haus Review*, July 1950(OMGUS/RG260/NARA).
48 1861년 창단된 예일대학의 혼성 합창단. ― 옮긴이
49 Ralph Burns(Chief, OMGUS Cultural Affairs Branch), "Review of Activities", July 1949(OMGUS/RG260/NARA).

와 함께 마무리되었다. 공식 평가서는 다음과 같이 결론 맺고 있다. "이 음악의 대부분은 쓸모없다는, 오히려 연주하지 않는 편이 좋았다는 의견이 일반적인 분위기였다. 12음계 음악에 과도한 주안점을 둔 것은 애석한 일이다. 어느 평론가는 이 콘서트를 '딜레탕티슴의 승리'라고 일컫기까지 했다. …… 프랑스에서 참가한 학생들은 서로에게 무관심한 태도로 속물적으로 행동했다. 그들의 강사였던 르네 레보비츠René Leibowitz는 가장 급진적인 종류의 음악만이 유효하다는 입장을 보였고 다른 종류의 음악들은 대놓고 무시하는 모습이었다. 학생들은 이런 그의 태도를 흉내 냈다. 내년 과정에서는 이와는 다른, 더욱 보편적인 방식으로 교육이 이루어져야 한다는 의견이 일반적이 되었다."⁵⁰ 물론 다름슈타트는 몇 년 후 전위적 음악 실험의 거점이 되었지만 말이다.

하지만 그 모든 교향곡 연주회와 연극, 전시회도 1947년의 길고 혹독한 겨울이 드러낸 냉혹한 현실을 감출 수는 없었다. 유럽은 파산하고 있었다. 횡행하는 암시장과 (대체로 공산주의적 노동조합이 기획한) 일련의 심각한 파업 사태, 그리고 시민들의 불안감이 전쟁 최악의 암흑기에 겪었던 경험에 필적할 만한 경제적 퇴행과 궁핍을 야기했다. 독일에서는 화폐가치가 추락했고 의약품과 의류를 구하는 것이 불가능한 상황이 되었다. 가족 전체가 물도 전기도 없는 지하 벙커에서 살았고, 어린 소년 소녀들은 초콜릿바를 얻기 위해 미군들에게 성을 팔았다.

1947년 6월 5일, 이제는 트루먼Harry Truman 내각의 국무장관이 된 전시의 참모총장 조지 마셜George Catlett Marshall이 이러한 '대재앙'을 해결할 방안을 발표했다. 원자물리학자 오펜하이머Robert Oppenheimer, 노르망디 상

---

50 Ibid.

륙작전 'D-데이'의 사령관 브래들리Omar Bradley 장군, T. S. 엘리엇이 참석한(이들 역시 마셜과 함께 명예학위를 받는 자리였다) 296회 하버드대학 졸업식 연설 자리에서 마셜은 전후 유럽 운명의 결정적 순간으로 기록되는 10분간의 연설을 하게 된다. "전 세계가 [그리고] …… 우리에게 익숙한 삶의 방식이 앞날을 알 수 없는 상태에 놓여 있다"라는 점을 상기시키며 그는 신세계가 신용 재정과 광범위한 물질적 원조라는 비상 프로그램을 발동해 구세계의 붕괴를 막아 내야 한다고 제창했다. 마셜은 다음과 같이 주장했다. "불안정성이 광범위하게 퍼져 있습니다. 자유로운 인류와 문명 세계의 이익에 반하여 유럽 전체의 면면을 수정하려는 온갖 시도가 있다는 것을 우리는 잘 알고 있습니다. …… 지금의 위기를 유럽에만 맡겨 놓는다면 탈출구는 없을 것입니다. 이토록 극심한 경제적 곤궁과 이토록 폭력적인 사회적 불화와 이토록 널리 퍼진 정치적 혼란은 서구 문명이라는 역사적 기반이, 다시 말해 우리가 믿어 오고 선조들로부터 상속되어 우리의 삶을 이루는 요소가 되어 왔던 이 역사적 기반이 독일에서 우리 모두가 함께 물리치기 위해 싸워 왔던 그 전제 정치의 형상으로 대치되어 버릴지도 모릅니다."[51]

마셜 장군은 연설을 하면서 따사로운 봄볕 속에 모여든 학생들의 면면을 살펴보았다. 그는 그 속에서 예전에 시인 존 크로 랜섬John Crowe Ransom이 보았던 것처럼, "횃불처럼 불타오르며 / 사그라들기에는 아까운 / 갈 곳을 잃은 불씨처럼 / 이리저리 흩어지며 부서지는 / 하버드의 젊

---

51 George C. Marshall, commencement address for Harvard University, 5 June 1947. *Foreign Relations of the United States*, vol.3, 1947, Washington: United States Government Printing Office, 1947에서 재인용.

은 학사들"[52]을 보았다. 이 연설이 공식 정부 행사 자리가 아닌 바로 이 대학에서 이루어진 것은 우연이 아니었다. 이 연설의 대상은 미국의 '명백한 사명'을 깨달아야 하는 사람들, 공산주의라는 어둠에 뒤덮일 위기에 처한 세계를 전통적 가치들로 바로 세우려는 엘리트들이었다. 이후에 '마셜플랜'으로 알려지게 된 이 정책이야말로 이들의 유산이었던 것이다.

마셜의 연설은 수개월 전에 발표와 더불어 '트루먼 독트린'으로 신성시된 트루먼 대통령의 이념적 동원령을 강조하는 차원에서 이루어진 것이었다. 트루먼은 공산주의로 체제 전복이 우려되던 그리스의 상황과 관련, 1947년 3월 의회 연설에서 예언적인 어조로 미국의 개입을 요청하는 새로운 시대를 제시한 바 있다. "세계 역사상 유례없이 거의 모든 국가가 삶의 방식을 선택해야만 하는 상황에 처해 있습니다"라고 그는 선언했다. "자유롭지 않은 삶을 선택하는 경우가 종종 발생하고 있습니다. 한쪽의 삶은 다수의 의지로 이뤄 나가는 삶이고 …… 나머지 하나는 …… 다수를 강압하는 소수의 의지로 이뤄 나가는 삶입니다. 그것은 폭력과 압제, 언론과 라디오에 대한 통제, 선거 조작, 개인의 자유에 대한 억압에 기초하고 있습니다. 무장한 소수 혹은 외부의 압제의 지배를 거부하는 자유로운 사람들에 대한 원조가 미국의 정책 기조가 되어야 한다고 저는 믿고 있습니다. 또한 자유로운 사람들이 자신들의 방식으로 자신들의 운명을 개척할 수 있도록 원조하는 것이 우리의 의무라고 저는 또한 믿고 있습니다."[53]

트루먼의 연설이 있은 후, 국무장관 딘 애치슨Dean Acheson은 의원들

---

52 John Crowe Ransom, "Address to the Scholars of New England"(23 June 1939), *Selected Poems*, New York: Knopf, 1964.
53 Harry S. Truman, address to Congress, 12 March 1947. Harry S. Truman, *Memoirs: Year of Decisions*, New York: Doubleday, 1955에서 재인용.

에게 이렇게 말했다. "우리는 유사 이래 초유의 상황에 직면해 있습니다. 로마와 카르타고 시대 이후 이러한 힘의 대립은 지구상에 없었습니다. 더구나 이 양대 강국은 극복할 수 없는 이념적 간극으로 갈라서 있습니다."[54] 트루먼의 의회 연설 원고를 작성했던 국무부 관료 조지프 존스Joseph Jones 또한 대통령의 발표가 보여 준 어마어마한 영향력을 잘 알고 있었다. "모든 장애물이 대담한 조치로 무너지게 되었다"라고 말이다. 의원들도 "인류 역사의 새로운 장이 열렸으며, 위대한 국가들의 기나긴 역사 속에서도 일찍이 일어난 바 없는 드라마 같은 일에 참여했다는 사실이 영광스럽다"라고 생각했다.[55]

트루먼의 연설은 미국의 전후 역할에 대한 전통적 인식을 크게 강조함으로써 이후 마셜 장군의 연설에서 반공주의적인 색채가 두드러지지 않도록 하는 수사학적 상황을 마련해 주었다. 경제적 원조와 정치적 강제가 짝을 이룬 두 가지 정책의 조합이 전하는 메시지는 분명했다. 서유럽의 미래는, 아니 서유럽에 미래가 허락되려면, 이제 팍스 아메리카나에 긴밀하게 협조해야 한다는 것이었다.

6월 17일 소련의 일간지 『프라우다』Pravda는 마셜의 선언이 트루먼의 "달러를 이용해 정치적 압력을 행사하려는 계획, 그리고 타국의 내정 간섭 프로그램"의 연장선에 있다고 공격했다.[56] 전全 유럽에 대한 복구 계획에 소련도 동참해 달라는 마셜의 제안이 있기는 했지만, 조지 케넌George Kennan의 말에 따르면 이는 "애당초부터 받아들여지지 못하도록 의도된,

---

54 Joseph Jones, *Fifteen Weeks*, New York: Viking, 1955.
55 *Ibid*.
56 *Pravda*, 17 June 1947.

순수하지 못한" 제안이었다.[57] 예상대로 그들은 마셜플랜에 동참하기를 거부했다. 소련의 거부는 과장되어 알려진 측면도 있다. 하지만 마셜플랜이 인도주의적인 의도 이면에 정치적 의제가 결합된 것이라고 생각했다는 점에서는 소련이 옳았다. 소련과의 협력을 상상하기 힘들었던 이유는 마셜플랜이 냉전 체제의 정신 안에서 기획된 것이었고, 모스크바와 그 위성국가들과의 관계를 악화시키려는 의도가 있었기 때문이다.[58] "공산주의자들이 서유럽에서 쓸데없는 짓을 할 기회를 절대 허용해서는 안 된다는 사실은 줄곧 암묵적으로 받아들여졌다." 마셜플랜의 실무자 데니스 피츠제럴드Dennis Fitzgerald가 밝힌 내용이다. "X, Y, Z의 요구 사항을 충분히 충족시키지 못할 경우, 공산주의자들이 자신의 이익을 관철시키기 위해 이 상황을 이용할 것이라는 주장이 항상 있었다."[59] 마셜플랜 사무관 리처드 비셀Richard Bissel 역시 이러한 관점을 뒷받침해 주고 있다. "마셜플랜이 전적으로 이타적인 문제에서 비롯된 것은 아니라는 사실은 한국전쟁 발발 이전에도 모두들 알고 있었다. 우리의 바람은 서유럽 각국의 경제력을 강화함으로써 북대서양조약기구NATO 연합국의 회원국으로서의 유용성을 증대하고 '냉전 체제의 우방이 되도록 해' 유럽 방위의 책임을 나눠 질 수 있도록 만드는 것이었다."[60] 겉으로 드러나지는 않았지만, 이 나라들은 "냉전 체제를 떠받치기 위해" 영구적인 부담을 나눠 지도록 요구받았다. 그래서 마셜플랜의 자금이 곧 서유럽에서의 문화 투쟁을 부양하는 데 흘

57 Walter L. Hixson, *George F. Kennan: Cold War Iconoclast*, New York: Columbia University Press, 1989.
58 *Ibid*.
59 *Ibid*.
60 Richard Bissell, *Reflections of a Cold Warriors: From Yalta to the Bay of Pigs*, New Haven: Yale University Press, 1996.

러들어 가게 되었던 것이다.

1947년 10월 5일, 국제공산당정보기구Communist Information Bureau(약칭 '코민포름'Cominform)가 유고슬라비아 베오그라드에서 첫 회의를 소집했다. 1년 전 9월 모스크바에서 조직된 이 정보기구는 해체된 코민테른Comintern을 대체하는, 스탈린의 정치선전을 위한 새로운 기반이었다. 베오그라드 회의는 트루먼 독트린과 마셜플랜을 두고 "세계적 패권을 추구하는 미국의 열망"을 실현하기 위해 마련된 "공격적인" 술책이라 맹렬히 비난하며 이에 대한 도전을 공개적으로 천명했다.[61] 스탈린의 무자비한 문화 정책의 설계자 안드레이 즈다노프Andrei Zhdanov는 서유럽의 공산주의자들에게 말했다. "경제적으로 또는 정치적으로 자신의 조국을 예속시키려는 시도에 맞서 투쟁할 때, 국가의 영광과 독립을 지키기 위해 모든 외부 세력을 물리칠 준비가 되어 있다면, 유럽을 예속시키려는 어떠한 계획도 성공하지 못할 것이다."[62] 마셜이 미국 지성의 중심지를 택해 연설을 한 것과 마찬가지로, 즈다노프 또한 전 세계의 지식인들에게 공산주의의 깃발 아래 펜을 들어 미국의 지배를 성토할 것을 요청했다. "[유럽의] 공산당은 지식인들을 대상으로 한 활동에서 눈에 띄는 성공을 거뒀다. 해당 국가 내에서 과학·예술·문학 분야 최고의 인재들이 공산당에 속해 있으며, 지식인들 사이에서 전위적인 투쟁 운동을 이끌고 있고, 그들의 창조적이고 부단한 투쟁을 통해 공산주의의 이상 아래 점점 더 많은 지식인들이 모여드는 것이 그 증거다."[63]

61 Americans for Intellectual Freedom, "Joint Statement on the Cultural and Scientific Conference for World Peace", March 1949(ACCF/NYU).
62 Andrei Zhdanov, "Report on the International Situation", *Politics and Ideology*, Moscow, 1949.
63 Ibid.

10월 말, 코민포름의 사상적 돌격대들이 캄메슈피엘 극장Kammespiel Theatre에서 열린 동베를린작가회의East Berlin Writers' Congress에 모였다. '논쟁'(물론 우리가 생각하는 그런 논쟁은 아니었다)이 고조되어 갈 때, 뾰족한 턱수염을 기른, 어딘가 레닌 같아 보이는 어느 젊은 미국 청년이 단상에 뛰어 올라 마이크를 잡았다. 유창한 독일어를 구사하던 그는 35분간 단상을 지켰다. 그는 히틀러를 비판하는 용기를 가졌던 작가들을 상찬했고, 나치 체제와 새로운 공산주의 경찰국가가 서로 유사하다고 폭로했다. 위험한 순간이었다. 행사에 지장을 초래하고 공산주의 진영의 정치선전 실행 계획을 망쳐 버리는 행동은 미친 짓 혹은 용기 있는 일, 둘 중 하나이거나 둘 다였다. 이것이 바로 멜빈 래스키의 등장이었다.

1920년 뉴욕 브롱크스에서 태어난 멜빈 조너 래스키Melvin Jonah Lasky는 이디시어[64]를 쓰는 조부의 '보이지 않는 영향' 속에서 자랐다. 그의 조부는 턱수염을 기른 학식 있는 사람으로 어린 래스키에게 유대인들의 전설을 들려주곤 했다. 뉴욕시립대학의 '가장 뛰어난' 졸업생 중 하나로 확고한 반스탈린주의자였고 지적인, 때로는 물리적인 충돌을 즐겼던 래스키는 이 격렬한 사상적 논쟁을 통해 이름을 알리게 되었다. 그는 솔 레비타스Sol Levitas의 반스탈린주의 잡지 『뉴리더』New Leader 출간에 참여하기 전에는 계약직 공무원으로서 자유의 여신상 관광 안내원으로 일했다. 입대 후에는 프랑스와 독일에 주둔하던 미 7군에서 전투 기록들을 정리했으며, 이후 베를린에서 제대해 『뉴리더』와 『파르티잔리뷰』Partisan Review의 독일 통신원으로 일했다.

작은 키에 다부진 체형을 가진 래스키는 언제든 싸움이라도 벌일 듯,

---

64 중·동유럽 출신 유대인들의 방언. — 옮긴이

어깨를 쭉 편 채 가슴을 내밀고 다녔다. 동양인 같은 눈에 힘을 주어 극도의 사시를 만들기도 했던 그는 시립대학의 무뚝뚝한 학생들 사이에서도 외톨이가 될 법한 무례한 태도를 가지고 있었다. 그의 태도에서 보이는 전투적 반공주의는 누군가 붙여 준 그의 별칭인 '지브롤터 해협의 바위'처럼 확고했다. 사나운 성질에 단호한 뚝심을 가졌던 래스키는 냉전 체제의 문화 활동에 투신한 이후로 무시할 수 없는 영향력을 가진 인물이 되어 있었다. 동베를린작가회의에서 보여 준 그의 폭발적인 반항은 '베를린 냉전의 아버지'라는 별명을 얻게 해주었다. 그의 활동이 이따금 미 당국마저 당혹스럽게 만들었기 때문에 베를린에서 쫓겨날 처지에 처한 적도 있었다. 래스키는 상급자들의 소심함에 어이없어하면서 베를린을 다음과 같은 데 비유했다. "베를린은 19세기가 한창인 시절 미국의 개척자 마을 같아야 한다. 땅 저편 끝에 인디언이 있다면, 당연히 소총을 들고 있어야 한다. 그렇지 않으면 머리 가죽이 벗겨질지도 모른다. 그래도 그 시절 개척자들의 마을에는 인디언과 싸우겠다는 사람들로 넘쳐났다. …… 하지만 이곳 베를린에는 배짱 있는 사람이라고는 거의 찾아볼 수 없고, 배짱이 있다 해도 대부분이 어느 편으로 총을 겨눠야 하는지도 모르고 있다."[65]

　하지만 래스키는 이 무법천지를 해결할 보안관과 친한 사이였다. 그래서 [작가회의에서 일으킨 문제로] 개척자 마을에서 쫓겨나기는커녕, 바로 보호를 받을 수 있었다. 그 보안관은 바로 군정장관 루시어스 클레이Lucius Clay 장군이었다. 소련의 거짓말이 전 세계에 걸쳐 빛의 속도로 전파되고 진실은 아직 드러날 기미조차 없던 와중에 래스키는 분연히 일어나 클레이 장군에게 자신의 행위를 항변했다. 1947년 12월 7일 클레이 장군의 사

65 Melvin Lasky, to Dwight Macdonald, 10 October 1947(DM/STER).

무실에, 열정을 담아 미국의 정치선전 전략에 혁신을 요구하는 문서를 제출했던 것이다. '멜빈 래스키 제안서'The Melvin Lasky Proposal로 명명된 이 문서는 래스키가 문화적 냉전을 수행하기 위한 독자적 청사진의 근간이 되었다. "평화와 국제적 통합에 대한 커다란 희망 때문에 우리는 우리 미국을 대상으로 결연한 정치전이 준비되고 실행되고 있다는 사실을 보지 못하고 있다. 그리고 이러한 정치전은 다른 곳도 아닌 독일에서 가장 극렬하게 일어나고 있다." 그의 주장은 이렇게 이어진다. "수 세대 동안 많은 유럽인들에게 유포되고 괴벨스 아래 나치의 선전선동 기구들에 이르러서 절정을 이루었던 구태의연한 반미·반민주주의 공식이 되살아나고 있다. 즉, 미국의 경제적 이기주의라는 혐의(샤일록 같은 샘 아저씨[66]), 저변의 정치적 입장에 대한 혐의('돈만 밝히는 자본주의 언론' 등), 문화적으로 방종하다는 혐의('재즈와 스윙 마니아', 라디오 광고, 할리우드의 '공허함', '치즈 케이크와 벌거벗은 사진'), 도덕적으로 위선적이라는 혐의(흑인 문제, 소작인, 이주 농업 노동자), 기타 등등, 기타 등등……."[67]

래스키는 비범한 언어로 그러한 도전을 규정해 나갔다. "유서 깊은 미국의 경구 '빛을 비추라, 그러면 스스로 길을 찾아 나서리니'는 독일이 (그리고 유럽도 마찬가지로) 쉽게 개조될 가능성을 과장한 것이다. …… 미개한 종족에게 현대의 과학으로 만든 약품만 알려 주면, 신비로운 민간요법을 간단히 버릴 것이라는 기대는 바보 같은 짓일지도 모른다. …… 우리는 정치적·심리적·문화적 분야를 포함한 다양한 분야의 전투에서 실

---

66 샤일록은 셰익스피어(William Shakespeare)의 희곡 『베니스의 상인』(*The Merchant of Venice*)에 등장하는 악덕 고리대금업자이며, '샘 아저씨'(Uncle Sam)는 미국의 별칭이다. ― 옮긴이
67 Melvin Lasky, "The Need for a New, Overt Publication", 7 December 1947(OMGUS/RG260/NARA).

패했다. 그래서 미국의 대외 정책, 특히 유럽에서 마셜플랜이 성공하는 데 악영향을 끼치고 있다." 래스키는 숨 가쁘게 얘기를 이어 가고 있다. 이제 "살아 있는" 진실, "사상 경쟁에 투입"될 수 있는 대담한 진실, 누구도 "올림픽의 넋 놓은 관중"처럼 행동하지 않는 태도가 필요하게 되었다. 또한 그는 적들에게 착각하지 말라고 경고했다. 냉전의 본질은 "**문화적인** 것이 다. 미국의 대외 정책상 적들에 의해 가장 많은 공격을 받는 것도 바로 그 부분이다. 이는 미국의 계획에 중대한 공백이 있기 때문이다. …… 그 공백 은 …… 실재하며 중대하다".[68]

래스키가 언급한 "실재하며 중대한" 공백은 "결국에는 사회에 도덕 적이고 정치적인 리더십을 제공하는 교양 계층, 즉 문화적 소양을 갖춘 계 층의 마음을 얻는 것"에 대한 실패, 다시 말해 그들을 미국적 이상으로 이 끌지 못했던 실패를 말한다. 그의 주장에 따르면, 이러한 결핍은 새로운 학술지를 발간함으로써 부분적으로 개선할 수 있는 것이었다. 이 학술지 는 "독일-유럽 사상에 건설적인 활력소로 기능함과 동시에" 또한 "공식적 인 미국 민주주의의 대표자들 뒤에는 위대하고 전위적인 문화와 예술, 즉 문학, 철학, 기타 모든 문화 분야에 있어서 유럽과 미국의 자유주의 전통 을 이어 주는 풍부한 성과물이 있다고 설명하는 역할을 맡게 될 것이다".[69]

이틀 후 래스키는 「『아메리칸리뷰』 발간 취지문」을 작성했는데, 그 목적은 "사상, 정신 활동, 문학, 지성적 업적 등 미국의 민주주의에 영감을 준 배경을 제시함으로써 독일과 유럽에 대한 미국 정책의 일반 목표들을 지원하는 것"이었다. 그의 주장은 『아메리칸리뷰』가 "미국과 미국인들이

---

68 Lasky, "The Need for a New, Overt Publication".
69 Ibid.

구세계와 신세계 모두에 공통된 요소인 인문 정신의 전반적 영역에서 원숙한 업적을 이루어 냈다"라는 점을 해명해 줄 것이고, 그럼으로써 "많은 분야의 독일 지식인들을 공산주의의 영향으로부터 떼어 놓는" 최초의 의미 있는 노력으로 여겨지게 될 것이라는 주장을 담고 있었다.[70]

그 결과물이 월간지 『데어모나트』*Der Monat*다. 이 잡지는 독일과 미국의 지식인들을 사상적으로 연결하기 위해 기획되었고, 그 목적은 래스키가 명백하게 밝힌 대로 "독일과 유럽에 대한 미국 정책의 일반 목표"를 지원함으로써 미국 대외 정책의 이익을 쉽게 구현하기 위한 것이었다. 래스키가 편집을 맡은 이 잡지는 1948년 10월 1일 클레이 장군의 지원을 받아 뮌헨에서 출간을 시작했고, 이후 항공편을 통해 베를린으로 공수되었다. 소련의 베를린 봉쇄 당시 이 도시는 오로지 연합국의 화물 항공에 의존하고 있었기 때문이다. 향후 수년간 『데어모나트』는 마셜플랜의 '비밀 기금'으로부터 자금을 조달했고, 그 후로는 미 중앙정보국CIA의 금고에서, 또 그 뒤부터는 포드재단Ford Foundation으로부터, 그러고는 다시 CIA에서 자금을 지원받았다. 조달 자금으로만 따지자면, 이 잡지는 문화 분야에 대한 미국의 냉전 전략의 절대적인 산물이자 전형이었다. 『데어모나트』는 교육받은 엘리트가 전후 세계를 멸망으로부터 구원할 수 있다는 믿음을 주는 신전과도 같은 존재였다. 이 믿음이야말로 래스키와 조셀슨과 나보코프를 미군정 당국과 손잡도록 이어 준 끈이었다. "무기에 의해서나 돈에 의지해서 미국은 구원받지 못할 것이요, 오로지 생각하는 소수에 의해 구원받을 것이다. 세계는 더 이상 생각pense하지 않고 단지 소비만dépense할 뿐이므로.

---

70 Melvin Lasky, "Towards a Prospectus for the 'American Review'", 9 December 1947(OMGUS/RG260/NARA).

그러기에 세계는 이제 숨을 거두려 하고 있으므로.”[71] 미국에 이렇게 경고한 장 콕토Jean Cocteau처럼, 그들 또한 마셜플랜에서 흘러들어 온 자금으로는 충분치 않다는 것을 알고 있었다. 문화 전쟁에 집중된 프로그램에 따라 자금 지원이 더 이뤄져야 했다. 이 기이한 삼두체제 —— 정치적으로 전투적인 래스키, 전직 백화점 구매 담당자 조셀슨, 작곡가 나보코프 —— 는 이제 균형을 이루고 서있게 되었다. 그들의 지도 아래, 냉전 최대의 야심 찬 비밀 첩보 작전이 진행되려 하고 있었다. 그 작전이란 서유럽의 지식인들을 회유해 미국의 뜻에 굴복시키는 것이었다.

71 Serge Guilbaut, “Postwar Painting Games”, *Reconstructing Modernism*, Cambridge: MIT Press, 1990.

2장
운명의 선택

순수 따위는 없어. 죄와 맞닿은 순수 정도가 얻을 수 있는 최고 치지. ― 미키 스필레인Mickey Spillane, 『키스 미 데들리』Kiss Me, Deadly 중에서 주인공 마이크 해머의 말

'미국의 과업'은 이미 트루먼 독트린과 마셜플랜에서 분명하게 표현된 바 있다. 이제 미국의 첫 평화 시 정보기관인 중앙정보국CIA 창설과 함께 냉전의 새로운 국면이 열리게 되었다. 1947년 7월 26일 국가안전보장법National Security Act에 의해 창설된 CIA는 군사적·외교적 첩보 활동을 조율하는 것이 본래의 목적이었다. 결정적으로, 또한 지극히 모호한 용어로 CIA는 구체적으로 그 내용이 명시되지 않은 "공통의 관심사가 되는 사안"과 국가안전보장회의National Security Council, NSC(역시 국가안전보장법에 의해 창설되었다)가 정하는 "여타의 기능과 임무"를 수행하도록 되어 있었다. "1947년 법 어디에도 CIA가 다른 국가 내정과 관련하여 정보를 수집하거나 은밀하게 개입하는 권한을 부여받았다는 명확한 조항은 찾을 수 없다"라고 훗날의 정부 보고서는 밝히고 있다. "하지만 융통성 있는 해석이 가능한 구절이라고 할 수 있는 '여타의 기능' 부분이 역대 미국 대통령들이 CIA를 스파이 행위, 비밀 공작 활동, 준군사작전, 적국의 기술 정보 수집에 활용할 수 있도록 해주었다."[1]

CIA의 설립은 미국 정치의 전통적 패러다임에 대한 극적인 재편의 순간으로 기록되고 있다. CIA의 창립 근거는 '불가피한 거짓말'과 '사실관계의 부인'[2]을 평화 시의 합법적인 전술로 사용할 수 있도록 제도화한 것이었으며, 장기적으로는 어떠한 책임도 지지 않고 국내외적으로 무제한적인 권력을 활용할 수 있는 보이지 않는 영역의 정부 기관을 창출하는 것이었다.

노먼 메일러Norman Mailer의 기념비적인 소설 『할럿의 유령』Harlot's Ghost에 나오는 주인공 할럿은 그러한 힘을 간접 경험 할 수 있는 좋은 예이다. 소설에서 할럿은 이렇게 말했다. "우리는 모든 것을 활용한다. …… 풍년이 외교적 수단이 될 수 있다면, 우리는 다음 해의 기후를 알아내야 한다. 금융, 언론, 노동관계, 경제적 생산, TV 방송의 주요한 주제들 등 고개 돌리는 곳마다 그렇게 해야 할 일들이 눈에 들어온다. 우리가 적법하게 간여할 수 있는 것들의 한계는 과연 어디까지인가? …… 여기저기에 얼마나 많은 정보의 파이프라인이 있는지는 아무도 모른다. 많은 펜타곤(미 국방부) 고관들이며, 해군 장교, 하원의원, 여러 싱크탱크의 교수들, 토양 침식 전문가, 학생회 간부, 외교관, 법인 고문 변호사, 누구든 말만 해보라! 그들 모두가 우리에게 정보를 주고 있다."[3]

---

1 *Final Report of the Select Committee to Study Governmental Operations with Respect to Intelligence Activities*, Washington: United States Government Printing Office, 1976. 이후 이 보고서는 프랭크 처치(Frank Church) 상원의원의 이름을 따서 '1976년 처치 위원회 최종 보고서'라고 불린다. (미국의 정보활동을 조사하기 위해 만들어진 이 특별 위원회 또한 '처치 위원회'(Church Committee)라고 통칭된다.)

2 '불가피한 거짓말'(necessary lie)은 국익을 침해할 우려가 있을 때 거짓을 진술할 수 있음을 뜻한다. '사실관계의 부인'(plausible deniability)은 직역하면 타당한 거부권, 즉 타당한 이유에 한해 진술을 거부할 권리를 뜻하는데, 이 장 중반에 나오는 두 개념에 대한 저자의 설명을 고려할 때 적극적으로 진술을 거부한다기보다 소극적으로 사실관계만 부인한다는 뜻에 가까워 '사실관계의 부인'으로 옮겼다. ─ 옮긴이

CIA의 존재는 항공사, 라디오 방송사, 신문사, 보험사, 부동산 등을 직접 소유하는 등 세계 정세 곳곳에서 수십 년간 막대한 확장을 이루어, 이제는 어떤 일이든 그 배후에는 CIA가 있는 것이 아니냐는 의심을 살 정도가 되었다. 어떤 CIA 요원은 "시인 도로시 파커Dorothy Parker처럼, 그리고 그녀가 했던 말처럼, CIA는 벌여 놓은 일들뿐만 아니라 할 생각이라곤 꿈에도 없었던 일들에 대해서까지 비난과 명성을 동시에 얻게 되었다"라고 불평한 바 있다.[4] 피그스 만 침공 사건 같은 형편없는 작전은 CIA의 대외 이미지를 신장시키는 데 아무런 도움이 되지 못했다. 대신에 "무수한 거울 반사로 인한 혼란 상태"wilderness of mirrors[5]를 통해 왜곡된 세계상을 갖게 된, 무자비하고 예수회 수사 같은 음흉한 성격의 '추한' 미국인이라는 CIA에 대한 부정적인 고정관념이 생겨났던 것이다.

물론 역사는 그러한 고정관념이 현실이었음을 지속적으로 입증해 주고 있다. CIA를 낳은 트루먼 독트린과 국가안전보장법은 타국에 대한 직접적인 공격과 개입을 규제했다. 하지만 제국주의적 노략질의 규모가 커질수록, CIA에 관한 끔찍한 진실을 감추기는 힘들어졌다. 출범 초기 "공산주의의 악으로부터 서구의 자유를 사수한다"라는 사명감은 CIA 요원들을 고무시킨 바 있다. 이에 대해 어느 요원은 "십자군 템플 기사단Knights Templars[6]과 같은 분위기"에 비유하기도 했다.[7] CIA 초기, 이 조직의 지배적

3 Norman Mailer, *Harlot's Ghost*. London: Michael Joseph, 1991.
4 *New York Times*, 25 April 1966.
5 T. S. 엘리엇의 시 「게론티온」(Gerontion)에 나오는 구절로서 많은 작가들이 차용한 이미지이다. — 옮긴이
6 1119년부터 약 2세기 동안 존속한 기독교 기사단. 종교적 신념으로 모인 결사체로 십자군전쟁에서 큰 역할을 한다. — 옮긴이
7 William Colby, *Honorable Men: My Life in the CIA*, New York: Simon & Schuster, 1978.

인 세력은 주로 동부 해안의 '귀족'과 아이비리그 출신자들로 이루어졌다. 이른바 친영국파 교양 계급의 형제단Bruderbund이었던 셈이다. 그들은 계몽주의의 전통과 독립선언문의 원칙으로 자신들의 행위를 정당화했다.

어찌 보면 CIA의 이러한 성격은 전신인 전략사무국OSS으로부터 물려받은 것일지도 모른다. OSS는 진주만 침공 직후 설립되어 1945년 9월 트루먼 대통령에 의해 해체되었다. 평화 시에는 게슈타포 비슷한 조직과 엮이고 싶지 않다는 것이 해체 이유였다. 그러나 이러한 원초적인 두려움만으로는 OSS의 실제 모습을 알 수 없다. 사교 클럽이나 대학 사회 같은 분위기로 인해 "오, 너무나 사교적인 사람들"Oh So Social(역시 약자는 OSS다)이라는 별명을 얻기까지 했기 때문이다. 칼럼니스트 드루 피어슨Drew Pearson은 OSS를 "호사 취미의 외교관, 월스트리트 금융인, 워싱턴 시내에 죽치고 있는 아마추어 탐정들로 이뤄진 화려한 단체"였다고 평가했다.[8] "OSS 요원들은 모두 카빈 소총, 수류탄 몇 발, 약간의 금화, 거기다 자살용 알약까지 싸들고 다녔어요." 톰 브레이든Tom Braden의 회고담이다. 브레이든은 OSS의 윌리엄 '와일드빌'Wild Bill 도너번('와일드빌'이라는 별명은 판초 비야Pancho Villa[9]와 관련한 활약으로 얻은 것이었다) 국장의 지근거리에서 일했던 인물이다. "한번은 도너번이 프랑스에 있을 때, 런던의 도체스터 호텔 서랍에 자살용 알약을 놓고 왔다며 프랑스에서 전신으로 부하인 데이비드 브루스에게 연락한 적이 있어요. 룸메이드를 시켜 자살용 알약을 챙

---

8 R. Harris Smith, *OSS: The Secret History of America's First Central Intelligence Agency*, Los Angeles: University of California Press, 1972.

9 1910~20년대 멕시코 북부를 기반으로 한 혁명 지도자. 1916년 미국이 멕시코의 카란사(Venustiano Carranza) 정권을 승인한 데 격분해 뉴멕시코 주 콜럼버스를 공격하고, 이후 미국은 그를 잡아들이기 위해 군사력을 동원하지만 실패한다. ─ 옮긴이

겨 보내 달라고요. 빌 도너번, 그 양반 정말 대단한 성격의 소유자였어요. 당시에는 그야말로 전설이었죠. 제게 이렇게 말한 적도 있어요. '브레이든, 궁지에 몰리면 말이야, 칼을 뽑아서 그놈 불알을 콱 쑤셔 버리라고!'"[10]

OSS 요원들은 하지 못하는 일은 거의 없는 데다 거의 무슨 일이든 할 수 있도록 만들어 놓은 법의 보호 덕분에 전시의 유럽을 현대의 로마 총독이 된 것마냥 돌아다녔다. 1944년 가을, 독일군이 퇴각한 뒤, 부쿠레슈티에 입성한 첫 OSS 요원은 루마니아 내각 회의에 참석하는 주요 인사가 되었다며 동료들에게 자랑한 바 있다. "회의에서 표결하기 전에 꼭 내 생각이 어떠냐고 묻는단 말이야. …… 내가 낸 법안은 만장일치로 통과시켜 준다고. 나라 다스리는 일이 그리 쉬운 일일 줄 내 어찌 알았겠나?"[11] 하지만 나라를 다스리는 일이야말로 정확히 OSS 요원들의 할 일이었다. 도너번은 미국의 정계, 학계, 문화계, 기업의 핵심 인물들 중에서 인재를 뽑아서 일종의 엘리트 부대를 만들었다. 그들은 미국의 가장 힘 있는 정부 혹은 사설 기관과 가문 출신으로 손꼽히는 소수의 사람들이었다. 멜런Mellon 가문[12] 출신은 마드리드, 런던, 제네바, 파리에 스파이 사무실을 갖고 있었다. 폴 멜런은 런던에 있는 특수작전처Special Operations Executive, SOE에서 일했다. 세계에서 가장 부유한 여성으로 알려지기도 했던 그의 누이 앨리사Alisa Mellon는 폴의 상사이자 OSS 런던 지부장을 맡은 데이비드 브루스와 결혼했다. 그 역시 상원의원의 아들로 백만장자였다. 또한 J. P. 모건J.

---

10 Tom Braden, interview in Virginia, July 1996.
11 Smith, *OSS: The Secret History of America's First Central Intelligence Agency*.
12 멜런 가문은 걸프석유회사(Gulf Oil Corporation)의 소유주로서, 앤드루 멜런(Andrew Mellon)은 당시 미 재무부 장관이었다. 본문에 바로 이어서 등장하는 폴 멜런(Paul Mellon)은 그의 아들이다. — 옮긴이

P. Morgan의 두 아들도 OSS에 있었다. 그리고 밴더빌트Vanderbilt, 듀퐁Dupont, 아치볼드Archbold(스탠더드오일), 라이언Ryan(에퀴터블생명보험), 웨일Weil(메이시백화점), 휘트니Whitney 등 미국의 유력 가문들이 모두 도너번의 비밀 첩보 부대에 속해 있었다.

OSS의 신입 요원으로는 여행 가이드북 발행인 유진 포더Eugene Fodor를 비롯해 다양한 사람들이 있었다. 훗날 소피아 로렌Sophia Loren이 주연한 이탈리아-미국 합작영화의 프로듀서로 알려진 뉴욕 출신의 언론인 마르셀로 지로시Marcello Girosi, 알 만한 사람은 다 아는 소설가의 손자로 미국으로 이민 와 OSS 요원의 자격으로 티베트 라사에 파견되었던 일리야 톨스토이Ilia Tolstoy, 중국 충칭에서 OSS 정보 파일을 관리하다가 훗날 유명 요리사가 된 줄리아 매퀼리엄스 차일드Julia McWilliams Child, 처칠Winston Churchill의 사촌으로 폴로를 즐기던 사교계 명사이자 OSS 작전 중 프랑스와 스칸디나비아를 휩쓸고 다니며 화려한 전과를 올린 레이먼드 게스트Raymond Guest 등도 포함되어 있었다. 생텍쥐페리Antoine de Saint-Exupéry 또한 도너번의 가까운 친구이자 협력자였다. 마찬가지로 헤밍웨이도 도너번과 친구였으며, 그의 아들 존 '잭' 헤밍웨이John "Jack" Hemingway도 OSS에서 일했다.

OSS의 많은 요원들이 "통상적인 군 복무를 피해 장난치듯 OSS를 택한 들뜬 젊은이들 같다"라는 비판도 있었지만,[13] 도너번 조직의 고위층 요원들 사이에서는 사실 "은행가나 금융인, 고위 정치인으로서 자신의 미래를 불법·부정한 활동으로 위태롭게 만드는 것은 아닌가"[14] 하는 의심도 적지 않았다. 그리고 OSS의 해체와 함께 이 미래의 은행가, 금융인, 정치

13 Smith, *OSS: The Secret History of America's First Central Intelligence Agency*.
14 *Ibid*.

인 들은 민간인의 삶으로 돌아왔다. 도너번의 명석한 오른팔로 유럽에서 OSS의 작전 책임자였던 앨런 덜레스Allen Dulles도 뉴욕으로 돌아와 변호사 업무에 복귀했지만, 이후 미국의 상설 첩보 조직 창설을 위한 실무자 집단 내에서 핵심 인사로 자리를 잡았다. 시어도어 루스벨트Theodore Roosevelt의 손자로 '파크애비뉴의 카우보이'라는 별명으로 불렸던 커밋 '킴' 루스벨트 Kermit "Kim" Roosevelt도 이 집단에 속해 있었고, (앨런 덜레스를 도와 치아노 공작 부인에게서 그 유명한 치아노의 일기를 회수해 왔던[15]) 트레이시 반스Tracy Barnes, 점령지 독일에서 갖가지 소문들을 모아 오던 리처드 헬름스Richard Helms와 프랭크 위즈너Frank Wisner, 곧 세계은행 파리 지부장이 될 로열 타일러Royall Tyler 또한 그 일원이었다.

'미래'가 위태로워질 리는 없었다. 왜냐하면 그들은 OSS에서 활동했던 시기를 통해 자신들의 명성을 드높였고, 애초부터 그들을 한데 묶어 주던 학벌 외에 또 다른 인적 네트워크를 제공받았기 때문이다. 이러한 사실과 함께 그들이 불법·부정에 입문했다는 사실 또한 CIA로서는 풍부한 자산이 될 수 있었다. 이제 깃털이 나기 시작한[16] CIA의 위계를 채워 줄 사람들이 바로 이러한 유서 깊은 엘리트들로, 미국 기업의 이사회, 고등교육기관, 주요 신문 및 미디어, 로펌, 정부 등에 영향력을 발휘할 수 있는 아이비리그 출신자들이었던 것이다. 그들 중 다수는 워싱턴에 집중된 100여 개의 부유층 가문 출신이었다. 그들은 소위 말하는 '혈거인들'cave dwellers, 六

---

15 '치아노 공작 부인'은 무솔리니(Benito Mussolini)의 딸로 외무장관 갈레아초 치아노(Galeazzo Ciano)와 결혼한 에다 치아노(Edda Ciano)를 가리킨다. 그녀가 보관하던 갈레아초의 일기에는 제2차 세계대전 당시의 이탈리아 및 유럽 외교 등에 대한 이야기가 담겨 있었는데, 1943년 갈레아초의 처형 이후 이탈리아는 이 일기를 공개하지 않기로 한다. 하지만 에다 치아노가 일기 전편을 스위스로 반출했고, 이는 결국 미국으로 넘어가게 된다. ─ 옮긴이
16 CIA의 심벌에 독수리가 새겨져 있는 데서 나온 묘사다. ─ 옮긴이

屬人[17]로, 가문 대대로 영국성공회 또는 장로교적 가치를 보존하려고 노력해 온 사람들이었다. 탄탄한 지식, 출중한 운동 능력, 상류사회의 예의범절, 확고한 기독교 윤리라는 원칙 아래 교육을 받은 이들은 피바디 신부Reverend Endicott Peabody 같은 인물을 모범으로 삼았다. 피바디는 이튼, 해로, 윈체스터 등의 영국 사립학교와 같은 원칙으로 그로턴스쿨을 설립하여 미국의 수많은 국가 지도자들을 배출한 바 있다. 기독교적 가치와 특권에서 나온 의무를 익혀 온 그들은 민주주의를 신뢰하는 주도적인 계층이었지만, 무한정한 평등주의에는 경계하는 모습을 보였다. 빌리 브란트의 유명한 선언 "우리는 국민들의 선택을 받은 사람들일 뿐, 스스로 선택한 사람들이 아니다"를 뒤집어 말하자면, 이들은 누군가에 의해 선택된 사람들이 아니라 스스로 선택한 사람들이었던 것이다.

유력 가문 출신들 가운데 OSS에서 복무하지 않았던 사람들은 미 국무부나 영국 외교부의 고위직에 올라 전쟁을 치렀다. 그들은 나중에 프랑스 대사를 지낸 찰스 '칩' 볼런Charles "Chip" Bohlen 같은 인물의 주위를 맴돌았다. 1940년대 초반, 조지타운 덤바턴 가街에 있던 그의 집은 지성의 집합소라 불렸다. 조지 케넌을 비롯하여 당시 워싱턴 사회에서 '예언자'The Prophet라 추앙받던 아이재이어 벌린이 학자 집단의 중심을 이루고 있었기 때문이다. 케넌, 볼런, 벌린을 두고 "안팎이 똑 닮은 삼인조"라는 주위의 평이 나올 정도였다. 볼런은 소련학Kremlinology[18]이라고 알려진 근대 학문

---

17 부유층을 비유적으로 표현하는 말이기도 하지만, 저자는 기득권층의 폐쇄적이고 배타적인 속성을 강조하기 위해 이 표현을 사용했다. — 옮긴이
18 '소련학'을 엄밀한 의미에서 학문이라고 부르기는 어려울 것 같다. 미국은 그동안 학자들을 동원하여 적대 국가의 정치체제를 부정적으로 평가하고, 일견 객관적으로 보이는 사료들과 통계자료들을 생산하여 언론이 활용할 수 있도록 했다. 참고로 미국의 시각에서 쿠바의 정치체제를 연구하는 학문을 '큐바놀로지'(Cubanology)라 한다. — 옮긴이

의 독창적인 분야를 개척한 인물이었다. 그는 러시아에 살면서 러시아 귀족이나 지도층 인물을 알고 있었고, 이데올로기적 문학을 연구했으며, 러시아 고전을 쉽게 인용할 수 있을 정도였다. 1930년대 후반의 많은 공판과 숙청 과정, 또한 안드레이 즈다노프가 야기한 '문화 정책'의 충격을 목도하기도 했다. 볼런은 이런 말을 즐겨 했다. "내가 '죽기 전에 남길 말' 두 가지라면 이거지. '어떤 술에도 끄떡없지'하고 '소련 사람들은 내가 잘 알지'." 소련을 더 잘 알기 위해서였는지 몰라도, 그는 벌린과 당시 영국 법무부 소속으로 일하고 있던 니콜라스 나보코프에 의지했다. 볼런은 나보코프를 '심리적 조력자'로 부르곤 했다. 그러면 나보코프 또한 "나의 본보기, 깨달음을 주시는 분"이라 화답했다.

"이 새로운 친구들은 '조 아저씨'Uncle Joe[19]에 대한 환상이 별로 없었다." 나보코프가 그의 회고록에서 밝힌 말이다. "여러 가지 면에서 그들은 시대착오적인 집단이었다. 워싱턴뿐만 아니라 전 미국을 통틀어서도 그럴 것이다. 당시[1940년대 초반] 미국은 친소적인 사회 분위기에 빠져 있었지만, 덤바턴 가 사람들은 이에 전혀 공감하지 않았다. 소련에 대한 미국인들의 여론은 3년간 두 차례나 바뀌었다. 처음에는 **반대**였다. 폴란드 분할과 '골치 아픈' 소련·핀란드 전쟁 발발 직후는 그랬다. 당시 신문 만평에 나온 스탈린은 영락없이 늑대와 곰을 섞어 놓은 모습으로 등장했다. 그러다 난데없이 여론이 **찬성**으로 돌아섰다. 1941년 나치가 소련을 침공한 이후였다. 스탈린은 갑자기 미화되었다. 튜턴족 무리에 맞서 크렘린을 수호

---

19 제2차 세계대전에서 함께 싸운 연합국이라는 이유로 미국에서 친소련 정서가 있을 때, 이오시프 스탈린(Iosif Stalin)의 영어식 이름 '조지프'(Joseph)에서 차용해 스탈린 혹은 소련을 친근하게 부른 표현. ― 옮긴이

하는 갑옷 입은 기사로, 혹은 마거릿 버크화이트Margaret Bourke-White가 촬영한 날씬한 모습으로 우상화된 프로필 사진이 그의 상징이었다. 그러던 1943년, 친소 감정은 스탈린그라드 전투에 의해 더욱 고조되었다. '이것 보라고!' 신념에 찬 미국인들은 이렇게 말했다. '공산주의는 옛날과 같은 방식으로 돌아가지는 않을 것이다. 종전 후에는 전혀 다른 나라가 될 것이다. 스탈린이 추방된 대주교를 다시 모셔오지 않았는가? 많은 작가들과 시인들도 마찬가지 아닌가? 관료 체계도 재정립하고, 국가의 역사적 영웅도 복권시키고, 심지어는 알렉산드르 넵스키Alexander Nevsky나 표트르 대제 Pyotr I 같은 차르와 위인 들까지 복권시키지 않았는가?' 그러나 덤바턴 가의 회의론자들은 그렇게 생각하지 않았다. 조지 케넌이 말했던 바와 같이 그들은 이미 알고 있었다. 스탈린주의는 바뀌지 않는다는 사실을."[20]

덤바턴 가의 회의론자 무리에 데이비드 브루스, 에이버럴 해리먼 Averell Harriman, 존 매클로이John McCloy, 조지프 알섭과 스튜어트 알섭Stewart Alsop 형제, 리처드 비셀, 월터 리프먼Walter Lippmann, 윌리엄 번디William Bundy 와 맥조지 번디McGeorge Bundy 형제가 합세했다. 오랜 의견 교환 끝에, 그리고 지적 정열과 술의 힘을 빌려 신세계에 대한 그들의 비전이 형태를 갖추기 시작했다. 거칠고 경쟁심 강한 이 국제주의자들에게는 자신의 가치 체계에 대한 믿음, 그리고 이러한 가치 체계를 다른 사람들에게 제공해야 할 의무에 대한 확고한 믿음이 있었다. 그들은 현대의 귀족이었고 민주주의의 수호자였지만 그 두 역할 사이에 모순이 있다고는 생각지 않았다. 이것이 미국의 대외 정책을 운영하고 국내법의 틀을 만들었던 엘리트들의 모

---

20 Nicolas Nabokov, *Bagázh: Memoirs of a Russian Cosmopolitan*, London: Secker & Warburg, 1975.

습이다. 자신과 자신이 속한 단체의 우월함에 대한 공통된 믿음으로, 이들 높으신 양반들은 싱크탱크에서부터 각종 재단까지, 이사회에서부터 사교 클럽의 구성원에 이르기까지 자신들만의 공동체를 구성해 나갔다. 전후의 팍스 아메리카나를 시작하고 정당화하는 것이 그들의 할 일이었다. 그들은 또한 CIA의 든든한 후원자이기도 했다. 그렇기 때문에 CIA는 그들의 학교 동창, 사업 동료, OSS의 '오랜 주역' 등의 친구들로 인원을 채워 나갔다.

미국 엘리트들에게 공통된 신념의 핵심적 대변인이 바로 조지 케넌이었다. 그는 외교학자면서 마셜플랜의 기획자이자 국무부 정책기획실장이었고, CIA 건국建局의 아버지들the Founding Fathers[21] 중 하나였다. 1947년 케넌은 이탈리아에 대한 직접적인 군사개입을 지지했다. 이탈리아가 공산주의자들의 지원하에 내전을 향해 달려가는 붕괴 직전의 상태라고 보았기 때문이다. "이탈리아는 폭력으로 치달을 것이며 아마도 내전으로 이어질 것임을 인정할 수밖에 없다." 케넌은 국무부에 이렇게 조언했다. "직접적인 군사개입을 실행하는 편이 피를 흘리지 않고 선거에서 거두는 승리보다 값질 것이다. 어느 누구도 반대하지 못할 것이, 그렇지 않으면 공산주의자들이 일거에 이탈리아 반도 전체를 접수할 것이며 주변 인접국도 혼란 상태에 빠져들게 되기 때문이다. 이에 대해서는 어느 누구도 반대하지 못할 것이다."[22] 천만다행으로 트루먼은 이 느닷없는 제안을 수용하

---

21 미국에서 'Founding Fathers'는 미국 헌법의 제정자들을 가리키는 표현으로, 보통 '건국(建國)의 아버지들'로 옮긴다. 여기서는 '중앙정보국'에서의 '국'(局)이 '나라 국'[國]과 동음이의어인 것에 착안해 번역했다. ― 옮긴이

22 Walter L. Hixson, *George F. Kennan: Cold War Iconoclast*, New York: Columbia University Press, 1989.

지 않았지만, 대신 은밀하게 선거에 개입하는 일만은 허가해 주었다. 1947
년 7월 케넌은 소련의 위협이 진정 어떠한 성격인가 하는 문제보다 소련
에 어떻게 대응해야 하는가 하는 문제로 자신의 관점을 수정했다. 그리고
외교 전문지『포린어페어스』Foreign Affairs에 그 유명한 'X'라는 필명으로 논
문을 기고해 냉전 초기를 지배했던 명제들을 도출해 냈다. 케넌은 크렘린
이 "광신적인 이데올로기"로 "세계의 힘이 몰려 있는 구석구석마다" 지배
력을 행사하는 데 혈안이 되어 있다고 주장하면서 "절대 불변의 대항 세
력", "경계를 늦추지 않는 굳건한 견제" 정책을 펼치자고 제안했다. 그러
한 정책의 일환으로 케넌이 특히 주안점을 뒀던 내용은 "선전선동술과 정
치전 기술 개발의 극대화"였다.[23] 국무부 소속으로 (유럽에서 소련에 대한 이
데올로기적·정치적 봉쇄를 감독하기 위한 자리였던) 정책기획실장 자리에 있
었던 케넌은 이러한 일을 시행하기에는 최적임자였다. 정책기획실에 대
해 그는 이후 이런 논평을 남겼다. "세상은 우리 뜻대로 움직였다."

케넌은 1947년 12월 국방대학 연설에서 미국 전후 외교의 필수불가
결한 요소로 '불가피한 거짓말'이라는 개념을 소개했다. 그의 말에 따르
면, 공산주의자들은 "뻔뻔스럽고 교활한 거짓말로…… 유럽에서 우리와
는 비교할 수 없을 만큼의 강력한 입지"를 구축했다. "그들은 비현실성과
비합리성으로 우리와 싸워 왔다. 우리는 이러한 비현실성에 맞서 이성으
로, 진리로, 정직함으로, 선의를 담은 경제원조만으로 과연 성공적인 전투
를 수행할 수 있을 것인가?"[24]라는 것이 그의 질문이었다. 그러나 현실은

23 George Kennan(writing as "X"), "The Sources of Soviet Conduct", *Foreign Affairs*, vol.26, July
    1947.
24 George Kennan, address to National War College, December 1947. *International Herald Tribune*,
    28 May 1997에서 재인용.

그렇지 않았다. 소련의 기만에 맞서 민주주의의 목표를 완수하기 위해 미국은 비밀 첩보전이라는 새로운 시대의 요청을 받아들여야 했다.

1947년 12월 19일, 케넌의 정치 철학은 트루먼이 국가안전보장회의 NSC에서 비밀 지침 NSC-4를 발효시킴에 따라 법적 권위를 얻게 되었다. 이 안건의 1급 비밀에 해당하는 부록 NSC-4A는 CIA 국장이 미국의 반공주의 정책을 지원하기 위해 '비밀 심리전 활동'을 수행하도록 지시하고 있다. 그러한 활동을 조정하고 허가하기 위해 어떤 절차가 뒤따라야 하는지가 놀라우리만치 불분명하긴 했지만, 이 부록은 비밀 첩보 작전을 인가해 주는 전후 최초의 공식 문서였다. 1948년 6월에는 조지 케넌이 직접 초안을 작성한 새로운, 심지어 더 노골적인 내용을 담은 NSC-10/2로 대체되었는데, 이 두 비밀 지침은 향후 수십 년간 비밀 정치전의 격랑 속에서 미국이 벌인 모든 첩보 활동의 길잡이 역할을 하게 된다.

극도의 보안 속에서 준비된 이 비밀 지침은 "더욱 확장된 [미국의] 안보 개념을 채택하고 있으며, 미국이 상상하는 바대로 철저하게 탈바꿈한 세계를 그 필요조건으로 상정하고 있었다."[25] 따라서 소련과 그 위성국들이 "미국과 서구 열강들의 목표와 활동을 무력화"하는 "사악한" 비밀 첩보 활동 프로그램에 착수했다는 전제에서 출발하여, NSC-10/2는 과잉의 첩보 활동에 대해서도 정부 최고 수준의 허가를 내려 주었다. "정치선전, 경제 전쟁, 사보타주, 反사보타주, 파괴와 철수 작전을 포함하는 혁명 예방 조치, 지하 레지스탕스 운동, 게릴라, 난민 해방 단체 원조를 포함한 적대적 국가의 전복" 등을 망라하는 내용이었다.[26] 그러한 모든 활동은 NSC-

---

25 Deborah Larson, *The Origins of Containment: A Psychological Explanation*, New Jersey: Princeton University Press, 1985.

10/2에 따라 "비밀 첩보 작전에 대한 미국 정부의 책임이 정부가 지정한 관계자 외의 인물에게는 명확히 드러나지 않도록 철저히 계획되고 실행되어야 한다. 또한 작전이 발각되는 경우에 미국 정부는 비밀 활동에 대한 사실관계를 부인할 수 있어야 한다".[27]

NSC-10/2에 따라 비밀 첩보 작전을 수행하기 위한 특별 부서가 신설되었다. CIA 내부 조직이었지만 국무부 정책기획실로부터 정책과 인사관리를 받는 부서였다(그 말은 곧 조지 케넌이 관리한다는 말이었다). 이 부서는 이후 CIA 정책조정실Office of Policy Coordination, OPC이라는 이름으로 불리게 된다. 부서 명칭은 말 그대로 "그 목적에 대해서는 실질적으로 아무것도 드러내지 않되, 위협적으로 보이지 않도록 그럴싸하게 붙여 놓은 이름"이었다.[28] 여기서 '비밀 첩보 활동'이란 "미국의 대외 정책을 지원할 목적으로 외국의 정부, 사건, 단체, 개인에 영향을 미치기 위해 기획되어 비밀리에 이루어지는 모든 활동을 총칭하며, 이러한 활동들은 미국 정부와의 관련성이 확연하게 드러나지 않도록 하는 방식으로 이루어진다"라고 정의할 수 있다.[29] 활동 범위와 비밀 유지 면에서 실제적인 견제를 받지 않았던 OPC는 평화 시의 미국에서는 전례가 없던 조직이었다. 드디어 더러운 계략을 전담하는 부서가 탄생한 것이다. 앨런 덜레스와 파크애비뉴 카우보이들의 조직적인 활동이 결실을 맺는 순간이었다. 그 무리들 가운데서 이 새로운 작전을 지휘하게 된 인물은 조지 케넌이 자신 앞에 놓인 많은 후보자들 중에서 직접 선택한 프랭크 위즈너였다.

26 National Security Council Directive 10/2. *Final Report of the Church Committee*, 1976에서 재인용.
27 Ibid.
28 Ibid.
29 Ibid.

미시시피 출신 특유의 코맹맹이 소리를 내는 전직 월스트리트 변호사로서 버지니아주립대학 재학 시절 200m 허들 경기Low Hurdle Race 챔피언을 지낸 특이한 이력을 가지고 있는 프랭크 위즈너는 유럽의 전 지역을 대상으로 활동했던 전직 OSS 간부로, 비밀정보부Secret Intelligence Branch, SI 부장까지 지낸 인물이었다. 종전 후에도 군사 정보 작전을 계속 수행하던 그는 겔렌 조직Gehlen Organization과의 연락을 담당했다. 겔렌 조직은 나치 독일의 정보 부서로 당시 대對소련 스파이 활동을 위해서 미국이 해체시키지 않고 있었다. 위즈너는 도덕적인 문제로 일을 미루는 사람이 아니었던 것이다. OSS에서 가까운 동료로 지내다 훗날 CIA에 합류한 해리 로시츠키Harry Rositzke가 설명한 바에 따르면 "반공주의자라면 어떠한 개자식이라도 활용할 정도로, 사고보다 감정이 앞서는 사람이었다".[30] "굳이 자기 편이 되어 달라고 부탁할 필요도 없었다".[31] 앨런 덜레스가 나치 무장친위대 라인하르트 겔렌Reinhard Gehlen 장군과 위즈너의 관계에 대해 논평한 내용이다.

위즈너는 군사 정보 업무 중 화가 나서 OSS를 뛰쳐나온 적이 있다. 함께 일하던 장교들을 위해서 남는 자전거 몇 대를 요구했는데, 상관들이 까탈을 부렸기 때문이다. 그러다 국무부에 합류하여 거의 자신의 개인 첩보 집단이라고 할 수 있는 부서를 운영해 나갔다. 이 부서는 끊임없는 미로와 같은 조직으로 정부 관료 조직 체계 깊숙이 감춰져 있었다. 이 집단은 이제 정책조정실OPC, 다시 말해 CIA로 흡수되었다. OPC로 통합된 이후에도 나치를 채용하던 위즈너의 관행은 멈추지 않았다. 이에 대해 CIA 동료는

30 Evan Thomas, *The Very Best Men: The Early Years of the CIA*, New York: Touchstone, 1996.
31 *Ibid*.

훗날 이런 말을 남겼다. "위즈너는 전쟁이 끝난 뒤에도 수많은 파시스트를 끌어들였는데, 그중에는 정말 심한 사람들도 있었어요. 위즈너가 그렇게 할 수 있었던 이유는 그럴 만한 힘이 있었기 때문이죠"[32], "그는 수많은 거대한 사안들 사이에서 중심을 이루는 인물이었다. 또한 명석하지만 통제가 안되었고, 대단한 매력과 창조력도 있었으며, 신념 또한 확실했다. 어떤 일도, 또 그 **어떤 것**도 성취할 수 있다는 신념 말이다. 그리고 그것을 결국 성취해 냈다."[33] 위즈너의 관리 덕에 OPC는 CIA 내에서 가장 빠르게 성장해 나가는 조직이 되었다. CIA 부감사관Deputy Inspector General 에드거 애플화이트Edgar Applewhite에 따르면, OPC 직원들은 "막강한 권력을 휘둘렀다. 이들을 억제할 만한 명분이 될 과거의 사례조차 없었다. 원하는 일은 무엇이든 할 수 있었다. '상급 기관', 그러니까 대통령이 명시적으로 막아서지 않는 한 말이다. 그들은 생각하는 면이 극도로 배타적이었고, 남녀 문제에서도 극심할 정도로 편협했으며, 매우 낭만적인 동시에 오만한 사람들이었다. 그들에게는 하늘이 내려 주신 사명이 있었는데, 누가 알았겠나, 그 의무야말로 기회였던 것이다! 그들은 그 기회를 철저히 이용했다".[34]

OPC의 작전 활동을 돕기 위해 의회는 1949년 중앙정보국법Central Intelligence Agency Act을 제정했다. 이 법은 CIA 국장에게 [작전 수행과 관련한] 자금 지출에 대한 해명을 하지 않아도 될 권리를 부여해 주었다. 이후 불과 몇 년 사이에 OPC의 활동은 작전의 규모, 인원 및 예산이 문어발처럼 확장되었다. 총인력은 1949년 302명에서 1952년 2812명으로 늘어났고,

---

32 Tom Braden, interview in Virginia, August 1996.
33 Harrison E. Salisbury, *Without Fear or Favor: The New York Times and its Times*, New York: Ballantine, 1980.
34 Thomas, *The Very Best Men*.

해외 계약직까지 포함하면 3142명에 이르렀다. 같은 기간 예산은 470만 달러에서 8200만 달러가 되었다. 이러한 팽창을 가능하게 했던 요소는 내부적 요구를 프로젝트로 만들 수 있는 힘을 가진 조직 배치였다. OPC 작전 활동은 재정 시스템에 따라 이루어지지 않고 프로젝트에 따라 이루어졌다. 이러한 요소는 조직 내부에서는 매우 중요했지만, 궁극적으로 매우 해로운 영향을 남기게 되었다. "OPC에 속한 개인이 자신의 활동을 평가하고 또 평가받을 때는 자신이 시작하고 수행한 프로젝트의 개수와 중요도가 그 기준이 되었다. 그 결과 직원 개인과 각 부서 간에 최대한 많은 프로젝트를 수행하려는 경쟁이 일어났다."[35]

CIA 본부는 처음에 임시로 지어진 엉망진창의 건축물 여러 개에 분산되어 있었다. 국회의사당과 워싱턴 내셔널몰 주변에 산재해 있었는데, 사람들은 이를 '창고'sheds라고 불렀다. '창고'의 먼지 쌓인 복도에서 신입 요원들은 "전시의 급박한 동원과도 같은 분위기"에 매료되었다. "사무실은 진지하고 다급한 얼굴을 한 남녀들로 꽉 차 있었다. 그들은 급한 회의를 위해 뛰어다녔고, 바쁘게 회의를 진행하고, 업무에 뒤처지지 않도록 부사수들에게 신나게 설명하고 있었다. 열정에 찬 신입들은 제드버러 작전 Operation Jedburgh[36]에 참가했던 전직 OSS 요원들과 한데 어울렸다. 이들은 트위드 재킷을 입고 파이프 담배를 입에 문, 아이비리그의 대학을 갓 졸업한 전후 시대의 엘리트들로, 대담하고 혁신적인 아이디어로 가득 차 있었

---

35 *Final Report of the Church Committee*, 1976. "위즈너의 조직에서는 가장 많은 프로젝트를 달성한 부서장이 각광을 받았다. 위즈너의 조직 모델은 '의뢰인과 사례가 많을수록 그에 대한 보상도 커진다'라는 점에서 로펌 같았다"(Thomas, *The Very Best Men*).

36 제2차 세계대전 당시 미국의 OSS를 포함해 영국·프랑스·네덜란드·벨기에의 정보요원과 전투 병력이 프랑스·네덜란드·벨기에의 나치 점령 지역에 낙하산으로 침투해 사보타주, 게릴라전 등을 수행하던 작전. — 옮긴이

다. 그들은 비非공산주의 자유 세력이 공산주의의 위협과 싸우기 위한 가장 효과적인 장소라고 믿었던, 이곳 CIA로 모여들었던 것이다."[37]

이 전투의 최전선은 워싱턴이 아니라 당연히 유럽에 형성되었다. 베를린 외곽으로 30분 거리에 있던 템펠호프 공군기지Tempelhof Air Base에 사무실을 차린 OPC는 독일 쪽에만 심혈을 기울여 세력을 집중하는 듯 보였다. CIA 내 다른 부서들과 함께 도합 1400명의 작전 인력이 당시 이 기지에 배속되었기 때문이다. 독일 주재 OPC에서 처음 충원한 인력 속에 마이클 조셀슨이 있었다. 조셀슨은 회고록(결국 완성되지는 못했다)에 싣기 위해 써놓은 노트에서 다음과 같이 썼다. "나의 복무 일정은……1948년에 끝나 가고 있었다. 하지만 내 경우에 민간인으로의 복귀는 미국 백화점에서 물품 구매나 담당하던 세계로 돌아가는 것을 의미했는데, 이 일은 특별히 재미있는 직업도 아니었고 오히려 절망만이 가득한 일이었다. 바로 그때 정보 부서에서 일하던 한 미국인 친구가 나를 독일에 있는 어느 '조직'의 책임자 중 한 명에게 소개시켜 주었다. 워싱턴에서 두세 차례 인터뷰가 진행되었는데, 끝도 없는 성분 조사서를 채워야 했다. 그리고 한참을 기다리자 구닥다리 옷을 입은 FBI 요원이 나타나, 살아오면서 부적절한 일은 없었는지 알아보려고 했다. 1948년 가을, 모든 신원조회가 끝나자 나는 그 '조직'의 베를린 사무실에 비밀 첩보 활동Covert Action, CA 책임자로 합류했다. 그 일은 직접적인 스파이 행위나 정보 쪽 업무와는 다른 것이었다. '비밀 첩보'라는 부분을 제외하면 이 업무는 사실상 심리전의 연장이었고, 이 경우는 특히 소련과 동독의 공산주의자들을 대상으로 한 것이었다. 그것은 방어적인 행위였다. 왜냐하면 소련은 심리적인 냉전을 이미 오래전에

37 Colby, *Honorable Men*.

시작했기 때문이다."[38]

조셀슨을 채용한 사람은 로런스 드 네프빌Lawrence de Neufville로, 1944
년 미 보병과 함께 독일에 처음으로 입성한 OSS 요원이었다. 1948년 초
까지 그는 베를린 민간 행정 부서의 자문위원으로 일했었다. 그러던 중 그
부서에서 독일 내 첫 CIA 요원 중 한 명이었던 존 베이커John Baker를 만나
게 되었다. 이후 모스크바 주재 미국 대사관의 2등 서기관으로 일하던 중
"외교관으로서 행동 규범을 중대하게 위반"했다는 이유(즉 스파이 행위)
로 소련이 그를 페르소나 논 그라타persona non grata[39]로 지목하는 유명한 사
건을 겪게 된다. "CIA나 그 비슷한 곳에 들어가기 위해 지원한 적은 없습
니다." 드 네프빌은 나중에 이렇게 말했다. "저는 제가 있던 곳에 꽤 만족
하고 있었어요. 아데나워Konrad Adenauer 정부 수립을 도와 헌법 제정과 관
련한 일을 하고 있었는데, 이게 아주 흥미로운 일이었거든요. 그런데 어느
날 존 베이커가 제 사무실로 찾아와 CIA에 합류할 생각이 없냐고 물어 왔
죠."[40] 드 네프빌은 이 제안을 수락했고 미국 고등판무관 존 매클로이의 사
무실에 '위장' 취업을 하게 되었다. 그리고 그의 첫 번째 업무가 바로 베를
린에서의 활약으로 첩보 분야의 전설이 되었던 마이클 조셀슨을 채용하
는 일이었던 것이다.

그렇다면 니콜라스 나보코프는 친구의 새로운 직업이 무엇인지 알고
있었을까? 마이클 조셀슨은 지독하게 비밀이 많은 사람이었다. 정보의 세

38 Michael Josselson, "The Prelude to My Joining The 'Outfit'" (MJ/HRC).
39 라틴어로 '좋아하지 않는 인물'이라는 뜻이며, 외교 용어로는 '기피 인물'을 뜻한다. 해당 외교관
   이 '페르소나 논 그라타'로 지정될 경우, 파견국은 그를 소환하거나 해임하여야 하며, 파견국에서
   이를 거부하거나 이행하지 않을 경우, 지정 당사국은 빈 협약에 따라 그를 외교관으로 인정하지
   않아도 된다. — 옮긴이
40 Lawrence de Neufville, telephone interview, February 1997.

계에 딱 어울리는 인물이었던 셈이다. 1949년 초, 동베를린에 사는 친척들이 어렵사리 조셀슨을 찾아갔을 때, 그는 다시는 자신을 찾지 말라면서 친척들을 단호히 되돌려 보냈다. 상처를 받은 친척들은 "미국 물 먹은" 사촌이 이제 자기네들을 깔보고 있는 것이라고 생각했다. 그러나 실제로 조셀슨은 친척들의 안위를 걱정하고 있었다. 동베를린 사람에게 미국 첩보기관에서 일하는 친척이 있다는 사실은 즉시 위험에 빠질 수 있는 일이었기 때문이다. 하지만 나보코프는 아마도 조셀슨이 새로운 일자리를 잡은 데 대해 흡족하게 생각했을 것이다. 당시 베를린에는 고장 나지 않은 자전거보다 많은 수의 스파이가 있었고, 나보코프도 그중 많은 사람들과 함께 일하고 있었기 때문이다.

사실 나보코프도 CIA에 합류하려 했었던 듯하다. 1948년 그는 정부기관에 지원서를 접수했다. 선천적으로 관료 성향이 못 되었던 나보코프가 ("말뿐이고 행동은 없다"라는 이유로 신입 CIA 요원들의 멸시를 받던) 국무부에 관심이 있었던 것 같지는 않고, 앨런 덜레스가 그의 지원에 관계가 있었던 것으로 보아 정보 부서에 지원하려 했다는 추측이 합당해 보인다. 하지만 그의 지원은 난관에 봉착하여 신원조회에서 탈락하게 된다. 그의 뒤를 봐주었던 조지 케넌은 심히 난처하게 되어, 그에게 편지를 보내 지원을 철회하라고 조언했다. "저는 이제 이런 충고를 드리고 싶네요(이런 상황이 저를 깊은 슬픔과 걱정에 빠지게 만듭니다만). 이런 말씀을 드리는 이유는 단하나, 제 스스로 보기에도 납득할 만한 탈락 이유를 찾지 못했기 때문입니다. 그리고 지금은 정부에서 일하겠다는 계획을 계속 밀어붙이다가 더 안좋은 일이 생기지 말라는 보장도 없지 않습니까? …… 이 문제에 관한 미국 정부의 태도는 대체로 그릇된 생각에서 비롯된 것이고, 근시안적인 것이며, 공명정대하지도 않고, 일관되지도 않다는 것이 제 생각입니다. 이런 얘기밖에는 드릴 말씀이 없군요. 섬세하고 똑똑하고 고귀한 사람을 뽑을 생각이 있기는 한 것인지. …… 제 생각에는 우리 정부가 당신의 능력을 높이 살 수 있는 기회를 스스로 걷어찬 것으로 보입니다. 그리고 제가 만약 당신이라면 이 모든 일을 잠시 내려놓겠습니다만."[41] 당시에는, 적어도 당시에만큼은 나보코프는 허허벌판에 홀로 서게 되었다.

그렇다면 멜빈 래스키의 경우는 어땠을까? 확장 일로의 CIA에 합류하는 데 가장 이상적인 사람이 아니었을까? 훗날 제기된 주장에 따르면 래스키 또한 CIA 요원이 되었다고 한다. 하지만 그는 이 사실을 일관되게 부인했다. 『험볼트의 선물』에 등장하는 덱스터의 말처럼, 소문은 "그의 신비스러움을 더해 주었다". 하지만 그런다고 해서 향후 20년간 진행될, CIA가 문화 분야에서 벌이는 냉전의 최전선에서 끊임없이 등장하는 그의 모습은 감춰질 수 없는 것이었다.

41 George Kennan, to Nicolas Nabokov, 14 July 1948(NN/HRC).

3장

월도프의 마르크스주의자들

> 그래서 나는 말하노니, 파시즘이든 공산주의든 개의치 않고 사
> 랑을 택하겠다. 그리고 인간의 사상을 비웃겠다.
> ─ 아나이스 닌Anaïs Nin

1949년 3월 25일 뉴욕, 눈이 내려 질척이는 눅눅한 화요일. 파크애비뉴와
50번가 사이에 위치한 월도프아스토리아 호텔 밖에서는 조그맣고 두서없
는 내용의 피켓을 든 사람들이 옹송그리며 모였다. 대부분 회색 개버딘 코
트를 입은 남자들로, 인도 위에서 느슨한 원을 그리고 있었다. 호텔 안의
분위기도 정신이 없었다. 이맘때쯤 같지 않게 호텔은 북적거렸고, 특히 예
약 하나로 골머리를 앓고 있었다.

　10층의 고급스러운 허니문 스위트룸인 1042호로부터 하루 종일 주
문이 물밀듯이 쏟아졌다. 소나기 같은 전신 메시지가 호텔 통신실에 쏟아
진 후, 전화를 추가로 설치해 달라는 주문이 이어졌다. 테이블 램프도 더
필요했다. 아니, 사실 거의 모든 것이 더 필요했다. 룸서비스 전화통에도
폭격이 이어졌다. 햄버거, 샐러드, 타타르 스테이크에 그 밖에 곁들인 요리
들, 포도주와 맥주, 게다가 얼음까지 부탁하는 것으로 보아 평균적인 신혼
부부들의 주문은 아닌 듯했다.

　스위트룸에 쩔쩔매며 들어선 웨이터들은 이상한 광경과 마주쳐야 했

다. 바닥의 전화선은 거미줄처럼 널려 있었고, 방 안의 사람들은 상체를 숙인 채 얽히고설킨 전화기에 귀를 대고 있었다. 사람들에, 그리고 곧 쓰러질 듯 쌓인 서류 더미에 스위트룸은 발 디딜 틈이 없었다. 방 안은 담배 연기로 자욱했다. 비서 두 명은 사람들이 이야기하는 것을 받아 적고 있었고 보조 한 명은 욕실에 설치된 등사기를 돌리고 있었다. 이제 막 등사된 종이들로 욕실 바닥이 보이지 않을 지경이었다. 이 난장판을 드나드는 방문객들의 행렬은 멈추지 않을 것만 같았다.

이런 소란 속에서, 무리 속의 몇몇 사람들은 커다란 쟁반을 침대 끝에 내려놓고 팁을 받으려고 서성거리는 웨이터들을 불안한 눈으로 주시하고 있었다. 계산서가 누구에게 돌아갈까? 이 스위트룸을 예약한 뉴욕대학의 철학자 시드니 훅Sidney Hook은 치솟는 비용을 개의치 않는 듯 보였다. 훅 교수 옆으로는 작가 메리 매카시Mary McCarthy와 그녀의 세 번째 남편인 보든 브로드워터Bowden Broadwater 기자가 있었다. 소설가 엘리자베스 하드윅 Elizabeth Hardwick과 그녀의 남편이자 시인인 로버트 로웰Robert Lowell, 이탈리아 기자로 뮌첸베르크에 협력했던 니콜라 키아로몬테Nicola Chiaromonte, 아서 슐레진저 2세, 『파르티잔리뷰』의 편집자 윌리엄 필립스William Phillips와 필립 라브Philip Rahv, 반공주의 노조 지도자들과 어울려 다니던 노동 전문 기자 아널드 베이크먼Arnold Beichman, 또 한 명의 노동 전문가 멜 피첼리Mel Pitzele, 여성복 제조업 노조의 데이비드 두빈스키David Dubinsky도 있었다. 맡은 바 업무는 각자가 다 달랐지만, 개중 두빈스키만이 이 지적인 무리들의 혼돈 사이에 완벽하게 적응하고 있는 모습이었다.

한편, 아래층의 대연회장에서도 이미 호텔 직원들이 급파되어 또 다른 회의의 막바지 준비에 여념이 없었다. 방 끝 쪽에 만들어 놓은 초승달 모양의 무대 위 연단은 꽃 장식이 되어 있었고, 하나 둘, 하나 둘 소리에 맞취 마이크 테스트도 진행되었다. '세계 평화를 위한 문화 및 과학 컨퍼런스'Cultural and Scientific Conference for World Peace라고 적힌 커다란 현수막이 연단 뒤쪽 벽에 걸렸다. 1000명에 이르는 대표자들 중 상당수가 이미 도착해 개회 환영연에 참가하고 있었다. 호텔 밖의 시위대는 회전문을 통해 호텔 로비로 들어서는 내빈들에게 야유를 보냈다. 릴리언 헬먼, 클리퍼드 오데츠, 레너드 번스타인, 더실 해밋Dashiell Hammit이 도착할 때마다 시위대는 "순진해 빠진 멍청이들!"이라고 소리쳤다. 그중에서도 아이비리그 출신 백만장자로 이 컨퍼런스의 '후원자' 역할을 맡은 콜리스 라몬트Corliss Lamont가 가장 큰 경멸의 눈초리를 받았다. J. P. 모건 투자은행 회장의 아들로, 동부의 유명 사립학교 필립스아카데미와 하버드대학을 거친 라몬트는 많은 유력 인사들의 행사를 소집해 놓고도 성난 시위대들의 쏟아지는 모욕쯤은 가볍게 무시해 버렸다.

시위는 미국 재향군인회와 가톨릭 애국 단체들이 연합한 우익들이 조직한 것이었다. 시위대는 주최 측인 전미예술가·과학자·전문직협회 National Council of the Arts, Science and Professions가 소련의 '앞잡이'에 불과하다고 주장했다. 그들의 주장에 따르면, '빨갱이들'commies이 여기 미국에 온 이유는 미국과 소련 간의 선의에 따른 지적 교류를 위해서가 아니라 미국에 공산주의적 선전선동을 퍼뜨리기 위해서라는 것이었다. 시위대가 옳았다. 사실 이 컨퍼런스는 코민포름이 기획한 것이었고, 미국의 안방에서 여론을 조작하려는 대담한 술책의 일환이었다. 소비에트작가동맹Soyuz Sovetstikh Pisatelei 회장 A. A. 파데예프Alexander A. Fadeyev가 이끄는 소련의 단체들, 그리고 이 대표단의 자랑인 작곡가 드미트리 쇼스타코비치Dmitri Shostakovich 또한 월도프 호텔에 편안하게 들어설 수 있었다. 이 단체에 침투해 있던 KGB의 '보호자들', 그리고 공산당 기관원들에게도 이 흥행 대박coup de theatre은 자축할 만한 일이었다. 호텔 밖 시위대의 말도 일리는 있었다. 빨갱이들은 침대 밑에 숨어 있는 것이 아니라, 이미 침대 **속에** 들어와 있었던 것이다.

"월도프아스토리아 호텔에 들어서는 사람들 하나하나 길을 막고 사탄의 유혹에 빠진 참석자들의 영혼을 구해 달라고 기도했다는 수녀들 소식은 당시 언론에게는 큰 뉴스거리였다"라고 극작가 아서 밀러는 기록하고 있다. 밀러 또한 이 컨퍼런스 중 토론회 하나의 사회를 맡아 달라는 요청에 응한 바 있다. "그리고 컨퍼런스가 열리는 날 아침, 월도프의 문에 들어서려는 순간 온화한 얼굴로 인도에 무릎을 꿇고 앉은 수녀들 틈으로 지나가야 했다. 그때까지만 해도 그러한 태도, 특히 그들이 보여 준 육체적·언어적 표현의 상징성은 사뭇 당황스러운 일이었다."[1]

호텔 밖 시위대와는 엮이지 않겠다는 것이 그들의 공식적인 입장이었지만, 또한 "반동 세력들 앞에 공산주의 전선을 드러내지 못하는 것 또한 그들에게는 (스탈린의 분노를 살 수 있다는 점에서) 더욱 위험한 일이었다". 그리고 시드니 훅과 허니문 스위트룸의 무리들이 월도프에 나타난 것도 같은 이유, 즉 반동 세력들에게 컨퍼런스 참가자들의 정체를 폭로하기 위한 의도에서였다. 전직 마르크스주의자와 트로츠키주의자들로, 그들은 한때 공산주의의 세력권 안에 있었다. 당시 소련이 후원한 컨퍼런스에 참석하기 위해 아래층 대연회장에 도착한 미국의 지식인들과 예술가들처럼 말이다. 1930년대의 뉴욕은 한때 "가장 흥미로운 소련 영토"라 불릴 정

---

1 Arthur Miller, *Timebends: A Life*, London: Methuen, 1987. 월도프아스토리아 컨퍼런스에 대해서는 또한 Carol Brightman, *Writing Dangerously: Mary McCarthy and Her World*, New York: Lime Tree, 1993과 Nicolas Nabokov, *Bagázh: Memoirs of a Russian Cosmopolitan*, London: Secker & Warburg, 1975를 보라. 단, 나보코프의 기록은 생생하긴 하지만 전적으로 신뢰해서는 안 된다.

도였다. 하지만 1939년 맺어진 독소불가침조약의 충격이 "쓰디쓴 좌절에 빠진 뉴욕을 소련에서 벗어나 미국의 품으로 돌아오도록 만들었다".[2] 혹과 그의 친구들은 급진적 마르크스주의에서 이탈해 정치적 중립 혹은 중도 우익 운동의 일원이 되었지만 다른 동료들은 여전히 공산주의에 대한 미련을 버리지 못하고 있었다. "전과 다름없이 스탈린주의자들은 매우 강력한 집단이었습니다." 출판사 편집자이자 평론가 제이슨 엡스타인Jason Epstein[3]은 훗날 이렇게 주장했다. "스탈린주의자들은 지금으로 치면 '정치적 올바름'Political Correctness 같은 존재였습니다. 그랬기 때문에 민중을 교화한다는 그들의 권리를 의문시할 만한 충분한 이유가 있었죠."[4] 월도프 컨퍼런스에 참가한 수많은 공산주의 동조자들fellow travellers[5]의 존재는 사람들이 도를 넘는 스탈린의 행각에도 불구하고 여전히 매력적인 주술에 빠져 공산주의라는 꿈을 계속 꾸고 있다는 공포를 미국의 (반동적) 이데올로그들에게 몸소 증명해 주는 것 같았다.

　"그러나 나에게 그 회의는 당시 위기에 처한 좋은 전통을 이어 가려는 노력 중의 하나였다." 아서 밀러가 나중에 밝힌 내용이다. "확실히 말해 두자면, 추축국에 대항했던 4년간의 군사동맹은 1917년 볼셰비키 혁명 발발 때 생겨났던 오래된 적대감을 잠시 유예하는 것에 불과했다. 그 적대

2　Leonard Wallock ed., *New York 1940-1965*, New York: Rizzoli, 1988에서 라이오넬 아벨(Lionel Abel)의 말.

3　미국의 출판인. 전거한 엘리자베스 하드윅, 로버트 로웰과 함께 『뉴욕리뷰오브북스』(*New York Review of Books*)를 창간했고, 훗날 랜덤하우스 출판사의 부사장이 되었다. — 옮긴이

4　Jason Epstein, interview in New York, June 1994.

5　공산주의자는 아니지만 공산주의에 공감하고 동조하는 사람들. 'fellow traveller' 자체는 '동반자'로 번역되지만 좀 더 이해를 돕기 위해 '공산주의 동조자'로 옮겼다. 이 책에서 저자는 'fellow traveller'를 프랑스어로 옮긴 'compagnons de route'도 종종 사용하는데, 이 또한 구분 없이 '공산주의 동조자'로 옮겼음을 밝혀 둔다. — 옮긴이

감은 히틀러의 군대가 궤멸되자 다시 시작됐다. 하지만 소련의 저항이 없었다면, 나치즘이 영국을 포함한 유럽 전역을 정복하게 되었을 것임은 추호도 의심의 여지가 없는 일이었다. 그렇게 되면 미국이 유럽을 버리고 불간섭 고립주의를 어쩔 수 없이 선택하게 될 것이라는 가능성 정도가 최선이었고, 처음에는 영 어색하겠지만 결국에는 편안하게 파시즘과 동거하게 되는 상황이 최악이었다. 아니, 그랬을 것이라고 생각한다. 그러므로 소련을 적으로 돌리면서까지 나치를 숙청하지 못한 독일과 손을 잡는 전후 미국의 급격한 태도 변화는 비열해 보일뿐더러 또 다른 전쟁을 불러올 수도 있는 우려스러운 일이었다. 전쟁이야말로 실로 러시아 체제뿐 아니라 우리의 민주주의도 무너뜨릴 수 있는 것 아닌가."[6]

　　위층의 허니문 스위트룸에서도 다들 신경이 예민해지고 있었다. 3주 전, 컨퍼런스를 방해하라는 결정이 내려짐에 따라, 이제 막 활동을 시작한 이 단체(시드니 훅이 주도하는 반공주의적 대항 단체)가 고유의 '선전선동 기구'를 끈질기게 개발해 오고 있었던 것이다. 그들은 '적들의' 컨퍼런스 준비 활동을 감시했고, 막 성장하기 시작한 이 임시 위원회의 구성원들에게는 적들을 방해할 각종 임무가 할당되었다. 위원회에는 국제적 인사들이 임명되었다. 베네데토 크로체Benedetto Croce, T. S. 엘리엇, 카를 야스퍼스Karl Jaspers, 앙드레 말로, 자크 마리탱Jacques Maritain, 버트런드 러셀Bertrand Russell, 이고르 스트라빈스키Igor Stravinsky 등이 이 단체에 포함되었다. 심지어는 노벨상을 수상했던 알베르트 슈바이처Albert Schweitzer 박사까지 등록시켰다. 그의 이름이 월도프 컨퍼런스의 '후원자' 중 한 명으로 적진에 포함되어 있었던 것은 문제가 되지 않았다. 그들은 월도프 컨퍼런스 내부

6　Miller, *Timebends*.

에 들여놓은 트로이의 목마를 이용해서 컨퍼런스 주최 측에 배달된 우편을 가로챘고, 공문이나 보도자료를 위조해서 언론의 관심을 끌려던 컨퍼런스 측의 시도를 무력화시켰다. 이들은 컨퍼런스의 발표자와 후원자 들에 맞서 그들이 "공산당원 혹은 뿌리 깊은 공산주의 동조자임이 발각되었다"라는 내용의 보도자료 세례를 퍼부었다. 공산당 관련 이력이 충분히 밝혀지지 않은 사람을 대상으로 혹과 그 무리들은 "월도프 컨퍼런스를 주도한 자들의 진정한 배후"를 폭로하며 활동 속도를 높여 나갔다. 이에 따라 F. O. 매시어슨이 (슬리피 라군 사건 변호 위원회Sleepy Lagoon Defense Committee[7]를 포함하여) '공산주의 전선에 속한 조직'의 일원이었다는 사실이 언론에 공개되었다. 하워드 패스트는 "선전선동 소설을 쓰는 작가"로 간주되었고, 클리퍼드 오데츠는 "전직 『데일리워커』Daily Worker[8] 간부의 증언에 따라, 또 다른 공산당원"임이 (그리 과학적이지 않은 절차를 거쳐) 공개되었다.

컨퍼런스의 개회식 시간이 다가올수록, 이 행사를 전복시킬 최선의 방법이 무엇인지에 대한 아이디어가 극명하게 갈렸다(사후 보고서에 의하면 그렇다). '스위트룸 반공주의자 소모임'의 야전 사령관을 자임하다시피 하던 혹은 그의 '전우'들에게 회의장에서 강제로 끌려 나오게 될 경우에 대비해 전투 지침을 내렸다. 먼저 우산으로 무장한 뒤에, 누군가 끌어내려고 하면 우산을 바닥에 내리쳐 쿵 소리를 내서 주목을 끌고, 의자에 몸을 묶어 버티고 앉아 있자는 내용이었다. 그렇게 버티고 있으면 회의장 밖으

---

7 슬리피 라군 사건은 1942년, 호세 가야르도 디아즈(José Gallardo Díaz)의 죽음에 대해서 로스앤젤레스 경찰이 17명의 멕시코계 청년들을 불충분한 혐의에도 기소하여 수감한 사건이다. 이에 시민 활동가와 지역 사회에서 이들을 변호하기 위한 위원회를 구성했는데, 이 단체가 '슬리피 라군 사건 변호 위원회'다. 정식 명칭은 '멕시코계 청년의 변호를 위한 시민 위원회'(The Citizens' Committee for the Defense of Mexican-American Youth)이다. — 옮긴이
8 미국 공산당의 기관지 역할을 한 일간지. — 옮긴이

로 끌려 나가지 않고 시간을 끌 수 있었다. 그리고 발언할 기회가 막힌다면, 대신 훅의 왼팔과 오른팔 격인 베이크먼과 피첼리가 기자들에게 등사본을 뿌리기로 했다.

그러나 컨퍼런스가 시작되자 이러한 게릴라 전술은 실행되지 못했다(그래도 우산으로 바닥을 내리친 것만은 도가 지나칠 정도로 열심히 했다). 하지만 컨퍼런스를 뒤엎으려는 사람들에게도 2분간의 발언 기회가 주어졌다는 사실은 그들이 봐도 놀라운 일이었다. 물론 유타에서 온 은퇴한 주교가 첫 번째 발언자로 나서 끝도 없는 장황한 연설을 마칠 때까지 기다려야 했지만 말이다. (반공 조직의 일원인) 메리 매카시는 하버드의 석학 매시어슨에게 질문하려고 기다리고 있었다. 매시어슨은 『미국의 르네상스』 The American Renaissance에서 랠프 월도 에머슨Ralph Waldo Emerson을 미국 공산주의의 시조라고 설명한 바 있다. 그녀가 질문했다. "에머슨이 소련에서 생활하며 글을 쓸 수 있을 것이라고 생각하십니까?" 매시어슨은 그럴 것 같지는 않다고 했지만, 이내 다음과 같이 덧붙였다. 그녀의 질문은 "올해의 가장 불합리한 억측"으로 뽑혀도 무방하며, 그런 추론이라면 레닌도 미국에서 생활하도록 허가받지는 못할 것이라고 대답했다. 한편 드와이트 맥도널드Dwight Macdonald가 파데예프에게 "과연 공산당 중앙위원회의 비판적인 '제안'이 무엇이었기에 소설 『젊은 친위대』 Molodaia gvardiia를 수정해서 다시 썼습니까?"라고 묻자 파데예프는 이렇게 대답할 수밖에 없었다. "공산당 중앙위원회의 비판은 제 작품에 큰 도움이 되었습니다."

니콜라스 나보코프는 쇼스타코비치가 연설자로 나서는 자리에 패널로 참석하기로 했다. 연단에 선 음악가들 중에는 나보코프의 지인들도 있었고, 심지어는 친구들도 있었다. 나보코프는 그들에게 손을 흔들어 인사했고, 그들은 이에 소심한 미소로 답했다. 따분하고 으레 그렇고 그런 차례가 끝나자, 나보코프가 드디어 단상에 올랐다. "모월 모일 자『프라우다』 몇 면인가에서 사설의 형태를 띤 무기명 기사를 볼 수 있습니다. 이 기사에서는 세 명의 서구 작곡가들을 문제 삼고 있습니다. 바로 파울 힌데미트, 아르놀트 쇤베르크Arnold Schoenberg, 이고르 스트라빈스키입니다. 이 기사는 이들 세 명에게 각각 '반反계몽주의자', '퇴폐한 부르주아 형식주의자', '제국주의적 자본주의의 머슴'이라는 딱지를 붙였습니다. 따라서 그들의 음악 연주는 '소련에서 금지'되어야 한다는 내용을 담고 있습니다. 『프라우다』에 실린 이 공식적 관점에 대해 쇼스타코비치 선생은 개인적으로 동의하시는지요?"[9]

"이건 도발이야!"Provokatsya, 소련 측 앞잡이들이 그렇게 외치는 사이 쇼스타코비치는 KGB의 '보호자'들로부터 나지막한 목소리로 지시를 받았다. 그리고 일어서서는 마이크를 건네받고, 잿빛이 된 낯을 숙이고 바닥에 시선을 고정한 채 러시아어로 중얼거렸다. "저는 『프라우다』의 입장에 전적으로 동의합니다."

매우 끔찍한 에피소드였다. 쇼스타코비치가 스탈린의 직접적인 지시를 받고 회의에 참가했다는 소문이 바로 이 뉴욕에서 벌어지는 행사에까지 도달한 것이다. 그는 희생양이었고, "창백하고 가냘프고 예민한 모습의, 구부정하고 긴장된, 그리고 내성적으로 보이고 웃음기는 사라진" 모습이었다고 한 참가자가 증언했다. 아서 밀러는 그를 "작고 여린, 그리고 근시를 가진" 사람으로 "인형처럼 뻣뻣하게" 서있었다고 묘사했다. 쇼스타코비치가 독립적으로 의견을 표명한다는 것은 당시로 봐서 그에게는 생사를 가르는 문제였다. 반면 나보코프는 백계 러시아인 이민자로 1939년

9 Nabokov, *Bagázh*.

미국 시민이 된 사람이었다. 그는 안전한 처지였다. 그럼에도 나보코프는 양팔이 뒤로 묶인 사람에게 주먹세례를 날리고 있었던 셈이다.

예술계 인사로 이루어진 패널들 가운데서 사회를 맡은 아서 밀러는 이 대결을 목도하고는 질겁하고야 말았다. "그날을 떠올릴 때면 쇼스타코비치에 대한 기억이 여전히 나를 괴롭힌다. 이 모든 것이 얼마나 큰 기만인가! 그날 회의장에서 그는 어떤 생각을 하고 있었는지, 그의 영혼 속에서 어떤 분열이 일어났는지, 어떤 것을 절규해야 하고 어떤 것을 억눌러 자기 조절을 해야 했는지는 오로지 신만이 아실 것이다. 쇼스타코비치는 미국, 특히 조국 소련에 대한 호전적 태도를 보이는 미국에서 안심하고 얘기할 수 있는 상황이 못 되었고, 바로 그러한 상황이 그의 삶을 지옥으로 만들고 있었다."[10]

30년 후, 쇼스타코비치는 서구에서 발표한 회고록에서 월도프 사건에 대해 다음과 같이 설명했다. "나의 첫 미국 여행을 떠올릴 때마다 공포를 느낀다. 스탈린의 지시, 그중에서도 온갖 행정 관료들의 극심한 압박만 없었다면 미국에 갈 일은 전혀 없었을 것이다. 나의 미소 짓는 사진을 보고 사람들은 재미있는 여행이었을 것이라고들 한다. 하지만 그 미소는 저주받은 자의 미소였다. 나는 죽은 사람이 된 느낌이었다. 어리둥절한 상황에서 모든 바보 같은 질문에 대답해 버렸지만, 소련으로 돌아가기만 하면 이런 상황도 다 끝나 버리겠지 하는 생각이었다. 스탈린은 그런 식으로 미국인들을 쥐락펴락하고 싶어 했다. '여기 건강하고 싱싱한 사람이 하나 있소!' 하는 식으로 미국에 선보이고 나서는 바로 죽여 버리는 식으로 말이다. 글쎄, 쥐락펴락하려 했다고 말한다면 너무 심한 표현이겠지. 어찌 보면

---

10 Miller, *Timebends*.

스탈린은 그저 속을 준비가 된 사람들만 속였을 뿐이니까. 미국은 우리에 대한 관심이라고는 눈곱만큼도 없었다. 미국인들이란 그저 편안히 먹고 살 수 있기만 하다면, 어떤 것이라도 믿어 줄 것이었기 때문이다."[11]

　컨퍼런스는 며칠간 계속되었다. 시인 T. S. 엘리엇이 이 컨퍼런스에 반대한다는 전신을 보내왔다. 소설가 존 더스패서스John Dos Passos도 전신을 보내왔다. 그는 전신에 담긴 메시지를 통해 미국의 자유주의자들이 소련의 독재를 폭로함으로써 "그 자체의 독으로 폭정을 소멸"토록 만들어야 한다고 촉구했다. 반면 한때 반공주의를 "20세기의 근본적인 우매함"이라고 논평했던 토마스 만Thomas Mann은 컨퍼런스를 지지한다는 전신 메시지를 보냈다. '논쟁'은 의례적이고 지극히 따분하게 진행되다가, 젊은 노먼 메일러(어느 동년배는 그를 "유복한 집안 출신의 프랭크 시나트라Frank Sinatra"라고 이야기했다)가 개입하면서 뜨겁게 달아올랐다. 그는 소련과 미국 모두가 펼치는 공격적인 외교정책이 평화적 공존의 기회를 앗아 가고 있다고 말함으로써 미·소 양측 모두를 놀라게 했다. "자본주의가 존재하는 한 전쟁은 있을 수밖에 없습니다. 잘 정비된, 공정한 사회주의가 들어설 때까지 더 이상의 평화는 없습니다"라고 하면서 그는 다음과 같이 단언했다. "있는 그대로 진실을 말하는 것, 그리고 계속 써나가는 것만이 작가가 할 수 있는 전부입니다."[12] 메일러의 열변은 대립하던 두 진영이 야유

---

11 Dmitri Shostakovich, *Testimony: The Memoirs of Dmitri Shostakovich*, ed. Solomon Volkov, New York: Harper & Row, 1979. 쇼스타코비치가 이 회고록을 '정말로 썼는가'에 대해서는 몇 가지 의심되는 사항이 있다. 회고록은 개혁·개방(qlasnost)이 이루어지기 전임에도 잘 잠정된 판본으로 나왔는데, 이런 점들이 소련의 의도적인 정치선전의 일환이 아닌가 하는 혐의를 받았다. 그러나 선전의 일환이냐 아니냐 하는 문제를 따지기 전에, 쇼스타코비치는 공산주의 진영을 대표하는 예술가로서 몇몇 미국 반공주의자들의 황당한 태도에 대해서 여러 차례 분노를 표시한 바 있다.
12 Brightman, *Writing Dangerously*.

의 목소리로 하나가 되는 마법과 같은 효과를 일으켰다.

이제 옹기종기 모여 플래카드를 들고 선 호텔 밖의 피켓 시위대는 1000명이 넘는 규모로 커졌다. 한 구경꾼은 "이토록 시끄럽고 지독하게 못난 데다 과격한 사람들이 어떻게 극우의 수중에 떨어질 수 있었는가"라며 의아해했다. 시드니 훅은 호텔 안의 공산주의와 호텔 밖 보도의 전투적 반공주의가 사실은 서로를 지탱하고 있다는 점을 파악해 낼 만큼 영악한 사람이었다. 멜 피첼리가 주도하는 공격적인 홍보 활동은 이제 효과를 발휘하기 시작했다. 반공주의 편집증에 빠진 신문계 거물 윌리엄 랜돌프 허스트William Randolph Hearst는 모든 편집자에게 훅의 장단에 맞춰 '빨갱이들'의 컨퍼런스와 미국의 '공산주의 동조자'들을 비난하라는 명령을 내렸다.

4월이 되자, 타임-라이프 제국Time-Life Empire[13]의 소유주이자 편집자인 헨리 루스Henry Luce는 『라이프』에 실릴 2쪽짜리 전면 기사를 친히 감독했다. 이는 크렘린을 비하하고 미국의 소련 '앞잡이'들을 공격하는 내용이었다. 여권 크기로 실어 놓은 50명의 사진은 가히 인신공격이라 할 만했는데, 이는 조지프 매카시Joseph McCarthy 상원의원이 쥐고 있던 비공식적인 블랙리스트의 전주곡이었다. 도로시 파커, 노먼 메일러, 레너드 번스타인, 릴리언 헬먼, 에런 코플런드, 랭스턴 휴스Langston Hughes, 클리퍼드 오데츠, 아서 밀러, 알베르트 아인슈타인Albert Einstein, 찰리 채플린Charlie Chaplin, 프

---

13 타임사(社)는 1922년 예일대 졸업생인 헨리 루스와 브리턴 해든(Briton Hadden)이 창립한 미국의 대형 출판사·잡지사로, 『타임』, 『포춘』(Fortune), 『라이프』(Life) 등을 잇따라 발행하면서 출판 제국으로 우뚝 섰다. 1929년 해든 사망 후에는 헨리 루스가 독자적인 경영으로 사세를 확장해 나갔다. 원래 '타임-라이프'는 교양 도서 출판을 전담하기 위해 타임사의 대표적인 두 잡지 이름을 따서 만든 자회사 이름이지만, 서구에서는 타임사의 거대한 영향력을 표현하기 위해 '타임-라이프 제국'이라 지칭하기도 한다. 현재는 워너커뮤니케이션(Warner Communications)이 타임사를 합병하여 '타임워너'(Time Warner Inc.)라는 종합 미디어 기업으로 거듭났다. — 옮긴이

랭크 로이드 라이트Frank Lloyd Wright, 말런 브랜도Marlon Brando, 헨리 월러스
Henry A. Wallace[14]를 비롯한 모두에게 공산주의와 놀아난 혐의가 씌워졌다.
1943년에 스탈린을 표지 모델로 삼아 러시아 국민과 적군赤軍을 칭송하면
서 지면 전체를 소련에 대한 기사로 도배했던 잡지도 바로 그『라이프』였
는데 말이다.

　"냉전의 압박이 높아지는 상황에서 소련과의 전시 동맹을 회복하려
는 숙명적 시도에 발을 담그기란 위험한 일이었고, 사람들도 당시 이를 잘
알고 있었다." 아서 밀러는 이렇게 회상했다. "전쟁 분위기가 달아오르고
있었다. …… 컨퍼런스 개최일이 다가올수록 참가자들에 대한 보복의 가
능성이 예상되는 상황이었다. …… 그리고 실제로 수개월이 지나자, 월도
프 컨퍼런스의 '지지자'와 '참석자'는 나라에 반역하는 자들의 대명사가
되어 있었다. …… 작가와 예술가가 모여 회의하는 일이 그토록 광범위하
게 대중적인 의혹과 분노를 불러일으킬 수 있다는 사실은 전후 세계에 새
로이 등장한 양상이었다."[15]

　컨퍼런스를 여는 일이 위험하다는 사실은 확연해 보였다. 전쟁 전에
는 사교계 명사들의 데뷔 무대로 유명하기도 했던 월도프 호텔에서 '찍힌'
사람들은 이제 미국 연방수사국Federal Bureau of Investigation, FBI 국장 존 에드
거 후버John Edgar Hoover[16]의 관심 대상이 되었다. 그가 이끌었던 FBI는 컨퍼
런스를 조사할 요원들을 파견했고 그 결과를 다시 상부에 보고하게 했다.

14　미국의 33대 부통령. 루스벨트 행정부에서 농무장관과 상무장관을 역임했고, 트루먼 독트린에
　　반발하여 1948년 대선에 진보당 후보로 출마하기도 했다. —옮긴이
15　Miller, *Timebends*.
16　FBI의 종신국장. 1924년부터 1972년까지 48년 동안 FBI의 수장으로 재직하면서 수중에 넣은 유력
　　정치인들의 스캔들과 비밀 정보를 가지고 정치인들을 조종했으며, 상급자인 법무장관의 지시도
　　받지 않고 직접 대통령을 압박할 정도로 무소불위의 권력을 휘둘렀다. —옮긴이

FBI 본부에서 나온 보고 파일 중, 젊은 노먼 메일러의 것이 공개되었다. 랭스턴 휴스, 아서 밀러, F. O. 매시어슨, 릴리언 헬먼, 더실 해밋, 도로시 파커(이들은 '비밀 활동 중인 공산주의자', '공공연한 공산주의자', '공산주의에 타협한 자' 등 여러 가지로 분류되었다) 등의 파일은 1930년대에 이미 공개되었지만, 그들의 새로운 반역 활동이 추가로 기재되어 있었다.

몇몇 사례들을 보면 월도프의 '공산주의자'들을 감시하는 것 이상의 활동이 FBI에 의해 이루어졌다는 사실을 알 수 있다. 월도프 컨퍼런스 직후, FBI 요원 한 명이 리틀브라운앤드컴퍼니Little, Brown and Company 출판사를 방문했다. 에드거 후버가 하워드 패스트의 신작 소설 『스파르타쿠스』 Spartacus의 출간을 원하지 않는다는 사실을 알려 주기 위해서였다.[17] 이 출판사는 원고를 패스트에게 되돌려 보냈고, 이 작가는 이후 일곱 군데의 출판사로부터 출판 거절 통보를 받아야 했다. 특히 앨프리드 노프Alfred Knopf[18]는 원고를 뜯어 보지도 않고 반송하면서 반역자의 작품은 쳐다보지도 않겠다고 했다는 말이 있다. 책은 결국 1950년에 출간되었다. 하워드 패스트가 직접 자비로 출판한 것이었다. "민중을 교화한다는 스탈린주의자들의 권리"는 공격을 받고 있음이 확실해 보였다.

『라이프』의 보도로 월도프의 공산주의자들과 한때의 공산주의자들 (스위트룸의 반공주의자들) 사이의 기묘한 파드되pas de deux[19]는 이제 주요

---

17 후버가 『스파르타쿠스』의 초고를 읽어 보는 것이 불가능한 일은 아니었지만, 그렇다고 해서 읽어 봤다고 확언하기도 힘들다. 미국 작가들을 감시하기 위한 FBI의 캠페인을 보면, 작품의 내용이 어떠한가 하는 문제는 작가가 얼마만큼 사상적으로 경도되었는가 하는 문제에 비해 항상 부차적이다. 하지만 하워드 패스트의 경우, 그의 공산당 전력과 월도프 컨퍼런스에 나타났다는 기록 때문에 후버는 확실히 격노한 것 같다. 이에 관한 기록으로는 Natalie Robins, *Alien Ink: The FBI's War on Freedom of Expression*, New York: William Morrow, 1992.
18 앨프리드노프 출판사의 창립자. 이 회사는 1960년 랜덤하우스에 합병된다. — 옮긴이
19 발레에서 두 사람이 추는 춤. — 옮긴이

관심거리가 되었다. 시드니 혹은 최고의 장면을 연출하게 되어 기뻤다. "우리는 크렘린의 가장 야심 찬 계획을 좌절시켰다."

*　　*　　*

시드니 혹은 1902년 12월, 뉴욕의 윌리엄스버그에서 태어났다. 그곳은 당시 견줄 만한 곳이 없을 정도로 가난한 브루클린의 빈민 지역이었다. 공산주의가 자랄 수밖에 없는 비옥한 토양이었기에, 혹은 어릴 때부터 공산주의 지지자가 되었다. 작은 키에 작은 얼굴, 동그란 안경을 썼던 혹은 똑똑해 보이기는 해도 촌티를 벗지 못한 모습이었다. 하지만 그는 엄청나게 지적이었고, 언제든 논쟁에 뛰어들 준비가 되어 있는 지성의 투사였다. 억세고 위험하고 가식적인 뉴욕의 공산주의에 빠져든 혹은 스탈린주의에서 트로츠키주의로, 다시 부하린주의로 다양한 당파 사이를 넘나들었다. 그는 미국 공산당을 도와 레닌의 『유물론과 경험비판론』*Materializm i empiriokrititsizm*의 초판 번역을 준비하기도 했으며, 모스크바의 마르크스-엥겔스 연구소Institut Marksa i Engel'sa에서 공부한 적도 있다. 혹은 또한 마르크스주의에 대한 글을 수차례 기고했으며, 그중에서도 「나는 왜 공산주의자가 되었나」Why I Am A Communist가 잘 알려져 있다. 이 때문에 윌리엄 허스트의 주도로 그를 뉴욕대학에서 해고시켜야 한다며 추방 운동이 일어나기도 했다.

　　많은 뉴욕 지식인들의 태도 변화와 마찬가지로, 혹의 신념은 공산주의의 현실에 대한 일련의 폭로들로 약화되기 시작한다. 1936~37년에 일어난 레온 트로츠키Leon Trotsky의 반역 재판, 1939년의 독소불가침조약, 그리고 재판·이론·정책과 관련하여 재앙에 가까운 스탈린의 실책이 잇따르자 결국 신념을 배신해 버렸던 것이다. 결국 공산당의 '공공의 적'이 되어 '반反혁명의 파충류'로 비난을 받았고, 그를 지지하는 사람들은 '십이지 장충'Hookworm으로 폄하되었다. 1942년에 이르러 훅은 작가이자 편집자인 맬컴 카울리Malcolm Cowley의 동향을 FBI에 고발하기도 했다. 윌리엄스버 그의 혁명가 훅이 이제는 보수 진영의 귀염둥이가 된 것이다.[20]

*   *   *

1949년 3월 27일 목요일 늦은 오후, 뉴욕 5번대로와 6번대로 사이가 40 번가와 만나는 지점에 경찰이 통행 저지선을 쳤다. 그리고 프리덤하우스 Freedom House라는, 무엇을 하는 곳인지 알 만한 이름이 붙은 건물 발코니 에 시드니 훅과 그의 사병私兵들이 나타나 건물 아래 브라이언트 광장을 빽빽이 메운 군중들에게 의기양양하게 손을 흔들었다. 그의 "기획팀원들 은……선전전 업무를 감탄이 나올 정도로 잘해 냈다"라며 눈에 띄는 말 쑥한 복장으로 세간의 이목을 끌고 있던 나보코프가 말했다. 컨퍼런스 이 후 열린 이 행사에서 나보코프는 "곤경에 처한 소련의 작곡가들과 공산당 문화 기관의 압제"에 대해 연설했다. 프리덤하우스 홀에 가득한 청중을 향 한 연설에서 나보코프는 쇼스타코비치가 '평화 컨퍼런스'에 이용당했다 며 개탄했다. 우레와 같은 박수가 터져 나왔다. 그리고 나보코프는 "홀 뒤 쪽 열에 앉아 있던 낯익은 얼굴이 일어나 다가오는 것"을 보았다. "그 친구 는 베를린에서부터 알던 사이였는데, 나처럼 독일 미 군정사령부OMGUS에 서 일했던 사람이었다. 그는 나를 따스한 말로 치하해 주면서 나와 내 친 구들이 아주 감탄할 만한 일을 해냈다고 말해 주었다. 그리고 베를린에서

---

20 Peter Coleman, *The Liberal Conspiracy: The Congress for Cultural Freedom and the Struggle for the Mind of Postwar Europe*, New York: The Free Press, 1989.

도 이와 같은 일을 해야 한다는 말도 덧붙였다."[21]

나보코프에게 다가온 '친구', 그는 바로 마이클 조셀슨이었다. 조셀슨이 월도프 컨퍼런스에 나타난 다음, 뒤이어 프리덤하우스 행사에 나타난 것에 대해 나보코프는 순전히 우연의 일치였을 뿐이라고 주장했다. 그러나 조셀슨이 그곳에 나타난 이유는 CIA 첩보 활동의 귀재 프랭크 위즈너의 신속한 지시에 따랐기 때문이었다. 이 "감탄할 만한 일"은 위즈너 팀이 투자한 결실이었고, 조셀슨은 그 투자 팀의 일원으로 이를 지켜보기 위해 와있었던 것이다. 그 이면에는 데이비드 두빈스키의 공공연한 협력이 있었다. 그가 허니문 스위트룸에 나타난 것은 정말 수수께끼 같은 일이었지만 말이다. 두빈스키와의 협력을 통해 CIA는 월도프 호텔 내에 혹의 근거지를 어렵지 않게 확보해 줄 수 있었고(두빈스키는 호텔 측이 그의 지식인 친구들에게 방을 내주지 않는다면 노조가 호텔을 폐쇄해 버릴 것이라고 협박했다), 그에 따른 비용을 지불했으며(나보코프는 두빈스키로부터 CIA의 달러 뭉치를 받아 허니문 스위트룸에 전달했다), 언론으로부터 대규모의 우호적인 보도를 이끌어 냈다.

멜빈 래스키 또한 베를린에서 날아와 혹의 선전 활동이 어떻게 전개되는지 지켜보았다(혹이 베를린의 미군 점령 지역에 '교육 자문'으로 있었던 1년 전부터 그 둘은 연락을 주고받는 사이였다). 래스키는 월도프 컨퍼런스에서 일어난 대치 상황에 열광했으며 특히 쇼스타코비치를 경멸했다. "쇼스타코비치는 극도의 겁쟁이지요." 래스키는 나중에 이렇게 말했다. "어떠한 대의를 위한다 하더라도 그는 앞장서고 싶지 않았을 겁니다. 하지만 그 자리에는 이렇게 말하는 사람들이 있었어요. '쇼스타코비치, 당신보다, 아니

21 Nabokov, *Bagázh*.

당신 음악보다도 더 큰 일이 있네. 발을 들여놓았으면 입장료를 내야 할 것 아닌가? 자네가 좋든 싫든 더 고귀한 목적을 위해서 말이야.'"[22]

이와 반대로 월도프에 있던 훅과 친구들은 입장료를 모두 지불했다고 생각했다. 하지만 그들 중 대다수는 이 방해 공작을 성공시켰던 물밑 작업의 일원이 아니었다. 니콜라 키아로몬테는 훅의 배후를 의심했다. 그는 메리 매카시에게 조용히 훅과 그의 부하들을 무조건 믿고 따르지는 말라고 경고했다. 정신없는 한 주 동안 훅의 무리들이 배포한 보도자료에 미국 외교정책을 노골적으로 지지하는 내용이 담겨 있었기 때문이었다. "훅과 그 친구들이 지난 분석 작업에서 보여 준 것은, 국무부의 결정에 만족하는 것을 넘어서 소련에 대항하기 위해서라면 결국 국가에 굴복하여 어떠한 부정도 정당화할 준비가 되어 있다는 것이었어요." 키아로몬테의 말이 계속되었다. 그것은 "체제 순응적인 행위로 나타날 수밖에 없으며, 민주주의의 측면에서는 엄밀히 말하면, 매우 건설적이지 않은 행동"이었다.[23] 처음부터 키아로몬테가 이처럼 느낄 수 있었던 데에는 뮌첸베르크 사단에서 정치 요원으로 일하면서 정제된 감각을 기르게 된 결과라는 점에서 그의 가치가 드러난 흥미로운 일이었다. 당시에는 아무도 몰랐지만 키아로몬테가 진실에 매우 가까이 다가서 있었기 때문이다. 그가 조금만 더 진실에 접근했다면, 훅의 배후가 단지 국무부뿐만 아니라, 미국의 첩보 기관이었다는 사실을 발견했을 것이다.

아서 밀러는 월도프 컨퍼런스가 "역사의 행로 위에서 나타난 급회전"으로 평가받게 될 것이라고 직감했다. 40년 후 그는 이렇게 썼다. "지금

22 Melvin Lasky, interview in London, August 1997.
23 Brightman, *Writing Dangerously*.

까지도 무언가 어둡고 섬뜩한 느낌이 그날의 기억을 뒤덮고 있다. …… 솔 스타인버그Saul Steinberg의 그림에서처럼 앉아 있는 사람들, 그 사람들이 하나하나 모두 머리 위로 풍선을 들고 있었는데, 풍선에는 도무지 읽을 수 없을 정도로 끼적인 글씨들이 있었다. 재능 넘치는 사람들과 몇몇 진정한 천재들이 가득 메운 방 안에 앉아 있던 우리. 돌이켜 보면 소련을 옹호하는 사람들이나 분기탱천한 빨갱이 혐오자들이나 그 어느 편도 옳다고 할 수는 없었다. 간단히 말해서, 정치는 선택이라 했지만 진정 우리가 선택할 만한 여지는 거의 없었다. 체스판 위에서 말을 옮길 곳이 전혀 없었던 것이다."[24]

그러나 CIA의 입장에서 월도프 컨퍼런스는 '거대한 게임'에 새로운 방향을 제시해 주는 기회의 상징이었다. 그것은 "촉매와 같은 사건"이었다고 CIA 요원 도널드 제임슨Donald Jameson은 회고했다. "월도프 컨퍼런스는 정치의 영역에서 이데올로기적 영향력을 겨루는 대규모의 운동이 서구에서 시작되었음을 알리는 신호탄이었죠." 그리고 전통적인 방식으로는 공산주의라는 유령의 위압적인 성격을 소멸시킬 수 없다고 알고 있던 관료들에게 강력한 메시지를 던져 주었다. "당시 우리는 이 일을 위해서는 무언가가 필요하다는 사실을 깨달았어요. 하지만 지식인들을 억압하자는 뜻은 아니었습니다. 아시다시피 지식인들이란 대부분 고귀하신 양반들 아닙니까? 대신에 궁극적으로 우리가 원하는 방식의 냉전 종식(공산주의 진영의 약화 혹은 소멸을 통한 미국 중심의 패권 확립)을 위한 보편적인 프로그램이 필요했어요."[25]

24 Miller, *Timebends*.
25 Donald Jameson, interview in Washington, June 1994.

4장
민주주의 진영의 데민포름[1]

빛나는 기사가 될 때면 언제나,
갑옷을 단단히 채우고,
주위를 둘러본 뒤,
용의 굴 속으로 세차게 돌진하여
보물을 얻고 생명을 구하리라.
굴 속의 모든 용들과 싸워 나가며.
　　　　　—A. A. 밀른A. A. Milne[2], 「갑옷 입은 기사」Knight-in-Armour

월도프아스토리아 컨퍼런스는 공산주의 지지자들에게 굴욕적인 사건이었다. 그곳에 있었던 어떤 사람은 이렇게 말했다. "그날 일은 소련 측의 선전원들에게는 악몽이자 낭패였다. 스탈린주의 러시아의 이데올로기적 지배력을 미국의 진보적 전통 위에 이식시킬 수 있다는 발상이 이제는 불가능해졌다는 사실을 보여 준 마지막 소란이었다."[3] 미국 공산당은 이제 쇠퇴기를 맞았고, 당원 숫자는 사상 최저치를 기록했으며, 당의 체면은 돌이킬 수 없을 만큼 구겨졌다. 공산주의의 음모를 내세우는 주장이 열병처럼 번지기 시작했을 때, 스탈린의 전략이라고는 유럽에 대한 영향력을 확장하고 유럽의 적들을 무력화하는 데 집중하기보다는 오로지 미국의 마음

1　'데민포름'(Deminform)은 실존 단체가 아니다. 저자는 민주주의 진영에서 공산주의 진영의 코민포름(Cominform), 즉 국제공산당정보기구와 유사한 단체를 만들었다는 의미에서 이 단어를 사용했다. —옮긴이

2　『곰돌이 푸』(Winnie the Pooh)의 원작자로 유명한 영국 작가. —옮긴이

3　Carol Brightman, *Writing Dangerously: Mary McCarthy and Her World*, New York: Lime Tree, 1993.

을 돌리려고 애쓰는 것뿐이었다.

코민포름은 유럽의 식자층에게 소련이 유럽에서 오로지 '평화'만을 확장시키려 할 뿐임을 납득시키기 위해 활동을 벌여 왔지만, 1949년에 일어난 두 차례의 결정적인 사건은 이에 심각한 타격을 주었다. 첫 번째 사건은, 유고슬라비아 지도자 티토Josip Broz Tito 원수에 대한 스탈린의 무자비한 대응이었다. 티토는 발칸반도에서 유고슬라비아의 이익을 희생하면서까지 소련의 헤게모니를 떠받들려고 하지 않았기 때문에 모스크바와 베오그라드 사이에는 극심한 갈등이 생겨났다. 스탈린은 유고슬라비아로부터 경제적·군사적 지원을 철회했다. 유고의 자립을 어렵게 만들기 위한 지구전의 일환이었다. 티토는 결국 침체에 빠진 경제를 회생시키고자 서구와의 협상을 개시해 마셜플랜의 지원을 받기에 이른다. '국제 공산주의'를 지켜 낸다는 미명하에 이루어진 스탈린의 잔혹한 개입은 유럽 공산주의 동조자들의 선의를 자극해, 그들로 하여금 티토의 편에서 결집하도록 만들었다. 또한 두 번째 사건으로, 소련은 평화적 공존에 대한 그동안의 요청에도 불구하고 1949년 8월에 원자폭탄을 실험했다. 그 바람에 소련의 입지는 더욱 좁아질 수밖에 없었다.

소련의 선전이 늘어놓는 거짓 주장에 대한 영국의 대응은 한 발 늦게 이루어졌다. 클레멘트 애틀리Clement Attlee 내각이 공산주의 진영에 타격을 입히기 위해 정보조사국Information Research Department, IRD을 설립한 것이 1948년 2월에 이르러서야 가능했기 때문이다. 이 조직은 당시 외교부 산하 조직 중에서 가장 빠르게 성장했다. IRD 설립을 기획했던 당시 외교부 장관 어니스트 베빈Ernest Bevin은 다음과 같이 설명했다. "오로지 물질적인 성장이라는 측면에 기반해서 공산주의를 비난함으로써 공산주의가 격퇴될 수 있다는 생각은 미망에 불과하다. 유럽의 기독교적 정서가 가진 위력을 고려하면, 기존의 민주주의적·기독교적 원칙에 긍정적인 성격이 보태져야 한다. 바로 공산주의에 대한 대항 이데올로기를 제시해야 하는 것이다."[4] 이는 실로 하나의 도전이었다. 서유럽 정부들이 소련의 핵실험을 비난하는 데 그치지 않고 그 내부의 시스템에서, 즉 자본주의적 민주주의를 통해 공산주의의 대안이 될 미래상을 제시해야 할 의무가 생겨났기 때문이었다. 하지만 체제의 우위에 대한 호언장담은 실제로 체제의 성과보다 앞서 나가기 일쑤였다. "세상을 잘못 굴러가게 만든 주범은, 공산주의를 강화한다는 명목으로 죽은 레닌이 무덤에서 벌떡 일어날 정도로 슬라브족을 확장시키는 식의 도착적인 방법을 사용한 스탈린 무리들이 아니라, 비공산주의 세계의 도덕적·정신적 약화다."[5] 외교관이자 스파이였던 로버트 브루스 록하트Robert Bruce Lockhart는 이렇게 주장했다.

나치에 대한 전시 동맹체제 아래서 스탈린의 친근한 이미지를 만들어 냈던 영국 정부의 역할을 제대로 보지 못한다면, 냉전의 결정적인 진실을 무시하게 된다. 자유세계와 소련이 나치에 대항해 동맹을 이룬 것은, 공산주의가 정치적으로 존중받을 만한 이데올로기라는 환상을 역사적으로 승인하는 순간이었다. 지난 시절 영국이 스스로 만들어 내고 지켜 왔던 이러한 체계적인 허위를 해체하는 것이 제2차 세계대전 후의 영국 정부가 당면한 과제였다. "전쟁 중에 우리는 스탈린의 [친근한] 이미지를 만들어 냈다. 끔찍한 사람이라는 것은 알았지만 우방이었기 때문이다." IRD 차장으로 발탁되었던 애덤 왓슨Adam Watson의 설명이다. "이제 전쟁 중에 만들

---

4 Ernest Bevin, "Top Secret Cabinet Paper on Future Foreign Publicity Policy", 4 January 1948(IRD/FO1110/PRO).

5 Robert Bruce Lockhart, *The Diaries of Robert Bruce Lockhart, 1939-1965*, ed. Kenneth Young, London: Macmillan, 1980.

어진, 마음씨 좋은 조 아저씨 신화를 어떻게 제거하느냐가 당면한 과제였다."[6] 영국의 많은 지식인과 작가 들이 전쟁 중에 정부의 선전 부서를 위해 일했지만, 이제는 영국 정부가 내뱉은 거짓말들을 바로 잡아 달라는 임무를 부여받았다. 이 거짓말들이야말로 예전에 그들과 영국 정부가 그토록 창의적인 수법으로 만들어 왔던 거짓말이었는데도 말이다.

영국 정보조사국IRD은 그 순수해 보이는 명칭과 달리, 냉전 시기 영국 정부의 비밀 조직이었다. (첩보 활동상 전적으로 혹은 얼마간 은밀함이 요구되는 작전에 대해 달갑지 않은 조사를 받는 것을 피하기 위한 목적으로) 예산 배정이 비밀에 부쳐졌던 IRD는 "출처가 불분명한 정치선전을 생산·유통"하는 것에 그 목적이 있었다고, 1953년 IRD에 배속되었던 스파이 크리스토퍼 '몬티' 우드하우스Christopher "Monty" Woodhouse는 말한 적이 있다.

IRD는 낙수 이론trickle-down theory[7]에 입각해 영국 지식인 사회에 배포할 만한, 모든 종류의 주제를 포괄하는 '실제' 사례들을 수집하고 있었다. 지식인들이 그들의 연구에 이 자료들을 재활용하기를 기대하고 있었던 것이다. 출처의 불명확성은 이 작업의 중심적이며 특징적인 성격이었다. 이에 따라 본질적으로 모순되는 두 가지 요건의 화해가 가능해졌다. 첫째, IRD 자료가 광범위하게 유통되어야 한다. 둘째, 동시에 공식적으로 인가되지도 않고, 자금 출처도 불분명하게 유통이 이루어져서 대중들의 눈에 반공주의 정치선전 활동의 존재를 드러나지 않게 만들 필요가 있었다. "해외에서와 마찬가지로 영국 내에서도, 대중들에게 외교부가 반공주의 활

---

6 Adam Watson, telephone interview, August 1998.
7 최상층의 부를 확대하면 그 부가 흘러넘쳐 하위 계층으로 확산된다는 경제 이론. 여기서는 최상층
   의 지식인과 언론을 통해 정보를 유통시키면 자연스럽게 대중에게 확산된다는 의미로 사용되었
   다. —옮긴이

동을 조직하고 있다는 인상을 받게 하면 안 된다는 점이 중요합니다." IRD 초대 국장 랠프 머리Ralph Murray가 남긴 말이다. "지식인들이 반공주의 목적을 이유로 소련을 겨냥해 정치선전을 조작하는 일에 간여하고 있는 외교부 산하의 사악한 모 조직으로부터 자료를 제공받아 왔다는 혐의가 공개될 경우, 우리에게 기꺼이 귀중한 지원을 제공해 줄 용의가 있는 수많은 사람들이 곤경에 처할 수 있기 때문입니다."[8] "그 선전이 사실에 기반을 두고 있을 경우에는, 단순한 선동보다 논박하기 훨씬 더 어려운 일이죠." 애덤 왓슨은 나중에 이렇게 설명했다. "진실을 드러낸다 하더라도, 무엇보다 그 진실이 우리 편에 유리해야 합니다."[9] 그 말은 IRD가 공정한 시각으로 "공산주의의 원칙과 실행뿐 아니라 무절제한 자본주의의 비효율성, 사회적 불평등, 도덕적 결함"을 함께 비난한다고는 하지만, 실상은 "영연방이나 미국을 공격하거나 공격할 의도로 비춰지는 행위"는 모두 허락되지 않는다는 것을 의미했다.[10] 진실이 가끔은 가혹한 현실에 굴복할 수도 있다는 생각은 오래도록 노엘 카워드Noël Coward를 즐겁게 했다. 그는 정보 관료로 짧게 재임한 바 있는데, "지극히 사실에 가깝다"라는 말로 꾸며진 "지극히 비밀스러운" 문서에 마구 도장을 찍어 대는 일을 기쁘게 생각했다.

초기 IRD의 가장 중요한 자문 역 중 한 명이 헝가리 태생의 작가 아서 쾨슬러였다. 쾨슬러의 가르침 덕에, IRD는 좌파라는 정치적 전통의 연장선상에서 권력의 중심과 대립한다고 여겨지는 연구 기관 혹은 개인을 다시 권력의 입맛에 맞게 활용하는 일이 얼마나 유용한지 깨닫게 되었다. 그

8 Sir Ralph Murray, to Chief of Defense Staff, June 1948(IRD/FO1110/PRO).
9 Adam Watson, telephone interview, August 1998.
10 Bevin, "Top Secret Cabinet Paper on Future Foreign Publicity Policy".

러한 포섭의 목적은 이중의 소득이 있었기 때문이다. 첫째는 '진보적인' 단체를 가까이 둠으로써 그들의 활동을 감시할 수 있었으며, 둘째는 진보 단체의 내부에서 영향력을 행사함으로써, 혹은 내부 구성원들을 [진보적인 체할 뿐인] 유사한 주제로, 더 나아가 은근히 덜 급진적인 토론의 장으로 끌어들여 단체의 영향력을 희석시킬 수 있었다.

쾨슬러 자신도 이내 IRD의 정치선전 활동의 혜택을 받는다. 소련의 잔악함을 묘사해 쾨슬러를 반공주의의 사표師表로 자리매김하게 했던 소설 『한낮의 어둠』이 독일에서 미 군정 당국의 보호 아래 출간된 것이다. 쾨슬러는 자기 이름을 딴 출판사를 소유하고 있던 제임스 해미시 해밀턴 James Hamish Hamilton과 계약을 맺었는데, 해밀턴은 정보 부처와 긴밀한 관계를 맺고 있는 인사였다. 1948년 영국 외교부는 이 책을 5만 권 가량 구입해 배포했다. 그와 동시에, 역설적으로 "프랑스 공산당 또한 [소련을 비방하는 이 책을 폐기하기 위해] 즉시 출간된 책 전량을 주문했다. 그렇다고 해서 출판사가 출판을 그만둘 이유는 없었으므로 쾨슬러는 프랑스 공산당의 돈으로 더욱 부자가 되었다".[11]

쾨슬러는 영국 외교부가 조직한 정치선전 활동에서 자문 역할만 한 것은 아니었다. 1948년 2월 그는 미국으로 순회 강연을 떠났다. 3월에는 윌리엄 '와일드빌' 도너번을 뉴욕 서턴플레이스에 있는 그의 타운하우스에서 만났다. 미국의 전시 정보 조직[전략사무국OSS]의 수장이었으며, 최근에 새로이 설립된 CIA의 기획 책임자 중 하나였던 도너번은 미국의 정보 및 외교 엘리트 중에서도 핵심 인사였다. 그는 평생을 반공주의자로 살았

---

11 Celia Goodman ed., *Living with Koestler: Marmaine Koestler's Letters 1945-51*, London: Weidenfeld & Nicolson, 1985.

고, 1959년 죽음을 맞을 때까지 공산주의에 대한 경계 태세를 늦추지 않았다. 그는 생의 마지막 순간에도 창밖에서 보이는 59번가 다리를 건너 맨해튼으로 진군하는 러시아 보병들을 목격했다고 한다. 쾨슬러는 소련에 있을 때, 전쟁 전 설립된 전위 선전 조직망(지휘자였던 빌리 뮌첸베르크의 이름을 따서 '뮌첸베르크 사단'으로 알려져 있다)의 배후에서 책사로 활동했기 때문에, 소련의 정치선전 조직들이 내부에서 어떤 일을 하고 있는지를 세상의 어느 누구보다도 잘 알고 있었다. 미국으로 떠나기 직전 쾨슬러는 앙드레 말로와 신임 프랑스 대사 칩 볼런을 만나 코민포름이 공세적으로 '평화'를 촉구하는 태도에 어떻게 대응하는 것이 가장 좋을지 의논했다. 미국으로 건너가는 배에서는 앨런 덜레스의 형으로 훗날 국무장관 자리에 오르는 존 포스터 덜레스를 우연히 만나 같은 문제로 의견을 나누기도 했다. 그리고 지금 쾨슬러는 윌리엄 도너번 앞에 앉아서 소련의 정치선전에 어떻게 대응할지 얘기를 나누고 있었던 것이다. "우리는 심리전의 필요성에 대해 의논했다." 쾨슬러가 일기에 기록한 내용이다. 그러면서 도너번이 이제 '일급 전략가'를 확보했다고 덧붙이고 있다. 이 만남의 중요성을 과소평가하지 않도록 하자.

아서 쾨슬러는 1905년 헝가리 부다페스트의 중산층 가정에서 태어났다. 가톨릭교의 일파인 바울회로 개종한 데 이어, 1930년대 초에는 공산당에 입당했다. 그는 당시 마르크스와 엥겔스를 읽었던 것이 "갑작스레 해방을 맞이한 것과 같은 흥분 효과"가 있었다고 훗날 책에서 밝히고 있다. 1932년 러시아로 이주하면서부터는 공산당 인터내셔널의 자금 지원을 받아 『붉은 낮, 하얀 밤에』 *Von weissen Nächten und roten Tagen*라는 정치선전 서적을 집필했다. 그리고 그곳에서 나데시다 스미르노바 Nadeshda Smirnova라는 어느 상점 점원과 깊은 사랑에 빠졌다. 그녀와 한 주 혹은 두 주를 보냈을까, 쾨슬러는 사소한 문제로 그녀를 비밀경찰에 고발해 버렸다. 결국 그녀의 소식은 다시는 들을 수 없게 되었다. 독일에서 히틀러가 승리를 거둔 뒤에는 파리에서 독일 난민들 속에 섞이게 되는데, 거기서 빌리 뮌첸베르크의 팀에 들어가게 된다. 1936년에는 스페인으로 떠났는데, 아마도 뮌첸베르크를 위해 스파이 활동을 하려는 이유였을 것이다. 그곳에서 쾨슬러는 정치범으로 억류되지만 그의 첫 번째 아내 도로시 아셔Dorothy Ascher의 적극적인 구명 활동과 영국 정부의 개입으로 풀려나게 되었다. 1938년, 스탈린의 대규모 체포와 재판 조작에 환멸을 느껴 공산당을 탈퇴하지만, 그래도 여전히 볼셰비키 유토피아는 쟁취 가능하다는 믿음을 버리지 않고 있었다. 그러다 독소불가침조약을 체결하기 위해 모스크바 공항에 도착한 리벤트로프Joachim von Ribbentrop[12]를 환영하는 자리에서 만卍자 무늬 깃발을 내걸고 「호르스트 베셀의 노래」를 연주하는 소련 적군赤軍의 모습을 보고서 그동안의 신념을 버리게 된다. 쾨슬러는 전쟁 중 프랑스에 억류되자 『한낮의 어둠』을 집필했다. 이데올로기의 이름으로 행한 학정을 연대기적으로 보여 주는 작품이었는데, 당시 영향력이 가장 큰 책 중 하나가 되었다. 억류에서 풀려나자 그는 (프랑스 외인부대의 도움으로) 영국으로 건너갔지만, 그곳에서 재차 억류된 뒤에야 파이오니어 군단Pioneer Corps[13]에 입대할 수 있었다. 이후 그는 반反나치 선전 요원으로 정보부에 합류했고, 그 덕에 영국 시민권까지 획득할 수 있었다.

1949년 쾨슬러의 미국 순회 강연은 사고가 온통 오류와 혼란으로 뒤죽박죽인 '좌파계의 속물들'Babbitts of the Left[14]을 바로잡기 위한 기획이었

---

12 당시 나치 독일의 외교부 장관. — 옮긴이
13 영국의 왕립 공병단. — 옮긴이

다. 그는 미국의 지식인들에게 유치한 급진주의를 버리고 권력 구조에 힘을 보태는 성숙한 과업에 매진하라고 촉구했다. "당신네 나라에서 진보적 지식인의 임무는, 나머지 국민들이 막대한 책임감을 직시하도록 만드는 일입니다. 임자 없는 땅에서 벌이는 추상적 급진주의의 당파 싸움은 이제 과거의 것입니다. 지금은 미국의 급진주의자들이 유치함을 버리고 성숙해져야 할 때입니다."[15] 그렇게 쾨슬러는 새로운 참여의 시대를 요청하고 있었다. 그것은 곧, 지식인들이 현실로부터 거리 두기 혹은 초연함이라는 시대착오적인 특권을 벗어던지고, 국가적인 노력에 정당성을 부여하는 일을 사명으로 받아들여야 한다는 뜻이었다. 곧 사르트르는 이렇게 응수했다. "작가들은 자신의 시대를 확고한 시선으로 바라보아야 한다. 왜냐하면 작가들이 시대로부터 벗어나서 살아갈 수는 없기 때문이다. 이는 또한 작가들에게 주어진 유일한 기회이기도 하다. 시대는 작가를 위해 준비된 것이며, 작가는 시대를 위해 준비된 사람이기에 그렇다." 사르트르는 말을 이었다. "우리를 둘러싼 사회의 특정한 변화를 함께 생산해 내는 것이 우리 작가들의 존재 목적이다."[16] 사르트르와 쾨슬러의 차이는 참여의 방식이 아니라 참여의 목적이었다. 사르트르가 진실과 이성의 중재자로 기능하는 정부 기관이라는 개념에 확고한 반대 입장을 취했던 데 반해, 쾨슬러는 동료 지식인들에게 파워 엘리트들이 지배자로서 사명을 다할 수 있게

---

14 조지 배빗(George Babbitt)은 "싱클레어 루이스(Sinclair Lewis)가 1922년 발표한 탁월한 소설 『배빗』*Babbitt*에 나온 반(反)영웅의 이름이다. 배빗은 한때 완고한 미국적인 가치들에 이끌렸다가 보헤미안적인 방탕한 삶의 유혹과 피상적인 급진주의들로 인한 중산층의 위기 한가운데 서있는 인물로 그려진다"(David Cesarani, *Arthur Koestler: The Homeless Mind*, London: William Heinemann, 1998). 체사리니의 이 뛰어난 전기는 1948년 쾨슬러의 미국 여행을 상세하게 묘사하고 있다.

15 Iain Hamilton, *Koestler: A Biography*, London: Secker & Warburg, 1982.

16 *Les Temps modernes*, October 1954.

도와주라고 촉구했기 때문이다.

뉴욕에서 도너번을 만난 후, 쾨슬러는 워싱턴으로 이동해 기자회견, 오찬, 칵테일파티와 만찬에 참석하는 일정을 소화했다. 놀라운 속도로 급진주의자에서 권력 기관의 일원으로 변신한 미국 지식인 제임스 버넘은 쾨슬러에게 많은 국무부 관료, 대통령 보좌관, 기자, 노동조합 인사 들을 소개해 주었다. 특히 CIA가 그에게 관심을 보였다. 드디어 그들에게 한 수 가르쳐 줄 만한 사람이 등장했기 때문이다.

당시 CIA는 어떤 아이디어에 골몰하고 있던 상태였다. 바로 "공산주의와 맞서 싸우는 데는 예전에 공산주의자였던 사람이 더 낫지 않은가" 하는 것이었다. 쾨슬러와의 협의 끝에 이 아이디어는 구체화되기 시작했다. 쾨슬러의 주장에 따르면, 공산주의 신화를 파괴하는 유일한 수단은 비공산주의적인 좌파 인물을 끌어들이는 것이었다. 쾨슬러가 얘기했던 사람들은 이미 국무부와 정보기관이 '비공산주의 좌파'Non-Communist Left, NCL 라는 하나의 그룹으로 분류를 마친 상황이었다. 이로써 아서 슐레진저가 '조용한 혁명'이라 일컬은 바와 같이, 공산주의의 환상에서는 벗어났지만 사회주의의 이상에 여전히 빠져 있던 지식인들과 그들의 사상에 대해서 정부 차원의 이해와 지원이 증가하게 되었다.

실로 CIA에게는 비공산주의 좌파를 이용하는 전략이 "향후 20년 이상 공산주의에 대한 CIA 정치 공작의 이론적 토대"가 되었다.[17] 이러한 전략을 위한 이데올로기적 근거는, 1949년에 등장한 매우 영향력 있는 세

---

17 Michael Warner, "Origins of the Congress for Cultural Freedom", *Studies in Intelligence*, vol.38/5, Summer 1995. CIA의 역사 분과에 소속된 역사학자로서 마이클 워너는 다른 학자들에게는 개방되지 않은 기밀 문건들을 열람할 수 있었다. 그렇기 때문에 이 대목은 매우 가치가 높다. 다만 몇몇 오류들과 고의적인 내용 누락이 있다. 읽을 때 이 점을 염두에 두어야 한다.

권의 책 중 한 권인 슐레진저의『결정적 핵심』*The Vital Center*이 제공했는데, 이에 따라 좌파 지식인들도 동등한 파트너로 인정함으로써 CIA는 모종의 융합을 이루어 냈던 것이다(나머지 두 책은『실패한 신』*The God That Failed*과 조지 오웰의『1984』였다). 슐레진저는 이 책에서 1917년의 부패한 혁명이 좌파의 쇠락과 도덕적 마비를 불러왔다고 도식적으로 설명하면서, "자유의 영역을 개척하기 위해 싸우는 집단들을 결속시킬 기준"으로 '비공산주의 좌파'의 진화를 내세웠다. 이 집단들을 통해서 "공산주의가 끼어들 일말의 여지"도 남기지 않고도, "대담한 급진성을 회복시킬" 수 있다는 주장이었다. 그리고 이러한 새로운 저항을 위해서는 "실행을 위한 독립적 기반"이 필요하며, "프라이버시, 자금, 시간, 보도, (이동을 위한) 연료, 언론의 자유, 집회의 자유, 공포로부터 벗어날 자유가 있어야 한다"라고 주장했다.[18]

"칩 볼런, 아이재이어 벌린, 니콜라스 나보코프, 에이버럴 해리먼, 조지 케넌 모두 비공산주의 좌파의 결집을 독려하는 제 주장을 열렬하게 지지했습니다." 슐레진저는 훗날 이렇게 회상했다. "우리 모두는 민주주의적 사회주의가 전체주의에 대한 가장 효과적인 방어막이라는 생각이었습니다. 이는 그 시기 미국 외교정책의 저류에 흐르는, 드러나지 않은 주제였죠."[19] 약칭 NCL로 불렸던 비공산주의 좌파는 이내 워싱턴 상류층이 흔히 사용하는 직함처럼 되어 버렸다. "그들은 거의 공식적인 정치조직과도 같은 모습이 되었어요."[20] 한 역사학자가 기록한 내용이다.

공산주의의 실패를 증언하는 에세이를 모은『실패한 신』을 구실 삼

---

18 Arthur M. Schlesinger, Jr., *The Vital Center: A Fighting Faith*, Cambridge: Riverside Press, 1949.

19 Arthur Schlesinger, interview in New York, August 1996.

20 Carol Brightman, interview in New York, June 1994.

아 이 "정치조직 같은 모습의 무리들"이 첫 회합을 갖게 되었다. 그리고 쾨슬러는 이 책의 살아 있는 정신이 되었다. 그는 윌리엄 도너번을 비롯한 미국 정보 전략가들과 다수의 회의들을 거친 후 들뜬 상태로 런던에 돌아와 있었다. 이후 책이 출간되는 과정은 비공산주의 좌파와 미국 정부 내의 '어둠의 천사들'이 맺은 계약의 진면목을 보여 주고 있다. 1948년 여름 즈음에, 쾨슬러는 정치전간부회의Political Warfare Executive, PWE[21]의 독일 지역 책임자 리처드 크로스먼을 만나 이 견해에 관해 이야기를 나누었다. 크로스먼은 "대중을 조종할 수 있다"라고 믿는 사람이었으며 "스스로를 완벽한 정치 선동가로 자부할 만큼 지식과 재능"을 겸비한 인물이었다.[22] 그는 아이재이어 벌린(그 또한 전쟁 중에 PWE와 계약 관계였다)과 옥스퍼드 뉴칼리지 동창이었으며, 한때는 "원칙이 없고 매우 모호한" 인물로 평가받았고, 혹자는 그를 "한 걸음 더 위로 올라갈 수 있다면 어머니의 시신이라도 디딜" 인물로 평하기도 했었다.[23] 크로스먼의 책 『현대의 플라톤』Plato Today에서 화자는 의회 민주주의가 본질적으로 "정부와 국가기구가 뒤에 숨어 있는 조잡한 엉터리 광고판"과 같은 것이 아닌지 의구심을 품었다. 『실패한 신』에서도 이와 비슷한 내용이 나온다.

1948년 8월 27일, 크로스먼은 또 한 명의 심리전 베테랑인 미국인 C. D. 잭슨Charles Douglas Jackson을 프로젝트에 끌어들였다. "당신의 조언을 청하고자 이렇게 연락을 드립니다. 하퍼앤드브러더스Harpers & Brothers 출판

---

21 원문에는 'Psychological Warfare Executive'라고 되어 있으나 저자의 착각으로 인한 오기다. PWE는 영국 외교부 관할의 심리전 조직으로서, 다른 번역어로는 '정치전쟁국'이 있으나 이 조직은 '국'(局) 단위의 정부 부서가 아니므로 새로이 옮겼다. ─ 옮긴이
22 Lockhart, *The Diaries of Robert Bruce Lockhart*.
23 *Ibid.*

사[24]의 캐스 캔필드Cass Canfield와 제 책의 출판을 맡아 준 해미시 해밀턴은 『잃어버린 환상』Lost Illusions이라는 책을 내년 봄 출간할 예정입니다. 저는 그 책의 편집 책임을 맡고 있습니다. 저명한 지식인들의 자전적 스케치를 담을 예정으로, 자신들이 어떻게 공산주의자가 되었는지 혹은 어떻게 공산주의에 동조하는 입장을 갖게 되었는지, 어떤 점에서 공산주의가 인류의 희망이라고 생각했는지, 그리고 무엇이 그들을 환상에서 깨어나게 했는지를 설명하는 내용입니다."[25] 잭슨의 조언은 미국 내에서 잃어버린 환상을 대표하는 인물로 과거 공산주의자였던 작가 루이스 피셔Louis Fischer를 추천한다는 것이었다.

그다음 크로스먼은 멜빈 래스키에게 접촉했다. 래스키는 당시 독일에서 활동하던 미국의 '공식적이되 비공식적으로 활동하는'official unofficial 문화계의 선전원이었으며, 공산주의에 대항해 조직적 정보전을 벌여야 한다는 입장을 지닌 초창기 인물 중 하나였다. 크로스먼은 책에 실릴 원고를 기고받는 즉시 래스키에게 보냈고, 래스키는 『데어모나트』에 번역을 진행시켰다. 1950년 독일 주재 미국 고등판무관 평가 보고서에 따르면 "『실패한 신』에 수록된 원고 중 한 편을 제외한 전편이 『데어모나트』에 기고한 것이었거나 『데어모나트』 측에서 저작권 협상을 진행한 것이었다. 25호 발간에 이르러 『데어모나트』는 이 원고들의 게재를 완료하게 되었다."[26] 크로스먼은 이 책 영역판의 편집을 맡았고, 쾨슬러의 책을 발행했던

---

24 이후 합병을 통해 하퍼앤드로(Harper & Row, 1962~1990), 하퍼콜린스(HarperCollins, 1990~)로 사명이 변경된다. ─ 옮긴이

25 Richard Crossman, to C. D. Jackson, 27 August 1948(CDJ/DDE).

26 HICOG(High Commission for Occupied Germany) Frankfurt, "Evaluation Report", 1950(SD.CA/RG59/NARA).

해미시 해밀턴에 의해 1950년에 출간되었다. 그리고 전시정보부Office of War Information에서 크로스먼과 가장 가깝게 지냈던 캐스 캔필드가 미국판 발행을 맡았다(캔필드는 훗날 앨런 덜레스의 책을 출판해 주었다). 이러한 배경을 보면 『실패한 신』은 지식인들의 저작이었던 것만큼이나 정보전의 산물이기도 했던 셈이다.

원고를 기고했던 사람은 이냐치오 실로네, 앙드레 지드, 리처드 라이트Richrd Wright, 아서 쾨슬러, 루이스 피셔, 스티븐 스펜더Stephen Spender였다. "우리는 반공주의 정치선전의 흐름을 확산하는 데에도, 전향에 대한 개인적 변호의 기회로 삼는 것에도 관심이 없다." 크로스먼이 서문에서 밝힌 내용이다.[27] 그러나 그가 이렇게 부인한 두 가지 목적은 이 책을 통해 모두 이루어진다. 그들은 집단적으로 마르크스주의 유토피아의 실패를 증언한다고 이유를 달았지만, 그들이 기고한 글은 모두 지극히 개인적인 기술이자, 각자의 정치적 입장 변화(전향)에 대한 변명에서 출발하여 환멸과 배신감을 표현하는 데 이르고 있었다. 이 책은 또한 집단적 고백(참회)이면서, 스탈린주의에 대한 거부와 반항의 성명서와도 같은 글이었다. 당시는 이러한 행동이 대다수 좌파들 사이에서 여전히 이단으로 여겨지던 때였다. 『실패한 신』은 전후 시대를 여는 계시와도 같은 책이었으며, 향후 20년간 문화의 세계에 공식적으로 입장할 수 있는 여권과도 같은 역할을 했다.

『실패한 신』에 글을 쓴 여섯 명의 필진 가운데 세 명은 빌리 뮌첸베르크를 위해 일한 전력이 있다. 신념이란 산을 옮길 수 있을 뿐만 아니라 "물고기를 경주마라고 믿게 만들 수 있는" 경이로운 것이라고 말한 바 있던

27 Richard Crossman ed., *The God That Failed: Six Studies in Communism*, London: Hamish Hamilton, 1950.

쾨슬러는 한때 뮌첸베르크의 가장 열성적인 제자 중 하나였다. 1930년대 미국에서의 지명도가 1950년대의 에드워드 머로Edward R. Murrow[28]에 비길 정도였던 언론인 루이스 피셔 또한 뮌첸베르크와 함께 공산주의자로 활동했던 경험으로 자신의 이력을 쌓을 수 있었다. 이냐치오 실로네는 1921년 이탈리아 공산당에 입당했다. 쾨슬러와 마찬가지로 실로네도 제대로 된 전향이 무엇인지 보여 주었는데(한때 그의 말에 따르면 "당은 가족이자 학교, 예배당이자 막사였다"), 그 또한 한때 공산주의 인터내셔널의 사다리를 타고 올라가 뮌첸베르크의 품에서 활동했었다. 1927년 이후 조용히 당 활동에서 이탈하긴 했지만 실로네는 여전히 이 "버림받은 청춘의 잿빛 취향"을 간직하고 있었다. 공산당과의 마지막 결별은 1931년에 이루어지는데, 트로츠키를 규탄하는 성명을 발표하라는 당의 요청이 있었던 때였다. 실로네는 거부했고, 당은 그를 '시범 사례'로 출당 조치한다. 실로네가 예전에 겪은 바와 같이, 전쟁 중 스위스에서 어려운 망명 생활을 하고 있는 독일의 공산당 출신자들에게 그는 이렇게 말했다. "우리의 모든 상처들이 아로새겨진 과거가 우리 약점의 원천이 되어야 할 이유가 없다. 우리가 말하고 글을 쓰면서 나타나는 오류, 부주의, 바보 같은 일들에 의기소침해서는 안 된다. 지금 우리에게 필요한 것은 너무도 순수한 의지, 그래서 우리가 보여 준 최악의 오류, 또한 사소한 죄과들Etiam peccata로부터 새로운 힘을 태동시키는 그러한 의지인 것이다."[29]

『실패한 신』이라는 책 이면에는 이렇듯 소련의 정치선전원 출신자들

---

28 미국의 언론인으로, CBS에서 유명 프로그램 「지금 보시죠」(See It Now)를 진행하면서 매카시즘과 맞섰다. ─ 옮긴이

29 Ignazio Silone, *Emergency Exit*, London: Gollancz, 1969.

이 재활용되어 공산주의 전력이라는 과거의 얼룩을 씻어 내는 일들이 벌어지고 있었다. 서방 정부의 전략가들은 한때 소련의 선전원으로 힘써 일했던 사람들이 전향한다면, 이야말로 소련의 선전 체계를 파괴할 수 있는 절호의 기회라고 생각해 이들을 포섭했던 것이다. CIA는 이제 그들을 '실패한 신의 무리'라고 명명했다. 어느 CIA 관계자는 그들이 "미망에서 깨어났고, 미망에서 깨어날 수 있는, 또는 아직 입장을 정하지 못하고, 스스로 선택을 해야 할 때, 동료의 영향을 어느 정도 받을 수 있는 지식인들의 집합체"라고 그 의미를 설명했다.[30]

미국 정부 기관은『실패한 신』을 유럽 전역에 배포했다. 특히 독일에서는 철저한 홍보가 이루어졌다. 영국의 정보조사국IRD 또한 지원에 나섰다. 쾨슬러는 기뻤다. 소련의 위협에 대한 전략적 대응이라는 그의 계획이 멋지게 진행되고 있었던 것이다. 이 책이 언론을 통해 대서특필되는 동안, 그는 멜빈 래스키를 만나 조금 더 야심 차고 조금 더 오래 갈 수 있는 계획들에 대해 이야기를 나눴다.

*   *   *

『실패한 신』이 전향을 희망하던 사람들에게 따뜻한 환영의 메시지를 보여 주기는 했지만, 실제로 모든 사람들이 이 잘 차려진 반공주의의 제단에서 세례를 받을 준비가 되어 있던 것은 아니었다. 코민포름은 재빨리 침묵하고 있던 이들을 이용하려 했다. 월도프아스토리아 컨퍼런스가 재앙에 가까운 결말을 맺은 후, 그다음 회합으로 1949년 파리에서 개최될 예정이던 세계평화회의World Congress of Peace의 준비는 극도로 조심스럽게 추진되었

---

30 Lee Williams, interview in Washington, June 1994.

다. 그해 3월, 영국 정보조사국IRD의 1급 비밀 문서에는 다음과 같은 전망이 등장했다. "회의의 예상 수법이나 조직을 보면, 거수기처럼 형식적으로 소련의 의도하는 바를 승인할 것으로 보인다."[31] 이 문서에 따르면, "코민 포름의 주제는 명백히 '미국과 서구의 민주국가들은 전쟁 옹호론자들이고 파시스트인데, 자기네들 크렘린과 그 꼭두각시들이야말로 평화를 사랑하는 진짜 민주국가들이다'라는 것이었다". 따라서 "이 파리 평화회의가 선전으로서 활용되지 않도록 그 가치를 무력화할 수 있는 가능한 모든 조치를 강구하라"[32]라는 지침이 전숲 외교 포스트에 하달되었다.

한편, CIA에 소속된 미국인 '사촌들'[33]은 이미 이 파리 비밀 회합 conclave[34] 업무에 매진하고 있었다. 월도프 컨퍼런스가 막을 내린 바로 다음 날, 프랭크 위즈너의 부하 카멜 오피Carmel Offie는 파리 평화회의에 대한 국무부의 계획이 무엇인지 물어 왔다. 오피는 위즈너의 특별보좌관으로 노동 및 망명 업무를 담당하던 사람이다. 그리고 OPC(CIA 정책조정실)의 가장 중요한 실무 조직이었던 전미자유유럽위원회National Committee for a Free Europe[35]를 감독하고 있었을 뿐 아니라, 유럽 지역의 반공주의 단체를 지원하는 작전 활동도 수행하고 있었다. 오피는 미국노동총동맹American

31 Information Research Department(IRD), top secret cypher, 24 March 1949(IRD/FO1110/PRO).
32 Ibid.
33 영국 희곡 작가 톰 테일러(Tom Taylor)의 『우리 미국인 사촌』(Our American Cousin)에 나오는 촌스럽고 순박한 미국 사촌의 모습에서 차용한 비유. 미·영 양국 첩보기관의 긴밀한 협조 관계를 강조해 준다. ― 옮긴이
34 '콘클라베'는 가톨릭에서 교황을 선출하는 추기경들의 모임을 뜻하는데, 이 책에서 저자는 정부 고위층 인사 혹은 유명 지식인들의 비밀 회합을 묘사할 때 이 단어를 자주 사용한다. ― 옮긴이
35 전미자유유럽위원회는 1949년 3월 앨런 덜레스에 의해 설립된 미국의 반공 단체로 '자유유럽위원회'(Free Europe Committee)라는 약칭으로 알려졌다. 이 단체의 주요 업무는 자유유럽방송(Radio Free Europe)을 설립·감독하고 서독 국경에서 전단지(속칭 삐라)를 살포하는 일이었다. ― 옮긴이

Federation of Labour, AFL의 유럽 대표였던 어빙 브라운Irving Brown과 업무상 교류하는 사이였는데, 유럽에 주재하는 미국 노동계 대표라는 이 겸손한 직함이야말로 전후 유럽에서 엄청나게 중요한 정치적 역할을 감추기에는 충분했다. 미국인들이 납부한 어마어마한 액수의 세금과 마셜플랜에서 나오는 '대충자금'Counterpart fund[36]을 비밀 첩보 활동에 쏟아부었던 사람이 바로 이 브라운이었기 때문이다.

평생을 외교 부서에서만 일했던 오피는 어느 모로 보나 사악하기 짝이 없는 인물이었다. 외모가 추했던 그는 회의 자리에서 직원들의 젖꼭지를 꼬집는 등 자신의 동성애 성향을 거침없이 드러내면서 모욕을 주곤 했다. 한때 라파예트 공원 공중화장실을 기웃거리다 연행된 적도 있었는데, 그의 CIA 암호명이 '수도승'Monk이었던 점을 떠올려 보면, 우스울 정도로 어울리지 않은 사건이었다. 그는 전쟁 후 외교부 계좌를 이용한 불법 자금 송금으로 외교부 관직에서 쫓겨나기도 했다(다이아몬드나 루비를 취급하기도 했고 때로는 핀란드산 바닷가재 300마리를 빼돌린 적도 있다). 하지만 그에게는 힘 있는 친구들이 있었다. 칩 볼런과 조지 케넌과는 모스크바 대사관 시절부터 알고 지내는 사이였고, 그중 볼런은 위즈너를 설득해 그를 다시 채용하도록 했다. OPC에서 근무했을 때는, 위즈너에게 보고되는 문서가 마지막으로 거쳐 가는 곳이 오피였으며, 언젠가 200만 달러가 증발하기 전 마지막으로 거쳐 간 곳도 오피였다고 전해진다.[37]

오피와 위즈너는 이제 파리 평화회의에 대한 조직적인 대응을 기획

---

36 마셜플랜에서 원조를 받는 나라가 원조받는 달러액에 비례하여 자국 통화를 특별 계정에 적립한 것을 말한다. 7장 서두에 이러한 자금에 대한 설명이 다시 나온다. ─옮긴이
37 Anthony Carew, "The American Labor Movement in Fizzland: The Free Trade Union Committee and the CIA", *Labor History*, vol.39/1, February 1998.

하기 시작한다. 미 국무부는 이미 "순진한 사람들이 크렘린의 노선을 따르게 될 것"이며, "가짜 평화 운동"을 믿게 될 것이라는 비관적인 전망을 내놓은 바 있다.[38] 위즈너는 (마셜플랜을 관장하는) 경제협력국Economic Cooperation Administration의 에이버럴 해리먼에게 연락해 대항 집회에 사용할 자금 500만 프랑(약 1만 6000달러)을 조성해 달라고 부탁했다. 해리먼 또한 정치선전과 심리전의 열렬한 지지자로, 소련이 서방에 이념 전쟁을 선포한 사실이 어떤 의미인지를 이해하고 "모스크바가 촉발한 폭발적인 공세"[39]에 어떻게 대항할지를 고민한 최초의 미국 관료 중 한 사람이었다. 그는 비밀 첩보 작전을 위해 마셜플랜 기금 ─ 위즈너는 이를 '캔디'라고 표현했다 ─ 을 제공하는 것을 무엇보다 기쁘게 생각했다.

　OPC는 어빙 브라운을 통해 프랑스 사회주의자 다비드 루세David Rousset와 접촉했다. 루세는 『우리들의 죽음의 나날』Les jours de notre mort, 『집단수용소의 세계』L'univers concentration 등 유대인 강제수용소에 대한 몇몇 책의 저자로, 전향한 좌파 세력이 발행하는 프랑스의 항독 지하신문 『프랑티뢰』Franc-Tireur('유격대'라는 의미)와 관계를 맺고 있었다. 루세는 이 신문이 레지스탕스 시절처럼 CIA의 지원과 자금을 받는 데[40] 동의했다.

　소련 측에서 일리야 에렌부르크Ilya Ehrenburg와 파데예프가 본회의에 등장했다(사실 본회의뿐 아니라 "시작부터 끝까지 코민포름 행사"였다). 폴 로브슨Paul Robeson[41], 하워드 패스트, 휼렛 존슨Hewlett Johnson, 프랑스 원자력

---

38 Warner, "Origins of the Congress for Cultural Freedom".
39 Lockhart, The Diaries of Robert Bruce Lockhart.
40 레지스탕스 시절에는 CIA의 전신인 전략사무국(OSS)으로부터 지원을 받았다. ─ 옮긴이
41 흑인 가수이자 배우. 시민권 운동에도 적극 참여한 활동가로서, 매카시즘이 유행할 당시 소련의 정책을 지지하다 블랙리스트에 오른다. ─ 옮긴이

청Commissariat A Energie Atomique의 프레데리크 졸리오퀴리Frédéric Joliot-Curie, 덴마크 작가 마르틴 안데르센넥쇠Martin Andersen-Nexø, 이탈리아 사회주의자 피에트로 넨니Pietro Nenni도 함께였다. 찰리 채플린은 지지의 메시지를 보내왔다. 러시아정교 사제는 회의에 은총을 내렸고, 폴 로브슨은「오울맨 리버」Ole Man River를 불렀다. 피카소Pablo Picasso는 잘 알려진 작품「평화의 비둘기」를 발표했는데, 이 그림은 향후 수십 년간 공산주의 '평화' 운동의 명성 높은 상징으로 사용된다.[42] 회의를 주최했던 인물 중 하나로 시인이자 완고한 공산주의자였던 루이 아라공Louis Aragon이 피카소의 스튜디오에 들렀을 때, 최근 작품들을 들춰 보다가 이 비둘기pigeon 석판화를 발견했었다. 비둘기는 하얀 발토시 같은 깃털로 덮여 발톱이 보이지 않는 모습이었다. 아라공은 이것을 흰 비둘기dove로 보았고, 피카소의 허락을 받아 이제는 유명해진 제목 '평화의 비둘기'라고 이름 붙였던 것이다. 얼마 후, CIA가 후원했던 '평화와 자유'Paix et Liberté 운동에서도 이를 비꼬는 비둘기 캐리커처를 만들었다. 제목이 '폭발하려 하는 비둘기'La Colombe qui fait Boum였던 이 만화는 미국 정부 기관에 의해 팸플릿과 전단지, 포스터로 제작되어 전 세계에 살포되었다.

이 회의에 대항하기 위해 루세가 조직한 '독재와 전쟁에 대한 국제적 저항의 날'International Day of Resistance to Dictatorship and War 행사도 1949년 4월 30일에 개최되었고, 엘리너 루스벨트Eleanor Roosevelt, 업턴 싱클레어Upton Sinclair, 존 더스패서스(그는 이미 확고한 공화당원으로서 변신의 길을 가고 있었고, 드와이트 맥도널드에 따르면 "러시아와 공산주의에 대해 신경증적인 공포심"을 갖고 있었다고 한다), 줄리언 헉슬리Julian Huxley와 리처드 크로스먼이

---

42 비둘기가 평화의 상징으로 자리매김한 데에는 피카소의 역할이 크다. ― 옮긴이

지지 성명을 발표했다. OPC의 금전적 지원을 받고 회의에 참가하는 대표자들로는 이냐치오 실로네, 카를로 레비Carlo Levi, 어디든 나타나는 시드니 훅, 『스터즈 로니건』Studs Lonigan의 저자 제임스 T. 패럴James T. Farrell, 프란츠 보르케나우Franz Borkenau, 페너 브록웨이Fenner Brockway가 있었다. 하지만 심혈을 기울인 기획에도 불구하고 이 국제회의는 실패로 돌아갔다. 다음은 시드니 훅의 회고다. "30년 전 어린 시절 매디슨스퀘어에서 들었던 가두연설 이래로 그토록 시시하고 공허한 수사는 들어 본 적이 없다."[43] 저녁 집회에서는 일단의 무정부주의자들이 마이크를 잡고 이 회의를 맹렬히 비난하기에 이르렀는데, 시드니 훅은 이 사태를 두고 정신병원에서 뛰쳐나온 미치광이들이 판을 벌인 것 같았고, 회의 진행은 '좌파 정신병동'이 미치광이들에 의해서 점거되는 과정 같았다고 평가했다.

이 대항 회의는 또한 문화 투쟁에서 미국 측의 첫 희생자를 낳았다. 그는 바로 리처드 라이트로, 훅의 비유에 의하면 "공산주의자들이 로브슨을 이용하는 것과 마찬가지로 사르트르가 미국 문화에 대항할 때 휘두르는 곤봉 같은" 인물이었다.[44] 『실패한 신』에 글을 기고한 적도 있었지만, 반공주의 진영에서는 이제 그를 (전향하지 않은) 용의자로 의심하고 있었다. 그 이유는 스탈린주의와 결별했던 것이 "정치적 근거라기보다 개인적 문제"에서 비롯되었던 데다,[45] "스탈린주의의 진정한 본질을 이해하지 못하는 모습을 보여 주었기 때문이라는 것"이었다.[46] 라이트는 '실패한 신의 무

---

43 Coleman, *The Liberal Conspiracy*.
44 Sidney Hook, "Report on the International Day Against Dictatorship and War", *Partisan Review*, vol.16/7, Fall 1949.
45 '개인적 문제'라고 표현한 것은 리처드 라이트가 흑인이었기 때문이다. 흑인 지식인들은 처음에 소련에서는 인종주의적 폭력이 없을 것으로 보고 희망적으로 바라보았으나 소련 방문이나 언론 보도를 통해 점점 그러한 희망을 철회하게 되었다. ─ 옮긴이

리' 중 유일하게 회원 자격을 상실한 인물이 되었다. 향후 10년간 파리에서의 그의 삶과 활동은 CIA와 FBI의 감시 대상이 되었고, 이러한 감시는 1960년 불가해한 상황 속에 죽음을 맞기까지 계속되었다.

위즈너와 그의 국무부 동지들은 파리에서 열린 대항 회의의 결과가 실망스러웠다. 반스탈린주의자들이 현저하게 관심을 보였고 프랑스 공산당도 이 대항 회의를 맹비난했지만, 정작 회의장에서 나타난 어조는 "지나치게 급진적인 동시에 (미국 편도 소련 편도 아닌) 중립적"이었다.[47] 더 심각한 문제는 회의장에서까지 반미 분위기가 횡행하고 있었다는 것이다. "프랑스 대중들은 대체로 미국식 삶과 문화에 충격적일 정도로 무지했다." 이에 대해 훅이 남긴 글이다. "프랑스인들에게 미국의 이미지는 사회 저항운동을 다룬 소설(스타인벡의 『분노의 포도』*The Grapes of Wrath*가 전형적인 작품으로 여겨졌다)이나 미국의 타락을 다룬 소설(윌리엄 포크너), 공허함을 다룬 소설(싱클레어 루이스), 혹은 미국 영화, 그리고 비공산주의 언론에 스며들어 지속적으로 노출되고 있는 공산주의적 메시지들의 막연한 느낌들로 형성된 것이었다. **프랑스 대중에 좋은 정보를 전달하도록 하는 재교육이 나에게는 가장 긴급하면서도 가장 근본적인 문제인 것으로 보인다. 지금까지 미국의 민주주의 정책이 프랑스에서 거둔 효과적인 결과라고는 거의 아무것도 없다고 할 만하다.**"[48]

탁월한 미국 소설가들의 힘을 빌려서, 시각이 마비된 유럽인들의 마음을 돌려세움으로써 반미주의를 약화시켜 보겠다는 훅의 아이디어를 정

---

46 Hook, "Report on the International Day Against Dictatorship and War".
47 Warner, "Origins of the Congress for Cultural Freedom".
48 Hook, "Report on the International Day Against Dictatorship and War". 강조는 훅.

상적인 사고로 보기는 어렵다. 사실 그가 옹호하는 입장이란 미국 정부가 해외에서 추진하는 '민주주의적 정책'과 상충한다고 생각되면, 설령 미국적인 삶American Life의 또 다른 측면을 표현하고 있다 할지라도 제거해 버리는 것이었다. 이는 표현의 자유라는 근본 원칙에 대한 터무니없는 왜곡으로, 자유민주주의라는 원칙 아래 원조를 하고 있다는 미국 정부의 주장과도 양립할 수 없는 것이었다.

그러나 한 가지, 혹이 옳았다. 바로 사르트르가 영향력을 발휘하던 파리에서 (미국의 뜻을 따라 줄) 선의를 가진 사람을 규합하는 일은 힘겨운 싸움이 될 것이라는 점이었다. 동독에서 특권적 삶에서 오는 안락 탓에 스탈린을 "민중을 위한 정당한 살인자"라 찬미하기까지 했던 브레히트Bertolt Brecht처럼, 그가 보기에 센 강 좌안左岸[49]의 지식인들은 자신이 이제는 더이상 "진리를 추구하는 사람이 되지 못하고, 사면초가에 몰려 무너져 내리는 교조적 신념만 붙잡고 있다"[50]라는 사실조차 모르고 있었던 것이다. 사르트르도 여전히 소련을 자유의 수호자라 격찬했고, 그가 '성자'라고 칭한 장 주네Jean Genet[51]도 강제수용소gulag의 존재를 부인하고 있었다. 쾨슬러의 말마따나 파리는 공산주의 동조자들과 더욱 온건한 성향의 피카소, 카뮈Albert Camus, 장 아누이Jean Anouilh 같은 기민한 출세주의자들의 세계적 수도였다. 그들은 많은 유럽 지식인들 사이에서 경외의 대상으로 통했는데,

---

49 파리 시내를 관통하는 센 강의 '좌안'은 방위상으로는 강의 남쪽에 해당하는 5, 6, 7구 및 13, 14, 15구를 일컫는다. 비교적 부촌인 우안(右岸)과 달리 문화·예술계 인사들이 많이 살았으므로 그들의 커뮤니티를 비유적으로 가리킬 때 많이 쓰인다. 피카소, 마티스(Henri Matisse), 사르트르, 헤밍웨이, 스콧 피츠제럴드 등이 살던 몽파르나스도 이 지역에 있다. — 옮긴이

50 Arthur Miller, *Timebends: A Life*, London: Methuen, 1987.

51 사르트르는 장 주네에 대한 평전 『성(聖)주네』(*Saint Genet, comédien et martyr*, 1952)를 집필한 바 있다. — 옮긴이

쾨슬러는 이 현상을 '프랑스 독감'the French flu이라고 진단했다. 게다가 파리는 공산당이 전화 한 통만으로 프랑스를 접수할 수 있을 정도라며 쾨슬러가 농담처럼 말하고 다닐 정도였다.

위즈너가 프랑스에서 반공주의 캠페인을 확산시키는 데 적합한 집단을 찾지 못했음은 분명했다. 이 캠페인을 위한 상설 기지를 벌써 계획하고 있다고 언급하면서, 그는 이 대항 회의에 대해 다음과 같은 우려를 표명했다. "이러한 지도력으로 조직을 존속시키려는 짓은 (소규모의 데민포럼을 조직하고자 하는) 전체적인 밑그림을 잡다한 바보들의 희극으로 변질시키는 결과만 불러올 뿐이다. 이런 우스꽝스러운 행태는 진지하고 책임감 있는 자유주의자들의 작업에 있어 완전히 신뢰성만 떨어뜨려 놓는 짓이다. 우리가 이런 웃음거리에 돈만 보태는 것이 아닌지 진지하게 고민해 보아야 한다."[52]

소련이 입고 있는 정치선전의 갑옷이 난공불락처럼 보이자, 이에 당황한 독일의 지식인 무리들 또한, 과거에 소련의 뮌첸베르크 사단에서 활동했던 전력이 있음에도 불구하고 모종의 계획에 착수했다. 그중 루트 피셔Ruth Fischer와 (한때 코민테른의 공식 역사학자였던) 프란츠 보르케나우가 1949년 8월 프랑크푸르트의 호텔 방에서 멜빈 래스키를 만나 아이디어를 제시하고, 그에 대한 밑그림을 그리기 시작했다. 그것은 조직적인 지식인들의 저항을 (단발성인 대항 회의가 아니라) 항시 뒷받침할 수 있는 구조를 만들어 낸다는 것이었다. 이 가운데 피셔는 게르하르트 아이슬러Gerhart Eisler의 누나였다. 게르하르트는 1946년 "미국 제일의 공산주의자"라는 명성을 얻었던 소련의 첩보원으로, 그 이듬해에 비자 위조 혐의로 당국에 기

---

52 Warner, "Origins of the Congress for Cultural Freedom".

소된 적도 있었다. 그는 이후 동독의 정치선전 부서를 총괄하는 직위에 오르게 되었는데, 그 때문에 누나 루트 피셔의 계획에 대립하여 소련의 대응책을 마련해야 할 책임을 맡게 된다. 루트는 모스크바의 지령에 의해 그녀의 파벌까지 모두 축출되기 전만 해도 독일 공산당의 지도급 인사였다. 그래서 당으로부터 축출당하면서 스탈린(그리고 자신의 남동생)과도 갈라서게 된 것이다. 루트는 이제 미국 외교관에게 편지를 띄워 계획을 전달했다. "지난번 파리에 있을 때 이 계획에 대해 이야기를 나눈 적도 있지만, 이제 저는 좀 더 구체적인 계획을 갖게 되었습니다. 이 말은 물론 베를린에서 反월도프아스토리아 컨퍼런스를 크게 열어야 한다는 것이지요. 과거의 공산주의자들이 모두 모일 것이며, 미국·영국·유럽의 반스탈린주의 지식인 대표단도 합세할 것입니다. 그들은 티토와 유고슬라비아와, 말은 못 하지만 소련에 저항하는 나라들, 그리고 소련의 위성국가들에 대해서 연민의 정을 표명할 것이고, 그렇게 된다면 공산당 중앙위원회에게 지옥을 선사하게 되겠지요. 잘만 조직된다면 엄청난 반향이 있을 것이고, 그 반향이 모스크바에까지 퍼져 나갈 것임을 제 친구들은 모두 확신하고 있습니다."[53]

마이클 조셀슨도 프랑크푸르트에서 이들을 만났을까? 당연히 조셀슨도 이 계획에 대해 처음부터 알고 있었다. 그는 곧 이와 관련해서 로런스 드 네프빌과 상의했고, 드 네프빌은 다시 9월 중순에 카멜 오피에게 계획의 내용을 요약해서 전달했다. "그 아이디어는 래스키와 조셀슨, 쾨슬러의 것이었습니다." 드 네프빌이 나중에 이렇게 설명했다. "그리고 저는 워싱턴에 필요한 지원을 해달라고 요청했죠. 프랭크 린제이Frank Lindsay[위즈

53 Ibid.

너의 보좌관]에게 보고했고, 아마 위즈너에게 곧 전달되었을 겁니다. 우리는 위즈너에게 가서 승인을 내려 달라고 간절히 부탁했어요. 그 당시 마셜플랜이란 CIA가 세계 각지에서 사용하는 비자금 창구였고, 그 자금은 마르지 않는 샘과 같았죠. 유일한 관건은 승인을 얻느냐 마느냐의 문제였습니다."[54]

'조셀슨 제안서'로 알려진 문서가 1950년 1월 위즈너의 책상에 놓였다. 한편 대답을 들을 때까지 참을 수 없었던 래스키는 이 계획을 바로 실행에 옮기기 시작했다. 먼저 서베를린 시장 에른스트 로이터Ernst Reuter를비롯하여 저명한 독일 학자들을 참여시켰고, 그 계획안에 대한 지지를 약속받았다. 그리고 함께 상임위원회를 구성한 뒤 '자유세계'의 지식인들에게 초청장을 발송했다. 분연히 일어서 베를린에 모이자는 내용이었다. 그러나 래스키의 독자적 행보가 전적으로 바람직하지만은 않았다. "래스키가 미국 정부에 소속되어 있다는 사실을 모두가 다 아는 마당에, 회의를빌미 삼아 벌이는 활동은 결국 그 배후에 미국 정부가 있다는 사실만 드러낼 뿐이라고 생각하는 사람이 적지 않았던 것이다."[55]

OPC는 조셀슨의 계획을 실행에 옮기기 시작했다. 4월 7일 위즈너의승인 아래, 5만 달러의 예산으로 실행 초안이 확정되었다. 위즈너는 여기에 한 가지 조건을 달았다. 이 계획에 직접적인 관련자로 보이는 래스키와제임스 버넘이 베를린에 모습을 드러내서는 안 된다는 것이었다. "그들이나타나면 공산주의 진영에 비판의 빌미를 주기 때문이었다." 위즈너의 의구심을 전해 들은 조셀슨은 래스키를 변호했다. "여기 있는 어떤 사람도,

---

54 Lawrence de Neufville, telephone interview, February 1997.
55 Warner, "Origins of the Congress for Cultural Freedom".

심지어 어떤 독일인조차도 래스키만큼 성과를 거둔 사람은 없습니다."[56] 조셀슨이 보낸 전신의 내용이었다. 이 단계에서 래스키를 물러 앉히기에는 일이 너무 진행되었다. 래스키는 자신이 곧 개최될 회의, 즉 세계문화자유회의라 불릴 예정이었던 행사에서 상임의장을 맡겠다고 공식적으로 발표한 데다, 자신과 로이터 시장 공동 명의로 초청장을 발송하고 프로그램도 조직해 놓았던 것이다. 그리고 그는 아널드 베이크먼을 홍보 담당으로 합류시켰다. 베이크먼은 월도프에서 절묘한 시점에 등장했던 바로 그 사람이었다.

한편 미국에서는, 제임스 버넘과 시드니 훅이 미국 대표단을 꾸리느라 바쁜 시간을 보내고 있었다. 이 둘은 모두 회의 개최에 OPC가 관련되었다는 사실을 알고 있었다(혹은 자신의 회고록에서 이 부분을 언급하지 않았는데, 아마도 주목할 만한 성과를 얻지 못했기 때문이라고 추측된다). 미국인 참가자들을 위한 티켓은 OPC가 구매했다. 이 과정에 '수많은 중간 조직'이 여행사로 위장했다. 국무부 또한 이 과정에 발을 담그고 있었다. 특히 국무부 공보 담당 차관 제시 맥나이트Jesse MacKnight는 베를린 회의가 열리기 전부터 CIA가 회의를 지속적으로 후원하도록 거듭 독려해 왔던 사람인데, 이 모든 과정을 전해 듣고는 매우 흡족해했다. 이번에야말로 그러한 낙관주의가 제대로 뿌리내릴 기회였다.

56 Ibid.

5장

이념의 십자군

나의 유령이 나타나 새로이 말하길,
나는 한국으로 진군하노라.
무엇을 할지는 말하지 않으리.
이념의 십자군으로 싸워 나갈 뿐,
양키 두들, 노래를 계속하라. 기타 등등.
— 로버트 로웰, 1952년 앨런 테이트Allen Tate에게 보낸 편지 속 시

1950년 6월 23일 늦은 밤, 아서 쾨슬러와 그의 아내 머메인이 파리 동東역
에 도착했다. 파리발 프랑크푸르트행 야간열차를 타기 위해서였다. 거기
서 기차를 갈아타고 다시 베를린까지 갈 터였다. 타야 할 객차를 찾던 중,
이 부부는 장폴 사르트르를 우연히 만났다. 사르트르 또한 같은 열차를 타
려 하고 있었다. 그러나 이들이 참석하려는 회의는 각자 달랐다. 사르트르
는 평소와 달리 혼자였고, 쾨슬러는 시몬 드 보부아르가 없다는 사실에 안
도했다(쾨슬러 부부는 그녀를 '카스토르'Castor라는 별명으로 불렀다[1]). 원래 그
들은 야외에 나가 저녁 식사를 함께 하기도 하는 사이였다. 그때만큼은 공
산주의자들로부터 살해 위협을 받던 쾨슬러에게 파리 시 경찰청이 붙여
준 경찰 보디가드도 함께였다(공산주의 일간지 『뤼마니테』L'Humanité는 파리

---

1 카스토르는 그리스 신화 속 인물로서, 폴리데우케스(로마 신화에서는 폴룩스)와 함께 쌍둥이자리
  신화의 주인공이기도 하다. 쾨슬러 부부는 사르트르와 보부아르를 호전적인 쌍둥이 짝이라고 생
  각했던 것 같다. ― 옮긴이

인근 퐁텐르포르에 있는 쾨슬러의 집 베르트리브Verte Rive를 정확히 표시한 지도를 게재하기까지 했다). 그들의 우정이 최근 몇 년간 급속히 위기에 처하긴 했지만, 사상적 거리로는 서로에 대한 호감을 반감시킬 수는 없었다. 기차가 무더운 여름 밤 속으로 움직이기 시작할 때서야 이 셋은 겨우 농담을 나눌 수 있었다. 사르트르는 카뮈와 함께 공식적으로는 쾨슬러의 회의를 비난했고, 회의에 참가해 달라는 요청도 거절했었다. 그날 밤 기차에서 사르트르는 자신과 보부아르의 열렬한 정치 참여 때문에 둘 사이의 우정이 증발해 버리고 있다고 이야기했고, 쾨슬러는 그런 사르트르를 안쓰럽게 생각했다.[2]

쾨슬러가 기차에 오를 무렵, 미국 대표단도 대서양 횡단 비행기에 몸을 싣고 있었다. 그들은 독일까지 24시간을 날아와야 했다. 베를린에 대한 소련의 봉쇄가 최근 해제되긴 했지만, 베를린의 서방 구역에 이르기 위해서는 군사 항공을 이용하는 수밖에 없었다. 그 말은 프랑크푸르트에서 베를린으로 들어가는 마지막 비행을 위해서는 군용 C-47기를 이용해야 한다는 뜻이었는데, 쾨슬러는 이를 두고 '지식인 공수 작전'이라 불렀다. 대표단에는 제임스 T. 패럴, 테네시 윌리엄스, 배우 로버트 몽고메리Robert Montgomery, 미국원자력위원회United States Atomic Energy Commission 의장 데이비드 릴리엔솔David Lilienthal, 『뉴리더』의 편집자 솔 레비타스, 카슨 매컬러스Carson McCullers, 『피츠버그쿠리어』Pittsburgh Courier의 흑인 편집장 조지 스카일러George Schuyler, 흑인 언론인 맥스 여건Max Yergan 등이 포함되어 있었

---

2 사르트르의 친구였던 철학자 모리스 메를로퐁티(Maurice Merleau-Ponty) 또한 『휴머니즘과 폭력』(Humanisme et Terreur, 1947)에서 쾨슬러를 비판한 바 있다. 하지만 한국전쟁을 계기로 메를로퐁티가 스탈린 비판으로 선회하면서 사르트르와 메를로퐁티 사이의 우정은 금이 가기 시작했다. — 옮긴이

다. 노벨상까지 받았던 유전학자 허먼 멀러Herman Muller는 이상한 화물을 싣고 왔다. 독일 과학자들에게 선물할 초파리 5000마리였다. 독일에서는 전쟁 통에 유전자 연구용 초파리가 모두 씨가 말랐기 때문이다.

아서 슐레진저 2세와 시드니 훅은 보스턴에서 함께 출발했는데, 특히 훅은 언뜻 보기에도 베를린으로 가는 것이 위험하다는 생각에 사로잡혀 있는 것 같았다. "그는 공산주의자들이 어디서든 공격해 올지도 모른다는 망상을 갖고 있었습니다." 슐레진저는 이렇게 회고했다. "훅은 그 모든 것에 흥분해 있었습니다. 다른 많은 사람들도 마찬가지였고요. 실제 전투가 벌어지는 곳에 간다고 생각했었으니까요. 전쟁을 해본 적도 없던 사람들이 말이죠."[3] 훅은 월도프아스토리아에서 피 냄새를 처음 맡고부터는 더 대규모의 운동을 벌이고 싶어 안달이 나있는 상태였다. "내게 1억 달러와 헌신적인 사람 1000명만 달라." 그는 이렇게 외쳤다. "그러면 내 장담컨대, 스탈린이 다스리는 제국에서 대중들, 심지어 병사들까지도 파도처럼 일어나 민주주의를 부르짖게 하겠다. 소련에서는 스탈린의 문제가 오랜 기간 내부적으로 곪아 있었으므로 사람 찾는 것은 일도 아닐 것이다."[4] 이제 비행기가 사방팔방이 공산주의자들에 둘러싸인 도시로 진입하자, 훅의 망상은 러시아가 이 도시로 진격해 와 "몇 시간 만에 대표단 전원이 동독 헌병에 체포될 것"[5]이라는 데까지 미친다.

한편 니콜라스 나보코프는 이미 5월부터 베를린에 들어와 회의를 기획하고 있었다. 그의 아내 퍼트리샤 블레이크Patricia Blake와 함께 유스 상

3 Arthur Schlesinger, interview in New York, August 1996.
4 *Politics*, Winter 1949.
5 Sidney Hook, "The Berlin Congress for Cultural Freedom", *Partisan Review*, vol.17/7, 1950.

선Youth Argosy이라는 회사의 전세기를 이용했는데, 이 회사는 이미 CIA가 '중간 조직'intermediary으로 활용하고 있었다. 칩 볼런은 나보코프에게 최대한 빨리 와달라고 요구하던 상황이었다. "소련과 나치, 양측으로부터 극심한 탄압"[6]을 받았던 예술가들을 대표해 저지선을 구축해야 한다는 이유였다. 제임스 버넘도 나보코프를 뒤따라 도착했고, 조셀슨, 래스키, 쾨슬러, 브라운, 실로네가 합류해 회의 조직 기구를 구성했다. 본부는 래스키의 거처에 마련되었다. 저녁 식사와 함께 진행된 어느 회의에서, 실로네는 전쟁 중 레지스탕스 단체 내에서 영국이나 미국 첩자로 밝혀진 사람을 자기 손으로 파면했던 이야기를 들려주었다. 깨끗한 양심으로 '내 안의 전쟁'ma guerre a moi을 수행해야 한다고 생각해서 그랬다는 것이다.[7]

조셀슨, 버넘, 래스키가 이 이야기를 어떻게 받아들였는지는 알 수 없다. 아마도 그들은 실로네가 몰랐던 사실을 알고 있었을 것이다. 실로네는 (자기도 모르는 새에) 다른 누군가가 조종하는 전쟁에 발을 들여놓았던 것이다. 실로네가 처했던 상황은 순수한 인간의 이상을 잔혹하게 짓밟는, 시대의 안타까운 아이러니를 그대로 드러내고 있다. 실로네는 1920년대에 소련을 위한 지하조직을 운영했으나 곧 후회하고 그만두었다. 1928년에서 1930년까지는 무솔리니의 비밀경찰 조직인 오브라Organizzazione per la Vigilanza e la Repressione dell'Antifascismo, OVRA에 협력했다(실로네와 무솔리니의 관계 이면에 드러난 상황은 끔찍하기까지 하다. 그의 동생이 파시스트들에게 체포되어 이탈리아 감옥에서 목숨을 부지하고 있었기 때문이다. 결국 동생은 감옥

---

6 Nicolas Nabokov, *Bagázh: Memoirs of a Russian Cosmopolitan*, London: Secker & Warburg, 1975.

7 Celia Goodman ed., *Living with Koestler: Marmaine Koestler's Letters 1945-51*, London: Weidenfeld & Nicolson, 1985.

에서 죽었다). 1930년 4월에 오브라와 절연했는데, 이에 대해 쓴 글에서 실로네는 "모든 거짓과 사기, 모호하고 불가해한 일들을 삶에서 제거하기로" 결심했다고 설명했다.[8] 1942년에는 "오늘날 우리에게 가장 중요한 도덕적 과제는 전쟁으로부터, 선전 투쟁으로부터, 터무니없는 언론으로부터 우리의 영혼을 자유롭게 하는 것"이라고 이야기했다.[9] 전쟁 중 스위스로 망명하는 과정에서 실로네는 앨런 덜레스의 연락책을 맡았다가 미국의 유럽 첩보 활동 책임자가 되었다. 1944년 10월 전략사무국oss 요원 세라피노 로무알디Serafino Romualdi가 프랑스-스위스 접경 지역에 파견되어, 프랑스 레지스탕스에게 비행기 두 대 분량의 무기와 탄약을 전달했을 것으로 추정되는 사건이 있었다. "통상적인 업무 경로를 벗어나 기획"된 이 요원의 진짜 임무는 실로네를 이탈리아로 잠입시키는 일이었다. 그리고 지금, 1950년에 실로네는 비밀 공작의 세계에 다시금 휘말려 든 것이다. 그를 옹호하는 사람들은 실로네가 세계문화자유회의의 배후를 전혀 몰랐다고 주장하고 있다. 하지만 그의 아내 다리나Darina Silone의 말에 따르면, 실로네는 이 회의가 미국 국무부의 작전이라는 생각이 들어 참여를 주저했었다고 한다. 실로네를 매우 싫어했던 쾨슬러도 회의가 열리기 며칠 전 한 친구에게 이렇게 말했다. "나는 실로네가 근본적으로 정직한 사람인지 항상 의심해 왔네만, 이제 알겠네. 그 사람은 정직하지 않군."[10]

영국 대표단 또한 비밀 자금 지원의 수혜자였다. 대표단의 구성원은 휴 트레버로퍼Hugh Trevor-Roper, 줄리언 애머리Julian Amery, A. J. 에이어,

---

8 Ignazio Silone, 3 April 1930. *La Stampa*, 30 April 1996에서 재인용.
9 Peter Coleman, *The Liberal Conspiracy: The Congress for Cultural Freedom and the Struggle for the Mind of Postwar Europe*, New York: The Free Press, 1989.
10 *Ibid.*

허버트 리드Herbert Read, 해럴드 데이비스Harold Davis, 크리스토퍼 홀리스 Christopher Hollis, 피터 드 멘델스존Peter de Mendelssohn으로, 그들의 베를린행에는 정보조사국IRD을 통해 제공된 영국 외교부의 비밀 자금이 있었다. 프랑스에서는 레몽 아롱Raymond Aron, 다비드 루세, 레미 루르Rémy Roure, 앙드레 필리프André Phillip, 클로드 모리악Claude Mauriac, 앙드레 말로, 쥘 로맹Jules Romains, 조르주 알망Georges Altman이 참가했고, 이탈리아에서는 이냐치오 실로네, 귀도 피오베네Guido Piovene, 알티에로 스피넬리Altiero Spinelli, 프랑코 롬바르디Franco Lombardi, 무치오 마초키Muzzio Mazzochi, 보나벤투라 테키 Bonaventura Tecchi가 참가했다. 6월 25일 저녁에 그들을 비롯한 도합 200명에 이르는 대표단이 도착했다. 그들은 미군 점령 지역의 군 숙소와 호텔에 짐을 풀었고, 대부분 긴 여행에 지쳐 이른 잠을 청했다.

다음 날 그들은 공산주의자들의 지원을 등에 업은 북한 보병이 38도선을 넘어 전면전에 돌입했다는 뉴스에 잠을 깼다. 6월 26일 월요일 오후 그들은 세계문화자유회의 개회식이 열리는 티타니아팔라스트 극장에 모였다. 베를린 필하모닉은 「에그몬트 서곡」Egmont Ouvertüre의 음울한 선율을 연주하고 있었다. 음울한 영웅 서사시에 참가했다고 생각한 청중들에게 알맞은(그리고 의도적으로 선곡한) 곡이었다.

베를린 시장 에른스트 로이터(원래 과거의 공산주의자로 레닌 가까이에서 일한 바 있다)가 대표단과 4000명의 청중들에게 자유를 위해 싸우다 죽은 사람들, 그리고 현재 소련 강제수용소에 갇혀 있는 사람들을 위해 묵념을 하자고 청했다. 그는 개회사에서 베를린에서 벌어지고 있는 이 드라마와 같은 사건이 중요함을 역설했다. "자유라는 단어는 지금은 그 힘을 잃은 것처럼 보이지만, 그 가치를 처절히 깨닫고 있는 사람, 그리고 한때 자유를 잃어 봤던 사람들에게는 특히나 의미심장한 말입니다."[11]

대표단은 이후 나흘간 주제를 옮겨 가며 계속 토론회를 열었고, 브란덴부르크 문과 포츠담 광장과 베를린 동서 분계선을 둘러본 뒤에는 기자회견을 가졌으며, 다시 칵테일파티와 특별히 마련된 콘서트에 참여했다. '과학과 전체주의', '예술, 예술가와 자유', '자유 사회의 시민', '평화와 자유 수호', '자유세계의 자유 문화'의 다섯 가지 주요 주제로 토론이 이어졌다. 토론이 시작되고 얼마 지나지 않아 공산주의에 맞서는 가장 좋은 방법이 무엇인지에 대해 극단적인 의견 대립이 나타났다. 그중에서도 쾨슬러와 실로네의 연설에서 명백하게 드러났다. 쾨슬러는 서구 지식인들이 진용을 갖추어 투쟁 그룹Kampfgruppe, 즉 공산주의를 전복시키겠다고 무조건적으로 맹세한 전투 집단을 형성할 것을 호소했다. "슐레진저도 그 자리에 있었는데, 그는 무미건조하고 감정 없는 연설을 했습니다. 쾨슬러가 온 마음을 다해 연설한 뒤에야 많은 사람들이 감동을 받았습니다. 그것은 십자군전쟁이었어요. 쾨슬러가 분위기를 바꾸어 놓았던 것이죠."[12] CIA를 대표해 이 행사를 면밀히 모니터하고 있던 로런스 드 네프빌의 기억이다.

제임스 버넘이 '좋은' 원자폭탄과 '나쁜' 원자폭탄을 구별해야 한다는 이야기를 꺼내면서 공격적인 냉전주의 분위기가 극명하게 드러났다. 이 얘기는 한 달 전 쾨슬러와 저녁 식사를 함께 하면서 시험 삼아 논의해 봤던 주제였다. 그 당시 버넘은 미국이 소련의 주요 도시에 원자폭탄을 투하하기만 하면 단 하루 만에 소련을 무장해제할 수 있다고 주장했었다. "버넘 씨는 그 생각에 꽤 만족스러워하는 것 같았다." 머메인 쾨슬러의 기록이다(그녀는 또한 "버넘은 다정하고 친절한 사람 같았다. …… 하지만 방법적

11 Congress for Cultural Freedom brochure, undated(CCF/CHI).
12 Lawrence de Neufville, telephone interview, February 1997.

인 면에서는 쾨슬러의 세심함을 찾아볼 수 없었다"라고 말했다. 또한 버넘은 "어떤 경우에는 고문이 필요할 수도 있다고 생각한다"라고 했다).[13] 버넘은 다음과 같은 말을 남겼는데, (양쪽 진영 모두에게) 냉전에 필수적인 요소임을 감안하더라도 현실에는 무감각한 말들이었다. "시베리아와 캅카즈 산맥 지역에 비축되어 있거나 비축될 예정인 원자폭탄에 반대한다. 왜냐하면 이 폭탄들이야말로 파리, 런던, 로마, 브뤼셀, 스톡홀름, 뉴욕, 시카고, …… 베를린 등 서구 문명을 파괴할 목적으로 제작되었기 때문이다. 하지만 로스앨러모스, 핸퍼드, 오크리지에서 제조되고, 로키 산맥이나 미국 사막 어딘가에 감춰 놓은 원자폭탄, 지난 5년 동안 서유럽의 자유를 지켜 왔던, 아니 거의 유일한 보호자라고 해도 무방할 이 원자폭탄들이라면 나는 **찬성**이다."[14] 이 말을 듣고 앙드레 필리프가 응수했다. 원자폭탄이 떨어지면 "친구와 원수, 적군과 아군의 구분도 소용없다!"

버넘과 훅 둘 다 소련과 미국 양측을 똑같이 비난하는 도덕적 중립론자들에게 비난의 화살을 돌렸다. "사르트르와 메를로퐁티는 자신의 관점을 밝히기 위해서라도 회의에 참석해 달라고 요청했는데도 이를 묵살했다. 이들은 예전에 프랑스와 미국이 흑인들에게 저지른 불의를 잘 알고 있으면서도 히틀러에 대항하는 레지스탕스를 도왔었다." 훅은 언성을 높였다. "하지만 이제 와서 공산주의의 도발을 막으려고 하니까 서방 세계에 정의가 없다고 한다. 흑인들이 아직까지 동등한 대접을 못 받고 있다고 능치면서 말이다."[15]

---

13 Goodman ed., *Living with Koestler*.
14 James Burnham, "Rhetoric and Peace", *Partisan Review*, vol.17/8, 1950.
15 Hook, "The Berlin Congress for Cultural Freedom".

흑인 작가 조지 스카일러에 따르면, 평등은 아주 가까운 데 있었다. 그는 통계를 제시하면서 미국에서 흑인 문제가 끊임없이 개선되어 왔으며, 이는 "부단히 변화에 적응하는 자본주의 시스템의 능력" 덕분이라는 내용의 보고서를 대표단에 배포했다. 흑인 언론인 맥스 여건도 스카일러의 보고서를 추인했다. 맥스 여건은 루스벨트 시대 이후 아프리카계 미국인의 발전에 대해서 역사 강의도 함께 진행했다.

사회주의에서 온건 중도의 단계를 거치지 않고 바로 우익으로 도약해 버린 버넘은 줏대 없는 좌파를 혐오했다. "우리는 스스로 우리가 한 말의 함정에 갇혀 버렸다. 그것은 좌파 세력이 던진 미끼로 우리에게는 독약과 같은 것이었다. 공산주의자들은 우리에게서 말이라는 무기를 빼앗아 우리 자신을 슬로건에 얽매이게 만들어 버렸다. '비공산주의 좌파' 진영에서 진보 행세를 하는 자들은 진정한 공산주의자들에게 유죄 선고라도 받을까 영원히 전전긍긍하게 될 것이다. 똑같은 말을 쓰더라도 대담하고 확고하게 행동하는 공산주의자들과 비공산주의 좌파의 차이는 배짱이 있느냐 없느냐의 차이인 것이다."[16] 버넘이 연단에 서서 비공산주의 좌파를 성토할 당시, (성경을 인용해 "예 할 것은 예 하고, 아니오 할 것은 아니라 하라"라고 한 쾨슬러의 말에 잘 드러나듯) 세계를 흑과 백으로 나누는 우파의 태도는 극좌만큼이나 자유민주주의에 대한 위협이 될 수 있다고 생각하는 사람도 더러 있었다.

쾨슬러와 그를 편드는 다른 연사들의 도발적인 어조에 휴 트레버로퍼는 아연실색했다. "진지한 토론이라고는 찾아볼 수 없었어요." 그의 기억이다. "제 생각에는 전혀 지성적이지 않았습니다. 그것은 [소련의 평화회

---

16 Burnham, "Rhetoric and Peace".

의에] 똑같은 방식으로 대응하는 것임을 깨달았어요. 똑같은 방식으로 똑같은 말을 하고 있던 거죠. 저는 서구의 관점에서 논의하고 변호하기를 기대했어요. 그것이 더 우수하고 지속 가능한 대안이라는 근거를 가지고 말입니다. 하지만 그저 규탄에만 그치고 말았죠. 그래서 부정적인 인상만 남았어요. 처부수라는 말 외에는 할 말이 없는 것은 아닐까 생각할 지경이었으니까요. 프란츠 보르케나우도 대단히 폭력적이고 히스테리에 가까운 연설을 했습니다. 그 사람은 독일어로 연설했는데, 대규모 청중들의 환호성을 듣는 순간은요. 글쎄, 이런 생각이 들지 않았겠습니까? 이런 사람들이 7년 전 슈포르트팔라스트Sportpalast에서 괴벨스 박사가 공산주의를 규탄하는 모습에 환호하던 바로 그 사람들이 아닐까 하는 생각 말입니다. 우리는 그러면 어떤 부류의 사람들과 동질감을 느끼고 있던 것일까요? 그것은 엄청난 충격이었습니다. 회의에 참석한 기간 내내, 사탄을 물리치기 위해서 또 다른 악마 바알세불을 소환하려고 여기 초대된 것은 아닐까 하는 느낌이 들었어요."[17]

시드니 훅이 쾨슬러의 편에 합세했지만, 쾨슬러가 "뻔한 사실을 구구단처럼 암송하기 때문에 사람들이 그에게 분노를 느끼게 될 수도 있다"라는 점을 인정할 수밖에 없었다. 게다가 힘주어 말하는 대목마다 항상 체셔 고양이[18]처럼 히죽히죽 웃는 기분 나쁜 버릇이 있었다. 실로네의 경우는 훨씬 유연해서, 서구의 사회적·정치적 개혁에 입각한 그리스도 정신이 스스로의 힘으로, 또는 그리스도 정신 그 자체를 통해서, 공산주의라는 신으로부터 [프로메테우스처럼] 불을 빼앗아 올 것이라고 주장했다. 앙드레 필

---

17 Hugh Trevor-Roper, interview in London, July 1994.
18 『이상한 나라의 앨리스』에 등장하는 고양이. — 옮긴이

리프 또한 온건한 관점을 가지고 소련과 미국 사이에서 중도적인 입장을 취해야 한다고 주장했다. "오늘날의 유럽은 길고 고통스러운 병마를 거쳐 허약해진 상태다. 미국은 이 병을 치료할 페니실린을 보내왔고, 소련은 미생물을 보내왔다. 어떤 의사라도 이 두 가지를 섞어 쓰는 것이 자연스러운 일이다. 하지만 유럽인으로서 우리의 책무는 최대한 빨리 이 미생물을 다루는 법을 익혀, 다른 약을 쓰지 않아도 되는 상태를 만드는 것이다."[19]

이러한 '등거리' 정책을 옹호하는 것은 강경론자들에게는 이단에 불과할 뿐이었다. "중도주의는 사상적으로나 실천적으로나 소련의 후원을 받고 있는 것입니다."[20] 멜빈 래스키의 선언이었다. 이는 로버트 몽고메리가 소리 높여 말한 "자유의 땅에 중립 지대는 있을 수 없다"라는 내용을 이어받은 것이다. 이런 십자군전쟁의 수사학에서 발을 빼고 싶었던 영국 대표단은 "무엇보다도 너무 열정이 넘치지 않게 하라"Surtout pas trop de zèle라는 탈레랑Talleyrand의 경고를 따르기로 한다. "(전향한 공산주의자들인) 보르케나우와 쾨슬러 같은 사람의 개인적 죄책감을 없애기 위해 왜 전 세계가 들고일어나야 하는지 저는 그 이유를 도통 알 수 없었습니다."[21] 휴 트레버로퍼가 내린 결론이었다.

전 세계를 정치적으로 전향시키려는 노력이 베를린 회의의 주요 의제가 되었다. "그때 목사와도 같은 모습의 한 독일 신사가 일어서서, 뱃고동 소리처럼 우렁찬 목소리로, 이 모든 구체적 질문들은 기본적으로 종교적인 것이라고 설파했다." 시드니 훅이 기록한 내용이다. "그는 별 내용 없

---

19 Andre Philip, "Summary of Proceedings", Berlin 1950(CCF/CHI).
20 Melvin Lasky, interview in London, July 1994.
21 Hugh Trevor-Roper, interview in London, July 1994.

이 열변을 토하다가 결론 부분에 와서야 자신의 성향을 드러내며 구체적인 이야기를 했다. 쾨슬러를 '정치적 변절자'로 폄하하는 발언을 했던 것이다. 그는 쾨슬러가 한때 열렬히 지지하던 것을 지금에 와서는 열렬히 반대하고 있으며, 그것은 쾨슬러가 변증법적 유물론을 포기한 적이 없다는 사실을 보여 주는 증거라고 주장했다."[22]

　쾨슬러는 원래부터 공산주의와 거리가 멀었던 사람들이 자신과 같은 정치적 전향자들에 대해 어떠한 분노를 품고 있는지 이미 눈치채고 있었다. 쾨슬러는 이러한 주장을 반복하듯 다음과 같이 썼다. "한때 공산주의자였던 사람은 제2차 세계대전 전에 나치의 정체를 알고 일찍 망명했던 사람들이 그랬던 것처럼, 지긋지긋한 카산드라[23]일 뿐만 아니라, 천국이 생각했던 것과는 다르다는 사실을 밝혀내는 악취미를 가진 타락 천사들이다. 세상은 가톨릭 개종자나 공산주의자였다가 우파로 전향한 사람들은 존중해 주지만, 모든 신앙에서 벗어나 법의를 벗은 사제는 경멸한다. 그리고 이러한 태도는 이탈자에 대한 증오심이라는 그럴듯한 이유로 정당화된다. 하지만 그런 개종자나 전향자 또한 과거에 가졌던 신념 혹은 불신으로부터 이탈한 사람들이 아닌가. 그러면서도 그들은 여전히 신념을 고수하는 사람들 혹은 모든 신념을 버린 사람들을 기꺼이 박해하려고 한다. 아무래도 전향자는 다른 신념의 '품에 안기면서' 용서를 받기 때문이다. 그래서 공산주의를 버린 사람 혹은 파문당한 사제는 믿음을 '상실'한 것이므로, 공동체의 환상을 위협하고 빈자리를 호시탐탐 노림으로써 혐오의 상징이 된다."[24]

---

22 Hook, "The Berlin Congress for Cultural Freedom".
23 아무도 믿지 않는 예언을 하는 그리스 신화 속 인물. — 옮긴이

'지긋지긋한 카산드라'의 문제는 정부 관계자들에게도 골칫거리였다. 미 국무부 국제정보 담당 차관 에드워드 바렛Edward Barrett은 "공산주의 경력자들을 떠받드는 작금의 움직임"이 과연 이로운가에 대해서 문제를 제기할 필요를 느꼈다. "시민들에게 강연한다고 해서 공산주의를 버린 사람들을 받들어 모시고 있다. 이 시민들은 처음부터 공산주의를 택하지 않을 만큼 양식이 있는데도 말이다. 우리 관료들 중에서는 전형적인 공산주의 경력자들, 그중에서도 특히 최근에 공산주의를 버린 사람들이 정보 제공자나 내부 제보자로서는 가치가 클지 몰라도 영원한 진실을 이야기하는 데에는 가치가 떨어지는 것이 아니냐고 의심하는 사람들이 생겨나고 있다."[25] 즉 비공산주의 좌파를 포용하자는 미국 정부의 정책이 정부의 주요 정책 입안자들에게 알려지면 안 된다는 주장이 점점 더 설득력을 얻어 가고 있었다.

조셀슨은 모습을 드러내지 않았지만, 발생하는 모든 사건들을 파악하고 있었다. 그는 점증하는 십자군전쟁 같은 분위기를 경계하던 휴 트레버로퍼도 예의주시하고 있었다. 트레버로퍼와 영국 대표단은 기회가 있을 때마다 반대 의견을 분명히 드러냈다. 하지만 이마저도 쉽지 않았는데, 사전 토론회의 중간중간마다 단상에 자리한 '주최자들'(특히 래스키)이 "탁자를 치며 열변을 토하는 이러한 사람들"의 발언 기회를 주도면밀하게

24 Iain Hamilton, *Koestler: A Biography*, London: Secker & Warburg, 1982.
25 Edward Barrett, *Truth is Our Weapon*, New York: Funk & Wagnalls, 1953. 이러한 바렛의 정서에 공감하는 사람들이 많았다. 한때 쾨슬러를 만난 한 미국 언론인은 이렇게 물은 적이 있었다. "한때 공산주의자였던 사람이라면 '사람들을 가르친다고' 헤집고 다닐 것이 아니라 입 다물고 수도원이나 무인도로 들어가야 맞는 것 아닙니까?" '정보 제공자'나 '내부 제보자'로서의 공산주의 경력자들의 효용에 대한 바렛의 언급은 흥미롭다. 반면 비공산주의 좌파를 포용하려는 미국 정부의 비밀 정보 전략은 빠르게 진행되었다.

제한하고 있었기 때문이다. 래스키는 도처에서 동분서주했다. 조직하고, 회유하고, 보도자료를 작성하는 데서부터 『스탈린그라드』*Stalingrad*의 저자이자 공산주의자 출신으로 슈투트가르트에 은신하고 있던 테오도어 플리비어Theodor Plievier를 극적으로 무대에 등장시키는 일까지 관여하지 않는 일이 없었다. 플리비어는 세계문화자유회의에 보내는 메시지를 녹음까지 해둔 상태였다. 하지만 한국전쟁이 발발했다는 뉴스를 접하고는 베를린까지 몸소 날아왔다. 소련이나 동독이 자신을 납치할지도 모른다는 위험까지 감수하겠다는 생각이었다(그러한 재앙이 일어날 가능성은 낮았다. 미국 측의 보안 경계가 만만치 않았기 때문이었다).

그러나 이후 벌어진 래스키의 경거망동이 정책조정실OPC의 프랭크 위즈너를 격분시켰다. 그럴 만한 충분한 이유가 있었기 때문이다. 회의 개최 전날인 6월 24일, 동독 정부의 선전 책임자 게르하르트 아이슬러가 성명서를 발표했다. 동베를린 소재 동독 공산당 문화원의 화재가 "미국 경찰끄나풀 멜빈 래스키" 일파의 소행이라는 내용이었다. 아이슬러의 성명서는 미국 신문에도 게재되었다. 보도된 내용에 따르면, 공산당 건물에 불을 지른 것은 세계문화자유회의(아이슬러는 이를 '6일간의 제국주의 지식인 경륜대회'라고 비꼬았다)의 시작을 알리기 위해 의도된 것으로, 불씨가 금세 진화됨에 따라 그 계획이 무산되었다는 것이었다. 이 사건에 대한 질문에 래스키는 예의 그 빈정거림으로 응수했다. "예, 맞습니다. 감자벌레로 위장한 반딧불이를 헬리콥터에서 뿌려서 불을 지르려고 했죠."[26] 위즈너는 이 농담을 들었지만 웃어넘길 수가 없었고, 래스키를 본회의에 나타나지 못하도록 빼버리라는 전신을 베를린으로 띄웠다.

---

26 *Boston Globe*, 24 June 1950.

하지만 래스키를 제거하는 것만으로는 회의를 둘러싼 소문들을 막을 수 없었다. 대표단들 사이에서 누가 비용을 부담하고 있는지 추측이 난무했다. 전쟁으로 파산한 유럽에서 이러한 대규모 회의가 열린다는 것은 주최 측의 주장처럼 자발적으로 열린 '독립적인' 행사가 아니라는 소문만 확인시켜 줄 뿐이었다. 한편 로런스 드 네프빌은 돈이 너무 많아서 도대체 어디다 써야 할지 모를 지경이었다. "돈이 다 어디서 나왔는지 모르겠어요. 수표 같은 것은 본 적이 없고, 마르크화 현금만 있었던 것 같아요. 정말 현금뿐이었어요."[27] 이를 눈치챈 트레버로퍼는 그냥 지나치지 않았다. "베를린에 와서 보니 모든 행사가 거창한 규모로 치러지더군요. …… 그리고 알게 됐죠. …… 어딘가 힘 있는 정부 기관이 재정적인 지원을 하고 있었던 게 틀림없었어요. 그래서 처음부터 미국 정부가 어떤 형태로든 주관을 하고 있다는 사실을 당연하게 받아들였죠. 제 생각에 처음 시작부터 그랬던 것은 확실한 것 같습니다."[28]

몇 년 후, CIA의 톰 브레이든은 간단한 상식만 있으면 회의의 배후에 누가 있었는지 알 수 있었을 것이라고 은근히 암시했다. "그때 일들을 이야기할 때 기억해야 할 사실이 있습니다. 유럽이 파산 상태였다는 것 말입니다. 몇 푼이라도 현금이 있다면 거기에는 반드시 범죄 조직이 있던 시절이거든요. **유럽에는 돈이 한 푼도 없었어요.** 그러니 자연스럽게 미국에 기댔던 것이죠."[29]

회의는 6월 29일 아서 쾨슬러의 극적인 연설로 마무리되었다. 작열

27 Lawrence de Neufville, telephone interview, February 1997.
28 Hugh Trevor-Roper, interview in London, July 1994.
29 Tom Braden, interview in Virginia, June 1994.

하는 태양 아래 푼크투름슈포르트할레Funkturm Sporthalle에 모인 1만 5000명의 청중 앞에서 승리를 외쳤던 것이다. "동지 여러분, 이제 자유가 주도권을 잡은 것입니다!" 그리고는 자유 선언을 읽어 내려갔다. 14개 조항으로 이루어진 이 선언은 문화의 자유를 위한 새로운 헌장이 되었다. 샬로텐부르크의 슈타인플라츠 광장에 위치한 호텔에 마련된 래스키의 본부에서 쾨슬러가 밤샘 회의 끝에 작성한 것이었다. 머메인 쾨슬러에 따르면, 선언문은 "그와 버넘, 브라운, 훅, 래스키가 강경하고 공격적인 자세로 밀어붙여 작성한 것으로, 여기에는 반대 의견이 거의 없었다"라고 한다.[30] 하지만 마르크스주의 사상에 대한 불관용을 드러낸 조항에 대해서만큼은 영국 대표단이 극렬하게 문제를 제기하며 조항의 삭제를 요구했다. 근본적으로 영국 대표단은 회의에 참가한 전투적인 반공주의자들이 여타의 많은 미국 외교정책 관료들과 마찬가지로, 마르크스와 레닌의 저작을 "정치철학이 아니라 소련의 전략적 야전 교범"으로 치부하는 데 반감을 갖고 있었던 것이다.

결국 영국 측의 수정안을 수용하여 선언문이 채택되었고, 이는 세계문화자유회의의 도덕적·철학적 초석이 되었다. 선언문은 "잃었던 자유를 되찾아 이를 확장·보존하고 향유하고자 하는 모든 사람"에게 다음과 같이 이야기하고 있다. "지성의 자유가 인간의 양도할 수 없는 권리라는 자명한 사실을 우리는 잘 알고 있다. …… 그러한 자유는 무엇보다도 먼저 자신의 견해, 특히 지배자와 다른 견해라 하더라도 이를 간직하고 표현하는 권리로 정의할 수 있다. '아니오'라고 말할 수 있는 권리를 빼앗긴다면, 인간은 노예나 다름없다."[31] 선언문은 자유와 평화가 '불가분'한 관계

---

30 Goodman ed., *Living with Koestler*.

이며, "평화는 정부가 국민들의 통제와 감시 아래 놓일 때에만 유지될 것"
이라고 경고했다. 그리고 자유의 전제 조건은 "다양한 견해에 대한 관용"
이며 "관용의 원칙은 필연적으로 불관용이라는 행위를 인정하지 않는다"
라고 강조했다. "인종, 국가, 계급, 종교가 다른" 어느 누구도 "자유 사상을
홀로 누릴 수 없으며, 그 어떤 궁극적인 이상이나 고귀한 목적으로도 다른
신념이 있는 사람들의 자유를 부정할 권리는 없다. 모든 사회에 대한 역사
적 평가는 그 구성원들이 향유한 자유의 범위와 질에 의해 평가받아야 한
다고 우리는 생각한다". 또한 선언문의 내용은 전체주의 국가들이 자유를
제약하고 있다는 비난으로 이어졌다. 전체주의 국가의 "억압적인 체제는
인류 역사에 일찍이 존재했던 모든 전제국가를 능가하고 있다. 전체주의
의 위협에 직면하여 무관심과 중립적 태도를 보이는 것은 인류를 배신하
는 것이며 자유정신을 포기하는 것이다". 선언문은 "현존하는 자유의 수
호, 잃어버린 자유의 회복"에 대한, 그리고 (꼭 넣어야 한다는 휴 트레버로퍼
의 주장에 따라) "새로운 자유의 창조와 …… 현 시대의 문제에 대한 새롭고
건설적인 해답"에 대한 헌신을 표명했다.[32]

이상이 냉전의 장벽 앞에서 읽었던 선언문의 내용이었다. (미국인 보
디가드 두 명이 곁을 맴돌기는 했지만) 쾨슬러는 현대의 로베스피에르가 되
어 회의의 결과에 흥분해 있었다. 이 선언문은 개인이나 단체는 전적인 표
현의 자유를 가지며, 사상과 견해를 자유롭게 표출할 수 있다는 서약의 기
틀이 되었다. 공산주의자나 파시스트가 똑같이 인신 보호habeas corpus의
원칙을 체계적으로 위반했다면, 정신 보호habeas animam 원칙에 따라, 이에

---

31 Manifesto of the Congress for Cultural Freedom, July 1950(CCF/CHI).
32 Ibid.

대한 어떠한 공격에도 저항하겠다는 서약이 마련된 것이다. 이 선언은 자유의 시금석이었다. 이것에 세계문화자유회의의 성패가 달려 있었다.

회의가 막을 내리자 워싱턴의 후원자들은 축하 인사를 나누기 시작했다. 위즈너는 모든 관계자들을 "마음속 깊이 축하했다". 그는 다시 자신의 정치적 후원자들로부터 축하를 받았다. 국방부 대표부의 존 매그루더 John Magruder 장군은 "최고의 지적 수준에서 수행한 교묘한 비밀 작전이며 …… 최고의 성과를 올린 창의적인 전쟁"이라고 치하했다. 트루먼 대통령 자신도 "매우 만족한다"라고 밝혔다. 독일 점령 지역 미군 사령관들도 "서베를린의 사기가 확연히 진작"되었음을 몸소 느꼈지만 "무엇보다도 1945년 이후 정치적으로 표류하던 서구의 지식인들에 미친 영향이 제일 중요했다고 생각했다". 어느 보고서는 세계문화자유회의가 "뛰어난 문화 인사들이 불순하고 사변적인 현실 도피적 태도를 포기하고 전체주의에 대항해 강경한 입장을 갖도록 하는 실제적인 효과가 있었다"라고 결론내렸다.[33]

이러한 결론에는 다소 과장이 섞여 있을지도 모른다. 회의 결과를 정부의 전략 관련 고위 부서에게 납득시키려는 의도에서였을 테지만, 트레버로퍼와 영국 대표단을 납득시키지 못한 것은 확실했다. 영국으로 돌아오자마자, 한 외교부 관계자는 트레버로퍼에게 미 국무부 관료가 "당신네 쪽 인물이 우리 회의를 망쳤다"라고 불만을 터뜨리더라고 전했다. 이 사실은 베를린의 행사에 미국 정부가 일정 정도 역할을 했을 것이라는 트레버로퍼의 의심을 재확인시켜 주는 것이었고, 트레버로퍼의 행위가 정부를

33 Michael Warner, "Origins of the Congress for Cultural Freedom", *Studies in Intelligence*, vol.38/5, Summer 1995.

자극한다는 사실도 함께 드러났다. 한편 조셀슨, 그리고 그의 CIA 상관들은 이 프로젝트에 영국 지식인들을 포섭하려면 새로운 방식의 노력이 필요하다는 사실을 깨닫게 되었다.

6장

'회의'라는 이름의 작전

> 진실을 추구하는 이 위대한 운동을 통해서 우리의 목소리를 전 세계에 퍼뜨려야 합니다. …… 이러한 책무는 우리 외교정책의 여타 요소들과 다르지 않으며 별개로 생각할 수도 없습니다.
> — 해리 트루먼 대통령, 1950년 4월 20일의 연설 중에서

몇몇 영국 대표단 사람들이 반항적이기는 했지만, 위즈너에게 베를린에서의 회의는 투자 이상을 회수한 만족스러운 행사였다. 여전히 미래는 불확실했으나, 이제 베를린 회의는 CIA '정치선전의 자산 목록'에 포함되었다. CIA가 필요로 하는 인물들이 기재되어 그 숫자가 날로 늘어나던 이 공식 목록은 '위즈너의 오르간'Wisner's Wurlitzer이라는 비공식적인 별칭으로 알려져 있다. 이 '자산'asset[1]이 어떤 역할을 해줘야 하는지에 대한 CIA의 생각이 고스란히 담긴 이름이었다. 다시 말해 건반을 누르기만 하면, 위즈너가 듣고 싶은 소리가 흘러나온다는 뜻이었다.

위즈너는 다시 멜빈 래스키의 문제를 떠올렸다. 베를린 회의에서 보여 준 래스키의 허세가 위즈너의 화를 돋웠기 때문이었다. 위즈너는 사전에 래스키를 무대 중심에 서지 못하도록 명령한 바 있다. 하지만 노골적으

---

1 여기서는 '자산'(資産)이라 번역했지만, 이 단어에는 첩보 용어로 '협력자' 또는 '협력 기구'라는 뜻도 있다. 이 책에서는 문맥에 맞게 '자산'과 '협력자'를 번갈아 가며 사용했다. — 옮긴이

로 명령이 묵살되자, 분노한 위즈너는 '베를린 문화자유회의: 래스키의 활동에 관해서'라는 제목이 붙은 내부용 메모를 작성했다. 이 메모에서는 래스키의 등장이 "최대의 실책이며 우리에게 가장 우호적인 국무부도 이 사실을 알고 있다"라고 언급하고 있다. "래스키의 행동은 매우 유감스럽다고 판명되었으며, 그 정도가 예상보다 훨씬 더 뿌리 깊다고 생각한다. 래스키를 쓴 것은 최고의 중요도가 있는 사안에서 보안 문제와 기술적 고려를 무시해 버린 채, (일을 더 쉽게 처리해 보겠다는 생각에) 편의성의 유혹에 굴복한 것이다."[2] 위즈너는 단호했다. 고집불통 래스키를 문화자유회의에서 배제하지 않는다면 CIA는 지원을 계속하지 않겠다는 생각이었다.

위즈너의 메모는 독일로 전송되었다. "전신을 받고서 흥분한 정책조정실OPC의 관료가 답신을 보내 일부러 항의도 해봤지만, 더 이상 달라질 것은 없었다. 래스키는 떠나야 했고, OPC는 어떻게든 그를 프로젝트에서 내쳐야 했다."[3] 이에 대해서는 두 가지 설명이 가능하다. 래스키가 OPC와 관련이 있는데도 불구하고, 잠자코 있지 못해서 정말로 보안상의 위험을 초래했다는 설명이 그 하나요, 래스키가 줄곧 주장하듯이 스스로의 의지에 따라 독자적으로 첩보 활동을 했기 때문에, CIA 측의 입장으로서는 그러한 강경책을 처음으로 쓸 수밖에 없었다는 것이다. 래스키의 제거 책임을 맡게 된 OPC 관료는 바로 마이클 조셀슨이었다. 자극을 받으면 폭발해 버리는 그의 성격은 미래에 값비싼 대가를 치르게 된다. 어쨌든 당시 래스

2 Frank Wisner, "Berlin Congress for Cultural Freedom: Activities of Melvin Lasky". Michael Warner, "Origins of the Congress for Cultural Freedom", *Studies in Intelligence*, vol.38/5, Summer 1995에서 재인용.
3 Warner, "Origins of the Congress for Cultural Freedom". 또한 Evan Thomas, *The Very Best Men: The Early Years of the CIA*, New York: Touchstone, 1996, p.263의 각주 참조.

키와 조셀슨은 주변 사람들이 절대 떨어지지 않을 것 같다고 평가할 만큼 탄탄한 관계를 맺고 있었다. 어떠한 심리적 요인이 이런 관계를 만들어 내는지 설명하기는 어렵다. 하지만 래스키가 조셀슨에게 미친 영향은, 조셀슨이 모든 측면에서 우월했기에 더욱 독특했다. "조셀슨은 래스키의 의도적인 독주에 가끔 짜증을 내기도 했다." 베를린 회의의 한 내부자는 이렇게 기록했다. "조셀슨은 래스키가 말과 행동이 어떤 결과를 불러오는지도 모르고 생각 없이 행동하는 데 분통을 터뜨리기도 했지만, 그러면서도 너그러운 마음으로 칭찬하거나, 심지어는 경외감을 드러내기도 했다."[4] 어떤 사람들은 조셀슨에 대한 래스키의 지배력을 '오이디푸스 콤플렉스'의 관점에서 생각하기도 했다. "아들이 없던 조셀슨은 래스키를 마치 아들처럼 사랑했어요."[5] 나타샤 스펜더Natasha Spender는 이렇게 기억하고 있었다. 래스키는 조셀슨과의 관계가 그런 식으로 평가되는 것을 싫어했고, '형제' 같은 관계로 불리는 것을 더 좋아했다.[6] 둘 중에 무엇이 됐든, 조셀슨은 래스키를 지나치게 아끼는 것이 좋은 전략만은 아니라고 곧 깨닫게 되었다. 그래서 조셀슨은 래스키를 프로젝트에서 공식적으로 배제하라는 위즈너의 요구를 받아들였다. 하지만 회의가 계속되는 동안, 래스키는 조셀슨의 지근거리에서 비공식적으로 남아 조언을 해주었다. 그리고 다른 형태의 보상이 뒤따랐다.

래스키가 눈앞에서 사라진 후, 위즈너는 이제 세계문화자유회의를 상설 독립체로 확립할 계획을 세우고 있었다. 이는 1950년대 초, OPC

---

4 Edward Shils, "Remembering the Congress for Cultural Freedom", 1990, unpublished.
5 Natasha Spender, interview in Maussane, July 1997.
6 Melvin Lasky, interview in London, August 1997.

프로젝트 검토 위원회OPC Project Review Board의 승인을 받은 사안으로, 'QKOPERA'라는 암호명을 부여받았다.[7] 위즈너가 처음 내렸던 결정 중 하나는 앞으로 회의를 준비할 근거지를 베를린에서 파리로 옮기는 일이 었다. 베를린을 근거지로 삼는 것이 강력한 상징성이 있기는 했지만, 그곳 은 보안상의 위험이 너무 컸고 적들의 침입에 너무 쉽게 당할 수 있다는 인식이 있었다.

위즈너는 조셀슨에게 CIA를 위해 세계문화자유회의를 운영해 달라 고 요청했다. 그 위에는 CIA 프랑스 노동 부문 담당 로런스 드 네프빌이 있어 그의 관리를 받게 될 것이었다. 두 사람 모두 이 제안을 받아들였다. 조셀슨은 독일 주둔 미 군정 사령부의 위장 직업에서 사임하고 암호명 '조 너선 F. 사바'Jonathan F. Saba가, 드 네프빌은 '조너선 기어링'Jonathan Gearing 이 되었다. 그다음 위즈너는 어빙 브라운을 베를린 회의 직후 발족한 상설 운영위원회steering committee의 핵심 인물로 지명해 문화자유회의의 중심 에 배치했다. "쾨슬러와 실로네 같은 인물 모두를 합한 것보다 더 유용한" 인물이었던 브라운은 "1인 OSS"one-man OSS 또는 "E. 필립스 오펜하임E. Phillips Oppenheim[8]의 소설 속에서 튀어나온 인물"로 묘사되기도 했다. 그는 코민테른 대표단 출신으로, 당시 미국 노동운동에 침투한 CIA 비밀 연락 책 제이 러브스톤Jay Lovestone 밑에서 일하고 있었다. 브라운은 비밀 첩보 활동을 수행하면서 목표를 달성하는 데 지극히 노련한 모습을 보여 주었 으며, 1948년 조지 케넌이 OPC를 이끌 후보로 마지막까지 고심했던 인물

---

7 CIA가 주관한 모든 작전들은 암호 해독으로부터 보호받기 위해 단어 앞에 선행하는 무작위의 '두 글자'가 붙는다(Thomas, *The Very Best Men*).
8 영국의 장르 소설가. 스파이 소설, 서스펜스 스릴러 소설 등 150여 편의 작품을 남겼다. ― 옮긴이

이었다. 결국 그 자리는 프랭크 위즈너가 차지했지만 말이다.[9] "어빙(브라운)이 썼던 자금 중에서 CIA에서 나오지 않은 것은 한 푼도 없다고 생각해요." 곧 QKOPREA의 운영을 맡게 되는 톰 브레이든은 이렇게 회고했다. "그는 그 돈이 노동조합에서 나온 자금이라고 이야기하겠죠. 나름 좋은 위장술이긴 합니다. 브라운은 자금을 담당하고 있었지만, 첩보 활동 기획에 기꺼운 마음으로 참여하고 있었거든요. 폭넓은 대인관계를 가진 것을 보면, 그는 첩보원 체질 그 자체였어요."[10]

운영위원회에 지명된 인물로 제임스 버넘도 있었다. 정책 결정 과정이나 정보 분야에 끊임없이 등장하는 버넘은 문화자유회의의 성공에 없어서는 안 될 인물로, 지식인들과 위즈너 측을 연결하는 데 필수적인 인물로 평가받고 있었다. "버넘은 OPC의 상담 역으로, 우리 조직의 이해가 걸린 거의 모든 문제에 간여하고 있었다." 훗날 워터게이트 스캔들의 '관련 인물'로 부상하기도 했던 CIA의 정치 공작 전문가 하워드 헌트Howard Hunt가 밝힌 내용이다. "그는 유럽에 광범위한 인맥을 갖고 있었고, 트로츠키파였던 정치적 배경 덕분에 국내외 공산당과 전위 조직으로부터 어느 정도 권위를 인정받고 있었다."[11]

그러나 버넘의 '트로츠키파라는 배경'을 모든 사람들이 달가워했던 것은 아니다. CIA 간부 마일스 코플런드Miles Copeland에 따르면, 처음에는 "버넘의 이름이 오르내리는 것을 두고 '극좌 진영' 내에서 시드니 훅, 어빙 크리스톨Irving Kristol, 대니얼 벨Daniel Bell 등 위장 전향 한 공산주의자들

9 George Kennan, to Robert Lovett, 30 June 1948(SD.PPW/RG59/NARA).
10 Tom Braden, interview in Virginia, July 1996.
11 E. Howard Hunt, *Undercover: Memoirs of an American Secret Agent*, California: Berkeley Publishing Corporation, 1974.

로 이루어진 모종의 '세포 조직'이 있으며, 버넘도 그 한패가 아니냐고 소란이 일어났지만, 누군가가 버넘이 **진정한** 공산주의자였다면 공산당에 가입했지 단순히 트로츠키주의자에 머물러 있지는 않았을 것이라고 지적하고 나서야 괜찮게 받아들여졌다고 한다. 게다가 CIA 내에는 극좌에서 극우 진영으로 넘어온 사람들이 꽤 있었기 때문에, 버넘에게는 언제든 상담을 구할 수 있는 선배들이 적지 않았다". 버넘을 두고 "100퍼센트 자본주의자이자 제국주의자로, 마마보이에다가 애플파이, 야구, 잡화점, …… 미국식 민주주의를 신봉하는 사람"이라고 평했던 코플런드는 그로부터 다음과 같은 원칙을 한 가지 배웠다고 말했다. 바로 "지배 집단으로서 첫 번째 임무는 권력을 확보·유지하는 것"이었다.[12] 어느 냉전주의자는 그를 "정치 공작 분야에 확실히 일가견이 있는 사람"이라 평가하기도 했다.[13]

1953년 초, 버넘은 CIA의 에이잭스 작전AJAX Operation에 결정적인 역할을 하기로 되어 있었다. 이란의 모사데크 총리를 실각시키고 팔레비 국왕 체제를 옹립하는 작전이었다. 위즈너는 처음의 계획이 너무 조야하다고 생각해서 '마키아벨리의 손길'이 필요하다고 생각했는데, 이는 곧 버넘의 역사 강의를 의미했다. 버넘은 CIA 전략가들의 교과서가 된 자신의 책 『마키아벨리주의자들』 *The Machiavellians*에서 마키아벨리 외의 다른 현대 유럽 사상가들, 모스카Gaetano Mosca, 파레토Vilfredo Pareto, 미헬스Robert Michels, 소렐Georges Sorel의 사상을 차용해 "평등주의 정치 이론에 반기를 들었고, 심지어는 이 평등의 시대에도 엘리트 지배를 고집하고 그 불가피성을 옹호했다". 버넘이 지적으로 흥분하는 유일한 경우는 마키아벨리에 대해 이야기

---

12 *National Review*, 11 September 1987.
13 C. D. Jackson, to Abbott Washburn, 2 February 1953(CDJ/DDE).

할 때뿐이었다고 그의 오랜 지인 하나가 말하기도 했다.[14]

어빙 브라운, 조셀슨, 드 네프빌, (이미 해고되었음에도 아랑곳하지 않는) 래스키와 더불어, 버넘은 문화자유회의를 상설화하기 위한 기반을 마련하는 데 전념했다. 1950년 11월 말 브뤼셀에서 회합을 가진 운영위원회는 기구의 조직안을 마련했는데, 이는 지난 7월에 작성된 래스키의 초안을 토대로 한 것이었다. 참석 위원으로는 이냐치오 실로네, 카를로 슈미트Carlo Schmid(독일 의회의 사회당 지도자), 유대인 사회학자 유진 코건Eugene Kogon, 호콘 리에Haakon Lie(노르웨이 노동당 당수), 줄리언 애머리(영국 하원의원), 유제프 찹스키Jósef Czapski(폴란드 작가이자 미술가), 다비드 루세, 어빙 브라운, 니콜라스 나보코프가 있었다.

운영에 필수적이라면서 래스키가 밑그림을 그린 조직안이 채택되었다. 조직안에 나온 대로 25명으로 구성된 국제위원회와 5명의 명예의장단이 지명되었다. 그들의 활동은 다시 5명으로 구성된 상임위원회의 지도를 받는다. 상임위원회는 행정국장, 편집국장, 조사국장, 파리 지국장, 베를린 지국장으로 구성되며, 이들은 다시 사무총장의 통제를 받는다. 래스키의 이 조직도는 코민포름의 조직을 그대로 빼닮은 것이다. "그들의 조직명은 공산당의 조직명과 같았죠." 한 역사학자가 지적했다. "CIA는 이 문화 재단을 공산당의 거울 조직으로 구성했는데, 그 핵심에 비밀 조직이 있는 것까지 똑같았습니다. 마치 두 조직이 그렇게 하기로 짜놓은 듯이 말이죠."[15] 한번은 니콜라스 나보코프가 문화자유회의를 주재하는 이 상임위원회를 두고 "우리 정치국 동지들"이라고 농담 삼아 부르기도 했다.

---

14 James T. Farrell, to Meyer Shapiro, 11 September 1941(MS/COL).
15 Carol Brightman, interview in New York, June 1994.

11월 회의에서는 아서 쾨슬러의 보고서가 논의되었는데, 그 제목은 '과도기의 당면 과제'였다. 이 보고서에서 쾨슬러는 베를린 회의의 후속 조치로 필요한 '기술적 과업'의 개요를 설명하고 있다. 쾨슬러는 베를린 회의에서 중립주의자[16]들에게 끊임없이 무시당했으면서도 '서방의 정치 운동'이라는 제목 아래 다음과 같이 썼다. "우리의 목표는 한편으로는 졸리오퀴리 부부의 영향력을 약화시키고, 다른 한편으로 『레탕모데른』*Les Temps modernes*[17] 같은 문화적 중립주의자들의 영향을 분쇄하여 여전히 우리 편으로 넘어오기를 주저하는 자들을 포섭하는 것이다."[18]

중립주의의 지적 기반을 흔드는 것(그래서 확고한 친미 반공주의자로 만드는 것)이 미국 냉전 정책의 궁극적 목표 중 하나였는데, 이제는 그 목표가 문화자유회의의 공식 '노선'이 되었다. CIA의 도널드 제임슨은 다음과 같이 설명했다. "이런 말을 하는 사람에 대해서는 각별히 주의를 기울이고 있었습니다. '글쎄, 동유럽이나 서유럽이나 오십보백보일 뿐이라고, 어느 쪽이든 간에 상관없어. 둘 다 지옥에나 가라지.' 이렇게 말하는 사람들을 약간이나마 서방으로 끌어오려고 했던 거죠. 중립을 요구하는 사람들도 많았습니다만…… 또 그런 사람들이야말로 타협이 가능한 사람들이었죠. 그런 게 희망을 잃어버린 사람들의 태도 아니겠습니까? 하지만 한편으로 중립이고 싶어 하는 사람에게 '당신도 나쁘긴 매한가지야, 빨갱이 놈들하고 똑같단 말이야' 하고 비난해서는 안 된다는 공감대가 있었던 것

---

16 여기서 말하는 중립주의란 미소 간 갈등, 냉전으로부터 벗어날 길을 모색하는 태도를 통칭한다. ―옮긴이
17 실존주의와 마르크스주의를 기반으로 한 프랑스의 잡지로 제호는 '현대'라는 뜻이다. 사르트르, 보부아르, 레몽 아롱, 모리스 메를로퐁티 등이 편집위원으로 있었다. ― 옮긴이
18 Arthur Koestler, "Immediate Tasks for the Transition Period", 4 July 1950 (IB/GMC).

같습니다. 그렇게 하면 그 사람들을 좌파 쪽으로 더욱 몰아내 버리는 짓이니 아무리 봐도 바람직한 일이 아니었으니까요. 그렇지만 중립주의자들이 공작 대상이 되었던 것만은 확실했습니다."[19]

다른 이유로 쾨슬러 또한 목표 대상이 되었다. 쾨슬러가 없는 사이, 그가 제출한 보고서에 대한 논의가 운영위원회에서 있었다. 심지어 그는 운영위원에 포함되지도 못했다. 이견에 대한 쾨슬러의 편협한 태도, 비이성적 분노, 자신의 재능을 과신하는 데서 나오는 오만한 주장 때문에 이제 워싱턴은 그를 '자산'이 아니라 '골칫거리'로 생각하고 있었다. 6월에 열렸던 베를린 회의 이후, 쾨슬러는 자기 집인 베르트리브에서 버넘, 브라운, 레몽 아롱, 래스키, 그리고 '이너서클'의 다른 멤버들과 정기적으로 회합을 가졌다. 머메인의 말에 따르면 그는 "꽤나 문화자유회의에 집착하는" 모습이었고 "거의 잠을 이루지 못할 지경"이었다고 한다. 이 회합은 결국 외부에 알려지게 된다. 1950년 8월, 프랑스 공산주의 주간지 『락시옹』*L'Action*은 쾨슬러가 집에서 버넘, 브라운과 함께 〔백색〕 테러리스트 부대를 창설하려고 계략을 꾸미고 있다는, 상상력 풍부한 관측을 내놓기도 했다.

주저하는 세력을 우리 편으로 만들라. 문화자유회의가 이러한 궁극적 사명을 완수하기 위해서는 온화한 톤이 필수적이라는 사실을 이제는 조셀슨도 납득하게 되었다. 본부에서는 쾨슬러를 조직의 주요 직책에서 배제해도 좋다고 허가했다. 그리하여 '문화의 자유를 위한 선언문'을 작성했던 바로 그 인물은 이제 뒷전으로 물러나게 되었던 것이다. 선언문 3장의 내용은 다음과 같다. "평화는 정부가 국민들의 통제와 감시 아래 놓일

19 Donald Jameson, interview in Washington, June 1994.

때에만 유지될 것이다."[20] 쾨슬러를 배제함으로써, 그리고 훗날 자유 사상가들free thinkers이라고 불리게 될 지식인 집단들을 은밀하게 관리함으로써 CIA는 이 권리 선언을 실제적으로는 위반하고 있었던 것이다. 이 권리 선언이야말로 그들의 자금으로 만들어진 것인데도 말이다. CIA는 표현의 자유를 증진하기 위해서 먼저 지식인들을 포섭하고, 그들이 자유를 다른 곳에 활용하지 않도록 제한해야 했다. 사상의 시장이란 눈에 보이는 바와 같이, 그다지 자유로운 시장이 아니었던 셈이다. 쾨슬러는 지독한 배신감을 느꼈다. 결국 그는 일종의 '정신적 파탄'에 시달리다 미국으로 건너가 그의 피조물인 문화자유회의가 자신에게서 멀어져 가는 것을 괴로움 속에서 바라보아야만 했다.

아서 슐레진저 또한 이 회의의 주요한 연락책 중 한 명이었다. 그는 스튜어트 햄셔, 아이재이어 벌린, 스티븐 스펜더와 함께 '기관apparat[21] 혹은 통제 그룹the controlling group'이라는 별칭으로 불렸던 집단의 일원이었다. 베를린 회의 후, 어빙 브라운을 축하하기 위해 슐레진저는 열정을 담아 다음과 같은 내용의 편지를 썼다. "우리는 여기에서 정치전, 정보전을 수행할 엄청나게 강력한 수단을 확보한 것 같군요."[22] 슐레진저는 전략사무국OSS에서 전시 업무를 수행하면서 그러한 일들에 대해 얼마간 알게 되었던 것이다. 제2차 세계대전 당시 그는 OSS의 조사 분석 관련 부서에 배속되었는데, 이 부서는 구성원들이 분방한 대학생같이 트위드 옷을 즐겨 입는 관계로 '캠퍼스'라는 별명이 붙어 있었다.

---

20 Manifesto of the Congress for Cultural Freedom, July 1950 (CCF/CHI).
21 'apparat'는 소련을 포함한 공산국가의 정부들이 운영하는 기관을 가리키는 단어다. 저자는 이 집단의 관변적인 성격을 강조하기 위해 이 단어를 사용했다. — 옮긴이
22 Arthur Schlesinger, to Irving Brown, 18 July 1950 (IB/GMC).

종전 후에도 슐레진저는 퇴역 OSS 대원들로 이뤄진 배타적 '클럽'과 긴밀한 관계를 유지했다. 당시 슐레진저까지 포함하여, 그들 중 다수는 유력한 정치인이나 대통령의 고문이 되어 있었다. 그는 이미 앨런 덜레스도 알고 있었다. 덜레스가 1950년 슐레진저에게 자유유럽방송 이사 자리를 맡겼기 때문이다. 자유유럽방송은 같은 해 CIA가 만든 것이었다(그러나 CIA의 지원이 대중들에게 알려지면 안 되었기 때문에 그 대리 기구인 전미자유유럽위원회라는 외양을 하고 있었다). 또한 유럽 마셜플랜의 수장이었던 에이버럴 해리먼의 보좌관으로 일하던 중 비밀 첩보 활동에도 발을 들여놓게 되었다. 슐레진저는 이렇게 회상했다. "소련이 지식인들을 규합하기 위해 많은 자금을 쓰고 있다는 인식이 있었어요. 우리도 뭔가 대응을 해야 했던 거죠."[23] 해리먼의 휘하에서 그는 비밀 자금을 유럽 노동조합에 분배하는 일에 관여하게 되는데, 그 일을 할 때는 가끔 어빙 브라운과도 함께였다.

슐레진저와 브라운의 관계는 이제 둘만의 비밀로 남게 된다. 왜냐하면 슐레진저는 문화자유회의의 진정한 기원을 알고 있던 몇 안 되는 CIA 밖의 인물이었기 때문이다. "제가 가진 정보 라인이 있었기 때문에, 베를린 회의를 준비하려고 열린 원래의 회합이 CIA 자금으로 개최되었다는 사실을 알고 있었습니다." 슐레진저는 나중에 이와 같은 사실을 인정했다. "우리 편 사람들을 돕는다는데 비합리적이라고 볼 이유가 없었어요. CIA가 지출한 자금 중에서도 문화자유회의를 위해 쓴 자금이야말로 가장 가치 있고 가장 성공적인 것이었습니다."[24]

슐레진저에게 주어진 첫 번째 임무는 버트런드 러셀을 설득해 회의

23 Arthur Schlesinger, interview in New York, August 1996.
24 Ibid.

의 명예 홍보대사직을 사임하지 못하도록 하는 것이었다. 이 철학자는 휴 트레버로퍼가 『맨체스터가디언』*Manchester Guardian*에 기고한 '폐해 보고서'를 접한 후 그런 결심을 하게 되었던 것이다. 이 기고문은 베를린 회의가 나치 집회와 유사한 점이 있는 언짢은 행사였다고 설명하고 있었다. 1950 년 9월 20일 슐레진저가 쾨슬러와 함께 런던으로 찾아가자 러셀은 트레버 로퍼의 보고서(A. J. 에이어 또한 지지 표명을 했다)를 읽고 놀랐다며, 그에 따라 문화자유회의에 대한 지지를 철회하기로 결정했다고 말했다. 러셀은 쾨슬러를 차갑게 대했지만(그는 쾨슬러의 아내 머메인에게 추파를 던진 적이 있었고, 성적 질투라는 앙금이 남아 있어 둘의 우정은 발전할 수 없었다), 결국 슐레진저와 쾨슬러의 설득을 받아들였다.

1950년에는 세계적인 명성의 수학자이자 철학자였던 버트런드 러셀의 이름을 어디서나 볼 수 있었다. 러셀이 영국 메리트 훈장을 수훈하고 노벨상을 수상한 것도 바로 그해였다. 그는 레닌을 만난 적이 있었지만, 그를 혐오했다. "학살당한 사람들을 떠올리며 웃음을 터뜨리는 그의 모습에 피가 싸늘히 식는 기분이었다. …… 광신적인 태도와 몽골족 특유의 잔인함, 그에 대해 떠오르는 기억이라고는 이런 것뿐이다." 또한 1948년 영국 유명 사립학교인 웨스트민스터스쿨 대강당에서 열린 강연에서 "원자폭탄으로 스탈린을 위협하자고 제안해" 그의 지지자들마저 아연실색케 한 적도 있었다.[25] 당시의 러셀은 "맹렬한 반공주의자였고 군비 강화와 재무장이 무엇보다 중요한 과제라고 주장했었다".[26] 영국 정보조사국IRD 또

25 Peter Vansittart, *In the Fifties*, London: John Murray, 1995.
26 Robert Bruce Lockhart, *The Diaries of Robert Bruce Lockhart, 1939-1965*, ed. Kenneth Young, London: Macmillan, 1980.

한 러셀을 중요 인물로 떠받들었고, 러셀은 "때때로 들리는 그러한 칭찬"에 우쭐해했다. 러셀이 당시 '매파'였다고는 하지만, 1950년대 중반에 이르면서부터는 핵무장 반대 운동에 나섰다(어떤 시인은 그에 대해 이렇게 썼다. "그의 귀족적인 엉덩이는 / 여왕과 빨갱이들 옆으로 나란히 / 런던의 인도석을 깔고 앉았다"[27]). 그의 정치관은 바람 따라 변하기 일쑤였고, 명예 홍보대사로 재직하던 몇 년간은 문화자유회의 본부와 미국인 후원자들의 속을 쓰리게 만들다가, 결국 1956년에 사임해 버렸다. 하지만 당시까지만 해도 간판스타가 부족했던 조셀슨에게 러셀은 그 이름만으로도 화려함과 만족감을 선사하고 있었다.

다른 명예 홍보대사들 모두 러셀과 마찬가지로 철학자였다. 그들은 모두 "새로이 태어난 '유럽-미국적 사상'을 대표하는 인물"들이었다.[28] 베네데토 크로체는 정치적 보수주의자이자 군주제주의자였으며 사회주의나 조직적 종교를 혐오했다(그의 저작은 바티칸 금서 목록에도 포함되어 있었다). 당시 80대였던 그는 이탈리아에서 반反파시스트들의 아버지로 추앙받고 있었다. 그는 무솔리니의 폭정에 공개적으로 저항했고 레지스탕스의 정신적 지도자로 인정받았다. 또한 연합군의 이탈리아 상륙 바로 전날, 윌리엄 도너번과 연락을 주고받으면서 OSS의 주요 연락책으로 활동하기도 했다. 1952년 크로체가 사망하자 돈 살바도르 데 마다리아가Don Salvador de Madariaga가 그의 뒤를 이었다. 그 또한 유럽운동European Movement

---

27 James Simmons, "The Ballad of Bertrand Russell", *Judy Garland and the Cold War*, Belfast: Blackstaff Press, 1976.

28 Giles Scott-Smith, *The Politics of Apolitical Culture: The Congress for Cultural Freedom and the Cultural Identity of Post-War American Hegemony 1945-1960*, ph.D thesis, Lancaster University, 1998.

을 통해 도너번과 긴밀한 관계를 맺고 있었다. 레온 트로츠키 변호 위원회를 이끌고 있던 존 듀이John Dewey는 미국의 실용적 자유주의를 대표하는 인물이었고, 독일의 실존주의자 카를 야스퍼스는 제3제국의 가차 없는 비판자 역할을 자임하고 있었다. 기독교 신자였던 야스퍼스는 한때 사르트르에게 십계를 인정하는지 안 하는지에 대해 공개적으로 질의한 적도 있다. 자크 마리탱은 자유주의적 가톨릭 인문주의자로, 프랑스 레지스탕스의 영웅이었다. 그와 동시에 니콜라스 나보코프와는 가까운 친구 사이였다. 아이재이어 벌린도 이 철학자-명예 홍보대사 대열에 합류하기를 권유받았지만, 반공주의 운동을 공개적으로 지지할 경우 동유럽의 친척들이 위험에 처할 수 있다는 이유를 들어 거부했다. 하지만 그는 온건한 방법으로 문화자유회의를 도울 수 있다면 그렇게 하겠노라고 약속했다. 벌린이 도움을 주겠다고 약속한 이유는 그 단체가 CIA의 비밀 자금을 지원받고 있다는 사실을 알고 있었기 때문이라고 로런스 드 네프빌은 기억했다. "그는 우리가 관계되어 있다는 사실을 알고 있었어요. 누가 이야기해 줬는지는 모르겠지만, 워싱턴에 친구가 여럿 있었거든요."[29]

모든 조직이 마찬가지겠지만, 설립 초기에는 자리를 차지하려는 구성원들의 좌충우돌로 인해 끊임없는 직위 변화가 따르게 마련이다. 새로이 상임위원회의 위원장으로 뽑힌 인물은 드니 드 루즈몽Denis de Rougemont으로, 공산주의에 가담한 적이 없는 중립국 스위스 태생의 인물이었다. 『사랑, 그리고 서양』L'amour et l'Occident의 저자 드 루즈몽은 비마르크스주의자이자 반파시스트 좌파 출신이었다. 종전 후에는 '미국의 소리'Voice of America, VOA를 방송했고 유럽연방주의자연합European Union of Federalists에서

29 Lawrence de Neufville, telephone interview, February 1997.

프랑수아 봉디François Bondy와 함께 일했다. 그는 제네바 소재 유럽문화센터Centre Européen de la Culture(지금까지 존속하고 있다)를 경유한 CIA의 비밀스러운 지원을 통해 경력을 쌓아 왔다(훗날 그는 그 지원에 대해 모르고 있었다고 주장했다).

사무총장직에는 조셀슨이 자신이 밀고 있던 후보자인 니콜라스 나보코프를 임명하고자 강력하게 로비를 벌였다. 나보코프 자신은 몰랐지만, 베를린 회의에서 열변을 토하던 그때부터 이미 지도자의 역할을 시험받고 있었던 것이다. "이 회의장 밖에서 우리는 전쟁을 위한 기구를 조직해야 합니다. 우리는 이 회의를 영구히 할 상임위원회를 만들어야 합니다. 모든 사람들, 모든 전투 조직들, 모든 전투 방법을 동원해 실전 태세에 돌입해야 합니다. 그렇게 하지 않으면, 우리는 공산주의자들에게 곧 처형을 당할 것입니다. 시계가 12시를 가리킨 지 이미 오래입니다."[30] 나보코프는 당연히 사무총장직에 임명되었다.

나보코프에게는 오랜 친구 조셀슨 외에도 유력한 후원자가 있었다. '순종 미국인' 칩 볼런이 그중 하나였는데, 1940년대 초 나보코프에게 미국을 '진정한 고향'으로 만들어 준 사람도 볼런이었다. 나보코프는 그를 "나의 모델, 내 충고의 원천, 그리고 위로가 되어 주는 사람"이라고 말하곤 했다. 나보코프가 정부 기관에 지원했다가 채용되지 못했을 때 몹시 곤란해했던 조지 케넌도 나보코프의 후원자였다. 나보코프의 이름은 민감한 직책에 배치 가능한 심리전 요원들을 기록한 극비 리스트에도 올라 있었고 1950년에는 육군장관실Office of the Secretary of the Army 내에서 거론되기도 했다.[31] 이러한 힘 있는 정치적 후원자들 덕분에 나보코프에 대한 신분

---

30 Nicolas Nabokov, address to the Congress for Cultural Freedom, BerlIin, July 1950(CCF/CHI).

상의 문제는 몇 년 전 신분 조회에서 탈락했을 때처럼 심각하게 여겨지지 않았다.

돈을 관리하던 어빙 브라운은 나보코프에게 사무총장의 보수로 6000 달러를 제시했다. 나보코프는 학교에 다니고 있는 어린 아들 둘이 있었던 데다 피바디음악대학과 세라로런스대학에서 강의를 하며 얻는 수입이 이미 8000달러였던 터라 더 많은 보수를 요구했다. "이 일을 하게 되면 직업상 지출이 있을 수 있다는 점도 잊지 말아야 합니다. 파티 따위나 열겠다는 뜻이 아니라, 많은 사람을 만나 회유도 하고 식사도 하고 다른 여러 가지 일들을 해야 하는 것 아니겠습니까?"[32] 하지만 나보코프는 실제로 파티를 좋아했고, 향후 16년간 CIA 자금으로 호화로운 파티를 수도 없이 열었다. 당시만 해도 나보코프의 보수 문제는 해결되지 않던 상태였다. 어빙 브라운은 거대한 비자금에 접근할 수 있었지만, 그것 외에도 처리해야 할 일이 너무 많았다. 문화자유회의를 전폭적으로 지지하면서도, 결국 가용 자금을 CIA가 뒤를 봐주던 프랑스노동총동맹Force Ouvrière에 집중해, 마르세유에서 공산주의 성향의 부두 노동조합을 분쇄하는 쪽으로 자연스럽게 입장을 정리해 버렸던 것이다. 마르세유 항구에서 마셜플랜 원조 물자와 미국 군수품의 유입이 매일 봉쇄당하고 있었기 때문이다. 나보코프의 보수 문제는 1951년 1월 제임스 버넘이 나서서 인상을 약속한 뒤에야 해결되었다. "수입이 상당히 줄어들었는데 보상해 줄 만한 다른 방안이 이제 마련될 것 같습니다. 유럽의 작전에서 쓰는 회계 장부에는 기록이 안 되겠지요."[33] 나보코프는 어빙 브라운에게 이렇게 말했다. 브라운은 버넘이 회

31 C. D. Jackson, to Tyler Port, 8 March 1950(CDJ/DDE).
32 Nicolas Nabokov, to Irving Brown, 6 December 1950(IB/GMC).

계 문제에 대해 유연하게 대처하는 것이 만족스러운 듯 보였다. 그러나 버넘은 첫해부터 그런 방식으로 나보코프를 '조종'하게 되었다.

한편 래스키는 베를린에 머무르며 『데어모나트』의 발행을 맡는다는 결정이 내려졌다. 이 잡지의 사무실은 문화자유회의와 관련한 독일 내 모든 산하 단체들의 지휘소가 되었다. 조셀슨과 드 네프빌도 파리로 넘어가 그곳에서 본부를 꾸릴 예정이었고, 연락 업무를 맡은 어빙 브라운에게는 임대료와 필요한 물자를 공급하도록 지시가 내려왔다. 독일에서 떠날 준비를 하던 중, 조셀슨과 드 네프빌은 워싱턴의 CIA 본부에서 흥미진진한 일이 새로이 벌어지고 있다는 소식을 들었다. 앨런 덜레스가 CIA에 합류했으며, 톰 브레이든이라는 사람이 그의 보좌관으로 들어왔다는 내용이었다. 모든 것이 변하려 하고 있었다.

앨런 덜레스는 1950년 12월 CIA에 전략 부문 부국장의 직책으로 합류했다. 이 자리는 광범위한 업무 영역을 가진 곳으로, 덜레스는 정보 수집 외에 프랭크 위즈너가 이끄는 정책조정실OPC을 감독할 책임자가 되었다. 덜레스가 부임하면서 한 첫 번째 업무는 톰 브레이든을 채용하는 것이었다. 브레이든은 덜레스 밑에 있던 OSS 요원 중에서 가장 늠름했으며 제대 후에는 많은 상류층 인사들과 인맥을 쌓아 왔다. 엷은 갈색머리의 강단 있고 선 굵은 미남이었던 브레이든은 존 웨인John Wayne, 게리 쿠퍼Gary Cooper, 프랭크 시나트라를 합쳐 놓은 인상이었다. 그는 1918년 아이오와주 더뷰크 출신으로 보험사 영업 사원인 아버지와 로맨틱 소설 작가인 어

---

33 Nicolas Nabokov, to Irving Brown, 17 January 1951(IB/GMC). 이 여분으로 지급된 급여에 대한 자료는 남아 있는 것이 거의 없다. 하지만 나보코프의 급여는 곧 미국문화자유위원회(American Committee for Cultural Freedom)의 지출 경비 목록에 추가되었다. 이 단체는 뒤이어 CIA의 앞잡이 파필드재단(Farfield Foundation)의 보조금을 받아 운영된다.

머니 사이에서 태어났다. 어머니는 아들 톰이 링 라드너Ring Lardner, 로버트 프로스트Robert Frost, 헤밍웨이의 작품을 사랑하도록 가르쳤다. 1940년 다트머스대학 정치학과를 졸업한 후에는 전쟁이 발발하자 분연히 일어나 영국군에 지원했다. 그는 '사막의 쥐'라는 별명으로 유명했던 영국 육군 8군 제7기갑사단에 배속되어, 같은 부대에 있던 스튜어트 알섭과 절친한 사이가 되었다. 이내 두 친구는 OSS에 지원해 프랑스 점령 지역에 낙하산으로 침투, 공산주의 세력이 주도하던 레지스탕스와 함께 숲 속에서 전투를 벌였다. 전쟁이 끝나고 브레이든과 알섭은 공저로『비밀리에: OSS와 미국의 첩보 활동』Sub Rosa: The OSS and American Espionage이라는 책을 냈다. 이 책에서 그들은 OSS를 대원들에게 "아서 왕 시절 이후 전쟁에서 경험할 수 있는 가장 멋진 모험을 선사해 준 곳"으로 묘사하고 있다.

민간인의 삶으로 돌아온 뒤 브레이든은 이후 몇 년간 상설 정보 조직을 만들기 위한 운동을 벌였다. 1950년 말, 앨런 덜레스가 전화를 걸어와 CIA에서 자신의 보좌 업무를 맡아 달라고 부탁했고, 브레이든은 바로 수락했다. '호머 D. 호스킨스'Homer D. Hoskins라는 암호명을 부여받은 브레이든은 명목상 위즈너의 OPC에 소속되었는데, 처음에는 직책조차 없었지만 실제로 덜레스의 직속 부하나 마찬가지였다. 몇 개월 만에 그는 공산주의 진영의 선전 공세를 터득하게 되었지만, 당시만 해도 미국의 대응에 대해서는 아직은 제한된 시각을 갖고 있었다. "공산주의자들은 공산당 외에 다른 곳에 가입하지도 않고 조직적인 투쟁을 통해 대중과 동맹을 다져 가는데, 우리 미국인들은 아무 데나 가입하면서 꿀 먹은 벙어리마냥 앉아 있을 뿐이었죠. 이 과정을 보면서 참으로 답답하다는 생각이 들었습니다."[34]

34 Tom Braden, "I'm Glad the CIA is 'Immoral'", *Saturday Evening Post*, 20 May 1967.

미래의 CIA 국장 윌리엄 콜비William Colby 또한 같은 결론에 도달했다. "공산주의자들은 소위 '조직이라는 무기'를 믿는다고 당당히 밝히고 있었어요. 공산당을 중심으로 여성단체, 문화단체, 노동조합, 농민단체, 협동조합 등 다른 모든 조직들로 꾸린 화려한 진용을 펼치면서, 최대한 많은 국민들을 조직에 끌어들여 공산주의의 지도력과 규율을 따르도록 하고 있었습니다."[35] "적들이 소련의 지원과 독려에 의해 생겨난 것을 가지고서, 지역 자체에서 자생적으로 나왔다며 위장술을 쓸 수 있다면, 우리도 당연히 지역민들의 생각에서 자체적으로 나온 것이라고 똑같이 위장술을 쓸 수 있어야 합니다." 브레이든은 자신의 생각을 이렇게 설명했다.[36] 위즈너의 OPC를 둘러본 브레이든은 핵심에 집중하지 못하는 프로젝트들이 너무 많다고 확신했다. 한 CIA의 관계자는 이를 두고 "폐품 더미 같은 작전"이라고 이야기하기도 했다. "국제적으로 조직을 담당하는 지부들이 있기는 했지만, 모두 CIA가 벌여 놓은 대로 뒤죽박죽 상태였고 전혀 중요한 일도 못 되었어요." 브레이든은 이렇게 회고했다. "나는 앨[앨런 덜레스]을 찾아가 이런 조직 작업을 한 부서로 묶어 통합 관리 하는 게 좋지 않겠느냐고 물었어요. 아마 앨도 이런 제안을 기대했던 것 같았습니다."[37]

덜레스가 브레이든의 제안을 열렬히 반긴 반면, CIA의 구성원들은 이 얘기를 듣고서 경악했다. 그들에게 비밀 첩보 활동이라는 일은 아르벤스 같은 '비우호적인' 외국 정권의 전복을 기획하는 일이었기 때문이다. 걸음마 단계의 CIA가 절반이 교수들로 이루어졌다면(이미 '캠퍼스'라는 별

35 William Colby, interview in Washington, June 1994.
36 Braden, "I'm Glad the CIA is 'Immoral'".
37 Tom Braden, interview in Virginia, July 1996.

명으로 유명했다), 나머지 절반은 경찰과 강도였다. 브레이든에 따르면, 파이프 담배를 피우는 예일대 동문들 곁에는 전쟁이 이미 끝났다는 사실을 이해하지 못하는 사람들도 있었다. 가공할 정도로 완고한 생각을 가진 그들은, 한국전쟁 때 만주 폭격을 통해 전쟁을 확대하려 했던 맥아더Douglas MacArthur 장군이나 1950년 제3차 세계대전을 준비해야 한다고 주장했던 해군 참모총장(프랜시스 매튜스Francis Matthews)과 비슷한 생각을 하는 사람들이었다. "저는 과테말라를 날려 버리는 것보다 공산주의자들의 **사상적** 공격에 훨씬 더 관심이 많았어요. 전쟁광이라기보다는 '정보광'에 가까웠죠."[38] 브레이든의 말이다.

브레이든의 소속 부서장이었던 위즈너는 브레이든이 '월권행위'를 저질렀다고 주장하며 그의 제안을 막아섰다. 대단히 하찮은 일에 매달리는 관료적 행태였다. '지독한 싸움'이 이어졌고, 결국 브레이든이 패했다. 그리고 그는 즉시 덜레스의 사무실을 찾아가 사직서를 제출했다. 격분한 덜레스는 전화기를 덥석 들어 위즈너에게 전화해 "도대체 일을 어떻게 처리하는 거야?" 하고 소리를 질렀다. "앨런은 위즈너에게 마구 퍼부어 댔었죠." 브레이든의 기억에 따르면 그랬다. "앨런은 철저히 제 편을 들어 줬어요. 그래서 기획 부문 부국장이었던 위즈너 밑에서 국제조직국International Organization Division, IOD을 꾸릴 수 있었던 거죠. 하지만 위즈너에게는 그다지 신경을 쓰지 않았습니다. 일이 생기면 그 양반을 건너뛰고 직접 앨런을 찾았죠. 다만 조심할 필요는 있었는데, 어쨌든 위즈너가 명목상 직속상관이었으니까요."[39]

38 Tom Braden, interview in Virginia, July 1996.
39 Ibid.

이 새로운 부서가 조직된 것은 묘하게도 국가안전보장회의의 신설 지침 NSC-68을 발표한 시기와 일치했다. 이 부서의 활동을 승인한 것도 NSC-68이었다. 1950년 신임 정책기획부장이자 조지 케넌의 후임 폴 니치 Paul Nitze가 초안을 작성한 NSC-68은 크렘린의 지도 아래 놓여 있는 공산 주의라는 거대 단일 조직을 상정한 것으로, "냉전을 상징하는 최고 문서" 가 되었다.[40] 이 지침의 결론은 다음과 같다. "실용적인 측면에서 그리고 사상적인 측면에서 생각해 보건대, 자유라는 관념이 우월하다는 것을 건 설적인 수단을 적용하여 보여 주는 수밖에 다른 방도가 없다는 결론이 나 왔다." 철학자 야스퍼스가 그즈음 선언한 말도 있었다. "진실 또한 선전을 필요로 한다." 미국 냉전의 전사들이 '건설적인' 수단을 통해 진실이 기만 에 승리를 거둘 수 있도록 허가해 준 것이 바로 이 문서였다. NSC-68에 의 해 이루어진 예산 배분은 이 일의 중요성을 잘 보여 주고 있다. 1950년 심 리전에 사용된 금액 3400만 달러는 이후 2년 사이에 그 4배가 되었다.

"인간의 정신으로 겨루게 될 때, 진실은 미국만의 특유한 무기이다." 미 국무장관 에드워드 바렛은 이렇게 선언했다. "진실은 고립된 무기가 되 어서는 안 된다. 진실의 설파는 구체적인 행위나 정책과 연결되었을 때에

---

40 National Security Council Directive, March 1950. Scott Lucas, "The Psychological Strategy Board", *International History Review*, vol.18/2, May 1996에서 재인용. 또한 Trevor Barnes, "The Secret Cold War: The CIA and American Foreign Policy in Europe 1946-1956, part Ⅱ", *The History Journal*, vol.25/3, September 1982 참조. 이 글에서 트레버 반스는 세계 지배를 획책하는 크렘 린의 대전략이라는 생각이 CIA에 소속된 일단의 분석 전문가들의 의심에서 비롯되었다는 사실 을 밝혀냈다. 공산주의의 세계 지배라는 내용을 담고 있는 일급 기밀 보고서인 지그소 프로젝트 (Project Jigsaw)는 1949년 말에 작성되었다. 하지만 이 보고서를 살펴보면 설령 크렘린이 각국의 공산당을 입맛대로 조종하려고 했을지는 몰라도 세계 지배 같은 대전략은 존재하지 않았다는 결 론에 이른다. 결국 지그소라는 개념은 조지 케넌의 영향 때문이라고 추정할 수 있는데, 케넌이야 말로 소련에 대한 관점을 이런 식으로 수정해 왔기 때문이다. 하지만 이 보고서의 결론부는 너무 도 허황돼서 CIA 내부에서도 묵살되었다.

야 비로소 위력을 발휘하기 때문이다. …… 고도로 숙련되고 효과적인 방식을 택한다면, 진실을 위한 활동은 우리에게 공군空軍만큼이나 필수적인 무기가 될 것이다."⁴¹ 진실은, 20세기와 마찬가지로, 미국의 것이다. 만약 진실을 도모하기 위해 속임수가 필요하다면, 그렇게 하라. 그것이 바로 쾨슬러가 말한 "절반의 진실로 전적인 거짓말에 대항해 싸우는 것"이었다.

브레이든은 다음과 같이 말했다. "국제조직국IOD의 목표는 소련에 대항해 지식인들을 규합하는 것이었습니다. 전 세계가 파시스트적이고 스탈린주의적인 예술, 문학, 음악에 무릎을 꿇는다는 것은 상상하기도 싫은 일이었죠. 우리는 예술가였던 사람, 작가였던 사람, 음악가였던 사람, 그리고 그들을 추종하는 모든 사람들을 규합하고자 했습니다. 서유럽과 미국이 표현의 자유, 지적 성취에 매진하고자 한다는 모습을 보여 주려고 했고, 거기에는 **쓰고자 하는 것, 말하고자 하는 것, 해야만 하는 것, 그려야만 하는 것**처럼 어떠한 제한도 있어서는 안 됨을 보여 주려고 했습니다. 소련에서 당시 예술가와 지식인 들에게 가해지고 있던 바로 그 제한 말입니다. 제 생각에는 그 일을 멋지게 해낸 것 같습니다."⁴²

IOD의 활동은 위즈너가 비공산주의 좌파를 관리했던 것과 같은 방

---

41 Edward Barrett, *Truth is Our Weapon*, New York: Funk & Wagnalls, 1953.
42 Tom Braden, interview in Virginia, July 1996. 브레이든은 "피카소의 정신을 보존하기 위한 투쟁"이라는 표현도 썼다. 문자 그대로 받아들인다면 이러한 공격적인 언사는 시시포스의 바위 같은 헛수고일 뿐이었다. 미군에 복무하던 젊은 화가 클리브 그레이(Cleve Gray)는 파리 해방 후 피카소의 스튜디오를 찾아가는 순례 행렬에 동참했었다. 아침 늦게 스튜디오에 도착해 보니 피카소는 침대에서 갓 일어난 듯 팬티 바람이었다. 피카소는 침대 옆에 서있었는데, 그의 손에 들려 있던 것은 다름 아닌 공산주의 신문 『뤼마니테』였다. 피카소는 그의 일을 도와주던 하이메 사바르테스(Jaime Sabartés)를 찾으면서 셔츠 소매에 팔을 집어넣고 있었다. 사바르테스가 다른 편의 셔츠 소매를 내려 주는 동안에도 피카소는 신문을 다른 손으로 옮겨 쥐며 놓지 않았다. 그때 피카소는 공산당에 막 가입하려던 찰나였다. 그러면서 찾아온 사람들에게 "사람이 맑은 물을 마시러 샘을 찾듯, 공산당에 들어가야지"라고 얘기했다고 한다. 이 대목은 Antony Beevor and Artemis Cooper, *Paris After the Liberation, 1944-1949*, London: Hamish Hamilton, 1994에 묘사되어 있다.

식으로 이루어졌다. 좌파 세력을 지원해 주는 목적은 그들을 지배하거나 파괴하기 위해서가 아니라 그들에게 신중하게 접근하고 그들 집단이 무슨 생각을 하는지 감시하기 위한 것이었다. 또한 어느 정도 울분을 해소할 수 있는 통로를 만들어 주면서, 극단적인 상황에서 너무 '급진적으로' 나올 경우에는 그들의 주장이 알려지지 않도록 막고, 가능하다면 활동마저 제한하는 것이었다. 브레이든은 유럽에 새로 설립된 IOD 지부에 확실한 지침을 내려보냈다. "사설 단체가 쓸 만한 규모라고 믿을 수준으로 지원액을 제한할 것. 미국의 관심이 어디까지인지 드러나지 않도록 할 것. 때로 미국 공식 정책과 부합하지 않더라도 일단 조직의 통일성을 도모할 것."[43]

브레이든의 새 부서는 문화자유회의처럼 지식인들을 조직하는 데 좀 더 탄탄한 제도적 기반을 제공하기 위해서 만들어졌다. 이제 실무자들로부터 만족할 만한 대답들이 들려오기 시작했다. 문화자유회의의 진정한 목표가 명확해진 것이다. 문화자유회의는 분규를 만들어 내는 곳이 아니라 공산주의 사상의 확산을 막는 서유럽의 교두보가 되었다. 그 이유는 폭넓고 단결된 운동을 전개함으로써 지식인들이 동료 지식인들을 설득하도록 압박해서 공산주의 전위 조직이나 공산주의 동조자들의 조직에서 탈퇴하도록 만드는 데 있었다. 또한 지식인들이 이론과 주장을 대중들을 위해서가 아니라 정부 정책에 결정 권한이 있는 압력단체나 정부에 속한 소수의 엘리트들을 대상으로 제공하도록 기획된 것이기도 했다. 이러한 방식은 정보 수집 같은 CIA의 전통적인 수단이 아니었기에 IOD를 제외한 CIA의 다른 부서 요원들에게는 그런 방식으로 접근하지 말라고 주의를 주었다. 오히려 그것은 (NATO 가입을 통해, 또한 CIA의 대규모 지원을 받는 유

---

43 Braden, "I'm Glad the CIA is 'Immoral'".

럽운동에 참여함으로써) 독일 통일을 포함하여 유럽의 통합을 도모한다는 미국 외교정책의 목적을 달성할 수 있도록 별도의 '독자적인' 지원을 제공하기 위한 것이었다. 따라서 서유럽 지식인들이 미국의 문화 사절로 활동하면서 유럽, 특히 프랑스에 퍼져 있던 부정적 선입견, 미국이 문화적 불모지라는 관념을 약화시키는 활동을 하게 만드는 것이 목적에 포함되었다. 또한 흑인 민권 운동의 탄압 같은 미국 민주주의의 부정적인 측면에 대한 비판도 불식시켜야 했다.

운영위원회는 새로이 통합된 문화자유회의에 활력을 불어넣어 줄 인물을 뽑았는데, 이들은 모두 보안을 위해 신분 조회를 거쳐야 했다. 이는 앞으로 관리 '기구'에 깊이 개입할 수 있는 사람들, 문화자유회의에서 일하게 될 모든 사람들이 거쳐야 할 절차였다. CIA 측에는 마이클 조셀슨과 로런스 드 네프빌이 있었다. 그들이 필요로 하는 것은 특별히 배속된 담당 사무관(즉 CIA 정보요원)이 해결해 주었다. 이 사무관(요원)들은 3년간의 배속 기간 동안 IOD 지국장과 동일한 직위의 워싱턴 관계자와 긴밀하게 연락을 주고받기로 했다. 그리고 문화자유회의의 관리는 IOD의 제3지국장이 맡았다. 다시 그는 IOD 부국장에게, 또한 국장(브레이든)에게 보고를 했다. 문화자유회의의 규모가 커짐에 따라 많은 CIA 요원들이 투입되어 예산과 운영을 관리했다. 이 조직은 이제 쾨슬러가 일찍이 밑그림을 그렸던 "소규모 활동을 펼치는 빌리 뮌첸베르크 사단과 같은 조직", 다시 말해 "적은 자금, 적은 인원, 단지 배후에 코민포름만 없으면 되는"[44] 애초의 조

---

44 Arthur Koestler, to Bertrand Russell, 1950. Peter Coleman, *The Liberal Conspiracy: The Congress for Cultural Freedom and the Struggle for the Mind of Postwar Europe*, New York: The Free Press, 1989에서 재인용.

직안과는 거리가 멀어 보였다. 문화자유회의는 이제 CIA 내에서 가장 빠르게 성장하는 '자산'이 되었다.[45]

예상대로 브레이든은 QKOPERA 작전을 '지휘 계통 밖에서' 수행할 마음을 먹고 있었기 때문에 드 네프빌에게 프랑스 지국의 위즈너 측 인사인 로버트 세이어Robert Thayer에게는 활동과 관련해서 일언반구도 발설하지 말라고 지시했다. 브레이든의 뒤에서는 몰래 앨런 덜레스가 드 네프빌에게 "어빙 브라운과 연락을 주고받으며 브라운이 무슨 일을 하고 있는지 알아볼 것"을 은밀히 지시했다. 곧 드 네프빌은 다시 덜레스에게 이렇게 보고했다. "마치 자기만 작전 중인 양 행동하고 있기 때문에 무슨 일을 하고 있는지 알아내기는 불가능할 것 같습니다. 무슨 일을 하고 있는지 거의 입을 열지 않습니다."[46] 이렇듯 덜레스와 위즈너, 브레이든이 훌륭한 관리자로 평가받지 못하는 것도 무리는 아니다.

조셀슨과 드 네프빌은 발 빠르게 파리에서 세계문화자유회의 본부의 틀을 잡아 나갔고 소위 '집안일'을 정리했다. 모든 활동이 맞닥뜨려야 하는 내부 문제를 CIA 차원에서 해결해 주는 것이었다. 그들이 내부 문제를

---

45 다른 지부의 부장들에게도 정보조사국의 전위 조직들을 구성해 보라는 책임이 부여되었다. 브레이든은 소련의 교활함에 맞서기 위해 '눈에는 눈' 식의 전략을 세웠다. 그의 전략에 따라, 공산주의의 지원을 받는 국제민주법률가협회(International Association of Democratic Lawyers)에 대항하기 위해 국제법률가위원회(International Commission of Jurists)를, 소련이 주도하는 세계평화평의회(World Peace Council)에는 전미자유유럽위원회를, 코민포름이 후원하는 국제여성민주연맹(Women's International Democratic Federation)에는 국제여성위원회(International Committee of Women)를, 국제학생연합(International Union of Students)에는 CIA 요원들을 잠입시킨 전미학생협회(National Students' Association)를, 세계민주청년연맹(World Federation of Democratic Youth)에는 세계청년회의(World Assembly of Youth)를, 국제기자기구(International Organization of Journalists)에는 국제자유언론인연맹(International Federation of Free Journalists)을, 세계노동연맹(World Federation of Trade Unions)에는 국제자유노조연맹(International Federation of Free Trade Unions)이 대치되었다.

46 Lawrence de Neufville, telephone interview, February 1997.

정리하는 동안 나보코프가 도착해 사무총장의 자리에 올랐다. 그는 퍼트리샤 블레이크와 함께 뉴욕을 출발해 뤽상부르 공원을 내려다보는 다사가街의 작은 아파트에 자리를 잡았다. "현대에서는 전례 없는, 그리고 서구 사회에서도 그 전범典範을 찾을 수 없는 일이었다." 자신이 대표하는 조직에 대해 그는 이렇게 말했다. "인간 정신을 억압하는 세력에 대항하는, 혹은 진부한 표현으로는 '문화적 유산'을 수호하는 이데올로기 전쟁을 벌이기 위해 지식인과 예술가를 전 세계적인 규모로 동원하는 일은 예전에 어느 누구도 시도하지 못했던 일이었다. 이러한 종류의 이데올로기 전쟁은 지금까지 스탈린주의나 나치가 가진 특징이었다. …… 스탈린주의를 상대로 이성적이고 냉정하고 결연한 사상전을 수행하되, 가짜 정의라는 마니교적인 함정에 빠지지 않게 하는 것이 나에게는 가장 중요한 일 같았다. 그때는 특히 사상전에 대해 미국 전체가 지나칠 정도로 발작적이고 편집증적인 반응을 보일 때였다."[47]

항시 열정적이고 활력이 넘쳤던 나보코프는 문화의 냉전을 관장하는 수장으로서 새로운 업무에 그야말로 온몸을 바쳐 매진하고 있었다. 5월에는 문화자유회의가 파리에서 기자회견을 가지던 중 어느 망명 지식인에게 상 하나를 '선사'했다. 그는 폴란드 대사관의 젊은 문화 담당관으로, 시인이면서 T. S. 엘리엇의 「황무지」The Waste Land를 폴란드어로 번역했던 체스와프 미워시Czeslaw Milosz[48]였다. 미워시는 1949년 월도프아스토리아 컨퍼런스에 폴란드 대표단으로 참가했을 당시, 메리 매카시의 말에 따르면,

---

47 Nicolas Nabokov, *Bagázh: Memoirs of a Russian Cosmopolitan*, London: Secker & Warburg, 1975.
48 폴란드의 시인이자 작가로 1980년 노벨문학상을 수상했다. 1970년에 미국으로 귀화했다가 동구권 해체 후 폴란드로 귀환, 2004년 크라쿠프에서 사망했다. ─ 옮긴이

"우리와 같은 좌파 민주주의자들과 처음 만났을 때부터 사랑에 빠지게 되었다"라고 한다. 화려한 무대 매너를 선보인 나보코프 덕에 천사의 편으로 등장한 미워시는 문화자유회의에 대단한 성공을 안겨 주었다. 곧이어 나보코프는 드니 드 루즈몽과 함께 브뤼셀로 넘어가 『생테세』Synthèses라는 잡지가 주관하는 오찬에서 연설하고, 다시 서둘러 돌아와 '자유의 친구들' Amis de la Liberté의 작업을 홍보하는 자리에 참석했다. '자유의 친구들'은 문화자유회의와 관련된 일종의 사교 단체로, 프랑스 전역의 학생 단체들을 조직해 파리에 소재한 '자유를 사랑하는 청년의 집'Maison des Jeunesses des Amis de la Liberté에서 행사를 치르곤 했었다. 6월 중순에 이르러 나보코프는 다시 장도에 오른다. 이번에는 베를린으로 건너가 '전체주의 체제하에서의 예술'이라는 주제로 강연을 열었다. "저에게는 물론 단순한 '강의 여행'이 아닙니다." 그는 제임스 버넘에게 편지를 썼다. "이는 독일의 작전 지역에서 이루어진 첫 '교전'Prise de Contact이었습니다."[49] 이 강연은 문화자유회의 지도부들의 수많은 원정 중 시작에 불과했다. 이후 유럽 전역에 걸쳐 우후죽순으로 지부가 생겨나기 시작했고(서독, 영국, 스웨덴, 덴마크, 아이슬란드 등), 이내 다른 대륙 — 일본, 인도, 아르헨티나, 칠레, 오스트레일리아, 레바논, 멕시코, 페루, 우루과이, 콜롬비아, 브라질, 파키스탄 — 까지 확대되었다.

　　파리로 돌아온 나보코프는 문화자유회의가 발행하는 첫 잡지 『프뢰브』Preuves의 발행을 주도했다. 위대한 프랑스 비평의 전통을 살린 문화-정치 잡지를 발간한다는 이 아이디어는 1951년 2월 베르사유에서 열린 상임위원회에서 처음 논의되었던 일이었다. 사르트르의 『레탕모데른』에

---

49 Nicolas Nabokov, to James Burnham, 6 June 1951 (CCF/CHI).

견줄 수 있는, 그래서 사람들을 그의 영향력으로부터 벗어나게 만들 잡지가 필요하다는 것이 위원회의 결론이었다. "누가 그들의 진정한 적이었을까요?" 시간이 흘러 어느 역사학자는 이렇게 물었다. "소련이나 모스크바가 아니었습니다. 그들이 진실로 강박에 빠졌던 대상은 사르트르와 보부아르였죠. '적군'은 바로 그들이었습니다."[50] 회의 내부자도 이와 같은 사실을 확인해 주었다. "파리 센 강 좌안의 좌파 지식인들이 목표였습니다. 아니면 아마 그들의 이야기에 귀를 기울이는 사람들이 목표였을 겁니다."[51] 하지만 이러한 공산주의 동조자들을 꾀어내 더욱 온건한 방향으로 확장을 이루어 낼 수 있을 만한 지명도 있는 편집자를 구하기가 어려웠다. 1951년 6월이 되자 나보코프는 몸이 달아 제임스 버넘에게 이런 내용의 편지를 보냈다. "프랑스 잡지 문제로 잠을 못 이룰 지경입니다. 기꺼이 편집을 맡아 줄 사람 중에 레몽 아롱이나 카뮈 정도의 지명도를 가진 인물을 찾기란 정말 어려운 일입니다. …… 문제는 여기 사람들이 헌신에 대한 이야기는 많이 해도 스스로 헌신할 생각은 안 한다는 겁니다. 일종의 무기력이나 무관심, 때로는 권태감이라고 할 만한 분위기가 퍼져 있어요. 그래서 매일매일 이런 분위기와 싸워 나가야만 한답니다."[52]

프랑스인 편집자를 끌어들이는 데 실패하자 상임위원회는 이 업무를 프랑수아 봉디에게 맡기기로 결정했다. 그는 스위스의 독일어 사용 지역 출신 작가로 1939년 히틀러와 스탈린의 독소불가침조약 전까지 공산당 활동가였던 인물이다. 1950년 문화자유회의 사무국이 임명한 가장 중요

50 Carol Brightman, interview in New York, June 1994.
51 Diana Josselson, interview in Geneva, March 1997.
52 Nicolas Nabokov, to James Burnham, 27 June 1951 (CCF/CHI).

한 인물(출판 위원 직책이었다)이었던 봉디는 한때 멜빈 래스키와 『데어모나트』에서 함께 일한 적이 있었고, 래스키를 "이 시대의 가장 탁월한 편집 기획자"라고 평가하기도 했었다. 봉디가 주관하여 마침내 『프뢰브』 첫 호가 발간되었다. 1951년 10월이었다. 범대서양주의자, 반중도주의자, 친미주의자를 규합하기 위한 목적으로 발행된 『프뢰브』는 세계문화자유회의의 기관지였다. 문화자유회의의 활동이나 프로그램을 홍보하는 것은 물론 공식적 입장을 표명하는 역할도 맡았던 것이다. 그럼으로써 문화자유회의는 마네 스페르버Manès Sperber가 말한 "거의 총체적인 적대감"과 즉시 직면하게 되었지만, 봉디는 좌파와 우파 양쪽에서 퍼붓는 치명적인 공세에도 굳건히 자리를 지켰다.[53]

문화자유회의의 이러한 초기 활동은 거의 전 세계적인 의혹을 사고 있었다. 이 단체를 지지하던 활동가들은 이러한 의혹이 당시 유행하는 반미주의의 결과물일 뿐이라고 확신했다. 그렇게 확신할 수 없었던 사람들은 이해관계로 승화시켜 버렸다. 그러나 이에 반대하는 사람들은 '자유롭고 독립적인' 조직이라고 알려진 이 단체의 정통성에 사사건건 의문을 제기하곤 했다. 이러한 의문을 물리치면서 조직을 끌고 나갔다는 점은 문화자유회의의 목적을 확신했던 사람들이 ('내부적'으로나 '외부적'으로나) 완고하고 집요했다는 사실을 보여 주는 증거다. 1950년 말 『프랑티뢰』의 편집자 조르주 알망과 프랑수아 봉디가 이탈리아 지부의 기술적 지원을 위해 로마에 파견되었을 때, 이탈리아인들이 끊임없이 물었던 질문이 "누가 돈을 대고 있느냐?"와 "당신들이 말하는 '자유'라는 것은 미국의 자본주의를 의미하는 것이냐?"였다. 이 두 사람의 말에 따르면, 거의 모든 회합

---

53 Coleman, *The Liberal Conspiracy*.

에는 공산주의자가 참관인으로 들어와 있는 것 같았으며, 확실히 많은 이탈리아 지식인들이 '전체주의의 유혹'에 물들기 쉬워 보였다고 한다. 그리고 다른 사람들, 이를테면 알베르토 모라비아Alberto Moravia 같은 사람은 공산주의보다는 네오파시즘을 더욱 경계하고 있다고 보고했다. 조셀슨에게 보낸 보고서에서 알망과 봉디는 이탈리아 지식인들의 편협성과 반미주의를 강조했다. 그들이 보기에 이탈리아에서 문화자유회의는 "커다란 가능성"이 있어 보였다. 다만 "서두르지 않고 간접적이고 다각적이며 지극히 신중한 활동"으로 분위기가 무르익은 후에야 가능한 일이었다.[54]

이탈리아문화자유협회Italian Association for Cultural Freedom가 1951년 말 이냐치오 실로네의 주도하에 발족했다. 이 협회는 곧 수많은 독립 문화 단체에 연설자, 책자, 팸플릿, 영화와 더불어 국제주의 정신까지 제공하는 중심체가 되었다. 협회는 『리베르타델라쿨투라』Libertà della Cultura라는 회보를, 이후에는 제호를 바꿔서 『템포프레젠테』Tempo Presente라는 회보를 발간했다. 편집인은 실로네와 니콜라 키아로몬테였다. 그러나 이탈리아 조직은 한데 모이기 무섭게 분열하기 시작했다. 나보코프가 로마에 급파되어 문화자유회의에 대한 관심을 환기시키려 했지만, 이전에 봉디와 알망이 겪었던 것과 마찬가지로, 문화자유회의에 대한 '괴상한 소문'에만 솔깃해하는 심드렁한 지식인들만 만나게 되었을 뿐이다. 나보코프는 어빙 브라운에게 "이탈리아 패거리에 만연한 실로네 식의 무기력"에 대해 불평하면서 이탈리아의 '조직'에 신선한 피를 수혈하기 위해서는 급진적인 방법을 강구해야 한다고 덧붙였다. 그리고 나보코프는 이렇게 투덜거렸다. "실로네의 왕좌는 하늘에 있는지 보이지도 않았습니다. 오히려 그 사람의 존

---

54 François Bondy and Georges Altman, to Michael Josselson, October 1950(IB/GMC).

재는 직원들 일하는 데 방해만 될 뿐이었습니다. 그래서 저는 그 사람에게 편지를 두 통 썼습니다. 여름휴가 따위는 집어치우고 로마로 와서 하루만 나를 좀 보자고 전신을 쳤지요. …… 답이 없더군요. 매일 수많은 사람을 만났습니다. (모라비아를 포함해서) 대부분이 참여해서, 기꺼이 일하고 싶어 했지만 모두들 실로네가 제일 높은 자리에 있는 한 될 일도 안될 것이라고 하더군요."[55] 또한 나보코프는 가톨릭 교회에 대한 이탈리아 협회의 "무모하고 도전적이며 교만한" 태도에도 화들짝 놀랐다. 그래서 가톨릭 인문주의자 자크 마리탱에게 "바티칸 당국에 보내는 기나긴 서신"을 전달해 달라고 당부했다. 그래서 이 서신을 통해 세계문화자유회의와 이탈리아문화자유협회는 "서로 다른 입장"을 갖고 있다고 해명했다.[56]

나보코프는 또한 런던으로 이동해 영국 지부 격인 영국문화자유학회 British Society for Cultural Freedom에 대한 지원을 촉구했다. 이 학회는 1951년 1월 런던의 화이트홀 코트에서 열린 작가협회 행사 자리에서 결성되었다. T. S. 엘리엇, 아이재이어 벌린, 영국문화원British Council 원장이자 BBC 제3라디오 사장이었던 데이비드 세실 경Lord David Cecil, 당시 노동당 사무총장이었던 리처드 크로스먼과 만난 나보코프는 영국에는 문화자유회의의 유력한 동지들이 있다고 파리에 보고할 수 있었다. 그는 이와 별도로 버넘에게 다음과 같은 메시지를 전달했다. "많은 이들[영국 지식인들]은 우리 문화자유회의가 절반쯤은 미국 첩보 조직의 활동이라고 여기고 있습니다.

---

55 Nicolas Nabokov, to Irving Brown, 3 September 1951(IB/GMC).
56 당시 이러한 이탈리아 협회의 반(反)교권주의적 소동을 무마해야 할 심각한 이유가 있었다. 그런 일이 벌어지자 로런스 드 네프빌은 바티칸 측과 매우 민감한 주제로 의견을 나눴는데, 공산주의자들이 지배적인 노동조합에 대항하기 위해 가톨릭 계열의 노동조합을 동원하려는 CIA의 계획이 있었기 때문이었다. CIA의 '자산'인 이탈리아 협회가 교회를 공개적으로 비판했기 때문에 이러한 당혹감은 일리가 있는 것이었다.

그것도 당신이 조종하고 있다고 생각하고 있습니다. …… 제 생각에는 유럽 지식인들에게 세계문화자유회의는 미국의 비밀 활동 조직이 아니라는 사실을 지속적으로 알리려고 노력해야 합니다."[57] 정보기관 요원들이 사용하는 용어를 '일부러' 써가면서, 나보코프는 "미국에 있는 우리 친구들"에게 "이곳에서 발생한 근본적인 역설"을 전달하라고 말하고 있던 것이었다. "우리에게 시간이 얼마 남지 않았지만, 시간이 차고 넘치는 것처럼 일해야 합니다. '회의라는 이름의 작전'Operation-Congress이 전체주의에 반대하여 광범위하고 탄탄한 전선으로 이행하기 위해서는 시간이 많이 걸릴 뿐더러 많은 자금이 필요하지 않을까 걱정됩니다."[58]

57 Nicolas Nabokov, to James Burnham, 6 June 1951(CCF/CHI).
58 Ibid.

7장

캔디

우리는 그 돈을 다 쓸 수도 없었습니다. 위즈너와 회계감사 담당자들의 회의가 하나 생각나는데요. 세상에, "이 돈 다 어떻게 쓰죠?" 하고 물어봤죠. 한도도 없었고, 어느 누구도 용처에 대해 해명할 필요가 없었습니다. 놀라운 일이었죠.
— 길버트 그린웨이Gilbert Greenway, CIA 요원

냉전이라는 치열한 경쟁 시장 속에서 문화가 틈새 시장으로 파고들기 위해서는 막대한 투자가 필요했다. 그러한 이유로 CIA의 문화 프로그램을 위한 재정 담당 역할이 어빙 브라운에게 맡겨졌다. "예산에 포함되지 않는 자금을 한 번에 1만 5000달러, 1만 달러, 5000달러씩 브라운에게 전달했지만 브라운이 그 자금으로 무엇을 했는지는 전혀 모릅니다." 톰 브레이든은 이렇게 회고했다.[1] 하지만 이 정도는 브라운이 관리하는 자금의 총액에 비하면 푼돈 수준이었다. "이 모든 것이 대충자금을 통해 이루어졌습니다." 훗날 로런스 드 네프빌이 털어놓은 말이다. "일반 국민들이 의회에 나와 '이런, 내가 낸 세금으로 하는 짓 좀 보게' 하고 말할 길이 없었기 때문이죠. 그 돈은 우리 돈도 아니었고, 마셜플랜의 부산물이었을 뿐이거든요."[2] 마셜플랜 초기, 아직 혁신적인 움직임이 남아 있을 때, 마셜플랜

---

1 Tom Braden, interview in Virginia, July 1996.
2 Lawrence de Neufville, telephone interview, February 1997.

의 자금이 이중적 임무를 수행하도록 하기 위해서는 자금의 수혜국들이 각각 미국으로부터 받은 돈에 비례한 일정 금액을 자국의 중앙은행에 예치해 해외 원조 프로그램에 기여해야 한다는 제안이 있었다. 수혜국과 미국의 상호 조약에 따라 이 자금은 양자가 공동으로 이용하는 자금이 된다. 대부분의 자금(95퍼센트)은 수혜국 정부의 자산이 되지만, 나머지 5퍼센트는 예치와 함께 미국 자산이 된다. 바로 이 '대충자금' ── 매년 대략 200만 달러에 이르는 비밀 자금 ── 은 곧 CIA의 활동 자금으로 유용할 수 있게 되었다.

1950년 12월에는 1930년대에 예일대학교와 매사추세츠공대MIT에서 경제학 교수를 지낸 리처드 비셀이 마셜플랜을 주관하는 경제협력처의 차관이었다. 어느 날, 프랭크 위즈너가 비셀을 워싱턴 사무실로 불러들였다. '조지타운 패거리'Georgetown Set라는 모임을 통해 위즈너를 알고 있었던 비셀은 언젠가 위즈너를 "우리 이너서클에 깊이 참여하고 있던 사람, 우리가 수행하던 수많은 정부 정책 사업에 관여하고 있던 최고위급 관료"라고 묘사한 바 있다. 비셀의 기억으로 위즈너는 이렇게 말했다고 한다. "'돈이 필요하니 5퍼센트의 대충자금에서 적절한 금액을 전용해 정책조정실OPC의 비밀 첩보 활동에 재정적으로 도움을 주었으면 한다' 이런 얘기였다. …… 누구라도 그 [자금의] 사용처에 비밀 첩보 활동까지 포함할 수 있다고 생각하기란 쉽지 않았을 것이다. 이 부분은 당시만 해도 굉장히 애매모호한 부분이었기 때문이다. 나는 그 요구에 적잖이 당황했다. 비밀 첩보 활동에 대해서는 아는 바가 없었기 때문이다. 내가 걱정을 하니까 위즈너는 일부러 시간을 내어 달래 주기도 했다. 해리먼 장관이 이 계획을 승인했다고 확인해 주었던 것이다. 그 돈이 어떻게 쓰일 것인지 물으면서 위즈너를 압박하기 시작하니까 그 사람은 그 점에 대해서만은 이야기해 줄 수 없다고 했다. …… 우리들은 마셜플랜에 속해 있었지만, CIA의 초기 비밀 첩보 활동 프로그램의 혜택을 받았던 수많은 사람들과 직접적 혹은 간접적으로 관계를 맺고 있었던 셈이다."[3]

대충자금은 마셜플랜을 집행하던 해리먼의 경제협력처가 지출 관리를 하고 있었고, 1949년 4월에는 '독재와 전쟁에 대한 국제적 저항의 날'이라는 주제로 정책조정실이 개최한 대항 집회에 자금을 지원하기도 했다. 1948년 이탈리아 총선에서 결정적인 역할을 한 것도 그들이었다. 이제 어빙 브라운은 마셜플랜이라는 '캔디'[4]를 통해 CIA 비밀 자금을 대거 확보할 수 있게 되었다. 브라운을 통해 조성된 수많은 비밀 활동 자금 중에서, 대략 20만 달러(1999년 가치로 환산하면 150만 달러) 정도가 1951년 세계문화자유회의의 기본 관리 비용으로 배정되었다. 프랑수아 봉디, 드니 드 루즈몽, 피에르 볼로메Pierre Bolomey(회계 담당자로 임명되었던 인물로 조르주 알망의 비호를 받고 있었다)를 비롯하여 관리자 한 명과 여러 비서관들의 급여가 이 돈을 통해 지급되었다. 봉디와 드 루즈몽은 달러화로 급여를 받았는데, 브라운이 아메리칸익스프레스를 통해 로잔에 소재한 스위스 은행의 계좌로 이체시킨 것이었다. 다른 사람들은 프랑화로 받았다. 당시 사무국을 한 달 운영하는 데 드는 비용은 대략 500만 프랑에 달했다. 브라운은 또한 '자유의 친구들'에도 비슷한 금액의 돈을 대고 있었다. 그도 독일의 자기 개인 계좌에 40만 마르크를 넣어 놓고 있었는데, 이 또한 급여, 사무실 비용 등 문화자유회의의 독일 지부를 운영하기 위한 것이었다. 이탈리아

---

3 Richard Bissell, *Reflections of a Cold Warriors: From Yalta to the Bay of Pigs*, New Haven: Yale University Press, 1996.
4 4장에서 위즈너가 마셜플랜 기금을 '캔디'라고 표현한 것을 염두에 둔 표현이다. — 옮긴이

지부는 매월 수천 달러를 『누오바이탈리아』Nuova Italia의 편집장 코디뇰라 트리스타Codignola Trista의 계좌를 통해서 지원받았다. 영국문화자유학회장 마이클 굿윈Michael Goodwin은 매월 700파운드의 자금 지원을 받았다. 이는 세인트제임스파크에 있는 웨스트민스터 은행의 개인 계좌를 통해서 이루어졌다.

브라운이 세계문화자유회의의 본부를 오스망 대로에 마련하기 전까지는 클레베 가衙의 발티모레 호텔에 마련된 그의 방이 임시 본부로 사용되고 있었다. 어느 날 저녁, 마셜플랜의 노동 부서에서 일하고 있던 젊은 미국 여성이 사전 연락 없이 차나 한잔하고 가겠다며 이 본부에 들렀다가 브라운의 전화기 옆에 놓여 있던 문서를 보게 되었다. 사람 이름마다 다른 금액이 적혀 있는 문서였다. 브라운은 이 예고 없이 방문한 손님을 대접할 차를 마련하기 위해 방을 떠나 있는 상황이었다. 그때 이 여성은 호텔 방에 브라운 말고 다른 누군가가 또 있다는 기척을 느꼈다. 한편 욕실에 숨어 있다가 더 이상 참기 힘들어진 조셀슨은 잠깐 고개를 내밀었다가, 들키는가 싶은 마음에 잽싸게 다시 숨어 버렸는데, 이 일은 조셀슨에게는 심히 당혹스러운 상황이었다. 하지만 2년 후 조셀슨의 아내가 되는 다이애나 도지Diana Dodge가 볼 때 이는 매우 재미있는 광경이었다.

발티모레 호텔 사건은 문화자유회의 초기의 즉흥적 성격을 잘 보여 주고 있다. "시작할 때는 의욕이 충만했죠. 최선의 길이라 생각한 방향으로 나아갈 뿐이었습니다."[5] 드 네프빌이 말했다. 시간이 지남에 따라 통합이 이루어지기 시작했다. CIA가 그들을 '지도'하면서, 그리고 즉흥적 활동을 억제하면서 관료 체계를 확립했던 것이다. "문화자유회의의 고위

---

5 Lawrence de Neufville, telephone interview, February 1997.

층 인사들이 모이는 회합이 많이 있었습니다. 래스키 같은 사람들도 있었고 책임자 격의 CIA 정보요원들도 있었고요."[6] CIA 내 소련 전문가로 QKOPERA에 어느 정도 발을 들여놓고 있었던 도널드 제임슨의 회고담이다. "회의실에는 항상 열 명에서 열다섯 명 정도 모여 있었어요. 우리는 어떤 활동을 어디서 해야 하는지 둘러앉아 이야기했죠. 대단히 열려 있는 토론 자리였어요. CIA 명령 계통에 있는 사람들이 이런 분위기를 조성했던 것인데, 제 생각에는 아주 현명한 처사였습니다. 사실 그런 식으로 회의가 진행되지 않았다면 다른 편에 있는 사람들, 그러니까 문화자유회의 쪽 사람들은 아마 자리를 박차고 나가 버렸을 거예요. 꽤 많은 사람들이 그렇게 했을 것 같습니다. 그 사람들은 CIA에 빌붙어 떡고물이라도 받아먹는 데 혈안이 된 허수아비들이 아니었거든요."[7] 제임슨이 언급했던 그 다른 편에 있던 사람들은 조셀슨, 나보코프, 래스키, 봉디, 그리고 영국 정보조사국IRD 관계자로 이따금씩 참여했던 맬컴 머거리지였다. 이들이 바로 CIA의 지도를 받도록 선택된 집단, 즉 '기관'apparat이었다. 고상한 탄생 과정에도 불구하고, 문화자유회의가 CIA의 지도를 받았다는 사실은 곧 문화자유회의가 어떤 방향으로 가면 좋겠다는 워싱턴의 의중과 정치적으로 연결되어 있다는 의미였다. 제임슨의 설명에 따르면, 여기에는 호혜의 원칙이 존재하고 있었다. CIA가 미국 외교정책의 목표를 전달해 주면, 그 대가로 서유럽의 지적 흐름에 깊이 관여하는 지식인 집단들이 이 목표들을 명료화formulate할 수 있도록 그 방법이나 주장을 쉽게 표현해 주거나 심지어는 수정해 주기까지 했다. 그러면 CIA는 즉시 그들의 의견을 반영해

<hr/>

6 Donald Jameson, interview in Washington, June 1994.
7 Ibid.

주었던 것이다. 조셀슨은 CIA의 지휘 계통을 따르고 있었지만, 문화자유회의의 이익을 대변하는 임무도 착실히 수행했다. 그 일은 해내기 어려운 업무였고, 신뢰감을 주며 수행하기는 더욱 어려운 일이었다. 조직도상에서는 드 네프빌이 조셀슨의 상관이었지만, 드 네프빌이 조셀슨의 의사를 거스르는 경우는 거의 없었다. "조셀슨은 매일 볼 정도였죠. 적어도 매주 한 번은 꼭 봤어요. 그 친구가 무엇을 원하든 전 워싱턴에 그 이야기를 전달했고요." 드 네프빌의 말이다. "납득이 가는 일이라면 대체로 다 해주었습니다. 나름 노력도 했고 도와도 줬죠. 제 일이란 게 조셀슨 같은 사람의 말을 듣고 문화자유회의의 발전에 도움을 주는 거였잖아요. 조셀슨이 그 일에 대해서는 저보다 더 많이 알고 있었고요. 조셀슨은 정말 일을 잘했습니다."[8]

　"마이클 조셀슨은 이름은 알려지지 않았어도 세계적인 영웅이었습니다." 톰 브레이든은 훗날 이런 말을 남겼다. "조셀슨은 유럽 지식인들과 관련된 정신없는 일들을 모두 해결해 준 사람입니다. 지식인들이라고 해도 자유에 대한 근본적인 신념 외에는 어떤 입장을 공유하는지도 모르는 일이었거든요. 조셀슨은 사람이면 사람, 단체면 단체, 회의면 회의, 어디든 달려가 사람들을 규합하고 조직해 무언가를 만들어 내곤 했어요. 정말 역사에 남을 만한 인물이었죠."[9] 아서 슐레진저 또한 조셀슨을 "비범한 인물", "오케스트라에서 어떤 악기든 연주"할 수 있는 인물로 기억하고 있었다. 하지만 조셀슨의 이러한 영웅적 기질에는 어두운 면도 있었다. 자신이 직접 말을 하지 않고 듣기만 하는 데 엄청난 소질이 있던 조셀슨은 간

8 Lawrence de Neufville, telephone interview, February 1997.
9 Tom Braden, interview in Virginia, July 1996.

혹 듣지는 않고 자기 말만 하는 사람들의 재능을 불편해하곤 했다. "조셀슨은 가끔 수다스럽고 말 많은 사람들을 참지 못하곤 했어요. 이분들이 너무도 귀하시고 너무나 점잖으신 분들이라고 생각하다가도 어느 순간 손으로 귀를 막으면서 '됐어요! 더 이상 들어 줄 수가 없군요. 진전이 있어야 될 것 아닙니까!'라고 말하기도 했어요." 어느 동료는 이렇게 기억하고 있다. "조셀슨은 꽤 직설적인 사람이었어요. 비등점이 낮았다고 할까? 금방 뚜껑이 열리는 그런 사람이었죠."[10] 또 다른 문화자유회의 내부자 또한 조셀슨이 "언제든 울화를 터뜨릴 준비가 되어 있는 사람"처럼 보였다고 한다.[11] 조셀슨은 언젠가 자기 어머니도 그렇게 '추태'를 부렸다는 얘기를 한적이 있었는데, 그래서 그런지 화를 참기 위해 무던히 노력했었다. 하지만 맞서서 화내는 대신에, 검은 눈동자로 뚫어질 듯 노려보면서 침묵으로 분노를 표출해서 "분위기를 매우 어둡게" 만드는 일이 종종 있었다. 1950년 대 CIA와 잠깐 부적절한 관계를 맺었던 작가 벤 소넨버그는 40년이 지난 뒤에도 조셀슨의 어두운 내면을 떠올리며 몸서리를 쳤다. "마이클 조셀슨이라는 이름만 들으면 아직까지도 소름이 돋는다니까요."[12]

10 John Hunt, interview in Uzès, July 1997.
11 Walter Laqueur, "Anti-Communism Abroad: A Memoir of the Congress for Cultural Freedom", *Partisan Review*, Spring 1996.
12 Ben Sonneberg, interview in New York, February 1997. 재스퍼 리들리(Jasper Ridley)는 1952년 말, 영국문화자유학회의 사무처장에 임명된 뒤, 공산당에 가입했던 전력을 미리 알리지 않았다며 그에 대해 해명하도록 세계문화자유회의 파리 본부로 소환된 적이 있었다. 다이애나 조셀슨의 말에 따르면, 남편 마이클 조셀슨은 "문화자유회의에 고용된 사람의 신분은 CIA와 관계가 있기 때문에 보안을 철저히 했어야 옳았다"라며 리들리의 공산당원 전력을 간과한 실수 때문에 자기가 워싱턴의 고위 인사들이 보기에 '아주 멍청한 놈'이 되어 버렸다면서 화를 냈다고 한다. 리들리는 파리로 소환된 것과 관련해 다소 불쾌한 얘기를 들려주었다. "나보코프가 먼저 제게 묻더군요. 그다음 여러 가지 물음에 답하려는데, 방 안에서 서성대던 조셀슨이 갑자기 끼어들더니 고래고래 소리를 지르며 달려들었어요. 사람 괴롭히는 거 좋아하고 거만하게 구는 게 영화에서 골수 공산당 기관원 역할로 쓰면 딱 알맞았다니까요"(Jasper Ridley, telephone interview, August 1997).

그 때문인지 조셀슨은 지식인들의 우유부단함을 참지 못했다. 그의 손에 잡힌 일이라면 무엇이든지 시급한 일이 되었다. 영국문화자유학회가 내부 불화에 직면해 지지부진하게 일처리를 하면서 연회를 베풀 때에나 제구실을 할 뿐이라는 어빙 브라운의 보고를 듣자(회원 하나는 학회의 "주요 활동이란 저명인사를 초청해 값비싼 소호 레스토랑에서 점심을 함께 하는 것"이라고 한 적도 있었다), 조셀슨은 직접 나서서 이 영국 지부를 통제해야겠다는 결심을 하게 되었다. 1951년 1월 설립된 영국문화자유학회의 출발은 좋지 않았다. 학회장이었던 스티븐 스펜더는 곧 명예 사무처장 마이클 굿윈에 의해 낙마하게 되고, 1951년 말에는 집행위원회까지 해산되었다. 1877년에 발간된 유명 월간지 『19세기와 그 이후』Nineteenth Century and After에서 출발한 『20세기』Twentieth Century의 편집장이었던 굿윈은 CIA 파리 지국의 주요 연락책이었는데, 1951년 초 잡지의 폐간 위기를 넘길 수 있던 것도 바로 CIA 덕분이었다. 그는 영국문화자유학회를 위해서 화가 난 임대인에게 밀려 있던 임대료를 물어 주었고, 런던 헨리에타 가街에 새 사무실을 마련할 수 있게 자금을 마련해 왔다. 이 새 사무실은 이후 영국문화자유학회의 본부가 된다. 『20세기』에도 1951년 8월, 인쇄료와 용지 구입비 명목으로 2000달러와 700파운드, 두 차례 긴급 보조금이 투입되었고, "잡지의 손실을 보전한다"라는 이유로 매월 150파운드가 추가로 지급되었다. 이후 BBC에서 TV 영화 및 드라마 감독이 되는 굿윈은 『20세기』를 통해 조셀슨의 영국 상륙에 도움을 준 것은 물론 영국 정부의 비밀문화 선전 활동에 유용한 수단으로 활약했다. 한마디로 말해 영국 정보기관인 정보조사국IRD의 비정규 직원으로 활동했던 셈이다.

조셀슨이 굿윈에게 보조금을 제공했다는 사실은 그의 『20세기』가 『뉴스테이츠먼앤드네이션』New Statesman and Nation[13]의 입장과 맞서 싸워야 한다고 구체적으로 지시한 것이나 마찬가지였다. 굿윈 또한 1952년 1월에 보낸 편지로 이 사실을 재확인해 주었는데, 이 활동에 탄력이 붙고 있다는 것이 서신의 내용이었다. 이 편지에는 『20세기』가 "[『뉴스테이츠먼』이 제기한] 다양한 주제들에 대해 비판의 십자포화를 퍼부었으며 그들의 입장을 체계적으로 와해시키는 수준에 이를 정도였다"라는 내용도 포함되어 있었다. 그와 같은 사실과 더불어 굿윈은 글래스고에서 발행되는 좌파 계간지 『소비에트연구』*Soviet Studies*의 권위를 약화시킬 계획도 가지고 있다고 덧붙였다. 『소비에트연구』는 "이 나라(영국)에서 스탈린주의 변증법의 주요 원천"이기 때문이었다.[14]

하지만 조셀슨은 『20세기』의 처리 방식에 전적으로 만족하지는 못했다. 조셀슨의 부인인 다이애나의 말에 따르면 조셀슨은 이 잡지가 "활력도 없고, 일도 제대로 못하는 것 같다"라는 말을 했다고 한다.[15] 『뉴스테이츠먼』에 가한 굿윈의 공격은 그럭저럭 괜찮았지만, 나보코프가 1951년 12월 19일 그에게 보낸 편지에 따르면 굿윈의 잡지는 문제점들을 제대로 파악하지 못하고 있는 듯하다고 적혀 있다. 나보코프는 세계문화자유회의 국제상임위원회가 이 잡지를 "전반적으로 불만족스러워"한다고 전했다. "스펜더 씨가 당신과 잡지 편집진에 신속하고 중대한 변화가 있어야 한다는 말을 전해 드릴 겁니다. 어빙 브라운, 드 루즈몽, 그리고 저도 이에 전적으로 동감하는 바입니다." 나보코프의 단호한 평가였다.[16] 또한 즉

---

13 『뉴스테이츠먼』은 1913년 시드니 웨브(Sidney Webb)와 비어트리스 웨브(Beatrice Webb) 부부를 위시한 페이비언 사회주의자들이 창간한 영국의 시사지이다. 정치적으로 중도 좌파를 표방하며, 1931년 『네이션』지를 합병해 『뉴스테이츠먼앤드네이션』으로 제호를 바꾸었다. 이하 『뉴스테이츠먼』이라 함은 합병 이전의 잡지가 아닌 『뉴스테이츠먼앤드네이션』을 가리킨다. — 옮긴이
14 Michael Goodwin, to Nicolas Nabokov, 15 January 1952(CCF/CHI).
15 Diana Josselson, interview in Geneva, March 1997.

각 이러한 변화를 수용하지 않는다면 문화자유회의의 지원이 중단될 것이라고 덧붙였다. 굿윈은 이를 예민하게 받아들여 12월 31일에 답신을 보냈다. "이 평론지는 독립적으로 운영되거나 혹은 독립적이라고 알려져 있어야 합니다. 그렇지 않으면 어느 누구도 좋은 결과를 얻기 어려울 겁니다. …… 이 잡지는 '어떠한 제한도 없는' 운영이 보장되어야 합니다."[17]

설상가상으로 굿윈에게 일이 벌어졌다. 1952년 1월, 굿윈의 힘에 밀려났던 스티븐 스펜더가 다시 그에게 간단하게 해고 통지서를 날리며 영국문화자유학회의 회장직에 복귀하는 일종의 쿠데타가 일어났던 것이다. 몇 주 전 스펜더는 감정이 상할 대로 상해서 사임을 했었고, 우드로 와이엇Woodrow Wyatt, 줄리언 애머리와 협의한 뒤 파리로 나보코프를 직접 찾아가 이러저러한 식으로 쫓겨났다고 하소연했던 바 있다. 나보코프와 만난 자리에서 스펜더는 굿윈의 체제로는 영국문화자유학회가 제 기능을 하지 못할 것이라며 문화자유회의의 주요 인사들을 설득했고, 결국 해임 통지서를 손에 넣자마자 굿윈 앞에 들이밀었던 것이다. 한편 굿윈은 와이엇의 사임이 스펜더의 책임이라고 비난하면서, 한편으로는 나보코프에게 스펜더가 '월권'을 저질렀다고 일러바쳤다. 그렇다고 해서 굿윈이 사임해야 하는 상황이 바뀌지는 않았다. 결국 스펜더는 굿윈의 비난 때문에 다시 상임위원회로 소환되었고, 영국문화자유학회의 관리는 다시 맬컴 머거리지, 프레드릭 워버그Fredric Warburg, 토스코 파이벌Tosco Fyvel "세 사람이 서로 꼬리에 꼬리를 무는" 삼두 체제로 전환되었다. 나약하고 어리석은 사람으로 시종 평가받았던 스펜더가 이번만큼은 자신이 원하는 것을 얻어 내겠다

---

16 Nicolas Nabokov, to Michael Goodwin, 19 December 1951(CCF/CHI).
17 Michael Goodwin, to Nicolas Nabokov, 31 December 1951(CCF/CHI).

고 투지를 보였지만 말이다.[18] W. H. 오든은 스펜더를 "도스토옙스키 소설에나 나올 법한 성스러운 바보" 혹은 "우스꽝스러운 파르지팔Parsifal[19]"이라고 불렀다. 크리스토퍼 이셔우드Christopher Isherwood는 그가 코미디를 통해 진실을 드러낸다며 "생겨 먹은 것 자체가 웃기는 인간"이라고 평가하기도 했다. 스펜더에 대해서는 여러 가지 평이 있는데, "매사 위축되어 어리바리한 사람"(이언 해밀턴Ian Hamilton), "엽렵치 못하고 갑갑한 데다 투미하고 어딘가 정신에 나사가 풀린 사람", 그래서 "도대체 종잡을 수가 없는 사람"(버지니아 울프Virginia Woolf)이라는 평도 있었다. 모호함과 모순으로 점철된 삶을 살았던 스펜더는 이런 심상치 않은 분위기 뒤에 숨어서야 겨우 재주를 닦을 수 있었던 셈이다.

굿윈의 해임은 조셀슨에게도 타격이었다. 영국 정보조사국IRD과의 직접적인 연락망이 끊어져 버렸던 것이다. 하지만 IRD는 곧 존 클루즈John Clews라는 자기 측 인사를 영국문화자유학회에 밀어 넣어 사무총장 자리에 올려놓는 것으로 조셀슨의 손실을 만회해 주었다. 클루즈는 곧 IRD 자료 배포자로서의 자신의 위치를 십분 활용했고, 1952년 6월에는 나보코프에게 다음과 같이 보고했다. "한나 아렌트Hannah Arendt 선생과 오래 대화를 나누면서 그분에게 우리 측 외교 전문가를 한두 명 소개해 드렸는데,

18 재스퍼 리들리는 당시 노골적으로 적개심을 드러냈던 스펜더의 일화를 들려주었다. 스펜더가 다시 파리로 소환될 즈음해서, 리들리는 영국문화자유학회 일과 관련한 몇 가지 문제를 상의하기 위해 스펜더의 집에 들를 일이 있었다. 집에 들어가 보니 스펜더의 얼굴은 딱딱하게 굳어 있었고, 스펜더의 아내인 나타샤 리트빈(Natasha Litvin)은 "적대감이 대단했습니다. 저에게 인사 한 마디 없이 피아노만 치는가 싶더니, 또 몸을 홱 돌려 빤히 노려보더군요"(Jasper Ridley, telephone interview, August 1997).

19 「파르지팔」은 볼프람 폰 에셴바흐(Wolfram von Eschenbach)가 지은 동명의 서사시를 토대로 리하르트 바그너가 작곡한 오페라이다. 바그너를 이를 오페라가 아닌 '악극'(Musikdrama)으로 칭했다. 아서왕 전설의 기사 이야기를 다루고 있으며, 주인공인 파르지팔은 그야말로 '순수한 바보'(der reine Tor)로 등장한다. ― 옮긴이

그러면서 그분의 새 저작에 필요한 많은 자료를 제공해 드릴 수 있었습니다. …… 이곳에 와서 아렌트 박사를 만나고 싶은 분이 계시다면 알려 주십시오. 자리를 마련하겠습니다."[20] 또한 클루즈는 자료를 (원한 바는 없었어도) 조셀슨에게도 보내지만, 이 자료를 자유롭게 사용하더라도 "제공자는 절대 밝히지 말아 달라"라고 일러두었다.

클루즈의 활약을 통해 영국문화자유학회의 분란은 잠시 잦아드는 분위기였다. 『트리뷴』*Tribune* 편집장이자 문화자유회의 운영위원회 핵심 멤버였던 토스코 파이벌도 "런던의 상황에 지속적으로 주의를 기울이는 데" 동의했다. 하지만 조셀슨은 여전히 불만족스러웠다. 베를린에서 문화자유회의의 창립식 이후 터진 트레버로퍼의 공개 비판으로 문화자유회의에 여전히 의혹의 여파가 남아 있었고, 그 때문에 많은 영국 지식인들이 실체가 불분명한 조직과 행동을 함께하기를 꺼림칙하게 여겼기 때문이다. 많은 영국 지식인들이 그들의 한 끼 식사에까지 미치는 미국 정부의 손길을 쉽게 목격할 수 있었다는 점도 골칫거리였다. 영국문화자유학회의 직원 한 명은 이렇게 말했다. "우리는 이런 농담도 했습니다. 친구와 함께 점심을 먹으러 갔다가 그 친구가 돈을 내려고 하면 우리는 이렇게 말했죠. '아, 괜찮아, 걱정 말라고. 미국인들 세금으로 사는 거야!'"[21] 하지만 그런 접대를 당연하게 받아들일 만한 사람은 아직 그 수가 많지 않았다.

20 John Clews, to Nicolas Nabokov, 27 June 1952(CCF/CHI).
21 Jasper Ridley, telephone interview, August 1997.

8장

이 미국의 축제날에

아이젠하워란 사람이 돈을 물 쓰듯 했으니……
— 엘리자베스 비숍Elizabeth Bishop

1951년 초 나보코프는 어빙 브라운에게 대형 예술 페스티벌의 기획에 관해서 비밀 메모를 보냈다. 나보코프는 특유의 어설픈 문법으로 쓴 메모에서(그는 조셀슨과는 달리, 영어 문장을 쓸 때 문체도 복잡했고 문법도 오류투성이였다) 페스티벌의 목적에는 다음과 같은 의도가 있다고 설명했다. "유럽에 있는 미국 최고 수준의 예술가 단체와 유럽의 예술가 단체가 처음으로 공동 작업 하는 행사로, 미국 예술 작품이 유럽 예술 작품과 완벽하게 동등한 기반을 닦을 수 있는 기회입니다. 따라서 이 행사는 미국과 유럽 문명 간의 문화적 연대와 상호 의존성을 보여 줌으로써 자유세계의 문화생활에 전 방위적 효과를 불러오게 될 것입니다. (스탈린주의자들이 퍼뜨리는 데 성공한) 미국 문화가 열등하다는 유럽의 치명적인 통념을 무너뜨릴 수 있다면 이 페스티벌은 성공일 것입니다. 이 페스티벌이야말로 전체주의 反문화에 대한 자유세계 문화의 도전이며 용기의 원천이자 '도덕적 교정'이 될 것입니다. 특히 프랑스 지식인들에게 그러할 텐데요, 프랑스나 유럽 전반에 퍼져 있는 혼란스럽고 분열된 상태의 문화생활에 어느 정도 의미와 합목적성을 부여하는 사례가 될 것입니다."[1]

어빙 브라운은 이 제안을 듣고 망설일 수밖에 없었는데, 그렇기는 조셀슨, 드 네프빌, 래스키도 매한가지였다. 나보코프는 '꿈의 페스티벌'을 승인받고자, 아니 엄밀히 말해서 막대한 돈을 끌어모으고자 설득 작업에 돌입했다. 래스키는 항상 나보코프에게 불편한 마음이 있었고, "혁명 와중에도 멋이나 부릴 사람"이라고 평가절하해 왔다. "니키 같은 놈은 불꽃놀이와 살랑살랑한 옷과 요란스러운 행사에 홀랑 빠져 있는 부류일 뿐"이라고 말이다. 뉴욕시립대학 출신의 이데올로그인 래스키는 나보코프가 제안한 귀족적이고 보헤미안 스타일의 행사를 받아들이기 힘들었다. 하지만 래스키도 결국 "화려함, 선정적인 보도, 정치선전, 불꽃놀이, 화요일의 마디그라Mardi Gras[2] 혹은 그 무엇이 되었든 간에 사람들의 관심을 끌 수 있는 것을 보여 주고, 지식인들이 마냥 안경을 쓰고 엄숙하니 이데올로기 타령이나 하는 사람들이 아니라 놀기도 좋아하는 탐미주의자임을 보여 준다면 긍정적인 결과"를 거둘 수 있다는 나보코프의 주장에 결국 동의를 표할 수밖에 없었다.[3]

한편 CIA 국제조직국IOD의 톰 브레이든은 이 계획을 쌍수를 들고 환영했다. "우리의 문화가 주는 효과나 의미에 대해서 이데올로기를 가지고 논쟁해 봤자 문화 그 자체가 낳은 결과물에는 비할 수 없다"라는 나보코프의 주장[4]에 문득 깨달은 바가 있었던 것이다. 그는 근래에 미 국무부가

---

1 Nicolas Nabokov, to Irving Brown, undated, 1951 (IB/GMC).
2 사순절 시작하기 하루 전날인 화요일. 다음 날부터 시작할 단식과 종교적 금욕에 앞서 다양한 축제를 벌인다. ─옮긴이
3 Melvin Lasky, interview in London, August 1997.
4 Nicolas Nabokov, to Irving Brown, undated, 1951 (CCF/CHI).

지원하는 연극을 바르샤바에서 관람했던 적이 있었는데, 이 일을 다음과 같이 평가했다. "연극은 아주 끔찍했습니다. 거의 대부분이 그 모양이더라고요. 파리 사람들에게는 고사하고, 워털루 사람들에게든 미네소타 사람들에게든 아무런 감동도 못 줄 그런 연극이었죠. 국무부는 똥인지 된장인지도 모르고 좋다고 그랬고요. 그 사람들은 연극이 뭔지도 몰랐고 자기네 돈을 어떻게 써야 하는지도 몰랐습니다. 또 돈을 쓰는 곳마다 아주 삼류나 사류 같은 저급한 수준이었습니다."[5] 당시는 몇몇 훌륭한 예외들(프랭크 로이드 라이트의 1951~52년 유럽 순회 전시회 등)이 국무부가 저지른 문화 활동의 폐단을 상쇄해 주고 있었다. '미제 나일론' 따위나 전시해 놓고 미국적인 삶을 칭송한다면 누가 감동을 받을 수 있겠는가? 또는 스미스대학 체임버싱어스 중창단이 "하얀 가운을 입은 산뜻하고 매력적인 모습"을 보여준다고 해서, 과연 프랑스 관객 중에 어느 누가 이 "소박하고 단아한 몸짓"에 홀려 이제 문화의 중심이 미국으로 넘어가 버렸다고 생각하겠는가?[6] "미국의 영광 따위를 담은 사진 전시회에 갈 사람이 도대체 몇이나 있겠어요?" 톰 브레이든이 되물었다. "그거 다 헛짓거리라고 봅니다. 뭘 하려고 들면 잘해 내야죠. 앨런 덜레스와 저는요, 뭘 해야 할지 잘 알고 있었습니다. 저 잘났다고 하는 말이 아니라요, 우리 생각이 그랬습니다. **우리는 잘 알고 있었습니다.** 우리는 미술과 음악이 뭔지 알고 있었지만, 국무부는 아무것도 몰랐어요!"[7]

5 Tom Braden, interview in Virginia, July 1996.
6 Thomas Jennings(Public Affairs Officer, American Consulate, Marseilles), to State Department, "Report on concerts of Smith College Chamber Singers in Southern France", 11 August 1952(SD. CA/RG59/NARA).
7 Tom Braden, interview in Virginia, July 1996.

브레이든은 또한 『뉴욕타임스』에 "'문화 공세'가 얼마나 중요한지 모르는 미국의 어리석은 행태"에 관해서도 기고했는데, 그 주된 내용은 소련이 문화계에 선전을 위해서 프랑스라는 나라 하나에 투입하는 비용이 전 세계를 대상으로 한 미국의 비용보다 더 많다는 지적이었다. 문화 투쟁에 과단성 있게 개입하려면 이제 미국에 필요한 것은 더욱 크고 호화로운 방식이었던 것이다. 나보코프의 계획은 바로 그러한 점을 보장해 주는 것이었다. 1951년 4월 말, 브레이든은 CIA의 프로젝트 검토 위원회에서 페스티벌을 열어 보자는 확답을 받아 왔다.

1951년 5월 15일, 나보코프는 이 계획의 추진을 위해 세계문화자유회의 상임위원회에 의해 국제사무국International Secretariat의 사무총장이 되었다. 나보코프는 즉시 비행기 1등석 티켓을 끊어 미국행에 나섰고, 먼저 할리우드에 들러 그의 '오랜 친구' 이고르 스트라빈스키를 만났다. 스트라빈스키는 (쇤베르크, 토마스 만, 그리고 잠깐 동안의 베르톨트 브레히트와 마찬가지로) "유럽을 떠나, 거의 익명이 되다시피 하여 레몬 나무, 해변의 청춘들, 네오바우하우스 건축물과 환상적인 햄버거가 넘치는 남부 캘리포니아에 정착한 고급문화의 거장들 중 한 명"이었다.[8] 낯선 환경에서 생활하던 스트라빈스키는 그의 백계 러시아인 친구를 반갑게 맞았고 페스티벌에 참가하겠노라고 약속해 주었다. 나보코프는 이 '번쩍이는 도시' Tinseltown[9]에 오랜 기간 머물던 중, 어느 모임에 잠깐 들러 호세 페레르José Ferrer를 만났는데, 그는 나보코프의 계획에 매우 열성적으로 반응하면서 나중에 나보코프에게 할리우드로 다시 오라고 편지를 보내기도 했다. 그

---

8 Susan Sontag, "Pilgrimage", *The New Yorker*, 21 December 1987.
9 할리우드의 별칭. ― 옮긴이

리고 할리우드에 돈이 많아 끌어 쓸 수 있는 돈이 넘쳐나고 있고, 자신도 도움만 된다면 무슨 일이라도 하겠다는 말도 덧붙였다.

정신없이 미국 순방을 마친 나보코프는 페스티벌에 참가하겠다는 계약서와 구두 약속을 한 아름 안고 유럽으로 돌아왔다. 개최일은 1952년 4월 중으로 정해졌다. 이고르 스트라빈스키, 레온틴 프라이스Leontyne Price, 애런 코플런드, 새뮤얼 바버, 뉴욕시립발레단, 보스턴 심포니 오케스트라, 뉴욕현대미술관MoMA, 제임스 T. 패럴, W. H. 오든, 거트루드 스타인Gertrude Stein, 버질 톰슨, 앨런 테이트, 글렌웨이 웨스트콧Glenway Westcott, 이들 모두가 직접 참여하거나 작품을 제공함으로써 나보코프의 프로그램에 동참하겠다고 약속했다. 유럽으로 돌아온 나보코프는 곧 장 콕토, 클로드 드뷔시Claude Debussy, 윌리엄 월턴William Walton, 로런스 올리비에Laurence Olivier, 벤저민 브리튼Benjamin Britten, 빈 오페라단, 로열코벤트가든 오페라단, 조지발란신 무용단, 체스와프 미워시, 이냐치오 실로네, 드니 드 루즈몽, 앙드레 말로, 살바도르 데 마다리아가, 귀도 피오베네도 프로그램에 동참한다고 발표했다.

나보코프가 원래 작곡가였기 때문에 음악 분야가 페스티벌의 가장 중요한 부분을 차지하게 되었다는 사실은 새삼스러운 일이 아니다. 나보코프는 작곡가 대 작곡가로 스탈린주의 예술에 대항하려 했던 것이다. "페스티벌의 정치적·문화적·도덕적 의미와 세부 프로그램이 공공연히 드러나서는 안 됩니다." 나보코프는 주장했다. "논리적 결론이 불가피하더라도 이를 대중들의 몫으로 남겨 두어야 합니다. 우리 페스티벌에서 연주하게 될 거의 모든 작품은 스탈린주의자들과 소련 미학자들이 '형식주의적이며 퇴폐적이고 타락한' 것이라고 분류해 버렸죠. 러시아 작곡가들(프로코피에프Sergei Prokofiev, 쇼스타코비치, 스크랴빈Alexandr Scriabin, 스트라빈스키

등)의 작품이 여기 다 포함되어 있습니다."[10] 월도프에서 보여 준 활약, 즉 쇼스타코비치를 몰아붙여 음악에 대한 스탈린주의의 만행을 부인하게 만들었던 그때의 활약처럼 나보코프는 이제 점점 힘을 얻어 가고 있었다.

나보코프의 거창한 계획은 이제 막 모습을 드러낸 CIA의 문화 선전기구에게는 처음 맞는 도전과 같았다. 날갯짓을 시작하는 브레이든의 국제조직국IOD이 조직력과 자금 조달 능력 면에서 진정한 시험대에 올랐던 것이다. '페스티벌을 열기 위한 계좌'가 뉴욕에 개설되었고, 미국문화자유위원회가 CIA와 국무부 자금의 세탁을 담당했다. 자금은 파필드재단을 통해 운용되었는데, 이 재단은 CIA가 설립한 꼭두각시 조직으로 단순히 '자금 창구'의 역할만 할 뿐이었다. 이 재단은 초기에 페스티벌을 위해서 자금을 운용하는 역할을 맡았지만, 나중에는 CIA 자금을 문화자유회의에 조달하는 가장 중요한 창구가 될 만큼 쓰임새가 있었다. 영국에서는 페스티벌을 조직하기 위한 재정 지원이 영국 정보조사국IRD과 우드로 와이엇 간의 협상을 통해 안정적으로 확보되었다. 와이엇은 특히 "재무부 장관 휴 게이츠켈Hugh Gaitskell의 친구"로서 추가 자금 조성을 약속하기도 했다.

브레이든의 IOD는 또한 보스턴 심포니 오케스트라와의 협상에 직접 간여했다. 나보코프는 이미 자신의 오랜 친구로 이 오케스트라의 예술 감독이었던 샤를 뮌슈Charles Munch로부터 긍정적인 답변을 얻어 낸 상황이었다. 하지만 문제가 있었다. 나보코프 말에 따르면 오케스트라의 여행 경비 하나만 해도 "엄청난 수준"이었기 때문이다. 게다가 페스티벌은 수익성이 보장되는 팝 음악 공연과 충돌하게 될 것이 뻔했다. 그 말은 오케스트라 공연의 수익 감소가 예상된다는 얘기다. 그러나 브레이든은 자타가 공

---

10 Nicolas Nabokov, to Irving Brown, undated, 1951(IB/GMC).

200 문화적 냉전

인하는 미국 최고의 교향악단을 포기할 마음이 없었다. 그는 타임-라이프에 작별을 고하고 아이젠하워 선거 캠프에 합류한 열성적인 냉전주의자 찰스 더글러스 잭슨을 찾아갔다. 'C. D.'라는 약칭으로 알려진 그는 보스턴 심포니 오케스트라 재단의 이사였다. 페스티벌의 '구세주' C. D.는 파필드재단의 이사장 줄리어스 플레이시먼Julius Fleischmann과 힘을 합쳐 오케스트라를 정식으로 페스티벌에 '초청'했다. 공식적으로 이 두 사람은 세계문화자유회의의 후원자로 활동한다고 했지만, 비공식적으로는 공연 투어 경비로 이미 13만 달러의 지원금을 준비해 주기로 약속한 CIA의 대리인들이었다(그러나 이 돈은 '유력 인사와 유력 단체'의 기부에 의해 조성되었다고만 발표된 바 있다). 마침내 오케스트라 문제가 해결되었던 것이다.

1952년 4월 1일, '20세기의 걸작'Masterpiece of 20th Century / Oeuvre du Vingtieme Siecle 페스티벌이 보스턴 심포니 오케스트라가 「봄의 제전」Le sacre du printemps을 연주하는 가운데 파리에서 막을 올렸다. 39년 전 같은 곡을 지휘했던 거장 피에르 몽퇴Pierre Monteux의 지휘였다. 그야말로 눈부신 공연이었다. 이 곡의 작곡가 스트라빈스키도 공연을 지켜보았고 그 옆에는 프랑스 대통령 뱅상 오리올Vincent Auriol 내외가 자리했다.

문화자유회의는 이후 파리에서 30일이 넘는 기간 동안 100회 이상의 교향악, 독주, 오페라, 발레 공연을 쏟아냈다. 20세기 작곡가 70명 이상의 작품을 망라한 것이었다. 보스턴 심포니 오케스트라, 빈 필하모닉, (마셜플랜에서 나온 대충자금으로 지원을 받은) 서베를린 RIAS 오케스트라, 제네바의 스위스 로망드 오케스트라, 로마의 산타체칠리아 오케스트라, 프랑스 국립라디오방송 오케스트라 등 9개의 오케스트라가 공연에 참여하고 있었다. 공연의 첫머리를 장식한 것은 히틀러나 스탈린에 의해 공연이 금지된 작곡가들의 작품이었다(개중에는 알반 베르크Alban Berg처럼 히틀러와 스탈

린 양쪽 모두에게서 금지 처분을 받은 영광의 인물도 있었다). 1933년 유대인이
라는 이유로, 그리고 '퇴폐적 음악'을 작곡했다는 이유로 독일에서 쫓겨났
으며, 소련의 음악 '평론가'들이 "反미학, 反화성, 혼란과 무의미"로 규
정해 버렸던 오스트리아 태생의 작곡가 아르놀트 쇤베르크의 작품도 무
대에 올랐다. 그 밖에 나치 독일을 떠난 또 다른 망명자이자 스탈린주의
자들이 "유럽과 미국의 수많은 사이비 모더니스트들의 맹종을 부른 사이
비 대위법" 유파의 창시자라고 조롱하던 파울 힌데미트, 소련의 음악 저널
『소비에츠카야무지카』*Sovietskaya Muzyka*가 "인상주의라는 나무" 아래 "모
더니즘이라는 악의 꽃"을 피웠다고 평가했던 클로드 드뷔시의 작품도 마
찬가지였다.

　　'금세기 창의성의 위대함'을 대변하는 작품으로 새뮤얼 바버, 윌리엄
월턴, 구스타프 말러Gustav Mahler, 에릭 사티Erik Satie, 벨라 바르톡Béla Bartók,
에이토르 빌라로부스Heitor Villa-Lobos, 일데브란도 피체티Ildebrando Pizzetti, 비
토리오 리에티Vittorio Rieti, 잔 프란체스코 말리피에로Gian Francesco Malipiero,
조르주 오리크Georges Auric(하지만 『소비에츠카야무지카』는 다리우스 미요
Darius Milhaud의 곡과 더불어 "자본주의적 도시의 속물 부르주아 취향으로부터 관
심이나 받는 비굴한 작품"이라고 평가했다), 아르튀르 오네게르Arthur Honegger,
장 프랑세Jean Françaix, 앙리 소게Henri Sauguet, 프랑시스 풀랑크Francis Poulenc,
에런 코플런드의 작품들이 선정되었다(코플런드는 소비에트 음악가나 비평
가 들이 언급조차 하지 않았는데 심리학자 프로이트Sigmund Freud와 보르네이그
Borneigg[11], 철학자 베르그송Henri Bergson과 비평가 '깡패' 레이먼드 모티머Raymond
Mortimer, 버트런드 러셀과 함께 능력 없이 권위만 인정받은 인물들로 분류되어 있

11　오기(誤記)로 보이나 누구를 지칭하는지 명확한 이름을 찾을 수 없다. ─ 옮긴이

었다). 1939년 파리로 넘어온 스트라빈스키는 자신의 작품 「오이디푸스 왕」Oedipus rex을 지휘했는데, 무대 디자인과 연출은 장 콕토가 맡았다(미국문화자유위원회는 끝까지 장 콕토를 페스티벌에서 제외해야 한다고 주장했다. 1952년 4월 9일 나보코프에게 보낸 전신에 따르면 콕토가 "그리스에서 활동한 소련 스파이를 처형하려 할 때, 이에 항의하는 공산주의 성향의 탄원서에 서명을 했다"라는 이유에서였다. "이와 같은 행위는 명백한 공산주의적 활동으로, 본 위원회 내에서는 그가 공연 프로그램에서 하차해야 한다는 여론이 팽배해 있다"라는 것이었다. 하지만 콕토의 하차는 없었다).

거트루드 스타인의 글에 버질 톰슨이 곡을 붙인 「3막에 나타난 4인의 성자」Four Saints in Three Acts 공연에는 미 국무부가 특별히 자금을 댔다. 소프라노 레온틴 프라이스가 출연했기 때문이다. 나보코프는 나중에 아서 슐레진저에게 으스대며 말했다. "제가 그 여자를 데뷔시켰습니다. 레온틴은 다른 사람에게는 안 해줄 것도 내 요청이라면 다 해줬거든요." 하지만 이상한 일은 프랭크 위즈너의 여동생 엘리자베스 또한 프라이스를 발탁하고 밀어 준 사람이 자신이라고 주장했다는 점이다. 프라이스 또한 자신이 엘리자베스 위즈너의 "피부색만 갈색인 자매"chocolate sister임을 자부했었다. 프라이스는 당대 최고의 소프라노이기도 했지만 자신만의 특별한 가치를 가지고 있었다(적어도 그 후원자들에게만큼은 그랬다). 바로 그녀가 흑인이었기 때문이다. 1951년 11월 15일, 미국문화자유위원회에 페스티벌 운영위원장 직함으로 난데없이 등장했던(페스티벌이 끝나자 다시 소리 없이 사라졌다) 앨버트 도널리 2세Albert Donnelly Jr.가 파필드재단의 이사장 줄리어스 플레이시먼에게 이런 서신을 보낸 적이 있다. "여기 레온틴 프라이스라고, 제 생각에는 나보코프 씨의 제자인 것 같은데요, 그 흑인 가수에 대한 이야기가 친구들 사이에서 많이 퍼지고 있습니다. 정말 훌륭하다고 하더군요. 「4인의 성자」 공연에 그녀가 출연해 줄 수 있는지 나보코프 씨에게 이야기 좀 해주시겠습니까? 아직 버질 톰슨 선생께 상의드리지는 않았습니다만 심리전상의 이유로 「4인의 성자」의 전 출연진을 미국 흑인들로 채워야 한다는 강한 정서가 있습니다. '미국 흑인들이 억압받고 있다'라는 정치선전에 대응한다는 측면도 있고 우리 미국의 흑인들을 '노출'하지 않으려고 외국의 흑인들을 이용해 먹는다는 비판을 미연에 방지한다는 측면도 있으니까요."[12]

회화 및 조각 전시회 큐레이터는 미술 평론가이자 뉴욕현대미술관 MoMA의 부관장을 역임한 제임스 존슨 스위니James Johnson Sweeney가 맡았다. 뉴욕현대미술관은 전시회 기획에도 참가하기로 되어 있었다. 4월 18일, 미국이 수집한 마티스, 드랭André Derain, 세잔Paul Cézanne, 쇠라Georges Seurat, 샤갈Marc Chagall, 칸딘스키Wassily Kandinsky를 비롯한 20세기 초기 모더니즘 대가들의 작품이 추려졌고, 이 작품들은 리베르테Liberté('자유'라는 뜻)라는 어울리는 이름이 붙은 기선을 통해 유럽으로 이송되었다. 스위니가 언론에 발표한 보도자료의 내용을 보면, 전시회 측이 체제 선전의 의도가 있다는 사실을 전혀 개의치 않는 모습이었다. 그 작품들은 "자유라는 조건 아래 다양한 나라에서" 창작된 것들로, 작품 자체가 "현대 예술가들이 자유로운 분위기 속에서 생활하고 작업하는 것이 얼마나 바람직한 일

---

12 Albert Donnelly, Jr., to Julius Fleischmann, 15 November 1951(ACCF/NYU). 미국은 양식 있는 아프리카계 미국인들이 세계의 여론 앞에 드러나는 것을 매우 꺼림칙하게 여겼다. 실제로 그들이 미국의 이익을 위협하려는 의도가 없음이 명백한데도 말이다. 예전 할렘 가의 목사 출신으로 저명한 하원의원이었던 애덤 클레이턴 파월(Adam Clayton Powell)이 1955년 반둥회의 참석을 위해 출국하려 하자 C. D. 잭슨은 넬슨 록펠러(Nelson Rockefeller)에게 요청해 그의 비자 발급을 막으려고 시도한 적이 있었다. 잭슨은 이에 대해 다음과 같은 생각을 드러낸 적이 있다. "파월이 공산주의라는 위험한 사상과 불장난을 한 게 그다지 오래전이 아니라는 사실은 매우 충격적인 일입니다"(C. D. Jackson, to Nelson Rockefeller, 28 March 1955(CDJ/DDE)).

인지" 웅변하고 있다는 주장이었다. "전시가 예정된 걸작들은 나치 독일이나 현재 소련, 그리고 그 위성국과 같은 전체주의적 체제 아래에서는 탄생할 수도, 전시 허가를 받을 수도 없었을 것이다. 전체주의 정부가 우리가 전시하려는 회화·조각 작품을 '퇴폐적인 것' 혹은 '부르주아적인 것'이라고 딱지를 붙인 것만 봐도 알 수 있다."[13]

이와 같이 퇴폐 예술로 취급받다가 자유세계의 '공인'된 예술 작품들로 둔갑한 작품들은 원래 전체주의자들이 주로 비난해 오던 대상들이었다. 또한 이 작품들이 원래 유럽의 명작들이면서도, 모두 미국인 수집가와 미국 미술관 소유라는 사실은 또 다른 확실한 메시지를 전하고 있었다. 모더니즘의 생존과 미래는 곧 미국에 달려 있다는 뜻이었다. (허버트 리드가 전시회가 지나치게 복고적이며 20세기 예술을 하나의 기정사실로, 그리고 20세기를 배타적 시기로 상정하고 있다고 비판했지만) 미술 전시회는 대단한 대중적 성공을 거두었다. 뉴욕현대미술관장 앨프리드 바Alfred Barr의 말에 따르면, 제2차 세계대전 종전 후 가장 많은 관람객이 찾았다고 한다.

자린고비로 유명한 백만장자 줄리어스 플레이시먼은 손 안 대고 코푸는 격이 되었다. 돈은 CIA가 대주고, 모든 공은 그가 차지했기 때문이다. 7000달러 정도의 '개인적인' 기부만으로 런던 테이트갤러리에서 전시회를 성사시키자 영국예술협의회Arts Council of Great Britain는 법석을 떨면서 감사의 표시로 화답했다. 그러면서 전시회가 "이미 2만 5000명 이상의 관객이 찾았고 언론의 격찬이 잇따른 엄청난 성공"을 거두었다고 발표했다.

반면에 문학 토론회 쪽은 사뭇 혼란스러운 상황이었다. 연단에 오른 인물은 앨런 테이트, 로제 카유아Roger Caillois, 에우제니오 몬탈레Eugenio

---

13 James Johnson Sweeney, press release, 18 April 1952(ACCF/NYU).

Montale, 귀도 피오베네, 제임스 T. 패럴, 글렌웨이 웨스트콧, 윌리엄 포크너, W. H. 오든, 체스와프 미워시, 이냐치오 실로네, 드니 드 루즈몽, 앙드레 말로, 살바도르 데 마다리아가, 스티븐 스펜더였다. 언론의 반응은 뜨뜻미지근했다. 평론가들은 1급 작가와 그저 그런 작가들 사이의 차이에만 주목했고 작가들의 '장황'한 연설에 따분함을 느꼈다. 그나마 (반스탈린주의 좌파 성향 잡지로 토론회에 동조적이었던) 『카르푸』*Carrefour*의 기자가 스티븐 스펜더의 "굳건한 레드 콤플렉스"와 "무한정 위로 치솟은 충격적인 머리 모양"에 대해서만 보도했을 뿐이었다. 드니 드 루즈몽에 대해서는 "현재까지는 가장 나은 것 같다. …… 그는 냉철하고 명석한 모습으로 사회 속에 존재하는 작가의 문제를 적절하게 끄집어 내고 있다"라고 썼다. 하지만 귀도 피오베네의 연설에 대해서는 "그의 셔츠 깃만큼이나 뻣뻣하다. 무슨 말인지 도무지 이해할 수가 없다가 어느 순간 더 이상 그의 말을 듣지 않게 되어 버린다. …… 문 옆에 서있던 어느 이탈리아 기자는 너무 따분해서 자리에 있을 수가 없다고 말했다. '작가는 쓰기 위해 태어난 존재'라는 것이 피오베네의 말이었다. 나는 이 말이 또 다른 근본적 진실[14]을 담고 있다는 점에 동감하지 않을 수 없었다."[15] 카뮈와 사르트르의 부재를 아쉬워하던 어느 평론가는 자리에 참석한 프랑스의 지식인들인 레몽 아롱, 앙드레 말로, 르네 타베르니에René Tavernier, 쥘 모네레Jules Monneret, 로제 니미에 Roger Nimier, 클로드 모리악, 장 앙루슈Jean Amrouche가 모두 "동일한 정치적 사상"의 소유자들이라는 점을 집어냈다. 이 사실은 곧 외국인들이 원래부

---

14 피오베네가 너무 말을 못하니 차라리 "쓰기 위해 태어난" 것이 맞는 것 같다고 비꼰 표현이다. — 옮긴이
15 American Embassy in Paris, report to State Department, "Local Press Reaction to Congress for Cultural Freedom", 9 May 1952(SD.CA/RG59/NARA).

터 그렇고 그런 사람들이 하는 말만 듣고서 "우리 프랑스의 미적·도덕적 관념"을 오해하게 된다는 뜻이었다.

사르트르는 냉담한 어조로 "나는 그런 자들만큼 반공주의자는 아니"라면서 페스티벌 참가를 거절했던 바 있다. 만약 사르트르가 참가했다면, 자신의 책 『구토』 La Nausée의 주인공과 마찬가지로 "이 행복하고 편안한 목소리들 가운데 홀로 내버려진" 느낌이 들었을지 모른다. "여기 있는 모든 사람들은 각자의 생각을 설명하느라 애쓰다가 결국 자기네들이 같은 생각을 하고 있다는 사실을 발견하고는 행복해했기" 때문이다. 보부아르도 대표작 『만다린』 Les Mandarins에서 사르트르처럼 동일한 권태를 묘사했다. "언제나 같은 얼굴, 같은 물건, 같은 대화, 같은 문제. 변화할수록 반복될 뿐이다. 그러다 결국 눈 뜬 채 죽음을 맞는 느낌이 든다."

처음으로 등장한 주제는 『실패한 신』이었다. 여기서 명백해진 사실은 이 토론회가 실패할 수 없는 신을 발견했다는 점이었다. 그것은 반공주의라는 신이었다. 자기중심적이며 비非집단적 실존주의자라는 사르트르의 명성도 반공주의 신도들에게 분명 아무런 영향도 줄 수 없었을 것이다. 이 신도들은 근본적으로 구성원들의 합의를 통해 형성되는 진보적 문화를 마음속에 그리고 있었고, 지식인들은 자신들을 부양해 주는 (정치적인 동시에 '사적인' 모습을 띤) 특정 형태의 사회와 긍정적으로 관계를 맺는다는 것을 전제하고 있었기 때문이다. 사르트르가 그들의 적이 된 이유는 공산주의에 대한 입장 때문이 아니었다. 그가 적이 된 이유는 개인주의라는 독트린(혹은 반反독트린, 즉 모든 독트린에 반대한다는 독트린)을 퍼뜨리고 있었기 때문이었다. 사르트르의 개인주의는 사회가 곧 하나의 거대한 '인간 가족'이라는 연방주의자들의 사고와 마찰을 빚는 개념이었다. 이러한 연방주의적 사고는 미국이 문화자유회의와 같은 기구를 통해서 유럽인들에

게 고취하려던 생각이었다(한편 사르트르를 마음에 들지 않아 했던 것은 소련
도 마찬가지였는데, 그들은 실존주의를 "썩어 빠진, 역겨운 사상의 혼합물"로 낙
인 찍은 바 있다).

어쨌든 이 파리의 미국인들은 너무도 행복했다. 당시 유럽을 여행 중
이던 엘리자베스 하드윅과 로버트 로웰 부부에게도 페스티벌은 "거부할
수 없는" 유혹이었다. 그들이 볼 때, 그곳에 있던 사람들 모두 "경이로운
시간"을 즐기고 있었다. 한편 『뉴요커』*New Yorker*에 '제닛'Genet('사향고양이'
의 뜻)이라는 필명으로 글을 쓰던 재닛 플래너Janet Flanner 또한 1952년 5월
「파리에서 보낸 편지」Letter from Paris라는 기사를 통해 그달 내내 페스티벌
이라는 주제 하나에 몰두하고 있었다. 이 여성은 "페스티벌이 열리자, 말
꼬리 잡기 좋아하는 프랑스 언론은 막대한 양의 잉크를 쏟아부었고, 따지
기 좋아하는 프랑스와 미국 호사가들 사이에서는 폭풍과도 같은 논쟁이
일어났다. 대체적으로는 눈과 귀를 즐겁게 하는 행사였지만, 행정적인 입
장에서는 압도적인 인기를 등에 업은 실패작이라고 할 만한 것이었다"라
고 썼다.[16] 여타의 논평들과 마찬가지로, 그녀 또한 문학 토론회가 '따분한'
내용뿐이었다고 생각했다. 윌리엄 포크너에 대해서는 문학 토론회에서
"몇 마디 말만 두서없이 중얼거릴 뿐 실망스럽기 그지없는" 모습을 보였
으며, "문화자유회의 위원회가 마련해 준 얼토당토않은 주제, '고립과 소
통'이나 '저항과 참여' 따위"에 대한 이야기만 계속할 뿐 그에게서 지적인
면은 전혀 찾아볼 수 없었다고 덧붙이고 있다. 또한 회의에 참가한 사람
중 '문학적 소양'이 있는 유일한 프랑스인이라고는 "드골Charles de Gaulle 장
군의 현역 정치 참모였던 앙드레 말로 정도였는데, 그 또한 '미국은 이제

16 Janet Flanner, "Letter from Paris", *The New Yorker*, 20 May 1952.

유럽의 일부'라는 말뿐이었다"라고 썼다.[17]

"이 미국의 축제날"은 프랑스 저녁 식사의 따끈따끈한 대화 주제가 되었다. 비공산주의 좌파 일간지 『콩바』Combat에 실린 기 뒤뮈르Guy Dumur 의 연작 기고는 다음과 같이 결론 내리고 있다. "이 화려한 행사에서 특히 혼란스러웠던 점은 이 행사가 단순한 문화 행사라면서 유럽의 공동 방위를 위한 군사조약 체결과 펙텔러William Fechteler 제독의 보고서까지 들먹이고 있었다는 점이다[미 해군의 윌리엄 펙텔러 제독은 1960년 국가안전보장회의NSC에 미소 간 전쟁의 불가피성을 보여 주기 위해 보고서를 제출했는데, 이 보고서는 위조되었을 가능성이 있다고 한다]. 특히 펙텔러 제독의 보고서는 진실이냐 아니냐의 여부를 떠나 반미주의 신화를 강화함과 동시에 유럽 땅에 어마어마한 전쟁 공포를 초래했다. 그리고 프랑스인들은 미국에 대해서 (아는 것이 별로 없었기 때문에) 국수주의와 열등감이 뒤섞인 불편한 마음을 갖고 있었는데, 미국이 유럽인들한테 존경받고 싶다는 마음에 서투른 솜씨로, 그것도 자국의 것이 아닌 유럽의 예술품들을 내건 전시회를 열자, 이를 제물로 삼아 마음껏 미국인들을 헐뜯을 수 있는 배출구를 발견하게 되었던 것이다. …… 프랑스인들의 이러한 심성은 기이하기는 해도 이해 못 할 바는 아니었다."[18]

그러나 『콩바』의 또 다른 기사는 숫제 이 행사를 "나토NATO 페스티벌"이라고 조소하면서 그 '시끌벅적한 선전'에 대해 비난을 퍼부었다. "그들이 최고라고 뽑아 놓은 음악인들 가운데 프랑스인은 거의 찾아볼 수가 없

17 Janet Flanner, "Festival of Free World Arts", *Freedom and Union*, September 1952.
18 American Embassy in Paris, report to State Department, "Local Press Reaction to Congress for Cultural Freedom", 9 May 1952에서 재인용.

다. 아마 앨라배마나 아이다호에서는 프랑스 음악인들에 대해 들어 본 적이 없기 때문일지도 모르겠다. …… 하지만 이 행사의 매우 특정한 목적이 전체 행사 속에 숨어 있지 않았던들 우리도 국가적 자긍심 정도는 억눌러 줄 수도 있었을 것이다. 자유와 문화는 세계문화자유회의 따위가 규정해 주는 것이 아니다. 자유와 문화의 가장 중요한 특징은 한계도, 편견도, 돈을 대주는 스폰서도 없다는 점이다. …… 우리 신문이야말로 '자유'와 '문화'라는 단어를 이견 없이 완벽하게 이해하고 있기에 이 지면을 통해 개탄하지 않을 수 없다. 바로 이 단어들이야말로 페스티벌이 특정한 의도로 이용해 먹고 있는 것은 아닌가? 이러한 행태가 어떠한 가치를 내세우고 무엇에 중점을 두는지는 굳이 '높은 뜻을 받들어 묘기를 부리는' 서커스 왕 바넘P. T. Barnum이나 '대서양 제국'의 기치가 아니더라도 알 수 있다."[19]

　페스티벌의 선전선동적 가치를 감추려던 나보코프의 본래 의도는 빗나갔다. 재닛 플래너에 따르면 이는 "개인이 주도한 것이든 정부가 주도한 것이든, 전후 최대의 문화적 선전선동 전략이며 …… 그것도 근본적으로 반공주의에 초점을 맞춘 정치선전 전략"이었다. 미국의 재정 지원까지 받아 가며 예술을 당파성으로 내모는 것에 환멸을 느낀 프랑스에서는 20세기의 걸작들을 정치적 아젠다로 옭아매려는 문화자유회의 측의 시도에 대해 광범위한 반발이 일어났다. 거침없는 발언으로 유명했던 파리 오페라단의 수석 무용수 겸 발레 감독 세르주 리파르Serge Lifar는 페스티벌 조직위원회에 보낸 공개 서한에서 문화자유회의 측이 "있을 법하지만 예단하기는 힘든 [공산주의에 의한] 문화 종속에 맞선다며 프랑스에서 벌이는

19　American Embassy in Paris, report to State Department, "Local Press Reaction to Congress for Cultural Freedom", 9 May 1952에서 재인용.

'절대적으로 무의미한' 십자군전쟁에 분개한다"라고 밝히기도 했다. 비시 Vichy 정부 시절을 잊어버린 것은 분명한 것 같지만, 어쨌든 리파르는 다음과 같이 주장했다. "프랑스는 '영혼의 교화'를 거론하지 않는 유일한 국가입니다. 사상의 자유와 개인의 독립성을 위한 프랑스의 지난한 싸움들을 기억한다면, 어떻게 감히 프랑스에서 자유에 대해, 우리의 지적 활동에 대해 왈가왈부할 수 있는지 모르겠습니다. 존경하는 당국자님, 여러분들은 큰 잘못을 저지른 것입니다. 영혼과 문명과 문화의 관점에서, 프랑스는 누구의 의견도 구할 필요가 없습니다. 프랑스는 그 자체로 모범이니까요."[20]

반면에 좌파 일간지 『프랑티뢰』는 프랑스의 우월함을 내세우는 리파르의 발언에 반론을 제기했다. "리파르는 이런 이야기를 할 자격이 없다. 예술의 소명이 자유와 인간의 존엄성이라는 명분에 헌신하는 것과 상반되지 않는 까닭이다. 억압받던 독일 점령 시절의 리파르 씨를 떠올려 본다면 그는 특히 이러한 명분에 대해서는 더욱 자격이 없다. 리파르 씨야말로 그 시절에도 발레를 계속할 수 있지 않았는가?" 정곡을 찌르는 말이었다. "정치나 선전선동은 잊도록 하자. 예술이나 과학 분야의 창조적인 인물이 국가나 조직의 우두머리에 봉사하고 있다는 음울한 신화는 자유세계가 만들어 낸 관념이 아니다. 자유세계는 그들의 영혼이 바람 따라 흘러가도록 인정할 뿐이다. …… 자유의 날개는 아직 꺾이지 않았다!"[21]

『프랑티뢰』는 몇 년 전의 "노골적인 반미주의"를 일신한 듯했다. 언제부터인가 온 정성으로 페스티벌을 옹호하고 있던 것이다. 당시 편집장이 조르주 알망이었고, 알다시피 그는 문화자유회의 운영위원회 소속이

20 Ibid.에서 재인용.
21 Ibid.에서 재인용.

었다. 『피가로리테레르』*Figaro Littéraire* 또한 우호적인 입장이었다. 이 잡지
는 페스티벌이 "편향되지 않은 예술 활동의 위대한 증거"라고 찬사를 보
냈다. 이 신문의 편집장 모리스 노엘Maurice Noël이 레몽 아롱의 친구이며
그를 문화자유회의에 소개한 적이 있다는 사실 또한 놀라운 일이 아니었
다. 주요 일간지 『르피가로』*Le Figaro*도 편집장 피에르 브리송Pierre Brisson의
영향으로 문화자유회의 측과 긴밀한 관계를 유지하고 있었다. 나보코프
가 긴 시간 점심을 나누며 꼼꼼하게 챙겼던 인물이 바로 이 브리송이라는
사람이었기 때문이다.

　　공산주의 계열의 언론은 세계문화자유회의 측에 대해 지독한 혹평을
쏟아냈다. 『뤼마니테』는 페스티벌이 사악한 기획의 일부라고 공세를 폈
다. "우리 프랑스에 대한 미국의 이데올로기적 점령을 용이하게 만들고,
프랑스인들의 마음속에 호전적이고 파시스트적인 사상을 심으려는 기
획"이라는 것이다. "이 페스티벌을 있는 그대로 받아들인다면 이는 유럽
의 군대를 증강하는 것과 매한가지로 프랑스 지식인들을 '문화 군대'에 복
무하게 만드는 것과 다름없다. 문화 교류는 미국인들에게는 수단에 불과
할 뿐이다. …… 제임스 버넘이 기획하고 미국 의회가 승인한 것으로 소위
'안보라는 담보물'Security credits[22]을 매개로 한 침투, 첩보, 선전선동 프로
그램을 강화하는 바로 그 수단이라는 말이다. '20세기는 광범위한 차원에
서 미국의 세기가 되어야만 한다'라는 헨리 루스의 유명한 문구는 '20세
기 페스티벌'이라 불리는 사업의 진정한 의미를 우리에게 일깨워 주고 있

---

22 본디 금융 분야의 용어로 '증권 금융'이라는 뜻이지만, 여기서는 'Security'를 대문자로 표기했기
에 '안보 문제'로 해석했다. 즉, 미국이 안보를 담보 삼아 광범위한 선전선동 프로그램을 행사했
다는 뜻이다. ― 옮긴이

다."[23] 『콩바』도 마찬가지였다. "오늘날 미국은 한때 고대 그리스 세계에서 행했던 로마의 역할을 자임하고 있다. 새로운 지배자는 이제 황제가 아니요('대통령'도 아니다), 그들은 바로 금융가들과 자동차 기업 회장들이다."

다이애나 조셀슨은 이 시기의 파리를 반미주의가 팽배하고 '양키 고홈' 정서가 도처에 있었던 때라고 기억하고 있었다. "직접 만나는 사람들은 그렇지 않았지만, 그래도 미국인들이 전형적으로 천박하다는 생각은 있는 것 같았습니다." 미국인들은 자신들의 도움에 대해 보이는 이렇듯 야박한 인정에 짜증이 났다. "유럽 사람들을 만나 인사를 나눌 때면 골치가 아팠어요." C. D. 잭슨이 속내를 털어놓았다. "한편에선 '양키들은 집에나 가라!'라고 외치고, 한편에서는 '미군 1개 사단이 유럽에서 철수하면 세계는 끝장난다'라고 말하는 유럽인들을 보면 약간 우스운 느낌이 들었다고 나 할까? 유럽에는 그 고매한 논리성이라는 게 있는데 말이죠."[24]

전반적으로 보면, 나보코프의 페스티벌은 "안 그래도 정치선전이라는 문제를 두고 얽혀 있는 프랑스와 미국 사이의 관계를 더욱 곤란하게 꼬아 버리는 데" 심각하게 일조했다.[25] 끝까지 페스티벌이 참신한 기획이라고 생각하지 않았던 드 네프빌은 이후 이렇게 말했다. "비싸기만 한 표지기사 같은 느낌이라고 할까요? 그런데 그걸 워싱턴에서 덥석 집어 들고는 우리에게 돈을 퍼줬지 뭡니까? 대단히 좋은 발상이라고 생각했겠죠. 눈덩이 커지듯 일도 커졌습니다. 페스티벌은 성공한 걸까요? 글쎄요, 페스티벌을 통해 무엇을 얻으려 했을까요? 문화의 자유라는 메시지가 확산되었을

23 American Embassy in Paris, report to State Department, "Local Press Reaction to Congress for Cultural Freedom", 9 May 1952에서 재인용.
24 C. D. Jackson, to Klaus Dorhn, 16 August 1956(CDJ/DDE).
25 Janet Flanner, "Festival of Free World Arts".

까요? 모르겠습니다. 제 생각이지만 단지 겉표지만 그럴 듯하게 들이대는 역할 정도 했던 것 같습니다. 그러니까 이 모든 일들의 후원자로 파필드재단의 플레이시먼을 내세운 것뿐이라는 말이죠. 혼란스러운 시도였습니다. 미국에서 건너온 물건들을 커다란 쇼윈도에 걸어 놓고 유럽 문화에 필적할 만하지 않느냐고 보여 준 것일 뿐인데, 이런 짓들에만 홀딱 빠져 있었던 거죠."[26]

멜빈 래스키 또한 확고한 반대자였다. 그는 "보스턴 심포니 오케스트라에 큰돈이 들어간다"라고 불평했다(실제 오케스트라를 유럽으로 데려오는 데 든 총비용은 16만 6359달러 84센트였다). 래스키는 말을 이었다. "저는 페스티벌이 뭐 그리 대단한 거냐고 생각했어요. 미국인들이 음악을 연주하고 못하고는 외국 사람들에게 중요한 일이 아니죠. 이 행사가 괜찮은 돈벌이도 아니었고, 또 돈이 남아돌아 한 것도 아니었고요. 오히려 사람들 말마따나 쩨쩨한 행사였어요. 그러니 이런 휘황찬란한 선전에 그렇게 많은 돈을 쓴다는 것은 말도 안 되는 일이었습니다."[27] 한편 다이애나 조셀슨은 다음과 같이 결론 내렸다. "당시 프랑스에는 강한 반미 정서가 있었고 니콜라스 나보코프의 페스티벌은 이에 대응하기 위해 기획된 것이었어요. 흥미진진한 상황이었죠. 하지만 주최 측인 문화자유회의의 배후에는 미국이 있다는 생각에 점점 무게가 실리고 있었어요."[28]

그럼에도 불구하고 페스티벌은 두 가지 가시적인 성과를 얻었다. 첫째로 보스턴 심포니 오케스트라는 미국 교향악의 기술적 완성도를 선보

---

26 Lawrence de Neufville, telephone interview, February 1997.
27 Melvin Lasky, interview in London, August 1997.
28 Diana Josselson, interview in Geneva, March 1997.

여 성가를 높였다. 파리 페스티벌에서 성공적으로 모습을 드러낸 후, 이 오케스트라는 헤이그, 암스테르담, 브뤼셀, 프랑크푸르트, 베를린, 스트라스부르, 리옹, 보르도, 런던 등 유럽 주요 도시를 순회했다. 대형 버스를 탄 이 미국 문화는, 이제 기차를 탄 구시대의 선전선동에 대한 CIA의 응답이 되었다.

C. D. 잭슨은 "보스턴 심포니 오케스트라가 유럽 투어에서 거둔 압도적 성과와 호응"에 들떠 다음과 같이 편지를 남겼다. "제대로 해내기가 쉽지는 않았지만, 대의를 위해서 그 일은 해내야만 하는 일이었지. 결국 피눈물 나는 노력을 증명하는 것, 그 이상의 성과를 거뒀다네. 아주 최고는 아니라고 해도 최고로 잘한 일 중 하나라고 할 수 있지. 우리가 유럽에서 맞닥뜨리는 난제가 바로 코카콜라나 욕조, 전차 말고 미국에서 온 것이라면 전부 배척하는 유럽인들의 태도였지 않나. 하지만 지적이고 문화적인 영역에서 이 보스턴 심포니 오케스트라의 업적은 너무나 커서 측정할 수조차 없다네."[29] 브레이든도 흥분하기는 마찬가지였다. "미국을 대신해서 보스턴 심포니 오케스트라가 파리에서 받은 환호는 형언할 수 없이 기쁜 일이었습니다. 존 포스터 덜레스나 드와이트 아이젠하워가 백 번 연설한 것과도 비교할 수 없을 정도였죠."[30]

페스티벌이 두 번째로 가져다준 긍정적인 성취는 파필드재단이 세계문화자유회의의 신뢰할 만한 후원자로 부상했다는 점이다. 이는 어빙 브라운이 더 이상 비밀 자금에서 현금을 빼내 올 필요가 없어졌다는 사실을 의미하는 것으로, 이제 브라운은 막후로 물러설 수 있게 되었다. 파필

---

29 C. D. Jackson, to Francis Hatch, 5 September 1952(CDJ/DDE).
30 Tom Braden, interview in Virginia, July 1996.

드재단은 1952년 1월 30일 '비영리 단체'로 설립되었다. 재단의 안내 책자에 따르면, "재단은 자유세계의 문화유산을 보존하고, 이와 더불어 예술·문학·과학 분야의 지식을 교환하고 널리 퍼뜨리는 데 관심이 많은 미국의 개개인이 모여 만든 단체이다. 이를 위해 재단은 최근의 문화적 발전상을 반영하도록 공연·출판에 관계된 기관 혹은 조직, 그리고 문학·예술·과학 분야의 사업을 통해 문화 발전에 이바지하는 단체에 대해 재정 지원을 확대할 것이다. 재단은 또한 세계 각국의 문화적 연대를 강화하는 프로그램, 그리고 자유 문화의 전통을 가진 모든 사람들에게 전체주의가 지성과 문화의 발전에 드리우는 내재적 위험을 일깨우는 프로그램을 추진하는 단체에 대해서 역시 지원을 아끼지 않을 것이다."[31]

파필드재단의 초대 이사장은 CIA의 가장 잘나가는 얼굴마담front[32]인 줄리어스 '정키'Junkie 플레이시먼이었다. 그는 이스트와 진gin 양조 관련 대규모 사업을 물려받은 백만장자로 신시내티 외곽 인디언힐에 살고 있었다. 그는 『뉴요커』의 재정에 도움을 주었고, 예술계에서 엄청난 후원 목록을 자랑하고 있었다. 뉴욕 메트로폴리탄 오페라단 이사, 런던왕립학회원, 예일드라마스쿨 자문위원, 몬테카를로 디아길레프 발레뤼스 이사, 뉴욕발레재단 이사 등의 직함을 가지고 있으면서 브로드웨이의 여러 프로덕션에도 재정적인 후원을 하고 있었다. 마이클 조셀슨은 그런 그를 두고 "세계 문화를 아우르는 미국의 마이케나스[33]"라고 일컬었다. 그는 엄청난

---

31 Farfield Foundation brochure(CCF/CHI).
32 이 단어의 번역어로 처음에는 '간판' 혹은 '간판 인사'를 생각했으나 '간판 스타'에서처럼 긍정적인 어감이 있다. '앞잡이'라 하면 능동적인 행위자라는 뉘앙스 때문에 부적절하다. '얼굴마담'은 국내 언론 등에서 성별을 가리지 않고 관례적으로 쓰기도 하고, 그 부정적인 어감이 문맥에 들어맞기에 성차별적인 단어임을 감수하고 사용했음을 밝혀 둔다. — 옮긴이

부와 다양한 예술 후원으로 인해 세계문화자유회의와 그 뒤를 봐주는 CIA의 의도에 이상적으로 부합하는 천사 같은 존재였다.

브레이든은 플레이시먼을 두고 "정부를 위해 일하고 싶어 하는 부자들" 중 하나였다고 설명했다. "그런 사람들은 이 활동에서 상당한 자부심을 느꼈어요. 공산주의와 전투를 벌이기 위해 비밀리에 파견되었다고 생각했으니 스스로를 거물이라고 생각할 수밖에요."[34] 위즈너의 정책조정실 OPC에 초기 멤버로 깊이 발을 담근 플레이시먼은 워싱턴 내셔널몰에 있던 '창고'의 먼지 덮인 층계를 뻔질나게 드나들던 인물로 비밀 첩보 활동의 얼굴마담이라는 자신의 역할(처음엔 플레이시먼재단으로 활동했다)을 자랑스러워했다. 그러나 국제조직국 IOD 창설 후 재편 과정에서 플레이시먼은 따돌림을 당한다. 다음은 브레이든의 증언이다. "플레이시먼이 자기 역할을 너무 심각하게 받아들였다는 것이 문제였어요. 자기가 전선에 나선 대장이라고 생각했으니까요. 우리는 그런 사람들의 이름만 빌리려고 했을 뿐인데, 그 양반은 그런 사실을 깨닫지 못했죠. 저도 그 사람이 앞장서서 이래라 저래라 하던 것이 생각나는데요. 제게는 다른 것은 말고 재단이나 하나 만들어 달라고 하더라고요. 저는 되도록 그런 일은 해주고 싶지 않았습니다만, 결국 대안으로 파필드재단을 그 사람에게 던져 줬죠. 하지만 그것도 역시 위장 조직이었을 뿐입니다. 누가 이사장을 하든 내세울 이름만 있으면 되는 일이었고, 뉴욕의 노인네들은 그저 자리에 참석해 우리를 도와주기만 하면 되었던 겁니다."[35]

---

33 로마의 정치가 마이케나스는 시인 베르길리우스와 호라티우스를 비롯한 문화 예술 인사의 보호자 역할을 했다. 오늘날 기업이 문화 예술 분야에 지원하는 것을 '메세나'라고 하는데, 마이케나스의 프랑스어 표기가 메세나(Mécène)이다. ─ 옮긴이

34 Tom Braden, interview in Virginia, August 1996.

"파필드재단은 CIA의 재단이었고 그런 재단은 많이 있었습니다." 톰 브레이든의 설명은 계속되었다. "갖은 목적으로 재단의 이름을 사용했지만 서류로만 존재할 뿐 **실제로는 존재하지 않는 재단**들이었습니다. 뉴욕에 가서 유명한 부자를 만나 이렇게 얘기하죠. '재단을 설립했으면 합니다.' 우리가 무엇을 하려 하는지 이야기하고, 비밀을 유지해 달라고 하면 그 사람은 이렇게 말하죠. '물론입니다. 그렇게 하겠습니다.' 재단명이 상단에 박힌 인쇄물을 만들면 거기에 그 사람 이름이 들어가겠죠? 그러면 그렇게 재단이 하나 만들어지는 겁니다. 종이 한 장으로 해결되는 간단한 작업이었죠."[36]

그렇게 해서 이 파필드재단 이사장 플레이시먼은 외부 인사들에게 세계문화자유회의를 후원하는 독지가로 소개될 수 있었다. "보여 줄 만한 후원자가 있다는 것은 편리한 일이었어요." 다이애나 조셀슨이 말했다. "그 사람 역시 자신의 역할을 좋아했어요. 하지만 마이클과는 서로 지루해하고 따분해하는 사이가 되었죠. 거물 후원자에게 걸맞은 의전을 다하는 동안 좀 더 실질적인 일들은 할 수 없게 되어 버리니까요."[37] 파필드재단의 이사들은 뉴욕에서 한 달 건너 한 번 회합을 가졌고 그때마다 대체로 나보코프나 조셀슨, 머거리지 등과 같은 문화자유회의 측 '내빈'도 참석했다. 이사들은 지출을 승인했지만 어디에 쓸지는 묻지 않았으며, 애국적 행동에 충실한 모습을 보여 주었다. 머거리지의 표현에 따르면 그것은 한마디로 '희극'이었다. 연례 이사회도 열렸는데, 이를 두고 다이애나 조셀슨은

35 Tom Braden, telephone interview, October 1997.
36 Tom Braden, interview in Virginia, June 1994.
37 Diana Josselson, interview in Geneva, March 1997.

이렇게 설명했다. "물론 한바탕 코미디였죠. 마이클도 갔고 플레이시먼도 있었어요. 다들 모두 재미있는 관계일 뿐이었어요, 한편으로 보면요. 우리는 그저 있는 그대로 연기만 하면 되었으니 말이죠. 미리미리 준비한 행동의 연속일 뿐이었고."[38]

나보코프는 세계문화자유회의 사무총장으로서 자신이 기획한 이 거대한 페스티벌이 열렸을 때, 파리 본부가 희희낙락할 정도로 비상식적인 수준에서 자금 지원을 해준 곳이 어디의 어느 정부 기관인지 확실히 알고 있었던 것 같다. 몇 년이 지난 후, 그는 조셀슨에게 페스티벌의 후원자가 절대 "고매하신 줄리아나 플레이시먼 여왕 폐하"[39]일 리 없다고 속마음을 털어놓았다. 나보코프는 "재벌 권력 플레이시먼"이 한갓 "돈만 전달해 주는 딱한 사람"에 불과하다고 생각했다. 하지만 나보코프는 공식적으로는 아무것도 모르는 것으로 되어 있었고, 훗날 (가히 어불성설이지만) 이렇게 주장하기도 했다. "한순간도 금전적인 문제를 떠올리지 않았다니 참 이상한 일이다. 당연히 그랬어야 하는데 말이다. 왜냐하면 미국 노동조합이 미국도 아닌 이 파리에서, 또한 유럽 여기저기에서 그토록 비용이 많이 드는 거창한 현대 예술 페스티벌을 개최할 만큼 자금을 지원했다는 것은 상상하기 힘들기 때문이다. …… 나의 '꿈의 페스티벌'을 미국의 스파이 조직이 지원했다거나, 파리까지 안락하게 여행했던 1등석 항공료를 노동조합 유럽 대표부의 명랑한 브라운 씨를 시켜 CIA가 지불했다고는 꿈에서도 생각해 본 적이 없다. 하지만 정말로 얼마 지나지 않아, 바로 그 스파이 공장에서 '하루살이' 재단을 이용해 우리 위원회 같은 단체나 미국 대학, 그

---

38 Ibid.
39 의전에 집착하고 까다로웠던 플레이시먼을 비꼰 표현이다. — 옮긴이

밖의 망명자 오케스트라인지 뭔지에 돈을 퍼다 주었다는 사실이 밝혀졌던 것이다."[40]

　나보코프는 진정 자신이 이 교묘한 기만과 얽혀 있다는 사실을 모르고 있었을까? 아니면 많은 동시대인들과 마찬가지로, 그레이엄 그린 Graham Greene의 앨든 파일 같은 또 하나의 '조용한 미국인'이었던 것일까?[41] 그린의 소설에 이런 말이 나온다. "내가 무슨 말을 하는지 그는 도무지 듣지 않았다. 그는 이미 민주주의와 서구의 책임 사이의 딜레마 속에 빠져 있었던 것이다. 그는 결심이 서있었다 ― 나는 그렇다는 것을 금세 알게 되었다. 개인이 아닌 국가를 위해, 대륙을 위해, 세계를 위해 최선을 다하기로. 어쨌든 그는 이제 전 세계가 발전해 나가리라는 자신의 생각에 득의양양해하고 있었던 것이다."[42]

40 Nicolas Nabokov, *Bagázh: Memoirs of a Russian Cosmopolitan*, London: Secker & Warburg, 1975.
41 영국 작가 그레이엄 그린이 1955년 발표한 소설 『조용한 미국인』(*The Quiet American*)은 이상주의자인 미국인 스파이 앨든 파일과 현실주의자인 영국인 기자 파울러가 전쟁 중인 베트남에서 베트남 처녀 푸옹을 사이에 두고 겪는 일을 그리고 있다. ― 옮긴이
42 Graham Greene, *The Quiet American*, London: Bodley Head, 1955.

9장

컨소시엄

"폐하, 폐하께서는 무엇을 다스리십니까?"
"모든 것을." 왕이 말했다. 아름답도록 간결한 대답이었다.
— 생텍쥐페리, 『어린 왕자』 *Le petit prince*

문화의 자유는 싸게 먹히는 장사가 아니었다. 17년이 넘도록 CIA는 세계 문화자유회의와 그 관련 프로젝트에 수천만 달러를 쏟아부었다. 이러한 활동을 통해 CIA는 사실상 미국의 문화부 역할을 하고 있었다.

문화를 냉전의 무기로 활용하려는 CIA의 시도에서 볼 수 있는 주요한 특징은 '민간' 단체들이나 '후원자들'의 네트워크를 체계적으로 조직해 비공식적인 컨소시엄(민간-정보기관 복합체)을 만드는 것이었다. 컨소시엄은 박애주의 재단, 기업체, 기타 기관이나 개인이 연합해 만든 기업형의 조직으로, 서유럽에서 비밀 첩보 프로그램을 수행할 때 CIA와 밀접하게 협력해, 엄폐물을 제공하고 자금을 전달하는 역할을 수행했다. 또한 이 '후원자들'은 국내외적으로 정부의 이해를 관철시키기 위해 활용되었지만, 겉보기에는 자신의 자발적 의지에 따라 행동하는 것처럼 보였다. 이러한 개인과 단체 들은 자신의 '사적인' 지위를 유지하면서 실상은 CIA가 선정한 냉전의 벤처 투자자 역할을 하고 있었던 것이다.

처음 컨소시엄에 대한 아이디어를 제공한 사람은 앨런 덜레스였다.

그는 친형 존 포스터 덜레스와 함께 설리번앤드크롬웰Sullivan and Cromwell
이라는 로펌에서 파트너 변호사로 일하고 있을 때 재단을 만들기 시작했
었다. 1949년 5월, 앨런 덜레스는 전미자유유럽위원회 창립을 주도했다.
이 단체는 표면적으로는 "미국 시민 개개인들이 모여 만든 단체"로 시작
했다고는 하지만, 실질적으로는 CIA의 가장 야심 찬 전위부대 중 하나였
다. 1949년 5월 11일에 첫발을 내디딘 전미자유유럽위원회는 그 설립 목
적을 "망명한 동유럽 사람들의 다양한 기술을 프로그램 개발에 활용해 소
련의 지배에 실제적으로 대항"하는 데 두었다.[1] "싸움을 결정짓는 것은 물
리적 수단 못지않은 강고한 사상이라는 믿음"에 따라 이 위원회는 곧 문
화계의 냉전에서 모든 분야로 활동 범위를 넓히게 되었다. "미국 국무부
는 이 단체의 설립을 매우 반겼다." 당시 국무부 장관 딘 애치슨의 말이다.
"국무부는 이 단체의 설립 목적이 훌륭하다고 생각한다. 이 분야에 발을
디딘 데에 대해 기쁜 마음으로 환영의 뜻을 전하며, 마음속 깊은 지지를
보낸다."[2] 이러한 공공연한 축사는 이 위원회의 진정한 기원, 그리고 이 위
원회가 오로지 CIA의 재량에 따라서만 활동했다는 사실을 은폐하기 위한
것이었다. 출금 기록이 남지 않는 자금을 동원해 그들에게 재정의 90퍼센
트에 이르는 자금을 지원한 곳이 바로 CIA였던 것이다. 애치슨의 지지 발
언 이면에는 또 다른 진실이 감춰져 있었다. 위원회 설립 규정에 "어떠한
분야에서도 정치선전 활동을 수행하지 않는다"라는 조항이 있었지만, 사
실은 바로 그러한 활동이야말로 위원회의 설립 목적을 정확하고 구체적

---

1 Certificate of Incorporation of Committee for Free Europe, Inc., 11 May 1949(CJD/DDE).
2 G. J. A. O'Toole, *Honorable Treachery: A History of U.S intelligence, Espionage, and Covert Action from the American Revolution to the CIA*, New York: Atlantic Monthly Press, 1991.

으로 드러내고 있었던 것이다.[3]

1950년 12월 CIA로 자리를 옮긴 앨런 덜레스는 1년 전 창립 당시부터 위즈너의 정책조정실OPC을 총괄하던 카멀 오피와 함께 일하며 전미자유유럽위원회에서 소위 '최고 실세 정보요원'Great White Case Officer[4]이 되었다. 이제 덜레스는 각종 위원회들을 조직하고, 예산 배분을 결정하며, 전략 기획을 책임지는 자리에 앉았다. 초창기 독립 외곽 조직일 때부터 개척자 역할을 해왔던 덜레스는 미국의 냉전 프로그램이 겉보기에 "얼마나 정부로부터 독립성을 유지하고 자유를 사랑하는 개인들의 자발적 신념을 대표하는 것으로 보이는지"[5]에 그 성패가 달려 있다는 사실을 잘 알고 있었다. 오로지 이러한 측면을 감안한다면, 전미자유유럽위원회는 CIA가 주도하는 냉전 시대 대외 정책 조직의 '민간화'를 위한 하나의 패러다임으로 기능했던 것이다.

각종 위원회와 분과위원회, 이사회가 확장일로에 있는 가운데, 전미자유유럽위원회는 『후즈후 명사 인명록』Who's Who in America에나 나올 법한 명사들을 좌중에 거느리게 되었다. 당연히 서로 간의 밀접한 관계는 매우

---

3 Certificate of Incorporation of Committee for Free Europe, Inc., 11 May 1949(CJD/DDE). 이 위원회의 「우방국 방송국들에 대한 기밀 보고서」(Confidential Report on Friendship Station)에 따르면, 이들의 가장 주요한 목표 중 하나는 "소비에트 권력의 핵심에 심리적인 압박을 가해 붕괴를 촉진"시키고 "냉전을 공세적으로 활용하기 위해서 새로운 심리전의 무기를 갈고닦는 것"이었다. 또한 이 보고서는 "정치선전이 그 활동과 분리되어 수행된다면 오히려 극도의 반격에 직면하게 된다"라고 주장했다. 1956년 헝가리에서 벌어졌던 일들을 볼 때, 이는 시의적절한 경고였다.

4 '정권의 최고 실세', '정치권의 거두' 혹은 '대통령'을 지칭하는 'Great White Father'에서 차용한 말이다. 이는 원래 신대륙의 원주민들이 자신들에게 생경한 백인들의 종교나 정치체제를 보고 원주민들의 사고에 따라 표현한 데서 비롯된다. 따라서 'Great White Spirit'(우리말로 하면 '백인들의 큰 정령')은 여호와, 'Great White Father'는 영국 왕 혹은 조지 워싱턴, 'Great White Mother'는 빅토리아 여왕을 지칭하게 된다. ─옮긴이

5 Blanche Wiesen Cook, The Declassified Eisenhower: A Divided Legacy of Peace and Political Warfare, New York: Doubleday, 1981.

중요한 요소였으며, 이러한 위원회들의 확장은 "유럽인들의 야망이라고 해봤자 겨우 미국인들이 만든 위원회의 지배를 받는 것"이라는 폴 발레리 Paul Valéry의 재치 있는 비유를 새삼 상기하게 만들었다. 『데어모나트』를 정식으로 인가해 주었던 독일 주재 고등판무관 루시어스 클레이가 있었고, 콜스출판그룹Cowles Publishing Company 대표로 파필드재단 이사였던 가드너 콜스Gardner Cowles, 제너럴모터스 대표 헨리 포드 2세Henry Ford II[6], 뉴욕현대미술관 이사로 여러 산하 재단을 통해 CIA의 자금을 전달하도록 해주었던 오베타 컬프 하비Oveta Culp Hobby, 냉전주의자 추기경 프랜시스 스펠먼Francis Spellman, 심리전의 베테랑이자 타임-라이프의 중역인 C. D. 잭슨, 주NATO 미국 대사관의 존 휴스John C. Hughes, 줄리어스 '정키' 플레이시먼, 아서 슐레진저, 세실 B. 드밀Cecil B. Demille, 스파이러스 스코러스Spyros Skouras, 대릴 재넉Darryl Zanuck, 드와이트 D. 아이젠하워 등이 위원회에 포함된 인사들이었다. 사업가, 법률가, 외교관, 마셜플랜 행정가를 비롯해 광고 전문가, 미디어 재벌, 영화감독과 언론인, 노동조합 인사, 그리고 당연히 CIA 요원, 그것도 많은 요원들이 그 목록에 들어가 있었다.

이들 모두는 '눈치챈'witting 사람들이었다. CIA에서 '눈치챘다'라는 뜻은 "그들만의 세계의 속한 사람들, 그들만의 언어, 암호명, 관습, 상징 등을 알고 있는 사람이라는 얘기다. 그리고 '눈치챘다'라는 말은 또한 한 집단에 소속되어 있다는 것을 나타낸다. 그래서 그 집단의 언어로 말하며 은밀한 신호를 이해할 수 있다는 얘기다. 또한 집단의 이해 체계를 알고 있다는 뜻이기도 하다. 반대로 '눈치를 못 채고 있다'unwitting라는 말은 집단 밖

---

6 포드자동차의 설립자인 헨리 포드의 손자. 저자가 제너럴모터스와 포드자동차를 헷갈린 것으로 보인다. ─옮긴이

에 있다는 뜻이다. 자기 주위의 일이 어떻게 돌아가는지 모르고, 폐쇄적인 정보 서클이 가진 고급 정보를 함께 공유하지 못한다는 뜻이다."[7] CIA 요원 도널드 제임슨은 이 '눈치챘다'라는 관계를 통해 비밀 첩보 활동 중 동료 미국인들과 얼마나 쉽게 어울릴 수 있었는지 떠올리며 다음과 같이 말했다. "당시에는 이 나라에 있는 누구든 찾아가 이렇게 말할 수 있었어요. 'CIA에서 나왔습니다만, 이런저런 것들 좀 부탁드리려고 하는데요.' 이러면 아무리 못해도 점잖은 대접이나 환담은 나눌 수 있었죠."[8] CIA 요원이라면 노크를 할 필요도 없었다. 문은 항상 열려 있었기 때문이다.

출범 후 겨우 12개월 만에 이 '민간' 활동가 중에서도 핵심 인물들이 덜레스의 자유유럽위원회로 진출했다. "시작은 불안했으나 곧 광범위하고 명확한 프로그램을 갖게 되었으며, 활동은 상당한 규모에서 이루어졌다." 그것은 '사상의 승리'를 추구하는 데 언제든 사용할 수 있고 이미 훌륭한 모습을 갖춘 '준비된 무기'였다. 위원회에 속한 인원은 413명에 달했다. 그중 201명은 미국인이었는데, 상당수가 유럽 출신이었고, 나머지 212명은 동유럽에서 망명한 '전문가'들이었다.[9] 첫해 예산만 해도 무려 170만 3266달러였다. 1950년 베를린에서 설립되어 이 위원회의 원조를 받고 있던 자유유럽방송에도 1000만 달러의 예산이 따로 책정되어 있는 형편이었다. 그 후 몇 년 사이 자유유럽방송은 16개의 다른 언어로 방송하는 29개 방송사를 거느리게 되었고 "스탈린 제국을 옹호하는 모든 사람들에 맞서, 데모스테네스나 키케로의 '필리포스 탄핵' 연설에 비할 법한 모든 수

---

7 Harrison E. Salisbury, *Without Fear or Favor: The New York Times and its Times*, New York: Ballantine, 1980.
8 Donald Jameson, interview in Washington, June 1994.
9 National Committee for a Free Europe Inc., "Report to Members", 5 Jan 1951(CDJ/DDE).

사적 솜씨들"을 동원하게 된다.[10] 더 나아가 자유유럽방송은 철의 장막 뒤편에서 활약하는 정보원들에게서 정보를 수집하고, 공산주의 진영의 방송을 모니터하고, 서유럽 지식인들의 반공주의 강연과 저작을 수집해 그 '조사' 내용을 (세계문화자유회의에 협력하는 사람들을 포함하여) 학자와 언론인 들에게 국제적으로 배포했다.

자유유럽위원회의 자금 조성 업무를 담당했던 곳은 다름 아닌 자유십자군운동Crusade for Freedom이라는 단체였다. 그리고 단체의 대변인 겸 출판인은 젊은 배우 로널드 레이건Ronald Reagan이었다. 이 자유십자군운동은 미래의 CIA 국장 빌 케이시Bill Casey의 프로그램에 제공되는 지원금을 세탁하는 데 이용되고 있었다. 그 프로그램은 뉴욕의 국제난민위원회 International Refugee Committee를 말하는데, 풍문에 따르면 나치 전범들의 독일 탈출과 미국 망명을 도와줬다고 한다. 공산주의와 싸울 때, 이 나치 전력자들이 미국 정부에 무엇이라도 도움을 줄 수 있을 것이라는 기대 때문이었다.

덜레스는 위원회의 요직에 CIA 요원들을 배치함으로써 위원회를 장악하고 있었다. '비공식 경로'로 해결해야 할 문제가 발생하면 덜레스는 위원회의 주요 인사들을 뉴욕의 클럽이나 호텔로 소집했다. 극비 문서에는 덜레스가 주재하는 일련의 회의가 니커보커클럽Knickerbocker Club과 드레이크 호텔에서 이루어진 것으로 나와 있다(그럴 경우 덜레스는 회의를 위해 침실을 예약했다. 얼마나 많은 냉전 전략이 호텔 침실에서 수립되었던 것일까?). 때로는 CIA 본부의 앨런 덜레스나 프랭크 위즈너의 사무실에서 회의

10 Philip Barbour(Radio Free Europe Committee), to Frank Altschul, "Report from Research Department", 23 March 1950(FA/COL).

가 이루어지기도 했다.

"미합중국은 하나의 기업이었지. 그것도 아주 거대한……." 『험볼트의 선물』의 화자 찰리 시트린의 말이다. 헨리 키신저는 민간 참여를 통한 미국 엘리트들의 헌신에 대해 이런 글을 남겼다. "열정과 상상력, 기술로써 자신의 책임을 다한 그 당시의 세대야말로 미국의 영원한 자랑이다. 이 세대에 속한 사람들은 유럽의 재건을 돕고, 공산주의에 맞서 유럽의 통합을 도모하고, 경제협력기구를 조직하고, 우리의 우방들을 널리 보호함으로써 자유의 전망을 확대시켰다. 이러한 창조력의 분출은 미국 역사의 영광스러운 순간들 중 하나일 것이다."[11] 그로턴스쿨 출신의 CIA 정보요원 헨리 브렉Henry Breck은 조금 다른 표현을 썼다. "물론 진짜 전쟁이 닥친다면 열심히 싸워야 한다. 미국의 상류계급은 가장 용감히 싸울 것이다. 잃을 것이 가장 많은 사람들이니까."

클럽이나 호텔에 옹기종기 모여 회의를 여는 때가 아니면, 브렉이 말하는 이 상류계급은 유흥에 열정을 쏟아부었다. 활기와 자신감이 넘치는 데다 입심까지 좋은 위즈너와 그의 동료들은 공산주의로부터 세계를 구하는 일에 열정을 쏟듯 흥겨운 파티에도 빠져들었다. 위즈너는 '게걸음춤'crab walk을 좋아했다. 마티니 마시기의 달인(그래서 때로는 손에 잡히는 대로 마셔 댔던) 제임스 지저스 앵글턴James Jesus Angleton은 엘비스 프레슬리Elvis Presley의 노래에 맞춰 열정적으로 몸을 흔들며 막춤을 췄다. 아무도 안 출 때면 혼자서도 췄다. 'C'라는 암호명을 썼던 영국 MI6의 수장 모리스 올드필드Maurice Oldfield 또한 춤을 좋아했다. "모리스는…… 로드아일랜드에 있는 우리를 찾아와 달 밝은 밤, 나무 밑에서 춤을 추곤 했다"라고 재닛

---

11 Henry Kissinger, *The White House Years*, London: Weidenfield & Nicolson, 1979.

반스Janet Barnes는 기억하고 있다.[12] 세계가 이상해질수록, 그리고 "양상이 복잡해질수록", 그들은 진정 "매 순간 삶을 불태웠던 것이다".

그토록 격렬한 파티와 엄청난 음주에도 일상적인 업무를 이어 갔다는 것은 놀라운 일이다. 새로운 세계 질서의 중개인이었던 그들이 널브러지지 않았던 유일한 이유는 얻을 수 있는 이득이 실로 엄청났기 때문이었다. 다음 날 책상에 다시 앉으면 투자를 안정화하고 자산을 늘리는 새로운 방법을 찾아내느라 바빴다. "우리 업무는 일반적으로 자기 계좌에 자금을 받아 뒀다가 다양한 방식으로 대리 송금 하는 일에 나서 줄 사람들을 찾는 것이었습니다." 비밀 첩보 요원 윌리엄 콜비의 말이다. "미국의 기관이나 기업, 그 밖의 여러 곳에 찾아가 '이 돈을 대신 전달해 주는 일로 조국을 도우실 수 있겠습니까?'라고 물으면 그들은 경의를 표하면서 이렇게 말하죠. '물론입니다. 기꺼이 하겠습니다.' 돈이 세계를 돌아 원하는 목적지에 도착하는 일은 퍽이나 쉬웠습니다. 대부분 큰 뭉칫돈을 보내지 않고 소규모의 자금을 나눠서 목적지에 도달하도록 했죠. 약간 노골적인 방법을 쓰기도 했습니다. 저도 해봤던 일인데, 먼저 자동차 트렁크에 현지 통화로 된 돈 뭉치를 넣은 다음, 차를 몰고 나가서 다른 사람 차에 옮겨 싣는 방식이었어요."[13] CIA와 이런 식으로 협력하기로 한 미국의 기업과 개인은 '조용한 채널'이라고 불렸다. 이러한 채널들은 그 반대의 방식으로 만들어지기도 했다. "미국의 민간 단체들이 우리에게 찾아오는 경우도 빈번했습니

---

12 Evan Thomas, *The Very Best Men: The Early Years of the CIA*, New York: Touchstone, 1996. 에반 토머스는 이 책을 통해 CIA 첩보 활동 연구에 좋은 선례를 남겼다. 책 제목을 '진정 최고의 사람들'이라고 했듯이, 이 책 이후에 이와 유사한 진정 최고의 연구들이 잇따랐다. 역사서이면서 많은 사람들의 집단적 전기인 이 책은 오늘날까지 가장 권위 있는 연구서로서 필자 또한 이 책으로부터 많은 정보를 얻었다.

13 William Colby, interview in Washington, June 1994.

다." 정보요원 리 윌리엄스Lee Williams의 기억에 따르면 "우리가 항상 그들에게 다가갔던 것은 아닙니다. 우리에게는 공통된 목표가 있었다고 보아야 할 것 같습니다. 일은 일일 뿐, 도덕성으로 판단해서는 안 되는 그런 일들이었죠."[14]

1956년 헝가리에서 봉기가 일어났을 때, (자산이 1400만 달러에 달하던) 웰치스포도주스의 회장이자 캐플런재단J. M. Kaplan Fund의 이사장 겸 재무이사였던 J. M. 캐플런J. M. Kaplan이 공산주의와의 싸움을 돕겠다며 앨런 덜레스에게 편지를 보내왔다. 캐플런은 자신의 "무한한 에너지"로 "모든 아이디어와 재능을 총동원하고 가능한 모든 기회들을 탐색하고 활용해서 최우선 당면 과제인 공산주의의 음모를 분쇄하는 데" 헌신하겠다고 제안했다.[15] 편지를 본 덜레스는 CIA 요원을 '대표'로 보내 캐플런을 만나도록 자리를 마련했다. 캐플런재단은 곧 CIA의 협력자로, 세계문화자유회의 같은 CIA 프로젝트를 위해서 비밀 자금을 믿고 맡길 수 있는 '전달책'으로, 그리고 미국문화자유위원회 의장을 맡고 있는 사회주의자 출신인 노먼 토머스Norman Thomas의 지휘를 받는 민간 기관으로 자리를 잡았다.

이렇듯 박애주의를 표방한 재단들은 수혜자가 돈의 출처를 의식하지 못하도록 하면서 대규모 자금을 CIA 프로젝트에 조달할 수 있는 가장 편리한 수단이었다. 1950년대 중반까지 재단들을 통해서 CIA의 대규모 개입이 이루어졌다. 이 기간에 대해 정확한 통계는 나와 있지 않지만, 1952년 세계문화자유회의의 운영위원회의 법률 자문위원은 미국 재단을 조사하는 과정에서 다음과 같은 결론을 내렸다. "그 유례를 찾아볼 수 없는 어마

---

14 Lee Williams, interview in Washington, June 1994.
15 J. M. Kaplan, to Allen Dulles, 10 August 1956(CDJ/DDE).

어마한 권력이 서로 맞물려 가며 스스로를 영속화하는 집단의 손에 집중되고 있다. 재단의 권력은 기업 권력과 달리 주주의 견제도 받지 않고, 정부 권력과 달리 국민의 견제를 받지 않으며, 교회 권력과 달리 어떠한 가치 규범에도 견제를 받지 않는다."[16] 1976년, 미국의 정보활동을 조사하기 위해 구성된 미 상원의 특별 위원회(처치 위원회)는 1960년대 중반까지 CIA가 재단에 개입한 사례를 분석한 바 있다. 이 자료에 따르면, 1963년에서 1966년까지 164개 재단이 10만 달러 이상의 금액을 700차례에 걸쳐 출연했고, 적어도 108개 재단이 정도 차이는 있으나 CIA의 자금 모금 작업과 직접적인 관련이 있었다고 한다. 더욱 중요한 것은 164개 재단이 출연한 돈의 절반 가까이를 CIA 자금이 차지하고 있다는 사실이다.

'진짜' 재단들, 이를테면 포드재단, 록펠러재단Rockefeller Foundation, 뉴욕카네기재단Carnegie Corporation of New York 등은 "자금 모금을 위장할 수 있는 가장 그럴듯한 단체"로 여겨졌다.[17] 1966년, CIA에 대한 한 연구 조사에 따르면 이 위장술은 "민주적으로 운영되는 기관일수록 특히 효과적이었는데, 그들에게 적대적인 비판자들은 물론 내부 사정을 잘 모르는 재단 구성원들이나 후원자들에게 재단이 순수하고 부끄럽지 않으며 민간의 후원으로 운영된다는 사실을 확인해 줄 필요가 있었기 때문이다". CIA가 "1950년대 초반부터 청년 단체, 노동조합, 대학, 출판사, 기타 민간 기관을 가장하여 거의 무제한적인 범위의 비밀 첩보 활동"[18]을 벌여 왔기에 자금을 모으기 유리했다는 점은 확실하다.

---

16 *Final Report of the Cox Committee*, 1952. Rene Wormser, *Foundations: Their Power and Influence*, New York: Devin-Adair, 1958에서 재인용.
17 *Final Report of the Church Committee*, 1976.
18 *Ibid*.

"CIA에는 위장 부서가 있었어요. 우리 공작 활동에 활용되는, 재단과 같은 엄폐물을 제공하는 곳이었죠." 브레이든은 이렇게 설명했다. "세세한 일에 신경 쓸 필요가 없었습니다. 재무 부서에서 다 해줬거든요. 가서 관계자에게 얘기만 해주면 됐어요. 누구나 사용할 수 있는 메커니즘이었죠. 파필드재단도 그중 하나였는데요. 재단 이름을 다 알고 있지는 못합니다만. 지금 와서 기억도 안 나고요. 다만 돈이 이 재단과 저 재단 틈에 얽히고설켜 있긴 했어도, CIA에 돈이 떨어지지는 않을까 걱정할 필요는 없었습니다."[19]

이 얽히고설킨 CIA의 자금은 그 숙주인 수많은 재단을 통해 퍼져 나갔다. 일부 재단은 간판 역할만 했고, 다른 재단들은 전달책 역할을 맡았다. CIA가 자금의 '통로'로 이용한 재단만 해도 170개가 넘는다. 그중에는 하블리첼재단Hoblitzelle Foundation(파필드재단의 자금 통로 역할), 리타워재단Littauer Foundation(파필드재단의 기부자), 마이애미지역기금Miami District Fund(파필드재단의 기부자), 프라이스기금Price Fund(CIA의 꼭두각시), 라브자선재단Rabb Charitable Foundation(실체가 불분명한 프라이스기금으로부터 CIA 자금을 받아서 다시 파필드재단에 전달하는 역할), 버논기금Vernon Fund(파필드와 마찬가지로 허수아비 이사회가 이끄는 CIA의 꼭두각시), 휘트니신탁Whitney Trust 등이 있었다. 이 재단들의 이사회에는 미국의 사회·금융·정치 분야 최고의 인물들이 포진해 있었다. 이 재단들이 아무 이유 없이 스스로를 '민간'이라 칭한 것이 아니다. 훗날 미국의 박애주의 단체나 문화 단체가 단체명에 '자유'나 '민간'이라는 수식어를 붙이는 것은 곧 CIA의 꼭두각시 조직이라는 의미라는 농담이 생겨날 정도였다. 이것이 바로 '컨소시엄'의 활동

---

19 Tom Braden, interview in Virginia, June 1994.

이었고, 이들은 극도의 보수 파벌이자, 미국이라는 거대 기업 중에서도 중역 회의 격이라고 할 수 있는 전략사무국OSS 네트워크의 도움으로 형성된 것이었다.

파필드재단의 이사진만 보더라도 이러한 복잡한 인맥으로 수놓인 화려한 지도를 볼 수 있다. 이사장 플레이시먼은 위즈너의 정책조정실OPC에서 자문위원을 지냈고, 이후 세계문화자유회의에서 CIA의 대역을 자임하기도 했다. 그의 사촌 제이 홈스Jay Holmes도 1953년 뉴욕에서 설립된 홈스재단Holmes Foundation의 이사장이었다. 홈스는 1957년 문화자유회의에 작은 규모의 기부를 시작했다. 1962년부터는 홈스재단이 이 문화자유회의에 CIA 자금을 전달하는 공식적인 창구 역할을 하게 되었다. 플레이시먼이 직접 대표를 맡았던 플레이시먼재단 또한 파필드재단의 기부자로 등재되어 있다. 플레이시먼재단의 이사진에는 이 '정키' 플레이시먼의 조카 찰스 플레이시먼Charles Fleischmann이 있었는데, 그는 1960년대 초반에 파필드재단의 이사장직을 맡은 적도 있다.

파필드재단의 또 다른 이사로 미국 최고의 출판계 인사인 캐스 캔필드도 있었다. 그는 그로셋앤드던랩Grosset and Dunlap 출판사와 밴텀북스Bantam Books의 임원이었으며, 하퍼앤드브러더스 출판사의 이사 겸 편집위원장이었다. 앞에서도 밝혔듯이, 캔필드는 『실패한 신』의 미국판을 출간한 인물이었다. 그는 정보 분야에서 화려한 인맥을 자랑하고 있었는데, 심리전 장교 출신이라는 점과 앨런 덜레스와의 각별한 친분을 생각해 보면 당연한 일이었다. 1963년에는 『정보전의 기술』The Craft of Intelligence이라는 회고록까지 출간했다. 캔필드는 또한 1940년대 세계연방정부United World Federalists라는 단체의 활동가로 활약하며 기금 모금 운동을 벌였다. 당시 세계연방정부의 수장으로 활동하다가 이후 톰 브레이든의 보좌관을 지낸 코드 마이어Cord Meyer는 다음과 사실을 털어놓았다. "우리가 사용했던 기술 중 하나는 전문 기관, 무역 협회, 노동조합 등의 주요 직책에 있는 우리 편 사람들에게 해당 기관의 연례 회의에서 우리 측에 우호적인 결과가 도출될 수 있도록 로비를 벌여 달라고 독려하는 것"이었다고 말이다.[20] 1954년에 캔필드는 민주예술위원회Democratic Committee on the Arts를 이끌고 있었다. 이후 그는 미국국립연극예술원American National Theatre and Academy, ANTA의 창립 회원을 지냈는데, 이는 미국 연극이 해외에서 외교사절 역할을 하도록 1945년에 재창설된 단체였다. 캔필드는 이곳에서 또 다른 CIA의 '은밀한 자금 통로'인 존 '조크'Jock 헤이 휘트니와 함께 일했다. 캔필드는 또한 CIA 요원으로 파필드재단의 이사였던 프랭크 플랫Frank Platt과도 친구 사이였다. 1960년대 후반 플랫은 캔필드의 하퍼앤드브러더스 출판사에 마이클 조셀슨이 취업할 수 있도록 도움을 준 적이 있다. 캔필드는 불미친선협회France-America Society의 이사직도 지냈는데, 같은 이사로는 C. D. 잭슨, 그레이슨 커크Grayson Kirk(컬럼비아대학 총장), 데이비드 록펠러David Rockefeller 등이 있었고 협회장은 윌리엄 버든이었다.

불미친선협회장이었던 윌리엄 버든, 즉 윌리엄 아미스티드 모얼 버든William Armistead Moale Burden은 파필드재단의 이사를 겸하고 있었다. 코모도어 밴더빌트Commodore Vanderbilt[21]의 3대손이었던 버든은 미국의 지배층을 대표하는 인물이었다. 그는 미국 기업 및 사회 엘리트로 구성된 민간 싱크탱크인 외교협회Council on Foreign Relations 회원이자 이사였다. 이들은

20 Cord Meyer, *Facing Reality: From World Federalism to the CIA*, Maryland: University Press of America, 1980.
21 '철도왕' 코닐리어스 밴더빌트(Cornelius Vanderbilt)가 맨해튼과 스태튼아일랜드를 왕복하던 스태튼아일랜드 페리를 인수하자 '함장'(commodore)이라는 별명이 붙었다고 한다. — 옮긴이

막후에서 외교정책을 기획하는 역할을 했다(다른 회원으로 앨런 덜레스, 존 매클로이, 데이비드 록펠러 등이 있었다). 전쟁 중에 그는 넬슨 록펠러의 정보 팀에서 일했고, 뉴욕현대미술관MoMA 자문위원회 위원장직을 맡았다. 그 해에 국무부의 '해외 출판' 자문위원회에도 소속되어 있었다. 국무부 항공 담당 차관보를 지낸 그는 항공 투자에 특별한 관심이 있는 금융가였으며, 뉴욕의 투자 운용 회사들인 브라운브러더스해리먼앤드컴퍼니Brown Brothers Harriman & Co., 스쿠더스티븐스앤드클라크Scudder, Stevens & Clark 등과 관계를 맺고 있었다. 그는 또한 수많은 회사에서 이사직을 유지하고 있었는데, 아메리카금속American Metal Co., 유니언유황석유Union Sulphur and Oil Corp., 페루의 은광 세로데파스코Cerro de Pasco, 하노버은행 등이 포함되어 있다. 그리고 하버드와 MIT 교수 위원회에 객원 위원으로 참여하고 있었고, (1955년 봄까지는) 정부의 지원으로 설립된 단체 설루트투프랑스Salute to France의 공동 의장이었으며, 1960년에는 벨기에 브뤼셀 주재 미국 대사를 지냈다.

또 다른 파필드재단의 이사 가드너 콜스는 아이오와를 기반으로 한 가드너콜스재단Gardner Cowles Foundation의 소유자로, 자신의 이름을 딴 잡지사와 방송사를 운영했다. 그는 막대한 수익을 거두면서도 상당액의 세금을 감면받고 있었다. 또한 자유십자군운동의 회원이었고, 미국역사가협회Society of American Historians가 발행하고 '민간 기부'로 운영되던 계간 『역사』History의 후원자였다. 이 잡지는 자유십자군운동의 산물이자 냉전의 산물이었고, 다른 '후원자'로는 윌리엄 도너번, 드와이트 아이젠하워, 앨런 덜레스, 헨리 루스 등이 있었다.

파필드재단에서 가장 오랜 기간 이사로 재직한 인물은 존 '잭' 톰슨 John "Jack" Thompson으로, 1956년부터 1965년까지 10년간 자리를 지켰다.

톰슨을 CIA로 끌어들인 사람은 코드 마이어로, 이 두 사람은 새로이 국제 연합UN의 설립을 위해 소집된 샌프란시스코 회의에서 미국 대표단 보좌관으로 함께 있으면서 1945년부터 친분을 쌓은 사이였다. 컬럼비아대학에서 라이오넬 트릴링Lionel Trilling에게 수학했던 톰슨은 뉴욕 문학계에서는 잘 알려진 인물이었다. 그리고 마이클 조셀슨의 딸 제니퍼가 그를 "잭 삼촌"이라고 부르며 따를 정도로 조셀슨 집안과도 친한 사이였다.

파필드재단 이사 중에서 윌리엄 밴든 휴벌William Vanden Heuvel은 뉴욕의 변호사로 존 F. 케네디와 바비 케네디 형제는 물론, 아서 슐레진저와도 가까운 사이였으며, 윌리엄 도너번, 캐스 캔필드와 함께 긴급구조위원회Emergency Rescue Committee 이사로 활동하기도 했다. 그 외 파필드의 이사진에는 트라이턴 출판사Triton Press 대표이사 겸 플로리다의 호브음향회사 Hobe Sound Company 부대표이자 ANTA 국제 교류 프로그램 연극 자문 패널이었던 조지프 버너 리드Joseph Verner Reed, 프레드라자러스재단Fred Lazarus Foundation(1956년 파필드재단에 상당액을 기부한 바 있다)의 최대 기부자이자 이후 국가예술기금National Endowment for Art 자문위원으로 활동한 프레드 라자러스 2세Fred Lazarus Jr., 유나이티드 지역경호 서비스United Community Defense Service 대표로 아내 진 스트레일럼Jean Stralem과 함께 셸터록재단 Shelter Rock Foundation의 소유자인 도널드 스트레일럼Donald Stralem(1962년 세계문화자유회의에 지원할 CIA 자금을 '싸들고' 파필드재단 금고에 전달한 적이 있는데, 바로 그해 스트레일럼은 플레이시먼의 후임으로 파필드재단 이사장이 되었다), 전前『뉴욕헤럴드트리뷴』편집장 화이틀로 리드Whitelaw Reid, 노스캐롤라이나의 헤인즈재단Hanes Foundation 이사로 줄리어스 플레이시먼과 가까운 친구 사이이자 플레이시먼 부부, 위즈너 부부와 함께 바하마로 여행을 다니던 랠프 P. 헤인즈Ralph P. Hanes 등이 있었다. 마지막으로, 당연하게도 마이클 조셀슨도 파필드의 이사였다. 재단 명부에 국제 이사라는 직함으로 등재되어 있던 조셀슨은 CIA에서 나오는 급여를 재단을 통해서 수령했다.

인맥으로 얽힌 파필드재단의 배타적 성격은 예외적인 일이 아니다. 당시 미국 권력의 자연스러운 속성이었을 뿐이다. 민간 후원 시스템은 동일한 특성을 가진 소규모 집단이 미국의 이익, 엄밀히 말해 미국 지배층의 이익을 수호하기 위해 최적화된 모델이다. 그 최상단에는 자부심으로 무장한 모든 와스프WASP[22]들의 야망이 자리하고 있다. 그들에게는 보상으로 포드재단과 록펠러재단의 이사직이 주어졌다. 이 두 재단은 미국 외교정책상 첩보 활동의 의도로 활용된 수단이었으며, 그 이사와 중역들은 미국 정보기관과 서로 밀접히 연결된 관계였거나, 심지어 이 정보기관에 소속된 사람들이었다.

포드재단은 세금 감면을 목적으로 막대한 포드 가문의 재산을 활용하여 1936년 설립되었는데, 1950년대 후반에 이르러 자산이 무려 30억 달러에 달했다. 드와이트 맥도널드라는 사람이 이 재단을 "호시탐탐 떡고물을 노리는 사람들로 둘러싸인 거대한 돈 덩어리"라며 인상적으로 묘사한 바 있다. 제2차 세계대전의 후유증이 남아 있던 시절, 재단의 문화 정책은 세계 무대에서 서서히 존재감을 드러내던 미국의 위상을 뒷받침하라는 정치권의 요청에 완벽하게 부응했다. 포드재단이 제대로 보여 주었듯이, 국제적으로 문화의 영역에서 정치선전을 펼치고 있는 재단의 역할이 때로는 정부의 연장선상에 있는 것이 아닌가 싶을 정도였다. 이러한 재단

22 앵글로색슨계 백인 개신교도(White Anglo-Saxon Protestant)의 약자로, 미국 사회의 주류를 이루고 있다. — 옮긴이

들이 유럽에서의 비밀 첩보 활동에 깊이 연루되어 마셜플랜이나 특정 프로젝트를 수행하는 CIA 관료들과 긴밀하게 협업했다는 기록이 많이 남아 있다. 이러한 호혜적인 관계는 마셜플랜의 대충자금을 프랭크 위즈너에게 전달하는 최종 결정권자였던 리처드 비셀이 포드재단에 발을 들여놓은 1952년부터 더욱 범위가 넓어졌다. 그는 정확히 다음과 같이 지적했다. "민간 재단에서 커다란 영향력을 행사하는 것 못지않게 정부에서도 커다란 영향력을 휘두를 수 있는 사람이라면, 개인에 불과할지라도 그를 막을 수 있는 것은 아무것도 없다."[23] 포드재단에서 재임하는 동안, 비셀은 새로운 아이디어를 짠다는 이유로 앨런 덜레스나 그로턴스쿨 동문 트레이시 밴스를 비롯한 여러 CIA 관료들을 자주 만나 '상호 탐색' 하는 시간을 가졌다. 그러던 그는 1954년 1월 홀연히 자리를 떠나 앨런 덜레스의 특별 보좌관으로 CIA에 합류했다. 포드재단이 냉전 사상의 선봉에 서도록 하는 작업은 이미 모두 마친 후였다.

비셀은 1950년에 포드재단 이사장이었던 폴 호프먼Paul Hoffman 밑에서 일했었다. 그는 마셜플랜의 행정관 일을 그만두자마자, 유럽이 직면한 문제와 그 문제를 공론화할 수 있는 사상의 힘에 대해 집중적인 교육을 받았다. 그는 심리전 용어에 능통했으며, 1950년 아서 쾨슬러의 외침("동지 여러분, 이제 자유가 주도권을 잡은 것입니다!")에 보답하여 "평화를 위해 싸우자"waging peace라는 말을 남겼다. 그는 또한 포드재단 대변인 로버트 메이너드 허친스Robert Maynard Hutchins와 의견을 같이해, 국무부는 "국내에서 정치적인 간섭을 많이 받아 미국 문화의 전체적인 밑그림을 제시할 수 없

---

23 Richard Bissell, *Reflections of a Cold Warriors: From Yalta to the Bay of Pigs*, New Haven: Yale University Press, 1996.

다"라는 입장을 갖고 있었다.

제2차 세계대전 후 포드재단이 국제적인 문화 외교에 뛰어들어 벌인 첫 사업은 제임스 러플린James Laughlin의 주도하에 1952년 출범한 문화교류 출판 프로그램Intercultural Publication Programme이었다. 러플린은 '신경향' New Directions 시리즈(조지 오웰과 헨리 밀러Henry Miller의 책을 출간했다)의 발행인이었으며 아방가르드 예술계의 존경받는 후원자였다. 착수금으로 50만 달러를 받은 러플린은 『퍼스펙티브』Perspectives를 출간했다. 이 잡지는 프랑스, 영국, 이탈리아, 독일의 비공산주의 좌파를 대상으로 만들어져 각국의 언어로 출판되었다. 러플린은 이 잡지의 목적이 "변증법으로 싸워서 좌파 지식인들을 **무릎 꿇리는** 것이 아니라, 미적이고 이성적인 설득을 통해 그들의 **입장을 바꾸도록** 하는 데" 있다고 강조했다. 더 나아가 이 잡지의 또 다른 목적은 "해외의 지식인들에게 미국의 비물질적 성취를 인정받아 평화를 증진하는 것"이었다.[24]

문화적 냉전주의자들이 이사진에 포진해 있던 미국의 문화교류 출판 프로그램은 그 목표에 국내 지식인들도 포함하고 있었다. 특히 자신의 작품이 "대중문화의 지옥이라는 상투적인 미국적 현실 속에 의미를 잃고 있다"라는 생각을 가진 그런 지식인들 말이다. 맬컴 카울리는 『퍼스펙티브』의 초기 후원자였다. 이 잡지는 미국적인 내용을 담되 "영화, 하드보일드 탐정 소설, 만화 등을 포함하거나 내용보다 광고가 많은 잡지"들과는 거리를 두었다. 지성사가 페리 밀러Perry Miller는 "미국을 정치적으로 선전하

---

24 Kathleen D. McCarthy, "From Cold War to Cultural Development: The International Cultural Activities of the Ford Foundation 1950-1980", *Daedalus*, vol.116/1, Winter 1987에서 제임스 러플린의 말.

는 내용을 배제해야 하며, 바로 이러한 배제가 그 자체만으로도 최상의 요건을 갖춘 가장 중요한 선전선동적 요소가 될 것"이라고 주장한 바 있다.[25] 그러나 잡지는 결국 이러한 기대를 충족시키지 못했다. 어빙 크리스톨은 『퍼스펙티브』를 두고 "민망한 포드재단 잡지"라고 평가했기 때문이다.[26] 『퍼스펙티브』의 실패 때문인지, 포드재단은 래스키의 『데어모나트』에 대해 후원을 해달라는 설득에 쉽게 넘어가고 만다. 1948년 10월 루시어스 클레이의 지원 아래 1948년 발행을 시작한 『데어모나트』는 미국 고등판무관실의 '비밀 자금'에서 직접 비용을 충당했는데, 이러한 자금 지원은 잡지 측이 내세우는 독립적이어야 한다는 주장과 상충하고 있었다. 래스키도 이러한 자금줄을 (보다 정부의 지원이 드러나지 않는) 다른 곳으로 대체하고자 했는데, 마침 독일에서 클레이의 부하 직원으로 일했던 포드재단 간부 셰퍼드 스톤Shepard Stone의 도움으로 드디어 포드재단의 지원을 확보할 수 있었다. 그럼에도 불구하고 래스키는 이 잡지의 1954년 10월호에서 이렇게 선언했다. "이제 우리는 완전무결한 자유와 독립을 얻었다!"

1953년 1월 21일, 새로이 대통령으로 선출된 아이젠하워로 인해 CIA에서의 입지가 불안했던 앨런 덜레스는 친구 데이비드 록펠러를 만나 점심을 함께 했다. 록펠러는 만약에 덜레스가 CIA를 떠나게 되더라도 포드재단 이사장으로 초빙할 수도 있다며[27] 노골적으로 암시를 주었다. 그래서 덜레스는 더 이상 미래를 걱정할 이유가 없어졌다. 이 점심 식사가 있고 나서 이틀 후, 『뉴욕타임스』는 앨런 덜레스가 CIA 국장이 될 것이라는

---

25 Ibid.
26 Irving Kristol, to Stephen Spender, 25 March 1953(CCF/CHI).
27 록펠러재단이 아니라 포드재단을 거론한 것은 의아한 일이지만, 저자의 착각인지 아니면 인맥을 동원하여 주선해 주겠다는 의미인지 불분명하다. ― 옮긴이

특종을 터뜨렸다.

포드재단의 새 이사장도 곧바로 발표되었다. 20세기 미국의 힘과 영향력을 보여 주는 전형적인 인물 존 매클로이였다. 포드재단으로 오기 전, 그는 국방부 차관, 세계은행 총재, 독일 주재 고등판무관을 지냈다. 또한 1953년에는 록펠러 소유의 체이스맨해튼 은행의 은행장, 외교협회 회장 자리에도 올랐다. 그리고 훗날 존 F. 케네디 암살 후에는 워런 위원회Warren Committee[28]에 임명된 적도 있었다. 그는 전 생애를 걸쳐 7개의 거대 정유사를 위해 일하는 월스트리트 변호사로, 또 많은 기업의 이사로 자신의 커리어를 유지했던 사람이다.

독일에서 고등판무관 시절의 매클로이는 많은 CIA 요원들이 정체를 감출 수 있도록 도움을 주었다. 그중에는 로런스 드 네프빌도 있었다. 이 요원들은 공식적으로는 매클로이 행정부의 직원으로 되어 있었지만, 비공식적으로는 워싱턴에 있는 CIA 책임자의 관리 감독을 받고 있었다. 그렇기 때문에 실제로 무슨 일을 하고 있는지 매클로이에게 꼭 보고해야 할 의무가 없었다. 정치적 감각이 있던 매클로이는 포드재단 이사장으로 재임하던 시절, 재단에 대한 CIA의 어쩔 수 없는 관심을 실용적인 관점에서 해석했다. CIA와 관계를 맺으면 재단의 통합성이나 독립성이 훼손될 것이라는 재단 임원들의 우려에 대해 매클로이는 CIA와 협력하지 않을 경우, CIA는 소리 소문 없이 하위직부터 인원을 침투시킬 것이라고 주장했다. 이 문제에 대한 매클로이의 해답은 CIA 업무만을 다루는 사무 부서를 포드재단 내에 설치하자는 것이었다. 자금 통로로든 엄폐물로든 CIA가

---

28 케네디 암살 사건을 조사한 연방정부 공식 조사 기구로서 위원장인 얼 워런(Earl Warren)의 이름을 땄다. ─옮긴이

재단을 이용하려고 할 때마다, 매클로이가 주재하고 재단 임원 두 명이 참여하는 3인 위원회가 이 문제를 협의했다. "CIA가 재단에 개입하려면 이 특수한 위원회를 경유했는데요. CIA가 요청한 프로젝트가 받아들일 만하고 재단의 장기적 이익에 위배되지 않는다는 판단이 서면, 이 프로젝트를 누구의 요청인지 감춘 채 내부 직원들과 여타의 재단 임원들[그들을 뺄 때도 있었다]에게 하달합니다."[29] 매클로이의 전기 작가 카이 버드Kai Bird는 이렇게 설명했다.

이러한 공조가 자리를 잡게 되자, 이제 포드재단은 공산주의에 대항해 벌이는 CIA의 정치전에 공식적으로 동원할 수 있는 기관으로 자리매김할 수 있게 되었다. 재단 기록보관소에서는 CIA와 재단 간의 수많은 공동 프로젝트를 발견할 수 있다. 조지 케넌이 결정적인 역할을 맡은 CIA의 일선 위장 조직 동유럽기금The East European Fund은 대부분의 자금을 포드재단으로부터 조달받았다. 이 기금은 체호프 출판사Chekhov Publishing House와 긴밀한 관계를 구축했다. 금서 목록에 올라 있는 러시아 작품을 구매하고 서구 고전을 러시아어로 번역하는 데 제공한 포드재단의 지원금만 52만 3000달러에 이르렀다. 재단은 또한 빌 케이시의 국제구조위원회International Rescue Committee에 50만 달러를 지원했고, 또 하나의 CIA 위장 조직인 세계청년회의에도 상당한 보조금을 전달했다. 미국 외교정책에 막대한 영향을 미치는 독립 싱크탱크이자, 관련 기록 공개에 대한 25년간의 엠바고를 비롯해 철저한 비밀 유지 정책에 따라 활동하는 외교협회에 가장 많은 금액을 지원해 준 기관도 포드재단이었다.

1947년 워싱턴에서 발족한 현대미술학회Institute of Contemporary Arts, ICA

---

29 Kai Bird, interview in Washington, June 1994.

도 1958년 포드재단의 지원을 토대로 해외 프로그램을 확대할 수 있었다. 학회 이사회에는 CIA 국가평가위원회 위원이자 딘 애치슨 전 국무부 장관의 사위였던 윌리엄 번디가 임명되었다. 그의 동생 맥조지 번디는 1966년에 포드재단 이사장 자리에 올랐다(그 일을 마치자 곧바로 대통령 직속 국가안보특별보좌관으로 자리를 옮겼는데, 그 자리는 무엇보다도 CIA를 감독하는 역할이었다). 재단 보조금의 혜택을 입은 사람들 중 허버트 리드, 살바도르데 마다리아가, 스티븐 스펜더, 에런 코플런드, 아이작 디네센Isak Dinesen, 나움 가보Naum Gabo, 마사 그레이엄Martha Graham, 로버트 로웰, 로버트 펜 워런Robert Penn Warren, 로버트 리치먼Robert Richman 등이 현대미술학회 산하 문화지도자회의Congress of Cultural Leader의 회원들이었다. 실질적으로 세계문화자유회의의 연장선상에 있던 이 단체는, 포드재단이 가장 많은 금액을 기부하는 단체 중 하나가 되어 1960년대 초반까지 700만 달러를 지원받았다.

프랭크 린제이라고 세계문화자유회의의 CIA 내 초기 후원자 중 하나였던 사람이 있다. 그는 1950년 베를린에서 문화자유회의를 은밀하게 준비하던 기간 중에 드 네프빌의 보고를 받던 상급자였다. 전략사무국OSS 출신인 린제이는 냉전 수행을 위해 비밀 첩보 부대를 창설하자고 제안했던 최초의 인물들 중 하나로, 1947년에 이미 그와 같은 내용의 보고서를 남긴 바 있다. 이 문건은 프랭크 위즈너의 눈에 띄었고, 위즈너는 그를 발탁해 CIA 정책조정실OPC의 유럽 활동을 감독하도록 했다. 일약 OPC의 부사령관 격이 된 린제이는 서유럽 '막후' 단체들을 조직하는 업무를 총괄했다(1949~51년). 1953년에는 포드재단에 합류해 정보 분야 동료들과 긴밀한 관계를 유지해 나갔다. 린제이는 이후 포드재단에 월더마 닐슨Waldemar Nielsen을 영입해서 총괄이사 자리에 넣어 주었다. 닐슨은 재단에 있는 동안에도 CIA 요원직을 유지했다. 1960년이 되자 닐슨은 대통령 직속 해외 정보활동위원회에서 상임이사직을 맡았다. 그는 다양한 행보를 보이면서도 C. D. 잭슨과 긴밀한 업무 관계를 맺고 있었다. 이들 두 사람은 "워싱턴의 수많은 고위 관리들 사이에 널리 퍼져 있던 심리전에 대한 뿌리 깊은 거부감"을 경멸의 눈초리로 바라봤다는 공통점이 있었다. 닐슨은 또한 문화자유회의의 친근한 벗으로, 열성을 다해 지원을 아끼지 않았다.

세계문화자유회의와 포드재단을 잇는 중심적인 인물은 셰퍼드 스톤이었다. 그는 국제 문제와 관련한 정부와 민간 단체 사이의 협력 절차와 구조에 정통하다는 평가를 얻고 있었다. 전쟁 전, 『뉴욕타임스』 일요판의 편집장이었던 스톤은 G-2(미 육군 정보참모부)에서 복무한 후, 독일의 존 매클로이 밑에서 공보부장을 지냈다. 당시 그는 『데어모나트』에 대한 정부 지원을 이끌어 냈다. 심리전에 노련했던 존 매클로이는 1951년 공석이 된 심리전전략위원회Psychological Strategy Board, PSB 위원장 자리에 스톤을 강력히 추천하지만 그는 그 자리를 마다하고 포드재단에 자리를 잡았다. 평생 동안 CIA와 긴밀한 업무 관계를 맺고 있던 스톤을 두고 많은 사람들은 그가 CIA 사람일 것이라고 믿었다. 하지만 어느 CIA 요원은 다음과 같이 애매하게 말했다. "셰퍼드는 CIA 사람이 아니었어요. 그 물에서 놀았을지는 몰라도 말이죠."[30] 1953년, 그는 조셀슨의 초청으로 유럽에 한 달간 머물며 문화자유회의의 주요 인사들을 만났다. 1954년 포드재단 국제부장 자리에 오르자 문화자유회의에서 스톤의 몸값은 더욱 높아졌다.

록펠러재단 또한 포드재단과 마찬가지로, 미국이 냉전을 수행할 때의 필수적인 조직이었다. 1913년 설립한 록펠러재단의 최고 기부자는 그

---

30 John Hunt, interview in Uzès, July 1997.

이름도 유명한 존 D. 록펠러 3세John D. Rockefeller III였다. 이 재단은 5억 달러가 넘는 자산을 가지고 있었다. 1940년 뉴욕에 설립된 싱크탱크인 록펠러브러더스기금Rockefeller Brothers Fund이 가진 1억 5000만 달러를 제외한 규모였다. 1957년 이 자금으로 당시 가장 유력한 인사들을 특별 연구 프로젝트 아래 불러 모았는데, 그들의 임무는 미국 외교정책을 규정하는 것이었다. '서브패널II'Subpanel II라는 이름의 국제 안보 목표 및 전략 연구에 많은 인원이 투입되었다. 이 연구 프로젝트에는 헨리 루스와 클레어 루스Clare Luce 부부, 로런스 록펠러Laurance Rockefeller, 타운젠드 후프스Townsend Hoopes(조크 휘트니의 회사를 대표하고 있었다), 넬슨 록펠러, 헨리 키신저, 프랭크 린제이, 그리고 CIA의 윌리엄 번디가 참여했다.

　록펠러의 막대한 자금과 미국 정부와의 밀월 관계는 포드재단의 역할을 능가하는 수준이었다. 존 포스터 덜레스와 그 후임 딘 러스크Dean Rusk는 록펠러재단 이사장에서 국무부 장관으로 영전한 사람들이다. 그리고 존 매클로이나 로버트 러벳Robert A. Lovett과 같은 냉전의 거물들은 록펠러 이사진에서도 눈에 띄는 인물들이었다. 이 재단의 중심적인 인물 넬슨 록펠러의 존재 또한 미국 정부 분야 인사들과 긴밀한 관계가 있음을 보증하고 있었다. 그는 제2차 세계대전 중에 대對라틴아메리카 정보 업무 책임자였다. 브라질에서 넬슨의 동료였던 J. C. 킹J. C. King 대령은 훗날 서유럽 비밀 공작을 담당하는 CIA 책임자가 되었다. 1954년에는 아이젠하워 대통령이 넬슨 록펠러를 국가안전보장회의NSC 의장으로 임명하는데, 그의 임무는 다양한 비밀 첩보 활동을 인가하는 것이었다. CIA 활동과 관련한 정보가 필요할 경우에는 오랜 친구 앨런 덜레스에게 부탁해 직접 브리핑을 받으면 되었다. 이러한 활동 중 가장 큰 논란을 불러일으킨 사건은 1950년대에 실행했던 마인드컨트롤에 관한 연구인 MK-ULTRA('맨추리

안 캔디데이트'Manchurian Candidate라고도 한다) 프로그램[31]이었다. 이 연구에도 록펠러재단의 지원금이 투입되었다.

전쟁 기간 동안 자체적인 정보 부서를 운영했기 때문에 넬슨 록펠러의 이름은 OSS 조직에서 빠져 있었다. 사실 그와 윌리엄 도너번은 평생을 반목하는 사이였다. 하지만 OSS 출신 인사들에 대해서는 아무런 편견 없이 록펠러재단에 대거 영입했다. 1950년에는 OSS 출신 찰스 파스Charles B. Fahs를 재단의 인권 부문 책임자 자리에 앉혔고, 그의 보좌관 역시 퇴역 OSS 요원으로 CIA에서 일하던 채드본 길패트릭Chadbourne Gilpatric이라는 인물로 채웠다. 이 두 사람은 문화자유회의와 재단 사이를 오가며 주요 연락책의 역할을 수행했고, 상당액의 록펠러재단 지원금을 조셀슨의 조직에 제공했다.

넬슨 록펠러만큼 중요한 인물이 그의 동생 데이비드 록펠러다. 그는 체이스맨해튼 은행 재단의 기부위원회를 통솔하고 있었고, 은행의 부회장을 거쳐 회장직에 올랐으며, 외교협회 이사이자 뉴욕 인터내셔널하우스 장학재단의 상임이사였고, 앨런 덜레스, 톰 브레이든과는 개인적으로 가까운 친구였다. "저는 데이비드에게 우리가 이런 일을 하고 있다고 브리핑을 해주곤 했어요. 앨런의 허락을 받은 일이었고, 반쯤은 공식적인 일이었죠." 브레이든의 말이다. "데이비드 록펠러는 우리와 같은 생각을 갖고 있었습니다. 우리가 하는 모든 일에 찬성이었죠. 우리의 갈 길이 냉전에서

---

31 CIA의 과학정보국이 실행한 세뇌 프로젝트. 별칭인 '맨추리안 캔디데이트'는 관련된 소설 및 영화의 제목이기도 하다. 이 프로젝트는 미국인과 캐나다인을 주 대상으로 1950년대 초에 시작해 1960년대 말까지 지속된 것으로 알려져 있다. 약물, 화학약품, 최면, 폭언, 성희롱, 고문 등이 인간 정신 및 뇌의 활동에 미치는 영향을 연구했으며, 1975년에 미 의회를 통해 폭로되었다. ─ 옮긴이

의 승리라는 점에서도 같은 생각이었습니다. 예산이 배정되지 않으면 데이비드가 직접 돈을 내주기도 했습니다. 프랑스에서의 활동에도 많은 돈을 줬었죠. 유럽 청년 단체 중에 유럽 통합 운동을 하는 한 친구에게 전해 달라며 제게 5만 달러를 준 일이 기억납니다. 먼저 이 친구가 프로젝트를 들고 저를 찾아왔었죠. 제가 데이비드에게 얘기를 했더니, 그 자리에서 바로 5만 달러짜리 수표를 끊어 줬어요. CIA가 끼어들 여지는 없었죠."[32]

이와 같이 정부를 낀 정상배政商輩들의 사적인 거래는 노략질에 새로운 의미를 부여했다. 그 불가피한 부산물로 냉전 기간 내내 미국 외교정책이 반쯤은 사유화되어 버렸던 것이다. 따라서 이와 같은 문화 속에서 훗날 올리버 노스 사건[33] 같은 재앙이 발생하기도 한다. 이러한 비유는 부당한 것이 아니다. 왜냐하면 이러한 CIA 초창기의 후원자들은 이란-콘트라 게이트를 일으킨 자와 마찬가지로 "변함없는 시선으로, 또한 거침없는 소명의식으로, 그리고 뚜렷한 확신으로, 목적이 수단을 정당화하면서"[34] 스스로에 대해서, 그리고 스스로가 추구하는 목적에 대해서 한 치의 회의도 없이 행동했기 때문이다.

32 Tom Braden, interview in Virginia, August 1996.
33 1986년, 미 레이건 정부는 중동 지역의 테러 조직에 의해 억류된 미국 인질들을 석방시킬 목적으로 이 조직들에 영향력을 행사할 수 있는 이란 당국에 무기를 판매하고 그 대금 중 일부를 니카라과 반군인 콘트라(contras)에 지원했다(이란-콘트라 스캔들). 미국 법은 적성국인 이란에 대한 무기 판매, 니카라과 반군에 대한 자금 지원 모두를 금지하고 있었기 때문에 추후 이 사실이 폭로되자 큰 파장을 낳았다. 이 자금 운용 과정에 국가안전보장회의(NSC)가 관련되어 있었으며, 전직 해군 중령으로 NSC 소속이던 핵심 인물 올리버 노스(Oliver North)는 청문회에서 자신의 행위가 국가를 위한 행위였다고 강변했다. ― 옮긴이
34 Neil Berry, "Encounter", *London Magazine*, February-March 1995.

10장

진실 알리기 캠페인

유대어로 글을 썼다고 해서 다가 아니다. 할 말이 있어야만 하는 것이다. —Y. L. 페레츠Y. L. Peretz

1952년에 개최된 니콜라스 나보코프의 대규모 예술 페스티벌은 미국의 정치선전의 역량이 어디까지인지를 가늠할 수 있는 기회였다. 마셜 매클루언Marshall McLuhan의 유명한 문구 "미디어는 메시지다"라는 말이 나오기 전이었음에도, 정부의 전략가들은 정확히 어떤 메시지를 전달해야 하는가를 고민하고 있었다. 전직 OSS 요원 출신으로 아이젠하워 행정부의 특별 자문 역을 지낸 월트 로스토walt Rostow의 말대로, "더러운 술수가 말썽이 되는 이유는 무슨 메시지를 전달할지도 모르고서 그리하기 때문입니다."[1] 그렇다면 누가 메시지를 규정하는가? 아마도 광고 전문가 이상의 인물은 없을 것이다.

1950년대 초반, 미국의 문화 전쟁에서 의제를 설정하는 데 지금 소개할 이 사람보다 많은 일을 해낸 사람은 없을 것이다. 그 사람은 바로 전미자유유럽위원회 위원장으로, 이후 아이젠하워의 심리전 특별 자문 역을

---

1 Walt Rostow, telephone interview, July 1997.

맡았던 C. D. 잭슨이다. 그는 미국의 비밀 첩보 분야에서 가장 유력한 전략가였다. 1902년 뉴욕에서 태어난 잭슨은 유럽에서 대리석 등 석재를 수입하는 부유한 기업가 아버지 밑에서 태어났다. 1924년 프린스턴대학을 졸업하고 가업인 석재 수입에 뛰어들어 유럽 전역에서 인맥을 쌓았는데, 이와 같은 인맥은 훗날 그에게 소중한 자산이 되었다. 1931년에는 헨리 루스의 타임-라이프 제국에 광고 담당 중역으로 채용되었다. 제2차 세계대전 동안 C. D.는 미국의 심리전을 이끄는 전문가로 해외전시정보부Office of War Information Overseas 국장 보좌 역으로 북미와 중동을 담당했고, 아이젠하워가 지휘하던 연합군최고사령부Supreme Headquarters Allied Expeditionary Force, SHAEF 산하 전시심리전단PWD에서 부단장으로 활동했다.

전쟁이 끝나자 C. D. 잭슨은 다시 타임-라이프로 돌아와 『타임』의 부사장이 되었다. 또한 뉴욕에서 앨런 덜레스가 만든 사교 모임 '파크애비뉴의 카우보이들'의 초창기 멤버로 활약한 적도 있다. 그러다 1951년 CIA가 주관하여 미국 정보기관을 재편하자고 주장하는 어느 연구 모임에 초청을 받는다. 이 일로 그는 CIA 비밀 첩보 활동의 '외곽' 책임자를 맡게 되고, 그 과정에서 전미자유유럽위원회의 위원장직을 맡아 '진실 알리기 캠페인' 활동을 벌였다. 잭슨은 위원회를 통해서 아이젠하워 장군을 포함하여 위원회에 기꺼이 이름을 빌려줄 수 있는 미국 지도급 인사들의 명단을 확보했다. 그리고 제이 러브스톤과, 그리고 가끔씩은 아서 슐레진저와 함께 자유유럽방송의 중역 회의에 참석했다. 그는 또한 미국 흑인대학기금연합회United Negro College Fund의 이사장이자, (냉전의 전사들인 헨리 캐벗 로지Henry Cabot Lodge, J. M. 캐플런, 에드워드 태프트Edward Taft와 함께) 보스턴 심포니 오케스트라의 이사였으며, 링컨센터의 예술 기획 부문, (코닐리어스 밴더빌트 휘트니Cornelius Vanderbilt Whitney[2]와 함께) 메트로폴리탄 오페라단, 그리고 뉴욕카네기재단에서도 이사직을 겸했다.

아이젠하워도 제2차 세계대전 시 유럽과 북아프리카에서의 작전 활동을 통해 C. D. 잭슨을 잘 알고 있었고, 그에게서 대중을 조작하는 기술을 직접 배웠다. 선거 캠페인에 홍보 부서를 설치하도록 아이젠하워를 설득한 것도 C. D. 잭슨이었다. 선거 캠프에 홍보 전문가를 참여시킨 후보는 아이젠하워가 역사상 처음이었다. 그래서 작가를 고용해 재미있는 슬로건을 만들어 냈다. "몸이 뻐근하고 골치가 아프다고요? 그럼 아이크(아이젠하워의 애칭)를 쓰세요. 필립모리스, 럭키스트라이크, 알카셀처 진통제처럼, 골치 아플 때 아이크가 잘 듣습니다." 1953년 1월 34대 미국 대통령으로 백악관에 입성하자마자, 아이젠하워는 정부 부처의 주요 인사들을 임명했는데, C. D. 잭슨은 심리전 부문 대통령 특별 자문 역을 맡게 되었다. 이제 그는 무소불위의 권력을 가지고 정치선전의 모든 영역을 관장하는 비공식적인 장관이 된 것이다.

C. D.의 첫 번째 임무는 미국의 첩보전 역량을 강화하는 것이었다. 당시 심리전과 정치선전 활동의 주체는 국무부, (마셜플랜을 운영하던) 경제협력처, 군 정보부, CIA, 그리고 CIA 내부 조직이지만 독립적인 활동을 하는 경우가 많았던 위즈너의 정책조정실OPC로 분리되어 있었다. 조직 간 불화와 부서 간 경쟁의식으로 가득 찬 정부 부서들을 지켜보면서, C. D.는 각 부서들이 "프로 행세 하는 아마추어" 같다고 생각했고, 이와 같은 일들은 "워싱턴의 정책상 결핍과 완전한 진공 상태"를 방증한다며 비판했다. 그의 주장에 따르면 "기회와 위기는 공존한다. 여기서 기회란 달러가 아닌

---

2 유명한 '철도왕' 코닐리어스 밴더빌트의 외증손자이며 휘트니미술관의 설립자 거트루드 휘트니 (Gertrude Vanderbilt Whitney)의 아들이다. ─ 옮긴이

사상으로 전 세계의 동력을 쟁취하는 것이다. 지금까지의 방어적인 자세와 돈에 대한 의존은 이제 이상에 헌신했던 건국 초기 시절 미국의 힘으로 바뀌어야 한다. 이제 우리의 가능성은 세계를 대상으로 이러한 건국 때의 선언을 부활시킬 수 있느냐에 달려 있다. …… 우리가 이러한 선언을 보존하지 못한 채 소극적으로 움츠러들기만 하면 그때는 정말로 위기가 찾아올 것이다". 다시 말해, "미국이 심리전을 수행하기 위한 정책적 청사진과 계획"이 필요하며 그 목표는 "실제 전투를 벌이지 않고도 제3차 세계대전에서 승리를 거두는 것"이었다.[3]

"냉전에서 우리의 목표는 영토를 확장하거나 무력으로 정복하는 것이 아닙니다." 아이젠하워 대통령의 어느 기자회견 내용이다. "우리의 목표는 더 은근하고, 광범위하며, 더 완전한 것입니다. 우리는 평화적인 수단을 통해 세계가 진실을 믿게 만들고자 합니다. 미국이 세계의 평화를 바라고, 전 세계의 개개인들이 최대한 자기를 계발할 수 있는 기회를 갖기를 바라는 것이 바로 진실입니다. 이러한 진실을 확산시키는 방법을 우리는 흔히 '심리전'이라고 부릅니다. 이 말이 주는 어감을 두려워할 필요가 없습니다. '심리전'은 인류의 영혼과 의지를 위한 투쟁이기 때문입니다."[4] 비밀 첩보 활동의 범정부적인 내부 분열과 갈등 확산을 극복하기 위해 국방부와 CIA는 심리전 활동 조정 업무를 총괄할 독립 위원회의 설립을 제안했다. 국무부의 저항이 있기는 했다. 하지만 이 제안을 적극 지지했던 조지 케넌이 1951년 4월 4일 심리전전략위원회PSB를 설치하는 기밀 명령에

3 C. D. Jackson, "Notes of Meeting", 28 April 1952(CDJ/DDE).
4 Blanche Wiesen Cook, *The Declassified Eisenhower: A Divided Legacy of Peace and Political Warfare*, New York: Doubleday, 1981.

트루먼 대통령의 서명을 받는 데 큰 역할을 했다. C. D. 잭슨이 그토록 바라던 '정책 청사진'을 그려 줄 위원회가 이제 첫발을 내디딘 것이다(하지만 그 명칭이 조지 오웰의 소설에 나오는 기구 같은 느낌을 준다는 이유로 곧 약자인 PSB로 부르게 된다).

　　PSB의 '정책상의' 또는 '이상적인' 계획은 전략 문서 PSB D-33/2에서 처음 등장했다. 문서의 내용 자체는 현재까지도 대외비로 남아 있지만, 당시 찰스 버턴 마셜Charles Burton Marshall이라는 PSB 관료가 논의 내용을 보고 걱정이 된 나머지, 가장 마음에 걸리는 부분을 자기 뜻대로 옮겨 적어 장황한 내부 기록으로 남겨 놓았다. "정부의 광범위한 정책 시스템을 통한 개입이 전체주의적 색채를 띠지 않고서 과연 가능하겠습니까?" 이것이 그의 의문이었다. "이 문서에는 직접적으로 그런 내용이 나와 있지 않습니다. 하지만 실제로는 다양성을 획일성으로 대체하려 하고 있습니다. 이 문서는 '특정한 종류의 사회적 신념과 구조'만을 옳은 것으로 인정하는 체제를 상정하고 있습니다. 이 체제가 옳다고 하는 신념과 구조만이 '인류의 염원에 원칙이라는 실체'를 제공하고 '인간 사상의 모든 분야', 그러니까 '인류학과 예술적 창조성에서부터 사회학과 과학 방법론에 이르는 모든 영역의 지적 관심들'을 아우를 것으로 가정하고 있습니다." (훗날 PSB의 극렬한 반대자가 된) 마셜은 곧이어 이렇게 비판했다. "이런 사상을 통해서 마치 '미국식 생활양식'에 '체계적이고 과학적인 기반'이 존재하는 것처럼 연출하고 있으며, 이 연출을 위해서 '효과적인 수단'을 요구하고 있습니다." 그리고 마셜은 "이는 '정책 개발'을 하나의 '조정 기구' 아래 두려는 시도"라고 보았다. "그리하여 이 문서는 사상을 개발하고 퍼뜨리도록 '자극'할 때는 기민하고 명확한 조치가 이루어져야 한다고 주장하고 있습니다. …… 이는 공산주의에 대항하기 위해서는 물론, '세상에 널리 퍼진 반미라는 광신적 사고 패턴', 쉽게 말해 미국이 추구하고자 하는 목표에 대한 교조적인 적대감이 존재하는데, 이러한 적대감을 분쇄하려는 목표를 세우고, 이를 달성하고자 노력을 경주하는 가운데 '장기간의 지적 운동'이 싹을 틔울 것이라 예견하고 있는 것입니다." 그는 단호하게 결론지었다. "하지만 이러한 시도 또한 그저 우리에게서 나온 또 다른 형태의 전체주의일 뿐입니다."[5]

또한 마셜은 PSB가 '비합리적 사회 이론'에 기대고 있다고 비판했다. 엘리트의 역할을 강조하는 것이 "파레토, 소렐, 무솔리니 등을 연상"시킨다는 것이다. 이러한 모델이야말로 제임스 버넘이 자신의 책 『마키아벨리주의자들』에서 사용했던 이론적 틀이 아닌가? 아마도 기밀문서 PSB D-33/2의 초안을 마련할 때, 이 책에서 빌려올 만한 내용이 있었을지도 모르겠다. 그보다는 버넘이 직접 자신의 생각을 썼을 가능성이 높다. 마셜이 문제 삼고 있는 것은 확실히 버넘의 엘리트 지배 이론이었다. "개인의 중요성은 부차적인 것으로 격하되었습니다." 마셜의 말은 계속되었다. "이른바 엘리트가 중요하고도 유일한 그룹으로 부상하고 있습니다. 엘리트라 함은 수적으로 '제한적인 집단일지는 몰라도 정책과 관련한 문제를 다루는 데 관심과 능력이 있고', '사상으로 지성계의 배후를 움직여서 여론을 주도하는 사람들로 하여금 특정한 태도나 의견을 취하게 만들거나 최소한 동조하도록 하게 만드는' 사람들입니다."[6] 마셜의 설명에 따르면, PSB는 각 분야의 엘리트들을 대상으로 공작 계획을 세웠다고 한다. 이 엘리트 집단의 구성원들을 "정책 기획자들의 세계관"에 경도되도록 하는 것

5 Charles Burton Marshall, to Walter J. Stossel, 18 May 1953(CDJ/DDE).
6 Ibid.

이 그 목적이었다. 특히 토착 엘리트들을 포섭하면, 이러한 계획을 미국이 추진하는 것이 아니라 "해당 지역의 자생적인 발전에 따른 것으로 보이게 만드는" 효과가 있었다. 하지만 이 공작 계획의 목표는 외국인뿐만이 아니었다. 이 문서는 미국인들을 선전선동의 대상으로 삼으려는 의도에 대해서만큼은 부인했지만, 병사용 만화책이나 군목의 설교를 통해 '올바른' 사상을 주입시키는 등, 복무 중인 군인들을 상대로 한 교화 프로그램에 사용되었다고 한다.[7]

마셜의 예리한 비판은 정확히 미국의 비밀 문화전 프로그램의 핵심을 찌르는 얘기였다. 이 PSB의 교조적인 문서를 뒷받침하는 엘리트 이론은 비공산주의 좌파 지식인들을 포섭하고 세계문화자유회의에 대한 지원을 정당화하는 CIA와 아주 똑같은 사고방식이다. '정책 기획자들의 세계관'을 형성하는 데 엘리트 지식인들이 동원된 것에 대해서, CIA 요원 도널드 제임슨은 다음과 같이 말했다. "CIA가 이러한 활동들을 통해서 고취하려고 했던 태도에 관해서는 분명히 말씀드리건대, 사람들이 **스스로의 추론과 확신**을 통해서 미국 정부가 하는 일은 무엇이든 옳다고 믿게 만드는 데 그 목적이 있었습니다."[8]

그러나 마셜의 예리한 비판은 다른 사람들의 귀에는 들어오지 않았

---

7 Ibid.
8 Donald Jameson, interview in Washington, June 1994. "[CIA도 마찬가지겠지만] 이러한 관점에서 보면 정말 긴 줄에 묶인 개 한 마리의 이미지가 떠오른다. 자신이 지식 사회의 자유와 독립성을 위해 헌신했노라고 말하고 다니는 지식인들의 성공담을 볼 때, 염두에 두어야 할 점은 CIA의 간섭과 고려에 섞여 있는 계산이다. 대부분은 아니겠지만 몇몇 지식인들은 이러한 CIA의 고려에 의해 '모르고서 일하고 있는 상태'(unwitting)로 있기 때문에 자유롭고 독립적이라고 느낄 수밖에 없다. CIA가 그들을 그러한 상태에 내버려 두더라도 그들은 (몰라서 CIA에 협조한다는 꺼림칙한 마음이 덜 들기 때문에) CIA의 기본적인 정책에 동의할 것이고 더 나아가 더욱 협력적으로 나오거나 쓸모 있게 이용될 수 있기 때문이다"(Richard Elman, "The Aesthetics of the CIA", 1979, unpublished(이 원고는 엘먼의 홈페이지에 게시되어 있다. http://richardelman.org/cia 참조. 검색일자: 2016년 7월 21일)).

다. PSB 이사 레이먼드 앨런Raymond Allen은 다음과 같이 당당하게 발표했다. "우리 미국의 독립선언문과 헌법에 구현된 원칙과 이상은 나라 밖으로 확산되어야 할······ 전 세계 인류의 유산이다. 우리는 모든 인류에게 이 근본적인 가치를 호소하여 받아들이도록 해야 한다. 나는 이 가치가 캔자스 주의 농부든 펀자브 지방의 농부든 간에 누구에게나 공통된 것이라 믿는다."[9] 그리고 1952년 5월, 새로이 보강된 PSB는 공식적으로 CIA 심리전 프로그램의 시기와 강도를 관리·감독하는 역할을 맡게 되었다. 그 암호명은 '패킷'packet이었다. 이러한 절차의 일환으로 PSB는 공산주의의 호소가 성공적으로 먹혀들었던 언론인과 시사 평론가, 예술가, 교수, 과학자 등 해외의 '오피니언 리더'들에게 압력을 가하기 위해 실행된 CIA의 캠페인을 관리·감독하는 역할도 맡게 되었다. 이러한 유력 인사들을 '자유'의 품으로 되돌리는 일에는 "세미나, 심포지엄, 학술 서적, 학술 저널, 도서관, 인원 교환, 교수직의 부여 등의 학술 활동" 프로그램이 필요했다. 이러한 조치들을 통해서 PSB의 업무에는 이제 도덕재무장운동Moral Rearmament Movement, 자유십자군운동, 자유유럽방송, 평화와 자유 운동Paix et Liberté, 미국문화자유위원회의 관리·감독 임무가 추가되었고, 더 나아가 선박 송출 방송, '3차원 입체 영화'[10], '민요, 민속 공연, 민화, 민담 순회공연' 활동까지 감독하기에 이르렀다. 1953년 6월까지 암호명 '패킷'은 PSB가 행한 '정책 프로그램' 중 하나였을 뿐이다. PSB는 새로운 문서를 통해서 '심리전의 목

---

9 Scott Lucas, "The Psychological Strategy Board", *International History Review*, vol.18/2, May 1996.
10 흔히 '3D 영화'(3D film)라고 불리는 3차원 입체 영화(three dimensional moving pictures)는 20세기 초부터 개발되었는데, 특히 PSB가 설치될 무렵인 1952~54년 사이에 무수한 컬러 3D 영화가 쏟아져 나와 성황을 이루었다. 이 시기를 '3D 영화의 황금기'라 부른다. — 옮긴이

표'를 다시금 정의했다. "미국과 자유세계의 목표에 적대적인 공산주의, 또는 그와 비슷한 주의 주장에 지적 기초를 제공하고 있는 전 세계에 만연한 교조적 사고 패턴을 분쇄"하기 위한 "지식인, 학자, 여론 형성 집단에 대한 호소"가 그 목표였다. 이렇듯 캠페인을 통해 설득한다면 "확신에 찬 공산주의자를 야심 찬 출세주의자로 만들 수 있고, 그 사고 패턴에 혼란, 의심, 자신감 상실"을 야기할 것이라는 판단이 내려졌다. CIA는 PSB로부터 "이 프로그램의 목적을 달성하기 위한 모든 활동에 높은 우선권을 부여하고 계속 지원해 주라"[11]라는 지시를 받았다. 설립 후 2년이 채 안 되는 기간에 PSB는 "대외 정책의 개발 및 구축에 중추적 역할을 하는 기관으로 자리매김하는 데 성공했다".[12]

PSB와 정부의 관계 부처가 꾸미는 비밀 음모에 마음 내키는 대로 접근할 수 있게 된 C. D. 잭슨은 '보이지 않는 정부'라고 알려진 삼엄한 권력의 핵심에서도 가장 각광받는 인물이 되었다. 그는 동유럽의 철권 통치자나 아폴론 신전에서 신탁을 내리는 사제와 같이 옥좌에 앉아서, 그의 지혜를 얻고자 다양한 분야의 문제들을 안고 들어오는 방문객들의 끊임없는 행렬을 굽어살폈다. 이러한 방문 내용을 세세히 기록한 파일을 보면 첩보 활동의 세계에 대한 독특한 통찰력을 얻을 수 있다. 먼저 PSB 소속의 관료들이 각종 사상전에 대한 전략을 들고 방문했는데, 그중에는 각종 정치선전을 인쇄한 헬륨 풍선을 철의 장막 너머로 날려 보내자는 계획도 있었다. 영국 정보조사국IRD에서는 애덤 왓슨이 찾아와 영국 심리전 정책에 대한 제안을 C. D.에게 브리핑했다. "왓슨이 내게 보장해 주었던 것은 여왕 폐

---

11 Psychological Strategy Board, "US Doctrinal Program", 29 June 1953(PSB/DDE).
12 Lucas, "The Psychological Strategy Board".

하의 정부Her Majesty's Government[13] 측에서 벌이는 일로서는 전례가 없는 매우 독특한 활동이었다. 그리고 왓슨은 지금과 같이 미국과 영국의 두 조직이 서로 연계가 있으면서도, 영국은 우리 미국과 거의 모든 정보를 공유하는 반면, 우리는 영국 측과 어느 것도 공유하지 않고 있다며 문제를 제기했다. 나는 왓슨에게 이곳의 담당자들도 그 점을 매우 잘 알고 있으며 조만간 개선되기를 바란다고 말해 주었다." 이 두 사람은 1951년 워싱턴 주재 영국 대사관에서 처음 만났는데, 원래 CIA와의 연락 업무를 담당하던 왓슨은 이제 C. D.의 귀중한 정보원이 된 것이다. 그 후로도 C. D.는 "왓슨과 긴밀한 관계를 유지하며 함께 일해 왔고" 나중에 왓슨을 "무엇보다도 비공식적인 측면에서 매우 유용하고, 격의 없이 지낼 수 있으며, 받은 것이 있으면 줄 줄도 아는 사람"[14]이라며 (1954년에 그의 후임으로 백악관에 입성한) 넬슨 록펠러에게 추천해 주었다. 왓슨은 또한 수년 동안 세계문화자유회의의 신중하되 강력한 동맹군으로 활약했다. 또한 문화자유회의로부터는 줄리어스 플레이시먼이 C. D.를 만나러 왔다. 방문 이유는 "메트로폴리탄 오페라단의 유럽 공연 비용을 문화자유회의 측의 비용으로 처리해 주는 것이 가능한지 논의하기 위해서"였다. 그다음은 대니얼 벨을 만나 "미워시 문제에 관해서, 그리고 세계문화자유회의가 스폰서를 맡아 곧 열리게 될 과학 회의에 대해서 협의했다".[15]

C. D. 잭슨이 백악관에 있었기에 세계문화자유회의는 워싱턴이라는 강력한 동맹군을 얻을 수 있었다. 톰 브레이든은 C. D.에게 줄을 대기 위

---

13 영국 정부를 지칭하며, 약자인 'HMG'로 많이 쓰인다. ― 옮긴이
14 C. D. Jackson, log files(CDJ/DDE).
15 Ibid.

해 재빨리 손을 썼고, 결국 이 두 사람은 '산적한 현안'에 대해 정기적으로 만나 의견을 나눌 수 있었다. 1952년 보스턴 심포니 오케스트라의 공연 투어를 공동으로 진행함으로써 C. D.는 문화자유회의가 얼마나 유용한 조직인지 확신하게 되었다. 그러면서 "내가 알기로 유럽과 아시아의 지식인들에게 영향력을 발휘해 반공주의, 반중립주의자로 만들 힘을 가진 유일무이한 조직"이라며 칭찬을 아끼지 않았다.[16] 그는 또한 문화자유회의의 관련자들을 높이 평가해 정부 요직의 후보자로 몇몇을 추천했다. 그중에는 시드니 훅, 제임스 버넘("이 지저분한 분야의 매우 논리정연한 해설자"), 『뉴리더』 편집장 솔 레비타스("완벽한 천사표"), 그리고 C. D.가 "공산주의자들의 냉전 기술을 철저히 파악하고 있다"라고 평가했고,[17] 헨리 루스 소유의 『포춘』에서 일하고 있던 대니얼 벨 등이 있었다. 그는 니콜라스 나보코프도 오랫동안 흠모해 왔다. C. D.는 심리전 요원 중 주요 직위 적임자 목록에 나보코프를 추천했는데, 이 목록은 1950년 육군부 장관실에 제출되었다.

C. D.와 문화자유회의 사이의 동맹 관계는 향후 몇 년간 계속되었고(1954년에는 미국문화자유위원회의 이사가 되었다), 문화자유회의는 그의 명성 덕택에 세심한 지원을 얻었음은 물론 수많은 이익을 얻을 수 있었다. 문화자유회의가 헨리 루스의 잡지(『타임』, 『라이프』, 『포춘』 등)에 보도가 필요하다고 하면 C. D.가 나서서 그 일을 처리해 주었다. 자유유럽위원회와 자유유럽방송 간의 협업이 필요하다고 하면 역시 C. D.가 다리를 놓아 주었다. '민간' 기부가 필요하다고 하면, 또한 C. D.가 광범위한 업무 인맥을

---

16 C. D. Jackson, to Henry Luce, 28 April 1958(CDJ/DDE).
17 C. D. Jackson, to Abbott Washburn, 2 February 1953(CDJ/DDE).

동원해 필요한 부분을 충당해 주었다. 하지만 가장 중요한 기여는 C. D.가 다져 놓은 문화자유회의의 정치적 위신이었다. 놀랍게도 당시만 해도 워싱턴에서 문화자유회의를 옹호하는 사람은 소수에 불과했다. "워싱턴에서는 문화자유회의를 지지한다고 알려진 사람도 없었고, 또 어느 누구도 그 단체를 지지한다는 소문을 듣고 싶어 하지 않았습니다." 로런스 드 네프빌은 이렇게 증언했다. "대부분의 사람들이 그 점에 혼란스러워했죠. 문화자유회의를 만든 것은 우리인데, 워싱턴에는 이 단체를 실제로 관리하는 조직이 없었던 겁니다."[18] 그러한 회의적인 분위기 속에서도 세계문화자유회의가 명맥을 유지하고 성장하게 되었던 공로는 마이클 조셀슨의 영웅적 노력 덕택임이 틀림없다.

지난 몇 년간 정신없는 일처리에 지친 마이클 조셀슨은 소위 "인류의 영혼과 의지를 위한 투쟁"에서 벗어나 짧은 휴식을 얻었다. 1953년 2월 14일 그는 다이애나 도지와 정식으로 결혼식을 올렸다. 증인은 로런스 드 네프빌이었다. 두 사람 모두 전에 결혼한 적이 있었다. 조셀슨은 1940년 쿠바 아바나에서 콜레트 주베르Colette Joubert와 결혼했지만, 이혼 후 완전히 남남이 되었었다. 언제나 사생활 노출을 극도로 꺼렸던 조셀슨은 다른 사람들 앞에서 전처에 대한 얘기를 꺼낸 적이 없었다. 하지만 그는 1963년 2월 뉴욕의 한 신문에서 오려 낸 빛바랜 기사 조각을 간직하고 있었다. 끔찍하게 살해당한 콜레트에 대한 기사였다. 이 조셀슨의 전처는 어퍼이스트사이드에 위치한 그녀의 아파트에서 강간당한 뒤, 온몸이 묶이고 입에는 재갈이 물린 채 발견되었다.

결혼식을 마치고 조셀슨과 다이애나는 지중해의 마요르카 섬으로 신

18 Lawrence de Neufville, telephone interview, April 1997.

혼여행을 다녀왔다. 파리로 돌아온 직후, 조셀슨은 "사실대로 털어놓기로 마음먹었다". 자신이 CIA에서 일하고 있으며, 세계문화자유회의는 CIA가 운영하는 '비밀 사설 단체'proprietary[19]라고 말이다. 문화자유회의 측 관련 일을 하던 남편을 항상 지켜봐 왔던 다이애나는 이미 조셀슨이 명함에 새겨진 수출입 업무 말고 뭔가 다른 일을 하고 있을 것이라고 추측하고 있었고, 혹시 소련과 관련된 일은 아닐까 하고 의심했었다. 하지만 결국 남편이 '옳은' 편에 서있다는 것을 알고부터는 안심이 되었다. 그 이후부터 다이애나는 '진 엔싱어'Jean Ensinger라는 암호명을 부여받아 부부이자 일종의 파트너가 되었다.

다이애나 조셀슨은 업무에 쉽게 적응했다. 풀브라이트 장학생 출신으로 복잡한 노동 문제에 대한 지식이 있었기 때문이다. 다이애나의 첫 직장은 미국 노동부 산하 출판사에서 요약본을 편집하는 일이었고, 곧 마셜 플랜의 노동부로 자리를 옮겨 제이 러브스톤, 어빙 브라운 밑에서 일했다. "저는 젊고 그 분야에는 신선한 얼굴이었고요, 거기다 노조 지도자들과의 관계도 아주 좋았어요." 옛날 일을 떠올리던 다이애나의 낯빛이 밝아졌다. 노동부에서 다이애나의 업무는 유럽의 공산주의 계열 노동조합에 관해 보고서를 쓰는 일도 포함되어 있어서 일급비밀에도 쉽게 접근할 수 있었다. 이 업무는 신중을 요하기에 CIA의 허가가 필요했다. 다이애나는 시간이 흐르고 난 뒤에서야 CIA가 관리하는 대충자금에서 자신의 급여가 나왔다는 사실을 알게 되었다.

암호명 '진 엔싱어'와 '조너선 F. 사바'(마이클 조셀슨)는 워싱턴으로 보낼 암호화된 전보와 문서 들을 함께 작성했다. 이 문건들은 마티니를 마

---

19 'proprietary'는 CIA가 위장으로 설립한 사설 단체들을 통칭하는 단어다. ─ 옮긴이

신다는 명분으로 조셀슨에 아파트에 들른 CIA 요원에게 건네졌다. 다이애나의 기억에 따르면, "CIA 요원들은 모두 하나같이 똑같이 생긴 서류 가방을 들고 다녔어요. 가방 안에 가짜 바닥이 있었고, 그 안에 전보를 넣고 다녔죠. 정말 우스운 광경이었어요. 1마일 밖에서도 알아볼 정도였으니까요. 모두들 똑같은 모습을 하고 있었죠. 엉망진창이었어요. 우리는 이렇게 들어온 전보를 읽어 보고는 화장실 변기에 흘려 보냈죠".[20] 그녀는 이 업무의 적임자였고 어머니에게까지 비밀을 지킬 줄도 아는 사람이었다. 한번은 CIA 요원 리 윌리엄스가 조셀슨 부부의 외동딸 제니퍼에게 줄 이유식을 사러 나간 적이 있었다. 이 요원이 집에 돌아왔을 때 마침 다이애나의 어머니가 아이를 돌봐주기 위해 미국에서 날아온 참이어서, 그를 어머니에게 소개할 수밖에 없게 되었다. 그때 테이블에 『제인 에어』 책이 있는 것을 발견하고는 다이애나는 더듬거리며 말했다. "이분은, 음…… 로체스터 씨에요." 순진한 어머니는 감탄했다. "정말 신기하구나! 로체스터 씨라니. 어쩜 『제인 에어』에 나오는 사람이랑 이름이 똑같네!" 다이애나가 이 요원의 실명을 밝혔더라도 그리 대단한 것이 들통날 염려는 없었다. 하지만 이 일화는 다이애나가 얼마나 이 거대한 게임에 복잡하게 얽혀 있었는지를 보여 준다. 결국 사실을 알고 나서 그녀의 어머니도 "이 모든 일에 열중하게 되었다".[21]

이제 마이클이 무슨 일을 하는지 모든 사정을 알게 되면서 다이애나는 조셀슨의 비범한 전문 지식에 연신 감탄할 수밖에 없었다. 워싱턴의 긴급 상황이나 문화자유회의에 소속된 지식인들의 잦은 변덕에 대처하는

20 Diana Josselson, interview in Geneva, March 1997.
21 Ibid.

그의 능력을 보고도 깜짝 놀랐다. "그이가 없으면 문화자유회의도 없었을 거예요." 훗날 그녀는 이렇게 말했다.

"한창때 문화자유회의의 분위기는, 제가 보기에는 케네디 행정부가 출범한 뒤 첫 100일과 비슷하다고 느낄 정도였어요. 짜릿했죠. 전 세계에서 벌어지는 모든 일들에 발을 들여놓고 있다고 생각해 보세요. 모든 것이 일사천리였고 활력이 넘쳤어요. 그리고 마이클은 모르는 게 없었어요. 아침에는 볼리비아의 연극에 대해 이야기하다가, 오후에는 아시아의 작가들에 대해 토론하고, 저녁이면 니콜라스 나보코프와 전화를 하면서 4개 국어를 사용하는 데 현란할 지경이었죠. 제 기억에 파리의 한 카페에서 스트라빈스키와 합석했던 적도 있어요. 스트라빈스키 부인이 블린 만드는 법을 알려 준 것도 기억나요. 저희에게는 잊지 못할 순간들이었죠. 냉전도, 세계문화자유회의도 왠지 프랑스혁명이나 옥스퍼드 운동[22] 같았어요. 정말 그런 느낌이었어요."[23]

조셀슨 부부는 작전 수행차 유럽을 정기적으로 오가던 톰 브레이든을 자주 만났다. 이들은 함께 레스토랑에 외식을 나가고, 프랑스 오픈 테니스 대회에 구경을 가기도 하고, 비시 정부 시절 엄청나게 많은 유대인들을 가둬 두었던 "끔찍한 기억이 서린 대형 경륜장" 벨로드롬디베르 Velodrome d'Hiver로 자전거 경주를 보러 갔다. 부부는 또한 어빙 브라운과도 정기적으로 접촉했는데, 브라운과는 가끔씩 '렝디페랑'L'Indifférent이라는 게이 나이트클럽에 있는 그의 전용 테이블에서 만났다. 한번은 부부가 클럽에 들어섰을 때, 브라운이 "마르세유 출신 깡패"에게 커다란 돈

---

22 19세기 옥스퍼드대학을 중심으로 영국국교회 내에서 가톨릭 교의를 부흥시킨 운동. ― 옮긴이
23 Ibid.

다발을 건네는 것을 목격한 적도 있었다.[24] 당시 브라운은 지중해위원회 Mediterranean Committee라는 단체를 만들고 있던 중이었다. 이 단체는 프랑스 부두 노동자들이 마셜플랜 원조 물자와 NATO에 전달할 미국산 무기를 하역하는 동안 항구를 경비하는 일종의 자경단이었다. 이러한 활동을 벌이는 브라운의 능력을 두고 브레이든은 다음과 같이 비꼬았다. "백주대낮에 마르세유 항구에서 빨갱이 노동자들을 두들겨 패던 사람이 세계문화자유회의에도 간여하다니, 참 신기한 일이 아닐 수 없었습니다."[25]

"미국노동총동맹이 공산주의와 모종의 관계가 있는 게 확실해 보였으니 당연히 그곳이야말로 싸움을 시작할 장소였죠." 다이애나는 이렇게 설명했다. "브라운은 완력을 쓰는 일, 마르세유의 노조 파괴 공작, 이런 것들을 모두 좋아했어요. 마이클과 저는 나이트클럽에 가고, 브라운이 돈을 쥐어 주겠다며 부른 용역 깡패들도 만나고, 이 모든 게 다 재미있었어요. 제 생각에는 똑같이 브라운도 지식인들과의 만남을 즐겼다고 생각해요. 문화자유회의 사람들에게 브라운의 화려함은 매력적이었고, 또 그 사람과 만났다 하면 다들 즐거워했어요. 브라운이 피카소나 보들레르Charles Baudelaire도 몰랐지만 말이죠."[26]

주말이면 마이클과 다이애나는 파리 센 강 좌안의 골동품상과 갤러

---

24 Diana Josselson, interview in Geneva, March 1997. 어빙 브라운의 접선은 빈번했고, 그 대상은 다양했다. 그는 엄청난 현찰을 사용할 수 있는 재량권이 있었기 때문에 위험한 성격의 일에도 스스로 뛰어들 수 있었다. 근래에 발굴된 문서 자료를 보면 미 재무부 산하 연방마약단속국(Federal Bureau of Narcotics)이 1960년대에 어빙 브라운을 미행한 기록이 나온다. 그가 미국으로 마약을 밀반입했다는 혐의가 있었기 때문이다(이 과정에서 돈세탁도 함께 이루어졌다고 한다). 또한 이 문서에는 브라운이 프랑스의 악명 높은 조폭 두목들과 이탈리아 마피아 쪽에도 연줄이 있었다고 기록되어 있다(Federal Bureau of Narcotics, memorandi, October 1965). 이 문서를 제공해 준 토니 커루 씨에게 감사드린다.

25 Tom Braden, interview in Virginia, July 1996.

26 Diana Josselson, interview in Geneva, March 1997.

리를 돌아다니며 한가한 시간을 보냈다. 그들은 토핑을 얹은 샌드위치와 아쿠아비트[27]를 점심으로 먹고 난 뒤, 카페드플로르Café de Flore(사르트르의 단골집)나 레되마고Les Deux Magots[28]에서 차를 마셨다. 일요일에는 퐁텐블로 숲으로 소풍을 가거나 센 강에서 보트를 타고 놀았다. 그러다 드 네프빌을 만나는 날도 있었다. 이 삼인조는 순수한 우정과 공유하는 비밀, 두 가지 모두의 이유로 마음이 맞는 친구들이었다. 드 네프빌은 조셀슨과 쇼핑 여행을 떠났다가 조르주 브라크Georges Braque의 회화 두 점을 사서 돌아온 적도 있었다. 조셀슨의 딸 제니퍼가 나중에 커서 현대미술의 전문가가 되어서야 겨우 위작임이 밝혀졌지만 말이다.

조셀슨의 숙련된 손길이 파리 세계문화자유회의에 닿자 이 단체는 공산주의에 대항하는 지식인들의 잘 조직된 모임이라는 명성을 얻게 되었다. 파리 본부는 『프뢰브』를 통해 미묘한 정치적 발언을 할 수 있었고, 또한 당시 주요 예술과 문화를 주제로 기사를 내보낼 수도 있었다. 문화자유회의의 독일 지부가 잇따른 위기로 휘청거렸지만, 조셀슨은 래스키의 도움을 얻어 문화자유회의의 이익을 관철시킬 수 있었다(래스키의 『데어모나트』는 1954년 잡지 운영권을 포드재단으로부터 문화자유회의 측에 넘겨주었다). 그 밖의 국가들에 소재한 지부들은 초창기에 다양한 문제점을 노출했다. 그런 어려움은 당파 싸움이나 감정 싸움에 빠지지 않고 지식인들끼리 의기투합하기란 거의 불가능한 일이라는 것을 증명해 주었다. 하지만 그런 문제는 앞으로 미국문화자유위원회에 불어닥칠 태풍에 비하면 찻잔 속의 소용돌이에 지나지 않는 일이었다.

---

27 스칸디나비아 지역에서 생산되는 증류주. — 옮긴이
28 카페드플로르 근처에 위치해 있으며, 생텍쥐베리와 카뮈 등의 단골집으로 유명하다. — 옮긴이

11장

새로운 합의

예술가는 시류에 역행할 줄 알아야 한다. 즉 시대의 흐름에 맞서야 하며, 맥이 빠진 채로 끌려다녀서는 안 되는 것이다. 예술가는 때로는 적의를 드러낼 줄도 알아야 한다.
— 이블린 워Evelyn Waugh, 1963년 『파리리뷰』와의 인터뷰 중

나는 서구를 택하겠다I choose the West.
— 드와이트 맥도널드가 1952년에 쓴 글 제목

1951년 1월 뉴욕에서 설립된 미국문화자유위원회의 핵심적인 배후 인물은 초대 위원장 시드니 훅이었다. 로런스 드 네프빌이 말한 바에 따르면, 훅은 CIA의 '계약직 자문위원'contract consultant이었다. 그리고 그와 뉴욕시립대학 동문인 어빙 크리스톨은 상임이사를 맡았다. 크리스톨의 연봉은 당시 돈으로 6500달러에 달했다. 1954년, 그동안 미 공보원United States Information Service, USIS[1] 소속으로 사상 검증 업무에 전념하고 있던 솔 스타

---

1 '미국문화원'이라고도 옮길 수 있다. 간략히 설명하자면 USIS는 미국 공보처(United States Information Agency, USIA)가 해외 현지에 두는 지부인 셈이다. 미 공보처는 "1953년 8월에 창설돼 1978년 4월 USICA(United States International Cooperation Administration, 미국국제교류처)로 이름이 바뀌었다가 1982년 8월 다시 본래의 이름으로 환원됐다. 미국 정책에 대한 각국의 여론을 수집해 대통령과 정부 기관에 보고하는 업무를 맡았다. 주로 주재국의 여론 지도자와 접촉하는 것을 비롯해 VOA(Voice of America, 미국의 소리)를 통한 라디오방송, 영화·텔레비전 프로그램 제공, 정기간행물 발행, 각종 교류 활동 지원, 도서관 운영 등에 주력했다. 워싱턴에 본부가 있었으며 미국 밖 지역에 지부(현지 기관)인 미국 공보원을 두었다. 1999년 10월 1일 폐지됐으나 이후 IIP(International Information Programs, 국제공보프로그램)가 창설돼 그 활동을 잇고 있다"(「미 정부 '친미 언론인' 조직적 양성」, 『오마이뉴스』, 2003년 12월 11일자). 이 책에서는 USIS를 미 공보원, USIA를 미 공보처(또는 해외공보처)로 옮겼다. — 옮긴이

인Sol Stein이 크리스톨의 자리를 물려받자 연봉은 8500달러로 인상되었다. 미국문화자유위원회는 세계문화자유회의의 공식적인 미국 지부로 자유주의자들과 중도 좌파 지지층의 광범위한 결집을 이루기 위해 결성되었다. 그럼으로써 세계문화자유회의의 주관 단체로 성장했던 것이다. 세계문화자유회의가 쾨슬러와 같은 강경 노선의 활동가들을 배제해 버리자, 미국문화자유위원회 내에서는 쾨슬러의 자리를 대신하여 영향력을 발휘할 만한 인물이 없어져 버렸다. 그 때문에 이 위원회는 곧 온건파와 강경파로 분열되었다. 제이슨 엡스타인의 설명에 따르면, "당시에는 공산주의에 대해 '강경'하거나 '온건'하거나 둘 중 하나였습니다". 그는 이와 별도로 이 위원회에서 음담패설을 즐기던 미국 문예 비평가 라이오넬 트릴링의 아내 다이애나Diana Trilling에 관한 일화를 들려주었다. "한번은 저녁 만찬에서 라이오넬의 의자 뒤에 서서는 이러는 거예요. '당신들 중 나를 감당할 만한 **강한 남자**는 없을 거야!'라고요. 정말 끼리끼리 모여 있는 가당찮은 사람들이었어요."[2]

트릴링 부부와 어울려 다니는 사람들은 농담 삼아 '뉴욕 어퍼웨스트사이드의 유대인 키부츠'라고 불리던 유력 보수 지식인 집단이었다. 제임스 버넘, 아널드 베이크먼, (아버지가 악질적인 파시스트 지지자였던 미국 시인) 피터 비어렉Peter Viereck, 예술 평론가 클레멘트 그린버그Clement Greenberg, 『커멘터리』Commentary의 편집장이자 헨리 루스의 출판 제국에서 임원들을 대상으로 공산주의에 대한 비공식 자문 역을 맡고 있던 엘리엇 코언Elliot Cohen 등이 이 집단에 속해 있었다. 형식상으로나 내용상으로나 그들은 고상한haute 반공주의자들이었다. "베이크먼이나 트릴링 부부(특

---

2 Jason Epstein, interview in New York, June 1994.

히 다이애나가 그렇습니다만) 같은 사람들은 열렬한 미국 지상주의자로, 우리더러 사상 무장이 그 정도로는 부족하다고 할 정도였어요. 특히 다이애나는 엄청난 독설가였습니다." 어빙 크리스톨도 이렇게 기억할 정도였다.[3] 위원회의 어느 관계자는 당시 "많은 미국인 사이에 열병처럼 번진 우월감 같은 감정"을 떠올렸다. "'우리는 전쟁에서 이겼다. 이제는 우리 식대로 유럽을 재편하겠다.' 이렇게 생각하던 사람들은 대체로 뉴욕 출신으로 힘께 나 쓰는 사람들이었고, 자기네들이 정도正道를 걷고 있다고 믿다 보니, 도덕적인 면에서는 타협을 모르는 사람들이었습니다. 그 사람들이 보기에 우리 같은 사람들은 알아서 아래에서 기면서 자기네들을 떠받들어 주는 사람들이었을 뿐이죠. 그 사람들 중에는 문화자유회의에 공산주의자들이 침투해 있다고 믿는 사람들도 있었을 정도였다니까요."[4]

미국문화자유위원회의 온건파를 대표하는 인물로 아서 슐레진저, 냉전 신학자 라인홀트 니부어, 제임스 T. 패럴, 『뉴요커』의 리처드 로비어Richard Rovere, 전 사회당 대표이자 6차례나 미국 대통령에 도전했던 노먼 토머스, 『파르티잔리뷰』의 편집자 필립 라브가 있었다. 온건파와 강경파 사이를 오간 사람은 (훗날 열렬한 레이건파가 된) 어빙 크리스톨, 『파르티잔리뷰』의 또 다른 편집자 윌리엄 필립스, 그리고 시드니 혹이었다. 특히 혹은 두 파벌 사이에 평화를 유지해 놓고서 양측 모두에게서 이익을 취했다. 당시 시드니 혹은 CIA 국장 월터 베델 스미스Walter Bedell Smith(1953년 앨런 덜레스로 교체), 심리전전략위원회PSB의 초대 위원장 고든 그레이Gordon Gray를 통해서 위원회의 이익을 도모하려고 노력했다(하지만 고든 그레이

---

3 Irving Kristol, interview in Washington, July 1996.
4 John Hunt, interview in Uzès, July 1997.

와의 만남은 훅의 자서전에서 그리 좋게 기록되어 있지는 않다).[5] 정보기관의 고위 관료들과의 이러한 접촉은 훅이 인정했던 부분보다 훨씬 높은 수준으로 비밀스러운 문화 투쟁에 연루되어 있었음을 보여 주는 증거다. 1951년 3월 『뉴욕타임스매거진』*New York Times Magazine*에 실린 그의 기고문 「거대한 거짓말에 맞서: 기본 전략」To Counter the Big Lie: A Basic Strategy을 심리전전략위원회, C. D. 잭슨, CIA가 각각 별도로 문서화해 두었다. 이 기고문에서 훅은 국제 공산주의가 야기한 민주주의에 대한 위협을 묘사해 놓고서, "민주주의의 생존을 수호하기 위해서는 가능한 한 모든 효율적인 정치적 수단(그리고 그 수단의 철저한 활용)"이 필요하다고 역설했다. "이 정치전에서 소련 전체주의 체제에 맞서 민주주의 진영 또한 공세를 취해야 할뿐더러 계속 이 공세를 유지해 나가야만 한다. …… 이 정치전의 성공 여부는 미리 예단할 수 없다. 하지만 이를 실행한다면 몇 대의 폭격기를 출격시키는 만큼의 확실한 효과를 거둘 수 있다."[6] 훅에게 미국문화자유위원회는 미국 정치의 무기고에서 꺼내 온 바주카포나 다름없었기에, 그는 위원회의 입지를 굳건히 하기 위해 특유의 열성을 바쳐 헌신했다.

조셀슨은 미국문화자유위원회가 세계문화자유회의와 정치적으로 보조를 맞출 수 있도록 온건파에 정성을 기울였다. 하지만 온건파 슐레진저와 그의 동지들은 제멋대로인 강경파들을 포용할 수 없었고, 마침내 미국 위원회와 파리 본부 사무국 간의 입장 차이가 표면에 떠올랐다. 미국인

---

5 시드니 훅이 CIA와 심리전전략위원회에 접촉했다는 사실은 Gordon Gray, to Sidney Hook, 4 October 1951(GG/DDE) 참조. 로런스 드 네프빌의 증언에 따르면, 훅은 서로 간의 이익을 위해서 CIA의 상근 자문위원 역할을 수행했다. 또한 1955년에 훅은 재정난에 빠진 미국문화자유위원회의 자금 조성을 위해 CIA의 앨런 덜레스와 코드 마이어와의 협상에 직접 참여했다.

6 Sidney Hook, "To Counter the Big Lie: A Basic Strategy", *New York Times Magazine*, 11 March 1951.

들은 파리에서 열린 나보코프의 대규모 페스티벌을 멸시했으며 문화자유회의가 경박한 짓을 벌였다고 비난했다. 제임스 버넘보다야 덜했지만, 정치적으로 극단적인 데 둘째가라면 서러울 엘리엇 코언은 다음과 같이 물었다. "이런 야단법석 때문에 우리의 직분과 목표를 놓치고 있다. 우리가 직분과 목표를 놓친다면, 우리 말고 어느 누가 그 자리를 지키겠는가?"[7] 그리고 어떤 평론가는 나보코프의 페스티벌이 "속물들이나 유미주의자들에게나 먹혀들" 만한 것이었으며, "진정한 지적 위력"[8]을 발휘하고 있는 문화자유회의의 명예를 훼손하고 있다며 혹평했다.

미국문화자유위원회가 권력욕에 사로잡혀 있었음은 더욱 명백하다. 이러한 사실은 국가와 지식인 간의 새롭고 긍정적인 관계를 새로이 정립한 1952년 『파르티잔리뷰』의 심포지엄에서 절정에 이르렀다. 이 심포지엄에서 거듭된 주제는 '우리의 국가, 우리의 문화'였다. 편집자가 직접 설명한 이 심포지엄의 목적은 "미국의 지식인들이 국가와 국가기관에 대해 새로운 안목을 얻었다는 자명한 진실"을 조망해 보고자 한다는 것이었다. "불과 10여 년 전만 해도, 흔히 미국은 예술과 문화에 비우호적이라는 생각이 많았다. 그러나 이 생각은 점점 바뀌기 시작했고, 많은 작가와 지식인들은 이제야 자신의 국가와 문화에 한 발 더 가까이 다가섰다. …… 정치적인 면에서 보더라도 미국식 민주주의가 고유하고 긍정적인 가치가 있다는 인식이 생겨나고 있다. 미국식 민주주의란 단순히 자본주의자들의 환상이 아니라. 소련의 전체주의에 맞서 지켜 내야 할 현실이라는 뜻이

---

7 Peter Coleman, *The Liberal Conspiracy: The Congress for Cultural Freedom and the Struggle for the Mind of Postwar Europe*, New York: The Free Press, 1989.
8 *Ibid*.에서 노르베르트 뮐렌(Norbert Mühlen)의 말.

다.…… 유럽은 더 이상 안전한 피신처가 아니다. 비판이든 옹호든 미국식 삶에 풍부한 문화적 경험을 제공해 주었던 유럽은 이제 더 이상 안심할 수 없는 처지가 되었다. 운명의 바퀴가 돌고 돌아, 이제 미국이 서양 문명의 수호자가 된 것이다."[9]

1930년대 뉴욕에서는 지식인들의 삶이 전적으로 모스크바와의 관계를 통해서 규정되었다. 이에 대해 우려를 표명하던 뉴욕시립대학 출신의 트로츠키주의자 집단이 만든 잡지가 바로 『파르티잔리뷰』다. 공산주의자들이 지배적이던 존리드클럽John Reed Club의 기관지로 시작한 『파르티잔리뷰』는 마르크스주의 사상을 부정확한sophisticated[10] 언어로나마 소개해 왔다. 그러나 1939~40년 사이에 일어난 사건들이 그 뿌리를 흔들어 놓았다. 독소불가침조약이 체결되자 많은 지식인들이 정통의 권위를 인정받던 레닌주의적 공산주의에서 이탈해 트로츠키의 반체제 극단주의로 옮겨 가기 시작했던 것이다. 몇 사람은 숫제 좌파임을 포기하고 정치적 중도를 택했고, 심한 경우에는 우파로 전향해 버렸다. 『파르티잔리뷰』는 이제 기존의 언어를 버리고 반스탈린주의적 입장을 표명했고, 급진주의에서 공산주의적 색채를 완전히 탈색시켜 버렸다.

돌아온 탕아들처럼, 회개한 지식인과 예술가 들은 1930년대라는 '어두웠던 시기'에서 벗어나 이제 '미국'이라는 **사상**의 품에 안기어 "의식에서와 같이, 삶에서도 새로운 가능성의 압도적인 등장과 갑작스러운 흥분"에 빠져들었고, "모두가 기쁜 마음으로 마르크스주의의 눈가리개를 벗어던지고 뛰쳐나와 바깥세상을 보았다. 어느 누구도 이들에게 과거를 돌아

---

9 "Our Country and Our Culture", *Partisan Review*, May-June 1952.
10 'sophisticated'에는 '원전에 충실하지 못한'이라는 뜻도 있다. ― 옮긴이

보라고 하지 않는 듯했다. 아니, 하지 않았다".[11] 이렇게 새 삶을 얻은 지식인들은 역사적 필연성을 찾아 헤매다 필연적인 실패를 맛본 후 그에 대한 해답을 '미국'에서, 좀 더 편하게 표현하자면 '미국지상주의'Americanism에서 찾을 수 있었다. 에런 코플런드의 「보통 사람들을 위한 팡파르」Fanfare for the Common Man를 문학계로 옮긴 듯, 『파르티잔리뷰』의 심포지엄은 이러한 미국의 발견이 마치 처음 있는 일인 양 호들갑을 떨었다. "미국의 예술가와 지식인 들이 자신의 조국에 속해 있다는 새로운 느낌을 얻었을 것"이라며 윌리엄 필립스는 다음과 같이 썼다. "이들 사이에는 자신의 운명이 이제 조국의 운명과 함께한다는 느낌이 널리 퍼졌다."[12] 지식인들이 미국과 정서적인 유대를 강화하자 미국 역시 지식인들 속에서 새로운 빛을 보게 되었다. "이렇듯 지식인이 권력과 관계를 맺는 일은 아마도 역사상 유례없을 테지만, 이제는 지식 그 자체가 권력의 한 형태로 여겨지고 있다." 라이오넬 트릴링은 이렇게 설명했다.[13]

"그것은 아마도 프랑스혁명 이후 처음으로 지식인 사회의 주요 인원들이 더 이상 꼭 필요한 반대 세력이 아님을 보여 준 사례였을 겁니다. 자기네 국가를 지지한다고 해서 지성적 또는 예술적 진실성의 격이 낮아지지는 않는다는 얘기죠." 이 점에 주목했던 역사학자 캐럴 브라이트먼Carol Brightman의 말이다.[14] 『타임』이 '파르나소스[15], 대서양 연안에서 태평양 연안까지'라는 제목의 커버스토리를 게재하면서 이렇듯 새로운 지식인에

11 Norman Podhoretz, *Making It*, London: Jonathan Cape, 1968.
12 Leonard Wallock ed., *New York 1940-1965*, New York: Rizzoli, 1988.
13 *Ibid*.
14 Carol Brightman, interview in New York, June 1994.
15 그리스 중부에 있는 산. 아폴론과 뮤즈의 신전이 있기 때문에 문화 예술의 중심지에 대한 비유적 표현으로 많이 쓰인다. ― 옮긴이

대한 개념이 확정되었다. 글은 이렇게 끝을 맺고 있다. "저항하는 인간은……긍정하는 인간에게 자리를 내주었다. 그리고 긍정하는 인간은 국가가 새로운 모습을 갖췄을 때 비로소 지식인들의 참된 역할이 되었다."[16] 마르크스주의에서 이탈한 사람들이 반체제 인사refusniks에서 '체제 옹호자'all-rightniks로 변신하기 시작하는 순간이었다. 드와이트 맥도널드와 같은 더욱 성마른waspish[17] 기질의 '동지들'을 포함하여 뉴욕시립대학의 이론적 투쟁가들은 이제 계급투쟁에 흥미를 잃게 되었음은 물론, 출세욕에 사로잡힌 학생들로부터 취업 추천서나 써달라는 요구에 시달리는 희한한 상황이 벌어졌다. "자유주의자에서 급진주의자로, 미적지근한 공산주의 동조자에서 열렬한 반스탈린주의자로 변신하던 그 빠른 속도는 내가 봐도 여전히 놀라울 따름이다." 훗날 드와이트 맥도널드가 남긴 기록이다.[18] 이러한 정치적 입장 변화에 대해서 맥도널드의 전기 작가는 이렇게 결론을 내렸다. "드와이트 맥도널드는 독립성, 스스로를 규정했던 반항적 태도 등, 국가에 대한 충성이라면 무조건 거부하는 자세를 자신의 비전으로 삼아 정치적 삶을 지탱해 왔었다. 그의 변신은 신념에 대한 배반의 문제가 아니었다. 단지 그는 자신에 대한 고통스러운 분석을 통해 '차악'이라 할 수 있는, 정치적으로 실용적인 입장에 다다랐을 뿐이다. 이 선택은 그에게 가능성이 희박한 딜레마였다. 그는 여전히 자신이 급진주의자, 아니면 적어도 반대자적 전통에 서있다고 믿었으며, 스스로를 미국의 국가주의, 제국주의, 대중문화의 반대선상에 있는 소외된 엘리트라고 생각했다. 그렇

---

16 Wallock ed., *New York 1940-1965*에서 재인용.
17 'waspish'는 '다혈질적인, 화를 잘 내는'이라는 뜻과 '와스프(WASP)적인'이라는 뜻을 함께 가지고 있다. — 옮긴이
18 Dwight Macdonald, "Politics Past", *Encounter*, March 1957.

지만 그는 부지불식간에 해외에서는 미국의 권력 유지에, 그리고 국내에서는 기성 질서의 확립에 기여하게 되었다."[19] 필립 라브는 그러한 입장 변화에 더욱 경계심을 드러내면서 다음과 같이 경고했다. "반反스탈린주의는 거의 직업이나 다름없이 되어 버렸다. 다른 모든 우려들이 배제되고 이 사상에 과도한 의미가 부여되었기 때문에 더욱 그러하다. 이런 직업적 반스탈린주의자들에 의해서 스탈린주의는 현실에서는 도달할 수 없는 경지에 올라서 버렸다. 삶에 대한 총체적인 관점, 혹은 가히 역사철학의 경지에 오른 것이다."[20]

이 '직업인' 반스탈린주의의 사령부가 바로 미국문화자유위원회, 그리고 이 위원회의 이사진들이 편집을 맡고 있는 잡지들, 즉 『커멘터리』, 『뉴리더』, 『파르티잔리뷰』였다. 하지만 이제 겨우 이러한 중심 거점들이 자리를 잡아 가기 시작할 무렵, 『파르티잔리뷰』가 도산할 위험에 처하게 되었다. 미 재무부가 이 잡지의 면세 혜택을 박탈하겠다고 위협했기 때문이다. 이에 따라 시드니 혹은 1952년 10월 10일 국무부 차관 하울랜드 서전트Howland Sargeant에게 절절한 내용의 탄원서를 써 보냈다. 『파르티잔리뷰』가 "해외에서 공산주의 사상과 벌이는 전투, 특히 지식인들을 놓고 벌이는 전투"에서 효과적인 수단이었다는 기록을 제시하면서 면세 혜택을 유지해 달라는 간청이 주된 내용이었다. 대니얼 벨 또한 헨리 루스와 논의 끝에 발 벗고 나서서 '중재 역'으로 활약했다. 헨리 루스는 1만 달러를 쾌척해 이 잡지를 살려 놓았다(그와 동시에 루스는 『타임』의 주식 71주를 미국 위

19 Michael Wreszin, *A Rebel in Defense of Tradition: The Life and Politics of Dwight Macdonald*, New York: Basic Books, 1994.
20 Hugh Wilford, *The New York Intellectuals*, Manchester: Manchester University Press, 1995.

원회에 기부했다). "제가 아는 바로는 그 지원금 내역이 공개된 적이 없습니다. 다른 기부자들에게도 그렇고 『파르티잔리뷰』의 동료 편집자들에게도 마찬가지였고요."[21] 대니얼 벨이 훗날 편지에서 밝힌 내용이다. 헨리 루스가 투자에 대한 대가로 무엇을 바랐는지는 명확하지 않지만, 제이슨 엡스타인이 인터뷰를 통해 주장한 바에 따르면, "『파르티잔리뷰』에 한 번 실렸던 내용은 곧 『타임』과 『라이프』를 통해 증폭되었다."[22] 분명한 사실은 한때 미국 공산당의 권위를 대변하던 목소리에 헨리 루스의 넉넉한 재정 지원이 들어감으로써, 냉전 기간 미국 지식인들이 거론하던 '탈급진화'de-radicalization(보수화)라는 말이 새로운 의미로 탈바꿈했다는 점이다.

CIA는 『파르티잔리뷰』가 재정적인 곤란에 처했다는 경고를 어빙 브라운으로부터 처음 받았다. 루스의 기부가 있기 1년 전, 시드니 훅이 브라운에게 『파르티잔리뷰』와 『뉴리더』를 유지할 수 있도록 도와달라는 편지를 썼기 때문이다. "유럽에 있는 많은 친구들의 이야기를 대신하여 우리가 당부드리고 싶은 말씀은 반미주의, 특히 **중립주의**의 정서가 서유럽에서 횡행하고 있다는 점입니다. 그와 동시에 중립주의에 반대하는 민주주의 진영의 기관지라 할 수 있는 『뉴리더』가 비용 상승의 압박으로 폐간의 위기에 처해 있습니다. 이 잡지의 폐간은 문화적 재앙이라 할 수 있습니다." 시드니 훅이 편지에서 쓴 내용이다.[23] 그는 『파르티잔리뷰』도 같은 위기에 처해 있다고 보았기 때문에, 브라운에게 두 잡지의 해외 유통 규모를 4000~5000부 정도 확보해 달라고 요청했다. 브라운은 이 문제를 국제조

21 Daniel Bell, to John Leonard(editor of *Sunday Times Book Review*), 16 October 1972(MJ/HRC).
22 Jason Epstein, interview in New York, June 1994.
23 Sidney Hook, to Irving Brown, 31 October 1951(IB/GMC).

직국IOD의 브레이든에게 떠넘겨 버렸다. 그러기 무섭게 『뉴리더』의 편집자 솔 레비타스가 브레이든의 사무실에 들이닥쳤다. "아이고 세상에! 그자는 테이블 건너편에 앉기가 무섭게 돈을 좀 주십사 하고 애원부터 하더라고요." 브레이든의 회고담이다.[24]

솔 레비타스는 트로츠키, 부하린Nikolai Bukharin과 함께 일했던 러시아 이민자로, 미국 첩보 분야에 힘 있는 후원자들이 있었다. C. D. 잭슨은 솔 레비타스야말로 "대서양 양편에 존재하는, 오로지 객관적이고 불편부당하면서도 친미적이고 수준 높은 좌파 문학을 소개하는 데 실제로 능통한 인물"이라고 칭찬했으며, "완벽한 천사표"로 부르기도 했다.[25] 앨런 덜레스의 생각도 이와 같았음은 불문가지의 사실이다. 1949년, 레비타스는 잡지에 덜레스의 쪽글을 하나 실어 주었다. 미국에서 체제 전복과 관련한 움직임을 조사하고, "그러한 움직임을 분쇄할 목적으로 민주주의적 기관으로 활용될 '내부 안보 위원회'의 설립"을 주창하는 내용이었다. 앨런 덜레스가 백악관을 도와 미국 정부의 정보활동을 재편했던 사실을 감안하면, 이와 같은 일은 "영국 첩보기관 MI5의 수장이 진보 언론 『뉴스테이츠먼』에 기고한 것과 같은 꼴이었다".[26] 이때에도 여전히 『뉴리더』는 4만 달러에 이르는 빚을 갚기 위해 재정 지원을 요청하는 호소문을 정신없이 싣고 있었지만, 1950년 4월이 되자 갑자기 『타임』처럼 비싼 가격으로 새로운 『뉴리더』를 발행하기 시작했다. 브레이든의 책상 건너편에 앉아서 애원한 지 2년 만에, 레비타스가 잡지를 구원해 줄 또 다른 독지가를 찾아냈기 때문

24 Tom Braden, interview in Virginia, August 1996.
25 C. D. Jackson, to Abbott Washburn, 2 February 1953(CDJ/DDE).
26 Richard Fletcher, "How CIA Money Took the Teeth out of British Socialism", Philip Agee and Louis Wolf, *Dirty Work: The CIA in Western Europe*, New York: Dorset Press, 1978.

이었다. 브레이든은 『뉴리더』에게 지원금을 지급하기로 하고, 한 번은 자신의 사무실에서 또 다른 한 번은 레비타스의 사무실에서 직접 레비타스에게 현금 다발을 건네주었다. 그렇게 세 번 정도 돈다발이 오갔다. 브레이든의 말에 따르면 "그리 많은 돈은 아니"었다고 한다. "아마 한 번에 1만 달러 정도가 아니었나 합니다. 그래도 파산은 면할 만한 액수였죠."[27]

한편 브레이든의 보좌관 코드 마이어 또한 『파르티잔리뷰』의 뒤를 봐주었다. 루스의 지원금 1만 달러 외에도, 1953년 초반에 이 잡지는 미국 위원회의 '페스티벌 후원 계좌'로부터 2500달러를 받았다. 1년 전 나보코프의 휘황찬란한 행사에서 쓰고 남은 돈이었다. 이 페스티벌 후원 계좌가 기실은 CIA가 가짜 재단 파필드를 통해 운용하던 자금 통로였음을 우리는 명심해야 할 것이다. 『파르티잔리뷰』에 대한 지원이 이루어졌던 당시, 공동 편집자였던 윌리엄 필립스는 미국 위원회의 문화 부문 사무국장도 겸하고 있었다. 필립스는 나중의 인터뷰에서 이 지원금에 대해서는 기억나지 않는다고 했다. 그러면서 이 잡지는 절대 CIA의 지원을 받은 적이 없다며 초지일관 시치미를 떼었다.

CIA가 이 미국 잡지들에 지원금을 보태 주었다면, 이는 조직의 자체 법규, 그중에서도 국내 기관에 대한 지원 금지 규정에 대한 위반이다. 『파르티잔리뷰』와 『뉴리더』의 경우, 이러한 세부 규정을 무시할 수 있는 매우 타당한 근거가 두 가지 있다. 첫째, 반공주의라는 공통점을 가지고 있지만 지정학적·문화적 차이로 인해 분리되어 있던 미국과 유럽 지식인들을 사상적으로 연결시켜 주었던 이 잡지들의 역할 때문이다. 둘째, 『파르티잔리뷰』와 『뉴리더』가 사상의 시장에서 그 입지가 심각한 도전에 직면하게 되

---

27 Tom Braden, telephone interview, June 1998.

었다는 사실을 스스로 깨닫게 될 경우 (어차피 향후 『인카운터』의 등장으로 알게 되겠지만) 이 잡지들의 '반발'에 미리 대처하기 위해, 조셀슨의 말마따나 '입막음'조로 재정 지원을 마련했던 것이다.

12장

잡지 'X'

> 그렇다면 우리는 어떻게 해야 할까? 가능한 한 경험적 사실에 매달려 보는 것. 하지만 인식 체계를 변경하려고 마음먹은 사람들은 그에 따라 경험적 사실도 바꿔 버릴 수 있음을 언제나 명심하면서. — 올더스 헉슬리Aldous Huxley, 『가자에서 눈이 멀어』Eyeless in Gaza

1953년부터 1990년까지 발행된 『인카운터』Encounter는 전후 지성사의 중심을 차지하는 잡지였다. 이 잡지는 문학계의 칵테일파티라고 할 만큼 매력과 활력이 넘쳐났다. 낸시 미트퍼드Nancy Mitford가 유명한 기고문 「영국의 귀족계급」The English Aristocracy을 발표한 곳도 이 잡지에서였다. '상류계급과 서민'U and Non-U의 차이를 예로 들며 영국 사회의 풍습들을 신랄하고 재치 있게 분석한 글이었다. 또한 러시아 문학에 관한 아이재이어 벌린의 중요한 에세이 「경이로운 10년」A Marvellous Decade 네 편도 이 잡지에 실렸다. 푸시킨Aleksandr Pushkin에 대한 블라디미르 나보코프의 글, 이디스 워튼에 대한 어빙 하우Irving Howe의 글, '자유의 부활'The Liberal Revival에 관한 데이비드 마퀀드David Marquand의 글, 호르헤 루이스 보르헤스Jorge Luis Borges의 단편들, 리처드 엘먼Richard D. Ellmann, 자야프라카시 나라얀Jayaprakash Narayan, W. H. 오든, 아널드 토인비Arnold Toynbee, 버트런드 러셀, 허버트 리드, 휴 트레버로퍼의 평론 등 당대 최고 지성의 글들이 이 잡지를 통해 출판되었고, 영국과 미국은 물론 아시아와 아프리카에서도 발행되었다.

이 잡지는 문화를 주제로 잡다한 소재들을 다루면서도, 허다한 정치적 이슈에 대해서는 이상하리만치 침묵하거나, 단지 외면하는 모습만 보일 뿐이었다. 하지만 무엇으로 보나, 이 잡지는 이데올로기적으로 확고한 반공주의 냉전 사상의 정수였다. 그렇지만 재정 면에서는 손익분기점을 넘겨 본 적이 없었고, 언제나 심각한 적자 상태로 운영되었다. 적자를 벗어나기 위해서는 발행 부수가 두 배는 되어야 했다. 이 잡지의 성격은 지적intelligent이었다. 그와 동시에 첩보intelligence의 세계에도 심각할 정도로 깊은 관계를 맺고 있었다. 마이클 조셀슨은 잡지를 두고 "우리의 최고 가는 자산"이라고 일컬을 정도였다.

전후의 궁핍은 1950년 시릴 코널리Cyril Connolly의 문학지 『호라이즌』 Horizon을 사라지게 만들었고, 존 레먼John Lehmann의 문학지 『펭귄뉴라이팅』Penguin New Writing도 곧 그 뒤를 이었다. 『런던매거진』London Magazine도 재정적인 문제로 동요하고 있었고, F. R. 리비스F. R. Leavis는 록펠러재단의 넉넉한 지원에도 불구하고 문예지 『스크루티니』Scrutiny를 잃을 지경에 처해 있었다. 오직 『뉴스테이츠먼앤드네이션』만이 번창했는데, 주간 발행 부수 8만 5000부라는 월등한 숫자는 잡지를 약화시키려는 (문화자유회의 측의) 노력을 무색케 만들었다. 조셀슨이 잡지 『20세기』를 비밀리에 도와준 것도 모두 이런 노력의 일환이었다. 이 잡지는 영국문화자유학회와 더불어서 "『뉴스테이츠먼앤드네이션』에 대해 지속적으로 반론을 제기하라"[1]라는 노골적인 지시와 함께 현금을 제공받았다. 1950년 베를린 회의

---

1 Jasper Ridley, telephone interview, August 1997. "나는 『뉴스테이츠먼』이 중요한 공략 목표임에는 충분히 동의합니다. 하지만 체계적으로 접근해야지요"(Michael Goodwin, to Nicolas Nabokov, 15 January 1952(CCF/CHI)). 굿윈의 노력만으로는 배후의 후원자들을 만족시킬 수 없었다. 당시 워싱턴 행정부는 『뉴스테이츠먼』의 영향력을 파괴하는 데 몰두했는데, 이 업무는 미국문화자유위

에서 보여 준 영국의 미적지근한 활동을 마음에 담아 두고 있던 CIA로서는 『뉴스테이츠먼』과 입장을 같이하는 사람들뿐만 아니라 그 밖의 수많은 영국 지식인들의 판단을 흐려 놓는, 마치 안개 같은 중립주의를 뚫고 나가고 싶어 했다. 킹슬리 마틴Kingsley Martin이 이끄는 이 잡지는 사회주의의 전망을 수용하면서, 또한 모스크바와의 관계를 완전히 끊지는 못하고 있었기 때문에 미국 냉전주의자들의 심기를 불편하게 만들고 있었다.

영국 정부 내의 정보기관들도 『뉴스테이츠먼』이 '아둔한 논조'와 '끔찍한 단순화'를 고루 갖춘 잡지라 판단하여, 이에 대항할 수 있는 목소리를 내는 데 공을 들이고 있었다. 영국 정보조사국IRD이 『트리뷴』을 지원하고 해외의 요원들이 그 내용을 발췌해 국제적으로 배포한 것도 그러한 연장선상의 몸부림이었다. 맬컴 머거리지와 우드로 와이엇은 모두 IRD에 깊이 관련되어 있었는데, 이 두 사람은 1950년 4월, 주간지 『트리뷴』의 편집자 토스코 파이벌을 만나서 잡지의 미래에 대해 의견을 나누었다. 하지만 그 결과 머거리지는 이렇게 결론지었다. "잡지가 심각한 파산 위기에 처해 있음은 명백했다. 나는 그들에게 계속 냉전의 관점을 대변하여 『뉴스테이츠먼』에 강력하게 대응해 달라고 이야기했다. 내 마음에 들었던 『뉴스테이츠먼』의 의제 하나를 예로 들면, 『뉴스테이츠먼』이 정치선전을 위한 매체로서 성공할 수 있었던 이유는 '좌파는 곧 지성인이다, 역으로 지성적인 사람은 좌파임이 분명하다'라는 의제를 제시했기 때문이었다."[2]

원회로 승계되었다. 위원회는 이 잡지가 공산주의에 대해 "타협하려는 태도"와 "도덕적인 무기력성"을 보인다고 경멸했다. "그래서 '『뉴스테이츠먼앤드네이션』 기사 목록'을 출판한 뒤, 영어를 모국어로 하는 지식인들에게 전 세계적으로 배포하여 이 잡지가 전체주의와 타협 노선을 걷고 있다는 사실을 폭로하려고 했다"(American Committee for Cultural Freedom, memorandum, 6 January 1955(ACCF/NYU)).

2 Malcolm Muggeridge, *Like It Was*, London: Collins, 1981.

『트리뷴』은 IRD의 지원을 등에 업고 있었지만, 파이벌은 이것만 가지고서는 장기적인 미래를 확신할 수 없었다. 그래서 1951년 말, 파이벌은 새로운 "북미적 성향의 중도 좌파적 출판물"에 관해 이야기를 꺼냈다. 어빙 브라운에게 쓴 서한에서 파이벌은 그러한 출판 계획이 "상당 부분 진전되었으며, 많은 사람들이 그 시작을 애타게 기다리고 있다"라고 말했다. "저는 직접 찾아가 만나거나 또는 편지로, 데니스 힐리Denis Healey, 모리스 에델먼Maurice Edelman, 리처드 크로스먼, 아서 슐레진저, 데이비드 윌리엄스David Williams를 비롯해서 다른 몇몇 분들과도 상의해 보았습니다. 〔앞으로 탄생할 잡지가〕 세계문화자유회의의 활동과 무관하게 움직여야 하는 데에는 몇 가지 뚜렷한 이유가 있습니다."[3] 이 잡지를 문화자유회의와 분리시켜야 할 뚜렷한 이유는, 파이벌도 잘 알고 있다시피 영국에서는 선전 활동을 벌이지 않겠다는 미국 정부의 동의가 있었기 때문이다. CIA는 "거의 활동 중지moratorium를 선언해야 할 만한 상황이었습니다. …… 특히 영국에서 말입니다. 그 문제에 대해서는 일종의 신사협정이 있었습니다"[4] 하지만 상황은 바뀌어 가고 있었다.

각기 독립적으로 활동하던 영국 정보기관과 CIA는 지적 반공주의intellectual anti-communism로 영국이라는 은행의 적자를 메워 줄 수 있는 새로운 잡지를 창간하고자 함께 힘을 모았다. 이러한 양측의 노력은 1951년 초반 런던에서 프랭크 위즈너가 주도한 일련의 모임에서 모습을 드러냈다. 워싱턴에서 MI6와 CIA 사이의 연락관으로 일하던 킴 필비Kim Philby(그의 동료 가이 버지스Guy Burgess, 도널드 매클린Donald Maclean은 몇 개월 후 소련으로

---

3 Tosco Fyvel, to Irving Brown, 4 August 1951(IB/GMC).
4 C. D. Jackson, to William Griffin, 11 May 1953(CDJ/DDE).

도망갔다)[5]와 함께 런던으로 넘어온 위즈너는 영국 정보기관과 '공통의 관심사'를 주제로 회의를 열었다. 필비의 증언에 따르면, MI6와 외교부 직원들이 참여한 일련의 회의를 통해 위즈너는 "그가 좋아하는 주제, 즉 우리가 관심을 두고 있는 믿을 만한 기관에 비밀 자금을 지원할 때는 그 출처를 위장할 필요가 있음을 상세하게 설명해 주었다"라고 한다. 위즈너는 항시 그렇듯이 격의 없는 말투로 이야기했다. "자신의 권리에 따라 부富에 용이하게 접근할 수 있는 사람들의 공개적인 협력을 필히 확보해야 합니다." 그 순간 필비는 외교부 관료가 노트에 끼적거리는 것을 인상 깊게 보았다. 거기에는 이렇게 쓰여 있었다. "자신의 권리에 따라 부에 용이하게 접근할 수 있는 사람들=부자들."[6]

크렘린의 문법에서 벗어난 좌파(비공산주의 좌파)의 언어를 활성화하기 위한 수준 높은 출판물 문제가 처음 제기된 것은 위즈너가 '임무 수행'을 위해 런던에 있을 때였다. 두 기관은 각자가 같은 생각을 추구하고 있었다는 사실을 깨닫게 되었다. 위즈너와 비밀정보국SIS=MI6의 관계자들은 각자가 알아서 일을 처리하는 것은 어리석은 짓이며, 결국 영미 양국이 합동 작전을 펼쳐야 한다는 데 동의했다. 1951년 말, 이 합동 작전은 최고위층의 인가를 받은 다음 실무진에게 내려왔다. 킴 필비는 워싱턴에 나가 있

5 '분홍색 시기'(pink decade, 이 책 「서문」의 각주 5번 참조)로 불리던 1930년대, 킴 필비, 가이 버지스, 도널드 매클린, 앤서니 블런트(Anthony Blunt), 존 케언크로스(John Cairncross) 등 이른바 '5인의 고리'(Rings of Five)로 불리던 청년 공산주의자들이 우파로 가장, 영국 정보기관에 침투한다. 이 중 앤서니 블런트는 국내 방첩을 담당하던 MI5로, 킴 필비와 가이 버지스는 MI6로 침투, 핵무기 관련 정보 등을 소련에 제공하다가 정체가 발각되자 소련으로 망명했다. 이 '소련 스파이 스캔들'은 당시 서방 진영을 충격으로 몰아넣었고 수많은 대중문화의 소재가 되었다. 특히 당시 MI6에서 근무하던 소설가 존 르 카레(John le Carré)가 이 사건을 주제로 출간한 소설 『팅커, 테일러, 솔저, 스파이』(Tinker Tailor Soldier Spy)가 유명하다. ― 옮긴이
6 Kim Philby, *My Silent War*, New York: Grove Press, 1968.

는 자신의 보좌관 존 브루스 록하트John Bruce Lockhart에게 업무를 위임했다. 록하트는 양차대전을 통틀어 첩보 분야의 최고 실력자였다. 또한 1917년 소련에 스파이 혐의로 체포되어 크렘린에 수감되기도 했던 위대한 로버트 브루스 록하트의 조카였다.[7] 숙부의 명성이 잊혀지면서, 당시 젊은 록하트는 스스로의 힘만으로 첩보 요원이라는 이상을 향해 나아가고 있었다. 그는 전쟁 중에는 이탈리아에서 SIS의 영국군 내 산하 조직인 'C'를 이끌었으며, 침투 전문가로 유럽의 공산주의 조직에 투입되어 활약했다. 록하트는 워싱턴의 인정을 받았고, 프랭크 위즈너와 밀접한 사이가 되어 활동했다. 위즈너가 아들 프랭크 위즈너 2세를 영국 럭비칼리지에 입학시키려고 했을 때, 이 학교 출신이었던 록하트가 기꺼이 다리를 놓아 준 적도 있다. 위즈너는 록하트를 신뢰했지만, 반면 킴 필비에 대해서는 의심의 눈초리로 바라보았다. 그래서인지 필비 역시 위즈너에 대한 혐오감을 억누르지 못하고 혹독하게 비난했다. "어린놈이 중요한 일을 맡았답시고, 대머리는 까져 가지고 자만심은 넘치고 뚱뚱하기까지 하다."[8]

존 브루스 록하트는 로런스 드 네프빌과도 좋은 관계를 유지했다. 드 네프빌과는 전후 독일에서 연락관으로 있던 시절 알게 된 사이였다. 록하트는 드 네프빌과 조셀슨이 런던에서 영국 정보조사국IRD의 크리스토퍼 '몬티' 우드하우스를 만날 수 있도록 주선해 주었다. 우드하우스는 다재다능한 인물이었다. 11살에 에우리피데스와 루크레티우스의 작품에 입문했고, 전쟁 전에는 옥스퍼드 뉴칼리지에서 리처드 크로스먼과 아이재

---

7 로버트 브루스 록하트는 소련에서 첩보 활동으로 체포되어 처형될 위기에 처했으나, 공산주의 활동으로 체포된 소련 외교관 막심 리트비노프(Maxim Litvinov)와 교환되어 영국으로 돌아왔다. — 옮긴이

8 Philby, *My Silent War*.

이어 벌린으로부터 개인 강습을 받았다(그는 "벌린은 강의할 때 낮게 웅얼거리는 목소리로 강의를 열정적으로 진행했다. 아마도 옥스퍼드에서 '인식론적' epistemological이라는 단어를 한 음절처럼 읽을 수 있는 유일한 사람일 것"[9]이라고 쓴 바 있다). 그는 1939년 두 과목에서 수석을 차지했고, 플라톤과 아리스토텔레스를 강의하는 학자로 미래를 꿈꾸던 찰나에 전쟁이 터지고 말았다. 그 결과 그의 교육 방향은 사뭇 다른 양상으로 흘러갔다. "연병장, 총포 훈련, 낙하산 훈련, 게릴라전, 사보타주, 정보전 등"으로 말이다. 그리고 결국에는 그리스 점령 지역에 투입되어 영웅적인 게릴라전 임무를 수행했던 것이다.[10]

늠름하고 대담한 전통적 스파이상이었던 우드하우스는 이란의 총리 모하메드 모사데크 체제의 전복을 꾀할 때에도 핵심적인 역할을 했다. CIA와 SIS의 공모하에 극우 왕조를 세우기 위해 쿠데타를 일으키려는 팔레비 왕의 시도에 커밋 킴 루스벨트와 협업으로 참여했던 것이다.[11] 우드하우스가 테헤란에서 돌아오자 영국 정보조사국IRD은 그에게 비밀 위장 업무를 맡겼다. 그는 비밀정보국SIS이 제공한 독립 사무실을 운영했다. 이 사무실은 세인트제임스 공원 지하철역 맞은편에 위치해 있었다. 사무실은 외교부의 하급 직원들 여럿으로 채워졌다. 명목상으로는 IRD에 소속되어 있었지만 실은 우드하우스가 반쯤 자율적으로 운영하고 있었다.

자신이 소유한 클럽 '리폼'The Reform에서 '업무'를 보기 꺼림칙했던 우드하우스는 런던 폴몰 가街에 있는 로열오토모빌클럽Royal Automobile Club에

---

9 Christopher Montague Woodhouse, *Something Ventured*, London: Granada, 1982.
10 *Ibid.*
11 킴 루스벨트는 1958년 CIA를 떠나 워싱턴에 소재한 광고 홍보 회사의 공동 출자자가 되었다. 이 회사는 많은 국제적 고객들을 상대했는데, 그중에는 팔레비 왕조 체제하의 이란 정부도 있었다.

서 회의를 갖기로 했다. 그곳은 드 네프빌이 외국인 회원권을 보유하고 있던 곳이었다. 드 네프빌과 조셀슨이 회의에 참석하기 위해 파리에서 런던으로 넘어왔고, 1952년 늦은 봄 이곳에서 영국과 미국의 정보기관이 전후 정보전 역사상 가장 중요한 개입을 기획했다. 클럽 식당에서 오찬을 나누던 중 새로운 교양 잡지의 출간과 이 잡지의 비밀 후원 프로젝트의 토대를 닦았던 것이다. 당시 결재권자였던 우드하우스는 망설이지 않고 이 프로젝트를 승인했다. 외교부 소속으로 다양한 지역에서 일을 해왔던 우드하우스에게 이 프로젝트는 "수많은 고초 끝에 만난 따분한 일"일 뿐이었다. 하지만 그는 심리전을 전폭적으로 옹호하는 입장이었고, 따라서 이 제안은 그런 점에서 적절하다는 생각이 들었던 것이다. 회의 내용을 들어 보니 우드하우스에게는 이 제안이 틀림없이 정치선전 투쟁을 비밀리에 진행하는 데 교묘하게 공헌할 수 있겠다는 생각이 들었다.

우드하우스는 일은 그렇게 추진하되, 상황이 어떻게 돌아가는지는 영국 정부 측에서 파악할 수 있도록 해줘야 한다고 충고했다. 세계문화자유회의 측은 지정된 CIA 정보요원을 통해서 잡지와 관련한 '활동' 절차를 우드하우스와 상의하겠다는 데 동의했다. 게다가 비밀정보국SIS은 이 프로젝트로부터 재정적인 이득을 취하고자 했다. 그 자금은 정보조사국IRD에서 비밀리에 집행되는 소규모 분담금이었다. 우드하우스는 이 분담금을 새로 태어날 잡지의 영국인 편집자와 그 비서의 급여로 배정해 달라고 제안했다. 그러면 CIA가 영국의 국내 문제에 직접 돈을 댐으로써 생기는 부적절한 일을 피할 수 있다는 충고에서였다.

우드하우스는 이러한 프로젝트에서 영국 외교부의 주된 관심사는 아시아, 인도를 넘어 극동까지 지식인들 사이에서 반공주의 사상을 교류할 수 있는 수단을 확보하는 것이라는 말도 덧붙였다. 이상의 지역들까지 잡지를 배포할 수 있으려면 외교부가 영국문화원을 통해 선적·배포할 만한 양의 부수를 사들여야 했다. 잡지에서 나오는 그 밖의 재정상의 부채는 문화자유회의가 책임지기로 했다. 조셀슨이 잡지의 운영 자금은 파필드재단을 통해 제공할 것이라고 확인해 주었지만, 이 잡지가 어딘가에서 자금 지원을 받고 있다는 의심을 받게 될까 봐 사업과 판매에 관련된 기능은 계속 유지하기로 했다. 이윽고 조셀슨은 우드하우스에게 잡지의 공동 편집자로 두 명의 후보자를 추천했다. 양측 정보기관으로부터 보안상의 문제가 없음을 확인하는 조건으로, 문화자유회의에서 이 두 후보의 의견을 들어 보기로 했다. 조직 정비도 자리를 잡아 가고 있었고, 조셀슨과 드 네프빌이 먼저 프로젝트를 진행한 뒤, 추후에 우드하우스와 다시금 모임을 갖기로 합의하고 회의가 마무리되었다. 한편 우드하우스는 적당한 '얼굴마담', 그러니까 위즈너가 말하던 '부자들'을 찾고 있었다. IRD를 통해 나온 자금을 새 잡지로 전달하는 통로로서 말이다.

공동 편집자로 물망에 오른 미국 측 후보자는 미국문화자유위원회의 상임이사 어빙 크리스톨이었다. 1920년 뉴욕에서 의류 하청업자의 아들로 태어난 크리스톨은 1936년 뉴욕시립대학교에 입학해 어빙 하우, 대니얼 벨, 멜빈 래스키와 친구가 되었다. 대학에서 그는 학내 반공주의 좌파 조직으로 트로츠키주의 성향의 사회주의청년연맹Young people's Socialist League에 발을 들여놓게 되었다. 크리스톨은 덩치가 작았기 때문에 뉴욕시립대 학부생 출신이 거의 그렇듯이 과격한 정치적 성향으로 이를 상쇄했다. 그는 언제든 상대방에게 덤벼들 태세였고, 그 때문에 지식인 망나니라는 평판을 얻었다. 1940년 우등으로 학교를 졸업한 뒤 시카고에서 화물 처리 기사로 일했고, 전쟁으로 징집되기 전까지는 전前 트로츠키주의자들이 만든 잡지 『인콰이어리』Enquiry의 편집 일을 맡았다. 1944년 보병으로 입대한 뒤, 프랑스와 독일에서 전투를 경험하고 1946년에 제대했다. 이후 영국으로 건너가 『커멘터리』에서 일을 시작해 1947년 이 잡지의 편집주간이 되어 뉴욕으로 돌아왔다.

영국 측 후보자는 스티븐 스펜더였다. 1909년 유명한 자유주의자 가문에서 태어난 스펜더는 부모의 보호 속에 유년기를 보냈고("부모님은 거친 아이들에게서 나를 떼어놓았다"[12]), 유토피아 사상에 매료된 느긋하고 태평한 성격으로 자라났다. 1920년대 옥스퍼드에서 그는 시인 W. H. 오든을 만나 평생의 스승으로 모셨고, 처음으로 낸 책 『스펜더 시집』은 그에게 유명세를 안겨 주었다. 이 책은 전간기의 성적·정치적 분위기가 배어든 시집이었다. 이 시집으로 그는 오든, 세실 데이루이스Cecil Day-Lewis, 루이즈 맥니스Louise MacNeice와 더불어 1930년대를 대표하는 시인으로 인정받았다. 당시는 문학의 가장 깊숙한 구석에서도 정치 문제가 튀어나오던 시기였고, 스펜더 또한 불과 몇 주이기는 했지만 공산당에 참여한 적도 있다. 그의 시집은 다른 어떤 작품들보다도 '영국식 응접실 볼셰비즘'에 충실했고, 이는 스펜더 특유의 줏대 없는 정치적 성향을 보여 주고 있었다. 훗날 그는 신념의 변화를 "극도의 나약함과 솔직함"에 몰두한 결과라고 해명했다.[13] 랠프 월도 에머슨에 대한 헨리 제임스 시니어Henry James Sr.[14]의 유명한 말 "미로 없는 실마리"를 뒤집어서, 애니타 커모드Anita Kermode는 스펜더를 두고 "실마리 없는 미로"라고 얘기했다.[15] 헨리 제임스 시니어가 남

12 Stephen Spender, "My Parents", *Collected Poems, 1928-1985*, London: Faber & Faber, 1985.
13 Stephen Spender, *Journals, 1939-1983*, London: Faber & Faber, 1985.
14 미국의 신학자로, 철학자 윌리엄 제임스와 소설가 헨리 제임스의 아버지이기도 하다. ─ 옮긴이
15 Anita Kermode, interview in Devon, July 1997. 〔애니타 커모드는 문예 비평가 프랭크 커모드(Frank Kermode)의 아내이다. 참고로 프랭크 커모드는 훗날 『인카운터』의 공동 편집장 자리에 오른다. 이에 관해서는 이 책 23장 참조.〕

긴 구절 중 또 하나 스펜더에 어울리는 것이 있다. 바로 "핸들 없는 사람" 이었다.

　세계문화자유회의의 새 잡지에 공동 편집자로 추천을 받은 이유에 대해서, 훗날 스펜더는 『실패한 신』에 실린 자신의 에세이 때문이 아니겠 느냐고 추측했다. 그가 이상적인 후보가 된 데에는 공산주의에 반대했기 보다 미국과 바람직한 관계를 맺고 있었기 때문일 가능성이 더 크다. 1948 년에 스펜더가 '우리는 유럽 정신을 둘러싼 전투에서 승리할 수 있다'We Can Win the Battle for the Mind of Europe라는 제목의 미국 찬가를 쓴 적이 있었기 때문이다. 거기서 그는 이렇게 선언했다. "미국의 정책에 동맹이라 하면서 의심을 하고, 친구라 하면서 외면하는 이 유럽에서도, 표현의 자유로 가장 높은 성취를 이루어 낸 미국은 오늘날 유럽의 어떤 중요한 사상도 능가할 수 있는 진정성이 있다. …… 미국이 결정만 내린다면, 미국은 이 유럽 땅 에서 수천 명의 학생들이 미국의 문명과 미국의 자유를 이해할 수 있도록 교육적 역할을 수행할 수 있다. 정치선전과 강압에 의지하지 않고, 유럽인 들에게 미국의 문명·교육·문화라는 현시대 최고의 성취를 보여 주는 데 일익을 담당하는 것이야말로 오늘날의 현실적인 과제라 할 수 있다."[16] 스 펜더는 흥분을 가까스로 억누르며 "미국이나 영국 문인의 입에서 나온 말 한마디"가 유럽 학생들에게는 "거의 기적에 가까운 것"으로 여겨질 것이 라고 주장했다. 또한 그는 마셜플랜이 아주 좋은 것이긴 하지만, "서유럽 의 낡은 문명은 미국이라는 새로운 유럽의 신념, 경험, 지식을 통해서 필 히 강화가 선행되어야 한다"라고 썼다.[17] 그러한 정서는 많은 서유럽 지식

---

16 *New York Times Magazine*, 25 April 1948.
17 Ibid.

인들의 공감을 불러왔다. 레몽 아롱은 "스탈린주의에 반대하기 위해서는 미국의 리더십을 받아들이는 방법 외에는 도리가 없다고 전적으로 확신한다"라는 입장을 밝혔다.[18] 스펜더나 아롱 같은 사람들이 유럽의 생존을 구세주 미국에서 찾는 상황을 봤을 때, 문화 투쟁에 대한 미국의 개입에 유럽의 자발적인 협력이 전혀 없었다고 말할 수는 없을 것 같다(훗날 이런 협력들이 상세하게 밝혀졌다).

미래의 고용주에게 스펜더의 매력적인 자질이 또 한 가지 있었다. '맥스펀데이'MacSpaunDay(MacNeice, Spender, Auden, Day Lewis) 그룹의 일원으로서 런던의 문학 귀족들과 중요한 연결 고리를 제공해 주었기 때문이다. 그들은 블룸즈버리 그룹Bloomsbury group[19] 시절의 추한 속물의식에 여전히 집착하고 있었지만, 그룹의 대부분은 스펜더의 매력에 빠져 있었다. 조셀슨은 이에 앞서 문화자유회의의 데뷔작이라고 할 수 있는 베를린 행사에서 영국 인사들의 비타협적인 태도를 직접 경험했고, 많은 미국 전략가들 또한 영국 지식인 사회에 만연한 우월의식에 진저리를 치고 있었다. "이 모든 것을 설명해 주는 중요한 배경이 있습니다." 스튜어트 햄셔의 설명에 따르면, "1949년 포드재단이 런던에 와서 어느 호텔에서 대규모 회의를 주최한 적이 있었습니다. 영국의 주요 지식인들을 초청한 행사였죠. 당시 재단은 영국 파운드를 쓰는 지역에 있는 모든 돈을 합한 것보다 더 많은 자금을 갖고 있었습니다. 지식인들이 회의에 오자, 포드재단은 세상이라도

---

18 Raymond Aron, "Does Europe Welcome American Leadership?", *Saturday Review*, 13 January 1951.

19 영국 런던의 블룸즈버리 지역에서 친구, 친지, 공동 작업, 공동 연구 등으로 얽힌 작가와 예술가의 모임. 버지니아 울프, 존 메이너드 케인즈(John Maynard Keynes), E. M. 포스터(E. M. Forster) 등이 속해 있었다. — 옮긴이

얻어다 줄 태세였어요. 그런데 이 지식인들이 그래요. '마음은 고맙지만 괜찮습니다. 우리는 모두 영혼이 있고 그것만으로도 충분하니까요.' 영국 사람들은 감동할 줄 몰랐던 거죠. 그들이 몇 가지 바랐던 것도 있기는 있었습니다. 하지만 너무 사소해서 미국인들은 이 사람들이 미쳤다고 생각했죠. 이런 일 이면에는 아주 뿌리 깊은, 프로이트 식의 반미주의가 있었던 겁니다. 이렇듯 이 사람들에게는 위컴 식[20]의 신사인 체하는 속물적인 태도가 중국 좌파스러운 정치적 입장과 뒤섞여 있었습니다. 윌리엄 엠슨 William Empson이나 E. M. 포스터가 그 전형적인 예였죠. 포스터가 뉴욕에서 라이오넬 트릴링과 만난 일화가 기억납니다. 그때 트릴링은 아주 긴장했었어요(트릴링은 포스터에 대한 책을 썼죠. 트릴링은 당시까지 영국에는 가본 적도 없는 한심한 영국 예찬론자였어요). 포스터가 무슨 이유에선지 셔츠를 하나 사야겠다고 하자, 트릴링이 브룩스브러더스Brooks Brothers[21]에 데려갔습니다. 포스터가 그곳에서 셔츠 하나를 보더니, '아이고 세상에, 이런 데서는 뭐 딱히 살 만한 게 없네요'라고 했다더라고요. 이 얘기 하나면 모든 것이 설명됩니다."[22]

종전 후 점령지 독일에 소재한 영국휴전감시위원회에서 일했던 스펜더는 문화 정치 분야에서 정부의 요구를 잘 들어주었다. 그때 이후로 그는 많은 시간을 미국에서 보냈고, 그동안 존 크로 랜섬, 앨런 테이트, 앨런과 짝을 이룬 보수주의자 벤 테이트Ben Tate, 에드워드 태프트 의원의 보살핌

---

20 여기서 위컴은 윈체스터의 대주교이자 뉴칼리지스쿨과 옥스퍼드 뉴칼리지의 창립자인 윌리엄 오브 위컴(William of Wykeham)을 뜻하며, '위컴 식'(Wykehamish)이란 예절을 중시하는, 혹은 예절에 얽매인 태도를 뜻한다. 위컴이 남긴 유명한 말 "예절이 사람을 만든다"(Manner maketh man)에서 그 의미를 가져왔다. ― 옮긴이
21 미국의 고급 신사복 브랜드. ― 옮긴이
22 Stuart Hampshire, interview in Oxford, December 1997.

을 받았다. 영국의 동료들과도 적극적으로 어울리면서 친구들을 많이 만들었던 스펜더는 미국이 이 까다로운 동맹국에 접근하는 데 가교 역할을 했다. 그러나 아내 나타샤의 말에 따르면, 그의 거부할 수 없는 매력은 아무래도 쉽게 구워삶기 좋은 사람이었다는 점이다. 나타샤는 그에 대해서 이렇게 말했다. "물론 스티븐은 앞잡이로 쓰기에 아주 적합한 자질이 있었죠." 또한 "그이는 [공산주의를 포기한 사람 중에서도] 대단한 사람이었지만, 너무 순진해서 속아 넘어가기 딱 좋은 인물이었어요. 그이의 아버지도 로이드 조지Lloyd George에게 속아 넘어간 적이 있죠. 가족 자체가 남을 잘 믿었어요. 사람들이 자기들에게 거짓말을 하고 있다는 생각은 좀처럼 하지 못하는 분들이었죠."[23] 훗날 그는 이러한 선천적 순진함의 대가를 비싸게 치르게 된다.

1953년 2월, 조셀슨은 신시내티대학에서 강의를 하던 스펜더에게 편지를 보냈다. 『프뢰브』의 영문판'에 관해 상의할 게 있으니 파리로 와달라는 요청이었다. 크리스톨로부터 스펜더는 다음과 같은 이야기를 들었다. "2주 전에 파리에 잠깐 다녀오는 동안 『프뢰브』의 영문판 문제로 마이클 조셀슨, 프랑수아 봉디, 멜빈 래스키를 만나 아주 긴 시간 동안 회의를 했습니다. 조셀슨과 제가 따로 영국에 하루 동안 건너가기도 했는데, 프레드릭 워버그, 맬컴 머거리지, 토스코 파이벌을 만나서 또 이 문제에 관해서 이야기를 나눴습니다."[24]

런던에서 모임을 갖기 직전, 드 네프빌과 조셀슨은 우드하우스와 다시 만났다. 이 셋은 이 출판 문제의 '처리'를 조지 오웰의 책을 전담하여 출

23 Natasha Spender, telephone interview, August 1997.
24 Irving Kristol, to Frederic Warburg, 26 February 1953(ACCF/NYU).

판했던 프레드릭 워버그에게 맡기기로 합의했다. 그래서 워버그는 자신의 출판사 명의를 새로운 잡지에 빌려주기로 했다. 조셀슨이 워버그에게 보낸 편지를 보면, 세계문화자유회의를 통해서 '인카운터'라는 제호를 단 이 새로운 잡지의 제작과 배포 및 정식 등록과 관련한 비용 전부를 즉시 책임지겠노라고 약속되어 있다. 또한 조셀슨은 워버그에게 "워버그와 그의 출판사가 잡지의 편집 방향과 관련해서 어떠한 불이익도 받지 않게 해주겠다"라는 확답을 주었다.[25]

만남이 두 번째로 이어지자, 우드하우스와 드 네프빌의 협력 관계는 더욱 돈독해졌다. 드 네프빌의 전력은 우드하우스에 필적할 만큼 인상적이었다. 런던에서 태어나 뉴칼리지와 하버드대학에서 학위를 받은 드 네프빌은 로이터통신에 해외 특파원으로 입사했다. "우리는 너무 잘 지냈어요. 눈빛만 보면 통하는 사이였죠"라고 우드하우스는 기억했다. "저는 미국 동료들과 지극히 사이가 좋았어요. 정신병자만 아니라면 말이죠." 그는 한마디 덧붙였다. 많은 것을 암시하는 투였다. "드 네프빌이 런던에 올 때마다 만났죠. 제가 워싱턴에 갈 때면 거기서 또 그를 만났고요. 워싱턴에 있는 제 후배 애덤 왓슨과 함께요."[26] 드 네프빌이 미국으로 돌아갈 때까지 향후 몇 년에 걸쳐 이 두 사람은 정기적인 만남을 가졌다. 우드하우스는 곧 영국 왕립국제문제연구소Royal Institute of International Affairs의 소장이 되었다. 이 둘은 로열오토모빌클럽에서 술잔을 기울이며 『인카운터』의 '운영과 절차', 그리고 대개는 '영국에서의 작전 활동'에 대해 이야기를 나눴다. 이 두 사람의 업무가 유일하게 겹치는 지점이었기 때문이다.

25 Michael Josselson, to Stephen Spender, 29 May 1953(CCF/CHI).
26 Christopher Montague Woodhouse, telephone interview, July 1997.

애초에 잡지의 '운영과 절차'가 의미한 것은 우드하우스가 이야기한 '자금 운용과 연락 체계'를 정비하는 것이었다. 드 네프빌은 훗날 이렇게 설명했다. "당시에 시스템 같은 것이 있었다고 생각하시면 안 됩니다. 그 때는 모든 것이 즉흥적이었거든요."[27] 그 즉흥적인 부분을 해결하고자 영입된 인물이 바로 맬컴 머거리지였다. 그는 MI6와 문화자유회의의 가교 역할을 맡기로 했다. 머거리지는 영국 노동당의 크로이든 지역 행사 무대에서 아버지와 함께 「적기가」를 불렀던 소년 시절로부터 이제는 너무 멀어져 버렸다. 소련의 유토피아를 충격적으로 그리고 있는 머거리지의 소설 『모스크바의 겨울』Winter in Moscow(1933)은 좌파 작가가 소련의 신화를 처음으로 폭로한 작품 중 하나였고, MI6 요원으로 정치적 전환을 알리는 시발점이었다. 문화자유회의 운영위원이기도 했던 그는 이 단체의 중립주의적 성격에 반대하여 친미적 행보를 취하는 사람들과 굳건히 손을 잡았다. "다른 수백만의 서유럽 사람들이 다들 그렇듯이, 나 또한 미국이 20세기 중반의 세계에서 자유의 대들보가 될 운명이라는 사실을 받아들였다. 하지만 그렇다고 해서 미국의 체제가 완전무결하고, 미국인들의 행동이 변함없이 선하거나 미국적인 삶의 방식이 완벽하다고 믿지는 않는다. 다만 인류 역사상 가장 끔찍한 충돌이 일어난 지금에 와서 모두 조만간 선택을 해야 하는 만큼 나 또한 나름의 선택을 했다는 뜻이다. 그리고 내가 변함없이 추구해 왔던 가치들에 충실하기로 마음먹었다는 뜻이기도 하다. 다만 그 길은 가야 할 만한 가치가 있기에, 길 위에서 겪는 위험과 굴욕을 감내하면서, 그리고 존 버니언John Bunyan의 충고에 따라, 낙담하지 않을 수 있도록 충분한 용기를, 또한 이러한 가치를 추구하면서 혼란에 빠지거

---

27 Lawrence de Neufville, telephone interview, July 1997.

나 엇나가지 않을 만큼의 충분한 지각을, 그리고 우리의 문명과 이 문명의 토대인 종교에 대한 충분한 믿음을 갖기만을 바랄 뿐이다."[28]

머거리지는 자서전 『지옥의 숲』The Infernal Grove에 다음과 같이 썼다. "기밀 유지는 첩보 분야에서도 제사의 제수와 향처럼, 혹은 접신하려 할 때의 어둠처럼 필수적이며, 그것이 목적에 부합하는지의 여부와 전혀 관계없이 어떤 경우에라도 지켜져야 한다."[29] 머거리지는 첩보물에 나올 법한 모략들에 흥미를 느꼈기 때문에 문화자유회의의 새로운 출판 사업에 기꺼이 참여했다. 그 필요성은 의심스러워했지만 말이다. 그의 첫 임무는 잡지에 믿을 만한 민간 후원자가 되어 줄 '부자'를 확보하는 것이었다. 플리트 가街의 어느 술집에서 열린 회의에서 머거리지는 우드하우스에게 재정적으로 지원할 의사가 있는 두 명의 후보자를 찾아냈다고 보고할 수 있었다.

그중 첫 번째 후보자는 헝가리 망명자 출신의 영화감독 알렉산더 코르다Alexander Korda였다. 007의 창조자 이언 플레밍Ian Fleming의 친구이자 로버트 브루스 록하트(영화의 해외 배급 자문위원으로 일했다)를 고용하기도 했던 코르다는 영국 정보기관과의 밀접한 관계를 즐겼다. 그는 머거리지로부터 제안을 받자 영국 정보조사국IRD이 그의 개인 계좌를 이용해 새 잡지에 보조금을 지원하는 것을 허락했다. 또 다른 한 명은 머거리지의 오랜친구 빅터 로스차일드 경이었다. 로스차일드는 1960년대 중반까지 잡지와 깊은 관계를 맺게 되지만, 단지 음지에서 활동했을 뿐 결코 모습을 드러내는 일은 없었다.

---

28 Malcolm Muggeridge, "An Anatomy of Neutralism", *Time*, 2 November 1953.
29 Malcolm Muggeridge, *Chronicles of Wasted Time: The Ingernal Grove*, London: Collins, 1973.

해결해야 할 실질적인 문제들은 여전히 남아 있었다. 1953년 2월 말, CIA 정보요원에 의해 졸지에 '사촌지간'이 되어 버린 머거리지와 워버그는 파리로 건너가 이 문제들을 철저히 논의했다. 당시 영국문화자유학회의 회장이었던 재스퍼 리들리가 그 둘의 이동 편과 숙박 요금을 지불하도록 되어 있었다. 다시 영국으로 돌아올 때, 워버그는 리들리에게 파리에서 쓴 '비용' 명목으로 영국문화자유학회 계좌에서 100파운드짜리 수표를 끊어 달라고 부탁했다. 주급이 10파운드에 불과했던 리들리는 깜짝 놀랐다. "워버그가 100파운드를 몰래 챙기려고 했거나, 아니면 아름다운 아내 파멜라 드 베이유Pamela de Bayou에게 줄 보석을 사는 데 쓴 게 아닌가 싶습니다."[30] 리들리는 나중에 가서야 그렇게 짐작할 뿐이었다.

1953년 3월 5일, 마이클 조셀슨은 스티븐 스펜더에게 편지를 써 머거리지, 워버그, 파이벌, 나보코프, 봉디, 그리고 자신이 참석한 회의 결과를 알려 주었다. "우리에게는 『호라이즌』보다 더 광범위한 어필을 할 수 있는 잡지가 필요합니다. 오히려 『데어모나트』에 가깝겠지요. 당신과 크리스톨이 공동 편집자면 이상적인 짝이 될 겁니다. 당연히 편집위원회도 있어야겠지요. 아마 1953년 7월부터 한 해 내내 유럽에 체류할 머거리지와 훅이 함께할 예정이고요. 머거리지가 영국문화자유학회에서 성공적으로 모금한 자금이 있는데, 머거리지와 워버그는 기꺼이 그 자금을 잡지에 투입할 겁니다."[31] 이러한 업무 처리와 관련해 스펜더는 크리스톨에게 편지를 썼다. "우리 둘 다 영국문화자유학회에 고용된 것 같은 느낌입니다."[32] 이 말

---

30 Jasper Ridley, letter to the author, 31 October 1997.
31 Michael Josselson, to Stephen Spender, 5 March 1953(MJ/HRC).
32 Stephen Spender, to Irving Kristol, undated(ACCF/NYU).

은 반은 맞는 말이었다. 미국인 크리스톨은 CIA의 파필드재단으로부터 나온 자금으로 급여가 지급되었고, 스펜더의 급여는 영국 재무부의 비밀 자금에서 지급되었다.

1953년 3월이 되자 크리스톨은 파리로 건너가 잡지에 실을 원고를 구하느라 바쁜 시간을 보냈다. 새 잡지가 '문화자유회의의 대변인' 역할을 해주기 바랐던 파리 본부 사무국은 조셀슨의 감독 아래 네 개의 표지 시안을 만들었다. 크리스톨도 (여전히 미국에 남아 있던) 스펜더도 잡지의 제호를 확정할 수 없었다. 물망에 오르던 이름 중 '아웃룩'Outlook은 지극히 평범하다는 평가를 받았기에, 이 둘은 머리를 쥐어짜며 동의어 사전을 뒤졌다. '심포지엄'Symposium, '문화와 정치'Culture and Politics, '회의'Congress, '증인'Witness, '전망'Vista, '증언'Testimony, '글과 자유'Writing and Freedom(크리스톨은 '자유'라는 단어는 "따분한 냄새"가 난다면서 쓰지 않았으면 했다), '전령' Messenger, '바다 건너'Across Seas, '동서 평론'East-West Review, '나침반'Compass, '친교'Connect, '논쟁'Exchange, '교차로'Interchange, '현재'Present, '전환점'Turning Point, '둘레'Circumference 같은 이름이 입에 오르내렸다. 그러더니 어쩌다 크리스톨이 그냥 '잡지 X'라고 불렀다.[33] 이 잡지의 비밀스러운 면을 고려하면, 아마 가장 적당한 이름이었을지도 모른다. '인카운터'라는 이름은 1953년 4월 27일 크리스톨이 워버그에게 쓴 편지에 처음 등장하는데, 어쩐 일인지 크리스톨은 이 제호를 탐탁지 않게 여겼다.

1953년 4월 30일, 알렉산더 코르다가 250파운드짜리 첫 수표를 끊어왔다. 짐작건대 로스차일드도 그렇게 했을 것 같다. 하지만 그의 '기부'가 언제 시작되었는지 확인할 수 있는 기록은 남아 있지 않다. 이러한 위장술

---

33 Irving Kristol, to Stephen Spender, 26 March 1953(ACCF/NYU).

을 통해 영국 정보기관은 『인카운터』의 창립에서부터 자금을 제공했다. 『인카운터』의 사무실에 갈색 봉투가 정기적으로 도착하면서 자금 흐름이 활기를 띠었다. 봉투를 나르는 사람도 우드하우스 측 요원이었다. 잡지 사무실의 관리 담당자였던 마고트 웜슬리Margot Walmsley(이후 편집장이 된다) 또한 우드하우스 밑에 있던 요원으로 정보조사국의 서기 담당자 자리에서 곧바로 자리를 옮겨 와서, 외교부 직원 신분을 유지한 채로 20년 넘도록 외교부와 『인카운터』 간의 '연락 담당'으로 일했다. 웜슬리는 훗날 프랭크 커모드에게 『인카운터』에 관해 알고 싶다면 '전부' 얘기해 줄 수 있다고 말해서 적잖이 당황하게 만들었던 적이 있다. 그래도 1997년 유명을 달리할 때까지 웜슬리는 자신이 외교부 직원이었다는 사실을 한 번도 밝히지 않았다.

곧바로 정보조사국IRD은 세커앤드워버그Secker and Warburg 출판사의 계좌에 돈을 입금했다. 그러면 워버그는 같은 금액의 수표를 인출해 자신이 회계 담당자로 있는 영국문화자유학회에 지급했다. 이제 『인카운터』에 IRD의 운용 자금을 전달하는 위장 단체 역할만 하게 된 이 학회는 같은 액수를 다시 이 잡지에 이체했다. 첩보 분야 용어로, 이러한 종류의 자금 조달 메커니즘을 '삼각 패스'triple pass라고 한다. 이렇게 우회적인 방법으로 여왕 폐하의 정부가 스티븐 스펜더의 봉급을 주고 있었던 것이다. 우드하우스는 스펜더에게 이런 비용 처리 방식에 대한 이야기를 한 번도 스스로 꺼낸 적이 없었다. 이야기할 만한 기회가 충분히 많았는데도 말이다. "스펜더의 아이들과 우리 아이들이 같은 유치원에 다녔어요. 거기서 만나는 일도 많이 있었죠." 우드하우스의 기억에 따르면, "스펜더도 알고 있을 거라고 생각했어요. 그래서 특별히 그 문제에 대해 이야기할 필요성을 못 느꼈죠. 그런 종류의 세계에서 우리가 하던 행동 방식이란 게 다 그런 것 아닌가요?"[34] 하지만 훗날 스펜더는 그런 식의 비용 처리는 들어 본 적도 없다며 단호하게 부인했다.

1953년 6월이 되자 『인카운터』는 바쁘게 돌아갔다. 영국문화자유학회 사무실이 소재한 옥스퍼드 가 119B번지에서 벗어나 9월에 헤이마켓 거리로 사무실을 옮겼다. 첫 12개월간의 인쇄비와 기타 비용은 파필드재단으로부터 받은 4만 달러로 충당되었다. 조셀슨은 크리스톨과 스펜더에게 이 금액은 "당신들만 알고 있으라"라고 얘기했다. 5월부터 런던에서 생활하던 크리스톨은 역사학자였던 아내 거트루드 히멜파브Gertrude Himmelfarb와 어린 아들 윌리엄을 미국에서 데려왔다. 그다음, 스펜더도 신시내티를 떠나 런던에 도착했다. 이 두 공동 편집자는 1953년 12월 『인카운터』의 주주로 등록되었다. 최대 주주는 파필드재단 이사장 플레이시먼과 세계문화자유회의의 재무이사 피에르 볼로메였다.

스펜더와 크리스톨 모두 당시의 일을 되새길 때, 상호 간의 협력 관계를 일종의 '신혼 시절'과 같았다고 기록하고 있다. 크리스톨은 이렇게 말했다. "스티븐과 내가 그토록 다른 사람이라는 것을 생각해 보면, 우리는 정말 놀라울 만큼 잘 지냈습니다."[35] 스펜더도 마찬가지였다. "어빙 크리스톨과는 정말 즐겁게 일했죠."[36] 이 두 사람은 서로를 친구라고 여겼고, 이후로도 그랬다. 하지만 업무적인 관계에서 보면 이 둘은 시작부터 삐걱거렸다. 스펜더는 연약하고 감성적이며 과민하고 사람들과의 마찰을 피하는 성격이었다. 편집장을 맡고도 무엇이 "똥인지 된장인지도"[37] 모른 채

---

34 Christopher Montague Woodhouse, telephone interview, July 1997.
35 Irving Kristol, interview in Washington, June 1994.
36 Stephen Spender, interview in London, July 1994.
37 Philip Larkin, *Selected Letters of Philip Larkin, 1940-1985*, London: Faber & Faber, 1992.

일할 정도였다. 반면 크리스톨은 황소고집에 타협이라고는 모르는 사람이었다. 지적으로나 성미상으로나 깐깐한 것은 브루클린 시절의 논쟁에서 단련된 기질이었다. 덩치가 작았던 그는 래스키나 훅과 마찬가지로 체격만큼이나 속이 좁은 사람이었다. CIA 요원 하나가 들려준 이야기이다. "브루클린의 트로츠키주의자였던 그 어빙 크리스톨이 영국에 가서 그 나라의 모든 지식인들과 이야기를 나누고 그들의 글을 고치기까지 하다니, 그런 일은 예전에는 상상도 못할 일이었습니다."[38] 크리스톨을 조심스럽게 지켜보던 사람은 스펜더와 영국 친구들뿐만이 아니었다. 조셀슨 역시이 사람을 처음 뽑았을 때부터 이런 성격을 파악하고 있었다. "파리 본부 사무국에서도 어빙은 앞장서서 설쳐 대더라고요." 나타샤 스펜더도 이렇게 말했다. 남편 스티븐으로부터 들은 얘기인데, 언젠가 크리스톨이 조셀슨의 전화를 받고는 '어용 잡지'를 바란다면 나가서 다른 편집자나 찾아보라고 고래고래 소리를 지르며 거칠게 전화를 끊더라는 것이다.[39]

7월에 크리스톨은 조셀슨에게 곧 나오게 될 창간호의 목차를 보냈다. 인도에 관한 드니 드 루즈몽의 글, 카뮈의 죽음에 대한 짧은 회고, 버지니아 울프의 회고록 발췌본, 일본 단편 2편, 크리스토퍼 이셔우드의 에른스트 톨러Ernst Toller 회고담, 줄리어스 로젠버그Julius Rosenberg와 에셀 로젠버그Ethel Rosenberg 부부에 대한 레슬리 피들러Leslie Fidler의 글, 소련 음악에 대한 니콜라스 나보코프의 글, 앙드레 말로의 『침묵의 소리』Les Voix du silence에 대한 유제프 찹스키의 글, 문화자유회의가 주최한 '과학과 자유' 학회 발표에 대한 어빙 크리스톨의 글, 최근 동독과 체코슬로바키아 소요

38 John Thompson, telephone interview, August 1996.
39 Natasha Spender, interview in Maussane, July 1997.

사태에 대한 헤르베르트 뤼티Herbert Lüthy의 글, 할리우드에 대한 이디스 시트웰Edith Sitwell의 글이 실릴 예정이었다. 머거리지, 스펜더, 휴 시턴왓슨Hugh Seton-Watson, J. K. 갤브레이스, 네이션 글레이저Nathan Glazer는 서평을 약속했다. 쾨슬러와 아롱의 글은 1호에서는 일단 빠졌다. 나보코프가 크리스톨에게 너무 전투적인 반공주의라고 주의를 준 후 나온 결정이었다.

창간호의 라인업에서부터 충분한 정치적 성향이 드러나지 않아 마음이 불편했던 조셀슨은 크리스톨에게 걱정스러운 마음을 전했다. 이에 크리스톨의 대답은 신랄했다. "저는 기대에 부응할 만한 '정치적인 글'이라는 게 무슨 말인지 잘 모르겠습니다. 이 잡지는 분명히 '문화' 잡지여야 합니다. 정치를 포함하되 문학·예술·철학 등과 같이 '문화'의 고유한 분야도 포함되어야 하고, 실제로도 그렇게 하고 있습니다. 정치적인 글과 문학적인 글의 비율은 발간할 때마다 자연스럽게 달라지는 것입니다. 첫 호에서는 정치 부분이 상대적으로 적습니다만, 가능한 한 많은 독자들을 확보해 두기 위해서 그런 겁니다. 저는 문화자유회의가 무엇을 원하는지, 그리고 목표를 성취하기 위해서 어떻게 해야 하는지 확실하게 파악하고 있습니다. 하지만 파리 본부에서 편집 지시 따위나 내려보내 저의 목을 쥔다면 저는 효율적으로 일을 하기가 어렵습니다."[40]

다른 편지에서도 크리스톨은 불같이 화를 내며 조셀슨에게 다시 항의했다. "우리가 어리바리한 멍청이 짓을 하려고 여기 런던에 와있는 것이 아닙니다. 그리고 당신들이 파리에서 이래라 저래라 하는 것보다 여기에서 보는 상황 판단이 더 정확한 것 같은데요. 당신이나 파리에 있는 당신 동료들은 잡지 표지가 형편없다고 생각하시나요? 글쎄요, 그 생각이 맞을

40 Irving Kristol, to Michael Josselson, 15 September 1953(CCF/CHI).

수도 있겠지요. 하지만 다시 말씀드리건대, 여러분이 틀렸을 수도 있습니다. 잡지 표지는 당신들 전문 분야도 아니잖아요? 개선의 여지가 있는 것은 분명하지만, 저는 괜찮다고 생각합니다. 머거리지도 아주 좋다고 했습니다. …… 첫 호에서 정치적인 내용이 부족하다고 생각하세요? 그렇다면 목차를 똑바로 보지 않아서 그렇겠죠. …… 첫 호에 문학적인 내용이 너무 많다고요? 글쎄요. 틀렸어요. …… 아마 당신이 뭔가 착각하고 있나 본데, 나는 정말로 『인카운터』로 당신 생각보다 더욱더 중요한 것을 문화자유회의에 안겨 줄 수 있다고 믿는단 말입니다. 우리가 『프뢰브』 정도만 해준다면, 당신은 만족스럽다고 할 게 뻔합니다. 세상에, 이보세요! 우리는 그 정도 수준이 아니란 말입니다(내가 착각하는 게 아니라면 말이죠). 우리는 수개월 안에 영어권에서 **유일무이한** 문화 잡지가 될 겁니다. 영국에서뿐만 아니라 아시아에서도요. 몇 개월만 두고 보세요. 이 잡지가 지식인들의 우상이 될 테니까. 동양이고 서양이고, 아니면 유럽이고 미주고 간에 작가들이 이 잡지에 글 한 번 실어 보겠다고 간이고 쓸개고 빼주려고 할 테니까. 이거 진짜 똑바로 들으셔야 합니다. 내가 틀렸다면, 다른 편집자를 찾아야 하겠지요. 하지만 그전에 충분한 시간과 편집에 대한 자유를 주셔야 합니다. …… 판매 부수를 놓고 어찌해 보려는 당신의 태도 때문에 나는 당혹스러울 따름입니다. 잡지의 판매 부수보다 잡지의 '영향력'이 더 중요하다고 말한 사람은 당신이었습니다. 영향력은 다 판매 부수를 늘리기 위한 것이고 판매 부수는 다 영향력을 얻기 위한 수단 아니었나요?"[41] 크리스톨이 『인카운터』를 지탱하는 재정적인 토대에 대해 제대로 알고 있었다면, 그는 마지막 질문만큼은 해서는 안 되었다.

41 Irving Kristol, to Michael Josselson, 16 September 1953(CCF/CHI).

크리스톨이 조셀슨을 위해서 메가폰을 들고 가두연설에 나서지 않을 것이라는 점은 확실해 보였다. 스펜더는 이 동료 편집자의 굳센 마음가짐을 두고 '크리스톨 파워'라는 말을 만들어 낼 정도였다. 불미스러운 일이 수없이 생기자 조셀슨은 정말로 다른 편집자를 찾아 나섰다. 하지만 당분간은 『인카운터』에 안정기가 필요했고, 조셀슨에게는 일단 크리스톨을 붙잡아 두는 방법 외에는 별도리가 없었다.

한편 세계문화자유회의 파리 본부 사무국은 크리스톨을 억누르고 쾨슬러와 아롱의 글을 뺄 수는 있었지만, 대신에 그들이 매우 싫어했던 피들러의 기고문을 싣도록 크리스톨에게 양보해 주어야 했다. 크리스톨은 원래 친구 피들러에게 마르크스에 대한 글을 써달라고 의뢰했지만 피들러에게는 쓰고자 하는 열의가 없었고, 대신에 그는 로젠버그 부부에 대한 글을 보내왔다. 크리스톨이 창간호에서 바란 것이 '도발적'인 것이었다면, 그 바람은 성공했다.

*　　*　　*

처형 당일 아침, 로젠버그 부부는 싱싱 교도소 수감실에 앉아 어린 두 아들, 로버트와 마이클에게 편지를 썼다. 이 편지는 다음과 같은 구절로 끝을 맺고 있다. "우리는 무죄고, 양심에 한 치의 거리낌도 없다는 점을 꼭 기억해 다오." 1953년 6월 19일 저녁 8시를 알리는 종이 울리고, 몇 분 후부터 해가 지면서 유대교 안식일이 시작되려 할 때, 또한 이 부부의 14번째 결혼기념일 전날, 로젠버그 부부는 전기의자에 앉아 사형을 당했다. 줄리어스가 먼저였고, 에셀이 뒤를 이었다. 의자에 묶이기 전에, 에셀은 돌아서서 여성 교도관의 손을 잡고, 그녀의 볼에 키스했다.

로젠버그 부부는 1951년 3월 미국의 원자력 기밀을 소련에 유출했다는 혐의로 기소되었다. 선고를 내리기 전 카우프먼Irving Kaufman 판사는 유대인 교회당에서 심사숙고한 뒤 다시 법정으로 돌아와 로젠버그 부부에게 사형을 선고했다. "하나님을 경배하는 나라를 파괴하기 위해 악마 같은 음모"[42]를 꾸몄다는 것이 선고의 내용이었다. 평화 시의 간첩 행위에 대해 사형이라는 처벌은 미국에서는 일찍이 없던 일이었다. 즉시 국제적인 항의가 잇따랐다. 미국의 정치선전 전략은 냉전이 발발한 이래로 갑자기 가장 중대한 난국에 직면하게 되었다. 로젠버그 부부가 유죄냐 아니냐는 당시 중요한 문제가 못 되었다(이들이 유죄가 아니라고 의혹을 품는 사람도 거의 없었을 것이다). 또한 재판을 지켜본 대부분의 사람들에게 그들의 혐의를 입증해 주는 근거들 또한 너무도 명백해 보였다. 다만 미국의 정치선전 전략가들에게 법정의 판결이 명백히 옳으며, 죄에 형벌을 끼워 맞춘 것이 아니라는 사실을 전 세계에 납득시켜야 하는 임무가 부여되었다.

"두 명의 무고한 사람이 사형을 선고받았다면 이는 전 세계가 나서야 할 문제"라고 사르트르는 주장했다. 그리고 파시즘이냐 아니냐는 "희생자의 숫자가 아니라 그들을 죽이는 방식"에 따라 판가름된다며 격렬하게 항의했다. 그는 또한 사형은 "국가 전체를 피로 물들이는 합법적 살인"이라는 말도 덧붙였다.[43] 전 세계가 나서야 할 문제라는 것을 널리 알리기 위해, 공산주의자들은 감형을 요구하는 대규모 캠페인을 기획했다. 따라서 공산주의 언론에서 이 문제를 다루도록 조율하고, 공산주의 전위 조직들은 미국 대사관에 탄원서를 보냈다. 런던 주재 미국 대사관에도 수천 통의 탄

42 *New York Times*, 5 April 1951.
43 Stephen J. Whitfield, *The Culture of the Cold War*, Baltimore : Johns Hopkins University Press, 1991.

원서와 수천 명의 서명이 담긴 항의 편지가 날아들었다. 파리에서는 거의 매일 50건의 전보, 편지, 탄원서가 들어오고 있다고 보고되었다.

특히 프랑스에서는 로젠버그 부부 사건이 미국 정부에 대항하여 사람들을 결집시키는 상징적인 계기가 되었다. 시위가 프랑스 전역에서 발생했고, 그중 다수는 반미 폭동으로 번져 갔다. 콩코르드 광장에서 열린 '로젠버그 부부 석방'을 요구하는 시위에서는 한 명이 사망하는 사고가 발생했다.[44] 멜빈 래스키는 평화 시에 사형 판결을 내린 일은 "역겨운 일"이라고 생각했음에도 불구하고, 이러한 시위 또한 "일시적으로 유행하는 반미 분위기" 탓이라고 폄하했다.[45] 물론 로젠버그 부부를 구명하기 위해 로비 활동을 지원하는 공산주의 진영 어디에서도 로젠버그 변호 위원회가 프랑스에서 발족하던 바로 그날에 체코 공산당의 지도자였던 11명이 프라하에서 처형되었다는 사실을 알리려 하지 않았다. 이와 더불어 그 어떤 파시스트 국가에서보다 많은 공산주의자들이 스탈린의 손에 목숨을 잃었다는 사실도, 소련의 노동자들이 5분 지각을 두 번 할 경우 강제 노동수용소로 보내진다는 사실도, 푸시킨 100주기를 기념하는 조각 대전의 1등상을 푸시킨의 책을 읽고 있는 스탈린 조각상이 차지했다는 사실 또한 거론된 적이 없었다.

그렇다 하더라도 래스키의 분석은 놀라울 정도로 단순했다. 파리 주재 미국 대사 더글러스 딜런Douglas Dillon이 1953년 5월 15일 국무부에 전신을 보내 프랑스에서는 다수의 국민들이 "사형은 정당하지 않다는 의견

44 Ben Bradlee, *A Good Life: Newspapering and Other Adventures*, London: Simon & Schuster, 1995.
45 Melvin Lasky, interview in London, August 1997.

에 압도적으로 찬성한다"라는 의견과 함께 "감형을 요구하는 사람들을 모두 공산주의의 선동에 놀아나는 의식 없는 사람들로 생각해서는 안 된다"라고 경고했기 때문이다.[46]

로젠버그 부부의 감형을 요구하는 운동이 오로지 공산주의자들의 음모로 확산된 것만이 아님은 확실하다. 미국의 어느 정보 보고는 서유럽의 상황을 다음과 같이 언급하고 있다. "감형 요구는 매우 최근에 사회주의자들과 독립 언론, 그리고 공인된 사회주의자 집단에서 제기된 것으로, 영국에서도 몇몇 노동조합이 감형 지지 입장을 표명했다. 이와 같은 비공산주의자들의 항의는 로젠버그 부부에 대한 유죄 선고에 대한 확고한 의혹 때문에 생긴 것이며, 또한 이러한 감형 요구를 받아들이지 않는다면 공산주의자들이 이 부부의 사형을 순교로 선전하게 될 것이라는 판단이다."[47]

당시 심리전을 수행하던 미국의 기관들 모두 엄청난 난관에 직면해 있었다. 6월 로젠버그 부부의 사형이 집행될 때까지 6개월 동안, 미국의 재판이 공정했음을 비공산주의 세계에 알리기 위해 모든 자원을 투입했다. 심리전전략위원회PSB는 심리전 캠페인을 하나 조직해 보라는 명령을 받았다. 이 캠페인의 핵심 목표는 공산주의자들은 '피의 제물'을 요구하는 괴물이라는 부정적 신화를 부각해, 로젠버그 부부를 그 제물로 만들어 버리는 것이었다. PSB는 대사관과 CIA 요원이 작성한 보고서를 토대로 대통령과 백악관 관료들에게 브리핑할 자료를 취합했고, 해외의 모든 미국 기관들에는 빗발치듯 행동 지침을 내려보냈다. 로젠버그 부부가 "공정

46 Douglas Dillon, to State Department, 15 May 1953(CJD/DDE).
47 Brown Evans(Office of Intelligence Research), to Jesse MacKnight(Psychological Strategy Board), 14 January 1953(PSB/DDE).

한 재판을 통해 유죄를 선고받았다는 사실"을 보여 주려는 PSB의 보고서
가 유럽 언론을 통해 확산되고 있었지만, 많은 미국 외교 대표부들은 감형
을 해야 한다고 중앙정부에 압력을 넣었다. 프랑스에서는 딜런 대사가 "로
젠버그 부부의 사형이 서유럽에 미칠 악영향"에 깊은 우려를 표명하면서
"좀 더 높은 수준의 국가적 이익이라는 관점에서" 선고를 재검토해야 한
다고 역설했다.[48]

PSB가 "로젠버그 부부의 사형에 미칠 전체적인 여파, 특히 사형 집
행이 해외에 미칠 심리적인 영향 및 미국의 위상과 지도력에 미치는 효과
들"[49]을 검토하는 동안, C. D. 잭슨은 약간은 다른 식의 접근법을 취했다.
물론 그는 로젠버그 부부가 "이 나라에 한 짓을 생각한다면 백 번 튀겨 죽
여도 마땅하다"라고 확신하고 있었지만, 로젠버그 부부로부터 자신들에
게 죄가 있다는 자백을 받아 내는 것이 우선이라고 생각했다. 당연히 이는
전체적인 사건의 양상을 뒤바꿔 놓았다. 1953년 2월 23일 법무장관 허버
트 브라우넬Herbert Brownell에게 친필로 쓴 편지에서 C. D.는 이렇게 말했
다. "로젠버그 부부 중 적어도 한쪽은 공략해 볼 필요가 있습니다." 아울러
"공략한다는 말은 '고문'third degree[50]과 관련한 문제가 아니라 인간의 심리
를 다루는 문제입니다. 따라서 정말 유능한 유대인 정신과 의사, 이를테면
칼 빙어Carl Binger 박사 같은 사람을 구해 지금으로부터 30일간 로젠버그
부부로부터 신뢰를 얻어 낼 수 있도록 유도해야 합니다. 만약 이 부부가

48 Douglas Dillon, to State Department, 15 May 1953(CJD/DDE).
49 Charles Taquey, to C. E. Johnson(Psychological Strategy Board), 29 March 1953(CJD/DDE).
50 왜 'third degree'가 '고문'을 의미하게 되었는가에 대한 정확한 어원은 알려져 있지 않으나 일설
    에는 프리메이슨의 세 번째 단계에 오르기 위해서는 고통스러운 의식을 통과해야 했기에 이 말
    이 변형되어 고문을 뜻하게 되었다고 한다. — 옮긴이

충분히 신뢰감을 보여 주지 못한다면, 이 작업이 진행되는 동안 사형 집행을 30일, 혹은 60일까지 보류해야 합니다".[51]

5월에도 C. D.는 또 다른 아이디어를 냈다. 백악관 편지지에 '보관용 메모'라고 써놓은 글에서 C. D.는 "브라우넬 법무장관에게 로젠버그 부부와 신경전을 벌이라고 권고했다. 필요하다면 대통령의 잠정적인 집행 유예가 있어도 좋다. 브라우넬 법무장관은 여성 교도관이 환심을 사려고 시도했는데, 희망이 보인다고 했다. 교도관이든 의사든 간에 여기에 관련된 사람이라면 누구라도, 지금 이 상황이 민감하며 자신들이 벌이고 있는 이 게임에서 생각 없이 들은 대로 행동해서는 안 된다는 사실을 염두에 두고 있어야 한다고 브라우넬 법무장관에게 강조해 두었다. 이 문제는 이제 더 이상 치안 유지의 문제가 아니다. 법무장관도 이러한 입장에 어느 정도 동의하고 있다."[52] 이 여성 교도관이 어느 정도 환심을 샀는지는 짐작만 할 수 있을 뿐이다. 하지만 에셀의 사형 직전 마지막 제스처로 보아, 그녀가 목표에 꽤 다가섰다는 추론은 할 수 있을 것 같다.

사형 집행일이 확정된 1953년 6월 19일 국무회의에서 안절부절못하던 아이젠하워는 로젠버그 판결에 대한 "(정치적 의도가 없는) 순수한 의혹이 담긴 편지 내용을 보고 충격을 받았다"라면서 "그토록 명백한 사안으로 왜 사법 체계 전체가 공격을 받아야 하는지 의아하다"라고 말했다.[53] 브라우넬 법무장관은 "의혹이란 있을 수 없으며 …… 단순히 법리상의 문제일 뿐"이라고 아이젠하워를 안심시키려고 했다. 그러나 아이젠하워의 반

---

51 C. D. Jackson, to Herbert Brownell, 23 February 1953(CJD/DDE).
52 C. D. Jackson, "Memo for the File", 27 May 1953(CDJ/DDE).
53 Handwritten notes of the Cabinet Meeting, 19 June 1953(WHO/DDE).

응은 냉담했다. "대중이 법리상의 문제를 알 리가 없잖소!" 이에 브라우넬은 이렇게 대답했다. "판결을 누가 내립니까? 압력단체입니까 아니면 사법 체계입니까? 감히 드와이트 아이젠하워 대통령도 압박할 수 있다는 사실을 보여 주는 것이야말로 공산주의자들의 목적 아니겠습니까?"[54] 또다시 아이젠하워는 조급함을 드러내면서 법무장관에게 "그저 순진한 시민들을 걱정했을 뿐"이라고 말했다. 이 순간 C. D. 잭슨이 끼어들어 클라우스 푹스Klaus Fuchs 같은 다른 스파이에게는 선고가 다르게 내려진 점에 비추어 볼 때,[55] 이번 사형선고를 납득하지 못하는 사람들도 있을 수 있다고 인정했다. C. D.의 친구 헨리 캐벗 로지(당시 막 아이젠하워의 대對공산주의 전술 전문가로 초빙된 참이었다)가 C. D.의 말에 자신 있게 대답했다. "모두 쉽게 해명할 수 있는 문제입니다." 이 말을 들은 아이젠하워는 화를 내며 핀잔을 주었다. "나한테는 쉽지 않아요."[56]

감형에 대한 기대가 모두 사라질 무렵, 마이클 조셀슨까지도 감형이 있어야 한다는 의견에 동감했다. 조셀슨의 아내 다이애나도 그렇게 기억했다. "마이클은 그 사람들이 유죄는 맞지만 사형까지 당해서는 안 된다고 생각했어요. 아주 나쁜 선전 전략이었기 때문이었죠. 그이는 아이젠하워에 개인적으로 전보를 쳐서 감형을 요구하기도 했어요."[57] 이에 더해 조셀슨은 1953년 6월 13일 드니 드 루즈몽을 시켜 백악관에 공식 항의 하는 전보를 보내도록 했다. "각종 작가·과학자·예술인 단체들이 세계문화자유

54 Ibid.
55 독일 태생의 영국 물리학자 클라우스 푹스 또한 원자폭탄 및 수소폭탄 초기 모델의 설계도를 소련 측에 빼돌린 혐의로 체포되었으나 징역 14년을 선고받고 9년 4개월을 복역했다. — 옮긴이
56 Ibid.
57 Diana Josselson, interview in Geneva, March 1997.

회의와 함께 로젠버그에 대한 감형을 호소합니다." 웨스턴유니언통신을 통해 보낸 내용이다. "우리는 그러한 결정이 서구 민주주의의 인문주의적 전통에 부응하는 것이며 전 세계에 자유의 힘을 보여 주는 길이라고 믿습니다."[58] 교황 비오 12세도 아이젠하워에게 자비를 베풀어 감형해 달라고 요청했지만 별 효과는 없었다. "우리는 형 집행의 충격에서 헤어나지 못했어요. 사형은 정말 바보 같은 짓이었어요." 다이애나 조셀슨의 말이다.[59]

*　　*　　*

그해 7월 말, 어빙 크리스톨은 '로젠버그 사건 후기'라는 제목의 레슬리 피들러의 원고를 받았다. 사회주의청년연맹과 사회주의노동자당Socialist Workers Party 출신의 피들러는 1940년대 초반 좌파에서 이탈한 바 있다. 이제 그는 "모호한 정신분석 용어로 가득 찬 이 맹렬한 반공주의 에세이를 통해 좌파 전체가 회개해야 한다고 주장했다. 그래서 문예 비평가 해럴드 로젠버그Harold Rosenberg는 이를 반박하기 위해 「관념적 자유주의와 그 죄 많은 과거」Couch Liberalism and the Guilty Past라는 장황한 글을 출판하지 않을 수 없었던 것이다".[60] 피들러가 로젠버그 사건에 대해 자신의 생각을 펜으로 옮긴 데에는 다음과 같은 배경이 있었다. 피들러는 우선 공산주의자들조차 로젠버그 부부의 사정에는 관심이 없다고 말한다. 왜냐하면 공산주의자들은 '간첩으로서 전반적인 노력과 중죄를 선고받았다는 사실'에만 집중하고 있기 때문이다. 그는 로젠버그 사건에서 '사실'factual과 '괴담'

58 American Committee for Cultural Freedom, to President Eisenhower, 13 June 1953(CCF/CHI).
59 Diana Josselson, interview in Geneva, March 1997.
60 Hugh Wilford, *The New York Intellectuals*, Manchester: Manchester University Press, 1995.

legendary[61]을 구분한다. 여기서 '괴담'이란 공산주의 동조자인 이 부부가 면밀하게 계획된 신화 덕택에 드레퓌스Alfred Dreyfus라는 선례처럼 순교자가 되어 버렸다는 주장을 말한다. 그리고 이와 같은 낡아 빠진 정당성의 웅장한 깃발이 휘날림에 따라, 자유사상을 가진 모든 사람들이 "일종의 도덕을 들이댄 협박"의 희생양이 되었다고 주장했다.[62] 피들러는 계속해서 로젠버그 부부의 고통과 죽음에는 공산주의자들의 책임이 크다고 비난하면서, 이 사건은 "공산주의적 식견을 만들어 내는 자들의 의지에 따라, 또한 그들의 비위를 맞추기 위해 일어난 일"이라고 단언했다. "공산주의자들이 그들이 옳다는 증거로 미국의 인종차별 사례들을 의도적으로 꺼내어 이용했듯이 말이다." 또한 피들러는 반미주의가 가장 횡행하던 시절의 유럽을 직접 경험해 봤다고 썼다. 그는 로마에서 "미국 대사관에 몰려와 소리 지르던 공산주의 군중들의 얼굴"에서 "오직 즐거움"만을 보았다고 했다. 이 글에 따르면 "로젠버그 부부를 살해한 자들에게 죽음을!"이라고 연호하던 군중들은 "시위가 끝난 뒤에는 둘러앉아 와인을 마시며 그날 있었던 일에 만족하고 있었다"라는 것이다. 로젠버그 부부에 대해서는 "왠지 관심이 가지 않으며, 체제에 앙심을 품고 있는 사람들" 같다고는 했지만 어쨌든 "인간"이라는 점은 인정했다. 그래서 이 부부가 아이들을 애정을 갖고 돌보았으며 "편도선 수술과 가족 간의 다툼을 걱정했다"라고 썼다. 하지만 피들러는 이 부부를 너무 혐오한 나머지 '인간의 이야기'를 읽어 낼 수가 없었다. 그래서 피들러는 이 부부가 죽음을 맞는 순간까지도 "공산주

61 '근거 없이 떠도는 이야기'라고 옮겨야 마땅하나 한국 사회에서 '광우병 괴담', '촛불 괴담'과 같이 이미 '괴담'이 더욱 친숙하게 사용되고 있으므로 '괴담'으로 옮겼다. ─ 옮긴이
62 Leslie Fiedler, "A Postscript to the Rosenberg Case", *Encounter*, October 1953.

의적 교의에 충실한 상투적인 모습"을 보이는 등 "인간의 탈을 벗어던졌다"라고 주장했다. "그들이 우리에게 보여 준 모습은 순교자의 우스꽝스러운 모방으로, 진정 비극이 되기에는 너무나 터무니없다"라는 것이다. 피들러는 싱싱 교도소의 분리 수용된 감방에서 부부가 주고받은 편지에 대해서도 모욕적인 언사를 서슴지 않았다. 에셀 로젠버그에 대해서는 문장력이 빈약하다고, 줄리어스 로젠버그에 대해서는 아내이자 공범인 에셀에 대해 충분한 애정이 느껴지지 않는다고 말이다. "우리는 공산주의자 스파이들이 명백한 신념과 진정한 희생자적 열정을 가지고 법정에 서는 광경에 익숙해져 있다. 한 명만 이야기하자면, 최근의 앨저 히스Alger Hiss[63]가 있지 않은가? 또한 우리는 흔히들 아무리 공산주의자라 하더라도 아내에게만큼은 어둠 속에서라도 진실을 속삭일 것임을 기대하지 않는가? 하지만 이 로젠버그 부부는 서로에게 편지를 쓰면서도 오직 암호만을 전달했다." 따라서 피들러는 다시금 질문을 던지고 있다. 그들은 "결국 순교자도 영웅도 아니고, 심지어는 인간이라고도 할 수 없지 않은가? …… 도대체 그들은 죽음으로 무엇을 얻었나?"[64]

시드니 훅은 글의 교정본을 읽어 보고는 깜짝 놀랐다. 언젠가 제임스 T. 패럴은 시드니 훅에 대해서 "역사의 살아 움직이는 복잡한 현실을 논리라는 기계 속에 밀어 넣은 다음, 그 현실이 논리에 의해 쪼개지는 것을 즐기는 사람이다. 그가 활용하는 '선택적 강조'selective emphasis라는 수법은

63 촉망받는 외교관이었으나 1949년 국무부 재직 중에 소련의 스파이라는 혐의를 받았다. 연방대법원에 위증죄로 고발되자 이 사건은 신문에 도배가 되었고 미국의 정치체제 안에서 소모적인 논쟁들을 낳았다. 결국 그는 스파이 혐의는 벗었지만 위증죄가 확정되어 1950년 1월부터 징역 5년을 선고받았다. ─ 옮긴이
64 Fiedler, "A Postscript to the Rosenberg Case".

결국 요술 같은 눈속임일 뿐이다. …… 그래서 모든 종류의 문제와 모순은 …… 그를 초조하게 들볶기 때문에 그것들을 씻어 내야만 할 것"이라고 말한 적이 있다.[65] 반면에 혹은 이러한 결함을 자신이 아닌 타인에게서 더 빨리 발견했기에, 이와 같은 피들러의 분석이 오히려 문화자유회의 측을 괴롭힐 것으로 확신했다. 그는 (교정본을 보내 줬던) 크리스톨에게 편지를 써서 다음과 같은 **변론**과 함께 게재하는 것이 좋겠다고 충고했다. "이 글이 고인의 인간적 면모에 대한 공격으로 받아들여지지 않았으면 한다. 고인들은 인간으로서 존중받아야 하기 때문이다. 하지만 로젠버그 부부는 그 정치적 삶을 통해 인간으로서의 역할을 포기했고, 스스로 정치적 상징이 되고자 했다는 점은 명심해야 한다. 따라서 우리는 그들을 인격체로서가 아니라 정치적 신화로서 분석하려 한다."[66] 혹이 제시한 첨언보다 더욱 간략해진 내용이 피들러의 글에 더해졌지만, 인간의 원초적인 비열함을 자극하는 글의 내용 때문에 효과는 크지 않았다.

피들러의 글에 대한 소식은 빠르게 퍼져 나갔다. 1주일 만에 『인카운터』의 창간호 1만 부 전체가 팔려 나갔다(이 중 어느 정도가 영국 외교부에서 미리 '구매'한 것인지는 알려져 있지 않다. 브레이든에 따르면, CIA도 "잡지를 사들이기 위해 자금을 내놓았다"라고 한다). 영국에 수준 높은 잡지가 별로 없었던 점을 감안하면, 『인카운터』의 등장이 무관심 속에 묻힐 가능성은 절대로 없었다. 이제 이 잡지의 이름은 모든 사람들의 입에 오르내렸고, 저녁 파티마다 잡지 내용에 대한 열띤 토론이 벌어졌다. 며칠 안에 그 여파는 『인카운터』의 사무실로 들어오는 터질 듯이 꽉 찬 우편 가방으로 나타났

---

65 James T. Farrell, to Meyer Shapiro, 4 September 1940(MS/COL).
66 Irving Kristol, to Michael Josselson, 4 August 1953(CCF/CHI)에서 시드니 혹의 말.

다. 크리스토퍼 이셔우드로부터는 "흥미롭고 딱딱하지 않다"라는 찬사를 들었다. 레너드 울프Leonard Woolf[67]는 모든 글이 "평균 이상"이며 특히 피들러의 글이 "특출하게 좋았다"라는 글을 보내왔다.

먼발치에서 멜빈 래스키는 피들러의 글이 『인카운터』에 격렬한 논쟁을 불러올 것이라고 내다봤다. 1953년 10월 22일 스펜더가 받은 편지 세 통에서 우려가 현실이 되었다. 스펜더는 조셀슨에게 보내는 편지에 로젠버그에 관한 글에 대해 심한 분노를 표출한 E. M. 포스터의 편지를 옮겨 적었다. "발견된 사실들이야 옳을지도 모른다. 하지만 에셀 로젠버그의 마지막 며칠을 다루는 그 경멸과 혹독함에 분노를 금할 길이 없다. 가장 화가 치미는 부분은 그 '동정 어린' 결말에서다. 비인간적인 모습으로 행동했던 인간이 있는데 이 글을 쓴 또 다른 인간에 의해서 인간이라는 이유로 용서를 받을 것임을 강조하는 이해할 수 없는 부분 말이다. 나는 이 글의 저자가 사형선고를 받는다면, **이 자는** 어떻게 행동할지 궁금하다."[68]

또한 스펜더는 체스와프 미워시도 로젠버그에 관한 글을 싫어했다고 조셀슨에게 전했다. 설상가상으로, T. S. 엘리엇은 글을 써달라는 스펜더의 청탁에 과연 『인카운터』에 글을 써봤자 효과가 있을지 의문이라고 답했다. "미국의 원조 아래 발행되는 것이 너무 노골적으로 드러난다"라는 것이 그 이유였다. 미국의 여론에 모종의 영향을 미치고자 한다면, 차라리 미국에서 발행하고 미국인들이 사서 보는 신문에 글을 쓰는 것이 낫지 않겠는가? 스펜더는 다음과 같이 해명했다. "중요한 사실은 우리가 여기에

---

67 영국의 평론가. 블룸즈버리 그룹의 일원이었으며, 아내인 버지니아 울프에 대한 지고지순한 사랑으로 유명하다. ─ 옮긴이
68 Stephen Spender, to Michael Josselson, 22 October 1953(MS/COL).

서 명성을 얻고자 하고, 영국 문화라는 얇은 겉치레 속에 미국의 정치선전이 자리하고 있다는 오명을 씻고자 한다는 것을 엘리엇이 먼저 이 편지에서 언급하고 있다는 점입니다."[69] 그 때문에 "우리가 어떠한 정치적 문제를 내세운다 하더라도 결국 미국의 지원을 받고 있다는 사실을 알고 있는 사람들에게 의심을 살 것"이라는 휴 게이츠켈의 언급에 동의하면서 스펜더는 이렇게 결론을 내렸다. "어떻게든 반공주의 정서가 직접적으로 드러난다면, 결국 무엇을 목표로 하든 실패하게 될 것입니다." 스펜더는 조셀슨에게 보낸 편지에서 자신이 받은 편지들에 대해 "심히 충격을 받았다"라며 다음과 같이 덧붙였다. "어디까지나 개인적인 입장에서 말씀드린다면, 편지에 옮겨 적은 이 비판들이 오히려 미국의 목표에 봉사함을 볼 때, 저는 당연하게도 큰 고통을 느낍니다."[70] 나타샤 스펜더는 이렇게 말했다. "당시 영국에는 유치한 반미주의가 있었어요. 저명하고 존경받는 사람들이 미국에 대해 미성숙한 나라니 어쩌니 하는 반동적이고 상투적인 말로 비판을 해댔죠. 스펜더도 그런 사람들에게 끊임없이 비판을 받았고요. 그 사람들은 '집에 『인카운터』 같은 잡지는 한 부도 들여놓지 않겠다, 미국 것임이 분명하기 때문이다'라고 떠들어 댔어요. 그 때문에 스티븐은 크게 화가 났는데, 그게 다 미국에 있을 때부터 존경해 오던 동료들 편을 들어 주려고 했기 때문이었어요."[71]

분명 레슬리 피들러는 스펜더가 변호를 해주기에는 너무 멀리 가버렸다. 몬티 우드하우스는 스펜더가 "거의 화가 머리끝까지 치밀어 더 이

69 Ibid.
70 Ibid.
71 Natasha Spender, telephone interview, May 1997.

상 '선전선동 같은 업무'에 참여하지 않겠다"라고 해서 쩔쩔 맸던 기억이 있다고 한다. "저는 스펜더가 저와 의견을 같이한다고 생각했습니다. 특히 공산주의에 대한 지식인들의 바람직한 반응이 어떠한 것인지에 대해 우리 둘 모두 같은 의견을 가지고 있다고 생각했죠. 그래서인지 그 글이 지적으로 너무 단순해서, 스펜더가 그렇게 낙담하고 있는 줄로만 알았죠."[72] 스펜더는 로젠버그 부부에 대한 글이 모든 사람에게 모욕적이지만은 않았고, "선전선동은 전혀 아니"라고 변호했다. 하지만 스펜더는 이 기고문이 『인카운터』 안에 들여놓은 트로이의 목마 같은 것[73]으로 널리 알려질까 심히 걱정이 되었다.

이러한 걱정은 『스펙테이터』Spectator에 실린 앤서니 하틀리Anthony Hartley의 서평에서 더욱 잘 나타났다. 그는 이 잡지 창간호에서 "공인받은 문화의 거만함"이 보인다고 주장하면서, "만약 『인카운터』가 단순히 냉전의 무기로 쓰인다면 매우 딱한 일"이라고 의견을 밝혔다.[74] 케임브리지 교

---

72 Christopher Montague Woodhouse, telephone interview, December 1997. 우드하우스는 이 얘기들에 대해서 상세하게 기억하지 못하고 있다. 우드하우스는 사교 모임 등에서 때때로 스펜더와 마주친 적이 있다. 우드하우스가 아무리 『인카운터』의 편집자나 독자들에게 MI6 소속임을 주도면밀하게 감춰 왔다 하더라도, 그 또한 이 잡지 창간의 숨은 공로자였다.

73 Stephen Spender, to Michael Josselson, 22 October 1953(CCF/CHI).

74 *Spectator*, 9 October 1953. 이때 하틀리가 꺼림칙한 마음이 들었다면 얼른 자신이 실수했다고 얼버무리는 편이 나았을 것이다. 1962년 그가 『스펙테이터』의 해외판 편집자가 되었을 때, 그 보수 중의 절반은 『인카운터』 측에서 지급되었다. 마침내 그가 공동 편집자 자리에 올랐을 때, 그의 짝은 멜빈 래스키였다. 이러한 전향에는 특정한 패턴이 존재한다. 특히 조셀슨은 『인카운터』 및 문화자유회의와 관련해서 논평을 낸 사람들을 전반적으로 사찰해 왔고, 그 사람들을 '자기 편'으로 끌어들이기 위해 전력을 다했다. 1955년, 데이비드 데이치스(David Daiches)가 『뉴스테이츠먼』 지면을 통해서 "『인카운터』가 의심스럽다. 이 잡지가 정부의 자금으로 매수된 것이 명백하기 때문에, 사람들은 누가 그 '돈줄'을 좌우하며 또 그에 따라 움직이는지 알고 싶어 한다"라는 내용의 기사를 썼다. 그리고 바로 한 달 뒤, 데이치스는 『인카운터』의 필자로 발탁되었다. 이 작지만 중요한 전리품에 대한 얘기는 닐 베리(Neil Berry)의 글에 잘 드러나 있다. 닐 베리는 『뉴스테이츠먼』의 이데올로기적 주도권을 침식시키기 위한 『인카운터』의 조직적 개입에 대해 쓰고 있다. Neil Berry, "Encounter", *London Magazine*, February-March 1995.

수이자 평론가인 그레이엄 호프Graham Hough는 『인카운터』를 두고 "북미 사람들의 기괴한 애장품"이라고 지칭하면서, 잡지가 스스로 선언한 바와 다르게 그다지 자유로워 보이지 않는다고 주장했다. "잡지는 '강박'으로부터도 '고정관념'으로부터도 자유롭지 않다." 호프 교수는 이 잡지가 "문화에 대해 아주 이상한 개념을 갖고 있다"라고 덧붙였다. 그리고 『인카운터』의 후원자들에 대해 슬쩍 언급하면서 "[피들러의] 글 따위를 활자화하면서 문화의 자유라는 개념을 들먹이는 행위는 일고의 가치도 없다"라고 평가해 버렸다.[75] 『선데이타임스』의 '애티커스'Atticus 칼럼란에 실린 글에서는 더욱 큰 말썽이 일어났다. 이 칼럼이 잡지를 "미국이 점령한 국가의 경찰 잡지"에 비유했기 때문이다. 역사가 A. J. P. 테일러A. J. P. Taylor도 『리스너』Listener에 실은 글에서 로젠버그에 관한 글에 얽힌 소동을 직접적으로 언급하지는 않았지만 "이 잡지에는 불태워 버리거나, 분개하면서 쓰레기통에 처넣을 기사들이 전혀 없다. 어떤 기사도 정치적으로 전복적이지 않다. …… 모든 기사가 어린이들이 볼 만큼 안전하다. 대부분 늙은 기득권자들이 썼기 때문이다"라고 비꼬았다.[76] "『인카운터』 보셨나요?" 메리 매카시가 한나 아렌트에게 묻자 그녀의 대답은 이랬다. "정말 이제껏 본 중 최고로 지루한 내용들이네요. 오래전에 죽어 썩어 버린 학부생들에게서 나온 대학 잡지 같아요."[77]

스펜더는 사적인 자리에서 친구들에게는 피들러의 글을 싣는 데 항상 반대했었다고 말했다. 하지만 "창간호 전체를 두고 볼 때, 사사건건 크

---

75 Graham Hough, text of a broadcast for BBC Radio 3rd Programme, May 1954(CCF/CHI).

76 Listener, 8 October 1953.

77 Carol Brightman ed., Between Friends: The Correspondence of Hannah Arendt and Mary McCarthy 1949-1975, London: Secker & Warburg, 1995.

리스톨에 반대만 할 수는 없다"라고 느꼈다. 영국이라는 새로운 환경에서 능력을 발휘하고 있는 크리스톨의 진가를 인정했기 때문이다. 하지만 그는 피들러의 글이 "특정 성향의 미국 지식인이 얼마나 끔찍한 사람들인지 영국 독자들에게 널리 알리는 계기"가 되었다며 속마음을 털어놓기도 했다.[78] 이 말은 해럴드 로젠버그의 관점과 같은 것이었다. 로젠버그는 피들러의 글을 읽고서 그 경박함에 실망해 "모든 미국인들은 광고판으로 먹고산다"라는 널리 퍼진 통념을 재확인시켜 준 것밖에는 얻은 것이 없다고 썼던 것이다.

피들러의 글이 『인카운터』의 독자들을 갈라놓은 것과 마찬가지로, 공동 편집자들 사이도 틀어지게 만들었고 이 두 사람 사이의 간극은 점점 벌어져 갔다. 1954년 3월, 스펜더는 조셀슨에게 편지를 띄워 자신이 무슨 제안을 해도 크리스톨이 동의해 주지 않는다며 불평했다. 크리스톨이 특정 사안에 대해 "자신이 무지하다는 사실을 인정"하지 않을 경우, 『인카운터』는 현재의 위치를 잃게 될 위험에 처하게 된다는 말도 덧붙였다. 게다가 크리스톨이 스펜더를 없는 사람 취급하며 독단적으로 잡지를 운영하고 있다고 비난했다(사실 그해에 스펜더는 자리에 없는 시간이 대부분이었다. 나타샤 스펜더에 따르면 "조셀슨과 나보코프의 강요로" 문화자유회의를 대표해 해외 강연 투어를 다녀야 했기 때문이다). "수없이 구두로 이 문제를 말해 왔네만 전혀 효과가 없었기에 이렇게 편지를 쓰네." 스펜더는 크리스톨을 달래도 보았다. "단지 자네가 나와 이야기하기 마땅치 않아 잡지의 발전 방안을 듣지 않는 것인지, 아니면 다른 이유가 있는지 확실히 해두어야겠네."[79] 조셀슨은 스펜더의 역성을 들면서 크리스톨에게 스펜더의 충고를

---

78 Richard Wollheim, telephone interview, December 1997.

무시하지 말라고 야단치는 편지를 여러 차례 썼고, "여태껏 독자들에게 읽혀 온 '쓰레기'로 잡지를 해치지 말고 이미지를 개선해서 좀 더 의미 있는 글을 독자에게 제공"하라고 주의를 주었다.[80]

『인카운터』 발간 후 2년이 채 못 되어, 스펜더와 크리스톨의 관계는 회복이 불가능할 정도로 상처를 입었다. 스펜더가 조셀슨에게 말했다. "나는 이제 크리스톨과 일하는 것이 불가능하다는 사실을 깨닫게 됐어요. 이제는 같이 일을 할 만한 기반도 시스템도 없기 때문이지요. 그래서 이 사람과 함께 일을 계속하는 것이 그다지 정직하지 않은 일이라고 생각합니다."[81] 조셀슨은 이 상황을 타개하려 분투했지만, 또 다른 중대한 문제가 발생했다.

79 Stephen Spender, to Irving Kristol, 24 April 1954(CCF/CHI).
80 Michael Josselson, to Irving Kristol, 4 October 1954(CCF/CHI).
81 Stephen Spender, to Michael Josselson, 10 July 1955(CCF/CHI).

13장

성스러운 윌리들[1]

그러면 그 어떤 고약한 종파주의도
우리의 이 교리문답을 타락시키지 못하게 하라
— 존 크로 랜섬, 「우리에게 중요한 두 가지」Our Two Worthies

로젠버그 부부 사건은 미국에 고통스러운 딜레마를 안겨 주었다. 매카시 상원의원의 부하 로이 콘Roy Cohn은 자신이 로젠버그 부부를 기소할 때 큰 역할을 했다며 유럽인들에게 공공연하게 자랑하고 다녔다. 그 때문에 유럽에서는 로젠버그 재판이 매카시의 마녀사냥과 관련이 있을 것이라는 의혹이 강하게 제기되었다. 법리상으로도 꽤 다른 문제였음에도 불구하고, 유럽에서는 이 두 개의 사건이 현상만 다를 뿐 본질적으로 같은 문제라는 인식이 확산되었다. 매카시는 유럽인들이 미국에도 소련에 "필적할 추잡한" 증거들이 있다는 사실에 경계심을 가질 무렵 부상했다. "무서운 바람이 불어오듯, 치명적인 독이 대서양을 넘어왔다."[2] 젊은 프랑스 주재 미국 외교관의 아내가 매카시 광풍이 한창일 무렵 남긴 글이다. 미국 위스

---

1 로버트 번스(Robert Burns)의 풍자시 「성스러운 윌리의 기도」(Holy Willie's Prayer)에서 인용한 비유. 시에 등장하는 윌리 피셔는 교회 장로인데, 수상한 사람들의 행위를 목사에게 고발하는 짓을 일삼고 자신의 행위는 합리화해 버린다. — 옮긴이
2 Susan Mary Alsop, *To Marietta from Paris 1945-1960*, New York: Doubleday, 1975.

콘신 주 상원의원 조지프 매카시는 빈약한 지성을 걸쭉한 입담과 만성적인 거짓말로 상쇄하는 인물이었다(전쟁 중에 입은 부상으로 절뚝거린다는 그의 말도 거짓이었는데, 사실은 계단에서 미끄러져 그렇게 된 것이었다). 매카시에게서 혐오감을 느낀 머메인 쾨슬러는 매카시를 "털 수북한 손의 깡패"로 묘사했다(그래도 그녀는 그가 '공산주의 침입자'를 찾아내는 일은 잘해 냈다고 생각했다). 리처드 로비어는 당대의 어떤 정치가도 "미국인들의 어두운 심연에 그와 같이 확실하고 빠르게 다가간 사람"은 없었다고 했다.[3] 1950년대 초가 되자 매카시는 "너무나 거대하고 파렴치하며, 인류 역사의 어떠한 위협도 왜소하게 만들 만큼의 사악한 음모"에 대해 떠들고 다녔다. 앨저 히스, 로젠버그 부부, 미국에 잠입한 친소련 스파이들에 대한 일련의 재판들은 조지 오웰의 상상이 현실화될지도 모른다는 매카시의 망상에 불을 지폈다. 급기야 그는 조지 마셜 장군까지 크렘린의 정책에 도움을 주었다는 혐의를 제기하기에 이르렀다. 이제는 매카시가 하원 반미활동조사위원회House Un-American Activities Committee 청문회 의장까지 위협하는 가운데, 고발과 블랙리스트 작성이 당대의 유행이 되었다. 이 과정에서 아서 밀러는 (이후 항소에서 기각되기는 했지만) 징역형을 받았다. 블랙리스트에 올라 있던 릴리언 헬먼은 당시를 '불한당의 시간'Scoundrel Time이라고 표현했다.

"언론인은 자신이 반공주의자임을 공개 선언 한 뒤 취재에 임해야 한다는 당시의 풍조에 굴하지 않고 4쪽짜리 신문을 자비로 매주 발행하여, 집요하게 사회문제를 취재했던 I. F. 스톤I. F. Stone이라는 기자가 있다. 그

---

3 Stephen J. Whitfield, *The Culture of the Cold War*, Baltimore: Johns Hopkins University Press, 1991.

와 같은 인물을 제외하고는, 그렇게 매서운 바람에 떨지 않고 버티고 서있을 수 있던 언론인은 이제와 생각해 보면 아무도 없었다." 아서 밀러가 남긴 기록에는 이렇게 나와 있다. 또한 "공산당의 규모가 세계에서 제일 작은데도, 온 미국에서 피의 혁명이 곧바로 일어날 것처럼 부산을 떨었다".[4] 1950년 당시, 미국 공산당원의 규모는 3만 1000명 정도였지만, 1956년에는 불과 몇천 명 수준으로 떨어졌다. 그나마 대부분은 당내에 잠복 중인 FBI 요원들이었다. 윌리엄 콜비의 말을 들어 보자. "미국 공산당이 내부에 잠복한 FBI 요원들이 납부하는 정기 회비 덕택에 겨우 연명하고 있다는 오래된 소문이 있는데, 나는 항상 그 소문이 맞다고 생각했습니다."[5] 작가 하워드 패스트가 보기에도 그랬다. "미국 공산당은 당시만 해도 실로 거의 법무부의 산하 조직이라고 불릴 만했다."[6]

*　　　*　　　*

새 캐딜락 모델의 크롬 꼬리 날개, 보비 양말과 젤로Jell-O,[7] 훌라후프와 냉장고, 체스터필드 담배와 믹서기, 골프, 아이젠하워의 활짝 웃는 모습, 그의 아내 매미Mamie의 모자, "멋진 1950년대the Nifty Fifties에 오신 것을 환영합니다". 이상이 『라이프』에 실린 미국의 모습이었다. 소비경제의 호황과 안정적인 사회를 이룬 미국 말이다. 하지만 그 이면에는 또 다른 미국이 있었다. 음울하고, 어둡고, 어딘가 불편한 미국, 폴 로브슨의 음반을 가지

---

4 Arthur Miller, *Timebends: A Life*, London: Methuen, 1987.
5 William Colby, interview in Washington, June 1994.
6 Natalie Robins, *Alien Ink: The FBI's War on Freedom of Expression*, New York: William Morrow, 1992에서 하워드 패스트의 말.
7 보비 양말은 소녀용 발목 양말을 의미하며, 젤로는 물에 타면 젤리가 되는 가루 사탕의 상표 이름이다. ― 옮긴이

고 있으면 체제 전복적인 행위나 마찬가지가 되는 미국, 그리고 예일대의 역사학자들이 공저자로 참여한 교과서 『미국 역사 탐험』*Exploring American History*이 있는 미국이 있었다. 이 교과서는 어린이들에게 다음과 같은 이야기를 들려주었다. "미국의 어린이들은 각자가 공산주의 활동을 하는 것으로 의심되는 다른 미국인을 목격할 경우, FBI 담당 부서에 즉시 신고토록 합니다. FBI는 그러한 신고 내용이 사실인지 우리 자유국가의 법률로써 조사하는 전문가들입니다. 어린이들이 그러한 의심이 들 때 소문이나 선전이라고 무시하지 않고 우리의 권고를 따른다면, 그야말로 미국의 전통에 부합하는 일이 될 것입니다."[8] 어느 역사학자는 이렇게 썼다. "어린 고자질쟁이에 대한 칭찬은 전체주의 사회의 징표였고, 냉전은 이러한 고자질을 '미국적 전통'의 반열에 올려놓았다."[9] 이러한 음침한 분위기는 제임스 딘James Dean의 염세적 세계관Weltschmerz에, 말런 브랜도의 코를 후비는 무사태평함에, 레니 브루스Lenny Bruce의 거친 입담에, 훗날 대규모 대중 저항운동으로 발전할 초기 징후 등에 깃들어 있었다. 하지만 이러한 것들은 '공식' 문화의 아우성 속에 묻혀 버린 음험한 징후이자 고립된 순간일 뿐이었다. 당시의 공식 문화란 미키 스필레인[10]의 증오로 가득 찬 다변증 환자가 내뱉는 더러운 말들의 소음에, 나치와 싸우고 공산주의자를 색출하며 종횡무진하는 마블Marvel의 만화 주인공 캡틴 아메리카의 요란한 활약 속에 담겨 있는 것이었다. 캡틴 아메리카는 이렇게 경고하고 있다. "공산주의자, 스파이, 배신자, 외국의 비밀 요원은 들어라! 내 뒤의 모든 충성

---

8 Whitfield, *The Culture of the Cold War*.
9 *Ibid*.
10 탐정 마이크 해머를 주인공으로 하는 추리소설 작가. 이 책 2장의 제사(題詞)에 그의 소설 중 일부가 인용되어 있다. — 옮긴이

스러운 자유인들과 함께, 너희들 마지막 하나하나까지 찾아내 비열한 인간쓰레기임을 낱낱이 밝힐 때까지, 캡틴 아메리카는 너희들을 찾아 싸움을 벌일 것이다!"[11]

바로 이것이 매카시의 '간악한 2인조', 로이 콘과 데이비드 샤인David Schine의 미국이었다. 어떤 시사 평론가는 콘을 "입에 담기도 짜증나는 사람", 샤인을 "상류계급 난봉꾼"으로 묘사했다. 콘은 뛰어난 변호사로 19세에 이미 컬럼비아대학교에서 법학 학위를 받았고, 25세에는 매카시의 반미활동조사위원회 고문이 되었다. 야심이 크고 교만했던 콘은 미국 국가를 들을 때마다 눈물을 흘렸다. 데이비드 샤인은 부유한 호텔 거물의 아들로 태어나 앤도버의 필립스아카데미와 하버드대학에서 수학한, 콘의 가장 친한 친구였다. 샤인은 나이트클럽과 빠른 차를 사랑했고 사람들의 관심을 받고 싶어 했다. 1953년 초, 콘은 친구 샤인을 매카시가 소속된 의회 분과 위원회에 취직시켰다. 사실 샤인은 수준 이하의 책 『공산주의의 정의』Definition of Communism 저자라는 사실 외에는 자격 미달인 사람이었다. 책이 그의 아버지가 소유한 호텔 객실에 기드온 성경과 함께 비치되기는 했지만 말이다.

1953년 봄, 로젠버그 재판의 충격 때문에 유럽에서 미국인들에 대한 분노가 널리 퍼져 나가고 있을 때, 마침 콘과 샤인은 유럽에 소재한 미국의 정보 분야 전초기지들로 시찰을 떠났다. 그들이 유럽에 도착했을 즈음, 소련에서는 스탈린이 사망했다. 사망 소식은 3월 5일 크렘린에 의해 공식 발표 되었다. 하지만 이 두 사람의 다음 행보만큼 그 사상적인 측면에서

---

11 Taylor D. Littleton and Maltby Sykes, *Advancing American Art: Painting, Politics and Cultural Confrontation*, Alabama: University of Alabama Press, 1989.

소련 밖에 있는 그 어떠한 것들보다 스탈린주의의 고약한 입 냄새를 충실하게 재현해 내는 것은 없었다. 7개국의 미국 공보원USIS 도서관을 방문한 그들은 200만 권의 도서 중 30만 권이 '친공산주의' 작가의 작품이라 규정하고, 책을 모두 없애 버리도록 요청했다. 이에 미 국무부는 (연간 3600만 명이 찾는 도서관이었음에도) 도서관의 편을 들어 주기는커녕 소심한 태도로 "논쟁거리가 되는 인물, 공산주의자, 공산주의 동조자 등등"의 작품, 회화까지 포함한 모든 작품의 보유를 금지하도록 지시를 내렸다. 그리하여 카프카Franz Kafka의 소설에나 나올 법한 막연함 속에서 미국 작가와 예술가의 작품 수백 편이 정치의 쓰레기통에 처박히게 되었던 것이다.

국무부와 유럽에 파견된 모든 USIS(베를린, 브레멘, 뒤셀도르프, 프랑크푸르트, 함부르크, 뮌헨, 하노버, 슈투트가르트, 프라이부르크, 뉘른베르크, 파리) 사이를 수도 없는 전신이 오고가면서, 이러한 금서 처분은 속도를 더해 갔다. "미국의 집' 소장 도서 중에서 사르트르의 책 제거하기", "다음 작가의 작품을 제거할 것: 더실 해밋, 헬렌 케이Helen Kay, 진 웰트피시Gene Weltfish, 랭스턴 휴스, 에드윈 시버Edwin Seaver, 버나드 스턴Bernhard Stern, 하워드 패스트", "다음 인물들의 작품 제거 요망: 존 앱트John Abt, J. 줄리어스J. Julius, 마커스 싱어Marcus Singer, 네이선 위트Nathan Witt", "이하 작가의 작품 제거 요청: W. E. B. 듀보이스W. E. B. Dubois, 윌리엄 포스터William Foster, 막심 고리키, 트로핌 리센코Trofim Lysenko, 존 리드John Reed, 아그네스 스메들리Agnes Smedley".[12] 허먼 멜빌Herman Melville도 검열의 작살에 맞아 록웰 켄트Rockwell Kent의 삽화가 그려진 책 전부가 회수되었다. 1953년 4월 20일에는 파리의 미국 대사관이 국무부에 다음과 같이 전보를 보냈다. "USIA 파리 도서

12 State Department and USIA, cables, April-July 1953(SD.CA/RG59/NARA).

관과 주변 지역에서 이하 작품의 회수 완료: 하워드 패스트의 『당당한 사람들과 자유로운 사람들』*The Proud and the Free*, 『정복되지 않은 사람들』*The Unvanquished*, 『자유 속에 태어나』*Conceived in Liberty*, 더실 해밋의 『말라깽이 사내』*The Thin Man*, 시어도어 허프Theodore Huff의 『찰리 채플린』*Charlie Chaplin*, 랭스턴 휴스의 『슬픈 블루스』*Weary Blues*, 『백인의 길』*Ways of White Folks*, 『대양』*Big Sea*, 『경이로운 대지』*Fields of Wonder*, 『연기된 꿈의 몽타주』*Montage of a Dream Deferred*, 『웃음이 없지는 않다』*Not Without Laughter*, 『백인의 역사』*Histoires des Blancs*."[13]

유럽에 소재한 미국 정부 기관과 재외 공관 들이 매카시에 굴복해 버리자 미국 문화의 평판은 바닥을 쳤다. 1953년 USIA가 해외로 보낸 평균 도서 수는 11만 9913권에서 314권으로 급전직하했다. 예전에 나치 치하에서도 도서관에서 수거된 책들이 불태워진 바 있다. 이제 두 번째로 화형대에 오를 책들은 토마스 만의 『마의 산』*Der Zauberberg*, 톰 페인Tom Paine의 『톰 페인 작품 선집』, 알베르트 아인슈타인의 『상대성이론』, 지그문트 프로이트의 저작들, 헬렌 켈러Helen Keller의 『나는 왜 사회주의자가 되었나』*Why I Became a Socialist*, 존 리드의 『세계를 뒤흔든 열흘』*Ten Days That Shook the World* 등이었다. '시민 불복종'에 관한 헨리 데이비드 소로Henry David Thoreau의 에세이 같은 경우는 마오주의 중국에서 불법 도서로 지정됨과 동시에 미국에서도 금서가 되었다. 멈추지 않는 폭주 기관차 같은 매카시의 문화 대청소 작업은 표현의 자유를 선도한다는 미국의 위상을 일거에 무너뜨려 버렸다.

노벨상 수상자이자 나치의 반대자로 명성이 높았던 토마스 만은 이

13 American Embassy in Paris, to State Department, 20 April 1953 (SD.CA/RG59/NARA).

제 전체주의의 물결에서 탈출했지만, 미국 시민권 또한 그토록 바라 왔던 보호막이 되어 줄 수 없다는 사실을 깨달았다. 공산주의를 엄하게 다루지 않는다는 매카시 추종자들의 맹렬한 비난과 함께 "미국 공산주의 동조자들의 수괴"라는 『플레인토크』*Plain Talk*지의 낙인까지 붙어, 그의 표현을 따르자면 "에어컨 켜진 방 안에서 꾸는 악몽" 같은 상황이 되었다.[14] 토마스 만은 다시 미국을 떠나고 싶어 했다. 콘과 샤인의 다음 먹잇감은 더실 해밋이었다. 그는 체포된 공산주의자들의 보석금 마련을 위해 조성된 '시민의 권리를 위한 보석금 마련 기금'Civil Rights Bail Fund의 기부자 명단을 공개하라는 요구를 거부해 1951년 6개월의 징역형을 선고받고 22주를 복역했다. 해밋은 1953년에 다시 매카시의 상원 상설 조사분과위원회 Senate Permanent Investigations Subcommittee에 증인으로 소환되었지만, 이번에는 수정헌법 제5조를 근거로 역시 기부자들의 이름을 밝히지 않았다. 그러자 콘과 샤인은 국무부 도서관에서 해밋의 책을 없애 버리라고 요청했다. NBC에서 방송되던 라디오 시리즈 「샘 스페이드의 모험」The Adventures of Sam Spade 방송마저 중단되면서, 해밋은 졸지에 주요 수입원을 잃어버렸다. 미국을 위해 양차대전에 모두 참전했던 그는 1961년 가난 속에서 죽어 갔다. 결국 자신의 바람대로 사후에 알링턴 국립묘지에 안장되기는 했지만, FBI의 방해는 죽는 날까지 계속되었다.[15]

국무부의 지시로 금서 목록에 오른 대부분의 작가들은 J. 에드거 후버의 연방수사국FBI이 작성한 방대한 파일에도 그 이름이 올라 있었다. 물

---

14 톰 브레이든은 당시 토마스 만이 미국을 '배반'하고 유럽으로 갈 준비를 하고 있다는 뉴스를 듣고 매우 놀랐다고 회고했다. 나치를 피해서 망명했던 만은 결국 1952년에야 유럽으로 돌아갈 수 있었다.
15 Whitfield, *The Culture of the Cold War*.

론 개중에는 말도 안 되는 경우가 많았다. FBI의 감시 대상에는 로버트 셔우드, 아치볼드 매클리시, 맬컴 카울리(FBI에 그를 고발한 사람은 시드니 훅이었다), 존 크로 랜섬, 앨런 테이트, 하워드 패스트, F. O. 매시어슨, 랭스턴 휴스, 그리고 물론 월도프 컨퍼런스에 참석한 숙적들도 포함되었다. 어니스트 헤밍웨이가 FBI에게 감시받고 있다고 친구에게 불평했을 때, 친구들은 그가 현실 감각을 잃어버렸다고 생각했다. 하지만 1980년대에 공개된 113쪽에 달하는 헤밍웨이의 파일은 그간의 의심을 확인해 주었다. 후버의 FBI 요원들은 25년간 헤밍웨이를 미행하고 도청하고 괴롭혔다. 심한 우울증에 시달리다 자살로 생을 마감하기 직전, 헤밍웨이는 미네소타의 어느 병원을 가명으로 찾았다. 그렇지만 병원의 정신과 담당의사는 이런 식으로 그를 진료해도 되는지 FBI에 문의해 왔다.[16]

시인 윌리엄 카를로스 윌리엄스William Carlos Williams의 파일에는 그를 "일종의 정신 나간 교수 타입"으로 "'표현주의적' 스타일로 시를 쓰는데, 이는 '암호'로 해석될 여지가 있다"라고 나와 있다. 윌리엄스가 1952년 미 의회도서관 시 부문 자문위원Consultant in Poetry to the Library of Congress[17]으로 지명되고도 보안 절차를 통과하지 못한 것도 다 이유가 있었다(해당 직책은 1956년까지 공석으로 남았다). 시인 루이스 언터마이어Louis Untermeyer도 1951년 FBI의 보안 목록에 올라 있었다(국가 안보의 위험 인물로 분류되어 있었다).[18] 그로부터 얼마 지나지 않아 언터마이어는 자신의 아파트에서 두문불출하기 시작했다. "압도적이며 꿈쩍댈 수조차 없는 공포"[19]의 포

---

16 Robins, *Alien Ink*.
17 단순한 시작(詩作) 자문이 아닌 미국의 '국민시인', 그러니까 영국의 '계관시인'(Poet Laureate)에 해당하는 영예로운 자리다. 23장에 스티븐 스펜더와 관련하여 다시 나온다. ─ 옮긴이
18 *Ibid.*

로가 되어 거의 1년 반 동안 외출을 거부했던 것이다. 수필가 머리 켐턴 Murray Kempton은 후버가 "냉혹한 모습으로 날뛰는 미치광이"라고 생각했고, "어딘가의 누군가가 그를 증오하고 있다는 의심에 사로잡혀 저주받은 밤을 지내고 있는 후버의 모습"을 떠올렸다.[20]

1953년 7월 10일 문화계의 검열 문제를 논의하던 아이젠하워 내각은 슬그머니 다음과 같은 결론을 내렸다. "검열을 하고자 하면 어리석게 보이거나 나치처럼 보일 수밖에 없음. 충분한 시간을 들여 과격한 인사들을 배제한다면 조용히 처리될 수 있음. 이제는 법에 순응하는 새로운 책들을 명확한 의도로 선정할 것."[21] 확고한 대응이 요구되었지만 실행하기는 어려웠다. 게다가 금서 목록에 대한 항의 서한이 유럽 전역의 미국 기관들에 물밀듯 쏟아져 들어왔다. 영국 역시 이 사안을 회의적으로 바라보았다. 이 나라는 전쟁 후 독일의 도서관에서 "웃음거리가 될 때까지 그냥 두라며" 히틀러의 『나의 투쟁』Mein Kampf도 치우지 않았었기 때문이다. 이 문제의 책임은 아이젠하워에게도 일부 있었다. 매카시와 함께 진흙탕에 뛰어들지는 않았어도, 국무부 장관 존 포스터 덜레스의 전략대로, 그리고 자기식의 반공주의 운동만으로도 매카시를 견제할 수 있다고 생각했던 것이다. 한편 매카시는 아이젠하워도 의심하고 있었다. 공산주의자들이 전후 유럽의 아이젠하워 최고사령부 체제하에서 미국 정부 기관, 특히 독일 소재 기관에 대규모로 침투했다는 소문이 떠돌았다. 놀랍게도 이러한 의심을 부채질한 사람은 니콜라스 나보코프였다. 그는 침투의 심각성을 알리

19 Miller, *Timebends*.
20 Robins, *Alien Ink*.
21 Handwritten notes of the Cabinet meeting, 10 July 1953(WHO/DDE).

는 정보를 알섭 형제에게 흘리면서, 공산주의자들의 '제5열'Fifth Column[22]이 아이젠하워 사령부를 접수하다시피 했다고 주장했다.

국무부의 '미국의 소리'VOA 방송 또한 매카시의 공격 대상이었다. 매카시가 TV로 중계되는 청문회 연단에서 미국의 해외 방송에 침투한 공산주의자에 관한 섬뜩한 이야기를 늘어놓자, 이 방송을 시작하는 데 많은 도움을 주었던 직원들의 목이 즉각 날아가 버렸다. 1953년 3월에는 '미국의 소리'의 어느 프로듀서가 「인도의 노래」Song of India의 음반을 찾아 달라고 음반 자료실에 부탁했지만, 자료실 직원으로부터 그럴 수 없다는 대답을 들었다. 이 곡은 "림스키코르사코프Nikolai Rimsky-Korsakov의 작품인데, 러시아 작품은 아무것도 쓰지 못하게 되어 있다"라는 이유에서였다.

국무부에 대한 매카시의 공격은 수그러들지 않았고, 결국 딘 애치슨마저 고발하기에 이르렀다. 이 "줄무늬 바지에 겉만 번지르르한 영국식 억양을 쓰는 잘나 빠진 외교관"이 "공산주의자들의 뒤를 봐주고 있다"라는 것이 그 이유였다. 트루먼 독트린의 설계자였던 애치슨이 공산주의에 우호적이라는 혐의는 다소 허무맹랑하게 들린다. 매카시 스스로도 그 사실을 믿지 않았던 듯하다. 다만 애치슨의 왁스를 바른 콧수염과 영국식 고급 맞춤 양복이야말로 그에게는 고발감이었던 것이다. 무솔리니와 마찬가지로 매카시 역시 독재자였다. 그래서 모두가 '메이드 인 아메리카'이기를 원했다. 매카시의 고발은 애치슨 같은 사람들이 선호하는 영국식 가치를 거부하려는 일종의 포효였다. 매카시즘은 하나의 운동이자 시기로서,

---

22 스페인 내전 당시 파시스트 부대를 이끌고 마드리드를 공략하던 에밀리오 몰라(Emilio Mola) 장군의 "마드리드는 제5부대에 의해 함락될 것이다"라는 말에서 유래한 용어로 적국에 호응하는 내부의 협력 집단을 의미한다. 단순히 간첩을 의미하기도 한다. 훗날 이 말을 차용한 헤밍웨이의 소설로 유명해졌다. — 옮긴이

기득권층에 대항하여 포퓰리스트의 불타는 적개심을 드러냈다. 마찬가지로, 지배 엘리트 계층은 매카시의 천박한 선동을 모욕으로 받아들였다. 그는 영국의 A. L. 로즈A. L. Rowse가 경멸해 마지않던 '멍청한 대중'을 표상하고 있었다. 이에 매카시는 상류층의 취향이 평범하고 소박한 감성을 가진 중류층에 대한 반동으로 형성되었다는 비난으로 응수했다. 조지프 알섭과 스튜어트 알섭 형제와 같은 정치 귀족들은 매카시를 "국가의 해외 정책을 관장하는 엘리트들에 대항하여 분노를 퍼뜨리는 포퓰리즘의 중심인물"로 보았다. "이 정치 귀족들은 [매카시가] 국무부를 공격하는 것이 전후 미국의 해외 정책을 이끌어 온 국제주의자들의 철학을 공격하는 것과 마찬가지라고 여겼다. 누구도 공공연하게 이야기하지 않았지만, 매카시가 국무부의 국제주의자들을 끌어내리는 데 성공한다면, 그 결과로 새로운 고립주의라는 흐름이 형성될 것이라는 전망은 이 형제들이 보기에도 명약관화한 일이었다."[23]

"연방정부의 거의 모든 자유주의자들이 의심의 대상이었다." 매카시가 위세를 떨치던 시절, CIA 감찰관으로 일했던 라이먼 커크패트릭Lyman Kirkpatrick의 말이다. "당시 분위기는 맹렬한 비난과 공판이 단두대로 이어지던 프랑스 혁명 때와 비슷했다. 워싱턴에 실제 단두대는 없었지만, 개인의 경력이나 삶 전체가 파괴된다는 점에서 단두대보다 훨씬 심한 상황이었다."[24] 국무부의 사기를 심각하게 꺾어 놓은 매카시는 이제 CIA로 눈을 돌렸다. CIA는 "주요 타깃이자 훨씬 중요한 타깃이었다. 특히 그에게 더

---

23 Robert W. Merry, *Taking on the World: Joseph and Stewart Alsop, Guardians of the American Century*, New York: Viking Penguin, 1996.
24 Lyman Kirkpatrick, *The Real CIA*, New York: Macmillan, 1968.

13장_성스러운 윌리들 329

큰 유명세를 불러올 수 있다는 계산에서라면."[25]

먼저 가장 큰 피해를 입은 사람들은 CIA 산하 국제조직국IOD에 모여 있던 '국제주의자'들이었다. 1952년 말이 되자 매카시의 의혹은 브레이든의 조직으로 옮겨 왔다. 드디어 이 상원의원께서 그들이 "친공산주의 조직에 상당액의 지원을 했다는 사실"을 알게 되었던 것이다.[26] 중대한 순간이 다가왔다. 이 순간은 매카시의 재야 반공주의가 CIA가 가장 공을 들이고 가장 효과적으로 조직한 비공산주의 좌파의 전위 네트워크를 붕괴시켜 침몰로 몰아갈지도 모르는 순간이었던 것이다. "CIA가 문화 정치 분야에서 벌인 사업에서 이상했던 점은 원래 그 사업은 미 해외공보처USIA나 그에 준하는 기관을 통해 공개적으로 진행했어야 맞는 일이었다는 점입니다." 아서 슐레진저의 설명은 다음과 같았다. "그렇게 할 수 없었던 이유는 조 매카시 때문이었습니다. 비공산주의 좌파 잡지에, 그리고 사회주의자들과 가톨릭 계열의 노동조합에 대해 미국 정부의 지원이 있었다는 사실을 조 매카시가 알게 되면, 엄청난 말썽이 일어날 것이 불을 보듯 뻔했기 때문이지요. CIA가 이러한 일들을 비밀리에 진행한 것은 결국 매카시를 피하기 위해서였던 겁니다."[27] "그 모든 자금 지원이 예산 집행 목록에 드러나서는 안 되었습니다." 세계문화자유회의에 배속되어 있던 어느 CIA 요원의 증언이다. "그 어떤 자금 지원 사항도 문화자유회의를 통하면 안 되었습니다. 매카시가 망측한 얼굴로 울부짖으면서 이걸 다 터뜨려 버린다고 생각해 보세요. '이놈들 다 공산주의자다! 다 호모들이다!' 뭐 이런

25 Kirkpatrick, *The Real CIA*.
26 Roy Cohn, *McCarthy*, New York: New American Library, 1968.
27 Arthur Schlesinger, interview in New York, June 1994.

식으로요."[28] "많은 비밀 공작들이 공교롭게도 매카시 때문에 위험에 처하게 되었습니다. 갑자기 어느 순간 매카시가 나타나 위장막을 벗겨 버린 것이죠. 그 사람의 눈으로 보면, 미국의 정부 기관이라는 CIA가 좌파들과 한통속으로 놀아난 것이니까요." 역사학자 카이 버드는 이렇게 설명했다. "참 난처한 상황이었죠. 미국이 이성적인 정치 논쟁이 가능한 수준 높은 민주 사회라는 통념이 일거에 무너져 버린 사건이었어요. 또 주요 첩보 활동에 치명적인 위협이 되는 순간이기도 했습니다. 정치적 합의를 통해서 서유럽을 NATO의 틀 안에, 그리고 서방 세계라는 동맹 아래 유지하려는 미국의 장기적 기획을 훼손시킬 수도 있었으니까요."[29]

매카시가 CIA의 비공산주의 좌파 프로그램 주위에서 사냥개처럼 냄새를 맡고 다니자 CIA는 가능한 한 몸을 사려야 했다. 하지만 이 결정적 순간에 미국문화자유위원회가 입을 열었다. 1952년 3월 초, 위원회는 매카시에 대한 대응책을 마련하기 위한 비공개 회의를 열었다. 위원회가 속절없는 의견 대립으로 이어진 것은 순식간이었다. 제임스 T. 패럴과 드와이트 맥도널드는 매카시즘의 위험에 대해 확신했다. "전 세계적인 차원은 아닐지 몰라도, 최소한 미국에서는 스탈린주의자들의 위협이 광범위하게 퍼져 있습니다." 패럴은 주장했다. "하지만 우리는 매카시즘적 지식인 집단의 발흥도 주시해야 합니다."[30] 그는 나아가 매카시즘을 순응과 정통만과도하게 고집하는 '일자무식주의'Know-nothingism로 정의했다. 맥도널드는 이에 대해 두 가지 입장을 제시했다. "시민의 권리와 문화 영역에서 자유

28 John Hunt, interview in Uzès, July 1997.
29 Kai Bird, interview in Washington, June 1994.
30 American Committee for Cultural Freedom, "Minutes of Planning Conference", 1 March 1952(IB/GMC).

의 문제를 다룰 때, 공산주의와 비공산주의를 가리지 않고 옹호하는 '순수한' 입장, 그리고 억울하게 혹은 잘못된 증거로 공산주의의 혐의를 뒤집어쓴 사람들이 처벌당할 위험에 처할 때만 이에 대해 변호해 주는 '순수하지 않은' 입장이 있습니다."[31] 맥도널드는 가능한 한 위원회가 순수한 입장을 택했으면 좋겠다고 생각했지만, 그렇지 않을 경우 최소한 순수하지 않은 입장이라도 취했으면 했다. 반면, 버트럼 울프Bertram Wolfe는 이렇게 반박했다. "오늘날 미국이 위험해진 이유는 '우리가' 스탈린주의자들을 제대로 색출해 내지 못했기 때문입니다. 우리가 그 일을 하지 않는다면 '몽둥이를 든 자들'이 대신 하게 되어 있습니다."[32]

또 다른 위원은 위원회가 "기존의 논란에 뛰어들어 '공식적인' 입장을 취하려는 경향"을 조심해야 한다고 경고했다. "위원회는 정부의 현재 입장에 동조하여 정부를 변호하고 있습니다. 하지만 위원회가 신경을 써야 할 부분은 새로운 문제와 이슈를 찾아내는 것입니다. 다른 문제들은 정부의 거대한 선전 조직이 처리할 테니까요."[33] 『뉴요커』의 부주간 리처드 로비어도 이러한 의견을 지지했다. 그는 "확실히 우리의 책무는 우리 조국이, 또한 유럽이 공산주의적 전체주의뿐만 아니라 매카시즘에도 반대할 수 있음을 알려 주는 것입니다. 여기에서 가장 중요한 점은 정치가 문화를 결정하기 시작했다는 사실입니다."[34] 하지만 시드니 훅, 대니얼 벨, 클레멘트 그린버그, 윌리엄 필립스와 같이 대다수의 의견을 대변하는 사람들은

31 American Committee for Cultural Freedom, "Minutes of Planning Conference", 1 March 1952(IB/GMC).

32 Ibid.

33 Ibid.에서 보리스 셔브(Boris Shub)의 말.

34 Ibid.

매카시에 대해 비난 성명을 내자는 의견을 거부했다. 메리 매카시는 한나 아렌트에게 쓴 편지에서 이렇듯 서로 다른 입장들에 대해, "미국**문화**자유위원회라는 영역을 벗어나서 보면, 시드니 훅 그룹의 노선은 매카시가 해온 일들과 별반 다르지 않다"라고 썼다.[35] 편지에서 그녀는 또한 훅 그룹이 다음과 같이 이야기하는 것을 확실히 들었다고 한다. "위원회는 공산주의의 위협이 실제로 일어날 가망성은 없다고 생각하기 때문에, 우선 서유럽에서 공산주의와 싸우겠다거나, 혹은 더 큰 위협이라 할 수 있는 중립주의와 싸우겠다는 빌미로 자금을 끌어모으는 데만 관심을 기울이고 있다고 합니다. 그러면서 제게는 '다 우리끼리 하는 이야기'라고 하더군요."[36]

또한, 메리 매카시는 편지에서 "맞서 싸워야 할 가장 커다란 적은 여기서 중립주의가 다시 위세를 떨치는 것"이라는 의견이 있다고 썼다. "훅과 그의 무리들은 잠시라도 경계를 늦추게 되면, 해외에서 유화책은 막을 내리고 (1930년대 뉴욕처럼) 스탈린주의가 정부와 교육계에서 다시 활개를 칠 수도 있다고 하네요. 저는 이것이 순전한 공포심 때문인지(그런 것이라면 정말 좋겠네요) 아니면 합리적인 추론에서 나온 것인지 모르겠어요. 이사람들이 정말로 스탈린주의가 이곳 미국에 거대한 규모로 잠재해 있고, 아주 작은 기회만 생기더라도 다시 고개를 들 수 있다고 진지하게 생각하고 있다고 얘기하기는 힘들어요. …… 다만 이 사람들은 30년대에 만연했던 그러한 상황이 다시 되살아날까 하는 두려움 속에서 살고 있는 거예요. 공산주의 동조자들이 교육, 출판, 연극 기타 등등의 분야에서 강력한 존재

---

35 Mary McCarthy, to Hannah Arendt, 14 March 1952. ed. Carol Brightman, *Between Friends: The Correspondence of Hannah Arendt and Mary McCarthy 1949-1975*, London: Secker & Warburg, 1995에서 재인용.

36 Ibid.

였던 시절, 그리고 스탈린주의에 편승하면 존중받고, 그 테두리에서 벗어난 사람들은 사회적 무시와 경제적 박탈과 뜬소문과 험담의 대상이 되었던 시절 말이죠. 이 출세 지향주의자들은 단체의 발전을 생각하고 정치의 문화 독점을 우려하는 듯이 보이지만, 실제로는 그 30년대, 짧았던 스탈린주의자들의 전성기에서 마음의 상처를 얻은 사람들예요. …… 이 사람들의 꿈속에서 그 시기는 끊임없이 되살아나고 있어요. 현재보다 훨씬 '더 현재적'이지요. 이 사람들은 현실 감각이 퇴화되고 있다는 사실을 거의 알아채지 못하고 있기 때문에, 매카시 의원의 부적절한 처신도 깨닫지 못하는 거예요."[37]

매카시즘 때문에 생긴 미국문화자유위원회의 분열은 오늘날까지도 외부에는 비교적 잘 알려져 있지 않다. 하지만 3월 29일 '자유 문화 수호를 위하여'In Defense of Free Culture라는 공개 토론회가 위원회의 후원하에 방송되었다. 행사 무대는 매우 절묘하게도, 뉴욕 월도프아스토리아 호텔의 스타라이트 연회실에 마련되었다. 오전 회의에서는 드와이트 맥도널드, 메리 매카시, 리처드 로비어가 매카시 의원에 반대하는 발언을 했다. 하지만 오후에는 1930년대 초 한때 미국 좌파의 총아였던 맥스 이스트먼Max Eastman이 어떻게 완벽하게 급진주의 성향을 벗어던질 수 있었는지에 대해 연설했다. 그는 마녀사냥이 자행되고 있다는 사실을 인정하지 않았다. 대신에 공산주의자들과 그 동조자들이 '중상모략 전술'이라는 새로운 용어를 발명했다고 주장했다. 그는 이렇게 말했다. "스탈린주의 히스테리 상태에 빠져 있던 시절, 화형대에서 절반만 태워졌던 마녀인 제가 진심으로

---

37 Mary McCarthy, to Hannah Arendt, 14 March 1952. ed. Carol Brightman, *Between Friends*에서 재인용.

말씀드리건대, 여러분들이 지금 '마녀사냥'이라고 부르는 것은 미국인들이 정말로 들고일어났을 때 할 수 있는 것들에 비하면 주일학교 소풍같이 유치한 장난이라고 확신합니다."[38] 이스트먼은 계속해서 "침입해 오는 자유의 적과의 싸움에서 우리 미국인들에게 실패를 안겨 준" 국가 관료들을 비난하면서 프리덤하우스, 미국인민주행동연맹Americans for Democratic Action, 미국시민자유연맹American Civil Liberties Union(이 단체 회원이라고 그 자신이 밝힌 바 있다)도 똑같은 실책을 저지르고 있다고 보았다. 그러면서 그들 모두를 "문화의 자유를 지킨다는 핑계로, 전 세계의 모든 자유를 파괴하려고 단단히 무장한 적들에게 큰 도움을 주고 있는 덜떨어진 자유주의자들"이라고 규탄했다.[39]

어떤 기사에서는 청중들이 경악했다고 하고, 또 다른 기사에서는 청중들이 환성을 질렀다고 나와 있다. 앞서 있었던 오전 연설에서 리처드 로비어는 "다른 사람들의 입에서 공산주의라는 말만 떨어지기를 벼르고 있다는, 매카시에 대한 명백한 진실"을 도외시한다며 어빙 크리스톨을 비난했었다. 그는 매카시가 "소련의 역사학자들과 마찬가지로 진실을 가벼이 여긴다"라고 비판하면서, "확실한, 그리고 아마 피할 수 없는 진실은 '성스러운 윌리들'이 오늘날 도처에서 행진 중이라는 점"이라는 우울한 결론을 내렸다.[40] 하지만 맥스 이스트먼이 보기에, 그러한 감정은 그저 로비어가 스스로 소련의 선전선동에 속아 넘어갔다는 것을 의미할 뿐이었다.

회의가 끝나고 로비어는 슐레진저에게 편지를 써서 이스트먼의 격정

---

38 Max Eastman, "Who Threatens Cultural Freedom in America", 29 March 1952(ACCF/NYU).
39 Ibid.
40 Richard Rovere, "Communism in a Free Society", 29 March 1952(ACCF/NYU).

에서 처량함을 느꼈다며, 이에 대해 어떤 조치라도 취해 달라고 요청했다. 그렇다면 이 슐레진저는 누구에게 조언을 구했을까? 바로 프랭크 위즈너였다. 슐레진저의 훗날 회고에 의하면, 사실일 것 같아 보이지는 않지만, 그가 아는 바로는 세계문화자유회의가 베를린에서 시작할 때는 CIA의 자금 지원이 있었지만, 그 이후부터는 "(파필드)재단에서 돈이 나온 것이라고 생각했다"라고 한다. "다른 사람들과 마찬가지로, 나는 그들에게 진정성이 있다고 생각했어요. CIA가 전부 돈을 대고 있다고는 생각지도 못했죠." 반세기가 지난 후에도 여전히 슐레진저는 이 문제와 관련해서 CIA와의 어떠한 공식적인 관계도 침묵으로 일관하고 있다. "가끔 조(조지프) 알섭의 집에서 프랭크 위즈너를 만났는데, 그 양반이 미국 위원회는 어떻게 돌아가고 있냐고 인사차 물어 오면 그저 이렇다 저렇다 대답만 해주었을 뿐이었죠."[41] 1952년 4월 4일 슐레진저는 위즈너에게 편지를 썼다. 아마도 '인사차' 그랬을 것으로 보이는 이 편지 속에는 "다소 놀라운 내용을 담은"[42] 어떤 문서가 동봉되었다. 위즈너는 슐레진저의 편지에 화답하여 내부 문건을 작성했다. 「미국문화자유위원회 위기 보고」는 특히 많은 사실을 드러내고 있으므로, 다음과 같이 전문을 밝힌다.

CIA 내부 메모 사항
발신: 기획 부문 부국장(위즈너)
수신: 정책조정실OPC 부국장 보좌 역

41 Arthur Schlesinger, interview in New York, August 1996.
42 Frank Wisner(Deputy Director CIA), to Deputy Assistant Director for Policy Coordination. ed. Michael Warner, *Cold War Records: The CIA Under Harry Truman*, Washington: Center for the Study of Intelligence, CIA, 1994에서 재인용.

미국문화자유위원회 위기 보고

1. 이하 첨부 문건은 4월 4일 아서 슐레진저가 본인에게 보낸 서신으로, 다소 놀라운 내용을 담은 문서가 동봉되어 있습니다. 슐레진저의 편지를 받기 전에는 이러한 논의와 관련하여 사전에 들은 바가 없습니다. 이 문제가 찻잔 속의 태풍이 되지 않도록, OPC의 분석을 받게 되기를 고대합니다.

2. 이 혼란에 대한 현재의 입장은 친매카시주의나 반매카시주의 어느 것도 우리 관점에서 보았을 때 옳다고 할 수 없고, 이런 식으로 문제가 심화되는 데 이른 것은 실로 불행한 일이 아닐 수 없다는 점입니다. 미국문화자유위원회가 독립적이고 또한 실제로 문화의 자유에 관심이 있는 미국 시민들이 모인 단체의 자격으로, 어떻게든 매카시즘에 대해 입장을 취해야 할 처지임은 이해할 수 있습니다. 본인의 기억에 의하면, 유럽에서의 비밀 지원을 목적으로 CIA가 이 위원회를 설립했다는 것은 전혀 미국문화자유위원회의 본모습이 아닙니다. 만약 그 말이 사실이라면, 상기 위원회의 운영, 활동, 발표 내용에 대해서 우리 CIA는 책임을 피할 수 없었을 것입니다. 매카시즘이라는 이슈가 제기되는 상황에서, 여기에 대해서 비난하든 지지하든 어떤 입장을 표명하는 것은 개인적인 의견으로는 중대한 오류라고 생각합니다. 그 이유는 이 엄청나게 민감한 국내 정치 이슈에 개입하게 된다면, 우리 문제가 아닌데도 개입한다는 비판을 유발해 곤경에 빠질 것이 확실하기 때문입니다.

3. 진행 중인 분석과 대응에 동의하신다면, 급박한 위험 상황임을 인지하고 무엇을 해야 할지 **즉각적으로** 고려해야 합니다. 개인적인 생각으로는 가능하다면, 이 문제에 대한 논쟁 전체를 그 시작부터 기록에서 삭

제해 문제를 안정화시켜야 합니다. 이것이 찬성과 반대, 어느 분파도 만족시키지 않으리라는 것을 알고 있으나, 가능한 조처는 우리의 설득 대상이 유럽과 미국 밖의 세계이고, 이제껏 하던 일에나 전념하는 것이 중요하다고 양쪽 분파의 구성원들에게 잘 이해시키는 것입니다. 만약 그렇게 하지 않는다면, 국내 정치 문제에 발목을 잡혀 우리 CIA의 전체 활동이 노출되고 비난을 받게 될 것입니다. 이러한 값진 노력의 결실들을 지켜 내기 위해 통합과 조화를 지키자고 호소한다면 성공할 수 있을지도 모릅니다. 여하튼 이것이 개인적으로 생각해 낼 수 있는 최선의 제안입니다.[43]

이 문건은 여러 가지 중요성이 있다. 이 문건은 아서 슐레진저가 프랭크 위즈너에게 위원회의 발전을 목적으로, 그 내부에서 발견한 문제점에 대해 주의를 환기하려는 의도를 담고 있다(슐레진저는 예전에 이 위원회가 '강박적인' 반공주의자들로 엉망인 상태이며, "이런 몹쓸 인간들을 먹여 살리는 수단"이 되어 가고 있다며 나보코프에게 불만을 제기했다[44]). 이 문건은 미국문화자유위원회가 그동안 "자유롭고 독립적인" 단체라고 자기네들을 선전해 온 것과는 달리, 서유럽에서 벌인 CIA의 수많은 노력들을 그 '배후'[45]로 하고 있다며 위원회의 기원을 폭로하고 있다. 또한 이 문건을 보면, 위즈너는 CIA가 미국 위원회의 운영, 활동, 발표 내용에 대해 책임을 지고

---

43 Frank Wisner(Deputy Director CIA), to Deputy Assistant Director for Policy Coordination. ed. Michael Warner, *Cold War Records*에서 재인용.
44 Arthur Schlesinger, to Nicolas Nabokov, 18 June 1951(NN/HRC).
45 『1976년 처치 위원회 최종 보고서』에 따르면, '배후 지원'(backstopping)은 CIA의 용어로 "신뢰성을 검증하기 위한 질의 혹은 여타의 행동에 앞서 요원이나 협력자, 협력 기관에 대해서 적절한 신분 확인과 비밀 활동을 위해 필요한 조치들을 제공하는 것이다.

있다는 사실을 아무렇지도 않게 드러내고 있다. 누구나 바라는 대로 말하고 행동할 자유라는 문제는, CIA에 의해 창안되었다 하더라도, 위즈너의 생각으로는 그저 학문적인 개념일 뿐이었다. 만약 미국문화자유위원회가 정말 위원회 측이 선전하는 대로 시민 개개인의 독립적인 단체였다면, 위원회는 아마 하고자 하는 대로 행동할 수 있었을 것이다. 하지만 위원회는 그럴 만한 입장이 못 되었다. 위원회는 결국 위즈너의 오르간 중 일부일 뿐이었고, 그가 원하는 대로 연주되거나 필요에 따라서는 침묵해야 했다. 물론 법적으로는 CIA가 국내 단체의 업무에 개입할 권리가 없었다. 위즈너 또한 이 점을 문건에서 인정하고 있다.

한 가지 더 지적하자면, 위즈너가 그토록 자유롭게 "기록을 삭제하자"라고 쓸 수 있었던 것은 CIA가 그러한 부속 단체들을 어떻게 대해 왔는지를 보여 주는 불편한 장면이다. CIA는 그 전위 조직의 활동에 대해 거부권을 행사할 수 있었고, 위즈너는 지금 그 거부권의 사용을 지지하고 있던 것이다. 또한 이 문건에서 명확해진 점은 위즈너가 미국문화자유위원회를 직할로 관리하는 것처럼 행동한다는 사실이다. 그는 이제 위원회 내의 양 분파가 그들 사이의 의견 차이를 잊고, 매카시즘이라는 주제를 함께 포기하도록 설득 작업에 들어가기를 바랐던 것이다.

"미국문화자유위원회는 유럽인들의 문화적 활동에 미국인들도 일조하고 있음을 보여 주기 위한 그럴싸한 관변 단체일 뿐이었죠." 톰 브레이든은 이렇게 말했다. "그런데 그들이 매카시즘과 같은 문제를 제기했을 때는, 아이고 세상에, 정말 당혹스러웠어요. 특히 앨런[앨런 덜레스]에게는 더 했겠죠. 그에게는 위원회가 그런 문제에 말려들어서는 안 되는 충분한 이유가 있었습니다. 앨런이 세계문화자유회의에서 매카시에 공개적으로 반대하고 나서는 내부 인사가 있다는 사실을 알았으면 경악을 금치 못했을 겁니다. 물론 그 사람도 매카시를 싫어했지만, 금이야 옥이야 호호 불어서 좋게 좋게 다루면 된다고 생각했었거든요. '매카시에게 거슬리는 일은 하지 마라. 안 그러면 그가 사사건건 간섭할 것이다.' 이런 얘기였습니다. 버넘이든 슐레진저든, 아니면 그 정도 지명도를 가진 사람도 매카시를 비판한다는 것은 정말 말도 안 되는 일이었어요. 적어도 앨런의 생각에는 그랬지요."[46]

쉽게 말해서, 이 문제는 세계문화자유회의와 그 부속 단체가 괜히 매카시즘 문제에 말려들어 긁어 부스럼을 만들지 않도록 하는 정책상의 문제였다. 이에 대해 한 영국 활동가는 이렇게 기억하고 있다. "미국 정부를 비판하지 말아야 한다는 것, 혹은 당시 미국에서 한창이던 매카시즘을 비판하지 말아야 한다는 것은 확실히 공유된 사실입니다."[47] 이것은 드 네프빌과 몬티 우드하우스가 '작전과 수단'을 주제로 회의에서 논의한 내용 중 하나였으며, 영국 정보조사국IRD이 외교부의 지침을 보완해 문화자유회의의 어떠한 활동도 "어떤 방식으로든 미국을 공격하는 모습이 보이지 않아야 한다"라는 내용으로 수정했던 것이다. 매카시즘 문제에 관한 『인카운터』의 역할도 이러한 맥락에서 보아야 한다. 일반적으로는 매카시즘 문제에 대한 언급을 피하고자 했지만, 일단 검토를 해야 할 경우 그 어조는 비난의 느낌이 없어야 했다. 토스코 파이벌은 이상하고 애매모호한 글에서, 매카시가 발흥하는 미국의 분위기가 1914년의 영국과 유사하다고 주장했다. 그러면서 1914년 당시는 "영국의 안보가 허물어지던 시대"였다고 했다. 파이벌의 주장에 따르면, "적(훈족)에 대한 사무치는 증오, 영국

46 Tom Braden, telephone interview, October 1997.
47 Jasper Ridley, letter to the author, 31 October 1997.

의 대의는 정당하다는 열정적 신념, 사회주의자, 평화주의자, 다른 반대자들에 대한 분노의 편협성"과 같은 것들은, "새로운 원자탄 시대의 시작, 강력한 적으로 부상하는 소련"과 함께 1945년 돌연 평화가 찾아와 "안보 관념의 갑작스러운 상실"에 빠진 미국의 감정에 비할 만하다는 것이었다. 그 뒤를 따른 것은 전부 "고통스럽기는 해도" 체제를 바로잡으려는 노력이었다. 매카시에게는 아쉽게 느껴질 수 있지만, 그가 하는 일 또한 민주주의를 안전하게 지키기 위한 새로운 국가 안보, 그리고 세계 안보에 대한 미국의 끊임없는 탐색이라는 맥락에서 고려되어야 한다고 했다. 파이벌의 결론은 이러한 매카시의 노력이 "유럽의 무기력함, 그 어떤 성취로도 이겨낼 수 없는 회의감"에 비하면 더할 나위 없이 바람직하다는 것이었다.[48]

한편 레슬리 피들러는 유럽인들이 매카시즘을 둘러싼 상황을 근본적으로 잘못 이해하고 있다고 생각했다. 그는 "전 세계의 많은 막연한 반反자본주의자들"이 그랬던 것처럼, "매카시가 공산주의의 침입에 대해 호통을 치는 이유가 결국 그의 사상이 전반적으로 불합리하다는 것을 보여 주는 충분한 근거가 아니겠느냐"라는 가정은 근본부터 잘못되었다고 주장했다. 그의 주장에 따르면 "무죄[결백]의 연좌제"innocence by association를 상정하는 이들은 매카시가 혐의를 제기하기만 하면 **누군지도 상관없이** 변호하려고 달려든다고 한다.[49] 미국인들이 매카시에 대한 공포로 끊임없이 재잘거린다는 '코미디' 같은 주장을 일축하며, 피들러는 이 위스콘신의 상원

---

48 T. R. Fyvel, "The Broken Dialogue", *Encounter*, August 1954.
49 매카시가 공산주의자들과 친분이 있는 사람도 자동적으로 공산주의자라고 주장했듯이(연좌제 guilt by association), '무죄의 연좌제'는 매카시가 누군가의 혐의를 제기하기만 하면 정말로 그가 공산주의자인지 아닌지 알아보려고 하지도 않고 공산주의자가 아니라고 주장한다는 뜻이다. ― 옮긴이

의원이 우리가 맞서 싸워야 할 (소련이라는) "진짜 괴물"이 있는데도, "회심의 일격을 헛되이 낭비"하게 만드는 풍차가 되어 버렸다며 논의를 매듭지었다.[50]

"그나마 덜 사악한" 주장은 젊은 영국 보수주의자 페레그린 워숀 Peregrine Worsthorne에 의해 제기되었다. 그는 1954년 『인카운터』 11월호에 이런 글을 기고했다. "미국은 파란만장한 과거를 가졌으며, 또한 파란만장한 미래를 가질 것을 확신한다. 사소한 흠결로 소란을 떠는 대신 이러한 필연적인 사실을 빨리 받아들일수록 다양한 축복을 받은 이 미국의 힘을 최대한 활용할 수 있을 것이다. 미국의 황금기는 이 나라를 신의 지위에 올려놓았다. 기존의 신은 실패했다. 자세히 들여다보면 악마임이 밝혀지는 공산주의라는 신과는 달리, 이 미국이라는 신이야말로 진정 인간적인 모습을 띠고 있다."[51] 『인카운터』는 공산주의 진영에서 나타나는 문화의 억압에 대해 매서운 감시의 눈초리로 대했던 것으로 기억되고 있다. 하지만 매카시즘을 완곡하게 옹호할 때만큼은 제대로 앞을 보지 못했던 것 같다. 이 잡지가 남의 눈에서 들보는 잘 보았지만, 제 눈의 티끌은 볼 수 없었기 때문이다.

자유라는 대의를 수호해야 한다고 주장하는 사람이라면 이 자유가 모욕을 받고 무시를 당할 때, 이를 개탄하면서 극복해 나갈 방도를 찾아나설 것으로 기대할 수 있지 않겠는가? 미국문화자유위원회가 매카시즘에 대해서 문제를 제기했다는 점은 옳았지만, CIA가 그와 관련된 논쟁을 억누르려고 한 점은 옳지 않았다. 하지만 위즈너는 이런 세세한 차이에 위

---

50 Leslie Fiedler, "McCarthy", *Encounter*, August 1954.
51 Peregrine Worsthorne, "America: Conscience or Shield?". *Encounter*, November 1954.

축될 인물이 아니었다. 위즈너는 문건에서 "값진 노력의 결실들을 지켜 내기 위해 통합과 조화를 지키자고 호소한다면 성공할 수 있을지도 모른다"라고 제안한 바 있다. 이러한 호소는 즉시 체계적으로 전달되었다. 1952년 4월, 파리의 '20세기의 걸작' 페스티벌을 철저하게 준비하던 와중에, 아서 슐레진저에게 보낸 나보코프의 편지는 위즈너의 메모를 한 치의 오차도 없이 절묘하게 반복하고 있다. "솔직히 저는 미국 위원회의 분열에 대해서 개탄스러운 입장입니다. 이러한 분열은 프랑스 본부를 비롯하여 세계 문화자유회의 전체의 사업에 중차대한 위험을 초래할 소지가 있습니다." 그의 경고는 다음과 같았다. "유럽인들에게 매카시는 운동이 아니라 인간 임을 분명히 해두어야 합니다.[52] …… 나는 우리가 **매카시**의 개인적인 활동이나 수단에 대해서는 비난해야 마땅하다고 확신합니다만, '**매카시즘**'에 대항하여 결의를 한다면, 그 논리나 효용이 어떨지는 의문입니다. 적어도 유럽인들에게는 매카시가 미국의 고유한 대중운동을 대표하는 것으로 보이기 쉽기 때문입니다." 나보코프는 계속해서 슐레진저를 몰아세웠다. "미국 위원회의 분열을 막기 위해서라면 무슨 짓이라도 해야 합니다. 그렇게 조직 내의 불화가 실제로 여기 유럽에서 벌이는 우리 사업에 치명적인 일격이 되리라고 확신해 마지않습니다."[53]

　　CIA 정보요원 리 윌리엄스가 폭로한 바에 따르면, 문화자유회의의

---

52 "현상이 아닌 인간으로서의 매카시"를 내세우자는 이러한 주장은 이 주제에 대한 CIA의 반복되는 접근 방법이다. 나보코프가 이 주제에 관해서는 위즈너의 공식적 '지침'을 단순히 반복했다고 가정하는 것이 타당해 보인다. 실제로 레슬리 피들러의 『인카운터』 기고문이 그랬듯이 말이다. 이 기고문에서 매카시는 "살아 있는 가고일"처럼 그려졌다. (가고일은 추악한 모습을 하고 교회를 지키는 석상을 가리킨다. 우리 속담에 "못난 소나무가 선산을 지킨다"라는 말처럼 매카시가 추악한 짓을 하더라도 모두 국가 안보를 위해서 하는 일이라는 뜻이다.)
53 Nicolas Nabokov, to Arthur Schlesinger, 21 April 1952(ACCF/NYU).

위원회들이나 그 부속 기관, 혹은 지원을 받는 잡지의 편집자들이 지침을 따르지 않는 문제가 발생하면, CIA는 눈에 띄지 않는 적절한 방식으로 거부권을 행사했다고 한다. 그 말은 바로 많은 중간 간부들로 이루어진 모든 관료주의적 과정들을 뛰어넘어, 문화자유회의의 '최고위 인사'가 문제를 일으킨 자에게 직접 메시지를 전달하는 방식을 의미했다.[54] 이 일은 주로 줄리어스 플레이시먼이 맡았다. 그와 관련해서는 『인카운터』 편집자에게 논쟁적인 글을 자꾸 실으면, 자금 면에서 위태롭게 될 것이라고 경고했다는 유명한 일화가 있다. 미국문화자유위원회가 매카시라는 지뢰밭에 개입하는 문제와 그로 인해 발생할 앞으로의 사태에 대해서는 나보코프도 비슷한 역할을 했던 것으로 보인다. 나보코프가 그러한 역할로 "자리를 잡은 것"은 누군가의 명령에 의해서였을 수도 있지만, 자발적 의사에 따른 것이라는 쪽이 더 가능성이 크다고 할 수 있다.

"처음부터 도망치지 않고 싸웠다면, 지금쯤 이런 일들을 당하지는 않았을 것이다." 매카시즘이 한창일 때 존 스타인벡이 남긴 글이다.[55] "끔찍한 사실은 그렇게 희생된 많은 사람들이, 또한 미국 국민 전체가 매카시가 남발하는 유죄 선고를 묵묵히 받아들였다는 점이다." 존 헨리 포크John Henry Faulk도 이런 글을 남겼다. "매카시 일파들은 혐의를 제기하고, 결정을 내리고, 판결을 선고하는 등, 당연하다는 듯이 자경단으로서 권리를 행사했다. 그리고 우리는 모두 침묵했다. 우리는 침묵만이 우리를 지켜 줄 것이라고 느꼈다."[56]

54 Lee Williams, interview in Washington, July 1996.
55 Peter Vansittart, *In the Fifties*, London: John Murray, 1995.
56 *Ibid.*

소련의 작가들이나 예술가들에게 가해진 박해 또한 그 규모 면에서 미국의 매카시 열풍과 비교하지 못할, 혹은 비교할 수 없는 수준에서 이뤄졌지만, 양편 모두에게는 유사한 요소가 있었다. 알섭 형제가 "워싱턴 캐피틀힐에 있는 매카시의 근거지"를 방문했는데, 이 장소는 소련의 악몽이 가진 갖가지 특색을 전부 갖추고 있었으며, 얼핏 보기에 매카시도 스탈린의 기관원이나 비밀경찰처럼 보였다고 한다. "대기실 안은 수상쩍은 모습을 한 사람들로 득시글댔는데, 매카시를 달래러 온 국무부 사람들인 듯 보였다."[57] 알섭 형제의 기록이다. "매카시 본인은 계속해서 부르르 떨면서, 벗겨진 머리를 느릿느릿 흔들었다. 불안한 모습에도 불구하고, 앙다문 턱은 할리우드 스타일의 사립 탐정 역할에 딱 맞는 인상이었다. 방문객은 으레 앞으로 구부정한 묵직한 어깨에, 커다란 손에는 전화기를 들고 알 수 없는 누군가에게 수수께끼 같은 지시 사항을 소리 질러 이야기하는 그를 쉽게 찾을 수 있다. '그래, 그래. 들리는데, 말하기는 좀 그래. 알겠어? 응? 그 자식 꼬투리를 잡은 거야?' 상원의원은 흘깃 올려다보며, 이 극적인 상황을 방문객이 잘 보고 있는지 확인했다. '그래? 이봐, 내 말을 들어봐. 이런 사소한 것은 한 번에 이야기하라고, 그리고 반응을 살펴. 알겠어?' 이러한 연극은 중요한 무대 연출로 절정을 맞이했다. 이 상원의원은 전화 통화를 하면서 간혹 전화기의 송화기 부분을 연필로 찔렀다. 워싱턴에서 떠도는 이야기대로, 이렇게 하면 송화기 속에 숨겨진 도청장치를 망가뜨릴 수 있다는 것이었다. 다시 말해, 국무부는 매카시 상원의원의 친구들이 그들을 사찰할까 봐 두려웠던 반면, 매카시 또한 국무부의 친구들이 자신을 사

---

57 Joseph Alsop and Stewart Alsop, "Why Has Washington Gone Crazy?", *Saturday Evening Post*, 29 July 1950.

찰할까 봐 두려웠던 것이다."[58]

위즈너가 문건을 쓴 근거는 다음과 같다. 더 이상의 논쟁을 막은 것은 매카시가 "신경증적인 공포와 내부에서 서로를 의심하는 분위기"를 조성했기 때문이며, 미국 밖에서는 비공산주의 좌파와 연대하려는 CIA의 노력을 근본에서부터 흔들어 놓았기 때문이다. 한편 미국 위원회의 보수성으로 인해, 알섭의 이야기는 헛된 상상으로 치부되었다. "우리가 역사상 가장 최악의 정치 테러와 히스테리의 시대를 살고 있다고 주장하는 사람들이 있는데, 이 사람들은 무엇이든 좀 제대로 알아야 할 필요가 있다." 시드니 훅의 말이다. "현재 미국의 상황에 대한 이러한 묘사는 사실을 망상으로 과장해 놓은 것이다."[59] 크리스톨 또한 매카시즘이 '공포 분위기'를 조성하고 있다는 주장을 무시했다. 브로드웨이의 문화계가 "정치적 성향에 대한 의회 조사"를 빙자한 "어리석은 매카시즘"으로 고통받고 있다는 아서 밀러의 주장에 대응하여, 크리스톨은 『뉴욕타임스』에 보낸 글에서 "어리석다는 표현 또한 유죄"라고 썼다.[60] 1953년에 크리스톨은 유명한 말을 남겼다. "미국 사람들이 매카시 의원에 대해 알고 있는 한 가지가 있다. 매카시가 다른 모든 미국인들과 마찬가지로 명백한 반공주의자라는 사실이다. 다만 매카시가 미국 자유주의의 대변인이라는 점은 전혀 모르는 것 같다." 이런 주장이 있었던 반면, 스티븐 스펜더의 의견은 음울한 어조를 띠었다. "언제나 미국 작가들은 독실한 반공주의 정서로 가슴에 성호를 긋는다. 이때 그 작가가 '아베 마리아'라고 하지 않고, 정말 '아베 매카시'라 말

58 Alsop and Alsop, "Why Has Washington Gone Crazy?".
59 Sidney Hook, "To Counter the Big Lie: A Basic Strategy", *New York Times Magazine*, 11 March 1951.
60 Irving Kristol, letter to *New York Times*, 10 August 1952(ACCF/NYU).

하지나 않는지 의심스럽다."[61]

조셀슨은 애초부터 미국 위원회 설립에 반대했었고, 매카시 '논란'이 일자 자신이 옳았다고 생각했다. 브레이든 역시 위원회 설립이 현명하지 못한 일이라고 생각했고, 나중에는 이렇게 말했다. "미국 위원회 설립은 시드니 훅의 아이디어였고, 저는 그렇게 하면 안 된다고 생각했죠. 파리에 본부가 있는데 굳이 경쟁 조직을 만드는 것처럼 보였고, 또 그러다가 강경론자들만 득세하겠다고 생각했죠. 미국 위원회에는 매카시와 성격이 비슷한 사람들이 몇몇 있었어요. 설상가상으로, 이런 사람들은 국무부에서 힘깨나 쓰는 사람들에게 입김을 넣을 수 있는 위치에 있었기 때문에 CIA에도 문제를 일으킬 소지가 다분했죠."[62] 이러한 의구심에도, 프랭크 위즈너는 세계문화자유회의의 미국 지부 역할을 할 조직이 어쩔 수 없이 필요하다고 당시 전략 부문 부국장이었던 앨런 덜레스를 가까스로 설득했던 것이다. 멜빈 래스키가 훗날 했던 말(아마도 당시에도 했었던 말 같은데)은 그것이 "비밀 첩보 활동의 고유하고 필수불가결한 특성"이라는 것이었다. "CIA는 국내 문제에 참견할 수 없었습니다. 그래서 미국 위원회가 있어야 하는 것입니다. 없다면 어떻게 되겠어요? 설명할 수 없는 변칙이 판을 치겠지요. 다들 국제주의자라고 자처하면, 미국인은 다 어디에 있답니까? 미국에 그런 조직이 없다면 글러브를 한쪽만 끼고 하는 권투 경기 타이틀전처럼 되겠지요. 그 부분이 비밀 첩보 활동의 가장 취약한 점이 되겠지만, 그래도 미국 위원회는 꼭 있어야 합니다. 없으면 어떻게 되겠어요?"[63]

61 Stephen Spender, to Czeslaw Milosz, 12 October 1953(CCF/CHI).
62 Tom Braden, interview in Virginia, July 1996.
63 Melvin Lasky, interview in London, August 1997.

그러나 매카시에 반대할 것이냐 아니면 내버려 둘 것이냐를 두고 불편한 감정과 비난이 난무하자, 위원회의 분열에 직면한 조셀슨과 그의 CIA 상관들은 걱정을 하지 않을 수 없었다. 미국문화자유위원회가 활동을 접는다면 같은 이름으로 새로이 조직을 꾸려야 하는데, 슐레진저, 로비어 같은 '분별 있는' 친구들로 대표되는 온건파가 없어진다면 그야말로 위험한 일이 아닐 수 없었다. 세계문화자유회의의 유럽 활동과 화합하지 못하는 강경파들로만 꾸려진 단체야말로 조셀슨이 피하고 싶어 하던 상황이었다. 미국 위원회가 매카시즘의 만행으로부터 문화의 자유를 지켜 주리라 기대했던 사람들은 실의에 빠졌다. "이 문제에 대한 위원회의 미온적인 입장이 문화자유회의를 전 세계적으로 난처한 상황에 빠뜨렸습니다."[64] 훗날 조셀슨의 말이다. 위원회는 『매카시와 공산주의자』*McCarthy and the Communists*(미지 덱스터Midge Dexter와 제임스 로티James Rorty가 썼다)라는 책을 출간했지만, 그 비판의 주요한 내용은 매카시가 공산주의자들을 쫓아냈다는 사실이 아니라, 매카시가 공산주의자들을 쫓아낼 때 게을리 했다는 점이었다. 1954년에 발행된 이 책은 그 효과 면에서 다소 뒤늦고 모호한 면이 있었다(결국 책이 나옴으로써 제임스 버넘이 미국 위원회의 보수 계파에서 이탈하게 된다. 거의 동시에, 버넘은 평생을 같이했던 『파르티잔리뷰』와의 관계도 끝내 버렸다). 『인카운터』와 마찬가지로 미국문화자유위원회 또한 문화에 미치는 매카시의 해악을 외면하고 덮으려 했기 때문에 골치 아픈 과제를 남겨 두게 되었다. 문제에 대한 일관된 분석이 없어 답답했던 메리 매카시는 한나 아렌트에게 보내는 편지에서 "좌파적 요소, 무정부주의적 요소, 허무주의적 요소, 기회주의적 요소들의 희한한 잡탕이 한데 모여 보

---

64 Michael Josselson, to Shepard Stone, 12 January 1968(MJ/HRC).

수주의자라는 틀에 찍혀 '바보들의 배'Narrenschiffe에 오르는 광경"을 보았다고 이야기했다. "이 새로운 우파에게 들이는 엄청난 정성은 이제 정상으로 받아들여지고 있습니다. …… 제가 보기에 이런 짓은 중단되어야만 합니다. 너무 늦지 않았다면 말이죠."[65]

매카시 상원의원이 CIA에 대한 공격을 계획하고 있을 때, 앨런 덜레스가 CIA 국장직에 올랐다. 스스로도 '흑黑프로테스탄트주의'Black Protestantism[66]와 공격적인 반공주의 성향이 있어서 감히 매카시조차도 도전할 수 없었던 그의 형 존 포스터 덜레스와는 달리, 앨런 덜레스는 "위스콘신에서 벼락출세해서 올라온 늙은 말 같은 놈"이 CIA를 파괴하는 것을 묵과하지 않기로 마음먹었다. 덜레스는 자기 요원들에게 개인적인 허가 없이 매카시를 찾아가는 사람은 해고해 버리겠다고 경고했다. 몇몇 CIA 요원들은 이미 매카시 측으로부터 비밀리에 전화를 받은 상태였다. 매카시의 측근 중 볼티모어 출신의 율리어스 아모스Ulius Amoss라는 미심쩍은 사람이 있다. 그는 그리스계 미국인으로 전략사무국OSS에서 쫓겨난 후(그 자체가 나쁜 것은 아니었다), 당시 국제정보업무재단International Services of Information Foundation이라는 사설 정보기관을 운영 중이었다. 매카시는 이 회사에 하청을 줘서 CIA 인사들의 뒤를 캐고 다녔다. CIA 요원들은 뜬금없이 모르는 사람으로부터 "'당신 엄청 술에 절어 산다던데'라거나 '외도' 사실을 알고 있다는 전화를 받았다. 매카시 추종자들에게 CIA에 대해 알고

---

65 Mary McCarthy, to Hannah Arendt, 2 December 1952. ed. Brightman, *Between Friends*에서 재인용.
66 'Black Protestantism'은 대개 '흑인 청교도주의'로 번역되지만, 여기서는 '흑마술'과 비슷하게, 경건한 종교적 열정을 나쁜 쪽으로 사용했다는 의미로 저자가 만든 말이기에 위와 같이 옮겼다. —옮긴이

있는 모든 사실을 털어놓거나 협조해 주면 없었던 일로 하겠다"라는 애기를 들었다.[67]

하지만 아모스는 이 비밀 첩보기관 요원들에 대해 심도 깊은 조사는 커녕 간단한 일조차 못해 내는 사람임이 밝혀졌다. 매카시의 첫 번째 공격, 즉 1953년 7월 윌리엄 번디에 대한 공격은 완벽한 실패로 끝이 났다. CIA의 국가평가위원회 위원이었던(또한 딘 애치슨의 사위였던) 번디는 앨저 히스의 변호 기금으로 400달러를 기부한 적이 있다. 매카시의 추론에 따르면, 이와 같은 행위는 번디가 공산주의자라는 증거였다. "이 일이 있었을 때 우연히 앨런 덜레스의 사무실에 들른 적이 있었어요." 톰 브레이든의 기억이다. "번디도 거기 있었죠. 앨런이 번디에게 말했어요. '일단 나가 봐. 내가 처리할 테니까.' 번디는 휴가를 며칠 떠났고, 앨런은 직접 아이젠하워를 찾아가 위스콘신 뜨내기가 벌이는 이 난장판을 가만두지 않겠다고 말했죠."[68] 실제 덜레스가 대통령에게 말한 내용은 매카시가 공격을 멈추지 않으면 국장직에서 물러나겠다는 것이었다.

이것이 결국 아이젠하워가 나서게 된 계기였던 것 같다. 리처드 닉슨 부통령에게 CIA에 대해 공개적인 조사를 계획하고 있는 매카시에게 압력을 넣으라고 지시하자, 이 상원의원은 돌연 "CIA에 대한 공청회를 개최하는 것이 공공의 이익의 부합하지 않으며, 어쩌면 행정적으로 처리하는 것도 좋겠다"라는 점을 스스로 "깨달았다"라고 공표했다.[69] 이는 협상의 형태를 띤 것으로, 매카시가 앨런 덜레스의 사무실에서 은밀한 회동 끝에

67 Cohn, *McCarthy*.
68 Tom Braden, interview in Virginia, July 1996.
69 R. Harris Smith, *OSS: The Secret History of America's First Central Intelligence Agency*, Los Angeles: University of California Press, 1972.

CIA에 대한 비판의 수위를 조절했기에 생긴 일이었다. '동성애자'와 '부자' CIA 요원 명단을 가져온 그는 광범위한 CIA 인원의 숙청을 요구했다. 덜레스가 이 말을 따르지 않았다면, 매카시는 공개적인 조사를 단행하겠다고 위협했을 것이다. "이러한 압박은 CIA에 큰 타격을 주었다. 요원 자격에 대한 보안 기준도 강화되었다. 그러나 어떤 경우에는 CIA의 손실이 할리우드의 이득이기도 했다. 젊은 정치학부 졸업생으로 고전적인 뉴욕 억양을 지닌 피터 포크Peter Falk[70]가 1953년 CIA의 요원 양성 프로그램에 지원했지만 탈락하고 만다. 한때 좌파 계열 노동조합에 소속된 적이 있었기 때문이다."[71]

브레이든의 국제조직국IOD에 배속된 직원들은 정치적 자유주의자라는 혐의로 철저한 조사를 받아야 했다. 브레이든의 부서에서 노동조합 활동을 감독하던 부장 한 명은 1930년대에 잠시 공산주의청년연맹Young Communist League에 몸담고 있었다는 이유로 해고되었다. 하지만 아직 더 나쁜 일이 남아 있었다. 1953년 늦은 8월, 브레이든은 포드재단에서 일하다 잠시 휴가를 맞은 리처드 비셀과 메인 주 쪽으로 여행을 떠났다. '바다 마녀'라는 이름이 붙은 비셀의 요트로 뱃놀이를 즐기는 여행이었다. 페놉스코트 만에 정박했을 때, 브레이든은 매카시의 부하가 CIA에서 '빨갱이'를 찾아냈다는 급한 연락을 받았다. 의혹을 받았던 사람은 브레이든 부서의 부국장인 코드 마이어였다. 그는 1951년 앨런 덜레스가 채용했던 사람이었다. 덜레스와 브레이든이 모두 휴가를 떠나, 마이어와 매카시 사이에는

---

70 국내 텔레비전 방송에서도 인기리에 방영된 「형사 콜롬보」(Columbo)의 주연으로 잘 알려진 배우. ―옮긴이
71 Smith, *OSS: The Secret History of America's First Central Intelligence Agency*.

중재할 사람이 없는 상황이었다. 그는 무급 정직을 통보받고 곧 보안상의 조사가 있을 예정이었다. 마이어는 카프카의 『심판』Der Prozess을 다시 읽는 기분이었다. "자신이 왜, 누구에 의해 재판을 받아야 하는지 알 수 없는, 얼떨떨한 주인공이 처한 궁지"를 이제는 확실히 이해할 수 있게 되었던 것이다.[72]

코드 마이어는 빨갱이가 아니었다. 심지어 분홍색도 못 되었다. 그의 혐의가 적힌 3쪽짜리 문서에는 좌파 성향이라고 알려진 하버드대학교의 천문학자 할로 샤플리Harlow Sharpley와 함께 강단에 섰다는 내용이 들어 있었다. 또한 하원 반미활동조사위원회가 공산주의의 앞잡이로 지목한 전미예술가·과학자·전문직협회[73]와 관련되어 있다는 내용도 있었다. 두 가지 혐의가 모두 해당하는 기간은 전쟁 직후로, 당시는 마이어가 미국제대군인협의회American Veterans' Committee를 이끌고 있었을 때였다. 이 단체는 극우보수 성향의 미국재향군인회American Legion에 대한 대안으로 설립된 자유주의 성향의 조직이었다. 또한 마이어는 자유주의적이라기보다 좀 더 유토피아적으로 세계 정부를 주창하는 세계연방정부의 설립자이기도 했다.

"직속상관이었던 톰 브레이든은 내게 혐의를 분명히 벗을 수 있다고 계속해서 용기를 북돋아 주었다."[74] 마이어는 훗날 이렇게 회고했다. 그리고 실제로도 매카시의 기소가 확정될 만한 현실적 근거가 없었다. 1953년 추수감사절, 마이어가 정직 처분을 받은 지 2개월이 지났을 때, 그는 앨런

---

72 Cord Meyer, *Facing Reality: From World Federalism to the CIA*, Maryland: University Press of America, 1980.
73 3장에 등장하는 것처럼, 월도프아스토리아 컨퍼런스의 주최 단체 역할을 했다. — 옮긴이
74 *Ibid.*

덜레스로부터 전화 한 통을 받았다. 혐의를 완전히 벗었으니 CIA로 다시 출근해도 좋다는 내용이었다. 이 일은 마이어 인생에서 잊을 수 없는 기억이었을 것이고, 냉전 시대 미국의 거대한 역설을 보여 주는 실례였다. CIA 요원들이 공산주의를 물리치기 위해 밤낮없이 일하는 동안, 동료 미국인들도 같은 목적으로 덤벼들어 요원들을 미행하고 있었던 것이다. 로마의 풍자시인 유베날리스가, 문지기가 문을 지킨다면 그 문지기는 누가 지켜 주는지 물었다지만, 여기서는 누가 용을 벤 기사를 베게 될지가 문제였다.

매카시도 결국은 1954년 말부터 서서히 몰락해, 1957년 알코올중독으로 사망했다. "가짜 영웅 서사시 …… 우리 정치사의 막간극으로 하기에는 너무나도 기이한 나머지 미래의 고고학자들이 역사가 아닌 신화로 분류해도 괜찮은 것."[75] 드와이트 맥도널드가 매카시즘의 특징을 일컬으며 한 말이지만 그러한 생각도 겨우 소망에 불과할 뿐이다. 미국은 한동안 매카시가 키워 놓은 악마에 퇴마의식을 하느라 애써야 했고, 여전히 "매카시가 신봉하던 가치와 그가 벌인 십자군운동의 바탕이 되었던 근거 없는 가정들이 대부분 그 유산으로 남겨졌다." 당시 이 사태를 지켜보았던 어떤 사람이 남긴 다음과 같은 글처럼 말이다. "매카시는 비판받고 사라졌지만, 매카시즘은 살아남았다."[76] 진실에 대한 탐구, 사물의 근저에 닿고자 하는 욕망, 지적인 질문이 이루어지는 그 진실한 과정은 마녀사냥의 힘에 의해 더럽혀지고 말았다.

혹은 그 반대로 생각해 보는 것은 어떨까? 아마도 이렇게 질문할 수

75 Michael Wreszin, *A Rebel in Defense of Tradition: The Life and Politics of Dwight Macdonald*, New York: Basic Books, 1994.
76 Littleton and Sykes, *Advancing American Art*.

있을 것이다. 트루먼 독트린 없이 매카시즘이 발생할 수 있었을까? 진실에 대한 확인이라는 기본적인 법칙에서 멀어지고, 공포와 적개심으로 판단이 흐려지고, 머리 켐턴이 말한 "과격함에 대한 과도한 참여"가 이루어져 사람들이 이제는 "정상적인 것이 나쁜 것인 양" 착각하게 되는 사태야말로 냉전 사상의 핵심이 아니었을까? "우리 지도자들은 공산주의 문제를 다룰 때만큼은 증거와 추론이라는 정상적인 법칙에서 벗어나게 된다"라고 훗날 윌리엄 풀브라이트William Fulbright 상원의원은 주장했다. "'악마를 다룰 때도 공정하게 대하라는 게 말이 된다고 생각하는가? 악마가 무슨 생각을 하는지 아는데도 말이다. 악마가 실제로 코앞에 닥쳤는데 옥신각신해 봤자 소용없는 짓이다.' 이런 얘기들처럼 우리를 구체적인 상황과 구체적인 사실들에 주의를 기울여야 할 책무로부터 면제해 주는 것이 반공주의 사상의 효과다. 우리의 '신념'은 경험적 사고로부터 우리를 자유롭게 한다. 옛것을 맹신하는 사람들처럼 …… 중세의 신학자들처럼, 우리는 사전에 우리에게 만물을 해명해 주는 철학을 갖고 있다. 해명되지 못한 모든 것들은 쉽게 사기, 거짓말, 환상으로 치부된다. …… 교조적인 반공주의의 해악은 뻔한 거짓말이라서가 아니라, 현실을 단순화하고 왜곡하며 진실이 드러났다 해도 이를 부풀리고 일반화하는 데서 나온다."[77]

결국 매카시는 CIA에 위해를 가하려는 원래의 의도에서 벗어나 CIA의 영향력을 증대시키는 데 공헌했다. CIA가 해외 정책상 '자유사상가'들을 위한 안식처라고 평가받는 것은 모두 그의 덕택이다. 1954년 1월 CIA에 복귀한 리처드 비셀은 당시 CIA를 두고 "여전히 지적인 활기와 도전이 있고, 많은 난관에도 불구하고 일은 순조롭게 진행되었으며, 정부의 다른

77 William Fulbright, "In Thrall to Fear", *The New Yorker*, 8 January 1972.

조직에는 사라져 버린 전도양양한 기운이 있는 곳"이라고 기억했다.[78] 그리고 국장 앨런 덜레스는 이전보다 더욱 강력한 권력자로 부상했다. 톰 브레이든에 따르면 "권력이 그에게 흘러와, 그를 통해 CIA로 향했다. 한편으로는 그의 형 존 포스터 덜레스가 국무부 장관이었기 때문에, 다른 한편으로는 그가 머리 뒤로 신비한 후광이 비치는 제2차 세계대전 당시 스파이들의 수장이었기 때문에, 그리고 설리번앤드크롬웰이라는 뉴욕의 일류 로펌 변호사라는 사실이 문화자유회의에 속해 있는 중소 도시 변호사 출신자들에게 깊은 인상을 주었기 때문이었다". 이제 덜레스는 CIA에 대한 매카시의 공격에 맞서 승리를 거뒀고, "그러한 승리는 사람들에게 반공주의의 '대의'에 대한 광범위한 존경심을 불러일으켰다. '책을 태우는 자들 무리에 끼지 말라.' 아이젠하워는 말했었다. 그런 방법은 공산주의에 대항하기에는 나쁜 방법이었다. 좋은 방법은 바로 CIA였다."[79]

---

78 Richard Bissell, *Reflections of a Cold Warriors: From Yalta to the Bay of Pigs*, New Haven: Yale University Press, 1996.
79 Tom Braden, "What's Wrong with the CIA?", *Saturday Review*, 5 April 1975.

14장

음악과 진실을, 그러나 너무 지나치지 않게[1]

사람을 유명하게 만드는 요소보다 유명 인사들을 만들어 내고
그 유명세를 유지하게 만드는 조직체야말로 훨씬 더 많은 일들
을 하고 있다는 생각이 든다. ─ 필립 라킨Philip Larkin

스스로 붕괴를 목전에 두고 있던 이 중요한 사안(매카시즘) 하나에도 일관
된 입장을 취하지 못하고 지리멸렬했던 미국문화자유위원회와는 대조적
으로, 유럽의 세계문화자유회의는 1950년대 중반까지 자신들의 입장을
명확하게 유지했다. 마이클 조셀슨이 유럽 쪽을 확실하게 장악하고 있었
기 때문에, 유럽에서 문화자유회의는 문화적 혹은 철학적 탐구로써 서구
민주주의의 우월성과 소련 신화의 오류를 적시하는 데 헌신하고 있는, 그
야말로 진정한 지식인들의 동맹이라는 명성을 쌓아 가고 있었다. 핵심층
혹은 핵심 기구의 구성은 바뀌지 않았지만, 이 단체는 이제 저명한 지식인
들과 예술가들이 대거 포진한 회원 명부를 자랑하게 되었다.

줄리언 헉슬리, 미르치아 엘리아데Mircea Eliade, 앙드레 말로, 귀도 피
오베네, 허버트 리드, 앨런 테이트, 라이오넬 트릴링, 로버트 펜 워런, W. H.

---

1 이 장 제목에 쓰인 마논트로포(ma non troppo)는 이탈리아어 음악 용어로서 악보에 다른 말과 함
께 쓰여 '그러나 지나치지 않게'의 의미를 갖는다. ─ 옮긴이

오든, 손턴 와일더, 자야프라카시 나라얀 등 수많은 문호들이 『인카운터』, 『프뢰브』, 그리고 유럽에서 문화자유회의가 직접 제작하거나 제휴 관계를 맺고 있는 잡지들의 내용을 장식해 주었다. 또한 소설가이자 극작가인 훌리안 고르킨Julián Gorkin이 편집을 맡아 1953년 파리에서 시작된 『콰데르노스』Cuadernos는 라틴아메리카의 지식인들을 겨냥했다. 오스트리아 빈에서는 1954년 소설가이자 평론가인 프리드리히 토르베르크Friedrich Torberg가 편집을 맡아 월간지 『포룸』Forum이 출간되었다. 그는 별명이 '크림 과자 프레디'Freddy the Torte로, 대중들의 미움과 사랑을 동시에 받는 독특한 인물이었다. 쾨슬러는 이 프레디에 대해 감탄하면서 "아마 우리 환상 속에서나 존재할 법한 옛 빈 도나우 강변의 마지막 모히칸족"이라고 묘사했다. 다른 사람들은 그가 거만하고 편협한 사람이라고 생각했다. 공산주의자들은 프레디를 두고 "미국의 앞잡이, 모사꾼, 끄나풀"이라고 불렀으며, 잡지의 논조가 반反중립주의적인 이유가 미국의 음모 때문이라고 비난했다. 『포룸』은 문화자유회의가 흔히 언급하던 주제들을 더욱 상세히 다뤄 주었고, 토르베르크는 파리 본부 사무국과 좋은 업무 관계를 유지했다. 하지만 조셀슨은 이따금 토르베르크를 자제시켜야 했다. 1957년 『포룸』이 우익 성향의 『내셔널리뷰』National Review 기사를 그대로 옮겨 실었기 때문이다. 조셀슨은 그런 짓을 하면 "문화자유회의의 잡지로서 품위가 손상된다"라고 지적했고, 토르베르크는 이에 "다시는 이런 일이 없을 것"이라고 답했다.

『과학과 자유』Science and Freedom는 유럽에서 문화자유회의가 같은 이름의 학회를 마치고 난 뒤, 1953년 가을부터 출간되기 시작했다. 1953년 7월 함부르크에서 열린 '과학과 자유' 학회는 록펠러재단으로부터 1만 달러, 파필드재단으로부터 3만 5000달러를 유치했었다. 이 잡지의 편집은 같은 해 세계문화자유회의의 집행위원으로 임명된 마이클 폴라니Michael Polanyi

가 많았다. 남아프리카공화국의 인종차별 정책뿐 아니라 미국의 인종분리 정책에 주목하는 것에서도 알 수 있듯이, 폴라니의 잡지는 대체로 문화자유회의가 침묵하고 있는 사안까지 다루었다. 이 잡지와 같이, 소련 진영과 지적인 교류를 장려하고 서방의 냉전주의적 입장을 완화하려는 시도는 많은 사람들이 그 의미를 알게 되기 전부터 이미 '데탕트'détente를 실천한 셈이었다. 하지만 『과학과 자유』는 1년에 고작 두 차례 출간하는 데다 독자도 많지 않았기 때문에 냉전의 극단적 대립에서 불어오는 태풍 속의 갈대 같은 존재였을 뿐이다.[2]

『소비에트서베이』Soviet Survey는 1955년 월간지로 시작했다. 유럽의 문화자유회의가 이스라엘에 파견한 공식 대표단 중 한 명이었던 역사학자 월터 래커Walter Laqueur가 편집을 맡았다. 조셀슨이 "소비에트연방에 대한 최고의 국제 전문가 중 한 명"이라고 평가했던 래커는 마크 알렉산더Mark Alexander라는 필명으로 러시아 문제들을 광범위하게 다뤄 왔다. 래커가 편집을 맡고 나서부터 『소비에트서베이』는 동유럽의 지식인, 예술가, 정치인 들을 취재해 기사를 게재했는데, "여타 서유럽의 출판물에 비해서 탁월한" 통찰을 보여 주었다.[3] "열광적 반응"[4]을 얻었다는 주장은 다소 과장된 얘기겠지만, 폭넓고 충성스러운 독자층을 얻었다는 점은 확실했다.

---

2 1961년에 조셀슨은 이 『과학과 자유』를 폐간하기로 결정했다. 킹슬리 마틴은 그 이유가 냉전의 악의 때문이라고 단언했다. 『과학과 자유』 편집위원회가 핵과 정치에 대해 공개적인 심포지엄을 열려고 계획했기 때문이다. 조셀슨은 핵의 열렬한 옹호자였고, 따라서 심포지엄을 열겠다는 편집장 마이클 폴라니의 의도를 못마땅하게 여긴 것으로 추정된다. 하지만 당시 폴라니의 정신 상태는 그리 좋지 못했다. 단언하기는 힘들지만 신경쇠약이었던 것으로 보인다. 결국 조셀슨은 새로 창간된 데다 보다 학술적인 문제에만 치중하는 『미네르바』(Minerva)를 후원해 주게 되었다. 참고로 이 잡지의 편집장은 에드워드 실즈(Edward Shils)였다.
3 Peter Coleman, *The Liberal Conspiracy: The Congress for Cultural Freedom and the Struggle for the Mind of Postwar Europe*, New York: The Free Press, 1989.
4 *Ibid.*

기이한 일이지만, 『소비에트서베이』의 기사를 빌려 써도 유용하겠다는 공산주의 성향의 잡지가 나올 정도였다. 이에 조셀슨은 래커에게 다음과 같이 걱정 섞인 서신을 보냈다. "우리 잡지가 굳이 친소련 매체가 되어 소련의 선전선동을 알기 쉽게 포장해 주지는 말았으면 합니다."[5]

1956년 4월에는 『템포프레젠테』의 창간호가 이탈리아에서 발행되었다. 이냐치오 실로네와 니콜라 키아로몬테가 편집을 맡은 이 잡지는 『누오비아르고멘티』Nuovi Argomenti를 위협할 수 있는 첫 상대로 등장했다. 1954년, 알베르토 모라비아가 창간한 『누오비아르고멘티』는 사르트르의 『레탕모데른』과 매우 유사한 잡지였다. 『템포프레젠테』는 아예 한술 더 떠, 아예 사르트르의 잡지로부터 제호를 베껴 왔다.[6] 냉소적인 사람들은 훗날 이와 같은 행위는 지적 절도와 다를 바 없다고 비꼬았다. 게다가 CIA의 주요 전략 중 하나가 자신들이 급진주의 언론이나 단체를 통제할 수 없다면, 그 대안으로 '유사' 조직을 만들어서 키워 놓는 것임을 적나라하게 보여 준다고 주장했다. 『템포프레젠테』가 "1950년대 후반 이탈리아 공산당으로부터 이탈한 많은 사람들에게 페이지를 할애했던 것은 확실하다".[7] 이탈로 칼비노Italo Calvino, 바스코 프라톨리니Vasco Pratolini, 리베로 데 리베로 Libero de Libero 같은 작가들이 이 대열에 포함되었다. 또한 유럽의 문화자유회의 측에 꾸준히 기여해 온 사람들 못지않게, 공산주의 진영의 전체주의 체제를 끊임없이 비판해 온 동유럽 출신 반체제 인사들에게도 잡지의 문호는 열려 있었다.

---

5 Michael Josselson, to Walter Laqueur, 1 April 1955(CCF/CHI).
6 '템포프레젠테'(Tempo presente)는 이탈리아어로, '레탕모데른'(Les temps modernes)은 프랑스어로 모두 '현대'라는 뜻이다. ─ 옮긴이
7 Coleman, The Liberal Conspiracy.

세계문화자유회의는 또한 더욱 먼 곳까지 손을 뻗어 공산주의나 중립주의의 영향을 받기 쉬운 지역에도 자신의 목소리를 전파하려 했다. 이 단체는 오스트레일리아에서 『쿼드런트』Quadrant라는 잡지를 운영했는데, 이 잡지는 "자석에 이끌리듯, 공산주의의 자장 내로 이끌린 놀랄 만큼" 엄청난 숫자의 오스트레일리아 지식인들을 겨냥했다. 편집자였던 가톨릭 계열의 시인 제임스 매컬리James McAuley는 "반공주의가 공산주의만큼 매력을 발산할 수 있어야 인문 정신이 승리할 수 있다"라고 믿었고, 그가 이 잡지를 주도하면서부터 『쿼드런트』는 오스트레일리아의 비공산주의 좌파를 위한 활발한 구심점으로 자리 잡을 수 있었다(이 잡지는 지금까지 출간되고 있다).[8]

인도에서는 문화자유회의가 『퀘스트』Quest를 창간해, 1955년 8월에 첫선을 보였다. 인도에서는 영어를 문학적 언어가 아닌 행정적 언어로 썼기 때문에, 영어로 쓴 잡지는 특히나 문화적 한계가 있었다. 하지만 그 점을 감안한다 해도 이 잡지는 인도 공산주의자들로부터 '은밀하게' 미국의 입장을 대변하고 있다며 공격을 받았다. 하지만 라틴아메리카의 『콰데르노스』가 그랬던 것처럼, 적어도 발을 들여놓기 만만치 않은 지역에 교두보를 마련하는 성과는 거둘 수 있었다. J. K. 갤브레이스가 "지루하고, 주제

---

8 James McAuley, "Proposal for an Australian Quarterly Magazine", undated(IB/GMC). 매컬리의 뒤를 이은 사람은 피터 콜먼으로, 그는 1989년 『자유를 위한 음모』(The Liberal Conspiracy)라는 책을 펴냈는데 이 책은 세계문화자유회의의 전모를 담고 있다고 알려져 있다. 그러나 콜먼 스스로 인정하듯이 "CIA의 개입 범위를 확인할 수 있는 공식적인 출처들로부터 무엇이 되었든 유의미한 새로운 사실들"을 이끌어 내는 데는 실패했다고 한다. 게다가 이러한 정보의 부재 속에서 "누가, 어떻게, 무엇을 위해서 또 누구로부터 돈이 오갔는지에 대한 첩보 소설 같은 문제"는 전부 무시해 버릴 만큼 사소한 것이라고 판단했던 것 같다. 그가 소재로 삼고 있는 조직(문화자유회의)의 활동 가였던 콜먼은 당연히 그 조직의 열성적인 지지자이기도 했다. 하지만 그렇다고 해서 문화자유회의의 공식적인 역사가로서의 자격에 누가 될 수는 없다. 그리고 『자유를 위한 음모』는 매우 귀중한 사료이기도 하다.

의식도 교양도 없다는 점에서 새로운 지평을 열었다"라고 조롱할 정도까지는 아니었던 것이다. 하지만 인도의 네루Jawaharlal Nehru 수상은 문화자유회의가 "미국의 앞잡이"라며 불신했기 때문에 이 잡지를 싫어했다.

일본에는 『자유』自由가 있었다. 문화자유회의가 발간한 잡지 중 가장 든든한 지원을 받는 잡지 중 하나이기도 했다. 이 잡지는 일본 지식인들의 반미주의를 완화하려고 노력했지만, 처음부터 그 성과는 초라하기 그지없었다. 문화자유회의는 1960년 기존의 출판인들과 관계를 완전히 단절하고, 파리 본부 사무국의 직접적인 통제하에 새로운 팀을 꾸리기로 했다. 일본은 "사상적으로 너무나 다루기 까다롭다"라고 여겨졌기에 잡지를 반♯독립적인 상태로 둘 수밖에 없었던 것이다.[9] 1960년대 중반이 되자, 문화자유회의는 출판 프로그램을 아프리카, 아랍 세계, 중국 등 다른 핵심 전략 지역까지 포함하도록 확장했다.[10]

"이 많은 잡지들을 다 어떻게 돌아가게 만들 수 있었는지 정말 신기했어요." 어느 CIA 요원의 말이다. "그런 지식인들은 칵테일파티라면 함께 가지 않았겠지만, 『프뢰브』, 『템포프레젠테』, 『인카운터』 안에서는 사이좋게 지내고 있었던 겁니다. 미국에서라면 전혀 가능하지 않은 일이었죠. 『하퍼즈』Harper's는 그렇게 못하죠. 『뉴요커』에서도 불가능했고요. 미국에서는 아이재이어 벌린과 낸시 미트퍼드와 또 다른 모두를 한데 묶어 놓을 수 없었습니다. 런던에서 돌아온 어빙 크리스톨조차도 할 수 없는 일이었어요. 제 생각에 그 해답은 바로 마이클 조셀슨뿐이었습니다."[11] 그 답도

---

9 Coleman, *The Liberal Conspiracy*.
10 한국에서 세계문화자유회의와 연관이 깊은 잡지로는 『사상계』가 알려져 있다. 이 단체와 『사상계』의 관계를 알려 주는 좋은 참고문헌으로는 권보드래 · 천정환, 『1960년을 묻다: 박정희 시대의 문화정치와 지성』, 천년의상상, 2012가 있다. — 옮긴이

나쁘지 않다. 하지만 반만 정답이다. 마이클 조셀슨과 함께 멜빈 래스키가 있었던 것이다. 다이애나 조셀슨은 이 두 사람의 관계를 이렇게 설명했다. "마이클은 발행인이면서 편집주간이었던 셈이죠. 래스키는 부주간이면서 어느 정도 그이의 대변인 역할도 했고요. 마이클은 정기적으로 다양한 잡지의 편집자들을 소집해 회의를 열었고, 그이가 없을 때에는 래스키가 당연히 회의를 주재했어요. 두 사람은 긴밀한 관계였고, 사물을 바라보는 시각도 비슷했죠."[12]

멜빈 래스키가 훗날 주장한 바에 따르면, 조셀슨이 처음에 『인카운터』에서 스티븐 스펜더와 함께 공동 편집자로 점찍은 사람은 자신이었는데, 당시 본인은 베를린을 떠나고 싶은 생각이 없어서 대신 어빙 크리스톨을 추천했다고 한다. 하지만 래스키가 문화자유회의의 주력함대 격이라고 할 수 있는 이 잡지의 키를 잡지 못한 이유는, 1950년 위즈너가 베를린 회의를 조직할 때 래스키를 쫓아내라고 명령한 것과 같은 이유라고 보는 것이 좀 더 합당할 것 같다. 래스키는 미국 정부와 너무 밀접한 관계를 맺고 있었다. 1953년이라면, 이제는 더 이상 그렇지 않다고 주장할 수도 있었을 것이다. 래스키의 잡지 『데어모나트』는 이제 미국 정부의 직접적 후원 대신에 포드재단의 후원을 받고 있었고, 최근에 이 재단은 『데어모나트』가 주관하여 출판하는 서적에만 27만 5000달러의 추가 지원을 해주었다. 하지만 래스키 주변으로 떨치기 힘든 의혹이 맴돌고 있었다. 포드재단이 초기 후원을 종료한 1953년 말, 조셀슨은 다시 『데어모나트』를 문화자유회의의 출판 집단에 포함시키는 데 힘을 쏟았다. 이런 식으로 조셀슨은

11 John Thompson, telephone interview, August 1996.
12 Diana Josselson, interview in Geneva, March 1997.

래스키와 문화자유회의의 관계를 복원시킬 수 있었다. 문화자유회의가 관여하는 잡지의 편집자로서 래스키는 이제 잡지들의 방침을 좌우하는 중앙 기관에서 공식적인 한자리를 차지할 수 있게 되었다.

『인카운터』, 『데어모나트』, 『프뢰브』의 편집 방침을 조율하기 위해 마련된 3대잡지편집위원회Tri-Magazine Editorial Committee의 일원이 된 래스키는 이제 문화자유회의를 위해 어떻게 의제를 설정할지 결정하는 소수 인사 중 한 명이 되었다. 이 위원회는 파리에서 조셀슨, 나보코프, 드 루즈몽 등과 함께 정기 회의를 열어 잡지들의 활동을 분석하고 앞으로의 이슈를 협의했다. 래스키는 주제를 정부 편에서 부각시키는 데 더욱 헌신해야 한다고 꾸준히 주장했고, 소련 문제를 비판할 때는 더욱 강도를 높여 나가자고 했다(그 밖에도 '인종차별 철폐' 문제를 다뤄야 한다는 유도라 웰티Eudora Welty의 의견, '거대한 미국 열풍'에 대한 글이 있어야 한다는 의견, '식자층과 비식자층'이라는 주제와 관련해 글을 써보자는 잔 카를로 메노티의 의견 등이 오갔다). 자주 논의되는 또 다른 주제는 문화자유회의의 숙적bête noire 장폴 사르트르였다. 그에 대해서만큼은 문화자유회의가 돌봐 주는 모든 잡지들이 일제히 비이성적인 증오를 드러낸 바 있다. 래스키는 1955년, 사르트르가 메를로퐁티와 결별한 사건을 놓고(메를로퐁티가 공산주의와의 결별을 선언한 직후였다) 문화자유회의의 잡지들이 이를 '사르트르는 죽었다'라는 제목으로 비중 있게 다뤄야 한다고 주장했다.[13] 특히 『인카운터』와 『프뢰브』는 많은 지면을 할애해 가며 사르트르를 공산주의의 하수인이자 졸렬한 기회주의자라고 끊임없이 깎아내렸고, 그의 정치적이고 창의적인 글쓰기가 공산주의의 환상을 영속화하고 폭력을 조장하는 역할을 한다고 매도했다.

13 Melvin Lasky, "Some Notes on *Preuves*, *Encounter* and *Der Monat*", April 1956(CCF/CHI).

세 잡지에 미친 래스키의 영향력이 어떠한지는 1956년 4월의 보고서 『프뢰브』, 『인카운터』, 『데어모나트』에 관한 소고 Some Notes on *Preuves, Encounter* and *Der Monat*에 잘 드러나 있다. 그는 이 보고서에서 이 잡지들의 성과를 정리하고 미래의 의제를 설정했다. 이 글에 따르면 이 세 잡지는 "사회를 이루는 요소이자 환경의 일부인 사회 교화의 중요성을 인식해" 자체적으로 창간된 것이라고 한다. 그리고 "이 잡지들은 자유롭고, 인도주의적이며 민주적인 (대서양 연안국 사이의) 국제 교류의 표상이며, 두 고대국가(그리스와 로마)로부터 전해 내려온 문화생활의 상징"이라고 주장했다.[14] 하지만 래스키는 동료 편집자들에게 "다들 미국의 문제를 다룰 때는 초지일관 '긍정적으로' 묘사하거나, 유럽인들의 전형적인 반미주의는 대수롭지 않은 문제로 소략하여 다루고들 있는데, 이를 군이 고집하지는 말라"라고 주의를 주었다. 래스키는 몇몇 잡지에서 드러나는 "반미주의의 오류"는 "유감스럽고, 추후에는 피해야 할 내용"이라고 마지못한 듯 받아들이면서, 이제는 대서양 양편에서 상호 간의 이해를 훼손해서는 안 될 것이라고 주장했다. "어떤 일을 강요해서는 안 된다. (유럽 사람들이 야만인이라고 생각하지 못하도록 오늘날 우리 미국인들은 무엇을 했나?) 다른 이들과 매한가지로 우리 또한 (물질주의, 냉소주의, 부패, 폭력과도 같은) 너무나도 많은 문제점을 안고 있기 때문에 '성조기여, 영원하라'라는 긍정적인 응원의 말조차 감히 꺼낼 수가 없다. 유럽의 작가들에게 불평을 허하자. 그리고 우리 스스로에게도 약간의 불평을 허하자(역설적으로 우리에게 가장 호의가 될 수도 있는 불평이다)."[15]

---

14 Lasky, "Some Notes on *Preuves, Encounter* and *Der Monat*".
15 Ibid.

래스키는 사실 문화자유회의의 잡지들이 친미적으로 경도되어 있다는 비판은 기본적으로는 틀린 얘기가 아니라는 점은 수긍하고 있었다. 특히 『인카운터』는 이제 미국의 이익을 위한 '트로이의 목마'라는 의심을 사고 있었고, 또한 "미국이 마치 금단의 성역이라도 되는 양, 잡지에 특정한 사각지대가 있었음을, 쉽게 말해 미국에 대한 비판적인 기사를 거의 찾아볼 수 없었다는 점"을 인정해야만 했다.[16] 『인카운터』는 특히 초기에 미국과 미국의 기관에 대한 반감을 약화시키기 위해서라면 어떠한 일도 서슴지 않았다. 반미주의는 다양하게 규정되었다. "대다수 유럽인들의 심리적 필수품"이자 "'자기혐오'(그것이 '신화적으로 승화된 이미지'로서의 미국)와 '독선'이 동시에 나타나게 만드는 장치"로 규정되는 한편(레슬리 피들러), "영국 지식인들이 자신의 조국과 미국을 비교함으로써 상대적으로 자존감"을 높이는 방식이기도 했다(에드워드 실즈). 혹은 『뉴스테이츠먼앤드네이션』의 논조에서 전형적으로 드러나듯이 '악성 빈혈'[17], '틀에 박힌 반응', '선비짓 하기'와 같은 '근대 자유주의'의 기계적 반영이라고 규정되기도 했다(이는 드와이트 맥도널드가 냉전주의 전사로서의 이력이 절정에 이르렀던 1956년에 썼던 표현이다). 래스키의 권고는 부분적으로만 수용되었다. 1961년 A. A. 알바레즈A. A. Alvarez가 이러한 변화를 알아채고, "오늘날 『인카운터』에서는 예전과는 달리 온전한 정치선전 매체로 기능하겠다는 편집증적 충동이 그다지 나타나고 있지 않다"라고 썼지만[18] 사람들은 그러한 주장을 확신하지 못했다. 대신에 "『인카운터』가 가장 충성했던 대상은 미

16 Carol Brightman, *Writing Dangerously: Mary McCarthy and Her World*, New York: Lime Tree, 1993에서 로버트 실버스(Robert Silvers)의 말.
17 유럽인들이 물질적 궁핍에 따른 심리적 효과로 반미주의에 빠졌음을 비꼰 말이다. ─ 옮긴이
18 *New Statesman*, 29 December 1961.

국"[19]이라는 코너 크루즈 오브라이언Conor Cruise O'Brien의 관점이 당시에는 더 지배적이었다.

워싱턴의 CIA 본부[20]는 『인카운터』를 일종의 '주력 상품'으로 내세우며, (미국과 유럽이) 대서양으로 갈라진 것이 아니라 대서양으로 연결된 문화적 공동체라는 관념에 힘을 불어넣어 주고 있다며 자랑스러워했다. 심지어 이 잡지는 CIA 요원들에게 명함 같은 역할도 했다. 1950년대 중반 CIA에서 잠깐 근무한 적이 있는 젊고 부유한 방랑자 벤 소넨버그와 접선하려고 했던 어느 CIA 요원은 소넨버그에게 이렇게 말했다. "제가 『인카운터』를 들고 있을 겁니다. 그러면 저를 바로 알아보시겠죠?"

문화자유회의가 만들어 낸 잡지들에 대한 CIA의 신뢰는 재정 지원으로 이어졌다. 사실 세부 사항까지 알아내는 것은 불가능에 가깝지만, 몇몇 금융 계좌에 대한 기록이 다수의 문서고 으슥한 곳에 먼지가 쌓인 채 여기저기 흩어져 남아 있다. 1958년 12월 31일까지의 지출 기록에 따르면, 파필드재단은 문화자유회의의 '편집국'에 매년 1만 8660달러의 급여를 지급했다. 여기에는 봉디, 래스키(추정), 『인카운터』의 미국 측 편집자의 급여가 포함된 것이었다(영국 측 편집자의 급여는 영국 정보 부서의 책임이었다는 사실은 앞서 이야기한 바 있다). 1959년에 『인카운터』가 파필드재단으로부터 지원받은 금액은 7만 6230달러 30센트였다(첫해 지원금 4만 달러의 거의 두 배에 해당하는 금액이다). 같은 해 『콰데르노스』는 4만 8712달러 99센트를, 『프뢰브』는 7만 5765달러 7센트를 지원받았다. 추가적으로 정기구독

---

19 *New Statesman*, 20 December 1962.
20 2장에서 본 것처럼, CIA 본부는 초창기에 워싱턴의 국회의사당과 내셔널몰 일대에 산재해 있었다. 그러다 1961년 3월, 버지니아 주 랭글리에 신청사가 완공되어 본부가 이전하였고, 현재까지 그곳에 위치해 있다. ― 옮긴이

자 '관리'에만 2만 1251달러 43센트가 배정되었다. 『데어모나트』에 대한 지원금(연간 대략 6만 달러)은 다양한 경로를 통해 전달되었다. 1958년에는 마이애미지역기금이라는 위장 단체를 통해 별도의 기금이 조성되었다. 1960년에 이르면 지원 경로가 더욱 다양해졌다. 이번에는 플로렌스재단 Florence Foundation(2만 7000달러)과 하블리첼재단(2만 9176달러)이 등장했고, 기부자 중에는 별난 단체도 있었다. 단체의 '설립 목적 및 활동'을 미국 재단 목록에 등재할 때, "주로 텍사스 주, 특히 댈러스에 있는 장애인 복지 기관 지원"이라고 밝히는 단체도 있었다. 이런 식으로 『템포프레젠테』에 대한 지원도 이뤄졌는데, 이 잡지는 1960년 상기한 두 재단으로부터 각각 1만 8000달러, 2만 달러의 지원을 받았다. 이와 같은 잡지들에 대한 문화자유회의의 지출은 1961년 총 56만 달러에서 1962년 88만 달러로 증가했다. 동시에 파필드재단이 문화자유회의 측에 지불한 금액(다시 말해 급여, 행정, 대여 등등 CIA에 청구된 직접 비용)은 대략 연간 100만 달러(1999년 가치로는 약 600만 달러)에 이르렀다.

래스키는 잡지가 수월한 돈벌이가 아니라고 주장했지만, 이제는 수월한 돈벌이임이 기정사실처럼 되어 버렸다. "갑자기 리무진이 등장하고, 훈제 연어 같은 것들이 수북이 쌓인 파티가 열렸어요. 뉴어크까지 버스표 값도 못 내던 사람들이 비행기 일등석에 앉아 인도로 여름 휴가를 떠나게 됐죠."[21] 제이슨 엡스타인의 회고다. "이 모든 활동이 한창일 때는 비행기마다 교수들과 작가들이 가득했고, 이들은 사람이 사는 곳이라면 어디든 날아가 고급문화를 전파했다."[22] 맬컴 머거리지도 이렇게 기록을 남겼다.

21 Jason Epstein, interview in New York, June 1994.
22 *New Statesman*, 19 May 1967.

심지어 영국 정보기관조차 CIA가 문화적 냉전에 쏟아붓는 자금의 규모에 경악을 금치 못했다. 맬컴 머거리지는 "그들이 프린스턴이나 예일, 하버드, 월스트리트, 매디슨애비뉴나 워싱턴D.C.의 편안한 안식처를 떠나 우리 영국에 처음 나타났던 그때"를 떠올렸다. "이 두 나라 정보기관의 달콤했던 밀월 관계가 그토록 짧게 끝나다니! 인력과 열정, 작전의 규모, 그리고 무엇보다도 가용할 수 있는 현금 면에서 우리 정보부는 얼마나 빨리 추월당하고 말았는가! ……OSS에서 CIA로 이어지는 네트워크는 이제 전 세계로 가지를 뻗어, 세련된 캐딜락이 고대의 멋진 이륜마차를 부끄럽게 만들었듯이, 한때는 전설이었던 우리 정보부를 부끄럽게 만들고야 말았다."[23]

이때 바로 이 캐딜락을 희희낙락하며 타고 다니던 사람이 있었다. 니콜라스 나보코프였다. 그는 자신이 가장 잘하는 일, 즉 화려하게 치장하고 다니는 일을 하느라 정신없이 바빴다. 폭넓은 인맥을 갖고 있던 나보코프는 문화자유회의가 신뢰와 품위를 얻는 데 꼭 필요한 사람이었다. 사랑이 넘치는 그의 호칭에 친구들은 애정과 충성으로 답했다. 그렇게 나보코프는 자신의 능력을 증명해 보이고 있었던 것이다. 그는 아서 슐레진저는 '아르투로', 아이재이어 벌린은 '카리시모'Carissimo, '사랑하는 박사님', '삼촌', 나타샤 스펜더는 '달콤한 파이', 스티븐 스펜더는 '밀리 스티바'Milyii Stiva,[24] 조지 웨이든펠드George Weidenfeld는 '사랑스러운 어린 왕자', 『애틀랜틱먼슬리』Atlantic Monthly의 편집자 에드워드 위크스Edward Weeks는 '사랑스

---

23 *Enquire*, January 1973.
24 '카리시모'는 '자기'와 같은 뉘앙스를 띠는 이탈리아어 애칭이고, '밀리 스티바'는 어느 나라 언어인지, 무슨 뜻인지 명확하지 않다. ─ 옮긴이

러운 테드'Caro Ted, 록펠러재단의 에드워드 담스Edward d'Arms는 '고양이'Chat
라고 불렀다.

　나보코프는 작곡가로서는 빤한 실력에 지성도 없는 게 확실해 보이
지만, 그래도 창의적인 인재들을 조율하는 전후 최고의 지휘자 중 한 명이
었다. 1953~54년 겨울 동안, 그는 로마미국예술원American Academy in Rome
의 음악 감독으로 로마에 임시 체류했다. 이 일은 문화자유회의가 1952년
'20세기의 걸작' 페스티벌 이후 처음으로 음악이라는 영역에 진출 시도
를 하게 됨에 따라 새로운 조직 임무를 나보코프의 손에 맡긴다는 의미였
다. 나보코프가 이제 준비하기 시작한 페스티벌은 여러 가지 측면에서, 파
리 행사의 성격이 복고적이라 비판했던 허버트 리드에게 보내는 공식 답
변이기도 했다. "다음 우리의 행사는 과거에 안주하지 말고, 자신 있게 미
래의 전망을 보여 줍시다."[25] 리드는 당시 이렇게 주장했었다. 1953년 2월,
이제 나보코프는 이러한 도전을 받아들여 뉴욕으로 날아가 기자회견을
가졌다. "그 페스티벌을 끝으로 우리는 과거의 문을 닫았죠." 나보코프가
말했다. "요컨대 우리는 여기에 위대한 작품이 있다고 말했었습니다. 그
작품들은 20세기에 탄생한 것들일지는 몰라도, 더 이상 '현대적'이지는 않
았습니다. 그 작품들은 이제 역사의 일부가 되었습니다. 이제 저에게 새로
운 계획이 있습니다. …… 이전에 열렸던 여느 경연과도 다른 작곡가 콘테
스트를 개최할 겁니다. 전도유망하지만 국제적으로는 알려지지 않은 작
곡가 12명이 초청을 받아 로마에 올 예정이고요. 비용은 주최 측에서 부담
할 겁니다. 작곡가 각자는 작품을 가져와야 하고 그 작품을 연주해야 합니

---

25 Herbert Read, address for "Masterpieces of the Twentieth Century" in Paris, April 1952(ACCF/
　NYU).

다. …… 끝으로, 모든 참석자들 중에서 민주적인 방식으로 선출된 특별 심사위원단이 12개 작품 중에서 우수작을 결정할 겁니다. 수상 규모 또한 믿기 어려울 정도로 호화롭겠지요. 첫째, 현찰로 상금이 주어질 것이고, 둘째, 유럽과 미국에서 각 세 차례, 주요 오케스트라가 작품을 연주해 줄 예정이며, 셋째, 음반 발매가 있을 것이고, 넷째, 최고의 음반사에서 녹음을 맡을 겁니다. 그뿐만이 아닙니다. 11명의 탈락자들도 실제로는 탈락한 것이 아니라고 느낄 정도로 충분한 보상이 주어질 예정입니다." 나보코프의 말은 계속될수록 더 요란스러워졌다. "탈락자들을 위해서도, 공짜 로마 여행은 물론 작품의 음반 발매를 보장해 주고 그에 따른 수입 또한 보장될 겁니다." 그리고 되물었다. "그렇다면 이 정도도 상이나 마찬가지라고 할 수 있지 않겠습니까?"[26]

국제20세기음악경연대회The International Conference of 20th Century Music가 1954년 4월 중순, 로마에서 2주간 열리기로 계획이 잡혔다. 문화자유회의 측은 이 대회가 아방가르드 음악을 장려하려는 노력의 일환이라고 발표했다. 이 행사는 문화자유회의가 음악 실험의 선두 주자로 확실히 자리매김하는 계기가 되고, 또한 세계 사람들에게는 스탈린이 금지시킨 부류의 음악이 어떠한지 그 풍부한 예시를 제공해 주게 될 터였다. 이에 이탈리아 정부는 250만 리라를 로마에 있는 나보코프의 아메리칸익스프레스 계좌에 '행사 보조금' 명목으로 예치하기로 결정했다. 하지만 그 돈은 중간에서 사라져 버렸다("부산한 와중에 잃어버리게 될지도 모른다"라는 나보코프의 우려가 현실이 된 셈이다). 이와는 상관없이, 파필드재단이 쏟아붓고 있는 충분한 돈이 있었는데, 총 2만 5000스위스프랑(6000달러) 중 일부는 바이

---

26 *New York Herald Tribune*, 8 February 1953.

올린 협주곡, 짧은 교향곡, 독창이 있는 실내악 최고작에 상금으로 사용될 예정이었다. 행사 보도자료에는 이 행사가 "예술은 자유의 반석 위에서 번창한다는 사실을 증명하기 위해 기획되었고, 미국의 진gin과 이스트 업계의 거부 줄리어스 플레이시먼의 자애로운 기부"에 힘입은 바 크다는 내용이 들어갔다. 플레이시먼은 다시 한 번 부르심을 받아 보스턴 심포니 오케스트라와 협상을 가졌다. 그래서 수상작의 첫 미국 공연을 오케스트라 소유의 탱글우드Tanglewood[27]에서 갖기로 합의했다(1953년에 이를 때쯤, 문화자유회의 국제음악자문위원회 위원 11명 중 8명이 탱글우드음악학교 출신들로 채워졌다).

늘 하던 대로, 나보코프는 그의 오랜 친구 이고르 스트라빈스키를 제일 먼저 초대했는데, 부인과 비서를 대동해 이 로마 페스티벌에 참석하는 비용만 5000달러를 제공했다. 나아가 스트라빈스키는 새뮤얼 바버, 보리스 블라허Boris Blacher, 벤저민 브리튼, 카를로스 차베스Carlos Chávez, 루이지 달라피콜라Luigi Dallapiccola, 아르튀르 오네게르, 잔 프란체스코 말리피에로, 프랭크 마틴Frank Martin, 다리우스 미요, 버질 톰슨(나보코프에 따르면, 그는 "록펠러재단의 모든 사람들을 알고 있는" 사람이었다)을 이끌고 페스티벌의 음악자문위원회 위원장을 맡기로 했다. 샤를 뮌슈가 아르투로 토스카니니를 위원회에 초빙하자고 제안했지만, 나보코프는 "현대음악을 장려하는 이 프로젝트에 토스카니니라는 이름이 내걸리면, 아무리 좋게 말해도

---

27 매사추세츠 레녹스에 있는 음악의 전당. 1936년 메리 태펀(Mary Tappan)이 보스턴 심포니 오케스트라에 토지를 기부했고, 이후 여러 음악 시설이 들어서 지금의 탱글우드가 되었다. 매년 보스턴 심포니 오케스트라의 여름 공연이 이곳에서 열리며, 탱글우드 음악제(Tanglewood Music Festival), 탱글우드 재즈 페스티벌(Tanglewood Jazz Festival) 등의 행사 역시 매년 개최된다. ― 옮긴이

시대착오적으로 들릴 뿐"이라며 일축했다. "훌륭한 거장은 현대음악의 변함없이 완고한 적수입니다. 대부분의 경우 그들은 현대음악의 주창자들에게 해를 입히게 됩니다."[28]

1954년 초, 문화자유회의는 팔라초페치Palazzo Pecci의 수려한 환경 속에 대회를 준비하기 위한 사무실을 열었다. 나보코프의 절친한 친구로, 화려한 작위와는 어울리지 않게 미국 시민이었던 페치블런트Pecci-Blunt 백작의 배려 덕분이었다. 재무이사 피에르 볼로메는 스위스 바젤의 체이스내셔널 은행에 있는 문화자유회의의 계좌 신용 한도를 높여 놓았는데, 이 계좌를 통해 CIA 자금이 들어오기로 되어 있었기 때문이다. 페치블런트도 페스티벌의 비자금으로 1300달러를 마련해 주었다. 드니 드 루즈몽의 유럽문화센터를 통해서도 1만 달러가 추가로 들어오게 되었는데, 이 자금은 원래 파필드재단이 제공한 것이었다. 드 루즈몽 측은 프로그램에서 가장 거액을 쾌척한 기부자로 기록되었다. 여행 중이던 레온틴 프라이스의 일정도 확보했고, 에런 코플런드, 마이클 티펫Michael Tippett, 요제프 푹스Joseph Fuchs, 벤 웨버Ben Weber에게도 왕복 비행기 티켓이 제공되었다.

1954년 3월경, 나보코프는 페스티벌 참가자 명단을 발표할 준비를 마쳤다. 무조음악과 12음 기법에 대한 지대한 관심 속에, 행사의 미학적 방향은 알반 베르크, 엘리엇 카터, 루이지 달라피콜라, 루이지 노노Luigi Nono의 진보적인 아방가르드에 맞춰졌다. '새로운' 작곡가들로 피터 라신 프리커Peter Racine Fricker, 루 해리슨Lou Harrison, 마리오 페라갈로Mario Peragallo가 있었는데, 이들의 작품 또한 12음 기법으로부터 크고 작은 영향을 받은 것들이었다. 그들의 음악은 대체로 호응을 얻었다. 잡지 『뮤지컬아메리

---

28 Nicolas Nabokov, to Julius Fleischmann, 6 May 1953(ACCF/NYU).

카』Musical America는 "음악회를 책임지는 자문위원회 및 운영위원회에 속한 대부분의 작곡가와 평론가는······ 과거에는 12음 기법에 친숙하거나 이를 지지하던 사람들이 아니었다"라고 지적했다. 그러면서도 "그러한 사람들이 프로그램을 구성했기 때문에 더욱 놀라울 뿐만 아니라 또한 더욱 힘이 되는 일"이라고 강조했다.[29] 최근에 12음 음악으로 돌아선 사람이 바로 스트라빈스키였는데, 그가 로마에 와있다는 사실이야말로 모더니즘의 공로자가 '정통 12음 작곡가들' 편에 합류했음을 알리는 결정적 순간이었던 것이다. 나보코프를 앞세워 음악의 내적 논리라는 이전의 법칙에서 해방되어 자연스러운 위계질서에 대한 파괴를 공표하는 음악을 널리 알린 데에는 분명한 정치적 메시지가 있었다. 먼 훗날 비평가들은 다음과 같은 의문을 제기했다. 12음 기법이 음악의 해방이라는 처음의 약속을 깨뜨리지는 않았는지, 음악을 모더니즘의 막다른 골목으로 몰아넣고 엄격한 공식으로 짓눌러서 제한적이고 어려운 음악으로 만들어 놓지나 않았는지, 더욱더 전문적인 청중을 요구하는 음악이 되지는 않았는지 말이다. 이런 "요란스럽고 시끄러운 소리들"을 겨냥해, 수전 손택Susan Sontag은 다음과 같이 썼다. "우리의 태도는 공손했다. 추악한 음악도 감사히 감상하리라는 것을 미리 예상이나 한 듯. 토흐Ernst Toch, 크레네크Ernst Krenek, 힌데미트, 베베른Anton Webern, 쇤베르크 등 어느 누구의 작품이 됐건 경건한 마음으로 귀를 기울였다(우리에게는 어떤 이상한 음악이든 먹어 치울 만한 엄청난 식욕과 철벽 같은 위장이 있었던 것이다)."[30] 한 연주자가 '개인 독주'로 접어들었을 때 〔비록 에티켓에는 어긋나지만〕 휘파람을 불며 환호를 보내 준 관객이 그

---

29 *Musical America*, May 1954.
30 Susan Sontag, "Pilgrimage", *The New Yorker*, 21 December 1987.

나마 예의를 차려 준 참석자였을 정도다. 그리고 12음 기법으로 만든 한스 베르너 헨체Hans Werner Henze의 오페라 「외로운 거리」Boulevard Solitude가 초연되었을 때, 이 곡을 듣던 청중들은 속으로 '십자가 고난의 길'via Dolorosa 에 함께 끌려 다니며 속죄하는 기분이 들었을지도 모른다.

어려운 곡을 쓰기로 소문난 피에르 불레즈Pierre Boulez는 이와 같은 도전을 받고 가만있을 수 없었던지, 나보코프에게 분노와 모욕으로 가득한 편지를 보냈다. 불레즈는 편지에서 나보코프가 "12인의 자문위원, 12인의 운영위원, 12인의 심사위원"과 같이 12라는 숫자에만 집착할 뿐이지 창조의 과정이 무엇인지 알지도 못하는 경멸스러운 관료주의자들에게 둘러싸여서 "진부해 빠진 민속 공연"이나 열어 주고 있다고 썼다. 또한 불레즈는 문화자유회의가 큰 상을 남발해 젊은 작곡가들을 이용해 먹고 있다고 비난했다(우승자는 루 해리슨, 기젤허 클레베Giselher klebe, 장루이 마르티네Jean-Louis Martinet, 마리오 페라갈로, 블라디미르 포겔Vladimir Vogel이었다). 그리고 "신시내티 은행가의 과시적인 제스처" 같은 가식적인 행사 없이 상금만 전달하는 편이 훨씬 솔직했을 것이라고 지적했다. 그리고 문화자유회의의 다음 행사로 예전의 기획들보다는 "더 나은 주제", 예컨대 "20세기에서 콘돔의 역할" 같은 주제로 경연 대회나 열어 보라는 제안으로 편지를 끝맺었다.[31] 나보코프는 이 편지에 아연실색해 불레즈에게 "앞으로 누군가 실수로라도 서랍 속에서 이 편지를 꺼내 읽지 않았으면 한다"라고 답장을 썼다. 편지가 "불레즈의 지성과 판단력을 둘 다 욕되게" 만들기 때문이라고 말이다. 이 문제에 관해서는 더 들일 시간도 힘도 없으므로 다시는 편지를 쓰지 말라는 부탁도 덧붙였다.

31 Pierre Boulez, to Nicolas Nabokov, undated, 1954(CCF/CHI).

파필드재단은 로마 페스티벌에 참가한 작곡가와 연주자 들에게 지원금을 대준 것은 물론, 조셀슨이 대부분 지정한 단체나 예술가 들에게도 지속적으로 자금 지원을 해주었다. 1월에는 잘츠부르크의 모차르토임 아카데미 오케스트라Mozarteum Akademie Orchester에 국제 청소년 오케스트라 과정을 지원해 주겠다며 2000달러를 전달했다. 조셀슨은 자신이 직접 파필드재단에 만들어 놓은 '특별 지정 기금'으로 폴란드의 망명 작곡가 안제이 파누프니크Andrzej Panufnik에게 시혜를 베풀었다. 그는 바르샤바에서 극적인 탈출에 성공해 취리히를 거쳐 런던에 이르렀는데, 1954년 9월부터 어떠한 의무 조항도 없이 "연간 2000달러의 지원금을 12개월에 걸쳐 나누어 지급"받았다. 나보코프가 편지에 쓴 글에 따르면, 감사한 마음이 들었던 파누프니크가 "세계문화자유회의가 가진 이상에 감화되었기 때문에 전적으로 우리와 협력해 함께 일을 해나가겠다"라고 선언했다고 한다.[32]

1954년 9월, 조셀슨은 또한 예후디 메뉴인Yehudi Menuhin의 스승이자 루마니아의 망명 음악가인 제오르제스 에네스코Georges Enesco에게도 월 300달러의 지원금을 지급하기 시작했다. 에네스코가 사망한 이듬해인 1956년, 그를 기리는 추모 연주회가 열렸다. 보스턴 심포니 오케스트라의 연주에 파필드재단이 비용을 지불했고, 이후 진행된 유럽 투어는 대부분의 비용을 (자유유럽위원회를 통해서) CIA에서 댔다.[33] 1956년 보스턴 심포니 오케스트라의 순회공연이 성공하자 C. D. 잭슨은 감격에 겨워 다음과 같이 선언했다. "'문화'는 더 이상 여자들이나 쓰는 약한 단어가 아닙니

32 Nicolas Nabokov, to Julius Fleischmann, 7 September 1954(CCF/CHI).
33 에네스코는 사망 후 자신의 모국 루마니아에 묻히고 싶어 했다. 하지만 다이애나 조셀슨에 따르면, 1955년 1월에 에네스코가 사망하자 나보코프와 조셀슨은 그의 유해를 프랑스 밖으로 내보내지 말라는 해괴한 명령을 내렸다. 결국 에네스코는 파리 페르라셰즈 공동묘지에 묻혔다.

다. 우리나라에서는 남성적인 단어로도 쓸 수 있습니다. 그리고 우리나라 같은 곳에서는 문화로 엄청난 경제적 성공을 거둘 수 있지요. 하지만 이상하게도, 모든 것을 하나로 묶어 주는 것은 결국 국가라는 공동의 이상입니다. …… 우리가 국가라는 이상을 만질 수 있고, 볼 수 있고, 들을 수 있도록 표현하는 것이 바로 문화입니다. 또 문화의 모든 표현들 중에서 음악이 가장 보편적입니다. 그리고 현재 음악이라는 문화의 모든 표현들 중에서도 보스턴 심포니 오케스트라가 가장 뛰어납니다."[34]

1956년에는 유럽에서 메트로폴리탄 오페라가 첫선을 보였다. 다시 한번 C. D. 잭슨이 자리에 참석해 전폭적인 지지와 함께 이렇게 주장했다. "미합중국은 해외에서 미합중국의 올바른 이미지를 제시하기 위해 많은 활동에 관여하고 있습니다. 가끔은 성공하고 또 가끔은 실패하지요. 분명 애매모호하고 불명확한 사업이긴 합니다. 하지만 이전에 시도했던 어떤 일보다 성공이 확실시되는 분야는 바로 미국의 문화를 보여 주는 것이라 할 수 있습니다. 물론 미국 문화의 주축을 이루려면 현명한 방식으로 제작되어야 하고, 높은 수준에 이르지 못한다면 해외로 진출하는 일은 없어야 합니다. 저는 이 메트로폴리탄 오페라가 유럽인들의 감탄을 이끌어 내리라 믿어 의심치 않습니다."[35] 1953년 순회공연의 협상을 위해 플레이시먼을 초대했던 심리전전략위원회PSB는 잭슨의 말에 동의하여 무려 75만 달러에 이르는 대규모 자금을 마련하는 데 힘을 보태 주었다. 대부분이 CIA로부터 나온 자금으로 보였다. C. D.는 "문화 영역에서 선전 효과를 도모하기에 끔찍할 정도로 많은 액수"임을 강조하면서 앨런 덜레스에게 이 선

34 C. D. Jackson, to Cecil Morgan, 26 March 1957(CDJ/DDE).
35 C. D. Jackson, to Theodore Streibert(Director, USIA), 28 July 1955(CDJ/DDE).

전이 가져올 잠재적인 성과를 과소평가하지 말라고 충고했다. 그리고 "베를린을 포함한 서유럽 주요 도시에서 절대적으로 엄청난 효과를 거둘 것"이라는 예상도 덧붙였다.[36] 플레이시먼은 이 말에 동의하면서 순회공연을 기회주의적인 태도로 절묘하게 합리화했다. "미합중국 안에서 우리 모두는 용광로 안에 있습니다." 플레이시먼의 말이다. "그렇기 때문에 국민들이 인종과 피부색, 종교와 상관없이 모두 함께 잘 지낼 수 있다는 것을 잘 보여 주고 있습니다. '용광로'나 그와 유사한 홍보 문구를 활용해서, 메트로폴리탄 오페라는 유럽인들도 미국과 잘 어울려 지낼 수 있다는, 더 나아가 유럽연방 같은 것도 전적으로 실현 가능하다는 데 그 본보기로 제시할 수 있을 겁니다."[37] 이렇듯 미국의 냉전주의자들은 자신만의 복잡한 거미줄을 엮어 나가고 있었다. 그리고 그 거미줄 위에서 메트로폴리탄 오페라는 유럽의 청중들을 자유세계의 연방이라는 이념 속으로 끌어들였다.

심리전전략위원회의 기획안에 따라, 잭슨은 메트로폴리탄 오페라의 순회공연을 위한 실행 작업에 착수하는 동시에, 좀 더 논란의 여지가 있는 다른 계획도 함께 처리하고 있었다. 1953년 3월, 그는 메트로폴리탄 오페라의 총감독 루돌프 빙Rudolf Bing이 1953/54시즌의 객원 지휘자로 나치 전력자 빌헬름 푸르트뱅글러를 초빙하고 싶어 한다는 사실을 알게 되었다. 국무부가 이 움직임에 반대할지 모른다는 지적에 C. D.는 "푸르트뱅글러 선생 문제를 놓고 국무부가 눈살 찌푸리는 상황"은 없을 것이라고 보고서를 작성했다. 그는 메트로폴리탄 오페라의 입장에서는 "홍보상의 문제"가 생길지도 모른다고 경고했지만, 다음과 같은 격려로 보고서를 마무리했

---

36 C. D. Jackson, to Allen Dulles, 20 May 1953(CDJ/DDE).
37 Julius Fleischmann, to C. D. Jackson, 17 February 1953(CDJ/DDE).

다. "푸르트벵글러가 이곳에 도착할 때쯤 되면, 심지어 '벨젠의 야수'[38]가 와도 사람들이 신경도 안 쓴다는 데 제 돈 5센트를 걸겠습니다."[39]

좀 더 세심한 표현을 쓰긴 했어도 미국문화자유위원회 또한 분명 같은 생각을 하고 있었다. 1955년 2월, 유대인 단체 베타Betar[40]가 "음악 애호가들이여, 오늘 밤 피의 공연에 발을 들여놓지 마시라!"라고 외치면서 또 다른 나치 전력자 헤르베르트 폰 카라얀이 이끄는 베를린 필하모닉 오케스트라의 뉴욕 공연을 반대하고 나서자, 위원회는 이 시위에 대해 반대 성명을 내달라고 미국음악인연합회American Federation of Musicians에 로비를 벌였다. '미국 문화계의 지도급 인사 300인'을 대표해 제임스 T. 패럴의 이름으로 연합회에 보낸 전보에서, 미국 위원회는 베타의 시위가 "문화의 자유를 침해한다"라고 비난했다. 흥미로운 사실은 이 위원회가 카라얀이 나치 당원이었다는 베타의 주장에 대해서는 전혀 문제 삼지 않았다는 점이다. 그러기는커녕 위원회는 그 사실이 "안타까울 뿐"이라고 마지못해 인정했을 뿐이다. 하지만 카라얀의 나치 부역 혐의는 "오케스트라가 이곳 뉴욕에서 여는 공연의 비정치적 성격과는 관련"이 없는 일이며, 이 시위는 베를린 필하모닉이 "유럽에서 문화의 자유가 시작되었음을 알리는 신호탄 역할을 하면서, 전방에서 고립된 채로 공산주의적 전체주의에 반기를 든 베를린 시민들의 용기를 상징하고 있다는 사실"을 무시하는 처사라고 주장했다.[41] 또한 전보의 마지막 내용은 오케스트라의 공연으로 생긴 수익의

---

38 베르겐벨젠 수용소의 악명 높은 나치 수용소장 요제프 크라머(Josef Kramer)를 가리킨다. — 옮긴이

39 C. D. Jackson, to George Sloan, 17 March 1953(CDJ/DDE).

40 수정 시온주의 청년 단체. 파시즘에 반대했으며 우파 성향을 보였다. — 옮긴이

41 American Committee for Cultural Freedom, to Al Manuti(American Federation of Musicians), 21 February 1951(ACCF/NYU).

일부를 나치 희생자들에게 기부하겠다는 제안이었다.

확실히 미국문화자유위원회는 1953년 그들이 발표한 '윤리 헌장'의 내용에서 얼마나 거리가 먼 일을 하고 있는지 몰랐던 것 같다. 이 헌장에서 위원회는 "문화의 자유와 창조성을 위한 조건에 영향을 미치는 정치적 이슈들에 대해 심대한 우려를 표하고자 한다. 우리 위원회는 어떠한 종류의 전체주의에 대해서도 반대한다. 전체주의는 그러한 조건들을 부정하고 있기 때문이다"라고 선언했던 것이다.[42] "심지어 오늘날에도, 나치나 네오파시스트에 협력하지 않았던 학술·문화 단체에 대해서 공산주의 진영과 공산주의 동조자들이 충분한 존경을 표하지 않고 있는 것은 분명 안타깝고 수치스러운 사실"이라며 개탄한 것도 이 헌장에서였다.

미국문화자유위원회가 카라얀이나 푸르트벵글러 같은 개인에 대해 보여 준 바와 같이 도덕적으로 일관성도 없고 모순된 태도로만 눈을 감고 있었다는 사실은 놀랄 만하다. 석 달 후에도, 문화를 냉전기 정치에 이용하는 전략을 기획했던 인물인 조지 케넌 또한 똑같은 혼란에 빠져 있다는 사실을 보여 주었다. 1955년 5월 12일, 뉴욕현대미술관MoMA 국제자문위원회 연설에서 케넌은 다음과 같은 사실을 개탄했다. "최근 몇 년 동안 우리들 사이에서는 부끄러운 습성, 즉 전체주의적인 습성이 자라나고 있습니다. 예술가들이 어떠한 정치적 입장을 취하느냐에 따라서 문화에 대한 기여가 정당한지를 판가름하고 있기 때문입니다. 사실 이보다 더 어리석은 일은 없습니다. 어떤 회화 작품을 두고 화가가 어느 당파에 속했느냐, 혹은 이 당 사람이냐 저 당 사람이냐에 따라 그 가치가 높아지고 낮아지는 것이 아니란 말입니다. 제가 보기에, 교향악 연주회의 가치는 지휘자가 한

---

42 American Committee for Cultural Freedom, "Statement of Principles", 1953(IB/GMC).

때 어느 정권에 줄을 댔느냐 하는 사실과는 무관합니다. …… 결국 문화를 주제로 연 행사에서 사람을 앞에 세워 두고 이데올로기적으로 순수하니 안 하니 하는 짓은 정치를 빌미로 한 가축 경연장이나 다름없습니다."[43]

미국의 문화적 냉전주의자들은 곧 그들이 위험한 역설에 사로잡혀 있음을 알게 되었다. 나치의 망령이 되살아나는 곳에서, 예술로부터 정치를 열심히 떼어 놓고 있었기 때문이다. 하지만 공산주의를 다룰 때는 그렇게 구별해서 보지 않았다. 이런 터무니없이 불합리한 태도는 1940년대 후반 독일의 나치 청산 과정에서 처음 드러나게 되었다. 당시 푸르트뱅글러는 예후디 메뉴인과 함께한 연주회로 세간의 이목을 끌었지만,[44] 베르톨트 브레히트는 멜빈 래스키의 『데어 모나트』를 통해 조롱을 받았다.[45] 문화적 냉전에서 세계문화자유회의가 내건 전제 조건은 작가와 예술가 들이 이데올로기 전쟁에 뛰어들어야 한다는 것이었다. "지금 유명 작가, 유명 음악가, 유명 화가 들의 얘기를 꺼내고 계신데요. 카뮈가 이야기한 '현실 참여' 문학을 위해 기꺼이 싸워 줄 수 있는 사람, 그저 열심히 글만 쓸 것이 아니라 가치 체계의 표현으로써 글을 쓰는 사람을 말하는 것입니다. 그러면 우리는 지지하고, 또 지지하고, 지원을 아끼지 않았지요."[46] CIA의 리 윌리엄스가 설명해 주었다. 하지만 미국 문화계의 냉전주의자들은 하

---

43 George Kennan, "International Exchange in the Arts", *Perspectives*, Summer 1956.
44 푸르트뱅글러는 나치 전력자, 메뉴인은 유대인이었기 때문이다. ─옮긴이
45 래스키는 1956년 헝가리에 대한 백서(『헝가리 혁명』*The Hungarian Revolution*)를 펴낼 당시 그가 취재 보조로 채용했던 사람이 질 나쁜 나치 당원이라는 사실을 알게 되었다. 하지만 래스키가 처음으로 취한 입장은 (일의 결과만 생각한다는 점에서) 일종의 실용주의였다. "아이고 저런, 사람들이 책을 다 찢어 놓겠구먼. 그놈 때문에 책만 욕을 먹겠지?" 그러나 래스키는 이에 대해 아무것도 하지 않는 게 최선이라는 사실을 금세 깨달았다. "걱정을 애써 삼키면서, 프로젝트를 진행하게 내버려 둘 수밖에요"(Melvin Lasky, interview in London, August 1997).
46 Lee Williams, interview in Washington, June 1994.

려는 일에 이러한 '현실 참여'engage가 장애가 되면, 너무나도 쉽게 '참여를 포기'disengage할 수 있었다.

미국문화자유위원회가 그렇게 색출해 내고자 했던 공산주의 동조자나 중립주의자에게 관용이 돌아갈 몫은 없었다. 적어도 1950년대 중반까지는 미국 내에서 문화의 자유를 짓밟는 주적이 공산주의라는 사실에는 누구도 제대로 반박을 할 수 없었다. 그러한 상황에서도 다른 전문 직업인들처럼 반공을 직업으로 삼는 사람들은 이 틈을 타 자신의 시장을 방어 내지 확장하고자 했다. 1950년대 미국의 반공주의 로비 단체나 압력단체는 전례 없이 호황을 누리고 있었다(당시는 '제5열'의 활약이 제일 저조했던 시기로 알려져 있다). 미국에는 맞서 싸울 만한 공산주의자들의 실제적인 위협이 없었으므로, 현실에서 반공주의자들은 처칠의 명문구를 되풀이하자면 부관참시chained to a dead body[47] 같은 짓만 실컷 하고 있었던 것이다.

"천천히 그리고 서서히 동료 반공주의자들이 주위에 모이기 시작할 겁니다." 1942년 제임스 T. 패럴의 예언은 정확했다. "나는 우리 동료들이 그렇게 할 것이라고 믿습니다. 우리 동료들이 영혼의 경찰이자 수호자가 될 능력을 계발할 수 있다고 굳게 믿고 있습니다. 부끄러움이 무엇인지 아는 우리 동료들의 잠재력에 대한 나의 믿음은 꺾이지 않을 겁니다. 누구도 제 믿음을 흔들어 놓을 수 없습니다. 이 모두가 미국의 영혼을 지키는 작은 수호천사라는 믿음 말입니다."[48] 이미 미국 위원회의 강경파는 '진실의

---

47 이 말은 영국 수상 윈스턴 처칠의 "England would be chained to a dead body"에서 차용한 말로, 1944년 퀘벡 회담에서 미국 재무장관 헨리 모겐소(Henry Morgenthau Jr.)가 종전 후 독일의 공업을 해체하여 농업국가 수준으로 되돌리려 하자, 처칠이 이에 극력 반대하며 그렇게 되면 영국이 전후 독일이라는 시체와 한데 묶이게 된다는 우려와 함께 꺼낸 말이다. 정치적 부담의 의미로 사용했던 원래의 의미와는 달리 여기서는 과거의 원한에 얽매인 정치 보복의 의미로 쓰였다. 우리나라 언론에서 흔히 쓰이는 유사한 맥락을 감안하여 '부관참시'라는 용어로 대체했다. — 옮긴이

군대'truth squad라는 애매모호한 이름으로 불리고 있었다. 위원회는 균형 감각을 몽땅 상실해 버린 듯했다. 문화적 창조와 자유로운 지적 탐구를 위해 사회적·정치적 조건을 향상해 나가겠다고 선언할 당시의 그 위원회가 더 이상 아니었다. 슐레진저는 이러한 사태에 대한 혐오감을 이렇게 표현했다. "공산주의 동조자들을 괴롭히는 짓은 보복의 뜻이 강합니다. 50년대인 지금에 와서 30년대나 40년대의 낡은 싸움을 다시 벌이는 것과 같아요. …… 우리에게는 지금 원한을 푸는 것보다 앞으로 해야 할 좋은 일들이 많이 있습니다. 문화의 자유에 헌신하겠다는 위원회가 좀 더 넓은 아량을 발휘한다면 문제가 생길 리는 없겠지요."[49] 코넬대학교에서는 솔 스타인의 한 동료가 비슷한 태도를 보여 주었다. "이보게, 솔, 자네 말이야. 뉴욕 북부나 캔자스나 시애틀이나, 아무튼 어디가 되었든 맨해튼 한가운데만 아니라면 밖으로 나가서 신선한 바람 좀 쐬는 게 필요할 듯싶네. 자네는 정말 1930년대 후반의 그 격렬한 문학 논쟁이나 지금의 논쟁이 미국 역사에서 엄청나게 중요한 일이라고 생각하나?"[50]

정확히 요점을 짚은 말이다. 미국의 지성사는 지난 20년 동안 시소를 타듯 좌파가 우파를 해부했다가 다시 우파가 좌파를 해부하는 과정을 오가고 있었다. 이런 식으로 상대방의 배알을 뒤집어 놓는 것은 분명 볼썽사나운 장면이었다. 학문의 지배권을 다투느라 사분오열하면서 양측 모두는 한 가지 중요한 진실을 놓치고 있었다. 정치에서 절대주의는 그 외양이 매카시즘의 형태를 띠든 자유주의적 반공주의나 스탈린주의의 형태를 띠

---

48 James T. Farrell, to Meyer Schapiro, 25 July 1942(MS/COL).
49 Arthur Schlesinger, to James T. Farrell, 16 March 1955(ACCF/NYU).
50 Clinton Rossiter, to Sol Stein, 10 November 1955(ACCF/NYU).

든, 좌파냐 우파냐의 문제가 아니라는 것이다. 문제는 역사가 진실을 말하지 못하도록 입을 막는 것이다. "너무나 썩어 빠진 나머지 정말로 자기네들이 썩은지조차 모르고 있는 상태인 겁니다." 제이슨 엡스타인이 단호한 어조로 말했다. "이 사람들이 '대항 지식인'counter-intelligentsia[51]을 입에 올리는 이유는 어떤 이데올로기가 되었든 자신들이 추구했던 바를 충족시켜 줄 만한 그릇되고 부패한 가치 체계를 세우기 위해서였습니다. 하지만 그들이 진정으로 추구했던 바는 바로 권력이었지요. 그래서 미국 정치에 러시아 차르 체제나 다름없는 스탈린주의를 도입해 놓은 것이었습니다. 그자들은 너무 썩어 빠진 나머지 그 사실도 몰랐을 거예요. 그저 보잘것없고 거짓말이나 일삼는 관료주의자들이었으니까요. 세상 어느 것도 믿지 않으면서 반대만 일삼는 자들은 십자군전쟁에 나서서도 안 되고, 혁명을 시도해서도 안 되는 겁니다."[52]

자유유럽방송 국장이었던 조지 어번George Urban은 많은 냉전주의 지식인들이 "공산주의와 맺는 적대적 공생contrapuntal 관계"를 이렇게 평가했다. 그는 "주제와는 거의 상관없이, 논쟁하고, 편 가르고, 싸움을 벌이도록 강요하는 충동"이 이러한 문제를 불러일으킨다고 하면서,[53] "냉전주의 지식인들의 주장은 너무나도 격렬하고, 냉소는 너무나도 삭막하며, 또한 그

---

51 '방첩'을 의미하는 'counter intelligence'를 비튼 말로, 여기서는 반공주의자들이 기존의 좌파 지식인들을 견제하기 위해 양성한 반공주의 우파 지식인들을 의미한다. — 옮긴이

52 Jason Epstein, interview in New York, August 1996.

53 한나 아렌트는 언젠가 공산주의로부터 전향한 사람들을 "거꾸로 선 공산주의자"라고 표현한 바 있다. 아렌트와 조지 어번의 주장에서 요점은 다음과 같다. 즉, 냉전이란 서로 적대 관계에 놓인 대의이다. 그렇기 때문에 많은 지식인들에게 (그가 현재 속한 진영이 어디든) 자신이 여전히 급진적이라는 상상을 부채질해 왔다. "이들의 공격 목표가 자본주의에서 공산주의로 바뀌었어도, 적대의 언어는 온전히 남아 있고, 과격한 비판 감각 또한 지속되고 있다"(Andrew Ross, No Respect: Intellectuals and Popular Culture, London: Routledge, 1989).

분석은 예전에 그들이 포기했던 세계상에 너무나 얽매여 있다. 그들은 부정不定의 발걸음으로 행진하고 있지만, 그 발걸음은 언제나 똑같은 자리를 맴돌고 있다"라고 덧붙였다.[54]

당시 작전(음악 페스티벌)에서 돌아와 접이 의자에 몸을 맡기고 마음을 추스르던(그렇다고 해서 일을 하지 않는 것은 아니었다) 조셀슨은 시드니 훅에게 편지를 썼다. "지금의 미국 위원회를 자연스럽게 접는 것이 모두에게 최선의 결정이라는 데, 전에 없던 확신을 갖게 되었습니다. …… 이 단체는 사소한 싸움질 빼고는 그 어떤 분야에서도, 그 어떤 업무도 제대로 하는 일이 없기 때문입니다."[55]

위원회를 접는 확실한 방법 중 하나는 지원금을 끊는 것이었다. 1954년 10월부터 조셀슨은 바로 이 작업을 시작했다. 파필드재단이 미국 위원회에 달마다 지급하던 지원금은 이미 1953년 초에 끊긴 상태였고, 이제는 파리 본부 사무국에서 보내오던 연간 4800달러의 지원금마저 없어져, 이 단체는 즉각 재정적 파탄에 직면하게 되었다.

CIA에 자문을 제공하며 위원회를 설립했던 시드니 훅은 재정적 관계를 끊기로 한 세계문화자유회의의 결정에 아연실색했다. 훅은 미국 위원회가 스스로 문을 닫도록 한 조셀슨의 결정을 애써 무시하며, 앨런 덜레스를 직접 찾아가 추가 자금을 지원해 달라고 간청했다. 솔 스타인도 이 과정에 대해 전부 듣게 되었다(그는 이렇게 경고한 바 있다. "미국 지식인들이 1년에 2만 달러가 없어 서유럽에서 목소리를 낼 수 없다면, 새로운 기번Edward

54 George Urban, *Radio Free Europe and the Pursuit of Democracy: My War Within the Cold War*, New York: Yale University Press, 1997.
55 Michael Josselson, to Sidney Hook, 23 November 1955(CCF/CHI).

Gibbon[56]이 지금부터라도 연필을 갈아 놓는 편이 낫겠다"). 전前 사회당 대통령 후보로 지금은 미국 위원회 집행부에 소속되어 있던 노먼 토머스 또한 마찬가지였다. 이 두 사람은 각자 심리전전략위원회PSB 간사이자 CIA 자문역을 맡고 있던 "우리의 친구 릴리 박사Dr. Lilly"를 통해서 정보 관련 부처에 로비를 벌였다. 노먼 토머스가 앨런 덜레스의 가까운 친구이자 이웃임을 알고 있었던 스타인은 토머스에게 덜레스와 전화를 한번 해봐 달라고 부탁했다. "우리 일에 대해 관심을 환기시키고, 도와주려면 빨리 도와줘야 한다고 알려 주기 위해서"였다.[57] 토머스는 이에 대해 "직접 양해를 구하지 않고 곧바로 전화를 하면 득보다 해가 많다"라는 생각이 들지만 "이번 주말에 덜레스가 시골에 내려갈 가능성이 크니, 일요일쯤 연락해 보도록 하겠다"라고 대답했다.[58] 이때가 1955년 4월이었다. 5월이 되자 위원회의 돈주머니가 부풀어 올랐다. CIA의 아시아재단Asia Foundation에서 4000달러, 파필드재단에서 1만 달러를 지원해 준 덕분이었다. 미국 위원회가 조셀슨을 꺾은 것이다.

그러자 아서 슐레진저는 코드 마이어에게 편지를 써서, 상임위원회의 '특정 인사'가 CIA로부터 새로 지원금을 타내는 데 성공하자 다시금 위원회 내부에서 자신들의 중요성을 부풀리는 등 우쭐대고 있다고 하소연했다. 마이어는 답장을 보내 이렇게 설명했다. "우리는 앞으로 대규모 지원을 계획한 바가 없습니다. 최근의 단발성 지원은 시드니 훅이 직접적으

---

56 영국의 역사학자로, 1776년부터 13년에 걸쳐 집필한 『로마제국 쇠망사』(The History of the Decline and Fall of the Roman Empire)로 유명하다. 그는 많은 다른 작가들과는 달리 평생 생계를 위해 일을 하지 않아도 될 만큼 부유했다고 한다. ― 옮긴이
57 Sol Stein, to Norman Thomas, 27 April 1955(ACCF/NYU).
58 Norman Thomas, to Sol Stein, 28 April 1955(ACCF/NYU).

로, 그리고 노먼 토머스가 간접적으로 요청해 이뤄진 것입니다. 이번 지원을 통해 숨 쉴 만한 여유가 생겼으니, 선생님과 앞서 말씀드린 분들, 그리고 다른 지각 있는 분들이 나서서 상임위원회도 재구성하고, 정보 전략 프로그램도 새로 짜보셨으면 합니다. …… 지도부의 재구성이 불가능하다고 판단되면, 제 생각에 우리 CIA는 미국 위원회가 자연사하도록 방치할 수밖에 없습니다. 그러한 과정이 해외에는 불행한 파급 효과를 불러올 테지만 말이죠." 마이어는 슐레진저에게 "지루한 대화를 나눠 준 것"에 감사하며, "모든 문제를 세부적으로 이야기"할 수 있는 자리를 곧 마련하자는 말과 함께 편지를 끝맺고 있다.[59]

덜레스와 마이어의 계획은 조셀슨이 항상 걱정했던 대로 완전한 실패로 끝났다. 추가 자금 투입은 뉴욕의 총잡이들과 파리 본부 사무국의 교양계급 사이의 마지막 충돌을 잠깐 미뤄 놓은 것에 불과했다. 1년도 되지 않아 1952년 나보코프의 파리 페스티벌에서 불거졌던 예의 상호 불신과 악감정이 다시 모습을 드러냈다. 1956년 3월 26일 『맨체스터가디언』에 버트런드 러셀의 글이 실렸다. 이 글에서는 로젠버그 공판 중 "FBI가 저지른 잔혹 행위"를 언급하면서 미국을 "나치 독일이나 스탈린의 소련 같은 경찰국가"에 비유했다. 이에 조셀슨은 즉시 대응에 나섰다. 그는 어빙 크리

59 Cord Meyer, to Arthur Schlesinger, 16 May 1955(SCHLES/BU). 슐레진저는 이 당시 CIA의 친구들과 공적인 관계만을 유지했다고 증언해 주었지만, 보스턴에 있는 존 F. 케네디 도서관에 보관된 슐레진저가 직접 작성한 보고서에 따르면, 그는 CIA 업무와 그보다 더 깊은 관계를 맺고 있었다고 나온다. 당시 슐레진저는 미국문화자유위원회에서 코드 마이어의 끄나풀로 활동했던 것으로 드러났다. 그는 마이어에게 상임위원회에서 일어나는 일에 대한 상세한 보고서를 보냈고, 전반적인 내부 논의 사항들에 대해서도 계속 알려 주었다. 이러한 관계도가 어떻게 공식적으로 문서화되었는지는 불분명하다. 하지만 훗날 케네디 대통령에게 보낸 메모에서도 슐레진저는 제2차 세계대전 이후로 몇 년간 'CIA의 정기적인 자문 역할'을 해왔음을 분명히 해두고 있다(Arthur Schlesinger, "Subject: CIA Reorganization", 30 June 1961(NSF/JFK)).

스톨에게 "런던에 상주하고 있는 명민한 미국 기자"를 구해 러셀과 인터뷰를 진행하라고 지시했다. 인터뷰는 "러셀이 로젠버그 사건에 대해 별달리 새로운 증거를 발견하지도 못했으며, 노환으로 더 이상 진실이 무엇인지 분간을 못하게 되어 공산주의자들의 선전선동에 놀아나서 글을 썼다"라는 식으로 진행될 예정이었다.[60]

하지만 조셀슨이 교묘하게 짜놓은 인터뷰로 러셀을 깎아내릴 준비를 하는 동안, 미국 위원회는 이에 대해 먼저 조치를 취하기로 결정했다. 항의 편지가 러셀에게 직접 전달되었는데, "객관성과 정의라는 기준에서 볼 때 엄청난 실수"이며, "당신이 나서서 싸워 줬어야 할 적들에게 오히려 큰 득이 됐다"라고 비난하는 내용이었다. 과연 러셀에게 "문화의 자유를 지지하는 친구로서, 특히 세계문화자유회의의 임원으로서 적절한 글이었는지 …… 정의를 수호하는 미국의 과업에 글로써 그릇되고 씻을 수 없는 오점을 남긴 것은 아닌지"[61] 하고 걱정하는 마음이 들었을까? 위원회의 편지에 대한 러셀의 응답은 문화자유회의의 명예 홍보대사직에서 물러나는 것이었고, 이는 이미 예상했던 바였다.

조셀슨은 격분했다. 러셀에게 보낸 편지가 "대단히 위압적인 방식으로 전달되었기" 때문만은 아니었다. 조셀슨의 사전 승인 없이 문화자유회의의 산하 기관에서 그러한 연락을 취했다는 것은 생각할 수도 없는 일이

---

60 Michael Josselson, to Irving Kristol, 7 April 1956(CCF/CHI). 당시 러셀은 실제로 고령이었다. 하지만 "아흔 살까지 살 자신이 있으며 어떠한 잘못에도 비판을 서슴지 않겠다"라며 의지를 보이던 상황이었다. 하지만 조셀슨은 속으로 러셀이 더 이상 제정신이 아닌 것으로 생각했고, 1963년쯤 되면, 이 "개자식"은 "죽는 것이 우리를 도와주는 것"이라고 바라게 되었다(Michael Josselson, to Edward Shils, 10 April 1963(MJ/HRC)).

61 American Committee for Cultural Freedom, open letter to Bertrand Russell, *New York Times*, 6 April 1956(ACCF/NYU).

었기 때문이다. 파리에서 비상운영위원회를 소집한 조셀슨은 "문화자유회의에 속한 내부 조직이 특히나 국제적으로 심각한 결과를 초래할 수 있음에도 불구하고 우리와의 협의"도 없이 행동을 취한 데 대해 미국 위원회를 공식적으로 문책했다.[62] 그러나 러셀의 마음을 되돌리기에는 이미 너무 늦어 버렸다. 그는 문화자유회의에서 네 차례나 사임했었지만 이번이 정말로 마지막이었다. 1956년 6월, 세계문화자유회의의 모든 비품에서 러셀의 이름은 모두 사라지게 되었다.

문제는 여기서 끝나지 않았다. 두 달 뒤 미국문화자유위원회 전국 위원장 제임스 T. 패럴의 사임 소식이 언론의 헤드라인을 장식했다. 패럴은 복잡한 사람이었다. 패럴은 반공주의자임을 내세우면서도 더 나은 일은 찾아볼 생각도 없이 겨우 "파크애비뉴의 아방가르드적 경향"이나 탓하는 많은 뉴욕 지식인들의 가식을 용납할 수 없었던 것이다. 그는 1941년 스스로 정치에서 발을 떼면서 마이어 샤피로Meyer Schapiro에게 이렇게 편지를 쓴 적이 있다. "지금 세상을 위해 제가 할 수 있는 일은 없다는 결론에 이르렀습니다. 정치인처럼 행세하는 사람들은 충분히 있고요. 그래서 저는 본연의 일이나 열심히 하려고 합니다."[63]

하지만 당시는 공산주의에 대항하여 십자군이 되자는 유혹을 거부하기 힘든 시절이었고, 그 역시 이러한 사명을 받아들일 수밖에 없었다. 결국 그를 위원회에서 내보낸 것은 공산주의가 아니라 동료 십자군들의 하찮은 호들갑이었다. 조지 오웰은 이렇게 경고했다. "편집증, 그리고 이단

---

62 Congress for Cultural Freedom Executive Committee, to American Committee for Cultural Freedom, 24 April 1956(IB/GMC).
63 James T. Farrell, to Meyer Schapiro, 5 August 1941(MS/COL).

에 대한 두려움은 창조적 능력과는 어울릴 수 없다." 패럴의 사직서에서는 냉전의 피로감이 스멀거렸다. "우리는 미국적인 삶에 깊게 뿌리내릴 수 없었습니다." 그가 호소했다. "그리고 우리는 이 나라의 사상 통제에 충분히 저항할 수 없었습니다. …… 마침내 자유의 정신을 믿는 사람들이 자유의 부활을 위해 새로운 노력을 기울여야 할 때가 왔습니다. …… 우리는 해외 정책과 다른 모든 문제들에 대해 견해를 표명하는 일종의 정치 위원회가 되려 하고 있습니다. 그렇게 되면 정치와 문화를 뒤섞어 버릴 위험에 처하게 됩니다." 또한 사임하는 데에는 개인적인 이유도 있음을 강조했다. 특히 미국 위원회의 다른 작가들에게 보내는 경고의 의미가 행간에 숨어 있다. "글을 잘 쓰고 싶다면, 그에 맞게 시간도 들이고 공부도 해야 합니다."[64]

이렇게 끝맺을 수도 있었지만, 패럴은 사임한다는 소식을 『뉴욕타임스』에 먼저 알려 기정사실화하려고 했다. 1956년 8월 27일 월요일의 늦은 밤, 그는 신문사에 전화를 걸었다. 술에 취해 용기를 낸 것임이 분명했다. 패럴은 미국 위원회가 대중조직으로서 일관성도 잃었고, 미국의 사상 통제에 대해 아무런 일도 하지 않았으며, 미국 시민들이 누리는 자유에 대해서도 관심이 부족했고, 매카시 문제를 회피했다는 점에서 실패했다고 비판했다. 이사회는 패럴의 사임을 받아들이고 새 위원장으로 다이애나 트릴링을 선출했다. 그녀는 차가운 멸시로 가득한 수락문과 함께 새 위원장직에 올랐다.

파리에서는, 패럴의 사임 소식을 들은 마이클 조셀슨이 믿을 수 없다며 불같이 화를 내고 있었다. 그는 화를 참지 못하고 이렇게 썼다. "위원회 측에서는 트릴링 여사가 전화를 받고, 기사가 신문에 실리기까지 24시간

---

64 James T. Farrell, to Norman Jacobs, letter of resignation, 28 August 1956(MS/COL).

의 귀중한 시간을 어디에 써버린 것인지 정말 이해할 수가 없군요. 그 시간이면 패럴의 원래 사직서를 취소시키고 모든 사람이 납득할 만한 내용의 사직서로 교체할 수 있었던 것 아닙니까?"[65]

그쯤이면 충분했다. 어빙 브라운은 미국 위원회에 밀린 회비 3년치를 납부해 달라는 요청 서신을 간단히 무시해 버렸다. 플레이시먼도 1956년 10월 위원회 이사직에서 사임했다. 파리 본부 일로 너무 바쁘다는 이유였다. 1957년 1월 31일, 시드니 훅은 나보코프에게 편지를 썼다. 미국문화자유위원회가 재정적인 어려움에 처해 "안타깝지만 조직 활동을 여기서 중단하기로 결정했다"라는 내용이었다.

65 Michael Josselson, to Norman Thomas, 27 September 1956(ACCF/NYU).

1948년 베를린에서의 마이클 조셀슨 소위. 미 군정청 문화 담당 장교 시절이다. 그는 곧 CIA로 스카우트되었다.

톰 브레이든. 미국이 비밀리에 벌인 문화적 냉전의 중심인 국제조직국(IOD)을 조직한 CIA 요원. 브레이든의 IOD는 세계문화자유회의를 비롯하여 수많은 '위장 조직'을 운영했다.

점심을 함께 하는 '기관원들'. 존 헌트, 마이클 조셀슨, 멜빈 래스키(왼쪽부터).

1957년 1월. 세계문화자유회의 운영위원회에서 회의 중인 스티븐 스펜더, 마네 스페르버, 미누 마사니, 마이클 조셀슨, 드니 드 루즈몽, 니콜라스 나보코프(왼쪽부터).

CIA와 MI6가 『인카운터』의 공동 편집자로 선정한 스티븐 스펜더. "스티븐은 조직의 얼굴마담으로 선택될 만한 모든 요건을 갖추고 있었습니다." 나타샤 스펜더의 말이다. "정말 남에게 잘 속는 사람이었어요. 너무나도 순수했으니까요."

1953년부터 1958년까지 『인카운터』의 공동 편집자였던 어빙 크리스톨.

1955년 9월, '자유의 미래'를 주제로 토론차 이탈리아 밀라노에 모인 마이클 조셀슨, 아서 슐레진저 2세, 줄리어스 플레이시먼, 사회학자 피터 도지(Peter Dodge).

1955년 9월 밀라노에서 열린 '자유의 미래' 회의 기간 중의 드와이트 맥도널드와 마이클 조셀슨. 한 참석자는 "회의가 죽도록 지루했다"라고 말했지만, 회의 이면에서는 『인카운터』 편집자를 드와이트 맥도널드로 바꾸자는 열띤 의견 교환이 있었다.

작곡가이자 공연 기획자이며, 세계문화자유회의의 '간판'인 니콜라스 나보코프. 양옆으로 나보코프의 아내 마리클레르와 마이클 조셀슨이 나란히 서있다. 1957년 빈 오페라하우스.

1958년 3월 파리. 마이클 조셀슨의 생일을 축하하기 위해 조셀슨의 아파트에 모인 니콜라스 나보코프와 배우 피터 반 에이크. 반 에이크와 조셀슨은 전후 베를린에서 같은 숙소를 썼다.

제네바가 내려다보이는 언덕에서 무언가 계획하고 있는 존 헌트, 로비 매컬리, 마이클 조셀슨.

마이클 조셀슨이 동료이자 친구인 로런스 드 네프빌과 드 네프빌의 아내 애덜린을 껴안고 있다. 드 네프빌은 1948년 조셀슨을 CIA에 채용했으며, 이 두 사람은 1950년 파리에 본부를 둔 세계문화자유회의를 설립했다. 드 네프빌은 1954년 미국으로 돌아갔고, 조셀슨은 이후 연이어 실망스러운 후임자들만 만나게 되었다.

스위스의 어느 산에 바람을 쐬러 나온 레몽 아롱과 그의 아내 쉬잔, 마이클 조셀슨, 드니 드 루즈몽. 아롱은 수년간 세계문화자유회의에서 비밀스럽게 활동했다는 의심을 받았지만, 이 단체가 CIA의 앞잡이라는 사실이 드러날까 봐 전전긍긍했다.

'세계문화자유회의'라고 새겨진 동판 아래 앉은 존 헌트와 마이클 조셀슨. 파리 본부 사무국 외벽에 걸려 있던 동판은 수년 전 도난당했는데, 놀랍게도 제네바의 어느 레스토랑에 걸려 있었다. 1969년, 다이애나 조셀슨이 이 사진을 찍었다.

환상의 파트너, 암호명 '조녀선 F. 사바'인 마이클 조셀슨과 암호명 '진 엔싱어'인 그의 아내 다이애나.

15장

랜섬의 아이들

> CIA는 이론적인 방식으로, 또 순전히 실제적인 방식으로 문화적 냉전에 관여했을 뿐만 아니라, 매우 명확한 목표와 정확한 심미안을 갖고 있었다는 것이 나의 주장이다. CIA는 고급문화의 상징이었다. ― 리처드 엘먼

1954년 9월, 코드 마이어는 톰 브레이든으로부터 국제조직국IOD을 물려받았다. 브레이든은 CIA에서 '은퇴'[1]한 뒤 캘리포니아에서 신문사 편집 일을 맡았다. 넬슨 록펠러가 그를 위해 인수한 신문사였다.[2] 한편 마이어는 문어발처럼 다양한 CIA 조직 내에서도 첩보 정치 분야와 선전 활동이 가장 집중되어 있는 부서를 맡게 되었다.[3] 더 나아가 그가 이 조직을 맡았을 때는 비밀 첩보 활동에 우호적인 분위기가 점증하던 시기였다. 같은 달 아이젠하워 대통령에게 제출한 일급기밀 문서에서도 그러한 내용이 잘 드

---

1 CIA 내부에서 떠도는 말에 의하면 '은퇴'는 잘못된 말이다. "한번 CIA 요원은 영원한 CIA 요원"이 그들의 슬로건이었다. CIA를 떠난다 하더라도 변함없이 조직이 신뢰할 수 있는 (동시에 유용한) 사람으로 남아 있게 되는 과정을 그들만의 용어로 '양(羊) 씻기기'라고 부른다. 그러나 훗날 많은 사람들은 브레이든이 이러한 과정에는 들어맞지 않는 사람이라고 증언하고 있다. 사실 브레이든은 CIA의 내부 고발자였기 때문이다. 〔여기서 '양을 씻긴다'라는 표현을 쓴 이유는 꼬불꼬불한 양털 때문에 씻겨도 때가 잘 빠지지 않는다는 데서 유래한 것으로 보인다.〕
2 캘리포니아 남부 해안 오션사이드 시에서 발행되었던 『블레이드트리뷴』(*Blade Tribune*)을 가리킨다. ― 옮긴이
3 *Final Report of the Church Committee*, 1976.

러나 있다. "비밀 첩보 활동이 국가의 정책으로 유지되는 한, 한 가지 더 필요한 일은 공격적이고도 비밀스럽게 심리전 조직, 정치전 조직, 준군사 조직을 갖추고, 이들을 더욱 효율적으로, 더욱 특별한 방식으로, 그리고 필요하다면 적들보다 더욱 가차 없는 방식으로 활용하는 것이다. 이 임무를 즉각적으로, 효과적으로, 그리고 확실하게 성취하려면, 어느 누구도 방해가 되어서는 안 된다. 우리가 인정사정없는 적과 맞서고 있음은 분명한 사실이다. 적들은 수단과 방법, 그리고 비용을 가리지 않고 세계 지배를 그 목표로 하고 있다. 이러한 싸움에 규칙은 없다. 지금까지 통용되던 인간의 행동 규범은 더 이상 적용되지 않는다. 만약 미국이 살아남고자 한다면, 미국이 오랜 기간 품어 왔던 관념인 '페어플레이'는 재검토되어야만 한다. …… 미국 국민들은 뿌리 깊은 혐오감을 드러내겠지만, 필히 이러한 사고방식에 익숙해져야 하고, 이를 이해하고 지지해야 할 필요가 있다."[4]

국제조직국IOD이 중요하다고 해서 부서에 항상 능력 있는 인재들만 배치해 주지는 않았다. 톰 브레이든은 자신의 보좌관을 독려해 보려고 애를 썼지만, 이 보좌관의 반응은 완벽한 무관심일 뿐이었다. "그 친구 이름이 버핑턴Buffington 중령인데요, 여기저기 메모만 붙여 놓고 일은 쥐뿔도 하지 않았죠." 브레이든이 말했다. "그 인간은 정말 시간만 죽이고 있었지 하는 일이라고는 없었어요. 9시쯤 출근해서 모자를 걸어 둔 다음에 『뉴욕타임스』를 읽더라고요. 그러고는 다시 퇴근이죠."[5] 조셀슨과 그의 친구들은 파리로 발령받은 정보요원들의 계보를 농담 삼아 이야기하며 조지 1

4 Doolittle Study Group on Foreign Intelligence, report. Stephen J. Whitfield, *The Culture of the Cold War*, Baltimore: Johns Hopkins University Press, 1991에서 재인용.
5 Tom Braden, interview in Virginia, August 1996.

세, 조지 2세, 조지 3세 하는 식으로 이름을 붙였다. 바로 조지 4세가 리 윌리엄스였는데, 동료들은 '잔돈 몇 푼 나으리'Nickel and Dime라고 놀렸다(그의 별명을 가지고 장난을 친 것이다).[6] 그리고 잠깐 동안은 '로체스터 씨'[7]라고 불리기도 했다. 윌리엄스는 전임자들보다 좋은 인상을 주었다. 그는 더욱더 관료주의적으로 변해 가고 있던 CIA, 이와는 대조적으로 거의 보헤미안들이었던 세계문화자유회의, 양쪽의 문화를 씩씩하게 아우르는 모습을 보여 주었기 때문이다. "언제였더라. 제가 마이크(조셀슨)와 회의를 마친 후 코드 마이어와 파리 시내에서 차를 몰고 가고 있었는데, 코드가 갑자기 저한테 이러는 거예요. '리, 자네 그거 모르지? 조셀슨이 자네를 정말 좋아한다고.'" 리 윌리엄스의 회고담이다. "그 개자식이 말이죠! 코드도 좀 놀란 것 같았어요. 하지만 조셀슨이 절 좋아한 이유는 제가 일에 대해서 그 친구를 가르치려 들지 않았기 때문이에요. 저는 단지 그 친구의 발밑에 무릎 꿇고 앉아서 존경하는 모습만 보여 줬을 뿐이니까요."[8] 하지만 조셀슨의 진짜 동지는 로런스 드 네프빌이었다. 그는 유럽에서 10년을 지냈고, 이제는 집에 가고 싶어 했다. 그래서 자유유럽방송의 뉴욕 지국에 위장 취업을 해 1953년 말 파리를 떠났다.

드 네프빌은 따르기 쉽거나 만만한 사람이 아니었고, 그를 닮았는지 조셀슨 또한 문화자유회의에 배속된 정보요원들을 '사환 아이' 정도로 취급했다. "처음에는 CIA도 괜찮은 곳이었어요. 로런스 드 네프빌처럼 생각

---

6 영국 동전에는 재위 중인 왕 또는 여왕의 초상을 새기기 때문에 이런 별명으로 불린 것으로 보인다. 하지만 동전에 새겨진 초상 때문이라면 리 윌리엄스는 1952년까지 재위한 조지 6세가 되어야 하는데 조지 4세라고 한 것은 저자의 착각이나 오기인 것 같다. ─ 옮긴이
7 10장에서 다이애나 조셀슨이 자기 어머니에게 윌리엄스의 존재를 숨기려고 둘러댔던 이름. ─ 옮긴이
8 Lee Williams, interview in Washington, July 1996.

이 똑바로 박힌 착하고 재미있는 사람들이 있는 곳이었으니까요." 다이애나 조셀슨이 말했다. "하지만 CIA 사람들 중에서도 멋있는 사람들은 점점 줄어들었지요. 그이도 그들을 좋아하는 마음이 점점 식었고요. 이따금 정보요원들이 찾아왔는데도, 그이는 잘 어울리려고 하지도 않았어요. 하지만 그 사람들은 계속해서 찾아왔어요. 마이클은 한 번도 그 사람들에게 중요한 일 얘기는 물어보지 않았어요. 그저 친구로서 가족과 직장 생활에 대해서만 이야기를 나눌 뿐이었죠. 저는 그 사람들이 마이클을 존경한다고 생각했지만, 마이클은 CIA로부터 문화자유회의를 지켜 내야겠다고 마음을 먹었던 것 같아요. 이 두 조직 간의 관계가 들통날 수도 있었으니까요."[9] 다이애나에 따르면 마이클과 동료 요원들은 점점 가식적인 관계가 되었다. "그 사람들은 문화자유회의 쪽의 업무를 확실히 장악하고 있는 것처럼 보이고 싶어 했고, 아마 마이클도 그것을 기회 삼아 진행 상황만 대강 알려 주면서 그런 환상을 유지할 수 있도록 도와줬겠죠." 정보요원들이 조셀슨의 집에 찾아올 때마다 의무감으로 마티니를 내놓던 다이애나는 나중에서야 그들을 '필요악'이라고 단언했다. "그 사람들이 중요하긴요. 우리 집 가정부의 절반만큼도 안 중요했는데요."[10]

코드 마이어가 맞닥뜨린 문제 중 하나는 기존 CIA 요원들을 자기 부서로 끌어오는 데 어려움을 겪었다는 점이었다. 적절한 후보자들이 부족한 것은 아니었다. 1960년대 중반은 어느 대학에서든 쉽게 인재들을 발탁할 수 있는 CIA의 호황기였다. 그중 50퍼센트 이상은 석사 학위가 있었고, 30퍼센트는 박사 학위자여서, 어느 국무부 관료는 "CIA에 몰려 있는 자

---

9 Diana Josselson, interview in Geneva, May 1996.
10 Diana Josselson, interview in Geneva, March 1997.

유주의 지식인들의 인구 밀도가 정부 어느 부처보다 높다"라고 말할 정도였다. 하지만 이런 대학생 유형의 인재들은 캠퍼스에서도 할 수 있는 일이나 하자고 CIA에 들어온 것이 아니었다. 그들은 모험을 찾아온 것이지, 점잖은 자리에서 만날 사람들 시중이나 들자고 찾아온 것이 아니었다는 얘기다. "대부분의 뛰어난 CIA 사람들은 국제조직국 사람들을 솜털 난 애송이라고 깔보았어요. 특히 자기들이 해야 하는 일은 힘든 첩보 업무일 뿐이지, 첩보원 모집이나 문서 작성 같은 잡다한 일은 말 같지도 않다고 생각하는 사람들이었습니다."[11] CIA 요원 도널드 제임슨의 증언이다. "CIA의 몇몇 사람들은 자금을 다 좌파들에게 써버리고 있다고 못마땅하게 생각했죠."[12] 로런스 드 네프빌의 말에 이 같은 사실이 잘 드러나 있다. 그래서인지 코드 마이어는 다른 곳으로 눈을 돌렸다.

"코드는 독특하게도 지적인 분위기를 조직 내에 들여왔어요." 리 윌리엄스는 말했다. "그 사람은 독특한 방식으로 미국의 지식인 사회와 교류했었죠. 문학계 인사들에 대한 존경심도 대단했고요."[13] 1939년 예일대학에 입학한 마이어는 "메이너드 맥Maynard Mack의 지도를 받으며 17세기 형이상학 시부터 예이츠와 T. S. 엘리엇 같은 현대시에 이르기까지" 영시들을 공부했다. "맥 교수는 우리에게 품격 높은 거장들의 시에 항상 경외하는 마음을 갖도록 해주었고, 몇몇 제자들에게는 그런 시를 쓸 수 있다는 야심을 심어 주었다."[14] 시인이 되고자 했던 마이어는 "그럭저럭 괜찮은"

11 Donald Jameson, interview in Washington, June 1994.
12 Lawrence de Neufville, telephone interview, February 1997.
13 Lee Williams, interview in Washington, July 1996.
14 Cord Meyer, *Facing Reality: From World Federalism to the CIA*, Maryland: University Press of America, 1980.

시를『예일문학』Yale Literary Magazine에 기고한 적도 있었다.

1942년 마이어는 빛나는 수석의 영예로 영문학 학사 과정을 마쳤다. 하지만 문학에 대한 열망은 전쟁으로 인해 곧 사그라지고 말았다. 그의 쌍둥이 형제는 전쟁 중 사망했고, 마이어 또한 괌에서 전투 중에 발밑에서 터진 일본군 수류탄에 한쪽 눈을 잃고 말았다(CIA에서의 별명이 '사이클롭스' Cyclops[15]가 된 것도 이 때문이다). 이후로도 그는 몇몇 글을 직접 집필했고, 1980년에는 회고록『현실에 맞서』Facing Reality를 출간했다.

마이어는 학부 시절,『예일문학』의 편집장으로서 CIA의 전설적인 방첩 책임자 제임스 지저스 앵글턴의 행로를 뒤따랐다. 문학적인 측면에서 급진적인 성향을 띠었던 앵글턴은 에즈라 파운드Ezra Pound를 예일대학에 소개했고, 1939년에는『푸리오소』Furioso라는 시 전문지도 창간했다(CIA 요원이면서도 자신의 실명을 잡지 표지 편집자란에 실었는데, 심지어 로마에서 방첩 부서장으로 있을 때도 마찬가지였다). 앵글턴은 '정보원 P'라고 알려진 인물들과 연결되는 핵심 고리였다('P'는 교수Professor를 의미한다). 이는 CIA가 아이비리그와 연결되었다는 뜻이다. '정보원 P'의 주요 멤버 중에는 윌리엄 슬로언 코핀William Sloane Coffin이 있었는데, 예일대 출신으로 앨런 덜레스가 채용한 사람이었다. 훗날 코핀은 요원이 되려고 결심했던 때를 회상하며 이렇게 말했다. "스탈린에 비하면 히틀러는 보이스카우트 수준으로 보일 정도였다. 게다가 나는 강경한 반소련주의자였다. 그래서 이런 마음가짐으로 한국전쟁을 지켜보았다. 하지만 이 전쟁의 전모를 면밀하게 알아본다거나, 발발 원인을 궁금해해 본 적은 없다. 1949년에 예일대를 졸

---

15 그리스 신화에 나오는 외눈박이 거인족. '키클롭스'가 공식 표기이지만 마이어의 별명으로 쓰인 것을 고려해 미국식 발음을 따라 표기했다. — 옮긴이

업하고 CIA에 가는 것도 생각해 보았지만, 그러지 않고 신학대 진학을 택했다. 유니언신학대학을 1년쯤 다닐 무렵, 소련과의 전쟁 위협이 고조되었다. 그래서 전쟁이 일어난다면, 나라에 필요한 인재가 되고 싶다는 바람으로 학교를 그만두고 CIA에 들어갔다. 당시 CIA는 비공산주의 좌파에 자금 지원을 하고 있었다. 하지만 별다른 조건 없이 지원이 이루어졌다. 나는 그 시절 미국의 정책에 별다른 불만은 없었다. 하지만 이제 와 돌이켜보면 그렇게 티 없고 순진하게 살지는 못할 것 같다."[16] 코핀이 아이비리그에서 모집한 사람들 중에서는 아치 루스벨트Archie Roosevelt가 있었다. 그는 하버드대 학생으로 옥스퍼드 워덤칼리지의 저명한 학장 모리스 보라 Maurice Bowra(당시 옥스퍼드에서 1년간 교환 교수로 하버드에 와 있었다) 밑에서 영어를 전공했다. 그리고 아치에게는 사촌형이자 그로턴스쿨과 하버드대학의 몇 년 선배이기도 한 커밋 '킴' 루스벨트가 있었다.

아이비리그의 또 다른 주요 정보원으로서, 전형적인 '정보원 P'로 활약한 노먼 홈스 피어슨Norman Holmes Pearson 교수도 있었다. 그는 존경받는 휴머니스트로, W. H. 오든과 함께 바이킹 출판사Viking Press의 『영문학의 시인들』Poets of the English Language 전 5권을 편집한 사람으로 유명했다. 그리고 미국교육협의회American Study Association와 현대언어학회Modern Language Association의 회원이었으며, 브라이어재단Bryher Foundation 이사를 지냈고, 시인 힐다 둘리틀Hilda Doolittle의 유산 집행을 맡았었다. 피어슨 역시 OSS-CIA의 요람기에 활동했던 멤버였다. 그는 앵글턴과 리처드 D. 엘먼을 비롯한

---

16 Jessica Mitford, *The Trial of Dr. Spock, The Rev. William Sloane Coffin, Jr., Michael Ferber, Mitchell Goodman and Marcus Raskin*, London : Macdonald, 1969. 코핀은 나중에 본연의 소명으로 돌아가 예일대학교의 교목(校牧)이 되었다.

예일대 출신의 전도유망한 청년들을 조련했고, 나중에 이 두 사람을 전략 사무국oss 요원으로 채용했다.[17] 그러면서 전쟁 기간 런던에서 킴 필비가 이끄는 OSS 방첩 조직 X-2에서 복무했다. 훗날 필비는 그를 "고지식한 사람"이라고 평가한 바 있다. 피어슨은 전쟁 기간 동안 셀 수 없을 만큼 많은 적 요원들과 조직에 관한 정보 수집을 지휘했으며, 이러한 정보 수집에 대해 "이 업무는 정부에 대한 전통적인 제퍼슨주의적 개념에 반하는 일이 있더라도, 전쟁 이후에도 계속되어야 한다고 생각했다. 그와 같은 논리상의 난점은…… '적'이라는 말이 그다지 엄격하지 않은 방식으로 사용됨에 따라 쉽사리 극복되었다"라고 말한 바 있다.[18] 그는 예일대학으로 돌아오자 "국내외적으로 미국 연구의 활성화"를 주도했다. "외국에 대한 지역 연구와 마찬가지로, 이 새로운 연구 분야는 분명한 제국주의적 의미를 담고 있다. 전쟁 후 우리 미국이 세계의 지배자 역할을 맡는 것이 특히나 온당하다는 사실을 납득시키고, 우리 미국의 문화적 세련미에 대한 피지배자들의 경외심을 높인다는 면에서 더욱 그러하다."[19] 이러한 관점은 피어슨이 쓴 헨리 데이비드 소로의 라인하트판版 『월든』Walden 서문에 잘 드러나 있다. 서문에서 그는 미국이 낳은 이 위대한 개인주의자의 급진성을 최소화하고 무정부주의적 색채를 탈색시켜 놓았다. 또한 이 글에서 "우리 미국인들이 미국적인 삶의 뿌리라고 생각하는, 개인의 상징으로서의 자유"는 결국 정부가 더욱 바람직한 일을 하도록 힘을 보태기 위해 존재한다고 강조했다.

17 William Corson, *The Armies of Ignorance: The Rise of the American Intelligence Empire*, New York: Dial Press, 1997.
18 Doug Henwood, "Spooks in Blue", *Grand Street*, vol.7/3, Spring 1998.
19 Ibid.

피어슨의 가장 유명한 추종자는 제임스 지저스 앵글턴이었다. 1917
년 미국 아이다호 주에서 태어난 앵글턴은 10대 때 영국 우스터셔의 멀번
대학에 들어갔다. 그곳에서 그는 "영국 사람보다 더 영국인 같아 보이기"
위해 노력했다. "그는 구세계의 예의범절을 받아들였고, 이후에도 그러한
습관을 버리지 않았다. 유럽에서 지낸 시간을 통해 외양 면에서 유럽인이
되었고(이탈리아에서 긴 휴가를 보내기도 했다), 미국인이라는 태생적 배경
을 희석시켰으며, 영국식의 억양을 갖게 되었다."[20] 그는 1937년부터 1941
년까지 예일대학을 다녔는데, 미래의 대통령 직속 국가안보특별보좌관
맥조지 번디, 『뉴욕타임스』과학부 편집장 월터 설리번Walter Sullivan, 시인
E. 리드 휘트모어 2세E. Reed Whittemore Jr. 등과 함께 『예일문학』에서 활동했
다. 1938년 앵글턴은 이탈리아 라팔로에서 에즈라 파운드를 만나 둘도 없
는 친구가 되었다. 파운드는 훗날 그를 "미국 문학지 분야의 가장 탁월한
희망"이라고 묘사했다. 1949년 앵글턴은 에즈라 파운드, E. E. 커밍스E. E.
Cummings, 그리고 그의 문예지 『푸리오소』에서 함께했던 동료 시인들에게
'한 병의 선량한 영혼'이라는 제목의 결의문 비슷한 글을 남기고 문학계
를 떠났다. 이 글은 다음과 같은 맹세로 끝을 맺고 있다. "나는 이제야 말할
수 있습니다. 영혼의 자유와 표현에 대한 권리를 보호하기 위해 무모한 싸
움을 벌이는 이 험난한 세상 속에서도 참으로 우리 주 그리스도의 영성과
영생을 믿고 있음을. 이제 우리 주 예수 그리스도의 이름으로 나는 떠나려
합니다." 이렇게 감상적인 글을 남겼음에도 불구하고, 휘트모어는 앵글턴
(그의 어머니는 멕시코인이었다)이 자신의 중간 이름을 부끄러워했었다고

---

20 Tom Mangold, *Cold Warrior: James Jesus Angleton, The CIA's Master Spy Hunter*, New York:
Simon & Schuster, 1991.

기억했다. "그 중간 이름이 상류층 출신의 영국인이 아님을 보여 주고 있었기 때문입니다. 당시 앵글턴이 자기한테 투사했던 이미지가 바로 그 상류층 출신 영국인이었는데 말이죠."[21]

OSS 출신의 공작 분야 전문가였던 앵글턴은 자신의 재능을 고스란히 CIA로 옮겨 왔다. 그는 일종의 동방 원정에서 탁월한 능력을 계발했던 것으로 보인다. 앵글턴이 처음으로 큰 성과를 달성했던 임무는 1948년 이탈리아 총선에서 기독민주당의 승리를 보장하기 위해 미국의 비밀 정치 공작을 기획한 것이었다. 조지 케넌과 앨런 덜레스가 밀접하게 관여하고 후원했던 이 비밀 공작은 냉전 정치에서 거둔 미국의 첫 번째 성과였다. 킴 필비에 따르면 앵글턴은 1949년에 CIA 특수작전처장으로 승진했다고 한다. 그리고 CIA의 방첩 부문Counter-Intelligence, CI을 맡아 20년간 지휘했고, 1954년부터는 모든 동맹국 정보기관과의 연락 업무를 총괄했다. 그리고 대체로 민감하고 때로는 위험한 작전을 실행해야 하는 언론인-첩보원들의 부서를 전적으로 독립적인 권한을 부여받아 운영했다. 그의 CIA 동기생들은 앵글턴의 특수작전처에 대해 실질적으로 아무것도 몰랐다. 이 부서는 '철저한 위장' 속에서 활동했으며, 모든 기밀 사항은 사무실 금고 속에 보관해 앵글턴 자신 외에는 아무도 꺼내 볼 수 없도록 했기 때문이다.

앵글턴은 탁월한 야생 난초 애호가(그는 에런 레이섬Aaron Latham의 실화 소설Roman à Clef[22] 『어머니께 드리는 난초』Orchids for Mother에서 '어머니'의 실존

21 Mangold, *Cold Warrior*. 〔앵글턴의 중간 이름은 '지저스'(Jesus)로, 이를 어머니 혈통을 따라 스페인어로 읽으면 '헤수스'가 된다. ― 옮긴이〕

22 원래 '열쇠가 있는 소설'이라는 뜻으로, 실제 내막을 알고 있는 사람만이 인물과 줄거리가 무엇을 지칭하는지 알 수 있게 만든 소설을 가리킨다(M. H. 아브람스, 『문학용어사전』, 최상규 옮김, 보성출판사, 1999). ― 옮긴이

모델이기도 했다), 세계적 수준의 플라이 낚시꾼, 사진집을 낸 사진가, 보석과 가죽 숙련공, 이탈리아 오페라 애호가, 폴 뉴먼Paul Newman과 로버트 레드퍼드Robert Redford, 말런 브랜도와 피터 셀러스Peter Sellers 그리고 셜리 매클레인Shirley MacLaine의 팬, 크리켓 경기와 유럽 축구광 등 실로 비범하고 다방면의 재능이 있는 인물이었다. 클레어 루스(헨리 루스의 아내)는 한때 그에게 이렇게 말한 적이 있다. "선생님은 확실히 정보원 세계가 탄생시킨 가장 흥미롭고 매력적인 인물이네요. 정말 살아 있는 전설이에요."[23] 180센티미터가 넘는 키에 언제나 짙은 양복을 입던 앵글턴을 두고 추종자 한 사람은 이렇게 표현했다. "여윈 몸에 갈망하는 듯한 턱선이 영락없는 바이런George Gordon Byron이로구나!" 앵글턴이야말로 미국 자유주의 문학의 전통 속까지 손을 뻗친, 또한 CIA 내에서도 수많은 낭만주의적 신화에 영감을 주는 시인 겸 스파이, 바로 그 모습이었다.[24]

'정보원 P'라는 연줄로 엮인 코드 마이어만의 광범위한 네트워크는 이제 케니언대학에까지 닿았다. 이 대학은 마이어가 가장 좋아하는 시인 앨런 테이트와 존 크로 랜섬이 교수로 있는 곳이었다. 1938년 랜섬이 한 세대를 대변하는 문학적 감수성을 만들어 낸 잡지 『케니언리뷰』*Kenyon Reviews*를 시작한 곳이 바로 여기였다. 이 잡지의 드높은 명성은 한가한 벽지 마을 케니언의 문화적 다우존스 지수를 한껏 높여 놓았다. 또한 같은 해에 수많은 인재들이 바로 이 캠퍼스 중앙에 세워진 '목조 고딕 양식'의

23 Mangold, *Cold Warrior*.
24 2006년 로버트 드 니로(Robert De Niro)가 감독하고 맷 데이먼(Matt Damon)이 주연을 맡은 영화 「굿셰퍼드」(The Good Shepherd)는 바로 이 앵글턴의 생애에서 모티브를 얻었다고 한다. 또한 2007년 제작된 텔레비전 드라마 「더 컴퍼니」(The Company)에서는 마이클 키튼(Michael Keaton)이 제임스 앵글턴 역을 맡아 열연했다. ― 옮긴이

건물인 더글러스하우스에 모여들었다. 이곳은 존 크로 랜섬의 유별나고 열성적인 제자 시인들을 위한 이상적인 '격리 구역'이 되어 주었다. '랜섬의 아이들'Ransom's Boy로 알려진 이들 집단에는 로비 매컬리Robie Macauley, 랜덜 재럴Randall Jarrell, 존 톰슨, 데이비드 맥도웰David Macdowell, 피터 테일러Peter Taylor가, 그리고 좀 더 선배로는, 교수진에 로버트 로웰이 있었다.[25]

로비 매컬리는 1937년 미시건 주에 소재한 올리베트대학의 학생 신분으로, 캐서린 앤 포터Katherine Anne Porter와 앨런 테이트의 강의를 들었고, 포드 매덕스 포드Ford Madox Ford가 "연금으로 연명하는 잊혀진 참전용사"처럼 캠퍼스를 배회하던 모습을 지켜보기도 했다(매컬리는 훗날 포드의 소설『행진의 끝』Parade's End의 1961년판 서문을 썼다). 전쟁 중에 매컬리는 4년간 G-2(미 육군 정보참모부)에서 복무하면서 나치를 색출하는 특수 요원으로 일했다. 훗날 그는 당시의 경험담을 묶어『연민의 끝』The End of Pity이라는 단편집을 발표했는데, 이 책은 그에게『푸리오소』소설상 수상작의 영예를 안겨 주었다. 매컬리는 아이오와대학에서 대학원 과정을 마치고 나서 케니언대학으로 돌아온 뒤, 존 크로 랜섬을 도와『케니언리뷰』를 발행했다. 1953년 가을, 랜섬은 동료 교수에게 이렇게 말했다. "로비가 CIA에 들어가겠다고 들었네만, 만일 못 들어간다면 교수로 만들어 주고픈 마음이 있네."[26]

그러나 이미 코드 마이어가 로비 매컬리에게 국제조직국IOD에서 일할 것을 개인적으로 제안한 상황이었다. 여름이 지나도록 고민한 끝에 매

25 Ian Hamilton, *Robert Lowell: A Biography*, New York: Random House, 1982.
26 John Crowe Ransom, to David McDowell, 11 August 1953(RH/COL). 제자가 CIA에 들어오라는 제안을 받았다는 소식을 듣고도 랜섬은 별다른 반응이 없었다. 아마도 랜섬부터가 마이어의 공식적이면서 비공식적인 끄나풀이라고 해도 과언이 아니기 때문일 것이다.

컬리는 그 제안을 받아들였다. 리 윌리엄스는 이에 대해 이렇게 말했다. "코드가 로비를 정보요원으로 채용해 조셀슨과 함께 일하도록 한 이유는, 제 생각에는 아마도 그 친구가 입바른 소리를 잘했기 때문일 겁니다."[27]

코드 마이어가 점찍었던 랜섬의 두 번째 아이는 1956년 파필드재단의 상임이사 자리에 올랐던 존 '잭' 톰슨이었다. 그 이사직은 CIA와의 계약으로 10년 이상의 임기를 보장받은 자리였다. 톰슨은 케니언대학을 마치고 수많은 학술 논문을 써서 뉴욕의 식자층에 상당한 영향을 끼친 바 있다. "그 친구는 존 크로 랜섬과 '도망자 집단'Fugitive Group[28]에 발탁되었고, 그 이후 뉴욕에서 라이오넬과 다이애나 트릴링 부부의 눈에 띄어 컬럼비아대학에서 영문학을 가르치게 되었습니다." 톰슨의 친한 친구 제이슨 엡스타인이 말했다. "막돼먹은 속물들이었던 트릴링 부부는 톰슨네 부부를 끔찍하게 아꼈어요. 그래서인지 라이오넬 트릴링은 잭에게 파필드재단의 이사를 맡아 달라고 제안했습니다. 아마 그렇게 하면 재단으로부터 미국문화자유위원회에 쓸 돈을 좀 뜯어낼 수 있을 거라고 생각했나 봐요."[29] 당시 톰슨에게는 이 얘기가 솔깃한 제안처럼 들렸다. "소련의 KGB는 수백만 달러를 쓴다." 톰슨의 말이다. "하지만 우리에게도 그런 친구가 있었다. 그리고 우리는 누가 쓸 만한 친구인지 아닌지 잘 알고 있었다. 우리는 가장 좋은 방법이 무엇인지 알고 있었기 때문에, 유대인 하나, 흑인 하나, 여자 하나, 남부 사람 하나씩 돈을 나눠 주는 틀에 박힌 민주주의적 자금 배

---

27 Lee Williams, interview in Washington, July 1996.
28 미국 테네시의 밴더빌트대학에 모인 문인들이 1922년부터 3년간 발행한 문예지의 이름을 딴 문학 그룹. 신비평의 발상지로 평가받고 있으며, 참여 작가로는 창간을 주도했던 존 크로 랜섬을 비롯해 앨런 테이트, 메릴 무어(Merrill Moore), 도널드 데이비드슨(Donald Davidson), 로버트 펜 워런 등이 있다. ─ 옮긴이
29 Jason Epstein, interview in New York, June 1994.

분 방식을 피해야 한다는 사실 또한 알고 있었다. 우리는 의견을 함께하는 사람, 좋은 일을 해보려는 사람에게 손을 건네고 싶었고, 도움을 주고 싶었다."[30] CIA와의 오랜 협력 관계에도 불구하고, 톰슨은 『미국 교수 인명록』*Directory of American Professors*에 이름을 올릴 수 있었다. '정치적 성향' 항목에는 '급진적'이라고 표기되었다.

톰슨과 매컬리 외에도, 더글러스하우스 집단 중에서 코드 마이어의 '협력자' 목록에 이름을 올린 사람이 한 명 더 있었다. 그러나 블랙유머로 표현해도 된다면, 그 결과는 재앙과도 같았다.[31] 랜섬에게 이 사람은 "학생이라기보다는 아들 같은 사람"이었지만 말이다. 그의 이름은 바로 로버트 로웰이었다.

미주리 주 세인트루이스에 위치한 그렇게 좋지만은 않은 작은 남자 공립 시범학교의 교실에서 코드 마이어는 젊은 소설가 존 헌트John Hunt[32]를 그의 영입 리스트에 추가했다. 1925년 오클라호마 주 머스코지에서 태어난 헌트는 1943년 해병대에 입대하기 전까지는 뉴저지 주에 위치한 로런스빌스쿨을 다녔다. 그리고 1946년 중위로 제대하던 해 장학금을 받고 하버드대학교에 입학했다. 헌트는 대학에서 하버드자유주의학생연합Harvard Liberal Union의 기관지 『학생진보주의자』*Student Progressive*의 편집장이었다. 1948년, 영문학 전공에 그리스어 부전공으로 학업을 마치고, 바로 그해 가을에 결혼한 뒤 파리로 이주했다. 헌트는 파리에서 소설을 쓰기 시작했고, 소르본대학에서 수업을 들었으며, '파리의 미국인'이라는 헤밍웨

---

30 Richard Elman, "The Aesthetics of the CIA", 1979(http://richardelman.org/cia).
31 로버트 로웰이 세계문화자유회의에 가져온 '재앙'에 대해서는 이 책 21장 참조. — 옮긴이
32 헌트는 1961년 4월 니콜라스 나보코프 등과 함께 성균관대학교에서 열린 세계문화자유회의 한국 본부 창립 기념식에 참석한 바 있다(『동아일보』, 1961년 4월 11일자 참조). — 옮긴이

이의 개념에 매혹되어 어느덧 이를 찬미하게 되었다. 1949년 7월 딸이 태어나자 헌트는 다시 미국으로 돌아와 아이오와대학 작가 워크숍에 참여해서 고전문학 분야를 맡아 가르쳤다. 로비 매컬리를 만난 곳도 바로 거기였다. 1951년에는 세인트루이스에 있는 토머스제퍼슨스쿨에서 교사로 일했다. 그런 생활을 이어 가던 1955년 6월, 파리에서 집필을 시작한 소설 『인간의 후손들』Generations of Men의 출판 제안을 애틀랜틱리틀브라운 Atlantic / Little, Brown 출판사에서 받아들였다. 마이어가 세계문화자유회의를 담당할 정보요원으로 헌트를 채용했을 때가 바로 그즈음이었다.

일에 대한 엄청난 압박과 원래 신경질적이던 성격이 겹치자 마이클 조셀슨은 건강에 이상을 겪기 시작했다. 그리고 1955년 10월 47세의 나이에 처음으로 심장마비를 겪었다. 마이어는 즉시 업무 부담을 덜어 주고자 존 헌트 예비역 중위를 보내기로 결정했다. 조셀슨과의 공식 면접에서는 존 헌트의 독특한 과시욕을 볼 수 있는데, 이력서에 어마어마한 추천서들을 붙여 왔던 것이다. 파라스트로스Farrar, Straus 출판사의 존 파라John Farrar 는 "행정 수완, 꼼꼼한 사고방식, 종교를 가진 사람으로서의 믿음과 사명감"을 들어 헌트를 추천했다. 타임-라이프 파리 지국의 부편집장 티모시 푸트Timothy Foote는 헌트가 "대부분의 합리적인 사업체에서 대단히 유용한 인력이 될 것"임을 확신한다며, "해외에서 미국의 사명감을 굳게 믿으며, 따라서 외국에서 미국이 영향력을 발휘하거나 사업을 해나가는 데 죄책감을 느낄 필요는 없다고 생각하는 사람"이라고 덧붙였다.[33] 1956년 2월, 조셀슨을 찾아가 면접을 본 헌트는 곧바로 문화자유회의 사무국에 정식으로 채용되었다. 하지만 이력서와 추천서 들은 헌트를 채용할 때 무언가

---

33 Timothy Foote, to Michael Josselson, 5 March 1956(CCF/CHI).

를 숨기기 위해서, 그러니까 그의 채용이 전적으로 공명정대하게 이루어 졌음을 괜스레 과시하려는 증거로 쓰였다고 가정할 수밖에 없는 것들이 었다.

헌트에게 세계문화자유회의는 멜빌의 바다와 같았고, 그의 말에 따 르면 "나의 예일, 나의 하버드"였다. 조셀슨이 긴 시간 성실하고 꼼꼼하 게, 많은 자금과 욱하는 성질을 관리해 가며 얻은 권위를 헌트에게서 기대 할 수는 없었다. 하지만 새로운 피의 수혈은 그 자체로 문화자유회의에 이 익이 되었다. 마이어의 인력 충원은 문화자유회의와 CIA의 새로운 관계 가 시작되었음을 알리는 신호탄이었다. 이제 문화자유회의의 요구에 부 응할 수 있을 만큼 지적인 사람들(즉 '랜섬의 아이들')이 조셀슨에게 보좌 역으로 주어졌기 때문에 업무에 적합한 정보요원들의 부족 현상은 해결 된 것이나 마찬가지였다. 특히 조셀슨과 매컬리는 매우 사이가 좋았다. 이 둘은 부인을 대동하고 시찰 겸 여행을 다녔는데, 헌트 부부도 가끔씩 함 께했다. 선탠을 하며 휴식을 취하는 당시의 사진을 보면, 매컬리와 헌트는 멋진 스포츠컷을 한 헤어스타일에 면바지를 입고, 검은 테의 선글라스를 쓴 전형적인 1950년대 미국인의 모습을 하고 있다. 일터로 돌아오면 그들 은 CIA의 돈 씀씀이를 두고 농담을 나누곤 했다. 신입 CIA 요원 스콧 찰스 Scott Charles가 미행을 당할지 몰라 매일매일 다른 길로 출근한다고 이야기 하자 조셀슨, 매컬리, 헌트는 배가 아플 정도로 웃었다.

"로비 매컬리는 CIA 요원들처럼 생각하거나 행동하지 않았어요. 냉 소적이지도 잘난 체하지도 않았고요." 1941년부터 매컬리와 친구로 지낸 다이애나 조셀슨은 이렇게 말했다. "마이클 눈에는 로비에게 단점이 딱 한 가지 있었는데요, 마이클이 화를 내거나 어떤 상황에 대해 성난 말투로 설 명을 하면 로비는 대꾸를 하지 않았어요. 그러면 마이클은 화가 점점 더

치밀어 오르고 혈압만 오르는 거죠. 그러면 또 계속 화를 내는데, 그래도 로비는 아무 말도 안 하고 자리에 앉아만 있더라고요. 한번은 제가 그렇게 하면 마이클을 잘 못 다루는 것이라고 이야기한 적도 있어요. 무슨 말 좀 하라고, 그렇게 가만히 있으면서 뚜껑 열리게 좀 하지 말라고 말이죠."[34]

마이어가 인력 충원에서 보여 준 의욕은 문화자유회의에 기울이는 정성 때문이기도 했지만, 문화자유회의 측에서 볼 때는 축복이자 저주이기도 했다. 이를테면 1954년 워런 맨셜Warren Manshel 요원이 새로이 배치되자, 조셀슨은 CIA가 문화자유회의의 조직도를 점점 점유하려 하고 있다며 불같이 화를 냈다. 다이애나 조셀슨은 맨셜이라는 사람을 이렇게 설명했다. "맨셜은 문화자유회의의 동향을 보고하기 위해 CIA가 보낸 사람이었어요. 당시에 마이클의 존재를 감추어 줄 방패막이가 필요한 상황이라고 생각했는지 그이에게 맨셜을 붙여 준 거였어요. 직접적인 업무에 관련된 직원들 말고는 사람들이 계속 바뀌는 상황에서 맨셜이 덤으로 얹혀온 거예요. 마이클로서는 그저 참고 지켜볼 수밖에 없었죠."[35] 조셀슨은 파리 사무국에 회계감사 명목으로 배치된 스콧 찰스도 참고 지켜봐야만 했다. "그래도 차라리 그 사람은 나았어요." 다이애나 조셀슨이 말했다. "나중에 그이가 죽고 나니까 〔생계를 돌보라며〕 나한테 자기가 쓴 제네바 여행 가이드북 편집 일도 맡겨 주더라고요."[36]

1950년대 중반이 되자 조셀슨은 주로 문화자유회의 측 일에 전념했다. 그는 본능적으로 문화자유회의 일이 CIA 일보다 우선순위라고 생각

34 Diana Josselson, interview in Geneva, March 1997.
35 Ibid.
36 Ibid.

했다. 조셀슨 생각에 문화자유회의에 CIA가 필요한 이유는 오로지 돈 때문이었다(코드 마이어는 자금을 엄격히 관리했고 CIA 회계 감사 담당관 케네스 도널드슨Kenneth Donaldson을 문화자유회의에 밀어 넣었다. 쉽게 말해 런던에 사무실을 둔 '세계문화자유회의 전체의 감사원장Comptroller General' 같은 자리였다). CIA에 재정적으로 의존하던 문화자유회의를 독립시키고자 조셀슨은 직접 포드재단과 교섭하기도 했다. 포드재단은 1950년대 중반까지 수백만 달러의 자금을 지원하고 있었기 때문에, 전적인 재정 부담도 기대해 볼 만한 일이었다. 하지만 CIA는 문화자유회의를 장악하고 놓아 주려 하지 않았고, 포드재단과의 교섭은 시작도 하기 전에 끝장나고 말았다.

당시 문화 영역에서 CIA의 존재감은 줄어들기는커녕 날로 커져만 갔다. 뉴욕의 로런스 드 네프빌은 『인카운터』에 실을 것을 논의해 보라며 자신의 글을 담은 편지를 조셀슨에게 보냈다. 글의 주제는 '개인의 양심 대對 조직의 요구'였다. 조셀슨은 그 주제를 즉시 스펜더와 크리스톨에게 전달했다. 이 두 사람은 짐작건대, 조셀슨이 〔상사의 글이기 때문에〕 특히나 관심을 보이는 이 주제가 골치만 아플 뿐이라고 묵살했던 것 같다. 다른 요원들 또한 글쓰기의 유혹을 거부하지 못했다. 존 잭 톰슨은 『허드슨리뷰』 Hudson Review 같은 학술지에 기고를 계속하고 있었고, 1961년에는 영시에 관한 뛰어난 연구서 『영시 운율 작법』The Founding of English Metre을 출간했다. 로비 매컬리는 『케니언리뷰』, 『뉴리퍼블릭』The New Republic, 『아일랜드 대학평론』The Irish University Review, 『파르티잔리뷰』, 『뉴욕타임스북리뷰』New York Times Book Review 등에 글을 실었다. 매컬리도 CIA에 재직하고 있으면서도 소설을 계속 썼다. 그중에서도 『사랑의 가면』The Disguise of Love(1954), 『연민의 끝과 그 외의 단편들』The End of Pity and Other Stories(1958) 등이 널리 알려져 있다.

그리고 또 다른 CIA 요원 에드워드 헌터Edwards S. Hunter는 런던의 호더앤드스터턴Hodder and Stoughton 출판사에서 아프가니스탄에 대해 쓴 책을 출간했다. 그는 자유계약직 작가로 위장해서 수년간 중앙아시아를 방랑해 온 사람이었다. 전후 독일의 미 군정청에서 공보 전문가로 근무하던 프레드릭 프래거Frederick A. Praeger 또한 20~25권 정도의 책을 내놓았는데, 책의 내용이나 출간·배포에는 CIA가 직접 관심을 기울였다. 프래거는 CIA가 출판에 소요되는 직접비를 모두 벌충해 주거나, 아니면 산하 재단이나 협력 재단을 통해 그에 상응하는 비용만큼 책을 구입해 주겠다는 제안을 해왔다고 증언했다.

"책은 다른 모든 정치선전 매체와 다르다." CIA 비밀작전팀장의 말이다. "그 이유는 한 권의 책이 독자의 태도와 행동의 변화에 미치는 영향이 다른 어떤 매체보다 크기 때문이다. 책을 만드는 것은 전략적인 (광범위한) 정치선전의 가장 주요한 무기인 것이다."[37] 그의 말에 따르면, CIA는 고유의 비밀 출판 프로그램을 운영 중이었고, 그 프로그램은 다음과 같은 속내를 가지고 있었다. "해외에서 책을 출간하거나 배포하라. 그러나 미국의 영향은 드러나지 않도록 하라. 해외 출판업자나 서적상에게 은밀히 지원금을 지급하라. 미국 정부와 공공연한 관계로 엮인 단체의 책이 아닌 '오염'되지 않은 책을 출간하라. 특히 작가의 정치적 성향이 '미묘하여 노골적이지 않은' 책이라면 더욱 좋다. 작전상의 이유가 있을 때 책을 출간하라. 상업적 고려는 하지 말라. 해당 국가의 기관이나 국제기구에 보조금을 지급해 책을 출간·배포하게 만들라. 정치적으로 중요한 책은 해외의 알려지지 않은 작가들로 하여금 쓰게 하라. 작가에게 직접 후원금을 지급하거

---

37 *Final Report of the Church Committee*, 1976.

나, 비밀 계약이 가능할 경우 출판 대행인이나 출판사를 통해 간접적으로 후원금을 지급하라."[38]

1977년 『뉴욕타임스』는 CIA가 적어도 1000권 정도의 책 출판에 관여했다는 의혹을 제기했다.[39] CIA가 출판 목록을 공개하지는 않았지만 다음과 같은 책들과 관련이 있다는 것은 공공연한 사실이다. CIA가 출판에 개입한 것으로 보이는 책으로는 래스키의 『헝가리 혁명』, T. S. 엘리엇의 『황무지』와 『4개의 사중주』Four Quartets 번역본 등이 있고, 당연히 문화자유회의와 관계 기관에서 출판한 책으로 몇몇 시 선집을 비롯해, 헤르베르트 뤼티의 『지나간 현재: 칼뱅과 루소의 사상전』Le Passé Présent: Combats d'Idées de Calvin à Rousseau, 퍼트리샤 블레이크의 『달로 향하는 길목에서: 러시아에 대한 새로운 글』Half-Way to the Moon: New Writing from Russia(1964)(『인카운터』 출간), 맥스 헤이워드Max Hayward와 레오폴드 러베즈Leopold Labedz가 편집한 『소비에트 러시아의 문학과 혁명』Literature and Revolution in Soviet Russia(1963)(옥스퍼드대학 출간), 코트 젤렌스키Kot Jelenski의 『역사와 희망: 자유의 진보』History and Hope: Progress in Freedom, 베르트랑 드 주브넬Bertrand de Jouvenel의 『추측의 기술』The Art of Conjecture, 로데릭 매파쿼Roderick MacFarquhar가 편집한 『백 송이 꽃』The Hundred Flowers, 니콜로 토치Nicolo Tocci의 자전적 소설 『나 태어나기 전에』Before My Time, 루이지 바르지니Luigi Barzini, Jr.의 『이탈리아인』The Italians, 보리스 파스테르나크Boris Pasternak의 『닥터 지바고』Doctor Zhivago, 마키아벨리의 『군주론』Il Principe의 새로운 판본 등이 있었다. 안톤 체호프Anton Chekhov의 작품도 널리 번역·배포되었는

38 Final Report of the Church Committee, 1976.
39 New York Times, 25 December 1977.

데, 출간은 CIA로부터 비밀리에 지원금을 받고 있던 체호프 출판사가 맡았다.

애초부터 작가로 출발했던 존 헌트 외에도, CIA는 다른 많은 현역 소설가들을 거느리고 있었다. 나중에 소설 『설표』The Snow Leopard를 발표해 유명해진 예일대 출신 피터 매시어슨Peter Matthiesen이 파리에서 『파리리뷰』Paris Review[40]를 공동으로 창간했다. 그는 기고자 역할도 겸하면서, CIA에서 일하는 동안에는 소설 『빨치산들』Partisans을 집필했다. 마이어가 채용한 다른 한 명은 찰스 매캐리Charles McCarry였는데, 그는 훗날 첩보소설계에서 존 르 카레에 대한 미국의 대답으로 추앙받았다. '폴란드', '알래스카', '텍사스', '우주' 같은 밋밋한 제목으로 오랫동안 블록버스터급의 소설을 쓰던 제임스 미치너James Michener도 CIA에서 일했다. 1950년대 중반 미치너는 작가로서의 경력을 십분 활용, 요원이라는 신분을 숨긴 채, CIA가 아시아에서 벌인 작전에서 침투한 급진 분자들을 제거하는 작전을 수행했다. 그러나 그는 훗날 "작가는 절대 무엇을 위해서든, 또한 누구를 위해서든, 비밀 요원이 되어서는 안 된다"라고 말했다.

또한 『이별의 동쪽』East of Farewell, 『극한의 어둠』Limits of Darkness, 『도시의 이방인』Stranger in Town 등의 소설을 썼던(이로써 구겐하임 연구교수Guggenheim Fellow로 선정되었다) 하워드 헌트도 있다. 위즈너의 정책조정실OPC에서 일하는 동안, 헌트는 포셋 출판사Fawcett Publishing Corp.의 골드메달

---

40 피터 매시어슨 등이 창간한 『파리리뷰』는 문학 계간지로 잭 케루악(Jack Kerouac), 필립 라킨, V. S. 나이폴(Sir Vidiadhar Surajprasad Naipaul), 필립 로스(Philip Roth) 등의 작품이 발표되었으며, '집필 중의 작가들'(writer's at work)이라는 인터뷰 시리즈로 유명하다. 이 인터뷰 시리즈는 한국에서 『작가란 무엇인가』(전 3권, 김진아·권승혁·김율희 옮김, 다른, 2014~2015)로 번역 출간되었다. ─옮긴이

북스 시리즈와 몇 권의 페이퍼백 출판 계약을 체결했다. 멕시코에서는 마르크스주의 작가 겸 사상가인 엘 캄페시노El Campesino의 책『소련에서의 삶과 죽음』Vida y muerte en la URSS의 출판을 담당했는데, 이 책은 라틴아메리카에서 나온 스탈린주의 테러에 대한 최초의 개인적인 폭로였다.[41] 그러한 이유로 CIA의 협조 아래 널리 번역되고 배포되었다. 헌트는 정보요원 윌리엄 버클리William Buckley로 하여금 또 다른 지식인을 한 명 도와주도록 했는데, 칠레의 마르크스주의자 에우도시오 라비네스Eudocio Ravines가 그의 도움을 받아『옌안延安의 길』The Yenan Way 집필을 마칠 수 있었다.

1961년 말, 하워드 헌트는 트레이시 반스가 새로 조직한 국내작전국 Domestic Operation Division, DOD에 합류했다. 심리전전략위원회PSB에서 부국장을 지낸 반스는 문학이 반공의 무기가 될 수 있다는 데 강력한 확신을 갖고 CIA의 출판 프로그램을 강화하기 위해 노력했던 사람이다. "이 신설 부서는 CIA 내 여기저기에서 원하든 원하지 않든 인원과 프로젝트를 모두 가리지 않고 다 받아들였다"라고 훗날 하워드 헌트는 밝히고 있다. "그리고 내 손에 떨어진 그러한 비밀 작전 프로젝트는 거의 대부분 출판과 관련된 일이었다. 우리는 '중요한' 책들에 대해 지원금을 주었는데, 이를테면 프래거 출판사Praeger Publishers에서 출간한 많은 책들 중 하나였던 밀로반 질라스Milovan Djilas의 『새로운 계급』The New Class(소련의 특권 계급에 대한 권위 있는 연구서) 같은 책이 그랬다."[42]

---

41 엘 캄페시노의 본명은 발렌틴 곤살레스(Valentín González)로, 스페인 내전 당시 공화파의 지휘관으로 활약했다. 프랑코가 승리하자 소련으로 이주했으나 보르쿠타의 강제수용소에 수감되었다. 엘 캄페시노의 책은 소련에서의 경험을 담은 책이다. — 옮긴이

42 E. Howard Hunt, *Undercover: Memoirs of an American Secret Agent*, California: Berkeley Publishing Corporation, 1974. 『새로운 계급』은 세계문화자유회의 측과의 협업으로 출간되었다.

"이런저런 실재하지도 않는 이름을 써가며, 나는 CIA를 찬양하는 소설 몇몇 작품에 도움을 주었다. …… 그뿐만 아니라, 한두 가지 학술 저작을 검수해 주기도 했다. 늙어 빠진 빨갱이들이 같잖은 글을 써서 위협해 오면, 이따금씩 잡지에 후다닥 반론을 써내는 일은 더 말할 나위도 없었다." 노먼 메일러의 소설 『할럿의 유령』에 등장하는 해리 허바드의 말이다. 심지어 여행 가이드 책자도 CIA 요원들의 의견을 반영하고 있었다. 요원들 중 상당수는 유럽을 돌아다니는 동안 자신의 신분을 감춰야 할 때마다 유명한 여행 가이드 책 『포더 가이드』Fodor's Guide의 이름을 팔고 다녔다. 한때 OSS의 소위였던 유진 포더는 이러한 관행에 대해 CIA의 요원들은 책의 기고자로서 "고도의 숙련된 전문가들이고 기고문의 질도 매우 높았다. 우리 책에 정치적인 내용은 절대 담지 못하도록 했다"라고 변호해 주었다.[43] CIA 국장 보좌 역인 라이먼 커크패트릭은 매년 『브리태니커 백과사전』의 '세계의 군대' 항목을 집필했는데, 이 브리태니커의 소유주는 前 국무부 공보 담당 차관 윌리엄 벤턴William Benton이었다. 『뉴욕타임스』나 다른 유력 일간지들과 계약을 맺고 CIA 요원이 작가가 되어 서평란에 글을 쓰기도 했다. CIA 요원 조지 카버George Carver는 『포린어페어스』에 실명으로 기사를 싣기로 계약했다(다만 소속이 어디인지는 밝히지 않기로 했다). 영국에서는 몬티 우드하우스가 『인카운터』와 『타임스』의 문학 섹션인 『타임스리터러리서플먼트』The Times Literary Supplement에 글을 실었다.

이 작가 겸 스파이, 스파이 겸 작가라는 현상은 더 이상 새로운 것이 아니었다. 제1차 세계대전 당시 영국 정보부에서 일했던 서머싯 몸Somerset Maugham이 문학계의 위상을 이용해 자신의 임무를 위장한 적도 있

43 *New York Times*, 25 December 1977.

었기 때문이다. 훗날 몸의 자전적 이야기를 묶은 책 『어센든』Ashenden은 정보요원들의 필독서가 되었다. 캄턴 매켄지Compton Mackenzie는 1930년대 영국 MI5에서 일했는데, 그는 『에게 해의 추억』Aegean Memories이라는 저서에서 비밀정보국SIS 요원들의 실명을 공개했다는 이유로 영국 정부로부터 기소된 적도 있다. 그레이엄 그린은 제2차 세계대전 중은 물론, 알려진 바로는 그 이후에도 MI5 비밀요원으로 일했던 경험과 허구적 요소를 뒤섞어서 글을 썼다. 그는 언젠가 MI5를 일컬어 "세계 최고의 여행사"라는 유명한 말을 남겼다.

"지식인들, 아니 특정한 부류의 지식인들에게 첩보 업무는 하나의 로망이었습니다." 캐럴 브라이트먼이 지켜본 바는 그랬다. "정보기관에 들어간다는 것은 일종의 성년의 경험 같은 것이었어요. 특히 예일대학 같은 캠퍼스에서는 말이죠."[44] 소설가 리처드 엘먼(제임스 조이스James Joyce의 전기 작가 리처드D. 엘먼과 혼동하면 안 된다)이 볼 때에도, 이러한 문인들과 정보요원들 사이에는 공통된 미학적 관심이 있었다. "이 사람들의 공통점은 생각해 볼 만한 일입니다. 그들은 모두 기독교인이었고, T. S. 엘리엇이 그랬듯이 당파심이 없었어요. 더 높은 권위를 믿었고, 공산주의 내지는 무신론과 싸우는 십자군전쟁의 목표로서 보이는 것보다 더 상위의 진실이 있다고 믿었어요. T. S. 엘리엇, 파운드, 그리고 다른 모더니스트들은 정보기관 사람들의 엘리트주의적 감수성에 호소하는 바가 있었지요. CIA는 엘리엇의 시집 『4개의 사중주』 번역본 출간을 후원하고는 그 책을 소련 상공에 살포하기도 했어요. 그리고 버나드 쇼나 웰즈H. G. Wells 못지않게, 사회주의자들이 주장하는 '평범한 사람들의 시대'라는 말을 못마땅하게 생

44 Carol Brightman, interview in New York, June 1994.

각했어요. 그 사람들은 평범하지 않은 사람과 고급문화를 원하고 있었죠. 그러니까 CIA가 돈을 문화계 전체에 아무렇게나 뿌리고 다닌 것은 아니에요."[45]

앨런 긴즈버그Allen Ginsberg는 T. S. 엘리엇이 제임스 지저스 앵글턴이 꾸며 놓은 문학계의 음모에 참여하고 있다는 망상을 글로 옮긴 바 있다. 앵글턴은 엘리엇의 친구이면서 긴즈버그의 친구이기도 했다. 1978년 「T. S. 엘리엇이 내 꿈에 나왔다」T. S. Eliot Entered My Dreams라는 단편적인 글에서 긴즈버그는 이런 상상을 했다. "유럽으로 가는 배의 후미에서 엘리엇은 여러 승객들과 함께 갑판 좌석에 기댄 채로 앉아 있었다. 뒤로는 푸른색 구름, 발아래로는 강철 바닥이었다. '선생님은 개인적으로요.' 내가 말했다. 'CIA가 시학詩學을 지배하는 것에 대해서 어떻게 생각하고 계시나요? 결국 앵글턴 씨는 선생님 친구가 아니었던가요? 앵글턴 씨가 소위 스탈린주의에 맞서 서구의 지식 체계를 되살려야 한다는 계획을 이야기해 주지 않던가요?' 엘리엇은 주의 깊게 듣고 있었다. 나는 흐트러지지 않는 그의 모습에 놀랐다. '글쎄, 온갖 녀석들이 무언가를 지배하겠다고 덤벼들고 있지. 정치건 문학이건 말일세. ······ 이를테면 자네의 스승이나 신지학神智學자나 강신술사나 변증론자나 점성술사나 이론가도 마찬가지지. 나도 중년

---

45 Richard Elman, interview in New York, June 1994. 엘먼은 "CIA가 〔구체적인 현실을 묘사하는 문학이 아니라〕 상상적이고 창의적인 문학, 작가, 출판인을 후원한 이유가 전체주의적 사고에 맞서기 위해 인간의 자유나 서구적 가치를 양양하려는 의도를 가진 것이거나 엉뚱한 자선 행위처럼 묘사되고 있는데, 실제는 다르다"라고 믿는다. "실제로는 CIA가 지식인들의 자의식에 영향을 미치려는, 그래서 CIA의 용어로는 그들을 '선점'하려는 심오한 계산이 포함된 '더러운 술수'의 일환"이었다는 것이다(Elman, "The Aesthetics of the CIA"). 또한 Jason Epstein, "The CIA and the Intellectuals", *New York Review of Books*, 20 April 1967을 참조. 이 글에서 엡스타인은 CIA와 그에 협조했던 지식인들에 대해 다음과 같이 주장했다. "이들의 마음을 움직인 것은 지성에 대한 사심 없는 사랑이 아니요, 미학에 대한 굳센 확신도 아니었다. 그들은 미국의 힘을 유지하고 확장하는 데 관심이 있었을 뿐이다."

이었을 때는 그런 사람이었던 것 같네. 그랬지, 맞네, 앵글턴이 꾸미고 있는 문학계의 음모가 있다는 걸 알고 있었네만, 문학 자체에는 그리 중요한 일은 아니라고 생각했지', '아니요, 저는 중요하다고 생각하는데요.' 나는 이렇게 말했다. '상아탑 속에서 서구의 지적인 분위기에 영향력을 행사하는 사상가들을 부양해 준다면서, 세상물정 모르는 너무나 많은 샌님 지식인들의 경력을 비밀리에 쌓아 주고 있으니까요. …… 그래도 지성적인 분위기는 곧 혁명적인 분위기를 말하는 겁니다. 아니라면 적어도 급진적은 돼야지요. 혁명적이라는 말은 인위적인 독점을 통해서 사람들을 지배하고, 자발성을 빼앗고, 불편 혹은 병적인 상태dis-ease로 밀어 넣는 짓이 어디에서 시작되는지 그 근원부터 알아보려고 애쓴다는 얘기입니다. …… 이 정부는 재단들을 이용해서 모든 '학자들의 전쟁터'를 지원하고 있습니다. …… 세련미와 능란함의 표징으로서 선생님 같은 스타일만 고집하는 『인카운터』 같은 잡지들에게 돈을 대주면서 말이죠. …… 자유롭고 생기가 넘치고 탈중심화된 개인주의적 문화라는 대안을 창출하는 데 실패하도록 말입니다. 그 때문에 우리는 자본가들의 제국주의라는 최악의 상황 속에서 살게 되었습니다.'[46]

앵글턴 같은 사람에게 '고급'문화에 대한 옹호는 반사적인 반응이었다. "누구든 어떤 것이든, 그것을 '엘리트주의'라고 비난해야 한다고는 전혀 생각해 본 적이 없다." 어빙 크리스톨은 이렇게 말한 적이 있다. "엘리트는 바로 우리들이었다. 우리는 동료 피조물들을 세속의 구원으로 인도하기 위해 역사에 의해 선택받은 '행복한 소수'다."[47] 모더니즘 문화에서 자라난 이 엘리트주의자들은 엘리엇, 예이츠, 조이스, 프루스트Marcel Proust

46 Allen Ginsberg, "T. S. Eliot Entered My Dreams", *City Lights Journal*, Spring 1978.

를 찬양했다. 엘리트주의자들은 자신들의 임무가 "대중이 바라는 바, 그리고 바란다고 생각하는 것을 주는 것이 아니라, 대중에게 마땅히 있어야 하는 것을 최고의 지성적인 인물들의 매개를 통해서 주는 것"이라고 믿었다.[48] 다시 말해, 고급문화가 중요한 이유는 고급문화가 곧 반공주의자들이 만들어 놓은 방어선일 뿐 아니라 드와이트 맥도널드가 공포의 눈길로 바라보았던 "서서히 밀려오는 대중문화의 확산"[49]에 맞설 수 있는, 획일화된 대중사회를 막는 보루이기 때문이었다.

이러한 귀족주의자들이 태생적으로 민주주의를 심히 의심하면서도 한편으로 이를 옹호하고 있다는 사실은 무시하기 힘든 역설이다. 야만에 맞선 엘리트들의 총아로서 그 이권과 입장을 수호한다고 스스로 생각하는 사람들은 바로 '모더니티'와 그 핏빛 물결을 보고 겁에 질린 '모더니스트'들이기도 했다. 1940년 로버트 로웰이 케니언대학을 떠날 때 고별 연설에서 이 귀족들의 가장 큰 두려움에 대해 이렇게 말했다. "여러분들 모두 잘 아시다시피, 블레셋족과 고트족은 문명을 훼손하면서 영혼 없이 번성해 나갔습니다. 이제 이 야만인들은 배움의 모든 황금 궁전에 도달할 것입니다. 그들은 마침내 밀턴, 그로턴, 세인트폴, 세인트마크 같은 명문 사

---

47 Peter Steinfels, *The Neoconservatives: The Men Who Are Changing American Politics*, New York: Simon & Schuster, 1979. 크리스토퍼 래시(Christopher Lasch)가 지적하는 바와 같이, 한때 레닌주의에 경도되었던 지식인들이 엘리트주의적 성향을 띠는 것은 전혀 모순되는 일이 아니다. "그들이 레닌주의에서 그 요점을 이루는 유물론과 완전히 절연했다 하더라도, 여전히 지식인이 역사의 전위부대(Avant-Garde)라는 관점을 고수하고 있었기 때문이다"(Christopher Lasch, "The Cultural Cold War", *The Nation*, 11 September 1967).

48 Marian Janssen, *The Kenyon Review 1939-1970*, Nijmegen: M. Janssen, 1987에서 앨런 테이트의 말.

49 Andrew Ross, *No Respect: Intellectuals and Popular Culture*, London: Routledge, 1989에서 드와이트 맥도널드의 말. 미국의 대중문화를 묘사하면서, 알렉산드르 솔제니친(Aleksandr Solzhenitsyn)은 이와 유사한, 그러나 더욱 생생한 비유를 사용했다. 바로 질척거리는 분뇨가 문틈 아래로 새어 들어온다는 묘사였다.

립학교에 다다를 것이며, 배움도 없고 인간성도 없고 문화도 없이 살던 학생들은 살던 대로 살게 될 것입니다. 그리고 분노한 블레셋족과 고트족은 이 불쌍한 수필들을 벌집에서 쫓아낼 것이며 이제 그들에게 있던 사지도 잘려 나갈 것입니다. 새로운 피를 위해서, 세계는 발전과 쇠퇴가 반복하는 끝없는 순환으로 돌아가게 될 것입니다."[50]

다가올 파멸로부터 자신들을 보호할 방파제를 쌓아야 한다는 확신이 들자, 이 아우렐리아누스[51]주의자들은 1949년 『피산 칸토스』*The Pisan Cantos*를 쓴 에즈라 파운드를 볼링겐상Bollingen Prize 시 부문 수상자로 선정했다. 부유한 자선사업가 폴 멜런은 어느 날 앨런 테이트와 존 크로 랜섬에게 너무나 많은 작가들이 좌파라며 불만을 이야기한 일화가 있다. 멜런은 예술에서는 진보적이었지만 정치에서는 보수적이어서, 냉전의 천사들이 필요 불가결하다고 보았다. 앨런 테이트는 작가들은 항상 궁핍하니, 멜런이 앞장서서 연구비나 시상식 따위를 위한 기금을 출연하면, 그 돈을 받은 사람들은 생활이 더 나아질 테고 그러면 혁명적인 태도가 누그러질 수 있지 않겠느냐는 취지로 답변했다. 그러자 멜론은 볼링겐멜런상을 만들어 개인적으로 2만 달러에 이르는 금액을 기부했던 것이다.

"왜 그 사람들이 파운드에게 상을 주었을까요?" 리처드 엘먼이 물었다. "그들이 보존하고 발전시키려는 상류층의 문화를 궁극적으로 대표하고 있었기 때문이지요."[52] 파운드의 수상은 커다란 논란을 낳았다. 제2

---

50 Robert Lowell, valedictory address for Kenyon College, 1940. Hamilton, *Robert Lowell*에서 재인용.
51 군인황제 시대의 로마 황제로서 고트족과 반달족을 토벌한 공로로 황제에 즉위했다. 저자가 이들을 '아우렐리아누스주의자'로 표현한 이유는 로웰이 대중문화를 '블레셋족'과 '고트족'에 비유했으며, 고트족을 토벌한 아우렐리아누스 황제는 야만족들에 맞선 서구 문명의 수호자였기 때문이다. ─ 옮긴이

차 세계대전 당시 반역죄 혐의로 기소된 유일한 미국인이었고, 특히 상을 받을 당시에는 정신이상 증상으로 병원에 입원 중이었기 때문이다.[53] 무솔리니의 대중문화부Ministero della Cultura Popolare, Minculpop가 방송하던 라디오에서 그는 주즈벨트Jewsevelt, 프랭클린 핑켈스타인 루스벨트Franklin Finkelstein Roosevelt, 스팅키 루젠스타인Stinkie Roosenstein이라든가, 카이크kike, 시니sheeny, 기름부음을 받은 자들the oily people 같은 비난을 퍼부었다.[54] 파운드는 히틀러의 『나의 투쟁』을 "날카로운 분석으로 쓴 역사책"으로, 히틀러를 잔다르크의 전통에 선 "성인이자 순교자"로 평가했다. 그는 미국을 "인간쓰레기들이 차지"한 나라라고 불렀다. 잡지 『포이트리』Poetry의 편집자 칼 샤피로Karl Shapiro는 다음과 같은 글을 남겼다. "볼링겐상 수상자로 파운드를 선정하는 데 반대한 사람은 폴 그린Paul Green을 빼면 나밖에 없었다. 엘리엇, 오든, 테이트, 로웰 등 모두가 파운드에게 표를 주었다. 이런 파시스트 집단 같으니라고!" 게다가 윌리엄 바렛William Barrett이 심사위원들의 결정에 격렬히 항의하자 앨런 테이트가 '맞짱'을 뜨자고 덤벼들기도 했다.

파운드를 수상자로 선정한 결정은 1930년대 이후 격렬하게 일어났

---

52 Richard Elman, interview in New York, June 1994.

53 미국인 에즈라 파운드는 20세기 초 영국에서 미국 문학 잡지를 발행하던 중 T. S. 엘리엇, 제임스 조이스, 로버트 프로스트, 어니스트 헤밍웨이 등의 작품을 발굴하고 소개했다. 제1차 세계대전 후 수많은 희생자를 낳고 제국주의적 면모를 보인 영국을 비판하며 이탈리아로 이주, 1950년대까지 머무른다. 그 과정에서 무솔리니에 협력하고 히틀러를 찬양하며, 미국과 유대인을 비판하는 방송을 만든다. 제2차 세계대전 후 그는 미국에 의해 반역죄로 기소되고 피사의 군부대 감옥에 수감되는데, 25일간 야외 감옥에 갇혀 전시되기도 한다. 그 충격으로 정신이상 증세를 갖게 되고 워싱턴D.C.의 정신병원에 12년간 억류된다. 이탈리아 수감 중 집필을 시작한 작품이 바로 『피산 칸토스』였다. — 옮긴이

54 '주즈벨트'는 '유대인'(Jews)와 루스벨트의 합성어이고, '핑켈스타인', '스팅키 루젠스타인' 등은 모두 루스벨트의 이름을 유대인식 이름으로 살짝 바꿔 조롱하는 것이다. '카이크', '시니', '기름부음을 받은 자들' 등은 유대인을 낮춰 부르는 말이다. — 옮긴이

던 예술 대 정치 논쟁에 다시 불을 붙이는 일이었고, 사람들이 좌파에 대해 어떤 공포를 느끼고 있는지 여실히 보여 주는 사례였다. 스스로를 자유주의자라고 여기는 사람들은 특히 당시 미국에 편안하게 정착한 많은 예술가들이 창조적인 재능으로 파시즘에 아첨했던 굴종의 역사를 이제는 용서하거나 적어도 눈감아 주어야 한다는 습성을 갖고 있었다. 당시가 예술과 예술가들의 정치성이 극에 달했던 시절임을 미루어 볼 때, 볼링겐 심사위원들의 다음과 같은 말을 적합한 얘기로 보기는 어려울 것 같다. "수상작 결정에 영향력을 행사하기 위해서 시 자체의 성과 외에 다른 사항을 고려한다면, 이 상의 중요성은 훼손될 것이며, 문명사회라면 당연히 있어야 할 가치의 객관적인 인식을 원칙적으로 부정하는 것이다."[55] 그런데 한편으로 손쉽게 예술을 정치적으로 동원하면서, 또 다른 한편으로 어떻게 예술이 자율적이기를 바랄 수 있겠는가?

55 William Barrett, "A Prize for Ezra Pound", *Partisan Review*, vol.16/4, 1949.

16장

양키 두들[1]

나는 세상에서 그림을 제일 잘 그린다!
— 빌럼 데 쿠닝Willem de Kooning의 꿈에 나온 잭슨 폴락Jackson
Pollock

해리 트루먼 대통령은 임기 내내 일찍 일어나 워싱턴의 국립미술관National Gallery of Art에서 산책을 즐겼다. 도시가 잠에서 깨기 전 미술관에 도착해 말없이 고개를 끄덕이면 조식 전에 미술관 산책을 즐길 수 있도록 문을 열어주는 것이 이 미술관 경비원의 특별한 임무였다. 이 관람을 겸한 산책은 트루먼의 즐거움이었고, 일기에도 기록해 놓을 정도였다. 1948년, 트루먼은 홀바인Hans Holbein과 렘브란트Rembrandt van Rijn의 작품을 보고 이런 감상을 남겼다. "이렇게 완벽한 작품을 보면 즐거운 마음이 든다. 그러면서 게으르고 난삽한 요새 작품들을 생각해 본다. 마치 예수에 레닌을 갖다 대듯이." 네덜란드 거장들의 회화를 평가할 때도 이와 비슷한 생각을 공개적으로 드러냈다. "이 거장들의 그림을 보면 지금 이 시대는 영혼 없는 환쟁이

---

1 '양키 두들'(Yankee Doodle)은 미국 독립전쟁 시 군가의 제목이며 미국인을 뜻하기도 하지만, 미술을 다룬 이 장에서는 문자 그대로 '양키의 낙서'라는 뜻으로 사용되었다는 점에서 중의적이다. — 옮긴이

들의 세상 같다는 느낌이 들며, 어중이떠중이같이 평범한 사람들은 흔해 빠진 제 모습에 좌절하게 된다."

현대적인 작품을 경멸했던 트루먼은 대다수 미국인들의 관점을 대변해 실험적인 작품, 그중에서도 특히 미술을 화가의 퇴폐적이고 전복적인 충동에서 나온 그림이라고 생각했다. 파시스트의 군홧발에서 쫓겨 왔던 유럽의 선구적 예술가들은 모더니즘을 다시 한 번 발길로 걷어차는 미국의 모습을 보고는 경악할 수밖에 없었다. 물론 이와 같은 행태는 매카시 같은 인물의 문화적 근본주의나, 해외에서는 표현의 자유를 옹호하면서도 국내에서는 이를 마땅찮게 여기는 미국인들의 혼란을 일부 드러내고 있다. 심지어 모더니즘은 의회에서까지 맹렬한 비난을 받았다. 미주리 주 공화당 의원 조지 돈데로George Dondero는 모더니즘이 미국의 결의를 약화시키려는 국제적인 음모라고 선언했다. 돈데로 의원은 "모든 현대 예술은 공산주의적"이라고 선언한 뒤, 현대 예술에 대한 다양한 정의를 갖다 대며, 시적이면서도 광기가 서린 설명을 이어 나갔다. "입체주의는 의도적인 무질서로 파괴를 목적으로 한다. 미래주의도 기계에 대한 신화로서 파괴가 목적이다. 다다이즘은 일종의 조롱으로 파괴를 목적으로 한다. 표현주의는 원시와 광기를 흉내 냄으로써 파괴하는 것을 목적으로 한다. 추상주의는 정신착란을 야기함으로써 파괴를 목적으로 한다. 초현실주의는 이성을 부정함으로써 파괴를 목적으로 한다."[2]

돈데로의 신경질적인 평가에 저명인사들이 화답했고, 격렬한 규탄

---

2 William Hauptman, "The Suppression of Art in the McCarthy Decade", *Artforum*, October 1973. 1957년 3월 30일 미국미술전문가연맹(American Artists Professional League)의 보도자료에 따르면, 조지 돈데로 의원은 이 단체로부터 영예로운 금메달을 수여받았다. "예술 속의 공산주의를 의회에서 폭로해 준" 공로를 기린다는 이유에서였다.

의 목소리가 의사당과 보수 언론을 통해서 퍼져 나갔다. 현대미술에 대한 비난은 "이 초현대적인 예술가들이 무의식중에 크렘린의 도구로 이용당하고 있다"라는 주장에서 절정에 달했으며, "추상회화는 사실 미국의 전략적 방어 체계를 적들에게 세밀하게 알려 주는 비밀 지도"라는 주장까지 나올 지경이었다.[3] 이를테면 "현대 예술은 실제로 간첩 행위의 수단"이라는 것이다. 또 다른 비난도 나왔다. "현대 회화를 어떻게 해석할지 알고 있는 사람이라면, 그림 속에서 미국 방어 체계의 취약점과 볼더 댐[4] 같은 중요한 건축물을 볼 수 있을 것이다."

현대 예술들에게는 험난한 시기였다. 돈데로 일당의 공격에 특히나 큰 상처를 입은 사람들은 1940년대 후반에 등장한 추상표현주의자들이었다. 그들을 실제로 하나의 집단이라고 부르기는 어려웠다. 한때 데 쿠닝이 "우리를 그렇게 부른다면 정말 끔찍한 일"이라고 주의를 준 바 있듯이, 그들은 미적인 면에서 정형화된 공통분모를 지니고 있다기보다는 예술적 모험이라는 취향을 공유할 뿐인 서로 이질적인 화가들의 무리였을 따름이다. 하지만 그들은 같은 과거를 공유하고 있었다. 그들 중 대부분은 루스벨트 집권기에 뉴딜정책의 일환으로 마련된 연방미술프로젝트Federal Arts Project를 맡아 작업했었기 때문이다. 그들은 이 프로젝트를 통해 받은 지원금으로 정부를 위해 작업했고, 그 와중에 좌파 정치가들과 어울렸다. 그들 중 대표적인 인물이 바로 잭슨 폴락이다. 폴락은 1930년대에 멕시코의 벽화가 다비드 알파로 시케이로스David Alfaro Siqueiros가 주최하는 공산

---

3 Ibid.에서 해럴드 하비(Harold Harby)의 말.
4 1936년 뉴딜정책의 일환으로 콜로라도 강 중류에 건설된 높이 221미터, 너비 200미터의 거대한 댐. 1947년에 제31대 대통령 후버(Herbert Clark Hoover)를 기념해 후버 댐으로 개칭되었다. ─ 옮긴이

주의 워크숍에 참가했었다. 아돌프 고틀리브Adolph Gottlieb, 윌리엄 배지오즈William Baziotes를 비롯한 많은 추상표현주의자들 또한 공산주의 활동가 출신이었다. 그들이 "이론적으로 투철한 '좌파'"가 아니었다는 사실은 돈데로 일당에게 중요하지 않았다. 돈데로 일당에게는 작가의 이력과 작품을 구별할 의지와 능력이 없었기에, 이들은 작가의 정치적 이력과 미적 표현을 단순하게 싸잡아 둘 다 저주했다.[5]

돈데로는 추상표현주의에서 공산주의자들의 음모를 보았지만, 미국 문화계의 주류 인사들은 정반대의 미덕을 발견했다. 그들에게 추상표현주의 작품은 반공주의 이데올로기, 자유 이데올로기, 자유 기업가 정신을 이야기하고 있었다. 이 예술의 비구상적 성격과 정치에 대한 침묵은 추상표현주의가 바로 사회주의 리얼리즘의 대척점임을 말해 준다. 그것은 소련이 증오해 마지않았던 예술 형태 중 하나였지만, 앞으로 추상표현주의가 맡을 역할은 그 이상이 될 터였다. 추상표현주의의 옹호자들이 주장하는 바에 따르면, 이 예술은 미국에게 현대 예술의 만신전萬神殿 속에서도 확고하게 자리 잡을 수 있는 여지를 주고 있었다. 일찍이 1946년에 평론가들은 이 새로운 미술에 박수를 보내며 "독립적이며 자존적이고 국가의 의지, 영혼, 성격을 드러내는 진실된 표현"이라고 평가한 적이 있다. 이 평론가들 눈에 "새로운 미술은 그 미학적 특성을 보아, 어중간한 지성으로 해외의 '이론'을 조립하고 편집하고 소화하는 방식으로 단순하게 이식해 놓는

---

5 이 예술가들의 공산당 입당은 의회 반미활동조사위원회에 의해 세심하게 문서화되어 있다. 이 기록은 1947년 5월 의회 기록에서 인용된 것이다. 예술가들의 블랙리스트에는 40명 이상의 이름이 올라 있다. 윌리엄 배지오츠, 스튜어트 데이비스(Stuart Davis), 아서 도브(Arthur Dove), 아돌프 고틀리브, 필립 거스턴(Philip Guston), 존 마린(John Marin) 등이다(House Congressional Record, 13 May 1947).

방식이 아니기 때문에 미국의 예술이 더 이상 유럽의 영향에 종속되지 않아도 될 것"처럼 보였던 것이다.[6]

이 새로운 국가적 발견의 주요 대표자는 잭슨 폴락이었다. "그는 위대한 미국의 화가였다." 동료 미술가 버드 홉킨스Budd Hopkins의 말이다. "그러한 인물이기 위해서는 우선 유럽에서 넘어오지 않은 미국 토박이여야 한다. 그리고 몸집 큰 미국 마초들의 덕목인 과묵함이 있어야 하고, 무모할 정도로 거칠게 덤벼드는 성질이 있어야 한다. 게다가 카우보이라면 금상첨화다. 동부 출신이어서는 안 되며, 하버드 출신이어도 안 된다. 멕시코인이나 인디언의 피가 섞여서는 안 되고 유럽이나 다른 쪽도 마찬가지다. 피카소나 마티스에게 영향을 받아서는 안 되며, 바로 미국 본래의 토양에서 자라난 예술가여야 한다. 술에 대한 탐닉은 헤밍웨이의 악덕이므로 허용될 것이다. 두주불사 또한 위대한 미국의 악덕이기에."[7]

폴락은 모든 면에서 이 유형에 딱 들어맞는 사람이었다. 그는 와이오밍 주 코디의 양 목장에서 태어나 마치 카우보이처럼 뉴욕 미술계에 등장했다. 말수는 적고 코가 삐뚤어지도록 술을 마시는, 거침없는 서부 사람 그 자체였다. 물론 이 과거는 신화화된 것이다. 폴락은 말도 타본 적이 없고, 와이오밍은 어릴 적에 떠나왔었다. 그러나 서부 사람의 이미지는 그에게 딱 들어맞았고, 너무나 미국적인 풍모 때문인지 사람들은 그 이미지를 곧이곧대로 믿어 버렸다. 언젠가 빌럼 데 쿠닝은 폴락이 나오는 꿈을 꾼 적이 있다고 했다. 마치 영화 속 카우보이처럼 술집 문을 거칠게 열어젖힌

6 Frederic Taubes, "New Art", *Encyclopaedia Britannica*, 1946.
7 Frances Stonor Saunders, *Hidden Hands: A Different History of Modernism*, London: Channel 4 Television, 1995.

폴락이 "나는 세상에서 그림을 제일 잘 그린다!"라고 외치는 꿈이었다. 그에게는 말런 브랜도의 근성과 제임스 딘의 반항기가 있었다.

이제는 붓조차 들기 힘든, 무기력에 빠져 늙어 가는 유럽 모더니즘의 대표자 마티스의 옆으로 혈기 방장한 폴락이 모습을 드러내고 있었다. 폴락은 '액션페인팅'이라 알려진 기법을 들고 나타났다. 땅바닥 위에 거대한 캔버스를 놓고(야외면 더 좋았다) 그 위에 온통 물감을 뿌리면, 흩뿌려진 물감이 만드는 불규칙한 선들의 덩어리가 캔버스 위를 가로지르고, 물감이 경계 밖으로 넘쳐 나오면, 그는 마치 아메리카 대륙을 다시 발견하려는 듯 심혈을 기울이는 모습을 보여 주었다. 술로 충전되어 자유분방하고 무아지경에 빠진 폴락의 손이 빚어낸 모더니즘은 엄청난 열광을 몰고 왔다. 어느 평론가가 "술 취한 피카소"라고 평했음에도, 다른 모든 사람들은 앞다투어 "미국 회화의 승리"라며 찬사를 보냈다. 폴락의 찬미자들에게 미국은 활기 넘치고 건강하고 자유분방하며 거대한 나라였다. 그리고 폴락의 작품은 위대한 미국의 신화, 즉 두려움을 모르는 개인이 홀로 외치는 자유의 목소리를 담고 있었다. 이 목소리는 「스미스 씨 워싱턴에 가다」Mr. Smith Goes to Washington, 「12명의 성난 사람들」Twelve Angry Men(추상표현주의자들도 한때 '성난 사람들'The Irascibles을 자처했다) 같은 할리우드 영화가 소중히 간직해 온 전통이었다.[8]

1948년, 성미 급한 술꾼이자 혈혈단신으로 미술계에 뛰어들어 격론을 일삼던 미술 평론가 클레멘트 그린버그는 이 새로운 미학에 대해 과분할 정도의 찬사를 보냈다. "아실 고키Arshile Gorky, 잭슨 폴락, 데이비드 스미스David Smith처럼 에너지와 작품성으로 충만한 새로운 인재들의 등

---

8 두 영화 모두 정의와 진실을 위해 고군분투하는 주인공의 이야기를 담고 있다. — 옮긴이

장으로 지난 5년간 미국 예술의 수준이 얼마나 신장되었는지 생각해 보라. …… 엄청난 정치적 힘과 산업적 생산력의 중심으로서는 물론 서구 예술의 주요한 범주들이 마침내 미국으로 옮겨 왔다는, 우리 스스로도 놀랄 만한 결론에 다다르게 된다."[9] 다시 말해, 이제 더 이상 예술가들이 미국을 자신의 예술을 성장시키기 위해 유럽으로 '탈출'해야 하는 불모지라 여기지 않았다는 말이다.[10] 훗날 제이슨 엡스타인은 이러한 주장에 일부 동의하면서도, 비판적인 태도로 다음과 같이 말했다. "미국, 특히 뉴욕은 이제 세계 정치와 금융 권력의 중심지가 되었고, 물론 문화 권력의 중심지가 된 것 또한 사실입니다. 허나 그 어떤 거대한 권력이 그에 걸맞은 예술 없이 존재할 수 있겠습니까? 틴토레토Tintoretto 없는 베네치아처럼, 조토Giotto di Bondone 없는 피렌체처럼, 함께 가는 예술이 없이는 거대한 권력이 될 수는 없지요."[11] 추상표현주의가 제국의 짐을 짊어진 화차라는 생각이 자리를 잡기 시작했다. 하지만 이 예술이 그토록 정치적·도덕적 증오가 난무하던 시기에 등장했다는 사실은 미래의 후원자들에게 엄청난 딜레마를 안겨 주었다.

얼뜨기 같은 주장임이 분명했지만, 1940년대 후반 돈데로는 이런 주장으로 미국 미술을 정치선전의 무기로 사용하려던 미국 국무부의 연이은 시도를 좌절시키는 데 성공했다. 그 시작은 돈데로와 블레셋 야만인들이 1947년 국무부가 주최한 '진보하는 미국 미술'Advancing American Art 전시회를 철회하라고 압력을 넣어 성공을 거두면서부터다. 원래 전시회에 내

9 Clement Greenberg, "The Decline of Cubism", *Partisan Review*, March 1948.
10 Robert Hughes, *American Visions: The Epic History of Art in America*, New York: Knopf, 1997.
11 Jason Epstein, interview in New York, June 1994.

걸릴 79점의 '진보적' 작품들 중에는 조지아 오키프Georgia O'Keeffe, 아돌프 고틀리브, 아실 고키의 작품들이 포함되어 있었고, 유럽과 남미에서도 전시회를 열 계획이었다. 전시회는 파리를 시작으로, 프라하로 이동했다. 프라하 전시회 때는 소련에서 즉각 대항 전시회를 연 것으로 보아 전시회가 성공적인 정치선전이 되었음이 분명하다. 이 행사는 공식적으로는 "외국의 감상자들이 현대 미국 미술은 전적으로 학술용이라거나 유럽의 것을 모방하고 있다는 통념을 버리도록 만들기 위해" 마련된 것이라 밝힌 바 있다.[12] "드디어 우리는 모조 코냑 병에 들어 있는 국내산 브랜디나 와인 흉내를 내는 무알콜 포도주스가 아니라 나무통에서 숙성시킨 진짜 버번 위스키를 수출할 수 있게 되었다. 이 나라에서 와인에 버금가는 술이라고 당당하게 말할 수 있는 우리 술과 같은 그런 예술을 말이다."[13] 어떤 미국 평론가는 이렇게 자화자찬했다. 그러나 전시회는 미국 미술에 진보를 가져다주기는커녕 씁쓸한 퇴보만을 안겨 주었다. 의회에서의 격렬한 논란 끝에, 체제 전복적이며 '비非미국적'이라고 지탄을 받았던 것이다. 의회 연설에서 한 연사는 이 전시회에는 악의적인 의도가 있다며 다음과 같이 말했다. "이 전시회의 의도는 미국인들이 흉물스러운 몰골로 실의에 빠져 있거나 쇠약해져 있는 모습뿐만 아니라, 주어진 운명에 매우 불만족스러워하면서 정치체제를 바꾸려고 간절하게 애쓰고 있는 모습까지도 외국인들에게 보여 주려고 한다. 공산주의자들과 뉴딜을 앞세운 그 똘마니들이 유

---

12 Taylor D. Littleton and Maltby Sykes, *Advancing American Art: Painting, Politics and Cultural Confrontation*, Alabama: University of Alabama Press, 1989. '진보하는 미국 미술'전은 문화적 외교정책이라는 넓은 맥락에서 고려되어야 한다. 이 전시회는 미국의 자신감, 안정성, 그리고 계몽적 성격을 국제적으로 알리기 위해 기획·전시되었다.
13 *Ibid.*에서 앨프리드 프랑크푸르터(Alfred M. Frankfurter)의 말.

효한 선전 도구로 쓰려고 예술에까지 손을 뻗친 것이다."[14] "이런 쓰레기들에 쓰려고 세금을 내는 나는 그저 멍청한 미국인이오!" 다른 참석자도 외쳤다. 이 참석자의 언사를 들어 보면 거의 제시 헬름스Jesse Helms[15]의 조상 격이라 할 만하다. "이런 시시껄렁한 그림 나부랭이들이 …… 미국적인 삶에 대한 이해를 향상시킬 것이라고 믿는 사람이 이 의사당 내에 한 명이라도 있다면, 그 사람은 이런 그림을 그린 자들이 원래 있던 정신병원으로 함께 보내 버려야 한다."[16] 그래서 전시회는 취소되었고 그림들은 정부 잉여 물품으로 95퍼센트 이상 할인된 가격에 팔렸다. 전시회를 대표하는 많은 예술가들이 (그 당시 자존심 강한 선구적 예술가들에게는 필요 불가결했던) 좌파 정치에 손을 댔었다는 혐의가 제기되자, 미 국무부는 이에 화답하여 향후 공산주의자나 공산주의 동조자와 관련된 미국 예술가의 전시회에는 정부 지출을 금지하겠다는 소심한 결정을 내려 버렸다. 그럼으로써 "아방가르드 예술이 비非미국적이라는 인식이 미국 정부의 공식 입장"으로 구체화되었다.[17]

고급 예술이라는 궁전 문 앞에 육박해 온 야만인이라는 끔찍한 이미지가 이제 문화 엘리트들의 머릿속에 똬리를 틀고 있었다. 드와이트 맥도널드는 아방가르드 예술에 대한 비난들을 '문화 볼셰비즘'이라 부르면서, 이것이 미국 민주주의 이름으로 이루어지기는 했지만, 실제로는 예술

14 *Ibid.*
15 1973년 처음 상원의원이 된 공화당 보수주의 강경파. 핵무기 실험 금지 조약 반대, 중국·소련·북한·쿠바 등 미국 안보에 위협이 되는 상대에 대한 초강경 대응, 쿠바와의 교역을 중단하는 헬름스버턴 법안(Helms-Burton Act) 등의 활동에 그의 정치적 입장이 드러나고 있다. ─ 옮긴이
16 House Congressional Record, 14 May 1947에서 브라운 상원의원의 말.
17 Jane De Hart Matthews, "Art and Politics in Cold War America", *American Historical Review*, vol.81/4, October 1976.

에 대한 전체주의적 공격을 보여 주고 있다고 주장했다. 또한 소련, 그리고 실제로 유럽의 대부분은 미국이 문화의 불모지이며, 미국 의원들의 행위는 그 말을 확증해 주는 증거가 되어 버렸다고 덧붙였다. 미국의 위대함과 자유를 보여 주는 예술이 있음을 세상에 알리고 싶었던 고위층의 전략가들은 국내의 반대에 부딪혀 아방가르드 예술을 공개적으로 지지할 수 없는 형편이 되어 버렸다. 그렇다면 그들은 어떤 다른 방법을 찾았을까? 바로 CIA에 도움을 청하는 것이었다. 추상표현주의를 비방하려는 시도에 맞서, 그 장점을 알리는 투쟁이 곧 시작되었다.

"돈데로 의원 때문에 아주 난처했었죠." 훗날 브레이든의 회고담이다. "그 사람은 모더니즘 예술을 용납하지 않았어요. 돈데로 의원에게 모더니즘 예술은 가짜였고, 나쁜 것이었고, 추한 것이었습니다. 그래서 그 망할 놈의 그림들과 싸움을 벌였던 겁니다. 게다가 우리가 벌이려는 사업 중에 의회의 승인을 받아야만 시행될 일들을 그 양반이 다 망쳐 놓고 말았죠. 해외에서 미술 전시회를 연다든가, 교향악단을 보내서 공연을 한다든가, 잡지를 펴낸다든가 하는 일들 말이죠. 그래서 그런 활동이 의회 승인 없이 비밀리에 진행되었어야 했던 겁니다. 민주주의 국가에서 다 투표로 결정한다고 하면 이런 것들은 무조건 부결되겠죠. 그러니까 비밀로 활동을 할 수밖에요. 예술에 개방적이기 위해서 먼저 비밀 유지부터 해야 했던 겁니다."[18] 바로 여기에 문화계의 냉전을 수행하면서 미국의 전략이 처한 절묘한 역설이 다시금 드러나고 있다. 민주주의가 만들어 낸(또한 민주주의의 예술적 표현으로 호들갑스럽게 선전되었던) 예술의 확산을 위해서 먼저 민주주의적인 절차를 기만해야 했기 때문이다.

18 Tom Braden, interview in Virginia, June 1994.

CIA는 목적 달성을 위해 다시 한 번 민간 영역에 손을 벌렸다. 지금도 변함없는 얘기지만, 미국에서는 대부분의 미술관에 전시된 미술 작품 컬렉션이 개인 소유이거나 개인의 후원을 받는다. 그중에서도 현대미술과 아방가르드 미술 전시에 가장 두각을 나타냈던 곳이 바로 뉴욕현대미술관MoMA이다. 1940~50년대에 이르는 대부분의 기간 동안 이곳의 이사장을 맡았던 사람은 넬슨 록펠러였다. 아울러 그의 어머니 애비 올드리치 록펠러Abby Aldrich Rockefeller는 1929년에 이 미술관을 공동으로 설립한 바 있다(그래서 넬슨은 이곳을 '엄마네 미술관'Mommy's Museum이라고 불렀다). 넬슨 록펠러는 추상표현주의의 열렬한 지지자였는데, 추상표현주의를 '자유기업가들의 회화'라고 불렀으며, 불과 몇 년 사이에 개인 컬렉션만 2500점 이상을 수집했다. 그 외에도 록펠러 소유의 체이스맨해튼 은행 빌딩 로비와 벽에 수천 점의 작품을 걸어 놓았다.

좌파 예술가를 후원하는 것은 록펠러 가족에게는 익숙한 일이었다. 애비 록펠러는 멕시코 화가이자 혁명가 디에고 리베라Diego Rivera(한때 미국 대사관 앞에서 "양키에게 죽음을!"이라고 외치면서 시위한 적이 있다)[19]를 후원하기로 결정했던 적이 있었는데, 많은 반대가 따르자 "우리가 빨갱이들의 예술적 인식을 일깨워 줄 수 있다면" 그들은 빨갱이 짓을 멈추게 될 것이라고 주장했었다. 그래서 자연스럽게 MoMA 역사상 두 번째로 리베라의 단독전이 열렸다. 1933년, 넬슨 록펠러는 새로 건축한 록펠러센터의 벽화를 리베라가 맡도록 했다. 리베라의 작품을 돌아보던 어느 날, 넬슨은 벽화 속에서 영락없이 레닌으로 보이는 인물을 발견했다. 그는 리베라에게 가서 정중하게 이 인물을 벽화에서 빼달라고 부탁했다. 리베라 또한 그

---

19 디에고 리베라의 아내 또한 유명한 화가 프리다 칼로(Frida Kahlo)이다. — 옮긴이

럴 수 없다고 정중하게 거절했다. 그러자 넬슨의 지시를 받은 경호원들이 벽화를 둘러쌌다. 리베라는 작품 계약금 일체(2만 1000달러)를 받았지만 계약은 이미 파기되었다는 통보를 받았다. 1934년 2월, 완성을 눈앞에 두고 있던 벽화는 결국 해머질에 무너져 내리고 말았다.

이 경우는 후원이 실패로 돌아간 특별한 사례라고 할 수 있지만, 후원의 기본 원칙들은 변하지 않았다. 좌파 예술가들은 후원해 줄 만한 가치가 있다는 주류 인사들의 믿음 또한 계속되었다. 그 과정에서, 예술가들에게 쏟아지는 정치인들의 시끄러운 소리는 후원자가 기부하는 땡그랑 동전 소리에 묻혀 잠잠해질 수 있었다. 추상표현주의의 중요성을 알린 예술 평론가 클레멘트 그린버그는 유명한 글 「아방가르드와 키치」Avant-Garde and Kitsch에서 깨어 있는 후원자들의 후원으로부터 이데올로기적인 타당성을 발견했다. 1939년 『파르티잔리뷰』에 게재된 이 평론은 아직까지도 엘리트에 대한 신뢰와 반反마르크스주의적 관점에서 모더니즘을 다룬 최고의 글로 평가받고 있다. 이 글에서 그린버그는 아방가르드가 "그 예술이 실제적으로 귀속되어야 할 우리의 지배 계층으로부터 버림받고 있다"라고 썼다. 유럽에서는 전통적으로 "지배 계층 중에서도 엘리트들"이 후원을 한다. …… [아방가르드는] 지배계급으로부터 스스로 단절되어 있다고 생각했지만, 돈이라는 끈은 마치 탯줄과도 같이 예술가와 후원자 사이를 항상 밀접한 관계로 유지시킨다."[20] 그의 주장에 따르면, 미국에서도 똑같은 체계적인 후원이 널리 확산되어야만 했다. 문화적 냉전이 추상표현주의와 맺은 깊은 관계는 여기서도 찾아볼 수 있다. CIA가 민간의 투기 자본가들과 함께 한 후원 활동들 또한 바로 이 원칙에 따른 것이었기 때문이다.

20 Clement Greenberg, "Avant-Garde and Kitsch", *Partisan Review*, Fall 1939.

특히 톰 브레이든이 진보적인 예술가들은 그들을 먹여 살릴 엘리트를 필요로 한다는 그린버그의 제안에 매료되었다. 마치 르네상스 시절 선조들이 그랬던 것처럼 말이다. 그는 이렇게 말했다. "시스티나 성당의 벽화[21]를 외뢰했던 교황이 누구였는지는 기억이 나지 않습니다만, 이탈리아 국민들에게 의견을 묻도록 투표에 부쳤다면, 부정적인 반응이 아주 많이 나왔을 것이라고 생각합니다. '다 벗고 있잖아'라든가 '이건 내가 상상한 신의 모습이 아니야' 같은 의견들 말이죠. 당시 이탈리아에 의회가 있었다면 의회도 허락하지 않았을 거라고 생각해요. 그래서 예술을 이해하고 후원할 수 있는 돈 많은 사람이나 교황이 필요합니다. 그렇게 몇 세기가 지나고 나면 사람들이 말하겠지요. '이것 좀 봐! 시스티나 성당이야. 정말 세상에서 가장 아름다운 건축물이로군.' 그것은 처음 후원을 받았던 예술가와 그 첫 후원자였던 교황 혹은 백만장자 이래로 예술이 줄곧 직면해 왔던 문제입니다. 그런데 그런 교황이나 백만장자가 없었다면, 우리에게는 그런 예술 작품이 없었을 테지요."[22] 브레이든이 말하는 후원이란 사람들이 원하는 것이나 원한다고 생각하는 것이 아니더라도, 마땅히 그들에게 있어야 할 것을 지도하고 교육할 의무를 포함하는 개념이었다. "무식한 사람들, 또는 좀 더 좋은 말을 쓰자면 그저 이해를 못할 뿐인 사람들과 항상 싸워 나가야 합니다."[23]

---

21 시스티나 성당은 교황 식스투스 4세가 15세기에 건립한 바티칸 시국의 성당이다. 본당 좌우 벽면에는 보티첼리(Sandro Botticelli)를 비롯하여 기를란다요(Domenico Ghirlandaio), 시뇨렐리(Luca Signorelli), 페루지노(Pietro Perugino) 등 당시 이탈리아의 청년 화가들이 3년에 걸쳐 완성한 벽화가 있으며, 1508년 교황 율리우스 2세의 명령을 받은 미켈란젤로(Michelangelo)는 「천지창조」를 비롯한 천장의 벽화를 완성한다. ― 옮긴이
22 Tom Braden, interview in Virginia, June 1994.
23 Ibid.

"이 문제를 대할 때, CIA가 예술에 진지한 태도를 보였다고들 하는데, 이는 도착적인 방식으로 문제를 바라보기 때문에 그런 겁니다." 미술 평론가 필립 도드Phillip Dodd의 말이다. "정치가들이 예술계에 손을 댈 때는 마치 예술이 그들에게 **중요한 의미**가 있는 것처럼 보이도록 만드는데, 이는 대단한 속임수입니다. 파시스트건 소련이건 미국 CIA건 말이죠. 그래서 1950년대 미국 최고의 예술 평론가는 CIA라는 도착적인 주장이 가능해집니다. 왜냐하면 실제로는 이런 유럽 초현실주의에서 출현한 구좌파들의 예술이 자기네들이 지향하는 바들과 서로 안 맞는 게 마땅했는데도 계속 신경을 써줬기 때문이죠. 그리고 CIA는 그런 예술 유파의 잠재적인 힘을 보고 동반자의 관계를 맺기로 했던 겁니다. 당시 많은 예술 평론가들에게서조차 기대할 수 없는 일이었죠."[24]

"추상표현주의에 관한 한 CIA가 모든 것을 만들어 냈다고 내일이라도 당장 뉴욕과 소호 다운타운에 나가 기꺼이 외칠 수 있습니다. 그때 사람들이 어떻게 하나 보고 싶네요."[25] CIA 요원 도널드 제임슨은 이렇게 농담부터 던졌다. 그다음 CIA와의 관련성에 대해 차분한 설명을 이어 나갔다. "우리는 이런 종류의 미술이 사회주의 리얼리즘과 아무 관련도 없으며, 오히려 사회주의 리얼리즘을 실제보다 더 양식화되고 엄격하고 틀에 박힌 것으로 보이게 만들었다는 사실을 잘 알고 있었습니다. 이런 추상표현주의와 사회주의 리얼리즘이라는 두 예술의 관계는 몇몇 전시회를 통해 이용되었죠. 당시는 모스크바에서 그들만의 엄격한 형식에 순응하지 않는 작품들에 대해서 살벌한 비난을 퍼붓고 있을 때였습니다. 소련 사람

24 Philip Dodd, interview in London, July 1994.
25 Donald Jameson, interview in Washington, June 1994.

들이 그렇게 심각하게 비판하는 것이라면 어떤 식으로든 지원할 가치가 있다는 매우 정확하고 합당한 추론이 그런 식으로 나오게 되었습니다. 물론 이런 종류의 문제를 해결하기 위해서는 CIA의 조직이나 활동을 통해서 직접 하던 일 중에서 둘이나 셋 정도는 다른 곳으로 이관해야만 했습니다. 그런 식으로 하면 잭슨 폴락을 맡는 문제나 이런 사람들을 조직의 영향 아래 두는 문제는 해결되겠죠. 그런 사람들은 그저 그런 데 끝줄에 세워 두면 되는 겁니다. 그렇게 되면, 우리와 예컨대 로버트 마더웰Robert Motherwell[26] 같은 사람 사이의 관계가 사람들의 이목을 끌 수 있다고는 생각지 않았습니다. 가까워질 수도 없었고, 또 마땅히 가까워져서도 안 되었죠. 왜냐하면 그런 사람들 중 대부분은 정부를 존중하지도 않았고, 특히 CIA라면 더했기 때문이지요. 어떤 식으로든 워싱턴 쪽보다 모스크바 쪽과 더 가깝다고 생각하는 사람들을 이용해 먹으려고 했다면, 글쎄요, 아마 그렇게 이관을 해놓는 편이 훨씬 더 나았을 겁니다."[27]

예술계에 보이는 CIA의 관심을 적절히 감출 수 있도록 그러한 이관 작업을 떠맡아 준 곳이 바로 뉴욕현대미술관MoMA이었다. 그러나 MoMA 이사회와 각 위원회 감사 내용을 보면 CIA와의 더욱 폭넓은 관련성이 드러난다. 그중 첫 번째이자 가장 중요한 인물은 이사장 넬슨 록펠러였다. 그는 전시에 국무부 산하 미주정책조정국Coordinator of Inter-American Affair, CIAA이라는 이름의 대對라틴아메리카 정보 부서를 이끌었다. 다른 많은 활동도 해왔지만 특히 이 정보기관은 '현대의 미국 회화들'을 내건 순회 전

---

26 미국의 추상표현주의 화가이자 평론가로, 추상표현주의를 내세워 활동하던 화가·시인·안무가·음악 등의 집단을 지칭하는 '뉴욕파'의 일원이었다. 마더웰은 뉴욕파에서 가장 젊은 축에 속하면서도 '뉴욕파'라는 명칭을 만든 사람이다. — 옮긴이
27 Ibid.

시회를 후원했다. 전체 전시회 중 19개 전시회는 MoMA와 계약을 맺고 있었다. 또한 정부로부터 해외 정책 연구 하청 계약을 맺은 뉴욕의 싱크탱크 록펠러브러더스기금의 이사로서 넬슨 록펠러는 미국 외교정책을 명확히 연구하고 다듬기 위해 당시 가장 영향력 있는 인사들의 회의를 주재했다. 1950년대 초, 그는 앨런 덜레스와 톰 브레이든에게서 비밀 첩보 활동에 대해 브리핑을 받았다. "제 생각에 넬슨은 우리가 무슨 일을 하는지 거의 전부 알고 있었던 것 같아요." 톰 브레이든의 말이다. 1954년 아이젠하워의 냉전전략 특별 자문 역으로 임명된 것이나(C. D. 잭슨의 후임이었다), CIA의 첩보 활동을 포함한 국가안전보장회의의 모든 정책 결정을 감독하는 기획조정실장직을 수행한 것을 보면, 그것은 합당한 추측이었다.

넬슨 록펠러의 친한 친구인 존 '조크' 헤이 휘트니는 오랜 기간 MoMA의 이사였으며, 미술관 관장과 이사장을 지낸 인물이다. 그로턴, 예일, 옥스퍼드에서 수학한 휘트니는 상당한 유산을 신생 사업이나 브로드웨이 연극, 할리우드 영화 등에 투자해 막대한 이익을 얻었다. 1940~42년에 록펠러의 미주정책조정국CIAA 영화 부문 부장을 맡아 북미와 남미 간의 친선 메시지로 가득 찬, 디즈니Disney사의 「살루다스 아미고스」Saludas Amigos 같은 영화를 제작하기도 했다. 휘트니는 1943년 전략사무국OSS에 합류한 뒤, 1944년 8월에 남프랑스에서 독일군에게 체포되어 동쪽으로 향하는 열차로 이송 도중 대담하게 탈출에 성공했다. 그는 전후戰後에 J. H. 휘트니사를 설립했다. 이 회사는 "보수적인 경로를 통해서는 투자 자금을 유치하는 데 어려움을 겪을지도 모르며, 개척되지 않은 상태에 처한 새롭고 위험도 높은 비즈니스에 재정적인 지원을 제공함으로써 자유기업 시스템의 확산에 헌신하는 회사"로 선전되었다.[28] 잘 알려진 공동 출자자로 휘트니와 폴로 경기를 함께 하는 친구이자 CIA 부국장까지 맡게 될 윌리엄 H. 잭슨William H. Jackson이 있었다. 또한 휘트니는 심리전전략위원회PSB에서 맡은 직책이 있었고, 그곳에서 "CIA에서 유용하게 쓰일 다양한 방법들"을 계발하게 된다.[29]

또 다른 관련 인물로 윌리엄 버든이 있었는데, 그는 1940년 자문위원회 위원장으로 미술관에 처음 합류했다. '코모도어' 밴더빌트의 방계 후손이었던 버든은 냉전 기득권층의 전형이었다. 전쟁 중 공군부 장관Secretary of State for Air이 되기 전까지 역시 록펠러의 미주정책조정국에서 일했다. 그 또한 '최고의 금융 투자가'로 부와 명성을 얻었다. 수많은 준정부 조직에 CIA의 파필드재단까지 이끌었던(이사장까지 지냈다) 그는 CIA의 앞잡이로 활동하는 것을 즐겼던 것 같다. 1947년에는 미술관 소장품 관리위원장으로 임명되었고, 1956년 MoMA의 관장이 되었다.

버든이 관장으로 재직하는 동안 "미술관 운영과 관련한 각종 방침들은 르네 다농쿠르René d'Harnoncourt가 결정"했고, 협의 후에는 "대부분 형식적인 대리 승인의 방식으로" 업무가 진행되었다고 한다.[30] 다농쿠르는 이런 일을 맡음으로 인해 궁정의 울지 추기경[31]처럼 MoMA 안팎으로 자신의 엄청난 재능을 펼칠 기회를 얻게 되었다. 오스트리아 빈에서 태어난 195센티미터의 키와 105킬로그램의 몸무게의 다농쿠르는 범상치 않은

28 E. J. Kahn, "Man of Means", *The New Yorker*, 11 August 1951.
29 David Wise and Thomas B. Ross, *The Espionage Establishment*, New York: Random House, 1967.
30 Russell Lynes, *Good Old Modern: An Intimate Portrait of the Museum of Modern Art*, New York: Atheneum, 1973.
31 토머스 울지(Thomas Wolsey) 추기경은 16세기 영국에서 헨리 8세를 등에 업고 막강한 정치적 영향력을 발휘했다. 의료·사회 사업 담당관으로 공직을 시작, 요크대주교, 추기경, 대법관, 교황특사 등의 직위를 거친다. 과도한 재물욕과 정치욕을 갖고 있던 그는 헨리 8세 이혼 문제로 갈등하다 모든 관직을 박탈당했다. 성직자에 대한 사회적 불신을 불러일으켜 영국 종교개혁의 빌미가 되었던 인물이다. — 옮긴이

인물이었다. "궁내 시종장까지 오르며 번창했던 중세 유럽 귀족 집안에, 로렌 공작, 룩셈부르크 백작, 합스부르크 황제 일가의 토지를 관리했던 가문들과 직계와 방계로 얽힌 자손"이었던 것이다.[32] 다농쿠르는 1932년 미국으로 이주해 전쟁 중 CIAA의 예술 담당 부서에서 일했다. 거기서 넬슨이 그를 미술관에 채용했고, 1949년에는 미술관 대표직에 올랐다. 다농쿠르는 "무한한 다양성과 끝없는 탐험을 보여 주는 모더니즘 예술"이 민주주의의 "궁극적 상징"이라 믿었고, 1950년대에는 공산주의에 대항하는 문화 캠페인의 재정 지원 확보를 위해 공공연하게 의회에 로비를 벌였다. 브레이든은 "MoMA 사람들이 내부적으로 자체에서 일을 처리하도록" 하는 방침을 유지하면서도, 르네 다농쿠르에 대해서는 "미술관 내부에서 CIA와 협력하는 데 가장 적합한 인물"이라고 생각했다. 그가 국가안전보장회의NSC의 작전조정위원회Operations Coordinating Board, OCB(이후 심리전전략위원회PSB로 대체되었다)에 자문을 준 적이 있다는 사실은 확실하다. 게다가 정기적으로 국무부에 보고를 올리기도 했다. 다농쿠르가 맡은 이러한 연락 업무를 보면, 그가 선조들과 마찬가지로 대대로 주군들을 모시는 가신으로서 필요 불가결한 재능을 펼쳐 왔다는 점은 확실히 흥미로운 대목이다.[33]

콩그레스시가Congress Cigar Company의 상속자 윌리엄 페일리William Paley 또한 정보원들의 세계와 긴밀하게 연결된 MoMA의 이사였다. 앨런 덜레스와 개인적으로도 친구 사이였던 페일리는 헨리 루스(역시 MoMA의 이사였다)가 자신의 타임-라이프 제국을 이용했던 것과 마찬가지로 자신이 소

---

32 G. Hellman, "The Imperturbable Noble", *The New Yorker*, 7 May 1960.
33 Ibid.

유한 방송사 CBS를 통해 CIA 직원들에게 위장 취업 자리를 제공했다. 이러한 관계가 한창일 때는, CIA 간부들이 1년에 한 번 사적으로 저녁 식사를 하며 브리핑을 받을 때 CBS 기자들이 참석하기도 했다. 이러한 저녁 식사 자리는 "좋은 시가와 환담을 나누는 성인들의 모임"으로 덜레스의 집이나 워싱턴에 있는 그의 회원제 클럽인 알리바이에서 열렸다. 페일리와 CIA의 협력 관계에 대해, CBS의 어느 간부는 "페일리가 기억나지 않는다고 말하는 유일한 주제"라고 증언한 바 있다.[34]

이름들이 계속 나올수록 관련성도 더욱 깊어진다. 예를 들어 조지프 버너 리드는 MoMA 이사인 동시에 파필드재단 이사였다. 가드너 콜스도 마찬가지였다. 플레이시먼도, 캐스 캔필드도 그랬다. MoMA 창립 멤버 오베타 컬프 하비는 자유유럽위원회 이사였고, 그녀는 가족 소유 재단을 CIA의 자금 통로로 이용할 수 있도록 허락했다. 하비가 아이젠하워 정부에서 보건교육복지부 장관직을 수행하던 시절, 그 비서였던 조앤 브레이든Joan Braden은 그전에는 넬슨 록펠러 밑에서 일하던 사람이었다. 조앤은 톰 브레이든과 결혼했다. 브레이든도 CIA에 합류하기 전에 넬슨 록펠러 밑에서 일했다. 1947년에서 1949년까지 MoMA 사무국장으로 일했던 것이다.

고어 비달이 말했던 것처럼, "뜬금없이 생겨난 우리 자코뱅들의 공화국에서는 모든 것이 수많은 조직들로 연결되어 있는데, 이는 더 이상 놀라운 일이 아니다". 이러한 야합은 단순히 그 당시 미국 권력의 특성을 보여 주고 있을 뿐이라는 주장도 물론 가능하다. 하지만 이 사람들이 단지 개인적으로 서로 아는 사이였기 때문에, 혹은 그들이 사회적으로(또는

---

34 Carl Bernstein, "The CIA and the Media", *Rolling Stone*, 20 October 1977.

형식적으로) CIA의 분부를 받들어야 했기 때문에, 아니면 새로운 미국 예술의 부흥을 위해서 공모자가 되었던 것만은 아니다. MoMA가 어느 정도는 공식적으로 정부가 수행하는 비밀 문화 전쟁 프로그램에 참여했다고 끈질기게 제기되는 주장을 그들 서로 간의 살가운 관계가 확인해 주고 있기 때문이다. 이러한 추문은 1974년 에바 카클로프트Eva Cockloft가 『아트포럼』Artforum에 기고한 중요한 글 「추상표현주의: 냉전의 무기」Abstract Expressionism: Weapon of the Cold War에서 확인할 수 있는데, 글은 이렇게 결론을 맺고 있다. "문화계의 냉전적 정치 공학과 추상표현주의의 성공 사이의 관계는 결코 우연히 생겨난 것이 아니다. ……그 관계는 미술관을 관리하고 유럽 지식인들의 마음을 얻기 위해 기획된 계몽주의적 냉전 전략을 지지하는, 당대 최고의 영향력을 가진 몇몇 인물들에 의해 의도적으로 구축된 관계였다."[35] 더 나아가 카클로프트는 "문화계에 대한 정치선전을 수행했다는 측면에서 CIA의 문화계 기관들과 MoMA의 해외 프로그램들의 기능은 거의 같았고, 사실상 상호 지원 하는 관계였다"라고 주장했다.[36]

"폴락인지 뭔지, 나는 그런 사람들 키워 주는 일과는 거리가 먼 사람입니다." 로런스 드 네프빌의 말이다. "그런 이름은 언제 처음 들어 봤는지 기억도 안 나요. 하지만 조크 휘트니와 앨런 덜레스가 현대미술로 뭔가 해보자고 의기투합했다는 얘기는 들은 적이 있습니다. 국무부가 의회에 굴복한 뒤였죠. 아마도 '상호 지원'이라는 말로 그 관계를 정의할 수 있지 않을까 싶네요."[37] CIA와 MoMA 간의 공식적 협의를 보여 주는 확실한 증거

35 Eva Cockloft, "Abstract Expressionism: Weapon of the Cold War", *Artforum*, vol.12/10, June 1974.
36 Ibid.
37 Lawrence de Neufville, telephone interview, April 1997.

는 없다. 중요한 사실은 그러한 협의조차 전혀 필요하지 않았다는 점이다.

이 미술관이 추상표현주의를 후원한 의도가 미국의 국제적 이미지를 은밀히 개선하려는 움직임과 어떤 형태로든 연결되어 있다는 주장이 나오면서, MoMA의 입장을 옹호하는 사람들은 이러한 주장을 집요하게 반박해 왔다. MoMA 옹호자들은 그중에서도 반박의 근거로 MoMA 스스로도 추상표현주의 운동이 처음 등장했을 당시 실제로 그 운동을 무시했었다고 주장하고 있다. 그런데 이 주장을 들어 보면 이상한 점이 있다. "MoMA의 추상표현주의 전시는 국내는 물론 해외에서도, 대체로 1950년대 후반이 되어서야 열리게 되었다. 이때라면 이 유파의 1세대는 이미 2세대에게 자리를 내준 시점이다."[38] 이상은 MoMA의 의뢰로 쓴 마이클 키멜먼Michael Kimmelman의 반론이다. 하지만 MoMA가 단순히 눈앞에 있는 것을 놓쳤을 뿐이라는 주장은 솔직하지 못하다. 오히려 추상표현주의가 제일 처음 등장했을 때부터 이 미술관이 그러한 유파의 작품들을 꾸준히 수집해 왔다는 사실을 무시하는 주장이기 때문이다. 1941년부터 MoMA는 아실 고키, 알렉산더 칼더Alexander Calder, 프랭크 스텔라Frank Stella, 로버트 마더웰, 잭슨 폴락, 스튜어트 데이비스, 아돌프 고틀리브의 작품들을 수집했다. 1944년 5월에는 "20세기 작품의 구매 비용을 마련하기 위해 19세기 작품 일부"를 경매를 통해 판매하기도 했다. 이 판매에서 얻은 수익금은 실망스러울 정도였지만 "폴락, 마더웰, 로베르토 마타Roberto Matta의 주요 작품"을 구입하는 데 쓸 현금은 충분히 마련되었다. "이와 같이, 현대 예술을 추구하는 미술관으로서 사람들의 기대에 부응하기 위함이며, 특히 미

---

38 Michael Kimmelman, "Revisiting the Revisionists: The Modern, its Critics, and the Cold War", *Studies in Modern Art 4*, New York: Museum of Modern Art, 1994.

술관의 후원이 생존해 있는 화가들의 부와 경력에 결정적인 영향을 끼친다는 무한한 도덕적 책임감을 인지한다"[39]라는 미술관 측의 이러한 주장은 결국 새로운 세대의 미국 화가들을 사육용 우리 속으로 몰아넣겠다는 의미였을 뿐이다.

내부의 반대를 무릅쓰고도 작품을 수집했다는 사실은 추상표현주의를 굳건한 고전의 지위에 올려놓겠다는 MoMA의 의지를 더욱 잘 설명해 주는 대목이다. 보수 신문의 적대적인 비판을 등에 업은 미술관 소장품 관리위원회의 일부 위원들이 "추상표현주의자'라 불리는 미술가들의 작품을 포함하여, 특정 작품의 편향된 수집이 과연 정당한지 의문을 제기"한 적도 있지만,[40] 그들의 저항은 아무런 소용이 없었다. 마크 로스코Mark Rothko의 작품을 구입한 데 항의해 위원 한 명이 사퇴했는데도 만류하는 사람이 아무도 없었던 것이다. 해외 순회 전시로 기획된 '18세기에서 현재까지 미국의 회화'American Painting from the 18th Century to the Present Day전에 걸릴 작품으로 마더웰, 마크 토비Mark Tobey, 조지아 오키프, 고틀리브의 작품 모두가 선정되었다. 첫 전시회는 1946년 런던에서 열렸고, 유럽의 다른 주요 도시로 이어질 예정이었다. 이것이 정부의 공식적인 지원 아래(국무부와 전시정보부의 후원이 있었다) 진행된 첫 추상표현주의 단체전의 등장이었다. 같은 해 MoMA에서는 고키, 마더웰, 토비, 시어도어 로작Theodore Roszak 이 포함된 '14인의 미국인'Fourteen Americans이라는 전시회를 열었다. 1948년, MoMA를 위해 활동했던 링컨 커스틴Lincoln Kirstein은 이 미술관이 "일을

---

39 Museum of Modern Art, report of the trustees, 1945. Alfred Barr, *Painting and Sculpture in the Museum of Modern Art 1929-1967: An Illustrated Catalogue and Chronicle*, New York: Museum of Modern Art, 1977에서 재인용.
40 Ibid.

지나칠 정도로 잘해 내고 있다"라고 개탄하는 글을 『하퍼즈』에 기고했다. 커스틴의 말에 따르면, 미술관은 스스로 "현대 추상미술의 훈련 기관"이 되었으며, 그 교육 방침은 "즉흥성을 수단으로, 형태의 파괴deformation를 공식으로 삼아 인테리어 업자들과 고압적인 세일즈맨들이 꾸며 놓은 그림의 탈을 쓴 오락거리"를 양산한다는 얘기였다.[41] 1952년, 에드워드 호퍼Edward Hopper, 찰스 버치필드Charles Burchfield, 구니요시 야스오Yasuo Kuniyoshi, 잭 레빈Jack Levine을 포함한 일부 1950년대 미국 화가들도 MoMa 비판에 나섰다. 「사실주의 선언」Reality Manifesto으로 알려진 글에서 그들은 MoMA가 "시간이 갈수록 대중들의 눈에는 추상미술, 비구상미술과 동의어가 되어 가고 있다"라면서 "MoMA의 입장이 하나의 '독단적인 교리'가 되었다는 생각이 들며, 이러한 예술이 온 나라에 당연하다는 듯이 유행하는 데에는 MoMA의 책임이 매우 크다"라고 주장했다. 같은 해 공산주의 월간지 『대중과 주류』Masses and Mainstream는 추상미술과 그 '성지'인 MoMA를 풍자하는 신랄한 제목의 글을 발표했다. 이 글의 표제 '돈, 낙서, 그리고 죽음' Dollars, Doodles, and Death은 소름 끼칠 정도로 예언적이다.

MoMA가 뒤늦게 추상미술에 관심을 가졌다는 주장은 과연 타당한가? 1951년 하반기에 시드니 재니스Sidney Janis가 프랑스갤러리Galerie de France에서 주최한 '파리의 미국 전위예술'American Vanguard Art for Paris이라는 단체전은 완전히 실패했다. 평가는 잘해야 미온적이었고, 대부분은 명백한 혹평 일색이었다. 게다가 한 점의 그림도 팔리지 않았다. "때가 너무 일렀죠." 재니스의 결론이었다. 나중에 다른 개인 갤러리 소유자들이 뉴욕파의 옹호자가 된 것이 MoMA가 초기에 보여 준 안목에 빚지고 있다는 점은

---

41 *Harper's Magazine*, October 1948.

두말할 나위가 없다. "마더웰이나 고틀리브, 배지오츠 같은 화가를 받아들인 첫 미술관이 MoMA라는 점은 분명히 말해 두고 싶습니다." 쿠츠갤러리의 새뮤얼 쿠츠Samuel Kootz가 한 말이다. "(당시 MoMA 관장인) 앨프리드 바는 특히 이 세 화가에 열광적이었고, 이 열광을 버튼이나 넬슨 록펠러, 그리고 MoMA의 다른 이사진들에게 전파했습니다."[42]

유행을 선도하던 당대의 권위자 앨프리드 바가 추상표현주의를 지지했다는 사실은 이 예술이 성공하는 데 필수 요소였다. 1902년 디트로이트에서 태어난 바는 1918년 프린스턴대학에 입학해 예술사와 전쟁사, (전략과 전술에 관한 그의 관심을 반영하는) 체스에 몰두했다. 1929년, 애비 올드리치 록펠러의 권유로 MoMA의 초대 예술 감독이 되었고, 1943년 르네 다농쿠르에게 자리를 물려줄 때까지 재직했다. 하지만 바는 미술관 내에서 자기 사무실을 유지했고, 다시 1947년 2월 미술관 소장품 관리위원장으로 임명되었다. 드와이트 맥도널드는 『뉴요커』의 인물 소개란에서 바를 "수줍음 많고, 여리며, 조용한 목소리에 학자적 풍모를 지녔고, 매부리코에 안경을 낀 모습의 얼굴로 고대 그리스 조각이나 사려 깊은 정신분석가와 같은 신비한 미소로 안도감을 주는 인물"로 묘사했다. 하지만 맥도널드는 바가 "그저 맘 좋고, 늙어서 정신이 혼미한 교수" 이상의 인물임을 알아봤다. "그의 조용하면서도 독선적인 일처리는 정치인들보다도 한 수 위였다. 앨프리드 바는 '교묘한 솜씨'Italian hand로 미술관을 권모술수의 장으로 만드는 데 한몫했다. 이런 분위기에 질려 버린 어떤 예술가가 이 미술관을 '신화Myth의 전당이 아닌, 미스터리Mystery의 전당'이라고 부를 정도로 미

42 Lynn Zelevansky, "Dorothy Miller's 'Americans' 1942-1963", *Studies in Modern Art 4*, New York: Museum of Modern Art, 1994.

술관에서는 필요 이상의 일들이 벌어졌다." 더 나아가 맥도널드는 페기 구겐하임Peggy Guggenheim의 말을 인용했다. 구겐하임은 한때 "바의 집요한 성격이 너무 싫다"라고 말한 바 있다. 또한 바의 다른 동년배는 "앨프리드는 예수회적인 구석이 있다. 예수회가 '신의 크나큰 영광을 위해'ad majorem Dei gloriam[43] 갖은 모략을 꾸몄듯이, 바 또한 현대 예술과 미술관의 크나큰 영광을 위해 교묘한 술책을 부렸다"라고 말하고 있다.[44]

이처럼 고도로 정치적이었던 시기, MoMA의 전략 이면에는 바의 '교묘한 솜씨'를 보여 주는 증거가 있다. 바는 먼저 미술관의 추상표현주의 육성에 대한 반대 의견을 무마하기 위해서 교묘한 술책을 부렸다. 그 일환으로 "특히 미술관 전시 프로그램에서 대외적으로나 전략적으로 아무것도 인정하지 않되, 행동으로 분명히 보여 주는 양동정책"[45]을 폈다. 그러한 정책에 따라, 먼저 낭만주의 회화나 구상화와 같이 지배적인 취향이 드러나는 전시회를 부족함이 없도록 개최했다. 그래서 어느 평론가는 MoMA가 "우리 시대의 예술"보다 "우리 할아버지 시대의 예술"에 집착한다고 비판하기도 했다.[46] 하지만 동시에 바는 뒷문으로 뉴욕파의 작품들을 수집했고, 추상미술에 대해 광범위한 제도적 지원론을 신중하게 펼쳤다. 타임-라이프의 헨리 루스를 설득해 새로운 예술에 대한 편집 방침을 바꾸

---

43 예수회의 표어로 쓰이는 문구. ― 옮긴이
44 Dwight Macdonald, "Action on West 53rd Street", *The New Yorker*, 12 and 19 December 1953.
45 Zelevansky, "Dorothy Miller's 'Americans' 1942-1963".
46 클레멘트 그린버그는 1943년에 나온 이 복고반동적 성격의 평론 「미국 낭만주의 회화」(Romantic Painting in America)를 (빙엄George Caleb Bingham, 버치필드, 에이킨스Thomas Eakins, 호머 Winslow Homer, 왓킨스Franklin C. Watkins 같은 화가들을 포함하여) 검토하면서, 미국 낭만주의 회화는 그 모든 다방면의 노력에도 불구하고 말라비틀어진 뼈다귀가 살로 다시 뒤덮이고, 시체들이 소생하며, 우리의 쇠약한 신경이 망상을 낳던 시기를 대표할 뿐이라고 일축했다(Clement Greenberg, "Art", *The Nation*, 1 January 1944).

도록 한 사람도 바로 앨프리드 바였다. 루스에게 보낸 편지에서 바는 새로운 예술을 소련처럼 비판해서는 안 되며, 특별히 보호를 해야만 하는 이유는 결국 이 새로운 예술이 "예술에서 자유기업"을 구현하기 때문이라고 썼다.[47] "미국의 건강한 지성"이라는 구절을 입에 달고 살던 루스는 바와 MoMA의 구애에 설복되었던 것이다. 1949년 8월, 『라이프』는 중앙 펼침면의 특집 기사를 잭슨 폴락에 할애하면서, 폴락과 그의 작품을 모든 미국 가정의 커피 테이블 위에 올려놓았다. 그러한 언론 보도가(그리고 이러한 언론 보도를 위한 바의 노력이) 무관심의 껍질을 깨뜨려 놓았던 것이다.

MoMA 소장 작품을 유럽으로 임대한 일은 뉴욕파의 행운을 가장 잘 보여 준다. 1952년부터 록펠러브러더스기금으로부터 수령한 5년간 매년 12만 5000달러가량의 국제전시프로그램International Program의 후원을 통해, 미술관은 대규모 추상표현주의 수출 프로그램을 개시했다. 바는 이 프로그램이 "해외 지식층을 겨냥한 선의의 홍보" 형태라고 말한 바 있다(다른 MoMA의 관련자는 "해외에서 미국에 대한 이해를 돕는 막대한 자산"이라고 평가했다).[48] 프로그램의 책임자는 예일대를 졸업하고 넬슨 록펠러의 대對라틴아메리카 정보 조직에서 일했던 포터 매크레이Porter McCray가 맡았다. 1950년 12월, 그는 MoMA 순회전시국장으로 일하다 1년간 휴직을 하고, 파리의 마셜플랜 문화 부문에 배속되어 외무 담당관으로 일한 바 있다. 러셀라인즈Russel Lynes는 MoMA의 역사를 다룬 자신의 책에서 이러한 움직임에 대해 다음과 같이 썼다. "미술관은 이제 자신의 힘으로 전 세계(혹은 철

---

47 Alfred Barr, to Henry Luce, 24 March 1949(AB/MoMA).
48 Alfred Barr, introduction to "The New American Painting" catalogue, 1958. 화려한 그림으로 꾸민 이 카탈로그는 '두 인심 좋은 기부자' 덕분에 세상에 나왔다. 그중 하나는 익명을 원했던 영국인이고 또 다른 하나는 미 해외공보처(USIA)였다.

의 장막 밖의 모든 세계)를 개종시킬 수 있음에 기뻐하고 있다. 지금 우리가 해외로 전도하려는 이 종교는, 유럽에서 수입된 신념이자 과거에 근본적인 계시로 여겨 왔던 예술 형태가 아니라 미국의 자생적인 예술이다.[49] 프랑스에서 매크레이는 미 국무부의 (소위) 좌파 예술인에 대한 공식적인 박해가 야기하는 부정적인 결과들을 직접 목격했다. 어느 미국 대사관 직원은 이를 "미국의 관심사와 실행 사이의 괴리"라고 불렀다. "그러한 괴리는 유럽인들이 이해할 수 없는 것일 뿐 아니라, 미국이 서구 문명의 근본적인 가치를 공유하는 데 실패했다는 공산주의자들의 비판을 정당화해 주었다."[50] 매크레이는 이러한 분위기를 바로잡아야 한다는 사명을 가지고 MoMA로 돌아왔다. 매크레이의 의지에 따라, 순회 전시를 위한 작품의 대여가 극적으로 증가했다. 어느 내부 보고서에 따르면 그 증가량이 "불안한 지경에 이를 정도"였다고 하니, 1955년 미술관은 "18개월 동안 미국 회화 최고의 작품들을 빼앗긴 채로 있던 것이나 마찬가지인" 셈이다. 1956년까지 이 국제전시프로그램은 33개에 이르는 국제 전시회를 조직했고, 그중에는 이탈리아 베네치아 비엔날레 참가도 포함되어 있었다(민간 자격으로 참가한 유일한 나라가 미국이었다). 그와 동시에, 해외 주재 대사관과 영사관에 대한 대여도 비약적으로 증가한다.

"MoMA의 국제전시프로그램을 문화계에 대한 정치선전과 관련짓는 기사가 연이어 나왔어요. CIA와 관련이 있다는 의혹도 있었죠. 당시 제가 거기서 일했으니까 하는 말인데요. 절대 사실이 아닙니다!"[51] 매크레이

49 Lynes, *Good Old Modern*.
50 American Embassy in Paris, to State Department, 11 June 1953(SD.CA/RG59/NARA).
51 Waldo Rasmussen, interview in New York, June 1994.

의 조수 월도 라스머슨Waldo Rasmussen의 말이다. "국제전시프로그램이 주안점을 둔 것은 예술이었지, 정치도 아니고 정치선전도 아닙니다. 사실 이 미국 미술관에게 중요한 일은 문화계에 대한 정치선전이라는 느낌이 나서는 안 된다는 것이었어요. 바로 그 이유 때문에, 미국 대사관이나 미국 정부 인사와의 관계가 드러나는 게 항상 이로운 일만은 아니었죠. 전시회에 정치선전의 의도가 있지 않느냐는 의심을 살 수 있었으니까요. 사실은 그렇지 않았어요."[52]

그러나 MoMA는 정치선전으로부터도 정부 인사로부터도 자유롭지 못했다. 예를 들어, 1952년 파리의 '20세기의 걸작' 페스티벌 측은 세계문화자유회의가 주최하는 전시회에 작품을 공급해 주기로 계약을 맺었는데, 그 과정에는 CIA가 전시회에서 수행하는 역할이 무엇인지 확실히 인지하고 있던 미술관 이사들의 후원이 있었다. 더욱이 전시회 큐레이터였던 제임스 존슨 스위니(MoMA 자문위원회 위원이었고, 미국문화자유위원회 위원이기도 했다)가 행사가 정치선전으로서 가치가 있다고 공식적으로 천명하기도 했다. "현재 전시 중인 걸작들은 나치 독일이나 현재 소비에트를 비롯한 그 위성국들에서는 감히 창작되거나 전시가 허용될 리 없는 작품들일 것이다."[53] 추상미술이 민주주의와 동의어고, 그래서 '우리 편'이라는 관점은 앨프리드 바도 강조하는 바였다. 그는 냉전적 수사를 빌려 다음과 같이 주장했다. "예술가의 불복종과 자유를 사랑하는 마음은 획일화된 독재 정권에서라면 용서받을 수 없다. 현대미술은 독재자의 정치선전에는 아무런 쓸모가 없기 때문이다."[54]

52 Waldo Rasmussen, interview in New York, June 1994.
53 James Johnson Sweeney, press release, 18 April 1952(ACCF/NYU).

나보코프의 '20세기의 걸작' 전시회보다 훨씬 더 세인의 이목을 끌었던 것은 1953~54년 열린 '현대 미국 회화와 조소 12인전'Twelve Contemporary American Painters and Sculptors[55]이라는 순회 전시회로, 오로지 뉴욕파의 작품만을 모은 MoMA의 첫 전시회였다. 파리의 국립현대미술관Musée national d'art moderne에서 첫선을 보인 이 전시회는 15년 만에 처음으로 프랑스에서 열린 중요한 미국 미술 전시회였다. 전시회가 프랑스를 대상으로 한 '문화 침공'의 선봉에 서는 것 아니냐는 비난을 미연에 방지하기 위해(당시는 프랑스의 문화적 국수주의를 과소평가할 수 없던 때였다), MoMA는 전시회가 프랑스 미술관 측의 요청으로 열리는 것이라고 주장했다. 그러나 사실은 정반대였다. 파리 주재 미국 대사관이 보낸 공문에는 다음과 같은 내용이 나와 있다. "1953년 2월 초, MoMA 측은 우리 대사관 문화교류부에 파리 국립현대미술관 대표 장 카수Jean Cassou와 현재 전시회 개최가 가능한지에 대해 협의해 달라고 요청해 왔습니다. 카수 씨는 1954년 봄까지 전시 일정이 이미 꽉 차있다고 밝혔습니다만, 이 전시회 개최 요청을 듣고 기존의 계획을 조정해, 이미 잡혀 있던 벨기에 화가 앙소르James Ensor전을 연기하기로 했습니다."[56] 공문에서는 "미국 정부가 주관하는 미술 프로그램이 없어 대사관이 이 요청에 대해 어떤 것도 임의로 진행할 수 없는" 문제를 지적하고 있다. 하지만 공문에는 다음과 같은 내

54 Alfred Barr, "Is Modern Art Communistic?", *New York Times Magazine*, 14 December 1952.
55 그 12인의 예술가는 잭슨 폴락, 아실 고키, 존 케인(John Kane), 데이비드 스미스, 벤 샨(Ben Shahn), 알렉산더 칼더, 존 마린, 모리스 그레이브스(Morris Graves), 스튜어트 데이비스, 에드워드 호퍼, 이반 올브라이트(Ivan Albright), 시어도어 로작이었다.
56 American Embassy in Paris, to State Department, 11 June 1953(NA, RG59). 장 카수는 뉴욕과 파리의 예술계를 이어 주는 중요한 연결 고리다. 이 무명 시인은 레지스탕스 활동에 대한 보답으로 파리 국립현대미술관을 이끌게 되었다. 이 '고관대작 나으리'는 예술에 대해서는 잘 몰랐지만, 세계문화자유회의뿐만 아니라 정치적으로 영향력이 있는 집단에 한몫 끼는 일은 참 잘했다.

용이 나와 있다. "미국 미술 전시회 개최를 고려하고 있는 상황에서, 이러한 진행상의 난관을 넬슨록펠러기금Nelson Rockefeller Fund의 기여로 벗어날 수 있게 되었습니다. 기금 측에서 MoMA에 국제 전시회에 사용할 자금을 할당해 주었습니다."[57]

전시회에서 공식적인 역할을 맡을 수는 없었기 때문에, 미국 대사관은 MoMA와 프랑스 주최 측 사이에서 눈에 띄지 않게 연결책 역할만 했다. 여기에는 프랑스 외교부, 교육부와 밀접한 관련이 있는 프랑스예술활동협회Association Française d'Action Artistique가 함께 참여했다. 이 협회는 주요한 '기부자'로 자처하면서, 호화로운 카탈로그와 포스터 등 "전시회를 위한 모든 홍보물"을 마련했다. 그 관계는 자못 흥미롭다. 협회는 세계문화자유회의에도 '기부'를 하고 있었고, 플레이시먼의 말에 따르면 협회장 필리프 엘랑제Philippe Erlanger는 "회의와 관련한 문제로 찾아갈 때마다 가장 협조적이며 가장 도움을 많이 주는 프랑스인 중 하나였기 때문이다".[58] 엘랑제는 사실 프랑스 외교부에 있는 CIA의 지정 연락책이었다. 엘랑제의 든든한 지원 덕분에 세계문화자유회의는 프랑스 정부의 공식적인 자금으로 문화계에서 정치선전 활동을 벌일 수 있었다(이번 경우에는 MoMA가 그 덕을 보았다). 그렇기에 전시회를 각별히 여겨 손수 작품을 설치하기도 했던 르네 다농쿠르로서는 이러한 커넥션을 모를 리 없다. 게다가 일부 프랑스 언론은 전시회 이면의 정치적 술책을 파악해 버렸다. 그래서 프랑스 국립현대미술관에는 '미국의 세력권' 확장을 위한 전진기지라는, 또한 전시회의 작가들에게는 '포스터 덜레스(당시 미 국무장관) 씨의 열두 제자들'이

57 American Embassy in Paris, to State Department, 11 June 1953(NA, RG59).
58 Julius Fleischmann, to Bob Thayer, 25 February 1960(CCF/CHI).

라는 오명이 붙었다.

　'현대 미국 회화와 조소 12인전'이 다음 일정(취리히, 뒤셀도르프, 스톡홀름, 오슬로, 헬싱키를 순회할 예정이었다)을 위해 짐을 꾸리는 동안, MoMA는 이미 문화자유회의와 다시 한 번 직접적인 관계를 맺고 또 다른 전시회를 준비했다. MoMA의 전시·출판 담당 디렉터 먼로 휠러Monroe Wheeler는 1954년 4월 9일 나보코프에게 보낸 편지에서 다음과 같이 말했다. "우리 미술관 협력위원회에서는 18세에서 35세 사이 화가들의 작품을 전시하자는 귀하의 프로젝트에 최대한 협조하기로 결정했습니다. 귀하 측의 국제자문위원 역할을 맡아 줄 사람으로 우리 미술관 회화·조소 담당 디렉터 앤드루 칸더프 리치Andrew Carnduff Ritchie 씨를 추천하고자 합니다."[59]

　이러한 협업의 결과가 바로 '젊은 화가들'Young Painters전이었다. 이 전시회는 로마의 국립현대미술관Galleria Nazionale d'Arte Moderna에서 첫선을 보인 후, 브뤼셀 미술의 전당Palais des Beaux-Arts(보자르센터), 파리의 국립현대미술관, 런던의 현대미술학회에서 개최되었다. 전시된 170여 점의 작품 거의 대부분이 추상화였다. 리치는 추상화 작업을 하는 화가들이 어느 정도 "대부분의 비공산주의 구상화가 가진 허약함, 심지어는 척박함"에 대한 반동으로 나타났다고 생각했다. 그는 리처드 디벤콘Richard Diebenkorn, 시모어 드러믈레비치Seymour Drumlevitch, 조지프 글래스코Joseph Glasco, 존 헐트버그John Hultberg, 어빙 크리스버그Irving Kriesberg, 시어도러스 스타모스Theodoros Stamos의 작품들을 선정했다. 그렇게 해서 리치는 추상표현주의라는 사조를 생소해하는 유럽 관객들에게 벌써 이 사조의 두 번째 세대를 선보였던 것이다.

59　Monroe Wheeler, to Nicolas Nabokov, 9 April 1954(CCF/CHI).

늘 그렇듯이 세계문화자유회의는 거액의 상금을 마련해 최고의 작품 세 점에 시상하기로 했다(헐트버그와 잔니 도바Gianni Dova, 앨런 레이놀즈Alan Reynolds가 최고 회화 1위를 공동 수상했고, 각각 1000스위스프랑 혹은 2000달러를 받았다. 상금은 플레이시먼의 '기부'로 조성되었다). 순회 전시를 하던 그해 내내 전시회의 조직, 운송 및 홍보에 들어간 자금은 파필드재단으로부터 직접 제공받았다. MoMA의 국제전시프로그램은 유럽으로 오고 가는 운송비를 록펠러브러더스기금에서 지원받은 돈으로 충당했다. 한편 문화자유회의 측 네트워크에 속한 언론들은 전시회의 효과를 증폭하는 역할을 담당했다. 1956년『프뢰브』10월호는 지면의 절반을 전시회에 할애했고, '추상미술 대 구상미술'이라는 주제로 세계 각국의 젊은 화가들을 대상으로 설문조사까지 실시했다.[60] 조셀슨 또한 "현대 회화라는 문제가 어찌하다 보니 나의 관심사가 되었다"라고 주장했다. 그는 설문조사 결과를 넬슨 록펠러에게 전달한 뒤, "오늘날 파리에서 가장 주목을 받고 있는 주제"라

60 문화자유회의 측의 잡지들은 이 새로운 예술에 호의적인 평가가 이루어질 수 있도록 유용한 기반을 제공했다. 마이클 조셀슨은 추상미술의 정치적 중요성에 대해 높이 평가했고, 이 예술이야말로 사회주의자들의 사실주의(사회주의 리얼리즘, 사회를 묘사하는 예술 전반이라 보아도 좋다)에 대한 민주주의 진영의 반격이라고 믿었다. 1954년 초에 있었던 공개 토론회가 끝난 후에, 조셀슨은 이탈리아의 알베르토 모라비아가 사회주의 리얼리즘과 관련해 공산주의적 관점을 고무·찬양하고 있다는 보고를 받았다. 그러자 조셀슨은 격노했다. 그는 즉시 로마에 체류하고 있던 니콜라스 나보코프에게 편지를 써서 공청회 하나를 조직해 보라고 지시했다. 그 공청회에서는 모라비아의 발언이 신뢰성이 떨어지며 모라비아는 '위선자'라고 매도될 예정이었다. Michael Josselson, to Nicolas Nabokov, 22 January 1954(CCF/CHI). 이듬해,『뉴스테이츠먼』의 미술 평론가 존 버거(John Berger)의 기고문이 나왔다. 이 기고문은 레나토 구투소(Renato Guttuso)를 비롯한 사실주의 회화를 배제한 채 열린 런던의 한 이탈리아 회화전을 비판한 내용이었다(이 글에서 존 버거는 서유럽의 미술가가 자신의 오른손을 잘라내 모스크바예술원의 늙은 화가처럼 그릴 필요도 없고, 왼손을 잘라내 뉴욕현대미술관을 안심시킬 필요도 없다고 썼다). 이 글을 읽고 멜빈 래스키는 조셀슨에게 편지를 썼다. "『뉴스테이츠먼앤드네이션』에 실린 이 지독한 내용의 지라시나 쓰기 전에, 이 파티 죽돌이 존 버거는 예술 평론가로서의 신조나 마음에 새겨야 할 것입니다. 특히 [1955년] 2월 5일자 180쪽을 보세요. 머리를 다 쥐어뜯게 되실 겁니다"(Melvin Lasky, to Michael Josselson, 7 February 1955(CCF/CHI)).

며 치켜세웠다.[61]

세계문화자유회의와 협력하면서 MoMA는 유럽 최고의 문화·예술 기관에 접근할 수 있게 되었다. 문화자유회의의 예술위원회에는 브뤼셀 미술의 전당, 스위스의 현대미술관, 런던의 현대미술학회, 베를린의 카이 저프리드리히 미술관Kaiser-Friedrich-Museum, 파리의 국립현대미술관, (뉴욕 과 베네치아의) 구겐하임미술관, 로마의 국립현대미술관의 대표들이 참석 했다. MoMA의 경제력(그리고 그 이면의 파필드재단의 경제력)을 등에 업은 이 예술위원회는 유럽 전역의 미적 취향에 광범위한 영향을 미쳤다. 어느 기자는 '젊은 화가들'전 감상평에서 이렇게 쓰고 있다. "전시회가 다양한 조류의 추상미술이 널리 유행할 수 있도록 지원하는데도, 정작 전시회에 서 그다지 놀랄 만한 작품은 찾아보기 힘들다는 사실은 어쩌면 작품을 선 정하는 사람들의 인적 구성 탓인지도 모른다. 선정 위원들은 거의 모두 미 술관의 대표들로서, 그런 이유 때문인지 최고로 꼽히는 기존 작품들 이상 은 기대할 수 없다."[62]

이러한 미학적 교조주의의 유행은 그것이 단순히 미학적인 의제가 아니라 정치적인 의제로서 확산되었기 때문임이 분명해 보인다. 게다가 그 의제는 아이젠하워 대통령이 친히 승인한 바 있다. 그는 전임 트루먼 대통령과는 달리 모더니즘 예술이 '자유를 떠받치는 기둥'으로서 가치가 있다고 생각했다. 아이젠하워는 연설에서 MoMA가 하고 있는 일을 노골 적으로 지지하는 내용을 담아 이렇게 선언했다. "예술가들이 자유를 통해 높은 개인적 성취를 이루는 한, 또한 우리의 예술가들이 진정성과 자신감

61 Michael Josselson, to Porter McCray, 8 October 1956(CCF/CHI).
62 Press clipping, source unidentifiable, Summer 1955(ACCF/NYU).

을 가지고 창작의 자유를 누리는 한, 예술에서 건강한 진보가 이루어지며 건강한 논의들이 개진될 것입니다. …… 독재 정권의 예술에 비하면 이 얼마나 다른 모습입니까? 예술가가 정권의 도구이자 노예가 될 때, 그리고 예술가가 정치적 대의를 선전하는 선봉에 설 때, 진보는 발목을 잡히고 그 창의성과 천재성은 파괴되고 맙니다."[63] 이러한 생각은 전前 MoMA 국제 전시프로그램 이사장 어거스트 헥셔August Heckscher에게서도 되풀이된다. 그는 미술관의 작품들이 "시대적 투쟁의 중심이자, 독재에 대항하며, 자유를 위한 투쟁의 중심에 서 있습니다"라고 말했다. "파시즘이든 공산주의든, 독재가 있는 곳에서는 현대 예술이 파괴되고 배척받고 쫓겨난다는 사실을 알고 계실 겁니다."[64]

조지 케넌은 1955년 MoMA 사람들을 대상으로 한 연설에서 이 '자유 예술' 이데올로기를 설파했다. "외부 세계가 우리를 웃음거리로 보며 미국에 대한 선입견으로 우리의 국제적 지위가 매우 심각하게 영향받기 시작했는데, MoMA 사람들은 이와 같은 선입견을 바로잡아야 할 의무가 있다"라는 요지였다.[65] 케넌에 따르면 이러한 "부정적인 감정"은 "정치적인 문제 때문이라기보다는 문화적 조건의 영향이 크다". 이어지는 그의 주장은 모두를 놀라게 했다. "전체주의자들은 자신들의 체제 속에서 표면적으로는 예술가들이 확신과 열정을 향유하고 있음을 보여 주어야만 한다는 사실을 잘 알고 있습니다. 그래야만이 공산주의 체제가 희망이 넘치고

---

63 Dwight D. Eisenhower, "Freedom in the Arts"(MoMA 25th anniversary address), 19 October 1954. *Museum of Modern Art Bulletin*, 1954에서 재인용.

64 August Heckscher, MoMA 25th anniversary address. *Ibid*에서 재인용. 헥셔는 『뉴욕헤럴드트리뷴』 출신이다. 이 신문은 존 헤이 휘트니 소유로 추상미술을 꾸준히 후원해 왔다.

65 George Kennan, "International Exchange in the Arts"(address to the Council of MoMA), 1955. *Perspectives*, summer 1956에서 재인용.

홀륭한 문명을 창조했다고 그럴싸한 주장을 늘어놓을 수 있기 때문입니다. …… 그래서 저는 그들이 우리보다 먼저 이러한 평가를 점유하려는 짓을 잠자코 관망해야 한다는 사실에 슬픈 마음이 듭니다."[66] 케넌은 물었다. 그렇다면 앞으로 해야 할 일 중에서 무엇이 필수적인가? "우리는 …… 우리가 문화생활을 향유하고 있으며 그것을 소중히 생각한다는 점을 전부 세상에 보여 주어야 합니다. 문화생활을 소중히 여긴다는 말은 실질적으로 여기 우리 안방에서 이에 대한 격려와 지원을 아끼지 않으며 다른 곳의 유사한 활동에 대해서도 똑같이 마음을 쓴다는 뜻입니다. 국경을 넘어 나라 밖에서 성공을 거두고, 충분한 지원이 이루어져 인식의 개선이 이루어질 수 있다면, **저는 남아 있는 다른 모든 정치선전의 역량을 포기하는 대신에, 이 자체로 성취할 수 있는 결과들에만 집중하겠습니다.**"[67]

세계문화자유회의의 지원이 구상회화나 사실주의 미학보다는 대부분 실험적인 추상회화에 집중된 것도 이런 맥락에서 보아야 한다. 톰 브레이든과 도널드 제임슨의 언급을 보면, 새로운 예술을 받아들이고 그 활동을 지원하는 데 CIA가 모종의 역할을 했다는 사실은 분명하다. 파필드재단의 기록에서도 CIA가 금전적인 지원을 했다는 사실이 드러난다. '젊은 화가들'전에 대한 지원 외에도, 1959년 폴란드 독자들을 대상으로 한 현대미술 서적 발간을 위해서 MoMA의 국제위원회에 2000달러의 지원이 이루어지는 등 많은 자금이 파필드재단에서 MoMA로 흘러들어 갔다.

추상표현주의를 널리 알리기 위한 여러 조직들 중에서도, CIA가 가장 능동적인 역할을 수행했다는 데 대한 움직일 수 없는 증거가 하나 더

66 Ibid.
67 Ibid. 강조는 인용자.

있다. 1955년부터 1956년까지 이어졌던 '젊은 화가들'전이 끝나자마자, 니콜라스 나보코프는 이 전시회의 성과를 이어받을 다음 계획을 세웠다. 시작은 불안정했지만, 그의 제안은 1959년 초에 최종적으로 승인을 받았다. 당시 문화자유회의 내 음악미술장려위원회 위원장이자 MoMA의 국제예술자문위원회International Arts Council(국제전시프로그램이 확장된 조직이었다)의 위원이었던 플레이시먼은 문화자유회의와 MoMA, 두 조직의 연결책 역할을 맡고 있었다. 다시 한 번 MoMA는 다음 전시회를 위해 미국 예술가들의 참가작을 선정했다. 이들 작품 대부분은 파리 비엔날레 출품을 위해 이미 유럽으로 건너온 상태였다. 그해 말쯤 되자 나보코프의 비서는 전시회가 예정되어 있다는 소식이 "마치 폭풍처럼 예술계를 휩쓸고 지나갔다"라고 플레이시먼에게 이야기할 정도가 되었다. "파리의 모든 젊은 화가들, 모든 갤러리 대표들, 모든 예술 평론가들이 전시회에 대해 문의하려고 세계문화자유회의에 전화들을 하고 있습니다. 대단한 인기가 있을 것 같습니다."[68]

원래 전시회 제목은 '현대 회화의 시적 기원'Sources Poétiques de la Peinture Actuelle이었지만, 1960년 1월 마침내 루브르장식미술관Louvre's Musée des Arts Décoratifs에서 개최된 전시회에는 '대립들'Antagonismes이라는 좀 더 도발적인 제목이 붙었다. 전시회를 압도한 것은 마크 로스코(당시 프랑스에 머물고 있었다), 샘 프랜시스Sam Francis, 이브 클라인Yves Klein(파리에서의 첫 번째 전시회였다), 프란츠 클라인Franz Kline, 루이즈 네벨슨Louise Nevelson, 잭슨 폴락, 마크 토비, 조앤 미첼Joan Mitchell의 작품들이었다. 많은 작품들이 오스트리아 빈에서 파리로 가져온 것들이었다. 문화자유회의

68 Ruby D'Arschot, to Julius Fleischmann, 28 October 1959(CCF/CHI).

의 측은 1959년 CIA가 광범위하게 개입하여 공산주의 청년 페스티벌을 방해했던 빈에서의 행사에 이미 이 작품들의 일부를 내걸었던 바 있다. 빈 행사에만 1만 5365달러가 소요되었고, 규모가 더 큰 파리 행사를 위해서는 더 많은 금액이 필요했다. 1만 달러의 추가 지원이 하블리첼재단의 세탁을 통해 전달되었고, 프랑스예술활동협회에서 1만 달러를 추가로 더 지원했다.

'대립들'전에 대해 언론은 '후한 관심'을 보였지만, 문화자유회의 측으로서는 평론 기사들이 "대체로 매우 악의적"이었다는 사실을 인정할 수밖에 없었다. 추상표현주의의 "웅장한 반향"과 "숨 막힐 듯 어지러운 세계"에 압도당한 유럽의 평론가들이 있었는가 하면, 다른 한편으로는 이러한 요소에 당황하거나 분노하는 반응이 터져 나왔던 것이다. 바르셀로나의 어느 평론가는 그해 MoMA의 순회 전시회 '미국의 신회화'The New American Painting를 다룬 평론에서 잭슨 폴락과 그레이스 하티건Grace Hartigan의 대형 캔버스 회화 두 점이 미술관에 들여놓지 못할 정도로 너무 큰 나머지 미술관의 철제 출입구 위쪽을 잘라내야 했다는 사실을 듣고 끔찍한 생각이 들었다고 썼다. 역시 "세계에서 가장 거대한 작품"을 소개한 벨기에 신문『라리브르벨지크』La Libre Belgique는 "완전한 자유를 향한 광기를 보여 주는 이 작품은 마치 위태롭게 몰아치는 파도처럼 보인다"라며 우려를 표했다. "게다가 우리 벨기에의 추상화가들과 '공인받지 못한' 모든 유럽 예술가들은 이 고삐 풀린 거인들의 압도적인 힘 앞에 선 난장이들처럼 보일 뿐이다."[69] "마치 평론가들이 카탈로그를 잘못 받고 들어온 것은 아닌지, 그림들이 전부 서부의 총잡이 와이엇 어프Wyatt Earp나 빌리 더 키드

69 Clifford Ross, *Abstract Expressionism: Creators and Critics*, New York: Abrams, 1990.

Billy the Kid가 그린 것처럼 보였다"[70]라는 말처럼 전시회에서는 크기 면으로 보나 폭력성 면으로 보나 광활한 서부의 이미지가 흘러넘쳤다.

추상표현주의라는 거인 앞에서 자기가 왜소해졌다고 느낀 사람은 비단 유럽의 예술가들뿐이 아니었다. 애덤 고프닉Adam Gopnik은 "특대 사이즈의 추상 수채화는 미국 미술관의 유일한 스타일이 되어 버렸고, 두 세대에 이르는 사실주의자들을 지하로 몰아넣어 정물화를 마치 지하출판물samizdat처럼 돌려 보게 만들었다"라고 썼다.[71] 1959년, 존 캐너데이John Canaday도 "당시는 추상표현주의가 최절정의 인기를 구가하고 있었던 때로, 뉴욕에서는 뉴욕파 화가들의 화풍을 닮지 않은 무명 화가의 작품은 전시회를 열고자 해도, 마땅한 갤러리를 한 군데도 찾을 수 없을 정도였다"라고 했다.[72] 캐너데이는 또한 "추상표현주의가 성공을 악용하고 있으며, 흥청망청 독점하는 상황이 끝나야 한다"라고 지적하는 평론가들은 곧 "괴로운 상황"에 처하게 될 것이라는 경고를 받았다고 덧붙였다(그는 뉴욕파를 좋게 평가하지 않은 관계로 살해 위협을 받은 적도 있다고 주장했다).[73] 12년간의 외유를 마치고 미국으로 돌아온 페기 구겐하임은 "미술 운동 전체가 거대한 비즈니스 투자 사업이 되었다는 사실에 큰 충격을 받았다".

어느 평론가가 "기형적인 모더니즘 카르텔"이라고 평했던 MoMA는 집요한 태도로 추상표현주의의 역사를 날조해 내는 데 중심적인 역할을 수행했다. 추상표현주의는 이러한 역사를 통해 질서정연한 모습으로 체계화되어, 한때는 도발적이고 학계의 관례에 이질적이었던 모습을 버리

70 Ross, *Abstract Expressionism: Creators and Critics*.
71 Adam Gopnik, "The Power Critic", *The New Yorker*, 16 March 1998.
72 *New York Times*, 8 August 1976.
73 Ibid.

고, 공인된 매너리즘 혹은 공식 예술의 지위로 축소되었다. 그렇게 규범에 편입됨으로써, 가장 자유로운 형태의 미술은 이제 자유를 상실하고 말았던 것이다. 점점 더 많은 화가들이 더욱더 크고 더욱더 내용 없는 공허한 그림들을 점점 더 많이 쏟아 냈다. MoMA와 이 미술관이 속한 더욱 광범위한 사회적 계약의 규정 때문에, 이에 형식적으로 순응하던 추상표현주의는 키치Kitsch로 전락해 버릴 위기에 처하게 되었다. 제이슨 엡스타인이 말했다. "벌거벗은 임금님의 옷 같은 거죠. 옷을 걸치고 대로에서 행차하면서 외칩니다. '이 옷이야말로 위대한 예술 아닌가.' 연도에 늘어선 사람들은 그 말에 맞장구를 치겠죠. 감히 누가 클레멘트 그린버그나 자기네 은행 로비에 걸 그림에 돈을 써대는 록펠러 가문 사람들에게 맞서서 '아, 이거 끔찍하구먼' 하고 말할 수 있을까요?"[74] "백만 달러를 팽개치고 생떼를 쓸 미국인은 얼마 없다"[75]라는 드와이트 맥도널드의 말은 아마도 틀린 말이 아닐 것이다.

예술가들 스스로는 어땠을까? 작품을 전시할 때마다 종종 따라붙던, 그래서 피터 풀러Peter Fuller가 '이데올로기 세탁'이라 불렀던 냉전적 수사들에 반대하지는 않았을까? 문화적 냉전에서 미국 회화의 역할을 보면, 그중에서도 기이한 점은 미술이 사업의 일부가 되었다는 점뿐만이 아니라, 스스로도 의식적으로 비정치적임을 선언했던 이 운동이 고도로 정치성을 띤 예술이 되었다는 사실이다. "모더니즘 회화는 개인의 창의적 표현을 보위하는 철옹성이며, 정치적 좌파와 그 피를 나눈 형제 격인 우파 모두로부터 거리를 두고 있다."[76] 화가 폴 벌린Paul Burlin의 선언이다. 하지만

74 Jason Epstein, interview in New York, June 1994.
75 Macdonald, "Action on West 53rd Street".

평론가 해럴드 로젠버그에게 전후 예술은 "정치를 포기한다는 정치적 선택"을 수반하고 있었다. "그러나 정치 문제에 대한 기민한 정치적 대응으로 미루어 보아, 또한 이데올로기를 놓고 투쟁하면 세력만 약화되고 지지자만 쫓아버릴 뿐이라는 가식적인 설명을 보면······ 이 새로운 회기들과 지지 세력들은 당연히 당대의 사회문제에 확실히 발을 담그고 있었다."[77]

이 화가들의 작품은 그들의 말마따나 사회적·정치적 기능에 얼마나 거리를 두고 있었을까? 바넷 뉴먼Barnett Newman은 1943년 '현대 미국 화가 첫 초대전'First Exhibition of Modern American Artists의 카탈로그 서문에서 이렇게 썼다. "우리는 미국의 현대미술가로서 함께해 왔다. 왜냐하면 오늘 개최한 이 자리에서 새로운 미국의 모습과 세계적으로 문화의 중심이 될, 혹은 그러한 바람을 갖고 있는 미국의 모습을 충분히 반영하여 대중에게 선보일 필요가 있었기 때문이다."[78] 허나 뉴먼이 이렇게 국가주의라는 맥락을 언급한 것은 단지 실수였을까? "이러한 미국다움America-ness"을 "확실히 부담스러워"했던 빌럼 데 쿠닝은 이렇게 말했다. "작은 나라에서 온 사람들은 그런 게 없어요. 미술학교에 다니던 시절 누드를 그릴 때도, 나는 그림을 그렸던 것이지 네덜란드를 그렸던 것이 아닙니다. 가끔씩 미국의 화가들을 보면 야구 선수들같이 행동한다는 생각이 들었습니다. 미국 역사를 써나가는 팀의 일원 같은 느낌 말입니다."[79] 하지만 1963년, 데 쿠닝은 미

---

76 Serge Guilbaut, *How New York Stole the Idea of Modern Art*, Chicago: University of Chicago Press, 1983.

77 Alan Filreis, "Beyond the Rhetorician's Touch: Steven's Painterly Abstractions", *American Literary History*, Spring 1992.

78 Barnett Newman, introduction to "First Exhibition of Modern American Artists" catalogue, Riverside Museum, January 1943.

79 Ross, *Abstract Expressionism*.

대통령 훈장이 수여되자 매우 자랑스러워하며 받았다. 또한 잭슨 폴락은 이렇게 말했다. "미국만의 미술이라는 개념은······ 나는 불합리하다고 본다. 순수하게 미국적인 수학이나 물리학이라는 개념이 불합리한 것처럼 말이다."[80] 폴락은 데 쿠닝과 같은 영예를 받아들일까 말까 고민하기도 전에, 올즈모빌 자동차를 몰다 교통사고로 사망하고 말았다.

"미국의 회화를 유럽의 회화와 동등한 위상으로 만들겠다는 사명"에 참가하게 되어 처음에는 기뻐했던 로버트 마더웰은 시간이 흐르자 다음과 같이 생각하게 되었다. "생산품이 생산자보다 더 큰 힘을 가지다니 이상한 일이다."[81] 1970년대에 그는 추상표현주의에 대한 국가주의적 주장을 거부했고, 문화적 지도력에 독점적 권리를 행사하려는 미국에 맞서던 영국의 추상미술 화가 패트릭 헤런Patrick Heron을 옹호했다. 그는 헤런의 "'뉴욕 제국주의'에 대항하는 대담한 노력"에 대해 썼다. "영국에서 당신 세대는 신사의 예술을 넘어서는 영웅적 노력을 보여 주었습니다. 하지만 그러한 예술이 그때나 지금이나 정당하게 평가받지 못하고 있습니다. 뉴욕이 당신 세대에 대해 관대함이 부족하기 때문이라고 봅니다." 또한 마더웰은 "국수주의적이지 않은 현대 예술"을 기대한다고 덧붙인 후 "모든 미국인들이 몽골 침략자들 같지는 않다"라고 헤런에게 거듭 강조했다.[82]

그러나 마더웰은 미국문화자유위원회의 회원이었다. 배지오츠, 칼더, 그리고 (참여할 당시 술에 절어 있는 상황이긴 했지만) 폴락 또한 같은 회원이었다. 반면 사실주의 화가 벤 샨은 미국문화자유위원회ACCF를 "미

---

80 *Ibid*.
81 *Ibid*.
82 Robert Motherwell, to Patrick Heron, 2 September 1975. 이 편지를 선뜻 보여 준 패트릭 헤런에게 이 자리를 빌려 감사드린다.

국 문화계의 뭣 같은 놈들 위원회"ACCFuck라고 부르며 합류를 거부했다. 공산주의 동조자였던 로스코와 고틀리브는 둘 다 냉전 기간을 거치면서 헌신적인 반공주의자가 되었다. 1940년, 그들은 현대회화조소작가연맹 Federation of Modern Painters and Sculptors 창립을 도왔고, 연맹은 문화에 대한 국가주의적·반동적 정치운동의 모든 위협을 규탄하면서 활동을 시작했었다. 그러나 이후 수개월 내에 연맹은 예술 세계에서 반공주의의 첨병으로 변신했다. 연맹은 다양한 예술 단체들에 미치는 공산당의 영향을 발본색원하는 데 진력했고, 로스코와 고틀리브는 예술 세계에서 공산주의자들의 영향력을 분쇄하기 위해 노력을 경주했다. 반공주의에 대한 그들의 헌신은 너무나도 확고해서, 연맹이 1953년 투표를 통해 정치 활동을 중단하기로 결정하자 연맹을 탈퇴해 버릴 정도였다.

애드 라인하트Ad Reinhardt는 좌파임을 고수한 유일한 추상표현주의자였다. 그렇기 때문에 그는 1960년대까지 공식적인 예술 세계가 거의 무시하는 존재가 되었다. 그래서인지는 몰라도 라인하트는 삶과 예술상의 불일치를 보여 주던 그의 예전 친구들과는 완벽히 다른 사람처럼 보인다. 라인하트의 예전 친구들은 뉴욕의 시더태번Cedar Tavern[83]에서 술을 마시다 햄턴스, 프로비던스, 케이프코드에 있는 집에 못 들어가기 일쑤였고, 『보그』지에서 특집으로 게재된 1950년의 「성난 사람들」The Irascibles 같은 단체 사진에서는 어딘가 주식 중개인 같아 보이는 성난 젊은이들angry young men의 모습을 보여 주었다. 『보그』지는 그들을 "위험한 기질"이 있다거나 "성장 단계에 있는" 작가들로 묘사하며 추상표현주의라는 시장이 활력으로 "요동치고" 있다고 보도했다.[84] 그러자 라인하트는 동료 예술가들이 탐욕과

---

83 당시 추상표현주의자들의 아지트가 되었던 술집. ― 옮긴이

야망의 유혹에 굴복하고 있다며 거침없이 비난했다. 그는 로스코를 "더운 물도 안 나오는 아파트에서 『보그』나 읽고 있는 야수파"로, 폴락을 "『하퍼즈바자』*Harpers' Bazaar* 시장 통의 거지"라고 불렀다. 라인하트에게 바넷 뉴먼은 "아방가르드 날품팔이 수공예 행상 겸 미술학원 주인"이자 "광신자 설교꾼에 재택근무 연예인"이었다(그 말을 들은 뉴먼은 라인하트를 고소했다). 라인하트는 거기서 멈추지 않았다. 그는 미술관이란 "보물 창고나 무덤이어야 하지, 회계 사무소나 놀이공원이어서는 안 된다"라고 말했다.[85] 라인하트는 예술 비평을 "비둘기 모이 주기"에 비유했고, 클레멘트 그린버그를 독재자 겸 교황이라며 조롱했다. 그는 1963년 8월 워싱턴에서 있었던 흑인 인권 행진에 참여한 유일한 추상표현주의자였다.

"냉전 시대에 그림을 그렸을 뿐, 냉전을 위해 그림을 그리지는 않았다"[86]라는 추상표현주의자들의 주장은 더 이상 단순하게 받아들이기 힘들다. 작가들 스스로 한 발언들이나 몇몇 경우의 정치적 굴종은 현대 예술이 이데올로기와는 무관하다는 주장을 약화시키고 있다. 하지만 그렇다고 해서 추상표현주의자들의 작품을 그 당시 정치나 역사적 상황만으로 환원시킬 수도 없다. 추상표현주의는 재즈와 마찬가지로 독립적으로 존재했고, 더 나아가 정치적 이용으로부터 당당히 분리되었던 창조적 현상이었다. 그리고 그 사실은 지금도 변함이 없다. "모든 예술은 시대상과 관련

---

84 「성난 사람들」은 러시아 태생의 사진 작가 니나 린(Nina Leen)이 촬영하여 『라이프』 1951년 1월 15일자에 실렸다. 『보그』라고 한 것은 저자의 착각으로 보인다. ― 옮긴이

85 Annette Cox, *Art-as-Politics: The Abstract Expressionist Avant-Garde and Society*, Ann Arbor: UMI Research Press, 1982.

86 Giles Scott-Smith, *The Politics of Apolitical Culture: The Congress for Cultural Freedom and the Cultural Identity of Post-War American Hegemony, 1945-1960*, ph.D thesis, Lancaster University, 1998.

해 이해해야 한다는 사실에는 의심의 여지가 없습니다." 필립 도드의 주장
이다. "추상표현주의를 이해하기 위해서는 그 사조가 유럽과 미국의 관계
가 기묘하게 작용하고 있던 순간에 형성되었다는 점을 먼저 이해할 필요
가 있어요. 정치적인 수준에서 당시는 역사에 떠밀려 온 급진주의자들의
시대였고, 국가적인 수준에서 추상표현주의는 미국이 전후에 문화적 패
권을 확립해 가던 순간에 등장했습니다. 이런 모든 상황들을 이해해야 그
들의 성과가 무엇이었는지 알 수 있게 됩니다. 하지만 그들의 예술이 이러
한 조건들로 환원되어서는 안 됩니다. CIA가 관계되었다는 말은 분명한
사실이고, 그 점은 어느 누구보다도 제가 아쉬워하는 부분입니다. 하지만
그렇다고 그것만으로 추상표현주의의 성공 원인을 모두 설명할 수는 없
어요. 추상표현주의가 성공한 뒤에는 그 예술 자체 속에 존재하는 무언가
가 원인으로서 작용했던 겁니다."[87]

잭슨 폴락이 자동차 사고로 사망한 것이 1956년이었고, 그때는 이미
아실 고키도 목을 매 자살한 후였다. 프란츠 클라인은 6년 후 술로 인해 죽
음에 이르렀다. 1965년에는 조각가 데이비드 스미스도 교통사고로 유명
을 달리했고, 1970년에는 마크 로스코가 정맥을 끊어 자신의 스튜디오 바
닥에서 죽음을 맞았다. 몇몇 친구들이 보기에 로스코의 자살은 "부르주아
물질주의에 악을 쓰며 대항했던" 작품들로 물질적 보상을 누리게 되었던
모순을 극복할 수 없었기 때문에 일어난 일이었다.

"이 나라는 죽은 시인들을 자랑스러워한다." 소설 『험볼트의 선물』의
화자가 한 말이다. "미국이 너무나도 거칠고, 너무나도 크고, 너무나도 넘
쳐 나고, 너무나도 험하다는, 그래서 미국의 현실이 압도적이라는 시인의

---

87 Philip Dodd, interview in London, July 1994.

증언에서는 엄청난 만족감이 드러난다. 반면 이 순교자들의 철없음, 광기, 만취, 절망은 나약한 정신력을 보여 주고 있다. …… 그리하여 시인들은 사랑을 받았으나, 오로지 여기, 미국이라는 상황을 버텨 내지 못했기에 사랑받았다. 그들은 끔찍한 실타래와도 같은 혼란스러운 현실의 광막함을 보여 주기 위해 존재했던 것이다."[88]

---

88 Saul Bellow, *Humboldt's Gift*, New York: Viking, 1975.

17장

분노의 천사들[1]

1787년에 물랭 근처 어떤 주막에서 디드로의 친구이며, 철학자들에 의해서 교육받은 한 노인이 죽어 가고 있었다. 당시 근방의 신부들은 지쳐 있었다. 그들은 최선을 다했지만 노인이 끝내 종부성사를 거부하는 것이었다. 그는 범신론자였던 것이다. 마침 드 로르봉 씨가 거기를 지나가고 있었는데, 그는 신앙이라고는 갖고 있지 않았으나 물랭의 신부들에게 병자에게서 기독교 신자의 감정을 끌어내는 데 자기 같으면 두 시간으로 충분하다고 내기를 했다. 그리고 신부가 내기에 응했다가 졌다. 새벽 3시에 착수해서 병자는 5시에 고해를 하고 7시에 죽었다. "당신은 토론술이 능하시군요. 우리는 어림도 없었습니다"라고 신부가 말했다. 그랬더니 드 로르봉 씨가 대답했다. "나는 토론하지 않았소. 단지 지옥이 무섭다는 것을 말해 주었을 뿐이오."
— 장폴 사르트르, 『구토』 중에서(방곤 옮김, 문예출판사, 제2판, 1999, 36쪽)

추상표현주의가 냉전의 무기로 이용되고 있을 즈음, 미국은 더욱 강력한 무기를 발견했다. 그 무기의 이름은 하나님이었다. 도덕률에 입각한 종교적 신념은 1789년 미국 헌법에도 고스란히 반영되어 있었지만, 미국이 호산나 소리 높여 외치는 하나님 찬양을 얼마나 유용한 무기로 쓸 수 있는지 알게 되었을 때는 바야흐로 냉전이 한창이던 시기였다. 신은 어디에나 있었다. 1954년 성경풍선프로젝트Bible Balloon Project에 따라 철의 장막 위를 떠다니던, 성경을 넣은 1만 개의 풍선 속에도 신이 있었다. 1954년 6월 14일, 국기에 대한 맹세에 "하나님 앞에서 하나의 미국"One Nation Under God이라는 문구를 포함하도록 의회의 결의가 있던 순간에도 신의 윤허가 있었다. 아이젠하워의 말에 따르면, 그 문구는 "미국의 유구한 전통과 미래를

---

1 '분노의 천사들'(Guardian Furies)은 저자가 헤다 호퍼(Hedda Hopper)와 루엘라 파슨스(Louella Parsons) 같은 미국의 여류 반공 투사들을 지칭하는 말이다. 저자는 '수호천사'(guardian angels)라는 말을 비틀어, 이 여류 반공 투사들의 격렬한 반공주의를 부각시키기 위해 이러한 제목을 붙였다. — 옮긴이

아우르는 종교적 신념의 우월성"을 되새기도록 해주었다. "신앙을 통해 우리는 그러한 영적인 무기를 지속적으로 강화해 나가야 한다. 이는 평화 시나 전쟁 시나 영원히 우리나라의 가장 강력한 자원이 될 것이다."[2] 신은 심지어 달러 지폐에도 등장하기 시작했다. 1956년 미 의회는 "우리가 믿는 하나님의 품 안에서"In God We Trust라는 구절을 국가의 공식 모토로 삼기로 결정했던 것이다.

"하나님께서 이미 우리를 위하여 천 년의 계획을 준비하심이 분명한 이때, 어찌하여 우리는 5년뿐인 계획을 세워 놓고 이를 지당하게 여기는 가?"[3] 어느 미국 역사학자는 이렇게 질문했다. 이러한 논리로, 신의 섭리에 순종한다는 유구한 기독교적 전통이 정치에서도 미덕이 되었다. 그리고 미국은 신으로부터 절대적인 도덕적 권위를 빌려, 미국의 '명백한 사명' Manifest Destiny[4]을 어느 누구의 제재도 받지 않고 스스로 승인하게 되었다.

그로턴스쿨을 다니는 부유한 동부 엘리트 가문의 학생들처럼 이러한 사명을 부여받은 사람들은 "역사적으로 모든 종교는 이교도들을 물리친 교인들에게 크나큰 영예를 안겨 주었다"라는 가르침을 받았다. "코란이나 그리스 신화, 구약성서 등을 봐도 …… 적에 대한 응징은 옳은 일이다. 물론 수단과 목적에 약간의 제한은 있을 수 있다. 그리스 시대로 돌아가 투키디데스의 글을 보면, 같은 문화권에 속해 있는 그리스인들을 대상으로

---

2 Stephen J. Whitfield, *The Culture of the Cold War*, Baltimore: Johns Hopkins University Press, 1991. 아이젠하워 행정부의 정치선전 전략가들은 '영적인 무기'라는 말을 떠들고 다녔다. 그러는 동안 미 국방부는 핵무기와 재래식 무기를 합해 6년 이내에 3540억 달러에 달하는 국방비 지출을 승인해 달라는 프로그램을 발의했다.
3 Taylor D. Littleton and Maltby Sykes, *Advancing American Art: Painting, Politics and Cultural Confrontation*, Alabama: University of Alabama Press, 1989에서 대니얼 부어스틴(Daniel Boorstin)의 말.
4 신의 섭리로 북미를 지배한다는 미국의 주장을 가리킨다. — 옮긴이

한 행위에는 제약이 있었음을 알 수 있다. 하지만 페르시아인을 대상으로 하는 행위에는 그러한 제약이 없었다. 페르시아인은 야만인이었기 때문이다. 마찬가지로 공산주의자들 또한 야만인이다."[5]

종교의 의무는 앨런 덜레스 같은 냉전주의자들에게 힘을 실어 주었다. 덜레스는 장로교적 전통 속에 자라났기 때문에 (여리고를 함락한 여호수아의 활동과 같이) 스파이 활동을 설명할 때 성경 구절을 즐겨 인용했다. 1961년 CIA가 버지니아 숲 속의 거대한 건물로 이사하자, 덜레스는 본부 로비 벽면에 자신이 가장 좋아하는 성경 구절 "진리를 알지니, 진리가 너희를 자유롭게 하리라"(「요한복음」 8장 32절)를 새겨 넣도록 했다. 선교사 집안의 아들로 태어난 헨리 루스도 성경에서 교훈을 얻었다. "위대한 기독교의 약속은 바로 이것이다. 찾으라, 그리하면 찾을 것이요. …… 그것이 하나님께서 우리에게 주신 약속이자 미국을 설립한 근거이다." 루스는 일요일 교회를 빼먹거나, 무릎 꿇고 기도하기 전에 잠자리에 드는 일이 거의 없었다. 하지만 그의 아내 클레어 부스 루스는 1943년 딸 앤이 자동차 사고로 죽자 가톨릭으로 개종했다. 온 나라를 떠들썩하게 만들었던 이 개종은 즉각 몇몇 호사가들의 조롱거리가 되었다. 당시 인구에 널리 회자되었던 우스갯거리로 이런 얘기가 있었다. 루스 부인이 이탈리아에 미국 대사로 갔을 때, 그녀와 교리 논쟁을 벌이던 교황이 말을 끊고는 "그런데, 여사님, 저도 가톨릭 신자인데요"라고 명심시켜 주었다. 그녀가 교황 앞에서 1952년 대선을 치루기 전 아이젠하워를 장로교도로 개종시킨 사람이 자기라고 자랑했기 때문이다.[6]

---

5 Evan Thomas, *The Very Best Men: The Early Years of the CIA*, New York: Touchstone, 1996에서 폴 니치의 말.

"루스의 마음을 움직인 것은 금전적 이익도 개인적 영광도 아닌, 동포들을 교화시키려는 선교사적인 충동이었다. 그는 믿음이 한 치의 이견도 없이 모두에게 받아들여지는 것은 아니라고 봤지만 동포들에게 무엇이 바람직한지를 이미 안다고 믿었기에 신실한 마음으로 자신에게 주어진 힘을 활용했다." 그의 전기 작가는 이렇게 기록하고 있다.[7] 헨리 루스는 "미국인들이 나랏일에 성공적으로 협조하는 비결은 국가의 헌법이 신의 섭리를 따르고 있기 때문이다"라고 주장하면서, "고대 이스라엘 말고는 역사상 존재했던 어떤 나라도 신의 영원한 목적을 구현하지 못했음이 분명하다"라고 생각했다.[8] 루스에게 냉전은 성전이었고, 그의 잡지 『타임』은 전 세계의 공산주의를 물리친다는 "확고한 목표와 대의"에 헌신했다. "이거, 사사로운 전쟁private war 선포라고 할 수 있겠지요?" 루스가 타임사의 임원들에게 던진 질문이었다. "만일 그렇다면 위법이나 광기로 보이지 않기를 바랍니다. 어쩌면 그렇게 보일 수도 있습니다. 그렇다 하더라도 이전에 사적으로 전쟁을 선포했던 훌륭한 선례가 있습니다."[9] 그렇다면 십자군 용병이나 프랜시스 드레이크Francis Drake의 사설 함대만큼 이를 확실히 보여 주는 선례가 또 어디 있을까?

　　루스가 가장 좋아했던 신학자는 라인홀트 니부어였다. 니부어는 세계문화자유회의의 명예 홍보대사였고, 냉전의 '현실주의자'로, 정확한 계산을 통해 권력의 균형을 확립하는 것이 가장 중요하다고 믿는 사람이었

---

6 아이젠하워의 선조는 개신교의 일파인 메노파 교도들이었는데, 텍사스 주에 정착하고 보니 텍사스 주에는 메노파 교회가 없었다. 그래서 그들은 성경을 읽어 가며 신앙을 유지했다.

7 John Kobler, *Henry Luce: His Time, Life and Fortune*, London: Macdonald, 1968.

8 *Ibid*.

9 *Ibid*.

다. 그것도 엘리트들만의 권위로 배타적인 책임을 지는 대외 정책을 통해서 말이다. 물론 니부어 또한 그러한 엘리트들의 일원으로서 권위에 익숙한 인물이었다. 한편 마틴 루서 킹Martin Luther King 목사는 니부어로부터 '잠재적인 악惡'을 교훈으로 얻었다고 주장한 바 있다. 원죄라는 교리는 정치적 도구로 성공적인 탈바꿈을 하고, "하나님을 국가 정책의 수단"으로 삼자는 주장[10]으로 니부어는 시드니 훅의 인정을 받았다. 그리고 타임-라이프의 독자들에게는 자신의 자유주의 이론을 설파했다. 실제로 종교의 의무는 모든 주요 냉전 강령에 서서히 스며들었고, 1950년대 미국의 모든 권력 체계는 어떤 일원론적이면서 근본주의적인 선언에서 비롯되는 듯 보였다. 그 선언이란 미래가 "하나님을 거부하는 인간과 하나님을 경배하는 인간이라는 두 개의 진영 사이에서" 결정됨을 의미했다.[11] "오늘날 세계가 처한 문제들에 직면하여 허둥대는 모습을 보여서는 안 됩니다." 트루먼 대통령은 이와 같이 경고한 바 있다. "문제는 독재냐 자유냐입니다. ······ 설상가상으로 공산주의는 신의 존재를 부정하고 있습니다."[12] 국제관계의 복잡성을 빛의 세력과 어둠의 세력 간의 투쟁으로 단순화시키는 이러한 개념 규정은 미국의 대외 정책이 논리적 혹은 합리적 논증 과정을 거부하고 차별에 의지하게 되었음을 의미했다. 조지 산타야나George Santayana가

---

10 Sidney Hook, "The New Failure of Nerve", *Partisan Review*, January 1953. 1951년 12월 심리전 전략위원회(PSB)의 위원장은 CIA의 트레이시 반스에게 니부어를 위원회의 '자문 역'으로 적당한 사람이라고 추천해 주었다(Gordon Gray, to Tracy Barnes, 21 December 1951(GG/DDE)). 이와 같은 언급을 니부어가 국무부 정책기획실 산하 자문위원회(Advisory Committee of Policy Planning Staff, 이 부서는 CIA 창설을 주관했다) 위원장을 지냈다는 사실과 관련지어 생각해 본다면, 이 신학자가 "하나님을 국가 정책의 수단"으로 활용할 수 있는 이상적인 위치에 있었음을 알 수 있다.
11 Whittaker Chambers, *Witness*, Chicago: Regnery, 1952.
12 Harry S. Truman, address for Congress, 12 March 1947. Harry S. Truman, *Memoirs: Year of Decisions*, New York: Doubleday, 1955에서 재인용.

1916년에 쓴 글을 보면, 그러한 왜곡이 역사적 흐름을 장악하는 과정이 철학적으로 묘사되어 있다. "공상이 지속되자 지식이라 하고, 망상이 일관되자 진실이라 하고, 욕심이 체계를 갖추자 미덕이라 부른다."[13]

그러한 사리분별마저 젊은 전도사 빌리 그레이엄Billy Graham에게서는 실종되고 만다. 그는 트루먼의 경고를 확대재생산하여 하나의 교리로 만들었다. "공산주의는……사탄의 조종을 받고 있다.…… 그들의 초자연적인 힘이나 지혜, 지능이 아니라면, 모든 면에서 우리의 상상을 초월하는 공산주의의 엄청난 확산을 설명할 방법이 없다."[14] 하지만 소설가 노먼 메일러의 추론은 이와 달랐다. "미국이 독선적인 국가라는 점은 미국 정치가 앓고 있는 가장 심각한 중병이다."[15]

상원의원 조 매카시가 위세를 떨친 것도 이러한 교조적 독단주의라는 환경 덕택이었다. 아서 밀러는 희곡 『시련』The Crucible에서 매사추세츠 세일럼에서 있었던 마녀사냥을 200년이 지난 후의 매카시의 시대에 비유하면서, 이 두 시대적 범죄행위의 유사성을 생생히 묘사했다. 이러한 범죄행위는 "가장 교조적인 태도로 적을 규정해 놓고, 소외와 적개심처럼 억압되고 사회적 통념을 벗어난 감정을 평균적이고 밝은 사회에 퍼붓는 것"이었다. "그러한 범죄행위가 없었다면, 1950년대의 빨갱이 사냥은 그렇게 엄청난 위력을 갖지 못했을 것이다."[16] 이러한 두 종교재판의 요체는 공개적 고해성사를 통해 그 죄를 구체화하는 것이었다. 피고는 그 자리에서 "공모자들은 물론 자신을 조종하는 악마에게도 저주를 퍼붓고, 역겨운 예

13 Gore Vidal, *Palimpsest*, London: André Deutsch, 1995.
14 Whitfield, *The Culture of the Cold War*.
15 Norman Mailer, *Armies of the Night*, New York: New American Library, 1968.
16 Arthur Miller, *Timebends: A Life*, London: Methuen, 1987.

전의 서약을 토해 내고 훌륭한 태도로 새로운 순종의 의무를 맹세할 터였다. 이로써 그는 지극히 온전한 사람들 속으로 다시 들어갈 수 있게 된다".[17] 매카시의 반미 활동 청문회에는 이상한 점이 하나 있었다. "자백을 통해 확보한 이름보다 자백의 진정성을 시험하는 데 더 큰 관심을 보였던 것"이다. 레슬리 피들러는 친구 어빙 크리스톨과 마찬가지로 1950년대 초반에 종교를 갖게 되었다. 그는 일종의 상징적 의식으로서 이 과정을 묘사했다. "자백은 그 자체로 아무것도 아니지만, 그 자백이 없다면 …… 우리는 순수한 자유주의로부터 책임의 자유주의로 나아갈 수 없을 것이다."[18]

　미국문화자유위원회는 공개 자백의 상징성에 강한 매력을 느꼈다. 1952년 4월, 당시 매카시 청문회에서 많은 사람들을 고발했던 엘리아 카잔Elia Kazan은 그 보상으로 위원회의 회원 자격을 부여받았고, 이제는 기꺼이 함께 싸워 주는 전우가 되었다. 강경 반공주의자 그룹의 공격에 맞서 카잔의 액터스스튜디오Actor's Studio 편에 섰던 솔 스타인은 예수회 수사 같은 궤변으로 "카잔이 영화계에서 반공주의자로서 적절하게 처신하고 있다"라고 주장했다. "정치적으로 퇴행적인 형제 신도들에게 전도사 같은 역할을 했던 것입니다. 이 나라의 공산주의 앞잡이 무리들을 도와주면 결국 매머드같이 거대한 소비에트의 힘만 키워 준다는 사실을 인정하는 데 너무나도 오랜 시간이 걸리는 이들에게 말이지요."[19] 스타인은 다음과 같은 의견을 덧붙였다. "과거 공산주의 편에 섰던 사람들이 그 에너지를 반공주의 사업과 노력에만 집중시킬 수 있도록 기회를 주어야 합니다. 그들

17 Miller, *Timebends*.
18 Littleton and Sykes, *Advancing American Art*.
19 Sol Stein, to Aware, Inc., 28 January 1955 (ACCF/NYU).

이 죄를 회개하는 한에서 말이죠."[20] 스타인의 말에 따르면, 카잔 또한 "우리 같은 정치 숙맥들도 공통의 적에 맞서 재능을 발휘할 수 있도록 갱생할 기회가 주어져야 한다"라고 주장했다고 한다.[21] 하지만 이러한 주장은 극단적 반공주의 압력단체인 어웨어법인Aware, Inc.을 안심시키기에는 부족했다. 그들은 카잔이 "개전의 정이 없는" 말런 브랜도, 프랭크 실베라Frank Silvera, 루 길버트Lou Gilbert 등과 작업을 계속하고 있으며, "적극적인 반공주의자"들은 채용하지도 않는다고 주장했다.[22]

　　미국문화자유위원회는 또한 미국에서 가장 유명한 밀고자 휘태커 체임버스Whittaker Chambers가 상임이사 역할에 적임자라고 생각했다. 체임버스는 증언으로 앨저 히스의 공직 경력에 종지부를 찍었던 인물이었다. 그는 밀고 기술의 새로운 경지를 보여 준 사람이었다. 타임-라이프에서 (체임버스가 편집자로 있을 때) 함께 일했던 어느 선배 언론인은 루스가 보는 앞에서 "내가 보기에 자네가 좋아하는 영화는 「밀고자」The Informer[23] 같은데?"라고 은근히 비꼬았을 정도였다. 솔 스타인은 체임버스가 미국 위원회로 오자 화가 난 나머지 편지를 보냈다. 이 편지는 다음과 같은 구절로 끝을 맺고 있다. "체임버스 씨, 당신이 상임이사가 되었으니, 이제 한밤중에 [너희 위원회 놈들을] '지구상에서 싹 쓸어버리겠다'라는 익명의 위협 전화가 빗발칠 겁니다. 세상에, 이제 그런 어리석은 일들이 당신 임기 내내 벌어지겠군요."[24]

20　Ibid.
21　Ibid.
22　Aware, Inc., to Sol Stein, 26 February 1955(ACCF/NYU).
23　존 포드(John Ford) 감독의 1935년작. 반군 출신 아일랜드 청년이 가장 친한 친구를 밀고한 대가로 돈을 받고 미국으로 건너가지만 그로 인한 갈등에서 벗어나지 못한다는 내용이다. ― 옮긴이
24　Sol Stein, to Whittaker Chambers, 20 December 1954(ACCF/NYU).

"아무리 서구 문명이 극단에 처해 있다 해도 이러한 문명을 구원하기 위해 너무나도 강대한 신념으로 삶과 함께 그동안 소중히 여기던 모든 것을 제 손으로 내던질 수 있는 사나이 한 명을 아직도 키워 낼 수 있겠는가? 그것이 이 서구 문명이라고 부르는 병든 사회에 던져진 숙제이다."[25] 체임버스가 1952년 자서전 『증인』Witness에서 한 말이다. 그렇게 자신을 다윗에 비유한 체임버스는 공산주의에 돌팔매를 한 대가로 『새터데이이브닝포스트』Saturday Evening Post로부터 7만 5000달러를 받았다. 잡지는 그의 책에 관한 기사를 8주간 게재했다. "당신은 지옥에서도 자기 몫은 확실히 챙겨 올 사람이군요."[26] 앙드레 말로가 『증인』을 읽고 체임버스에게 이렇게 말했다.

신, 그리고 '마몬'[27]과 한편이 된 미국의 반공주의자들은 늘어나는 사이비 전문가들sub-profession을 쓸모 있게 활용할 수 있게 되었다. 할리우드에서는 언론사에 기사를 파는 여류 가십 칼럼니스트 헤다 호퍼와 루엘라 파슨스가 미국 문화계에서 하나님을 믿지 않는 불경한 것들을 모조리 청소하자며 십자군 대열에 합류했다. 그들은 비턴 여사[28]가 부엌을 치우듯 도덕적 청소를 하려고 했다. 호퍼와 파슨스는 높은 수입을 올리는 "'분노의 천사들'이자, 죄 많고 불충하고 반역하는 자들이 들어올 수 없도록 성문을 지키는 수호자들이었다. 이러한 반역자 무리들은 루이 B. 메이어 Louis B. Mayer, 해리 콘Harry Cohn, 잭 워너Jack Warner, 대릴 재녁, 샘 골드윈Sam

---

25 Chambers, *Witness*.

26 Whitfield, *The Culture of the Cold War*.

27 재물에 대한 탐욕을 나타내는 악마. ─ 옮긴이

28 『비턴 여사의 가정 관리서』(*Mrs. Beeton's Book of Household Management*)의 저자. 책의 많은 부분이 요리에 관한 내용이었으며, 이후 비턴 여사라고 하면 요리의 대명사가 되었다. ─ 옮긴이

Goldwyn을 비롯한 12사도의 화신들과는 같은 하늘을 이고 살 자격도 없는 자들이었다. 공산주의에 대한 이 여성들의 분노는 그들의 실제 행동에 그대로 반영되었다."[29]

스스로는 그렇게 생각하지 않았을지 몰라도 호퍼와 파슨스는 '전투적 자유주의자'였다. 그 말은 펜타곤, 해군, 국가안전보장회의NSC와 (그 직속인) 작전조정위원회OCB가 벌인 극비 활동에 지명되어 미국 영화에 '자유'라는 주제를 끼워 넣는 역할을 했음을 의미한다. 1955년 12월 16일 금요일, 합동참모본부가 비밀회의를 소집해 '전투적 자유'Militant Liberty라는 개념을 할리우드에 어떻게 활용할지 논의했다. 극비 문건에 따르면, '전투적 자유'는 "공산주의 치하의 실상을 단순한 용어로 표현하고, 자유세계에서 생활양식의 근거가 되는 원칙들을 설명하도록" 고안된 개념으로, "자유세계가 직면한 위험성의 규모를 자유 시민들이 이해하도록 일깨워주고, 그리하여 이러한 위험에 대항해 싸울 수 있는 동기를 만들어 내는 것"이 목적이었다.[30] "이 개념은 거의 모든 사람들이 순간적으로 머릿속에 떠올릴 수 있도록 되어 있지만, 실상은 의도적으로 문화에 의해 주입된 정치적 슬로건 혹은 표어로 만들어졌습니다." 문화역사학자 크리스토퍼 심슨Christopher Simpson은 이렇게 설명했다. "당시로서는 아주 정교한 선전 작전이었죠."[31] 정책 캠페인의 기초로서 '전투적 자유'는 최고위층의 인가를 받았다. 그러나 펜타곤이 메시지를 전달할 구체적인 안을 마련한 것은 다음 해가 되어서였다. 1956년 6월에서 7월에 이르는 동안, 미 합동참모본

29 Miller, *Timebends*.
30 Joint Chiefs of Staff, "Presentation of 'Militant Liberty' to Chief of Naval Operations", 16 December 1955(PSB/HT).
31 Christopher Simpson, interview in Washington, June 1994.

부 대표단은 캘리포니아에서 여러 차례에 걸쳐 회의를 진행했다. 공산주의 박멸에 헌신하는 할리우드 인사들이 회의에 함께 참여했다. 바로 존 포드, 메리언 쿠퍼Merian Cooper, 존 웨인, 워드 본드Ward Bond 등이었다.

MGMMetro-Goldwyn-Mayer에 있는 존 포드의 사무실에서 열렸던 회의는 여섯 시간 동안 계속되었다. 1956년 7월 5일자 메모에는 "웨인 씨가 자신이 제작하는 영화에 '전투적 자유' 프로그램을 조심스럽게 녹여 낼 수 있을 것이라고 말했다"라고 적혀 있다(존 웨인은 배트잭프로덕션BatJac Productions이라는 제작사를 운영했다). 이 일이 어떻게 진행되는지 보여 주기 위해 웨인은 다음 날 로스앤젤레스 엔시노의 루이즈애비뉴 4570번지에 있는 자신의 집으로 모든 사람을 초대했다. "저녁 식사 후「그들은 희생양이다」They Were Expendable와「말 없는 사나이」The Quiet Man를 감상했고, 웨인 씨와 포드 씨는 이 두 영화에 해군과 자유세계의 문화에 대한 우호적인 관점이 잘 드러나 있는지 검토해 주었다."[32]

다른 회의에서 메리언 쿠퍼는 코닐리어스 밴더빌트 '서니'Sonny 휘트니가 제작하는 일련의 영화들에 "주제 의식이 결여되어 있다"라고 지적했다. "그는 이 영화들이 주제 의식(이를테면 전투적 자유에 대해서)을 담아냈으면 좋았을 것이며, 앞으로 다른 영화에서는 그러한 주제 의식을 가져 주기를 바란다고 말했다."[33] 그러한 의견을 휘트니에게 직접 전달할 자리도 마련되었다. 성공한 실업가 휘트니는 경영은 그의 사촌 조크에게 맡겨 두었지만, 역시 막대한 휘트니가家의 재산을 보유하고 있었다. 조크와 마찬

32 Joint Chiefs of Staff, "Report of Conference in California in Connection with Cornelius Vanderbilt Whitney's 'American Film Series' and 'Militant Liberty'", 5 July 1956(PSB/HT).
33 Ibid.

가지로 서니 또한 CIA와 긴밀한 관계를 맺고 있었고(그들의 외사촌이 트레이시 반스였다), 모두 언제라도 CIA에 도움을 줄 준비가 되어 있는 사람들이었다. 휘트니신탁의 이사였던 코닐리어스는 회사가 CIA의 위장 자금 조달 업무를 도울 수 있도록 했다. 그는 또한 국가안전정보국National Security Information Agency이라는 조직에서 심리전 전략을 수립하는 팀에도 속해 있었다. 영화 제작자로도 잘 알려진(1933년 데이비드 셀즈닉David O. Selznick과 함께 영화 사업에 투신, 「스타 탄생」A Star is Born, 「레베카」Rebecca, 「바람과 함께 사라지다」Gone With the Wind를 공동 제작했다) 휘트니는 1954년 C. V. 휘트니픽처스C. V. Whitney Pictures를 설립하고 다음과 같이 말했다. "나는 '미국 연작' American Series이라고 부를 만한 영화를 만들어 국민들에게 우리 나라의 모습을 보여 주고 싶습니다. 또 세계 여러 나라 사람들이 우리에 대해 좀 더 많은 것을 알게 되기 바랍니다."[34] 미국 연작의 일환으로 제작된 첫 영화가 바로 「수색자」The Searchers였다. 감독은 존 포드가 맡았고, 제작비는 300만 달러였다.

존 포드는 대전 기간 동안 전략사무국OSS 전쟁 사진 담당 부서의 부장이었다. 그의 임무는 유럽 점령 지역에서 게릴라, 파괴 공작원saboteur, 레지스탕스 단체의 사진을 찍는 일이었다. 한편 정부 고위 인사들을 대상으로 상영하는 극비 영화 제작 같은 특별 임무를 수행하기도 했다. 1946년에는 직접 아고시픽처스Argosy Pictures라는 제작사를 설립했다. 포드 자신과 메리언 쿠퍼 외에 주요 투자자들은 전부 OSS 인사들이었다. 여기에는 윌리엄 도너번, 올 도어링Ole Doering(도너번의 월스트리트 로펌에서 일했다), 데이비드 브루스, 윌리엄 밴더빌트William Henry Vanderbilt III도 포함되어 있었다.

---

34 Ibid.

포드는 정보기관이 할리우드 관객들에게 '전투적 자유'라는 주제 의식을 심어 주어야 한다는 정부의 생각에 전적으로 동감하고 있었다. 따라서 정보기관에 요청해 "'전투적 자유' 홍보 책자 6권을 이쪽으로 보내 주고, 작가들도 개념 파악을 할 수 있도록 추가로 12권을 더 보내 달라"라는 말을 전했다. 그는 또한 합동참모본부 대표단에 영화 「독수리의 날개」The Wings of Eagles의 촬영지인 플로리다 주 펜서콜라로 내려와 "영화에 전투적 자유에 대한 요소를 삽입하는 데 도움을 달라"라고 요청했다.[35]

촬영지에서 '전투적 자유'라는 메시지가 명확히 부각되도록 도움을 준 사람이 바로 메리언 쿠퍼였다. 쿠퍼는 판초 비야와 전투를 벌였고, 육군 소속의 항공조종사로 복무하던 1918년, 프랑스 상공에서 독일군에게 격추된 적이 있었다. 그리고 1930년대 RKO 영화사RKO Pictures에서 프레드 아스테어Fred Astaire, 진저 로저스Ginger Rogers 콤비를 주연으로 하는 영화를 제작했다. 「독수리의 날개」에는 워드 본드도 출연했다. 본드는 '미국의 이상 보전을 위한 영화인 동맹'Motion Picture Alliance for the Preservation of American Ideals의 회장직을 맡고 있었다. 이 단체는 매카시의 반미활동조사위원회를 도와 영화계에서 공산주의자들을 축출하는 활동을 했다. 본드는 어느 지인에게 "중요한 역할을 하고 있다는 생각이 들면 무엇이든 하겠다. 사람들을 짓밟는 일이라도 상관없다"라고 했었다. (매카시의 블랙리스트를 혐오했던) 포드는 다음과 같이 말한 적이 있다. "인정할 것은 인정하자. 워드 본드는 개자식이다. 하지만 우리 마음에 쏙 드는 개자식이다." 이것이 활동을 개시한 할리우드 컨소시엄의 모습이다. 수십 년간 알고 지내던 사람들

---

35 Joint Chiefs of Staff, "Report of Conference in California in Connection with Cornelius Vanderbilt Whitney's 'American Film Series' and 'Militant Liberty'", 5 July 1956(PSB/HT).

이 의기투합해 서로에게 권한을 쥐어 주고 뒷배를 봐주는 이러한 모습들이 바로 컨소시엄의 본질이었던 것이다.

'전투적 자유'는 미국에서만 생겨날 수 있는 개념이었다. 제국으로서의 책임의식에서 나온 것이기 때문이다. 팍스 아메리카나를 위한 지상 과제(그리고 그것을 위한 희생)를 노골적으로 드러내는 이들 영화는 의무, 집단, 명령에의 복종, 남성적 대담성의 우월함 등을 찬양했다. 제2차 세계대전 당시 비정상적으로 오랜 기간 병역을 회피했던 존 웨인이 미국 군인의 전형이자 미국지상주의의 화신으로 받아들여진 것도 이러한 맥락에서 보아야 한다. '듀크'Duke[36] 존 웨인은 개척자의 모습으로 세계를 굴복시켰다. 1979년 의회는 그에게 명예 훈장을 추서했다. 훈장에는 간단한 문구가 각인되었다. 바로 "미국의 존 웨인"JOHN WAYNE, AMERICA이라는 문구였다. 그러나 웨인이 속해 있는 미국은 공산주의자들을 탄압하고 인종적 편견에 젖어 있는 미국이었다. 존 웨인은 동명의 주인공 역을 맡은 「빅 짐 매클레인」Big Jim McLain(1952)에서 가장 저열한 수준의 B급 영화적 표현을 통해 빨갱이 혐오자의 전형을 보여 주었다(이 영화는 의회 반미활동조사위원회에 헌정하는 영화였다).

영화는 정치선전과 마찬가지로 허구를 파는 산업이다. 하지만 이 허구가 교묘하게 조작될수록 현실로 받아들여지기 쉽다. 오래전부터 할리우드는 이러한 기능을 효과적으로 수행하기 위해서 일반적인 정치적·사회적 분위기에 항시 부합하는 허구적인 이야기 패턴을 영화로 만들어야

---

36 존 웨인의 별명. 실제 유력한 집안 출신이라거나, 학교에서 연극을 하던 중 공작 역할을 했다는 소문이 있지만 모두 사실이 아니고, 캘리포니아 글렌데일에서 살던 어린 시절 신문 배달을 할 때 함께 따라나선 개의 이름에서 유래했다는 것이 정설이다. 그 개의 이름이 듀크였고, 이웃들은 존 웨인을 '큰 듀크', 그 개를 '작은 듀크'라고 불렀다고 한다. ― 옮긴이

할 필요성을 깨닫고 있었다. 그렇기 때문에 할리우드는 1920년대와 1930년대에는 반볼셰비키 영화를 만들다가 러시아제국을 전시 동맹국으로 미화하는 작업으로 선회하게 되었던 것이다(「북극성」The North Star, 「영광의 나날」Days of Glory, 「러시아의 노래」Song of Russia가 그런 종류의 영화들이었고, 그 이름도 악명 높은 「소련에서의 임무」Mission to Moscow 등의 영화는 실제로 모스크바 재판[37]을 호도하면서, 러시아가 민주주의의 수호자라고 찬사를 보냈다). 그러다가 1950년대에는 반공주의 영화가 쏟아져 나왔다. 「붉은 악몽」The Red Nightmare, 「붉은 위협」The Red Menace, 「미국 침공」Invasion USA, 「나는 FBI의 공산주의자였다」I Was A Communist for the FBI, 「붉은 행성, 화성」The Red Planet, Mars, 「철의 장막」Iron Curtain, 「나의 아들 존」My Son John, 「신체강탈자의 침입」Invasion of Body Snatchers 등이 그런 영화들이었다. FBI가 각본에 참여하고 제작비를 지원한 영화 「비컨 가 동쪽으로 걸어라」Walk East on Beacon는 에드거 후버가 개인적으로 가장 좋아하는 영화였다. 플롯만큼이나 제목도 모호한 이러한 영화들은 모두 미지의 외부인, 즉 '타자'에 대한 신경증적 강박을 드러내고 있었다. 캡틴 아메리카가 나치에 이어 공산주의자들과 싸우게 된 것처럼 독일에 대한 미국 영화의 태도 또한 돌변해, 정복된 적들은 이제 영웅적 투사이자 훌륭한 적으로 그려지게 되었다(「사막의 여우 롬멜」Rommel, The Desert Fox(1952), 「바다의 추격전」The Sea Chase(1955), 「상과 하」The Enemy Below(1957) 같은 영화들처럼 말이다). 어제의 적이 오늘의 친구가 되듯이, 할리우드는 "어떤 나라에 붙인 선과 악이라는 딱지를 떼어다 다른 나

---

37 소련에서 1936년부터 1938년까지 투하쳅스키(Mikhail Tukhachevsky) 원수를 비롯하여 지노비예프(Grigory Zinoviev), 카메네프(Lev Kamenev), 부하린 등 다수의 당 간부와 당원 들이 소련 체제의 전복을 꾀하거나, 트로츠키 혹은 제국주의자들과 공모했다는 혐의로 처형 내지는 처벌받았던 사건. —옮긴이

라에 붙이는 일"[38]이 얼마나 쉬운지 보여 주었다.

이 영화들은 과장된 공산주의 위협의 노예가 되어 버린 국내 관객들의 마음은 사로잡았을지 몰라도(당시 거의 모든 미국인들은 "러시아인들의 침략이 진행 중이며 야간 폭격이 곧 있을 것"[39]이라고 굳게 믿고 있었다) 해외 시장에서의 실적은 저조했다. 파시즘의 기억이 여전히 상처로 남아 있는 유럽에서는 할리우드의 반공주의 영화가 보여 주는 비정한 증오와 언어 폭력이 극도로 거부감을 주었다. 오히려 디즈니의 만화영화나 「로마의 휴일」 Roman Holiday, 「오즈의 마법사」The Wizard of Oz 같은 기분 좋은 영화들의 성적이 더 좋았다. (1946년 블룸번스 협정Blum-Byrnes Accord으로 시작한) 일련의 무역협정에는 프랑스 등의 국가에서 상영하는 미국 영화들의 스크린쿼터 확대를 보장하는 조항이 은밀하게 숨겨져 있었다. 이 협정은 분노한 프랑스 지식인 사회의 비판과 맞닥뜨리게 되고, 1948년에는 폭력적인 가두시위로 번졌다.

할리우드산 영화의 범람으로 유럽에서는 분노가 만연했지만, 이에 대한 미국 전략가들의 대응은 놀라울 정도로 더뎠다. 1951년 칸 영화제에는 외교 대표단도, 미국 영화계의 유력 인사들도, 작가나 기술 스태프, 미술 스태프를 포함하여 어느 누구도 참석하지 않았다. 반면에 소련 측에서는 소련 영화의 놀라운 성취를 보여 주었던 저명한 감독 푸도프킨Vsevolod Pudovkin은 물론 영화부 차관까지 참석했다. 이후 칸 영화제에서 미국이 '매우 어리석은 이미지'로 보였다는 보고가 나온 뒤부터, 미국 정부는 영화 산업에 좀 더 관심을 기울이게 되었다.

---

38 Miller, *Timebends*.
39 Vidal, *Palimpsest*.

1953년 4월 23일, 정부의 영화 관련 특별 자문 역으로 임명된 세실 B. 드밀이 보무도 당당하게 C. D. 잭슨의 사무실로 찾아왔다. 2주 후 C. D.는 헨리 루스에게 보낸 편지에서 드밀에 대해 이렇게 평가했다. "우리 입장에 꽤 동조하는 편이고 …… 해외에서 미국 영화가 보여 줄 영향력에 대해 올바른 생각을 갖고 있습니다. 그의 이론에는 저도 전적으로 찬동하는 바입니다. 이를테면 미국 영화가 가장 효과를 거두기 위해서는 특정한 사안을 전반적으로 조망하는 것만으로는 안 되고, 이러한 사안을 올바른 대사, 독백, 억양, 눈썹의 움직임 등에 녹여낸 '평범한' 영화로 표현해야 한다는 것입니다. 국가적인 문제든 지역적인 문제든, 어느 것이든 문제가 생기면 자기에게 이야기해 달라고 하더군요, 그 문제를 영화의 소재로 다룰 수 있는 방안을 마련하겠다고 하면서요."[40]

드밀이 영화배급협회Motion Picture Service, MPS의 자문 역을 승낙하자 정부의 정치선전 활동가들은 이 성공에 환호했다. 당시 세계 87개국 135개 지국에서 업무를 벌이고 있던 MPS는 영화계의 거대한 유통 네트워크를 관장하고 있었다. 정부 보조금이 남아돌던 MPS는 실질적인 '제작자'의 자격으로, 모든 제작 시설을 영화사에 제공했다. 신분 조회를 통해 일급 기밀문서 취급 인가를 받은 제작자 겸 감독을 채용했고, 영화를 통해 "미국이 주안점을 두고 있는 목표"를 잘 드러내면서, "우리와 같은 영화 산업 종사자들이 영향력을 발휘할 대상인 선입견을 가진 관객들"에게 가장 잘 다가설 수 있도록 도움을 주었다.[41] 협회는 또한 작전조정위원회OCB 같은 정부의 비밀 단체에 해외 배급에 적합한 영화를 추천하기도 했다. 1954

40 C. D. Jackson, to Henry Luce, 19 May 1953(CDJ/DDE).
41 Turner Shelton(Motion Picture Service), to Cecil DeMille, 11 May 1953(CDJ/DDE).

년 6월, 협회는 철의 장막 너머에서 상영할 영화 37편을 선정했다. 그 목록에는 「피터팬」Peter Pan, 「졸슨 스토리」The Jolson Story, 「글렌 밀러 스토리」The Glenn Miller Story, 「오클라호마에서 온 소년」The Boy from Oklahoma, 「로마의 휴일」Roman Holiday, 「작은 아씨들」Little Women, 「쇼보트」Showboat, 「케인 호의 반란」The Caine Mutiny, 「고, 맨, 고」Go, Man, Go(할렘의 농구단인 글로브트로터스 Globetrotters의 역사를 다루었다), 「이상한 나라의 앨리스」Alice in Wonderland, 「이그제큐티브 스위트」Executive Suite 같은 영화들이 포함되었다.

MPS는 또한 해외 영화제의 미국 참가를 조정하는 역할을 했고, 1951년 칸 영화제 불참으로 인한 당황스러움을 만회하려고 했다. 당연히, 국제 영화제에서 상영할 경우 "해가 될 수 있는, 미국 외교정책에 반하는 영화와 제작진"[42]을 배제하는 데도 열심이었다. 그 대신 협회는 「밥 매시어스 스토리」The Bob Mathias Story(1954)(얼라이드아티스트영화사Allied Artists Pictures) 같은 영화를 밀어 주었다. 영화는 "소도시 소년의 가족 이야기, 연인과의 사랑, 성공을 향한 준비, 스포츠에 대한 열정을 통해 올림픽 역사상 육상 경기를 두 번이나 제패한 어느 선수의 모습을 보여 줌으로써 미국적인 삶의 거의 완벽한 이상을 구현해 놓은 작품이었다. …… 영화에 우리 MPS가 원하는 미국적 가치가 없었다면, 영화 속에서 또 다른 새로운 가치를 찾아 알리려 했을 것이다".[43]

C. D. 잭슨은 할리우드에서 "미국식 정치선전의 문제점"을 가장 잘 이해하며 "올바른 사상을 매우 교묘한 솜씨로 대본과 연기에 녹여 낼 수

---

42 Geoffrey Shurlock, to Andrew Smith(Motion Picture Service), 28 September 1954(WHO/NSC/DDE).
43 Ibid.

있는" 동지를 찾는 과정에서, 언제나 그래 왔듯 누구를 택해야 할지 고민하게 되었다. 1954년 1월, 그는 정부에 협력할 것으로 예상하는 '친구들'의 목록을 작성했다. 폭스사의 세실 B. 드밀, 스파이러스 스코러스, 대릴 재녁, MGM 회장 니콜라스 셍크Nicholas Schenk, 제작자 도어 셰어리Dore Schary, 파라마운트Paramount Pictures 회장 바니 벌래번Barney Balaban, 워너브러더스 Warner Bros.의 해리 워너Harry Warner와 잭 워너, RKO의 회장 제임스 R. 그레인저James R. Grainger, 유니버설Universal Pictures 회장 밀턴 래크밀Milton Rackmil, 컬럼비아픽처스Columbia Pictures 회장 해리 콘, 리퍼블릭Republic Pictures의 허버트 예이츠Herbert Yates, 디즈니의 월트 디즈니Walt Disney와 로이 디즈니Roy Disney 형제, 미국영화협회Motion Picture Association의 에릭 존스턴Eric Johnston 등이 물망에 올랐다.

하지만 C. D.에게 할리우드 최고의 협력자는 CIA 요원 칼턴 알섭 Carleton Alsop이었다. 알섭은 파라마운트 스튜디오에서 신분을 감추고 일하던 프로듀서이면서 CIA 요원이었다. 그는 1930년대 중반에 MGM에서 일했으며, 1940년대 말에서 1950년대 초까지 주디 갈런드Judy Garland와 작업할 때는 프랭크 위즈너의 심리전연구회Psychological Warfare Workshop에도 참석했다. 1950년대 초반, 그는 CIA와 심리전전략위원회PSB를 위해 정기적으로 '영화계 동향 보고서'를 작성했다. 이 보고서는 두 가지 필요에 의해 작성되었다. 우선 할리우드의 공산주의자들과 동조자들을 감시하는 것, 두 번째는 할리우드 영화에 특정 주제를 포함하도록 만드는 임무를 맡고 있던 비밀 압력단체(칼턴 알섭이 직접 이끌었다)의 성공과 실패를 정리하는 것이었다.

알섭의 비밀 보고서를 보면 놀라운 내용이 들어 있다. 이 보고서는 영화 산업에 미치는 CIA의 영향력이, 그러한 영향력을 부인하는 주장이 있었음에도 불구하고 실제 어느 정도까지였는지를 여실히 보여 주고 있기 때문이다. 1953년 1월 24일자 보고서를 보면 할리우드의 눈에 비친 흑인들의 이미지를 집중 분석하고 있다. '영화 속의 흑인'이라는 제목의 이 보고서에서 알섭은 많은 캐스팅 디렉터와 "지나치게 두드러지거나 작위적이지 않은 방법으로, 말끔한 차림의 흑인을 미국적 풍경의 일부"로 담아낼 수 있도록 하는 협의를 이루어 냈다고 밝히고 있다. "현재 촬영 중인 영화 「생거리」Sangaree는 이러한 협의를 따르지 않아 안타까운 마음이 든다. 영화가 남부 지방을 배경으로 하고 있기 때문에 농장에서 일하는 흑인들이 등장하기 때문이다. 그러나 이는 주인공의 저택에서 일하는 품위 있는 흑인 집사를 등장시킴으로써, 그리고 그가 자유로운 사람이며, 원하는 곳 어디서든 일자리를 얻을 수 있다는 취지의 대사를 삽입함으로써 상쇄가 가능하다고 본다."[44] 알섭은 또한 보고서에 코미디 영화 「캐디」Caddy(제리 루이스Jerry Lewis 주연)의 "군중 신에서 흑인들을 등장시킬 것"이라고 써놓고 있다. 많은 '흑인'들이 골프장을 출입할 수 있는 것처럼 보인다면, 실제로 투표권도 있는 것처럼 보이게 되므로, 긍정적인 효과를 거둘 수 있을 것이기 때문이었다.[45]

알섭은 같은 보고서에서 「화살촉」Arrowhead이라는 영화도 언급했다. 이 영화는 미국이 아파치족을 어떻게 다뤘는지에 대해 기다렸다는 듯이

---

44 Carleton Alsop, Hollywood reports, 1953(CDJ/DDE).
45 Ibid. 전미유색인종지위향상협의회(National Association for the Advancement of Colored People)가 "영화에서 전형적으로 흑인들을 무능하고 우스꽝스러운 캐릭터로 묘사하는 데" 대해 항의해 왔음에도 불구하고, 할리우드는 영화 속 아프리카계 미국인들에 대해 어떠한 긍정적인 조치도 취하지 않았다. 실제로 1945년에서 1957년 사이에 흑인 영화배우의 수는 500명에서 125명으로 줄었다. 특히 1953년 영화 「스커츠 어호이」(Skirts Ahoy)에 출연한 흑인 음악가 빌리 엑스타인(Billy Eckstine)은 백인 여배우를 바라보고 연기하는 것이 금지되었을 정도였다.

문제를 제기했던 작품이었다. 하지만 알섭이 보기에, 영화의 주제는 "공산주의자들에게 이용될 수 있다"라는 점에서 "심각한 문제를 드러냈다". 다행스럽게도, 조금 손을 보고 나니 문제가 되었던 장면들(군대가 아파치족 전체를 그들의 뜻과 관계없이 플로리다로 이주시키는 장면, 짐승처럼 학대하는 장면 등)이 대부분 삭제되어 "영화의 충격을 상당 부분 희석"시킬 수 있었다. 그래도 제작이 다 끝난 후에 대사를 다시 더빙하는 등의 수정이 가해졌다. 이러한 조치가 "상업적인 동시에 애국적인 측면에" 바탕을 두었기 때문에, 제작자 냇 홀트Nat Holt는 어떠한 반대 의견도 제기하지 않았다.[46]

소련은 미국의 약점인 인종 문제를 내세우면서 이를 줄곧 물고 늘어졌다. 특히 1946년 트루먼 정부의 국무장관 제임스 번스James Byrnes에게 '당혹감과 낭패감'을 안겨 준 좋은 예가 있다. 그가 발칸반도 국가들에게 투표권을 허용하지 않는 소련 측에 항의하자, 즉시 이런 대답이 되돌아 온 것이다. "번스 선생네 나라를 보시오. 사우스캐롤라이나의 흑인들도 똑같이 권리 없기는 매한가지 아니오?"[47] 할리우드에서 벌인 알섭의 활동은 아프리카계 미국인에 대한 차별, 저임금, 불평등, 폭력에 대한 소련의 비판을 무력화하기 위해서 벌인 광범위한 캠페인의 일환이었다. C. D. 잭슨으로서는 이 문제에 정면으로 맞서야 한다고 생각했기에 다음과 같이 주장했다. "'우리 이름표에 붙은 이 끔찍한 오점'에 대한 변명은 그만두고, 이제 눈을 떠 세계 전체를 똑바로 바라보아야 할 때입니다."[48] 이러한 목표를 달성하기 위해, (국무부와 긴밀한 협조 관계를 맺고 있던) 작전조정위원회OCB

---

46 Carleton Alsop, Hollywood reports, 1953(CDJ/DDE).
47 Walter L. Hixson, *Parting the Curtain: Propaganda, Culture and the Cold War, 1945-1961*, New York: Macmillan, 1997.
48 C. D. Jackson, to Abbot Washburn, 30 January 1956(CDJ/DDE).

내의 심리전 전문가들은 흑인 예술가들의 해외 투어 기획을 주 업무로 하는 비밀 조직인 문화공연위원회Cultural Presentation Committee를 설립했다. 레온틴 프라이스, 디지 길레스피Dizzy Gillespie, 매리언 앤더슨, 윌리엄 워필드 William Warfield, 마사 그레이엄 무용단Martha Graham Dance Troupe의 국제 무대 등장과, 이 기간 이루어진 다양한 인종 및 흑인 예술가들의 공연은 이렇듯 비밀스럽게 기획된 '수출' 프로그램의 일환이었다. 어느 비밀 전략가가 "흑인들의 위대한 민속 오페라"라고 부른 「포기와 베스」Pogry and Bess의 연장 공연도 이 프로그램에 포함되어 10년 이상 서유럽과 남미, 소련과 그 위성국가들에서도 상연되었다. 이 공연은 "흑인 또한 미국의 문화생활을 이루는 일원임을 보여 주는 생생한 증거"라며, 무려 70명에 이르는 아프리카계 미국인들을 출연시켰다.[49]

묘하게도 이렇게 재능 있는 흑인들의 부상은 미국 사회의 불우한 흑인들의 처지에 목소리를 내던 작가들의 소멸과 맞물려 있었다. 1955년, 러시아 문학지 『이노스트라나야 리테라투라』Inostranaya Literatura에는 미국의 정치선전 활동가들이 아침을 먹다 목이 멜 만한 어스킨 콜드웰Erskine Caldwell의 단편소설이 두 편이나 실렸다. "첫 작품의 제목은 '미친 돈'Crazy Money(영어판 원제는 '횡재'Windfall였다)인데, 위험한 수준은 아니다." 미 해외공보처USIA의 존 포커John Pauker가 남긴 글이다. "그런데 두 번째 작품은 문제가 크다. 제목은 '서민들'Masses of Men로, 기업의 부정, 빈곤한 흑인, 열

---

49 C. D. Jackson, to Nelson Rockefeller, 14 April 1955(CDJ/DDE). 잭슨은 같은 편지에서 CIA의 동료들이 흑인 연기자들을 정보원으로 활용하겠다고 아이디어를 낸 데 대해 "섣부르게 행동하지 말라"라고 경고했다. "나는 이 흑인들이 정에 약하고 두 가지 일을 한꺼번에 할 수 없다고 생각한다." 하지만 "흑인 연기자들이 귀국한 뒤에는, 물론 교묘한 방식으로 그들이 침묵을 지키도록 만들어야 한다"라는 데에는 동의했다.

살짜리 소녀가 25센트에 강간당하는 내용이 담겨 있다."[50] 이제 해외공보처의 근심은 미국문화자유위원회로 옮겨 왔다. 미국 위원회는 콜드웰이 작품의 내용을 공개적으로 부정하게끔 압력을 가하겠다고 약속했다. 미국 위원회는 남부 출신 작가들이 "사회적 저항과 반감", 그리고 "미국의 타락과 어리석음"을 담은 소설로 국가 이미지를 더욱 부정적으로 훼손한다는 1949년 시드니 훅의 불만[51]에 화답해 이제 "조국을 욕보이는 남부 사람들을 제거"하기로 작정했다. "그들의 작품은 우리의 관습과 도덕을 지나치게 편파적이며 심리적으로 편향된 시각으로 보여 주고 있다."[52] 이는 단발적인 평가가 아니라 에릭 존스턴을 포함한 많은 냉전주의자들에게 널리 수용된 의견이었다. 그는 할리우드에 있는 자신의 사무실에서 남부 출신 작가들을 이렇게 몰아붙였다. "우리에게는 더 이상 『분노의 포도』도 『타바코 로드』Tobacco Roads도 없을 것이다.[53] 소위 미국인들 삶의 흉한 이면을 보여 준다고 떠들어 대는 영화도 더 이상 없을 것이다."[54] 이 시기에

---

50 John Pauker(USIA), to Sol Stein, 20 October 1955(ACCF/NYU).

51 Sidney Hook, "Report on the International Day Against Dictatorship and War", *Partisan Review*, vol.16/7, Fall 1949.

52 T. S. Colahan, to Sol Stein, October 1955(ACCF/NYU).

53 존 스타인벡의 『분노의 포도』와 어스킨 콜드웰의 『타바코 로드』는 모두 가난한 남부인을 주인공으로 한 사실주의적 소설이다. ― 옮긴이

54 Hixson, *Parting the Curtain*에서 에릭 존스턴의 말. 미국 정부의 정치선전 전략가들은 한결같이 스타인벡을 싫어했다. 그리고 실제로 미국 문학을 가르치는 모든 학교들은 (정부의 주장에 유리한) 사회적 데이터를 수록해야 했다. 1955년 7월, 어느 심리전 전문가는 뉴욕현대미술관(MoMA)에서 열린 '인간 가족'(The Family of Man) 사진전에 대한 정부 지원을 철회해야 한다고 주장했다. 전시된 사진들이 노인 혹은 부유한 상류계급을 다루면서 스타인벡의 『분노의 포도』와 같은 묘사를 따르고 있고, "모든 미국 노동자들이 핍박받고 착취당한다"는 인상을 주기 때문이라는 것이었다. 그가 보기에 이런 전시회는 "공산주의 선동가들이 꿈꾸던 짓"이었다(P. J. Corso, Operations Coordinating Board, July 1955(OCB.Cen/DDE)). 어떤 비평가는 이 모든 주장에서 "사회적 오염을 모두 정화시키려는 편집증적 집착"을 발견했다(Andrew Ross, *No Respect: Intellectuals and Popular Culture*, London: Routledge, 1989에서 톰 헤이든Tom Hayden의 말).

콜드웰, 스타인벡, 포크너, ('흑인 스타인벡'인) 리처드 라이트는 작품 판매에 어려움을 겪었다.

다시 할리우드에서는 칼턴 알섭이 미국의 초라한 면모를 보여 주려는 시도에 대해 경계심을 드러내고 있었다. 알섭은 어느 보고서에서 "에드나 퍼버Edna Ferber의 『자이언트』Giant라는 소설"을 각색한 극본이 위험한 내용을 담고 있다고 경고했다. 그의 말에 따르면, 이 소설은 "다음과 같은 세 가지 이유" 때문에 "예의주시"해야 했다. "① 부유하고 투박하고 비정한 미국인(텍사스인)에 대한 비우호적인 묘사, ② 텍사스의 멕시코 사람들에 대한 인종적 비하, ③ 멕시코인들의 노동력을 착취해 텍사스 백인들의 부를 축적했다는 암시" 등이 문제가 되었던 것이다. 알섭의 해결책은 간단했다. "파라마운트에서 그 영화를 제작하려고 할 때마다 반드시 그 계획이 무산될 것입니다."[55] 하지만 그의 시도는 부분적으로만 성공을 거두었다. 1956년에 파라마운트가 아닌 워너브러더스에서 그 영화를 만들었던 것이다. 바로 제임스 딘의 마지막 영화였다.

할리우드의 정치적 온도를 가늠하고자 알섭의 보고는 계속되었다. CIA가 '할리우드 공식'Hollywood Formula[56]이라 부르는 것을 제작자와 스튜디오에 이식하는 복잡한 작업을 상술하는 보고서였다. 이 공식을 통해서 할리우드 영화는 부정적인 고정관념을 버리고 건강한 미국을 표상하도

---

55 Carleton Alsop, Hollywood reports, 1953(CDJ/DDE).
56 CIA가 '할리우드 공식'을 만들 때 참조한 문건은 C. D. 잭슨이 1953년 5월 15일 작성한 일지였다. 정부의 검열 전문가의 가혹한 검열에도 불구하고, 그 세부 항목들은 CIA가 영화 산업에 침투하기 위한 공식적인 전략을 개발해 왔다는 문헌적 증거임이 드러났다. 이 일지에 따르면, C. D.는 그날 트레이시 반스의 보좌역 존 베이커(드 네프빌을 채용한 사람이었다)와 만나 CIA의 '할리우드 공식'에 대해 토의했다. 이 공식은 베이커, 반스, 그리고 프랭크 위즈너의 관심을 받으며 등장했고, 이를 서부로 가져가 실행한 사람이 칼턴 알섭이다.

록 제작되었다. "다음과 같은 영화에서 술 취한 미국인을 주인공까지는 아니더라도 대체로 두드러진 역할을 맡지 못하도록 하는 데 성공했습니다." 알섭의 보고 내용이다. "「후디니」Houdini: 술 취한 미국 기자, 완전 삭제. 수정을 위한 재촬영이 필요할지도 모름. 「잉카의 전설」Legend of the Incas: 미국 배우의 과음 장면, 대본에서 모두 삭제. 「엘리펀트 워크」Elephant Walk: 음주 장면, 플롯상 필요한 경우로 엄격 제한. 「레이닝어와 개미」Leininger and Ants: 미국 배우의 지나친 음주 장면, 대본에서 완전 삭제."[57]

알섭은 "종교를 공격하는 영화"에는 특히나 민감하게 반응했다. 어느 스튜디오에서 알베르토 모라비아와 함께 단눈치오Gabriele d'Annunzio의 『요리오의 처녀』La figlia di Iorio를 가지고 각색 작업에 들어가자, 알섭은 그 작업이 "100퍼센트 반종교적"일 것이라 확신했다. "어떻게 이 작업을 막을 수 있을까요? 바티칸이 모종의 조치를 취해야 한다고 생각합니다. 제 견해에 편견이 있을 수도 있겠지만, 제가 과도하게 친가톨릭적 태도를 취하고 있다고 생각해서는 안 됩니다. 정신의 전쟁에서 공산주의자들이 내딛는 첫걸음이 종교의 가면을 벗기는 일이기 때문입니다."[58] 더 심각한 것은 로베르토 로셀리니Roberto Rossellini가 「프란체스코, 신의 어릿광대」 Francesco, Giullare di Dio에서 그린 성 프란체스코의 삶이었다. "문제가 심각합니다." 알섭의 보고 내용이다. "이보다 더 심한 종교 폭로 영화는 없을 겁니다. …… 성 프란체스코와 그의 벗들은 …… 극도로 단순화된 모습으로 그려져 있고, 한 무리의 바보들처럼 보이는 데다가, 정신적으로 좀 모자라는 모습에 심지어 몇몇은 동성애자들처럼 나와 있습니다."[59]

57 Carleton Alsop, Hollywood reports, 1953(CDJ/DDE).
58 Ibid.

　　　　　*　　　*　　　*

칼턴 알섭은 존 오하라John O'hara와 함께 작업하던 할리우드 작가 피니스 파Finis Farr와 같은 시기에 위즈너의 정책조정실OPC에 합류했다. 심리전연구회에 배치된 알섭과 파는 하워드 헌트의 지휘를 받았다. 헌트는 전직 OSS 요원으로 흑인 문제와 관련한 선전 활동에 일가견이 있었고(나중에 그는 스스로를 "흑인처럼 생각했다"라고 말했다), 이후 CIA 직무 교육 과정에서 정치전과 심리전 과목을 가르쳤다.

　1950년 조지 오웰이 사망하자, 하워드 헌트는 곧바로 알섭과 파를 영국으로 파견해 작가의 미망인 소니아Sonia Orwell를 만나게 했다. 이 두 사람이 죽은 작가의 아내를 만난 이유는 그녀를 위로하기 위해서가 아니라 『동물농장』Animal Farm에 대한 영화 판권 계약서에 서명을 받기 위해서였다. 서명에 대한 첫 번째 대가는 그녀의 우상 클라크 게이블Clark Gable을 만나게 해준다는 약속이었다. 하워드 헌트는 이런 기록을 남겼다. "이 방문 덕분에 『동물농장』을 만화영화로 제작할 수 있게 되었고, CIA가 전 세계 시장에 투자와 배급을 맡았다."[60]

　판권을 확보하자 헌트는 CIA의 대리인 노릇을 해줄 수 있는 제작자 확보 작업에 착수했다. 헌트가 점찍은 사람은 루이스 드 로슈먼트Louis de Rochemont로 타임사에서 월간 다큐멘터리 시리즈 '시대의 행진'The March of Time을 제작할 때 헌트를 고용했던 인물이었다.[61]

59　Ibid.
60　E. Howard Hunt, *Undercover: Memoirs of an American Secret Agent*, California: Berkeley Publishing Corporation, 1974.
61　드 로슈먼트는 원래 영화 「92번가의 집」(House on 92nd Street)의 독립 제작자로 명성을 얻은 사람이다. 이 영화는 용감한 FBI 요원이 독일 스파이를 맞아 싸우는 활약상을 그리고 있다. 영화는 특유의 사실성으로 관객들의 찬사를 받았고(드 로슈먼트는 이 영화가 '논픽션'이라고 했다), 에드

헌트와의 긴밀한 연락과 알섭과 파가 투입한 CIA 자금을 사용해서, 1951년 11월 15일, 드 로슈먼트는「동물농장」제작에 돌입했다.(80명의 만화가, 750신, 30만 장의 컬러 스케치가 투입되는) 당시 가장 야심 찬 만화영화를 만들기 위해 선택된 제작사는 할라스앤드배첼러 만화영화사Halas and Batchelor Cartoon Films Ltd.였다. 헝가리 태생의 존 할라스John Halas는 1936년 영국으로 이주해 테크니컬러Technicolour[62]로 제작한 첫 영국 만화「뮤직맨」Music Man을 제작했었다. 그 뒤 할라스는 아내 조이 배첼러Joy Batchelor와 팀을 이루어 영국 중앙정보국British Central Office of Information을 위한 관제 영화 100여 편을 제작했다. 그중 상당수는 마셜플랜과 NATO를 홍보하는 내용이었다.『동물농장』의 출판인 프레드릭 워버그는 할라스가 제작하는 만화영화에 깊은 관심을 보였고, 세계문화자유회의에 있는 친구들에게서 제작상의 진행 상황을 보고받았다. 1952~53년 워버그는 스튜디오를 여러 차례 방문해 촬영 내용을 점검하고 대본 수정을 제안했다(혁명의 선지자 메이저 영감의 목소리와 외모가 윈스턴 처칠을 닮아야 한다고 제안했던 사람이 아마 워버그가 아니었을까?). 동시에 워버그는 세커앤드워버그 출판사가 발행하는『동물농장』의 개정판 출판을 기획하면서, 이 책에 할라스앤드배첼러사의 만화영화 스틸 사진을 싣기로 했다.

심리전전략위원회PSB는 대본까지 철저히 검열했다. 1952년 1월 23

거 후버의 파일에 수록된 실제 사례를 영화화한 것으로 홍보되었다. 어느 역사가의 말에 따르면, 드 로슈먼트는 "영화 인생 내내 스파이 세계에 빠져 살았다". 이는 몇몇 스파이들과 어울려 일을 벌이기에 유용한 자격 조건이었다.『동물농장』이 제작될 무렵에 로런스 드 네프빌은 영국에서 로슈먼트를 만났는데, "마치 자기가 자기 영화에 나오는 주인공인 양, CIA사람들과 어울리는 데 흠 딱 빠져 있었다"라고 한다(Lawrence de Neufville, telephone interview, April 1997).

62 미국 테크니컬러사(社)의 총천연색 촬영 방식.「바람과 함께 사라지다」,「사랑은 비를 타고」(Singing in the Rain) 등이 이 방식으로 제작되었다. — 옮긴이

일자 메모를 보면 위원회 사람들도 대본을 확정할 수 없었다고 나와 있다. "주제가 다소 불명확하고 애니메이션에 표현된 스토리의 효과가……모호하며, 상징성은 명확함에도 메시지는 그렇게 분명하지 않았"기 때문이다.[63] 여기서 미국 정보 관료들의 비판이 예전에 T. S. 엘리엇과 윌리엄 엠슨의 비판을 반복하고 있다는 점은 흥미롭다. 이 두 사람은 1944년, 오웰에게 편지를 보내『동물농장』의 중심을 이루는 비유에 대해서 모순과 오류를 지적한 바 있기 때문이다.

대본의 문제는 결말을 수정함으로써 해결했다. 원작에서는 공산주의 돼지와 자본주의 인간 사이의 구별이 이루어지지 않고, 모두 함께 부패의 구렁텅이에 빠지게 된다. 영화에서는 이 두 진영 간의 공통점을 정교한 솜씨로 소략하고(이 만화영화에서는 오웰이 소설의 중심 인물로 설정해 놓은 영국과 독일 지배 계층의 상징 필킹턴과 프레데릭은 거의 눈에 띄지도 않는다), 결말 부분에 가서는 아예 삭제해 버렸다. 원작에서는 "바깥의 동물들의 시선은 돼지로부터 인간에게, 인간으로부터 돼지에게, 다시 돼지로부터 인간에게 왔다 갔다 했다. 그러나 이미 어떤 게 어떤 건지 분간하는 일은 불가능했다". 그러나 관객들은 모두 다른 결말을 보게 되었다. 만화영화에서는 다른 감시 동물들을 충동질해 농장을 휩쓰는 반혁명을 일으킨 돼지들의 모습만 보였던 것이다. 작품에서 인간 농부들을 제거하고 착취의 과실 속에 흥청대는 돼지들만 남겨 놓음으로써, 공산주의의 부패와 자본주의의 타락이 한데 섞여 있던 원작의 내용을 뒤집어 놓았다.

CIA는 훨씬 더 위대한 자유의 개념을 선보이기 위해 오웰의 마지막

---

63 Richard Hirsch(PSB), to Tracy Barnes, "Comment on Animal Farm Script", 23 January 1952(PSB/ HT).

작품 『1984』에도 손을 댔다. 오웰은 영화 판권 문제가 마무리되기 전에 사망했지만, 1954년 결국 판권은 제작자 피터 래스본Peter Rathvon의 손으로 넘어가게 되었다. 래스본은 존 포드의 친한 친구로, 1949년 하워드 휴스Howard Hughes가 쫓아낼 때까지 RKO 영화사의 회장이었다. 그해에 그는 영화 제작과 투자 업무를 하는 모션픽처캐피털Motion Picture Capital을 설립했다. 래스본은 물론이고 이 회사도 미국 정부와 긴밀한 관계를 유지하면서 영화배급협회MPS가 제작하는 영화에 투자했다. 로런스 드 네프빌에 따르면, 하워드 헌트는 래스본에게 오웰의 고전을 영화화하는 작업을 함께 진행하자고 부추겼다고 한다. 래스본의 회사 쪽으로 영화 제작을 시작할 수 있는 정부의 자금이 마련되었다.[64] 그 결과는 1956년, 에드먼드 오브라이언Edmond O'Brien, 잰 스털링Jan Sterling, 마이클 레드그레이브Michael Redgrave가 출연한 영화로 나타났다.

오웰의 악몽 같은 미래상을 담은 『1984』는 다양한 측면에서 문화 전략가들의 관심을 받았다. CIA와 심리전전략위원회PSB 관료들(그들에게 『1984』는 필독서였다)은 이 책의 내용을 전체주의의 위험으로 이해했다. 오웰이 좌우파를 막론하고 시민들에게 권력을 남용하는 모든 통제 국가들의 악습을 통렬히 비난했다는 점은 관심의 대상이 아니었다. 오웰이 드러내고자 하는 바는 복잡했을지 몰라도 작품의 전체적인 메시지는 명확했다. 그것은 정부가 행하는 모든 위선과 기만에 대한 저항이었다. 하지

---

64 「1984」의 공식적인 제작비에는 미국 정보기관이 출연한 10만 달러의 자금이 포함되어 있었다. 제작비를 지원한 이유는 이 기관의 수장이 이 만화영화를 "전대미문의, 가장 파괴적인 반공주의 영화"로 생각했기 때문이었다(Tony Shaw, *The British Cinema and the Cold War: The State, Propaganda and Consensus*, London: I. B. Tauris, 2001〔손더스가 이 책을 집필할 당시에는 미출간 원고였으나 이후 정식 출간되었기에 서지 정보를 밝혀 둔다〕).

만 미국의 정치선전 전략가들은 민첩하게 이 책을 반공주의 서적으로 선정해 버렸다. 어느 평론가는 다음과 같이 말했다. "오웰이 어떤 의도로 이 책을 썼는지는 몰라도, 작품에서 드러나는 강렬한 주제들은 결국 냉전에 큰 도움을 주었다. 1950년대에 그의 작품들은 훌륭한 NATO의 신어 Newspeak[65]였던 것이다."[66] 다른 측면에서 보자면 『1984』는 대중문화에 대한 불신, 그리고 철없는 무지에서 비롯된 전반적인 노예 상태의 위험성이라는 주제로 가득 찬 책이었다(노동자계급의 여자가 빨래를 널며 흥얼거리는 대중가요에 대한 주인공 윈스턴의 반응은 사람을 무의식적으로 우둔하게 만드는 '대중문화'에 대한 공포를 압축적으로 보여 주고 있다). 그리하여 또다시, 작품의 정치적 대상은 구체적이라기보다 일반적이 되었다. 피터 밴시타트Peter Vansittart가 "정치적 올바름에 대한 비열한 위협"이라고 부르던 언어와 논리의 남용은 원작을 보면 '그들'Them의 탓임은 물론, '우리'Us의 탓이기도 하다. 하지만 영화에서는 당연히 이러한 구별이 모호해졌다.

오웰의 우화를 조작해 영화 제작자들의 편견과 억측에 끼워 맞춘 것은 전적으로 문화적 냉전이 가진 선입관과 보조를 맞추기 위해서였다. 이러한 편파적인 해석이 구조적으로 가능하도록 한 데에는 솔 스타인만 한 적임자가 없었다. 스타인이 미국문화자유위원회 사무총장이었기에 래스본은 영화 대본에 대해 수시로 충고를 구했다. 스타인의 조언은 셀 수 없이 많았다. 우선 대본은 "오늘날 전체주의의 구체적인 면모를 상당 부분 적절하게 담고 있어야 합니다. 예를 들어 포스터에 실린 '빅브러더'의 모

---

65 소설 『1984』에 등장하는, 사상 통합을 위해 탄생한 언어. 시간이 지날수록 어휘가 늘어나는 구어(舊語, Oldspeak)와 달리 어휘가 줄어들며, 특히 추상적·정치적 어휘는 소멸한다. 정치적으로 무해한 언어만 남겨 정치적 반란이 일어나지 않도록 하기 위한 것이다. ─옮긴이
66 Alan Sinfield, *Literature, Politics and Culture in Postwar Britain*, London: Athlone Press, 1997.

습에는 스탈린의 만화 같은 캐리커처가 아니라 실제 인간의 사진이 들어가야 합니다. 다시 말해, 이제는 죽어 버린 스탈린을 빅브러더와 연결시켜 그 실존 가능성을 훼손하는 일이 없어야 하는 것이지요".[67] 스타인은 영화가 "오늘 우리가 직접 목격할 수 있는 것들의 범위 내에서" 그려져야 한다고 말했다. 예를 들어 그의 걱정은 이런 것이었다. "반성동맹Anti-Sex League 회원들이 차야 했던 가슴 띠"는 "우리가 알기로 전체주의적 삶에 어울리는 차림새라기보다 공식 의례 중인 외교관을 떠올리게 합니다".[68] 그런 이유로 스타인은 그들에게 완장을 채우라고 제안했다. 오웰이 소설에서 트럼펫을 등장시킨 장면을 보고 스타인이 이를 '삭제'하는 게 좋겠다고 한 것도 유사한 경우일 것이다. 미국에서는 트럼펫이 "화려한 행사를 의미" 하기 때문이었다.[69]

스타인은 결말 부분에 가장 많은 공을 들였다. 그는 래스본에게 이렇게 말했다. "제가 이해한 바로는, 문제는 결말이 완전한 절망을 표명하고 있다는 점입니다. 윈스턴 스미스는 자신의 인간성을 잃어버리고 전체주의 국가에 굴복하고 말지요. 이것이 희망 없는 상황을 보여 주는 장면이라고 우리 모두 생각하게 되는데, 실제로는 희망이 없지는 않습니다. …… 전체주의가 인간 본성을 바꾸지는 못하리라는 희망, 그리고 사랑과 자연 모두 빅브러더의 끔찍한 공격에도 살아남을 수 있다는 희망 말입니다."[70] 스타인은 래스본에게 오웰의 결말을 버리고 다음과 같은 해결책을 제시하는 것이 좋겠다고 제안했다. "줄리아가 일어나 윈스턴을 떠납니다. 그러

67 Sol Stein, to Peter Rathvon, 30 January 1955(ACCF/NYU).
68 Ibid.
69 Ibid.
70 Ibid.

나 윈스턴은 카페를 나와 줄리아를 쫓아가지 못합니다. 반대 방향으로 풀이 죽어 거리를 걷다가 어린이들의 얼굴을 봅니다. 아빠에게 고자질한 어린이의 얼굴이 아닌, 본성의 순수함을 가지고 있는 어린이의 얼굴 말입니다. …… 그는 걸음에 속도를 내고 음악은 더 커집니다. 윈스턴은 줄리아와 함께 전체주의 세계에서 망명을 떠난 사람들을 보았던 외딴 곳에 다다릅니다. 다시 우리는 풀잎을 보고, 나무 사이로 부는 바람을 보고, 그리고 아마도 윈스턴의 눈을 통해 다정하게 속삭이는 남녀를 보게 될 겁니다. 윈스턴에게, 그리고 우리에게 빅브러더가 파괴할 수 없는 영원성을 상징하는 것이 바로 그런 것들이겠지요. 윈스턴이 이 장면에서 멀리 걸어 나가고 음악 사이로 그의 심장 박동 소리가 들립니다. 빅브러더가 인간에게서 빼앗아 갈 수 없는 것이 무엇인지, 그리고 1984년의 세계와 모순을 일으키는 것은 무엇인지, 그리고 그와 다른 세상은 어떠한 모습일지 깨달은 윈스턴은 가슴이 벅차오릅니다. 윈스턴은 대단원의 막을 내리기 위해 손을 바라봅니다. 왼손가락 두 개, 오른손가락 두 개, 그리고 그는 둘 더하기 둘이 넷이라는 사실을 알게 되지요. 그가 이것을 깨달을 때, 우리에게는 그의 심장 박동 소리가 여전히 들리고, 그것이 확장되어 인류의 심장 박동 소리가 들립니다. 영화가 끝나면서, 더욱 큰 소리가 들립니다."[71]

실제 영화에는 두 개의 다른 결말이 있었다. 하나는 미국 관객용이었고, 하나는 영국 관객용이었다. 어느 것도 스타인의 달콤한 제안을 따르지는 않았지만, 영국판은 스타인이 생각한 결말에 충실했다. 윈스턴이 "타도, 빅브러더!"를 외치고 총에 맞아 쓰러지고, 줄리아도 그 뒤를 따르는 결말이었다. 원작에서 오웰은 그와는 전혀 반대로, 빅브러더의 억압을 극복

71 Ibid.

할 수 있는 인간 영혼의 가능성을 명시적으로 부정하고 있다. 그래서 윈스턴은 철저히 굴복하고 그의 영혼은 상처를 받는다. "싸움은 끝났다. 그는 자신과의 투쟁에서 승리한 것이었다. 그는 빅브러더를 사랑했다." 오웰은 특별히 『1984』가 어떤 식으로든 변형되어서는 안 된다고 단서를 붙여 놓았지만, 그 뜻은 손쉽게 무시되고 말았다.

영화 「동물농장」과 「1984」는 모두 1956년에 개봉할 채비를 마쳤다. 솔 스타인은 영화에 대해 "미국문화자유위원회는 이데올로기상의 관심을 갖고 있다"라고 전하며, "최대한 많은 곳에서 개봉"하도록 하겠다고 약속했다.[72] 영화에 대한 호의적인 반응을 이끌어 내기 위한 방책이 마련되었다. "뉴욕에서 발행하는 신문기사 기획"과 "할인 관람권 대량 유포" 등의 방법이 동원되었다.

텍스트에서 셀룰로이드 필름으로 전환하는 과정에 '왜곡'은 필연적이라는 주장이 나올 수 있다. 영화를 만든다는 것은 굳이 나쁘게 만들려고 하지 않아도 본질적으로 해석 혹은 재창조의 행위인 탓이다. 게다가 아이작 도이처Isaac Deutscher는 『1984』에 대한 평론 「잔혹성의 신비주의」The Mysticism of Cruelty에서 오웰이 "『1984』의 발상, 플롯, 주요 등장인물, 상징, 전체 분위기를 예브게니 자먀친Evgeny Zamyatin의 『우리들』My에서 차용했다"라고 주장한 바 있다.[73] 도이처는 오웰을 개인적으로 이렇게 기억했다. "오웰은 '음모'에 빠져 살았고, 그가 내세우는 정치적 논거들은 피해망상에 대한 프로이트적 승화만큼이나 충격적이었다." 오웰의 "역사의식과 정치적 삶에 대한 심리적 통찰력의 빈약함"을 우려하던 도이처는 이렇게 경

---

72 Sol Stein, memo to the American Committee for Cultural Freedom, 11 January 1955(ACCF/NYU).
73 Alexander Cockburn, *Corruptions of Empire*, London: Verso, 1987에서 재인용.

고했다. "수백만의 서구인들이 괴로움과 공포에 빠져 인류의 운명을 짊어질 책무로부터 도피하고, 오웰의 『1984』가 우리 눈앞에 펼쳐 놓은 거대한 악령-희생양에게 자신의 분노와 절망을 쏟아내려는 경향이 있다는 사실을 외면하는 것은 위험한 일일 수 있다. …… 불쌍한 오웰, 그는 자기 책이 '증오 주간'Hate Week[74]의 행사에서 그토록 중요한 소재로 쓰이게 될 것이라고 상상이나 했을까?"[75]

한편 오웰 스스로도 그러한 냉전의 조작에서 전혀 책임이 없지는 않았다. 그 역시 1949년에 정보조사국IRD에 공산주의 동조 혐의자들 명단을 넘겨주었기 때문이다. 이 명단에는 35명의 공산주의 동조자Fellow Traveller(오웰은 'FT'라고 표기했다), 소련의 앞잡이로 의심받는 사람들 혹은 '동정론자'들의 이름이 올라 있었고, 그중에는 『뉴스테이츠먼앤드네이션』의 편집자 킹슬리 마틴, 폴 로브슨("맹렬한 반백인주의자. 헨리 A. 월러스의 후원자"), J. B. 프리슬리J. B. Priestley("확고한 동정론자, 모종의 조직적 관련이 있는 듯. 맹렬한 반미주의자"), 마이클 레드그레이브(역설적으로, 이후 영화 「1984」에 출연했다) 등이 포함되어 있었다.[76] 거의 모든 사람에게 깊은 의심을 품고 있던 오웰은 파란색 4절지 노트를 수년간 손에 지니고 다녔다. 1949년경에는 노트에 125명의 이름을 적어 놓았고, 이런 일은 오웰이 쾨슬러, 리처드 리스Richard Rees와 즐겁게 벌이는 '게임'이었다. 그들은 "우리의 친애하는 숙적들이 어느 정도까지 배신할 것인지"[77] 가늠해 보고 싶었던 것이

---

74 소설 『1984』에 등장하는 행사로, 그 기간 동안 집권당의 적에 최대한의 증오심을 쏟아낸다. ─ 옮긴이

75 Ibid.

76 Peter Davison ed., *The Complete Works of George Orwell*, London: Secker & Warburg, 1998.

77 Michael Sheldon, *Orwell: The Authorised Biography*, London: Heinemann, 1991에서 리처드 리스의 말.

다. 스티븐 스펜더가 포함된 것을 보면 포함 기준은 꽤 넓었던 듯하다. 오웰의 생각에 스펜더의 '동성애적 성향'은 아무런 근거가 없는 것이었지만 말이다(오웰은 또 그가 "믿을 수 없는 사람"이며 "귀가 얇은 사람"이라고 말했다). 미국의 사실주의 작가 존 스타인벡은 "순진함의 탈을 쓴 가짜 작가"라는 이유만으로 명단에 올랐고, 업턴 싱클레어는 "지극히 어리석은 자"라고 악평을 해놓았다. 조지 패드모어George Padmore(필명 맬컴 너스Malcolm Nurse)는 "아프리카 흑인 혈통?"이라는 말과 함께 "반反백인주의자"이고 낸시 쿠나드Nancy Cunard[78]의 애인이라는 소문이 있다고 적혀 있다. 톰 드라이버그Tom Driberg는 오웰이 두려워 마지않았던 모든 것을 가지고 있어, 오웰로부터 "동성애자", "지하조직 회원이라는 일반적인 인식이 있다", "유태계 영국인" 등 맹렬한 공격을 받았다.[79]

하지만 오웰이 '작은 리스트'little list[80]라 이름 붙인 이것을 영국 외교부의 비밀 부서(오웰은 그렇게 알고 있었다) 정보조사국IRD에 자발적으로 넘겨준 순간, 일종의 게임이었던 이러한 행동은 새로운 불길한 국면에 접어들게 되었다. IRD의 애덤 왓슨이 이후 "이 명단에서 쓸 만한 부분이라고는 명단에 오른 사람들이 우리 편이 아니라는 사실뿐"이라고 해명했지만,

---

78 영국의 작가이자 정치활동가. 상류층 출신이었지만 가문이 제공하는 안위를 거부하고 인종주의와 파시즘에 대항해 싸웠다. 헤밍웨이, 제임스 조이스, 랭스턴 휴스, 만 레이 등 20세기의 걸출한 예술가들과 염문을 뿌렸다. ─옮긴이

79 Davison ed., *The Complete Works of George Orwell*. 오웰은 열렬한 반유대주의자로, "시오니스트 유대인들은 도처에서 우리를 혐오하고 영국을 적으로 삼고 있으며, 심지어 독일보다 더한 놈들"이라고 생각했다. 이러한 이유로 그는 영국 정보조사국(IRD)에 "적인 유대인들을 살갑게 대하는 것은 나쁜 정책"이라고 조언했고, "유대인 차별에 반대하는 것(anti-anti semitism)이 반(反)러시아 정치선전에 유용할 것으로 생각지 말라"라고 경고했다(George Orwell, to Celia Kirwan, 6 April 1949(IRD/FO1110/PRO)).

80 이 리스트에 실린 다른 유명 인사로는 찰리 채플린, E. H. 카(Edward Hallett Carr) 등이 있다. ─옮긴이

"그들이 소련의 지원을 등에 업은 조직들과 연루되어 있다는 사실은 언젠가 밝혀져야 할 문제"[81] 라는 단서를 덧붙여 놓았기 때문이다. 이 말은 쉽게 말해서 오웰의 명단이 정부 기관의 손에 들어가는 순간, 그것이 사찰로 이어지지는 않는다 해도 사적인 기록이라는 애초의 순수성을 모두 잃게 된다는 의미였다. 그렇게 되면 이 목록은 관련자들의 명성이나 업적을 파괴할 만한 실질적 가능성을 가진 문서가 되어 버린다.

50년 후, 오웰의 공식 전기 작가 버나드 크릭Bernard Crick은 오웰의 행동을 강력히 옹호하며 그것은 "현재의 책임감 있는 시민들이 아일랜드공화국군Irish Republican Army, IRA 폭탄 테러범이라 의심되는 사람들에 대한 정보를 대對테러진압반에 넘겨주는 것과 하등 다를 바 없다. 1940년대 후반은 위험한 시기였다"라고 했다.[82] 이렇듯 오웰을 옹호하는 주장은 지식인 집단이 모조리 모스크바와 손잡고 있으며, 한데 뭉쳐 영국에서 스탈린주의를 부흥시키려는 반역적인 시도를 꾀하고 있다는 신화를 매사에 이용해 먹고 싶은 사람들을 통해 계속 되풀이되었다. 하지만 오웰의 리스트에 올라 있는 어느 누구도 (명단이 공개된 사람들에 관한 한) 불법적인 행위와 관련이 없었고, IRA 테러리스트와 비교할 만한 어떠한 단서도 없었다. '동성애'만이 유죄로 비난할 만한 유일한 근거로 기재되었다.[83] 그렇다고 해서 오웰의 이러한 딱지 붙이기를 단념하게 만들지는 못했다. 영국의 법은 공산당에 가입하는 것도, 유대인으로 사는 것도, 감상적으로 사는 것도, 멍

---

81 Adam Watson, telephone interview, August 1998. 강조는 인용자.
82 *Evening Standard*, 11 July 1996.
83 1957년 '성인 사이에 합의한 사적인 동성 간 성행위는 더 이상 범죄행위로 취급받으면 안 된다'라는 내용의 「울펜덴 보고서」(Wolfenden Report)가 영국에서 출판된 뒤에야 서구 국가들은 차츰 동성애 금지법을 폐지하기 시작했다(위키피디아 한글판 「동성애」 항목 참조, 검색일자: 2016년 7월 21일). ─ 옮긴이

청하게 사는 것도 모두 허용하고 있다. "옳고 그름의 문제에 관한 한 오웰이 잘못한 것은 전혀 없다." 페레그린 워손의 말이다. "이러한 문제들에 대한 그의 판단력은 전적으로 신뢰할 만하다. 그래서 작가가 다른 사람을 밀고하는 것을 냉전이 정당화해 주었다고 오웰이 생각한다면, 그것으로 끝이었다. 논쟁도 필요치 않다는 얘기다. 하지만 논쟁이 필요치 않아서는 안된다. 그 행위가 조지 오웰이 한 것이라고 해서 불명예스러운 행위가 명예롭게 되는 것은 아니다."[84]

"러시아적 가치가 영국 지식인들의 삶에 미친 유해한 영향"[85] 같은 얘기를 했다고 해서 오웰이 틀렸다고 말하고 싶지는 않다. 그도 다른 많은 사람들처럼 이데올로기의 대가를 치렀고, "자유를 두려워하는 자유주의자들 혹은 지식으로 비열한 짓을 하려는 지식인들"[86]이 이데올로기라는 미명하에 저지른 왜곡이 무엇인지 알고 있었다. 하지만 그는 지식인과 경찰관의 역할을 혼동하고 있음을 실제 행동으로 보여 주었다. 오웰은 지식인이라는 이름으로 군중을 이끌고 영국의 러시아 추종자들을 공개적으로 공격할 수 있었다. 그는 적들과 『트리뷴』, 『폴레믹』 *Polemic*, 그 외 여러 잡지와 신문 지면을 통해서 논쟁을 벌였다. "(미심쩍은) 지식인들의 부정직한 속임수에 핑계를 대고 외면한다면 어떻게 자유를 증진할 수 있겠는가?"

"내 입장을 대변할 수 있는 텍스트를 고르라면, 나는 마땅히 '고래의 자유라는 주지의 법칙에 따라' by the known rules of ancient liberty라는 밀턴John Milton의 구절을 택하겠다." 오웰이 『동물농장』 서문에서 쓴 내용이다. 그는

---

84 *The Spectator*, 29 July 1996.
85 George Orwell, "The Prevention of Literature", *Polemic*, no.2, 1945.
86 George Orwell, "The Freedom of the Press", 1944. *New Statesman*, 18 August 1995에서 재인용.

이 구절이 '지적 자유'라는 '뿌리 깊은 전통'에 대한 굳은 믿음을 상징한다고 설명하고 있다. "이 자유가 없었다면 우리 서구 문화의 특징이 지금까지 존재하지 않았을지도 모른다." 그는 계속해서 볼테르Voltaire도 인용했다. "나는 당신의 말에는 찬성할 수 없다. 그러나 당신의 말할 권리를 위해서는 목숨을 바치겠다."[87] 하지만 오웰은 죽기 몇 개월 전에는 이렇게 말하지 않았을까? "나는 당신의 말에는 찬성할 수 없다. 그러나 당신의 말할 권리를 위해서는 목숨을 바치겠다. 다만 몇몇 경우는 예외로 두자." 그래서인지 오웰의 우파 전향을 목격한 메리 매카시는 그가 젊어서 요절한 것은 차라리 축복일 것이라고 논평했다.

87 Ibid.

18장

새우가 휘파람을 불 때

자유는 어디든 갖다 붙일 수 있는 상투적인 문구가 되어 버렸다. ……
그저 예, 예, 아무렴요 같은 상투어구의 예: "자유로운 듯 보이는 모든 사회가 보기보다 자유롭지는 않다."
모호한 상투어구의 예: "자유는 불가분이다."
— 드와이트 맥도널드, 1956

"주목! 주목해 주십시오! 청취자 여러분, 지금부터 헝가리작가연맹의 선언문을 낭독하겠습니다. …… 저희는 헝가리작가연맹입니다. 전 세계 모든 작가들, 과학자들, 작가 연맹들, 과학 협회들, 그리고 전 세계의 모든 지식인들에게 전합니다. 우리는 여러분 모두에게 지지와 도움을 부탁드립니다. 하지만 시간이 촉박합니다. 여러분은 무엇이 사실인지 알고 계실 겁니다. 그래서 여러분에게 상세하게 말씀드릴 필요는 없을 것 같습니다. 헝가리를 도와주십시오. 헝가리 민중들을 도와주십시오. 헝가리의 작가들, 과학자들, 노동자들, 농민들, 그리고 우리 지식인들을 도와주십시오. 도와주십시오. 도와주십시오. 도와주십시오."

　1956년 11월 4일 일요일. 이 메시지가 방송되고 몇 분 후, 오전 8시 7분이 되자 라디오부다페스트는 침묵에 잠겼다. 밤사이에 수도로 밀어닥친 소련 군대는 10월 봉기를 무자비하게 진압하기 시작했다. 그로부터 몇 달 동안 1만 5000명의 헝가리인들이 사망하고 5000명이 재판 없이 체포되었다. 소련의 전차부대가 부다페스트의 중앙대로를 질주하는 모습은 소비에트연방공화국에 대한 오판을 응징하면서 이렇게 전 세계를 윽박지르는 것 같았다. 스탈린주의가 죽었다고? 아니! 스탈린주의 만세!

유럽의 '억류 국가들'[1]을 해방시키기 위해 근 10년 동안 계획을 짜고 분석하고 정보를 수집하던 미국은 이제 넋이 나간 듯 꼼짝없이 서서 소련의 완력을 지켜보는 수밖에 없었다. "투쟁에는 동참하려 하지 않고 혁명의 승리만을 함께 향유하려 하는 자유세계에 절망하며 헝가리 혁명은 숨을 거뒀다."[2] 11월 11일 마네 스페르버는 비통해하며 이런 글을 남겼다. 그러나 동시에 일어난 영국-프랑스-이스라엘 연합군의 수에즈 운하 침공으로 인해, 아이젠하워는 도덕적 진흙탕에 빠졌다는 사실을 깨닫게 되었다. 제국주의적 침략은 동서 양 진영을 막론하고 일어난다는 잔인한 현실이 명백하게 드러났기 때문이었다.

하지만 미국이 꼼짝달싹할 수 없는 이유는 수에즈 운하 때문만이 아니었다. 미국 정부의 전략가들과 정보기관의 최고위 관리들이 이미 헝가리 봉기와 같은 사건을 수년에 걸쳐 계획하고 있었지만, 결국 현실에 직면하고 나니 이러한 탁상공론은 '용두사미'처럼 소용없게 되어 버렸다. CIA는 '포커스 작전'Operation Focus이라는 이름 아래 1950년대 초반부터 헝가리의 상황을 예의주시해 왔다고 자부했지만, 정세는 절망적인 방향으로 흘러가고 있었다. 1954년 자유유럽방송에 배치되었던 로런스 드 네프빌은 그곳에서 일하던 첫 달에 이런 질문을 던졌던 것으로 기억하고 있다. "갑자기 이 방송국으로 레인코트를 입은 사람이 찾아와서는 '우리는 그동

---

1 소련에 종속된 동유럽 국가들을 의미한다. — 옮긴이
2 Manés Sperber, 11 November 1956. Michael Josselson, to Shepard Stone, undated(CCF/CHI)에서 재인용.

안 당신들의 모든 방송을 듣고 있었소. 이제 혁명을 시작할 준비가 되어 있소'라고 하면 어쩌겠습니까? 자유유럽방송에서는 특별 이사회를 열어 이 일을 논의한다 해도 난감한 노릇이 되겠죠. 그것은 카드로 만든 집처럼 불안정한 계획이었고, 이사회 사람들에게 이 말을 그대로 전해 주었습니다. 그 사람들은 모두 자기가 일을 잘하고 있기 때문에 바쁘다고 생각했지만, 어느 누구 하나 현실에 맞춰 계획을 짜놓은 사람이 없었습니다. 결국 그때 그 일이 터진 겁니다."[3]

10월 봉기가 진행되는 동안에 자유유럽방송은 계속해서 봉기 주동자들을 격려했다. 심지어 자유유럽방송이 당시 봉기 군중들에게 무장 지원을 약속했다는 주장도 간혹 나오고 있지만, CIA는 과거에도 그렇고 지금까지도 이를 단호하게 부인하고 있다. 그러나 드 네프빌의 말에 의하면 CIA는 그렇게 부인할 만한 입장이 못 되는 것 같다. 그 이유는 놀랍게도 CIA가 당시 헝가리에 실제로 무엇을 방송했는지에 대한 기록이 전혀 없기 때문이다. "전부 다 엉터리에 오해투성이였어요." 드 네프빌은 이렇게 설명했다. "자유유럽방송은 정기적으로 워싱턴과 뮌헨에 방송과 관련한 지침들을 보냈지만, 열심히 하는 척만 했지 전부 눈 감고 아웅 하는 짓들뿐이었거든요. 그 사람들은 그런 지침 따위는 쉽사리 무시해 버렸기 때문이에요. 게다가 미국 정부는 동유럽에 방송되는 내용을 모니터하고 번역해 놓자고 영국 측과 협의했는데, 어느 누구도 자유유럽방송에서 무슨 내용이 나오는지 번역조차도 해놓지 않았습니다. 놀라운 일이었죠. 그러다 보니 워싱턴 쪽에서도 자기네 방송에서 무슨 내용이 나가는지도 전혀 몰랐습니다. CIA는 실제 방송 내용이 뭔지도 모르면서 무턱대고 헝가리에

---

3 Lawrence de Neufville, telephone interview, April 1997.

이런 방송을 한 적이 없다고 부인만 하고 있습니다."[4] 1956년 10월, 헝가리 봉기의 결정적 시기에 방송되었던 자유유럽방송의 헝가리어 원고 전문은 지금도 찾을 수 없다.

10월 혁명이 실패했다는 사실을 깨닫자, 수천 명의 헝가리인들이 소련의 보복을 피해 오스트리아로 탈출했다. 국경을 넘어 쏟아져 들어온 난민들은 대부분 빈으로 향했다. 다시 미국은 속수무책의 상황에 빠졌다. 조셀슨은 포드재단의 셰퍼드 스톤에게 편지로 다음과 같은 소식을 알려 왔다. "난민들의 상황은 이제 참기 힘든 아비규환의 상태에 이르렀습니다. 우리 빈 사무실 사람들과 지난 며칠간 빈에 있다 돌아온 모든 사람들은 즉시 주요한 조치가 취해지지 않는다면 대혼란이 일어날 거라고 이구동성으로 얘기하고 있습니다."[5] 때마침 프랭크 위즈너도 워싱턴에서 빈으로 날아와 실패한 혁명의 잔해들을 목격했다. 당시 위즈너는 감정적으로 고통스러운 나머지 엄청나게 술을 마시기 시작했다고 한다. 다음 행선지인 로마로 갈 때까지 저녁마다 술독에 빠져 사는 위즈너 때문에 빈의 CIA 요원들은 애를 먹었다. 게다가 아테네에서는 조개를 날로 먹고 간염에 걸려 고열에 헛소리까지 하는 지경에 이르렀다. 위즈너의 가족과 친구들은 그해 가을의 감정적 혼란이 위즈너가 앨런 덜레스의 수석 부국장chief deputy 자리로 강등된 탓이라 여겼다. 그는 점점 짜증이 많아지고 비이성적으로 변해 가다가 1958년 신경쇠약에 걸려 결국 그 자리마저도 내놓게 되었다.[6]

한편 멜빈 래스키도 재빨리 무대에 등장했다. 그는 매우 흥분한 상태

4 Ibid.
5 Michael Josselson, to Shepard Stone, undated(CCF/CHI).
6 Evan Thomas, *The Very Best Men: The Early Years of the CIA*, New York: Touchstone, 1996.

로 빈과 헝가리 국경을 바삐 오가고 있었다. 위즈너가 개인적으로 겟세마네 동산[7]을 오르는 동안, 래스키는 예언이 실현되었다는 만족감에 의기양양해했다. "역시 우리를 위해서 헝가리가 한 건 해준 거죠." 래스키는 밝은 얼굴로 당시를 떠올렸다. "무슨 말이냐 하면, 돈이 한 푼도 안 들었다는 얘깁니다. 우리의 정세 분석이 들어맞았다, 이 말입니다. 우리는 어떻게 분석했느냐 하면, 전체주의란 결국 한 편의 야단법석이고, 그래서 자유, 즉 부르주아적 자유가 확고한 의제로 자리 잡아야 한다, 이런 것이었습니다. 헝가리는 그러한 분석을 정당화해 주는 사례였지요."[8] 래스키는 프리드리히 토르베르크와 힘을 합쳤다. 토르베르크의 『포룸』 사무실은 헝가리 혁명 개입 작전을 수행하는 사람들의 임시 사령부가 되었고, 여기서 래스키는 헝가리로부터 (하루에 열다섯 명꼴로) 망명해 오는 지식인들과 학생들이 난민 지위를 얻을 수 있도록 도우면서 유럽 대학에 자리를 알아봐 주었다. 또한 ('미국의 소리' 방송과 자유유럽방송에 소속된 친구들을 통해) 관련 문서들을 취합해 헝가리 혁명에 관한 백서 『헝가리 혁명』을 쓰기 시작했다. 이 책은 영국에서는 세커앤드워버그 출판사에서, 미국에서는 프래거 출판사에서 출간되었다.

한편 파리의 세계문화자유회의는 사람들로 북적이는 오스망 대로에 사무실을 열었다. "긴장과 열정이 절정에 달한 시기였습니다. 우리가 여기 온 목적이 실현된 것마냥 너무나 흥분되는 일이었죠."[9] 겨우 몇 달 전에 문화자유회의에 합류한 존 헌트의 말이다. 파리 본부 사무국은 광범위한 연

---

7 예수가 슬픔과 고뇌로 기도하던 곳. ─ 옮긴이
8 Melvin Lasky, interview in London, August 1997.
9 John Hunt, interview in Uzès, July 1997.

결망을 가동하여 산티아고에서 덴마크까지, 레바논에서 뉴욕까지, 함부르크에서 봄베이까지 대중의 저항들을 조직해 나갔다. 스웨덴 지부에서는 여덟 명의 노벨상 수상자들을 설득해 소련의 불가닌Nikolay Bulganin 원수에게 항의하는 전보를 띄우도록 했다. 미국문화자유위원회에서는 쾨슬러와 실로네가 참석하는 대중 집회를 조직했다(위원회에서는 원래 헤밍웨이가 참석하기를 바랐다. 그래서 조셀슨에게 전보를 보내 도움을 청했는데, 조셀슨의 답신은 다음과 같았다. "헤밍웨이는 아마도 유럽 어딘가에 있는 것 같기는 한데 확실치는 않습니다"). 1957년 1월이 되자 문화자유회의 파리 본부는 "다양한 국가별 위원회들의 활약이 이처럼 통일되고 강력했던 적이 없었다"라고 공표할 수 있게 되었다.[10]

헝가리 위기의 또 다른 산물은 헝가리교향악단Philharmonica Hungarica의 설립이었다. 조셀슨의 주도로 안탈 도라티Antal Dorati가 음악 감독을, 졸탄 로즈니아이Zoltan Rozsnyay가 지휘를 맡았다. 로즈니아이는 소련의 탱크가 헝가리 수도를 포격하기 시작하자마자 100명의 부다페스트 필하모닉 오케스트라 단원들과 함께 빈으로 탈출했었다. 7만 달러의 초기 지원금으로 출발한 이 교향악단은 문화 투쟁의 강력한 구심점이 되었고, 오늘날까지도 순회공연을 하고 있다.

하지만 조셀슨과 휘하의 '지식인 돌격대'에게 무엇보다도 반가웠던 소식은 사르트르가 공개적으로 공산당과 절연하고 소련 지도부를 비난했다는 낭보였다. "스탈린주의를 공개적으로 비판하던 소련 지도부가 이제 와서는 숫제 한술 더 뜨는 형국이다." 이와 같이 사르트르는 1956년 11월

---

10 Peter Coleman, *The Liberal Conspiracy: The Congress for Cultural Freedom and the Struggle for the Mind of Postwar Europe*, New York: The Free Press, 1989에서 재인용.

9일 『렉스프레스』*L'Express*에 기고한 글에서 제2차 세계대전 이후 소련의 정책을 "공포와 바보짓으로 점철된 12년"이라고 비난했고, 소련의 헝가리 개입을 "열과 성을 다해" 규탄했다. 특히 그의 유난한 독설은 자국 프랑스의 공산주의자들을 겨냥했다. 그는 다음과 같이 선언했다. "현재 프랑스 공산당을 이끌어 가는 자들과는 일체 관계를 끊을 것이고 앞으로도 그럴 것이다. 그들의 모든 말 한마디, 행동 하나하나가 30년간의 거짓과 경화증의 산물이다. 그들은 완전히 무책임한 자들처럼 대응하고 있다."[11]

세계문화자유회의는 사르트르의 이러한 선언을 카뮈의 것과 함께 복사해서 수천 부를 배포했다. 카뮈는 "소련 군대가 헝가리로부터 즉각 철수"할 것을 요구하는 UN 결의안의 표결이 실패한다면 UN을 보이콧할 것이며 UN이 이러한 요구에 부응하지 못한다면 "UN의 파산과 실패를 공개적으로 비난할 것"이라고 위협한 바 있다. "날로 기울어 가는 프랑스 지식인들의 대열로부터 공산주의자, 동반자, 진보주의자, 反반공주의자, 그리고 이제는 反소련파 공산주의자들의 이탈이 있을 것 같습니다."[12] 조셀슨은 유쾌한 기분으로 이렇게 말했다. 그리고 다음과 같이 덧붙였다. 공산당의 후원을 받는 루이 아라공의 프랑스 전국작가위원회Comité National des Ecrivains는 "사실상 무력화되었습니다. …… 공산주의자들의 '마력'이 분쇄되었다고 이제야 안심하고 말할 수 있게 되었습니다". 그러나 조셀슨은 다음과 같은 부분도 놓치지 않았다. "이러한 상황이 벌어지지 않았다면, 프랑스 사회당이 이집트에서 벌어진 불행한 사태를 이용해 먹었을지도 모르지요."[13]

---

11 *L'Express*, 9 November 1956.
12 Michael Josselson, to Shepard Stone, undated (CCF/CHI).

수에즈 충돌로 얻은 수많은 교훈들이 조셀슨의 마음속에서 가지를 치기 시작했다. "유럽이 공산주의의 위협에 굴복하지 않으려면, 먼저 중동의 석유 자원에 의존해서는 안 됨은 분명한 사실입니다." 조셀슨이 한 외신 기자에게 해준 말이다. "석유를 다른 에너지원으로 대체하기 위한 집중적인 과학 연구 프로그램이 그 해답이 될 수 있겠지요."[14] 조셀슨은 특히 원자력을 염두에 두고 있었다. 평화적인 원자력 사용을 인정받으려는 시도는 오랫동안 미국 외교정책의 우선 과제였다. 1952년에 C. D. 잭슨은 자신의 기록 파일에 이렇게 써두었다. "원자폭탄을 사용했다는 미국의 죄책감을 이제는 털어 버리자는 고든 딘Gordon Dean의 『라이프』 기사 덕분에 원자력에 대한 인식이 개선되고 있다."[15] C. D. 잭슨은 1953년 12월 8일 UN에서 있었던 아이젠하워의 그 유명한 「원자력의 평화적 이용」Atoms for Peace 연설 준비에도 깊이 관여했었다. 이 연설에서 아이젠하워는 일방적으로 핵무기의 감축을 제안했으며, 원자력을 군사적 목적에서 어떠한 수단을 통해 민간 활용 목적으로 전환할지에 대한 개요를 제시했다. 매사를 선전선동의 기회로 써먹었던 C. D. 잭슨은 1954년 2월, 프랭크 위즈너에게 메모를 하나 건넸다. 이 메모는 아이젠하워의 제안을 "베를린에서 최초의 원자로 건설 계획을 발표하는 데" 이용해 보자는 내용을 담고 있었다. 잭슨은 다음과 같이 말했다. "이렇게 하는 데는 선전의 측면뿐만 아니라 매우 실질적인 이유도 있습니다. 베를린에서 사용하는 연료는 액체든 고체든 간에 단 1온스라도 소련의 영토를 통과해야만 들여올 수 있습니다.

13 Ibid.
14 Ibid.
15 C. D. Jackson, log files(CDJ/DDE).

우리가 저장해 온 비축분이 있기는 하지만 새로운 봉쇄가 행해지면 상황이 심각해지겠지요."[16] 그는 원자력발전소가 "포위당한 상황하에서도 도시를 유지해 나가는 데 필요한 기본적인 에너지를 공급할 수 있을 것"이라고 생각했다. "독일과 소련을 맞서게 만든다는 점에서" 그 전시적 가치는 "명백했다". 사실 선전선동의 관점에서 "실제 발전소의 건설에 대한 최종적인 결정 여부"는 중요하지 않았다. "단순히 아이디어로서 소련 측에 유출되는 것만 해도 충분합니다. 다시 말해 조사단이 베를린 주변에서 적당한 부지를 찾아다니다가 돌무더기 폐허에 울타리를 친 다음 알아보기 힘든 표식을 해놓고 경비를 세워 두는 겁니다. 그리고 당분간 계획이 소문나도록 내버려 둔다면 베를린 시민들이 지켜볼 때나 소련 측의 정찰을 고려하면 실제로 그 일을 진행하는 것만큼이나 효과적일 수 있습니다."[17]

반면 조셀슨의 심중에는 이런 마키아벨리적인 계략은 눈곱만치도 없었다. 그는 "칼을 두드려 보습을 만들듯이 핵을 평화적으로 이용하자"[18]라는 아이젠하워의 생각에 진심으로 공감하고 있었기 때문이다. 조셀슨의 진의는 순수했으며, 나쁘게 말해서는 순진했다고 할 수 있다. 그는 나보코프에게 보내는 편지에서 이렇게 썼다. "원자력 에너지의 이용은 인류와 사회의 운명을 급격히 바꿔 놓을 것이 명백합니다. 또한 원자력은 마르크스주의가 '단말마의 비명'swan song을 토해 내도록 만들 것이며, 마치 산업혁명이 마르크스 이론을 위한 기초를 제공했듯이, 인류에게 새로운 철학적·사회학적 기초를 제공하리라 확신합니다."[19] 평화적 목적으로 원자력 에

---

16 C. D. Jackson, to Frank Wisner, 27 February 1954(CDJ/DDE).
17 Ibid.
18 Richard Crockatt, *The Fifty Years War: The United States and the Soviet Union in World Politics 1941-1991*, London: Routledge, 1995.

너지 자원을 함께 이용하자는 아이젠하워의 제안을 곧이곧대로 받아들인 조셀슨은 이를 '천재적인 발상'이라 반기면서, 문화자유회의의 잡지들을 통해 이러한 생각을 홍보하려고 몹시 애를 썼다. 하지만 결국 무관심의 장벽에 부딪혀 좌절하고 말았다. "저는 이 제안을 『프뢰브』의 후속 기사로 보충하도록 하고 유럽의 다른 잡지에서도 이에 동참했으면 하고 필사적으로 노력해 왔습니다." 1954년 1월에 조셀슨이 드 네프빌에게 보낸 편지에서 한 말이다. "프랑스에서 세 명의 선도적인 비공산주의 과학자들이 이런저런 핑계를 대며 거부했는데, 참으로 딱한 일입니다. …… 사람들이 너무 게으르거나 아니면 너무 바쁘거나 혹은 아무 관심이 없어서 좋은 아이디어가 제대로 계발되지 못하는 일이 흔하기는 합니다.[20] 하지만 원자력의 평화적 이용은 극도로 절망적인 상태에 빠져 있는 유럽 사람들에게 새로운 희망과 자신감을 불어넣을 수 있는 아이디어입니다." 그는 다음과 같은 말로 끝을 맺었다. "어떤 아이디어가 있으시다면, 혼자 간직하지는 마시기 바랍니다."[21]

이후에 일어났던 일은 세계문화자유회의 이면의 은밀한 관료 체계가 어떻게 작동하는지 들여다볼 수 있는 흔치 않은 기회이다. 조셀슨이 드 네프빌에게 보낸 편지는 백악관에 있던 C. D. 잭슨에게도 전달되었다. 잭슨은 이 편지를 다시 CIA의 트레이시 반스에게 전달했다. "이 편지를 유럽의 저명한 과학자들에게 은밀히 전달하기 위해" 윌리엄 타일러William Tyler를 끌어들이자는 제안과 함께였다. 타일러는 파리 주재 미국 대사관의 홍보

19 Michael Josselson, to Nicolas Nabokov, 23 January 1954(CCF/CHI).
20 이상하게도, 훗날 이를 '혁명적인 제안'이었다고 평가했던 아이젠하워는 스스로 당시 연설에 대해 좀 더 까다로운 후속 제안을 내걸었다. 하지만 소련으로부터 단호하게 거부당했다.
21 Michael Josselson, to Lawrence de Neufville, undated(CDJ/DDE).

담당 직원이었다(물론 대사관에서 그가 맡은 역할은 그 직책이 위장임을 암시하고 있다). 잭슨은 이렇게 말했다. "타일러는 흠잡을 데 없이 학문적인 프랑스어로 글을 쓸 뿐 아니라, 수많은 연설의 초안을 작성해 봤다는 부가적인 이점을 갖고 있기 때문에, 연설의 주제와 요지를 완벽하게 파악하고 있습니다." 『프뢰브』의 다음 호가 막 마감될 상황이었으므로, 잭슨은 반스에게 이 제안을 긴급 사안으로 해서 "조셀슨에게 회신해 달라"라고 말했다.[22]

조셀슨이 '자유민주주의'라는 관념하에 원자력 에너지로 통합된 하나의 유럽이라는 자신의 계획을 추진해 나가는 동안, 드와이트 맥도널드는 이집트에서 서구 제국들의 부당한 행위를 목격하고 있었다. 자신이 최근에 공동 편집자로 임명된 『인카운터』의 취재를 위해서였다. 맥도널드의 친구 중 하나는 당시 맥도널드가 잠자리채를 든 미친 교수 같았다고 했지만, 그가 경력상의 최전성기를 누리고 있음은 분명했다. 맥도널드는 『뉴요커』에 연재하던 포드재단에 대한 기나긴 소개 글을 끝마쳐 놓고, 『인카운터』처럼 교양 계층을 위한 잡지에서 일할 기회를 얻게 되어 즐거워하고 있었다. 그러므로 카이로에서의 체류 기간 중에 좋은 취재 기회를 잡지 못했다는 것은 의아한 일이다. 사실 그는 머물던 호텔 근처의 건물에 포탄이 떨어졌을 때, 재빨리 교외로 도망쳐 『인카운터』 본사와는 연락을 끊고 잠적하며 지냈던 것이다. 맥도널드는 1940년 뉴욕 주재 소련 영사관 앞에서 피켓 시위를 하다가 체포되었던 사실을 '큰 무용담'으로 삼고 있었다. 그랬던 맥도널드가 이제 위험을 무릅쓰던 호기는 다 잃어버리고, 전쟁 지역을 둘러보려고 도시 밖으로 나가는 짓은 결코 감행할 수 없는 사람이 되어 버렸다. 래스키는 이렇게 회고했다. "우리는 드와이트가 수에즈 침공 이

---

22 C. D. Jackson, to Tracy Barnes, 5 January 1954(CDJ/DDE).

후의 상황을 취재할 수 있을 것으로 보고 수백 파운드씩 들여 비행기 표를 끊어 주고 호텔 숙박비를 지불했습니다. 하지만 드와이트가 써 온 글은 도저히 잡지에 실을 수 없는 수준이었죠. 거기서 슬럼프에 빠진 모양인데, 귀국해서도 몇 달간은 이따금씩 사무실에 나와 앉아만 있을 뿐 여전히 아무것도 쓸 수 없는 상태였죠."[23]

맥도널드가 『인카운터』의 공동 편집자로 임명된 것은 출발부터 논란의 여지가 많았다. 조셀슨은 편집장으로서 어빙 크리스톨의 능력에 한 번도 만족해 본 일이 없는 데다, 잡지에 대한 이견으로 창간호 때부터 충돌했다. 조셀슨은 크리스톨이 냉전의 문제를 너무 인색하게 다룬다고 생각했고, 잡지의 정치적 측면에 보다 주안점을 두라고 요구했었다. 조셀슨은 크리스톨에게 잔소리를 해댔다. "우리 일이 '문화' 전문지나 발간하자는 게 아니지 않습니까? 이 점을 파악하지 못하고 계신 것 같아 심히 언짢네요."[24] (하지만 이러한 조셀슨의 말은 『인카운터』가 문화의 외양 뒤에 정치적 선동을 감추고 있다는 어느 비평가의 언급을 뒷받침해 주는 것 같다). 래스키는 늘 그렇듯 조셀슨의 말에 맞장구를 쳐줬다. "50년대 중반에 우리는 『인카운터』가 소련과 동구권 문제를 상세하게 다루지 않아서 걱정이었습니다. 그래도 크리스톨은 그런 일은 하고 싶지 않아 했죠. 아마 이데올로기 문제에 대해 강박적인 공포나 불안이 있었던 것 같아요."[25] 파리에서 일련의 만남들을 기회로 여러 번 다그치다가, 1955년쯤 되자 조셀슨은 아예 분통을 터뜨리기 시작했다. "우리 상임위원회에서 모두가 동의했던 것 당신도 기억

23 Melvin Lasky, interview in London, August 1997.
24 Michael Josselson, to Irving Kristol, 1 December 1955 (CCF/CHI).
25 Melvin Lasky, interview in London, August 1997.

하시겠지요. 『인카운터』가 이제껏 은밀하게든 아니면 공공연한 방식으로든 난관들을 극복해 온 그간의 기간들을 보면 꽤 잘해내 온 것 같다고요." 그러나 조셀슨의 편지는 불길한 암시를 던져 주고 있었다. "하지만 이제는한 발 더 나아가야 할 시기입니다."[26] 그러나 크리스톨의 반응도 그다지 고분고분하지는 않았다. 크리스톨은 이렇게 답장을 썼다. "원칙적으로 보면제 일은 제 방식대로 처리하는 게 맞습니다. …… 하지만 제가 하는 방식이 마음에 들지 않으면 언제든지 '최후의 해결책'을 쓰세요."[27]

크리스톨은 편집자 자리를 내놓는 것을 대수롭지 않게 여겼다. 한편조셀슨은 이미 한 걸음 앞서 조치를 취하고 있었다. 나보코프와 래스키에게 크리스톨을 대체할 편집자를 물색해 보라고 조용히 지시했던 것이다.이런 문제에 관해 자주 상담을 맡았던 아이재이어 벌린은 그 자리에 H. 스튜어트 휴스H. Stuart Hughes[28]를 추천했다. 추천을 받은 또 다른 인사는 전직 OSS 요원으로 1947년에 CIA 초대 파리 지국장이었고, 당시에는 『리포터』The Reporter지에서 일하고 있었던 필립 호턴Philip Horton이었다. 그 사이에스티븐 스펜더는 크리스톨의 입지를 약화시키느라 바쁘게 뛰고 있었다."꼭 교체해야만 한다고 생각합니다. 크리스톨은 너무 경쟁심이 심해서 모든 의사 결정을 다 의견 충돌로 만들어 버리거든요. 그 사람 혼자서 결정하도록 내버려 두든가 아니면 동료들이 잘 결정해 놓은 것에 훼방을 놓든가, 어쨌든 자기가 이겨야만 직성이 풀리는 사람입니다."[29] 스펜더는 크리

---

26 Michael Josselson, to Irving Kristol. Coleman, *The Liberal Conspiracy*에서 재인용.
27 Irving Kristol, to Michael Josselson. *Ibid.*에서 재인용.
28 『의식과 사회』(*Consciousness and Society*), 『막다른 길』(*The Obstructed Path*), 『지식인들의 망명』(*The Sea Change*) 등 지성사 3부작으로 유명한 미국의 지성사가. — 옮긴이
29 Stephen Spender, to Michael Josselson, 10 July 1955(CCF/CHI).

스톨을 제거하면 확실한 이익이 될 것이라며 조셀슨을 설득했다. "어빙은 즉시 결정할 수 있는 문제들도 오래 질질 끄는 싸움으로 만들어 놓았어요. 그 친구가 떠난다면, 그 문제들에 대한 논의를 즉시 시작할 수 있습니다."[30]

그사이, 또 다른 후보자를 심중에 두고 있던 나보코프는 흉금을 터놓을 수 있는 절친한 친구 아서 '아르투로' 슐레진저에게 드와이트 맥도널드의 의사를 "매우 매우 조심스럽게" 타진해 보지 않겠냐는 내용으로 편지를 썼다. 슐레진저는 이 일에 아주 열성적으로 나섰다. 맬컴 머거리지 또한 마찬가지였다. 머거리지는 크리스톨을 "아주 좋은 사람이기는 하지만 여기서는 완전히 쓸모없고 무능력"하다고 평가한 바 있다. 또한 그는 래스키가 "크리스톨을 야만인이라고 생각해서 그런지 생물학적인 증오"가 있다고 하면서도,[31] 래스키의 증오심을 감춰 주었다.

조셀슨은 맥도널드가 편집자가 될 능력이 있는지 파악하기 위해 만남을 약속하고, 1955년 6월 그를 만나러 직접 뉴욕에 갔다. 두 사람은 죽이 잘 맞았지만, 조셀슨은 맥도널드가 잔소리꾼 기질이 있어서 문화자유회의 내부에서 사람들과 말썽을 일으킬까 걱정이 되었다. 조셀슨이 보기에 맥도널드 또한 '한 마리 외로운 늑대'였다. 시드니 혹은 두 사람이 만난다는 낌새를 알아채고, 맥도널드에게 그 자리를 주면 자신은 상임위원회에서 사임하고 "세계문화자유회의를 박살내 버리겠다"라고 협박했다.[32] 당

---

30 Ibid.
31 Melvin Lasky, interview in London, August 1997.
32 시드니 혹이 문화자유회의에 대해 까발리겠다고 위협했을 때, 마이클 조셀슨이 겁을 먹은 것은 당연했다. 하지만 조셀슨은 겉으로는 꿈쩍도 하지 않았다. 그러면서도 크리스톨의 자리에 맥도널드를 임명하려는 결정은 고수했다. 그에 대한 이유로 조셀슨은 "어빙에 대해 불만을 가질 만한 아주 충분한 이유가 있었는데, 근 2년이 넘는 시간 동안 어빙이 일을 추진할 수 있도록 갖은 노력을 다해 왔기 때문"이라고 핑계를 댔다(Michael Josselson, to Sidney Hook, 18 August 1955(CCF/CHI)).

시 크리스톨은 이러한 논의가 진행되는 것도 까맣게 모르고 있었다. 결국 맥도널드가 자신의 후임으로 고려되고 있다는 사실을 알게 되자 망연자실해졌다. "그건 말도 안 되는 얘기였어요. 그 사람은 무정부주의자인 데다가 반전주의자란 말이요!"[33]

1955년 9월, 이탈리아 밀라노에서 세계문화자유회의의 주최로 '자유의 미래'를 주제로 한 총회가 열릴 때까지도 상황은 여전히 해결되지 않은 채였다. 1955년 9월 중순 동안, 대표단이 머물던 호텔은 권모술수의 열기로 달아올랐다. 스튜어트 햄셔는 (한나 아렌트에 따르면 "죽을 만큼 지겨웠던") 총회의 논의 자체보다도 밀실 정치 공작을 더 잘 기억하고 있었다. 조지 케넌이 (그의 대표적 주제로서 자유는 외교정책처럼 전략적으로 조직될 필요가 있다는 주장인) '자유의 전략'을 읊조리고 있는 동안 시드니 훅이 묵는 객실은 맥도널드의 임명에 반대하는 사람들의 거점이 되었다. 여기서 복도를 조금만 따라가면 아서 슐레진저의 침실로 연결되는데, 그곳에서는 역시 맥도널드의 임명을 지지하는 파벌이 모였다. "드와이트를 임명하는 데 반대가 많았는데, 그중에서도 시드니 훅이 가장 심했어요." 햄셔의 회고담이다. "당시 저는 중앙의 통제, 그러니까 총회 안에 일종의 권력 구조가 존재했음을 아주 똑똑히 느꼈습니다. 분명히 드와이트라면 말썽을 피웠어야 했거든요. 그 사람은 곧 무엇을 할지, 무슨 말을 할지 아무도 예측할 수 없는 그런 사람이었는데 말이죠. 그렇지만 문화자유회의 사람들은 그런 꼴은 못 봐주었을 겁니다."[34]

한편 슐레진저는 확고부동했다. "저는 드와이트를 지지했습니다.

---

33 Irving Kristol, interview in Washington, July 1996.
34 Stuart Hampshire, interview in Oxford, December 1997.

CIA의 입장도 마찬가지여서 오도 가도 못하는 조셀슨에게 압력을 넣었지요."[35] 마침내 타협이 결실을 맺어 맥도널드는 1년간 '객원 편집장' contributing editor 자격으로 『인카운터』에 합류했고 크리스톨도 계속 남기로 했다. 조셀슨은 일의 진행 상황을 설명해 주기 위해 머거리지에게 쓴 편지에서, 자신이 크리스톨에게 "무참할 지경으로 아주 노골적인 처우를 해놓았기 때문에, 향후 그의 태도에 유의미한 변화가 기대된다"라고 썼다.[36] 하지만 이러한 기대는 몇 달 만에 산산조각 나버렸다. 속을 긁어 놓는 일이 계속되자 조셀슨은 분에 못 이겨 크리스톨에게 편지를 썼다. "당신이 문제를 일으키지 않았던들 나 또한 당신을 그렇게 날려 버리려고 하지는 않았을 겁니다. 나는 당신이 편집자로서의 비판과 원칙상의 문제들 사이에 구분점을 어디에 두고 있는지 모르겠습니다."[37] 조셀슨은 대니얼 벨에게 개인적인 심정을 이렇게 털어놓았다. "새우가 휘파람을 불어야 어빙이 자기 방식을 바꿀 것 같네요."[38]

조셀슨은 맥도널드에게서 본능적으로 불길한 예감을 느꼈다. 맥도널드는 객원 편집장으로 임명이 확정되자마자(이 자리는 1만 2000달러라는 후한 급료에 부대 비용이 추가된 대우를 받았다) 『인카운터』에 「밀라노에 기적은 없다」No Miracle in Milan라는 기사를 송고했다. 그의 기사는 밀라노에서 대표단이 묵었던 호화로운 숙소에만 주목하고 있을 뿐 총회에서 나온 논의 내용에는 거의 집중하지 못하는 것 같았다. 이 기사를 보고 스펜더와

---

35 Arthur Schlesinger, interview in New York, February 1997.

36 Michael Josselson, to Malcolm Muggeridge, 19 September 1955(CCF/CHI).

37 Michael Josselson, to Irving Kristol, 10 December 1955(CCF/CHI).

38 Michael Josselson, to Daniel Bell, 29 October 1955(CCF/CHI). "새우가 휘파람을 분다"라는 표현은 소련 서기장 니키타 흐루쇼프(Nikita Khrushchyov)에게서 차용한 것이다. 흐루쇼프는 냉전이 끝나려면 "새우가 휘파람을 불 때까지" 기다려야 할 것이라고 우울한 어조로 말한 적이 있다.

크리스톨은 거의 쓰러질 지경이 되었다. 맥도널드의 예상과는 반대로, 그 기사는 나보코프, 봉디, 래스키, 그리고 조셀슨의 검토를 거쳐 수많은 수정 요청과 함께 그에게 되돌아왔다. 맥도널드가 런던에 오기 전에 스펜더에 게 보낸 편지 내용에 따르면, 『인카운터』에 대한 문화자유회의의 태도에 대해 들어 보니 "불간섭주의에 가깝고, 전원시처럼 평화롭고 낙관적인 얘기만 들리더라"라면서 이 잡지에 들어오게 되어 "뛸 듯이 기뻤다"라고 말한 바 있다.[39] 이 기사는 1955년 12월이 돼서야 결국 활자화되었는데, 보수주의 사회학자 에드워드 실즈가 훨씬 더 정중한 말로 평가하고 나서 한 달이 지나서였다. 하지만 문화자유회의 측의 이러한 간섭은 맛보기에 불과했다.

1956년이 되자 격동의 사건들이 불러온 여파로 세계문화자유회의 는 쇄신을 시작했다. 문화자유회의는 자신들의 조직이 "사상적 범죄, 오류를 드러내고 정치적 성향을 심판하는 이데올로기 투쟁을 위한 전투적인 조직"은 아니라고 생각했지만,[40] 엄밀히 말하면 이 분야에서 이 단체만큼 탁월한 조직은 없었다. 이러한 종류의 활동을 보다 공식화하자는 논의가 1957년 10월에 완료되었다. 당시는 래스키가 문화자유회의의 산하 조직인 '포럼서비스'Forum Service를 주관하던 시기였다. 이 조직은 전 세계 독자들에게 "사건의 배경 정보와 분석"을 제공하는 회사였다. (포럼서비스에서 곧 이름이 바뀐) 포럼월드피처스Forum World Features는 사실 CIA의 전형적인 비밀 전략의 일환이었고, 존 헤이 휘트니가 다시 한 번 전면에 나서서, 자신의 이름으로 이 회사를 런던에 사무실을 둔, 델라웨어 주 소재의 회사로

39 Dwight Macdonald, to Stephen Spender, 2 June 1955(CCF/CHI).
40 Congress for Cultural Freedom brochure, undated(CCF/CHI).

등록해 놓았다. 1960년대에 이르러 이 회사가 제공하는 뉴스는 CIA 소유의 뉴스 서비스 중에서도 가장 광범위하게 유통되었다.

그럼에도 불구하고 세계문화자유회의는 조셀슨의 신중한 관리를 받아, 자유의 가치를 꾸준히 역설하는 유일하고도 독자적인 국제 조직으로 인식되었다. 문화자유회의는 "문학, 예술, 사상의 위대한 진취성이 추구될 수 있는, 문화의 자유 그 자체를 위한 공간을 창조하는 것이 과제"라는 주장을 공식적으로 표명했다. "모든 것이 정치적 목적에 봉사하는, 우리로서는 용인할 수 없는 그런 세상에 반대하기 위해서, 문화가 정치선전과 혼동되지 않고 또한 정치적 압력 없는 문화 표현의 기반은 필히 창조되어야 한다. 바로 그 속에서 예술적 착상과 작품들만이 그 직접적인 관심사가 될 것이다."[41] 이것이 바로 문화자유회의가 내세운 기준이었으며, 이 단체는 궁극적으로 이러한 언명에 따라 운명을 걸 태세였다. 물론 문화자유회의의 뒤편에 자리한 이 단체의 후원자들은 정치선전의 측면에서 긴요한 고려 대상들을 포기하지 않았다. 조셀슨의 업무는 그런 긴요한 일들이 신중하게 은폐될 수 있도록 확인하는 것이었고, 적어도 한동안은 일이 제대로 돌아가는 것 같았다. 사람들이 문화자유회의로 모여들고 있었던 것이다. 만약 반공주의 바람이 불지 않았더라도 지금도 그럴 것이다.

다시 한 번 마이클 조셀슨은 개인적인 희생을 치러내야 했다. 1957년 8월에 다리의 동맥을 들어내어 교체하는 끔찍한 수술을 겪었던 것이다. 회복세에 접어들자, 멜빈 래스키는 '브레히트의 전쟁'이라는 소식으로 힘을 북돋아 주었다. 그 전쟁에서 문화자유회의는 베를린에서 열린 회의에서 이 "백만장자 공산주의자"와 그 공산주의 "숭배자"들에게 엄청난 포격

41 Ibid.

을 가해 "독일의 문화 정치" 영역에서 개가를 올렸던 것이다. 더욱 고무적인 것은 포드재단이 문화자유회의에 50만 파운드의 연구 보조금 지급을 확정했고, 록펠러재단이 후한 후원금을 추가로 제공하게 되었다는 소식이었다.

하지만 그해 최후의 승자는 소련이었다. 소련은 10월 4일에 세계 최초로 인공위성을 발사해 궤도에 안착시켰다. 소련은 무게가 200파운드도 채 나가지 않는 스푸트니크 1호Sputnik 1('동반자'fellow traveller라는 뜻이다)로 국제 정세에 파란을 몰고 왔다. 이 인공위성이 신호음을 내며 지구 위를 지나가자 미국 정부는 즉시 공황 상태에 빠졌다. 래스키는 한 외신 기자에게 이렇게 말했다. "내 생각에 스푸트니크가 노쇠한 아이크(아이젠하워)의 명성을 영원히 매장시켜 버린 것 같소. …… 그분은 전쟁과 평화와 골프 코스에서는 1인자였지만 달에서는 언제나 2인자로 남게 되었소."[42] 한 달 후, 전 세계 뉴스 카메라가 모두 지켜보는 가운데, 미국이 발사한 훨씬 작은 인공위성이 땅에 처박히자, 패배의 쓴맛은 더욱더 씁쓸해졌다.

42 Melvin Lasky, to Boris Shub, 6 November 1957(CCF/CHI).

19장

아킬레스의 뒤꿈치

권력은 CIA를 망친 첫 번째 원인이었다. CIA에는 권력이 남아
돌아서 굳이 손에 넣으려 애쓸 필요도 없었다. ─ 톰 브레이든

1950년대 후반에 이르자 CIA는 『인카운터』를 하나의 표준으로 보게 되었
다. 이 잡지가 "우리의 가장 위대한 자산"이라는 조셀슨의 평가를 인정했
기 때문이다. CIA에서 흔히 쓰이는 말로, '자산'asset은 "작전을 수행하거나
지원하는 역할을 수행할 때, 정보기관이 상황에 맞게 이용할 수 있는 일종
의 자원"을 의미했다.[1] 정보기관에서는 작전 운용의 원칙이 있었다. 그 원
칙이란 톰 브레이든에 의해 공식화된 것으로, 그 산하 조직들이 CIA의 지
원은 받더라도 굳이 "미국의 공식적인 정책들을 모두 따를 필요는 없다"
라는 것이었다.[2] 이 말인즉슨, 좌파적인 의제도 『인카운터』 같은 기관지를
통해서 살아남을 수 있다는 의미였다. 반면에 영국 철학자 리처드 월하임
Richard Wollheim의 말에 따르면, "그러한 의제는 좌익적 성격을 띠되, 좌익
적이라는 인상만 줄 뿐이었고요. …… 널리 알려진 바와는 다르게, 자유로

---

1 *Final Report of the Church Committee*, 1976.
2 Tom Braden, "I'm Glad the CIA is 'Immoral'", *Saturday Evening Post*, 20 May 1967.

운 토론의 장은 결코 아니었습니다".[3] "제 생각에, 그렇게 하는 목적은 『인카운터』에 게재된 모든 의견들이 다양한 스펙트럼을 포괄하고 있다는 인상을 주려는 의도였던 것 같습니다. 하지만 그 사람들은 어떤 정도에 이르면 글을 여지없이 삭제해 버렸어요. 그 주제가 미국 외교정책상의 이해관계와 결부될 때 특히나 그러했지요. 그런 작업은 매우 능숙하게 이루어졌어요. 미국을 비판하는 의견들이 출판되기도 했지만 그런 것은 사실 따지고 보면 그다지 비판적이지도 않은 것들이었습니다."[4] 톰 브레이든은 이러한 작업이 CIA가 『인카운터』 측에 기대하는 바라고 말했다. "그것은 미 국무부가 미국의 공식적인 외교정책이라고 공표한 것에서 그다지 벗어나지 않는 범위 내에서 이루어진 정치선전이었어요."[5] 브레이든이 어느 정도 유연한 태도를 보였다고 해도, 확실히 그것은 『인카운터』가 미국의 공식적인 정책들을 어떠한 성역도 없이 자유롭게 **비판**할 수 있도록 놓아 둔다는 의미가 아니었다. 때마침 1958년에 이를 정확히 보여 주는 사건이 일어났다.

그해 초 『인카운터』에서 근속 기간이 끝난 드와이트 맥도널드는 다시 뉴욕에 나타났다. 그는 여행 도중 잠시 여정에서 벗어나 이탈리아 토스카나에서 두 달간 머무른 적이 있었다. 그리고 거기서 풍부한 유럽 전통에 압도당했다. 그러다 택시 기사가 욕설을 퍼붓고 공중도덕도 '엉망진창'인 뉴욕에 돌아와 보니, 엄청난 수준의 문화적 충격이 그를 엄습해 왔다. 그는 품위도 없고, 과거나 현재에 대한 감각도 없고, 어떻게 해서 대박이나

---

3 Richard Wollheim, telephone interview, December 1997.
4 Ibid.
5 Tom Braden, interview in Virginia, June 1994.

터뜨려 볼까 혈안이 되어 있는 미국이라는 나라의 폭력성과 상스러움, 그리고 "품위 없는 모습"에 격렬한 혐오를 느끼고, 곧바로 글을 한 편 썼다. "이제 미국의 국시는 '여럿이 모여 하나'E Pluribus Unum도 아니요, '우리가 믿는 하나님의 품 안에서'도 아니라 '내 거야, 꺼져, 이 자식아!'라고 해야 한다."[6] 분노가 드러나는 주장이었다.

맥도널드가 쓴 글은 그가 보기에 이미 퇴락의 길을 걷고 있는 조국에 대해 벌써 오래전부터 바쳐온 애도였다. 많은 지식인들이 '미국' 문화의 품속으로 쇄도해 들어오는 가운데, 오히려 독불장군 드와이트는 "미국의 심기를 거슬러 보고 싶다는" 충동에 빠져들었던 것이다. 1월에 그는 생각을 정리해 '아메리카여! 아메리카여!'라는 단순한 제목의 글을 쓴 뒤 『인카운터』로 보냈다. 훗날 스펜더의 회상에 따르면, 그는 원고를 받기는 했지만 제대로 읽어 보지는 않았다고 한다. 반면에 크리스톨은 경악했다. 크리스톨은 이 글을 "형편없는 구성에 병적으로 자학적인 존 오즈번John Osborne[7]스러운 글"이라고 생각했다. "드와이트야 저널리스트로서 훌륭했지만, 정말로 예측 불가능한 사람인 데다가 어쩔 때 보면 엄청 아둔한 사람이었거든요."[8] 크리스톨은 이렇게 말하면서, 드와이트는 특권층 출신이라 미국의 참모습에 대해서는 전혀 모르고 있고, 그가 글에서 미국의 비교 대상으로 매우 치켜세우는 영국에 대해서도 잘 모른다는 말을 덧붙였다. "그 친구는 영국에 대해서도 전혀 몰랐습니다. 축구 경기에 가본 적도 없고, 럭비 경기에도 전혀 가본 적이 없었죠. 그 친구가 영국에 대해 아는

6 Dwight Macdonald, "America! America!", *Dissent*, Fall 1958.
7 비트 세대를 대표하는 영국 극작가. 『성난 얼굴로 돌아보라』(*Look Back in Anger*)로 유명하다. ─ 옮긴이
8 Irving Kristol, interview in Washington, June 1994.

것이라고는 세인트제임스 지역의 여러 클럽에서 주워들은 얘기들뿐이었습니다. 그냥 시골뜨기였어요. 세상에, '그로스베너GROS-VENOR 광장'이라니요!"⁹ 영국식으로 중산모를 쓰고 출근길에 우산을 들고 다니던 사람에게는 뼈아픈 일침이었다. 래스키 또한 글이 "아주 형편없다"라고 생각했다. 래스키는 크리스톨의 주장에 공감하여, 맥도널드가 미국의 진정한 모습에 대해서 아무것도 모르고 있다고 생각했다. 그 이유는 다음과 같았다. "맥도널드는 예일대학 출신에 그리니치빌리지에서 살았는데, 그게 그 친구가 아는 세상의 전부일 겁니다. 맥도널드가 영국으로 건너왔을 때를 생각해 보면, 외국에 구경 나가는 순진한 미국인의 전형적인 모습은 다 갖춘 것처럼 보였어요. 마크 트웨인 소설에 나오는 것처럼 말이죠. 그 양반, 영국이라면 사족을 못 썼어요. 영국식 펍을 사랑했고, 길거리 이름이나 광장 이름까지 마음에 들어 하고 하여간 영국 것이라면 다 좋아했지요. 그걸 본 우리는 창피한 마음이 들었습니다. 미국인이라면서 그토록 순진해 빠지고 그렇게 수준 낮아 보일 수도 있겠구나. 게다가 끔찍한 글까지 쓰다니. 그 당시에 제가 마이크[조셀슨]한테 드와이트는 문화자유회의에서 '아킬레스의 뒤꿈치'(아킬레스건) 같은 사람이라고 했어요. 제 말이 맞았죠."¹⁰ 래스키는 으스대면서 말했다.

하지만 맥도널드의 죄는 그로브너 광장을 잘못 발음하는 것보다 훨씬 더 컸다. 그 글은 현대 미국에 대한 비판이라고 보기에 그 자체로 약점이 있었다. 감탄사로 표현된 글 제목이 말해 주듯이, 그의 글은 미국적 가

9 Irving Kristol, interview in Washington, June 1994. ['Grosvenor'를 '그로브너'라고 읽어야 하는데, 이를 잘못 읽었음을 비꼬는 말이다.]
10 Melvin Lasky, interview in London, August 1997.

치들을 진지하게 논박하기보다 직관에 의지해서 쓴 글이었기 때문이다. 게다가 영국과 이탈리아를 비교 대상으로 삼음으로써, 외국 문화를 이상적으로 받아들이는 맥도널드의 낭만적인 약점이 그대로 드러나 있었다. 그러나 다른 한편으로는, 풍부한 데이터와 최근의 연구 성과를 활용해, 미국의 홍보 전문가들도 관심을 가질 만한, 미국 생활의 전반적인 영역을 다루는 보기 드물게 시의적절한 글이기도 했다. 맥도널드는 미국이 신성시하는 모든 영역에 비판을 가했다. 그런데 그 내용이 마치 미국의 비밀 정책 입안자들이 애써 감추려고 했던 미국의 모든 부정적인 고정관념을 모아 놓은 목록을 어디선가 훔쳐보기라도 한 것같이 너무나도 절묘했다. 그는 종교의 쇠퇴에 비례하듯 번성하는 물질주의, 폭력적인 범죄, 마구잡이로 증가하는 광고 간판들, 문학 비평가들의 빈약한 안목, 만연한 인종차별을 맹렬히 비난했다. 맥도널드는 존 포스터 덜레스를 미국의 위선과 상스러움을 보여 주는 완벽한 원형이자 "신앙심 깊은 체하는 처세술의 달인"이라고 비난했다. 그리고 헨리 루스는 "조직폭력배처럼 행동하는 보이스카우트"로, 부통령인 리처드 닉슨은 베네수엘라에서 보여 준 서투른 처신 때문에(그 때문인지 시도 때도 없이 데모 군중들과 맞닥뜨렸다), 아이젠하워 대통령은 총잡이 반동분자여서, 포드자동차의 부회장 조지 워커George Walker는 "동양의 절대군주"처럼 군다고, 미국의 노동조합들은 계급투쟁보다 대외 홍보에 치중한다는 이유로, 그리고 조합 지도자 데이비드 두빈스키와 월터 루서Walter Reuther는 "터무니없이 도덕적"이라며 비난을 받았다.[11] 당

---

11 맥도널드가 미국 노동운동 지도부를 비난한 이유는 1930년대로 거슬러 올라간다. 당시 맥도널드는 노조 지도자들이 자본주의 체제와 소비주의 문화에 철저하게 포섭되었다고 해서 "부르주아 실용주의자로 변신한 앉은뱅이 파업꾼"이라고 비난했다. 맥도널드는 자신이 만든 잡지 『폴리틱스』(Politics)에서 월터 루서를 "보이스카우트 같은 노동자 탁발승"이라고 비꼬았다.

대 미국이 저지른 죄악들의 목록이 이렇게 끝도 없이 이어지는 가운데, 날로 타락해 가는 미국의 지배 권력에 대한 맥도널드의 적대감은 새록새록 깊어져 혐오감으로 변해 갔다. "유럽을 미국화하고 있다는 유럽인들의 불평을 듣노라면, 차라리 그 유럽인들이 여기에 와서 몇 주간만 지내면서 실상을 겪어 보라고 말하고 싶다. …… 심지어 이데올로기적 치장으로도 가릴 수 없을 정도로 무자비한 소련 사람들조차도, 우리 미국인들에 비하면 다른 나라 사람들과 공유하는 부분이 더 많은 것 같다."[12]

크리스톨은 이 글이 "정말로 말도 안 된다"라고 생각했지만, 스펜더가 먼저 게재를 수락해 버린 관계로 별 수 없이 잡지에 글을 싣는 데 동의했다. 이 기고문이 수락되고 나서 얼마 안 되어 문화자유회의 파리 본부 사무국도 복사본 한 부를 입수했다. 그 뒤 곧바로 스펜더와 크리스톨은 잡지에 그 기사를 싣지 말라는 압박을 받았다. 게다가 정키 플레이시먼도 문화자유회의 측의 명성에 해를 입히면 앞으로 자금 조달이 어려워질 수도 있을 것이라며 경고를 전해 왔다. "어차피 그 기사가 처음부터 마음에 안 들었기 때문에, 싣지 말라는 데 흔쾌히 동의했지요." 크리스톨의 회고담이다. "그런데 스티븐은 조금 더 저항했었죠. 하지만 결국 우리는 그 기사가 정말로 계속해서 문제를 일으킬 것 같으니 차라리 다 빼버리겠다고 [파리 사무국 측에] 얘기를 전했어요. 그러니까 드와이트는 검열이네 어쩌네 하면서 다른 잡지에다 그 글을 실어 버렸죠. 우리가 그 기고문을 검열 때문에 안 실은 것이 아닙니다. 평생에 걸쳐 잡지 편집자 일을 해왔고 무수한 기사들을 퇴짜 놓았지만, 그 일을 검열이라고 생각해 본 적은 없습니다."[13]

12 Macdonald, "America! America!".
13 Irving Kristol, interview in Washington, June 1994.

스펜더에게 임무가 하나 떨어졌다. 맥도널드에게 상당한 수정을 거치지 않으면 그 기고문을 못 싣겠다고 전하라는 것이었다. 스펜더는 기고문을 여러 차례 읽어 보고는, 글의 논지가 너무 일방적이며 지나치게 비판적이라는 평가를 전했다. 게다가 나보코프가 그 기고문을 읽고 "매우 불쾌해하더라"라는 얘기도 덧붙였다. 한편 맥도널드는 "세계문화자유회의의 사무총장이시며, 국제적 허례허식의 대가이신 니콜라스 나보코프 선생"께서『인카운터』의 편집자들에게 삼가 조언을 내렸다는 사실을 알게 되자 격노했다. 그러면서 "스티븐어빙니콜라스마이크인지 뭔지, 이런 일에서 결정권자라면" 차라리 지금부터라도 편집자들에게 "논란의 여지가 있는" 원고는 받는 즉시 파리 사무국과 상의해서 사무국의 의중을 알 수 있도록 일러두는 편이 낫겠다고 비꼬았다.[14] 하지만 이런 일이 벌어지고 있을 당시는, 그러지 않아도 그 일이야말로 정확히 편집자들의 업무였다.

맥도널드가 어떤 내용도 삭제하기를 거부하자 그 기사는 최종적으로 제외되었다. 수락했다 거부했다 몇 차례 반복한 뒤였다. 스펜더는 사망하기 얼마 전의 인터뷰에서 "그 일을 보고 너무 기분이 나빴다"라고 말했다. "그 글은 세계문화자유회의가 우리를 엄청나게 압박한 결과『인카운터』에 싣지 못한 유일한 기사였습니다. 정말로 유일한 기사였어요. 그 기고문 때문에 문제가 생겼을 때, 나는 좀 어처구니가 없는 글이구나 하고 생각했었지요. 하지만 그 글을 읽어 보았더라도 수정하거나 제외시킬 생각은 안 했을 것 같습니다. 이제 와 되돌아보면 매우 후회되는 일 중 하나였지요. 내 마음에 들지 않는 기사라 하더라도, 어느 한쪽이 그만둘 때까지는 싸웠

---

14 Dwight Macdonald, to "Stephenirvingnicholasmike", 16 April 1958(DM/STER). ('Stephenirving-nicholasmike'는 맥도널드 자신을 제외한 모두가 한패임을 비꼰 말이다.)

어야 하지 않았나 싶네요. 그 기고문을 내야겠다고요. 원래부터 우리가 괜찮다고 했던 바였고, 그 글을 못 실을 만한 이유라고는 반미주의적인 내용 밖에는 없었거든요."[15]

하지만 당시에 이 일에 개입했던 것은 파리 본부 사무국뿐만이 아니었다. (기고문의 내용이 전부 실망스럽다고 생각했던) 다이애나 조셀슨의 말에 따르면, 이 일은 "CIA가 편집에 개입했던 허다한 사례 중 하나일 뿐이며, 남편 조셀슨은 열심히 막아 보려고 애썼지만, 결국에는 실패"했다는 것이다.[16] 그렇다면 CIA는 어떻게 처음부터 이 기고문을 손에 넣게 되었을까? 관련자들이 인정하는 정설대로, CIA가 문화자유회의 측의 출판물을 사전 검열하지 않았다면 맥도널드의 글이 어떻게 그들의 손에 들어갔겠는가? 조셀슨은『프뢰브』의 출간 전 견본을 미리 받아 보고 있었으며,『인카운터』의 경우도 목차 정도는 받아 보고 있었다. 하지만 조셀슨은 이처럼 문제를 일으킬 만한 원고를 워싱턴에 있는 상관들에게 넘겨주는 데에는 별로 관심이 없었던 것 같다. 게다가 조셀슨은 언제나 CIA와 거리를 둔 채 독립적으로 문제를 처리하고 싶어 했고, CIA와 문화자유회의 측의 제휴 관계가 점점 더 깊어질 때마다 불쾌하게 생각했다. 하지만「아메리카여! 아메리카여!」의 내용이 워싱턴까지 보고되었다는 사실은 의심의 여지가 없다. 아마도 그 기고문이 문화자유회의 내부의 CIA 정보요원에 의해서 전달되었다고 보는 것이 타당할 듯싶다(당시 세계문화자유회의에 배속된 정보요원은 리 윌리엄스였다).

이 글에서 문제 삼을 만한 부분이 싸구려 반미주의일 뿐이라면, CIA

15 Stephen Spender, interview in London, July 1994.
16 Diana Josselson, interview in Geneva, March 1997.

는 어째서 그들의 '가장 훌륭한 자산'이라고 평가하던 『인카운터』에 억지로 개입하여 잡지의 신뢰성을 위태롭게 만들었을까? 그러지만 않았다면 분명히 『인카운터』의 '독립성'을 증명하고, 미국의 실책에 무비판적이라는 시각도 불식시키고, 몇몇 비평가들이 지적했던 잡지의 어수선한 논조도 정리할 수 있는 기회로 삼을 수 있었을 텐데 말이다. 더욱 중요한 사실은 모든 사람이 이구동성으로 주장하듯이 기고문의 내용이 일고의 가치도 없다면, 이 글의 내용으로 말미암아 타격을 입을 만한 사람이 그 글을 쓴 작가 말고 누가 있겠는가?

다이애나의 기억과는 반대로, 마이클 조셀슨은 사실 처음부터 이 공격적인 글을 싣는 데 반대했다. 조셀슨은 그 글이 "지금껏 읽어 본 글 중에서도 가장 주제넘은 반미주의"라면서 "소련 문학지 『리테라투르나야가제타』*Literaturnaya Gazeta*에나 어울릴 법"하다고 평가했다.[17] 조셀슨은 "맥도널드가 물의를 일으키고 공개적으로 공격을 가할 줄" 이미 알고 있었기에 "그에 맞설 준비가 되어 있었다". 조셀슨은 드와이트의 글을 삭제하자는 결정에 여러모로 개입했다. 그 기고문을 싣게 된다면 워싱턴에서는 『인카운터』를 아주 곱게 보지 않을 것이고, 조셀슨 또한 매우 괘씸한 변절자로 보일 수도 있었다. 당시는 조셀슨의 신뢰도도 위태로운 상황이었다.[18]

'아군' 혹은 '같은 생각을 가졌다'라고 생각되는 사람이나 조직에는 개입하지 말고 알아서 하도록 맡겨 두자고 하면 코웃음 치면서 무시할, 그

---

17 Michael Josselson, to John Hunt, 27 May 1958(MJ/HRC).
18 조셀슨은 맥도널드를 개인적으로는 좋아했을지 몰라도 그의 말썽꾼 같은 기질을 항상 염려했다. 1956년 당시 스펜더는 유럽석탄철강공동체(European Coal and Steel Community)에 관한 글을 맥도널드에게 맡길 생각이 있다고 했으나, 조셀슨은 그 아이디어에 대해 "좀 더 생각해 보라"라고 권고했다. 이는 나중에 등장한 재앙과도 같은 글(「아메리카여! 아메리카여!」)에 비하면 사소한 일에 불과했다.

리고 국제조직국IOD을 '발가락의 때'만도 못하게 보는 워싱턴의 완고한 비밀 정책 입안자들에게 맥도널드의 말썽은 (알아서 하도록 맡겨 둬서는 안 된다) 그간의 의구심을 확증해 주는 사례였다. 위즈너의 보좌 역이자 훗날 CIA 국장이 되는 리처드 헬름스는 의회 특별소위원회Select Committee에 참석해 한 발언에서 이러한 회의주의에 힘을 실어 주었다. "비밀 첩보 활동의 관리자 역할을 수행하면서 요원들의 육체와 정신을 완전히 장악하지 못한다면, 그 요원이 아무리 일을 제대로 하고 있다 하더라도, 아니면 아무리 보고를 정확하게 올린다 하더라도 절대로 액면 그대로 믿어서는 안 된다고 배웠다."[19] 하지만 CIA의 관리자가 이런 마음가짐을 가졌다고 해서 유명한 우상파괴자 맥도널드를 길들일 수 있다고 생각했던 것은 순전한 오산이었던 것 같다.

하지만 이 모든 논의들만으로는 맥도널드의 글이 삭제된 진정한 이유를 설명할 수 없다. 반미주의가 하나의 이유가 될 수 있겠지만, 그 이유뿐이라면 약간 희석된 채로 통과될 수도 있었을 것이다. 하지만 맥도널드는 이 공격적인 글의 결론부에 한국전쟁 중에 포로가 된 미군들의 행동 양식에 관한 보고서를 요약해서 싣기로 결정했다. 그리고 그러한 결정은 용인될 수 없는 것이었다. 이 글이 나오기 1년 전 가을에 『뉴요커』의 유진 킹키드Eugene Kinkead가 발췌한 보고서는 미 육군의 위탁을 받아 작성된 것으로, 미군 포로들의 품행에 대해 아주 불리한 증언을 담고 있었다. "그들은 종종 통제할 수 없는 지경에 이르렀다. 명령에 복종하기를 거부하고, 욕을 했으며, 이따금씩 명령을 강제하려는 장교를 구타하기도 했다. …… 겨울 밤이면 이질에 걸려 기운이 빠진 병사들을 동료 병사들이 막사 밖으로 끌

19 *Final Report of the Church Committee*, 1976.

어내어 추위 속에서 얼어 죽도록 방치했다." 보통의 미군 병사도 "약을 한 병씩 털어 넣지 않으면 불안해했고, 누가 변기에 물을 내리지 않으면 이성을 잃었다."[20] 그중에서도 가장 곤란한 부분은 이 보고서가 적국에의 협력 행위나 세뇌가 빈번했다는 사실을 폭로하고 있었다는 점이다. 미 육군 당국이 이러한 보고서를 대중에 공개한 것만 해도 놀라운 일이었다. 그렇게 함으로써 정부의 정치선전 담당자들에게 악몽을 선사했던 것이다.[21]

　　맥도널드의 글이 『인카운터』에 실리지 못하고 공식적으로 제외될 수밖에 없었던 가장 타당한 이유는 바로 이 보고서의 자료들을 포함하고 있었기 때문이다. 정확히 글의 마지막 부분이 문제가 되었다. 그럼에도 불구하고, 몇 년이 지나고 나자, 맥도널드의 글을 삭제하는 데 직접 관여했던 사람들 중 어느 누구도 킹키드의 보고서를 기억하지 못했다. "한국전쟁이 끝날 무렵부터 미군 병사들의 사기가 저하되었다니요? 그런 말은 들어본 적도 없습니다." 어빙 크리스톨은 이렇게 말했다. "그런 일이 있었다면 드와이트도 몰랐을 겁니다. 그 사람이 한국전쟁에 대해서 뭘 알겠습니까? 뉴욕 사무실에 앉아서 『뉴요커』에 글이나 쓰고 있었을 텐데요. 한국전쟁에 대해서 아무것도 몰랐을 거예요. 그 사람은 한국에 가본 적도 없고 군대에는 구경도 가본 적이 없는 것 같았습니다. 군대에서 진급에 대한 불만

---

20 Macdonald, "America! America!".
21 정부 관료들은 이미 오래전부터 미군 포로들의 개탄스러운 행동들을 잘 알고 있었다. 하지만 지나친 행정상의 고려 때문에 더 많은 대중들에게 알려지지 못하도록 했을 뿐이다. 1953년 4월 23일, C. D. 잭슨은 그의 기록 파일에 이런 내용을 남겼다. "공산주의자들로부터 세뇌를 받고 복귀한 미군 포로들에 대해서 오늘 전화가 빗발쳤다. 덜레스와 [월터 베델] 스미스의 동의를 받아, 다음과 같이 일러두어야겠다. 펜타곤은 당연히 좌익 사상을 주입받은 모든 미군 포로들이 함부로 설치고 다니지 못하도록 조처해야 한다. …… 공산주의자들에게 세뇌받은 말썽꾼들이 더 큰 사고를 쳐서 우리를 엿 먹이게 만드느니 차라리 이런 얘기들을 먼저 조금씩 흘려 놓는 게 낫다"(C. D. Jackson, log files(CDJ/DDE)).

이야 있었을지는 몰라도 그런 일이 벌어졌다는 얘기는 금시초문입니다. 맥도널드의 기고문에 그런 얘기가 나오는지도 전혀 모르겠고요."[22]

마찬가지로 멜빈 래스키에게도 같은 질문을 던지자, 거기에 대해 전혀 아는 바가 없다는 대답이 돌아왔다. 스티븐 스펜더도 그렇고 다이애나 조셀슨도 마찬가지였다. 이것은 집단적인 역사적 기억상실의 사례로 기록될 수밖에 없다. 그중에서도 특정 부분에 대한 크리스톨의 기억장애는 언급할 가치도 없다. 1958년 10월에 조셀슨은 크리스톨에게 다음과 같은 내용의 편지를 썼다(이 악명 높은 기고문이 『파르티잔리뷰』보다 좌익 성향의 잡지 『디센트』*Dissent*[23]에 실릴 무렵, 크리스톨은 뉴욕에 소재한 『리포터』에서 일하기 위해 런던을 떠났었다). "자기 현시 욕구로 가득한 그 미국에 대한 기고문 얘기를 해봅시다. 당신과 스티븐이 애초부터 잘못 판단했기 때문에 그 기사를 받아들였던 거지요. 당신이 먼저 맥도널드에게 한국에 관한 부분은 이미 『뉴요커』에서도 나온 얘기니까 지워 버리고 새로 쓰라고 했던 것 기억하시지요? 그런데도 맥도널드는 그렇게 하지 않았고요."[24] 1959년에도 크리스톨은 킹키드가 일으킨 논란에 깊이 관여하고 있었고, 텔레비전 토론에 나와서 직접 킹키드를 공격한 적도 있었다.[25] 이 일 덕분에 크리스톨은 조셀슨에게 인정을 받았고(그의 인정을 받는 일은 드물었다), 『리포터』

---

22 Irving Kristol, interview in Washington, June 1994. 크리스톨은 확실히 자기가 맥도널드에게 보낸 편지를 기억하지 못한다고 했다. 자기 손으로 이렇게 썼는데도 말이다. "한국전쟁에 대한 부분에 대해 다시 생각해 보시기를 진심으로 바라오"(Irving Kristol, to Dwight Macdonald, 19 May 1958(DM/STER)).

23 미국 사회민주당의 대표적 인물인 어빙 하우가 발간과 편집을 맡은 좌익 성향의 잡지. ― 옮긴이

24 Michael Josselson, to Irving Kristol, 31 October 1958(MJ/HRC).

25 30년이 지난 뒤, 어빙 크리스톨은 제2차 세계대전 후 독일 주둔 미군 병사들이 군법 위반은 아니었지만 흉악한 행동을 했다는 사실을 알게 되었다. 그러한 행동에 대해 의견을 표명해 달라는 질문을 받자 그는 이렇게 대답했다. "그거 안 될 말이지요. 불충스러운 일이에요. 나라면 안 그랬을 텐데. 나는 미국인이고 애국자니까요."

에 가서도 새롭고 '열성적인 독자'를 얻을 수 있었던 것이다.

맥도널드의 기고문에 제재가 가해지자(이 글은 다른 잡지[『디센트』]에 실린 뒤에야 뒤늦게 문화자유회의의 이탈리아 잡지인 『템포프레젠테』에도 실어 주었지만 이는 적절한 보상이라 할 수 없었다), CIA의 지원이 아무런 조건 없이 이루어지고 있다는 주장은 그 신뢰성부터 의심받게 되었다. "이게 다 자유롭고 열린 토론을 중시하는 서구적 가치의 대변자임을 분명히 하고 이러한 가치를 표현할 수 있는 수단을 만들어 내려는 노력의 일환이었습니다." 세계문화자유회의에 배속되어 있던 CIA 정보요원 리 윌리엄스는 이렇게 말했다. "우리는 그 사람들에게 이래라 저래라 한 적도 없고, 그런 일은 미국의 전통과도 맞지 않는 일이었어요. 그렇다고 해서 논의되었으면 하는 주제가 없었다는 뜻은 아닙니다. 그저 그 사람들에게 논의해 보라고 말하지 않았을 뿐이지요. …… 뭘 해보라고 사람을 구워삶지도 않았습니다. 우리는 사실이 입을 열고, 대화가 계속되고, 자유로운 목소리를 표현할 수 있도록 자리를 만들어 주었을 뿐입니다. '그대는Thou Shalt 이리 생각할지어다', '이 노선을 받들지어다', '이 글을 출판할지어다' 같은 건 전혀 없었어요. 우리가 하는 일에 대면, 이 얼마나 어색한 일입니까."[26] 윌리엄 콜비 또한 『인카운터』 같은 정기간행물이 'CIA의 지폐 다발로 말아 쥔 확성기' 역할을 하는 것으로 보인다는 주장에 대해 열심히 반론을 제기했다. "CIA의 통제는 없었습니다. 우리는 지원만 해줄 뿐, 어떻게 하라고 지시한다든가 주인 노릇을 하겠다든가 한 적은 없습니다. 그저 좋은 친구로 마주 앉아서 특히 어떤 노선이 타당한지 의논했을 뿐이지, 뭘 해보라고 한 적은 없습니다. 바로 이거야, 시키는 대로 해! 워싱턴에서 온 명령이야, 더 이상

26 Lee Williams, interview in Washington, June 1994.

토 달지 말고! 이런 식은 아니었다는 얘기지요. 그런 방식은 모스크바에나 어울리지 워싱턴하고는 관계가 없는 일이잖아요."[27]

CIA나 그로부터 지원금을 받는 지식인이나 모두 이러한 이타주의 신화를 옹호하기 위해 애를 썼다. 그러나 맥도널드 사건을 보면 그와는 다른 현실이 드러난다. "CIA는 표현의 자유를 옹호한다고 주장했습니다. 물론 거짓말이었죠." 제이슨 엡스타인의 말이다. "드와이트가 『인카운터』에 내려고 글을 썼을 때, 잡지의 편집자들은 게재를 거부했습니다. 세계문화자유회의의 입장이 어떤지 알고 있었기 때문입니다. 다시 말해, 표현의 자유를 증진하는 데는 관심이 없었다는 말이죠. CIA는 정책이나 정치적 노선을 제대로 홍보하기를 바라고 돈을 썼을 뿐이지, 그런 활동은 표현의 자유와는 아무런 관련이 없었습니다."[28]

맥도널드는 나보코프와 조셀슨을 가리켜 "『인카운터』를 좌지우지하는 메테르니히 Klemens von Metternich"라고 불렀다. "국가에 대한 자부심을 감동적으로 보여 주려는 것을 보면 미국이 베네수엘라인 줄 아는 것 같다." 맥도널드는 냉랭하게 말했다. "특히 세계문화자유회의의 검열을 보면 더한 것 같다."[29] 미국의 사회학자인 노먼 번바움 Norman Birnbaum도 문화자유회의 측에 공개 서한을 보내 그러한 점을 지적했다. 그는 공개 서한에서 『인카운터』에 그 글을 싣지 못하도록 직접 개입한 것은 "오만하기 이를 데 없는 행위"였으며, 문화자유회의 측이 말로 떠드는 것과 실제 행동하는 것 사이에는 큰 간극이 있다는 사실을 여실히 보여 주고 있다고 주장했다.

27 William Colby, interview in Washington, June 1994.
28 Jason Epstein, interview in New York, June 1994.
29 Hugh Wilford, *The New York Intellectuals*, Manchester: Manchester University Press, 1995.

"세계문화자유회의는 수년간 지식인들에게 자유의 불가분성indivisibility[30] 에 대해 훈계해 왔다. 그것은 맞는 말이다. 자유는 나눌 수 없으며, 문제가 크든 작든 투쟁을 통해 쟁취되어야 하며, 백 가지의 독단과 알량한 폭정들, 특히 스스로 권력에 도취된 자들에 맞서서 확장되어야 한다."[31] 번바움은 한 발 더 나아가, 미국 외교정책을 급선무에 두는 태도 때문에 '자유'가 희생되고 있다면서 문화자유회의를 비난했다. "그러한 태도는 스탈린주의자가 진실을 바라보는 태도와 비슷한 것 같다. 여기서 진실이란 그게 무엇이 되었든 당의 이익에 대한 봉사를 의미하는 것이다."[32]

그동안 공언하던 대의를 스스로의 손으로 더럽혔다는 비난이 일면서, 세계문화자유회의는 심대한 타격을 받았다. 체면을 구긴 조셀슨은 수단이 목적을 정당화한다고 확신했지만, 문화자유회의가 진실과 덜레스 형제의 지시 사항을 혼동한다는 비난이 제기되면서 심각하게 골머리를 썼었다. 조셀슨은 1958년 4월 맥도널드에게 모든 사실을 해명하기 위해 편지를 썼다. 그러나 그 편지는 문제의 초점을 전적으로 비껴가는 것으로 내용이 모호할 뿐 아니라 설득력도 희박했다. "어빙과 스티븐도 먹고살아야 한다는 것을 아셔야죠. 당신도 돈을 벌려고 글을 쓰는 것일 테고요. 그러니 『인카운터』도 잡지의 미래를 위태롭게 만들지 않으려면 제대로 검증

---

30 '자유의 불가분성'은 다음과 같은 존 F. 케네디의 말을 염두에 두면 이해하기 쉽다. "자유는 불가분의 것이다. 어느 한 사람이 노예가 되면, 다른 모두 또한 자유롭지 않다." ─ 옮긴이

31 Norman Birnbaum, open letters to the Congress for Cultural Freedom, 3 November 1958. *Universities and Left Review*, December 1958(MJ/HRC)에서 재인용.

32 Ibid. 번바움은 맥도널드의 글에서 다음과 같은 문단을 읽고는 아연실색했다. "서유럽의 방위를 안심하고 맡기려면, 미국에 헌신하는 뉴욕의 유대인들로 이루어진 집단이 미국의 모든 미덕을 뚜렷하게 드러내면서 그에 맞게 행동해야 하고, 영국 지식인 집단의 조력을 받아야 한다. 내 걱정으로는 그들 대부분이 사립 기숙학교에서 럭비에 그리 뛰어나지 않은 학생 출신이겠지만 말이다"(Wilford, *The New York Intellectuals*에서 재인용).

된 얘기들을 해야겠지요."[33] 맥도널드의 답신은 다음과 같았다. "미국적인 삶의 방식을 부적절하게 언급했다는 이유로 『인카운터』에서 글을 삭제해 버리신 일을 보면, 아마 회색 플란넬 양복을 차려입은 매디슨애비뉴의 자선업자들이 돈줄을 끊어 버릴까 봐 그러신 것 같은데, 사업상의 일이라지만 참으로 딱한 일입니다."[34]

"'쓸모 있는 거짓말'을 진실이라고 부르지 않는 일, 더 나아가 허구를 폭로하기 위해 나서는 일은 권위 있는 지식인이라면 어느 누구라도 회피해서는 안 되는 책무다." 니콜라 키아로몬테는 『인카운터』 2호에서 이렇게 선언했었다. 『인카운터』는 공산주의 체제가 스스로를 유지하는 데 이용했던 쓸모 있는 거짓말을 폭로할 때만 거침이 없었다. 이 잡지는 '주어진 이데올로기의 한계'를 넘어서 본 적이 없었고, 당시에 만연했던 "진실을 보호한다며 거짓을 말하게 하는" 냉전의 심리학으로부터도 자유롭지 못했다. "어떤 문제가 되었든 격렬한 논쟁이 예상되면 침묵을 지키고, 우리의 지적 풍토에서 수년간 자라나온 모든 속임수와 허위에 대해 쉬쉬하며 얼버무리는 태도를 취함으로써, 『인카운터』는 독립적으로 사유하고 행동할 자유라는, 서구 철학에서 가장 귀중한 개념을 혼탁하게 만들어 놓았으며, 시류에 맞게 흔들려 왔다."[35]

이런 말이 있다. "잡지 기사는 하고자 하는 말을 한다. 그리고 누구라도 주장을 검증할 수 있으며, 그 주장에 동의하지 않을 수도 있다. 하지만

33 Michael Josselson, to Dwight Macdonald, 28 April 1958(DM/STER).
34 Dwight Macdonald, letter to the editor of *Universities and Left Review*, 16 December 1958(DM/STER).
35 Michael Wreszin, *A Rebel in Defense of Tradition: The Life and Politics of Dwight Macdonald*, New York: Basic Books, 1994에서 드와이트 맥도널드의 말.

이 모든 일이 비밀스럽게 이루어질 수는 없다."[36] 『인카운터』의 이상한 침묵, 즉 비밀리에 뒤를 봐주는 사람들을 불편하게 만드는 내용은 배제하고, 근저에 놓인 무언가를 신중하게 은폐하는 일은 그 진실이 반대편에 있음을 여실히 보여 주고 있다. 어느 역사가의 말처럼, "『인카운터』의 독립성에 대한 적절한 의문은 워싱턴에서 편집자에게 지시를 내리느냐 아니냐의 문제가 아니라, 애초에 누가 편집자를 선정하며, 서로 다른 차이들이 아무런 제약 없이 추구될 수 있다고는 하지만, '책임질 수 있는' 의견의 명확한 범위를 누가 정하느냐 하는 것이다."[37] 이러한 주장을 뒷받침하듯이, 제이슨 엡스타인은 다음과 같이 설명했다. "이것은 개개의 작가들과 학자들을 매수하고 타락시키는 문제가 아니라, 자의적이면서 인위적인 가치 체계를 우위에 두는 것의 문제였다. 이 가치 체계에 의해 학계 종사자들의 출세와 잡지 편집장들의 임명이 좌지우지되고 학자들의 연구 보조금과 출판 여부가 결정되는데, 이 모든 것들은 그들 자신이 가진 장점과 가치에 의해서가 아니라, 물론 때로는 이런 것들이 상당한 의미가 있기는 하지만, 결국은 그들의 충성도에 따라 결정되었다."[38]

조셀슨은 항시 『인카운터』의 일에 직접적으로 관여했다. 그는 첫 표지 시안을 작성했고, 1차 편집을 위해 목차를 재검토하고 수정했으며, 편집자들에게서 내용에 대해 계속 사전 보고를 받았다. 기사의 수준이 저하되면 편집자들을 질책했으며 끊임없이 그들을 구슬려서 기사나 주제 들을 토의하도록 했다. 이따금 그의 말은 명령처럼 들리기도 했다. 1955년

36 *The Times*, 2 July 1996에서 더원트 메이(Derwent May)의 말.
37 Peter Steinfels, *The Neoconservatives: The Men Who Are Changing American Politics*, New York: Simon & Schuster, 1979.
38 Jason Epstein, "The CIA and the Intellectuals", *New York Review of Books*, 20 April 1967.

1월 미얀마 양곤에서 개최된 세계문화자유회의 아시아 총회의 보도자료를 가져다주면서 크리스톨에게 이렇게 말했다. "이 총회의 내용은 반드시 『인카운터』에 실려야 합니다."[39] 가끔은 그 정도가 심해졌다. "새해에는 한 가지 바람이 있습니다. 평화 공존이라는 문제에 대해서 아주 일류 수준의 토론을 『인카운터』에 실어 보는 것입니다. 머거리지나 어빙 브라운 같은 제 친구들 대다수가 똑같은 바람을 갖고 있지요."[40] 뿐만 아니라, 스펜더에게 거듭 부탁해서 솔 벨로, 제롬 데이비드 샐린저Jerome David Salinger, 트루먼 커포티Truman Capote, 셜리 앤 그로Shirley Ann Grau 같은 새로운 세대의 미국 작가들에게 문학 지면을 할애해 주었고, 크리스톨에게 조지 패드모어의 『범아프리카주의냐 공산주의냐』Pan-Africanism or Communism에 대한 서평을 잡지에 내도록 권고했다("'우리들' 중 하나가 『인카운터』에 서평을 써서 싣는 것이 중요하다고 생각합니다").[41] 『프뢰브』를 다루는 조셀슨의 방식도 이와 같아서, 종종 이 잡지의 편집장 프랑수아 봉디를 분노하게 만들었다. 1952년 6월, 봉디는 상임위원회가 계속해서 그의 부재를 틈타 『프뢰브』의 편집 방향을 논의하고 편집 방향에 대해 개입할 권리를 주장한다면 정말로 사임하겠노라고 항의했다.

그러면서도 조셀슨은 한편으로 CIA의 개입에서 문화자유회의의 잡지들을 떼어 놓으려고 필사적으로 노력했다. 하지만 맥도널드의 글에 제재를 가한 것이 『인카운터』 역사상 유일했다는 주장은 사실이 아니다. 만약 그 주장이 옳다면, 『인카운터』의 내용이 애초부터 CIA의 요구 사항에

39 Michael Josselson, to Irving Kristol, 6 December 1954(CCF/CHI).
40 Michael Josselson, to Irving Kristol, 23 December 1954(CCF/CHI).
41 Michael Josselson, to Irving Kristol, 9 August 1956(CCF/CHI).

부응하고 있으며, 그 결과 군이 사전에 삭제하거나 제재를 가할 필요도 없었음을 어렵지 않게 추론할 수 있을 것이다. 한 비평가는 이러한 과정을 "고용주의 바람이 피고용인의 행동에 암묵적으로 영향을 미치는 양자 간의 불가피한 관계"라고 표현했다.[42] 그러나 톰 브레이든의 말로는 CIA가 이미 그전에도 개입한 적이 있었다고 한다. "우리는 때때로 『인카운터』와 마찰을 빚었습니다. 그럴 때마다 이렇게 얘기하곤 했죠. '그 사람들이 잡지에 내고 싶은 대로 하게 내버려 두시오.' 한번은 이런 적이 있습니다. 외교정책에 관련된 문제였는데요. 래리[로런스 드 네프빌]가 어떤 기사에 대해서 불만을 제기해서, 그 기사를 못 싣게 해야 했습니다. 미국의 대對중국 정책과 관련된 문제였던 것 같아요. 『인카운터』가 정부 정책을 비판하는 글을 실으려고 하면, 그 때문에 엄청난 실랑이가 벌어졌습니다. 제 기억에는 그럴 때 앨런 덜레스를 찾아가서 얘기했던 것 같은데요. 그분은 끼어들고 싶지 않아 하더라고요. 그냥 저에게 '당신이 알아서 해' 그러더라고요. 결국 우리는 기사를 삭제하도록 했습니다. 정말 유감스러운 일입니다."[43]

　　그 당시에 드 네프빌과 협력 관계에 있었던 몬티 우드하우스는 이렇게 증언했다. "당시 문화자유회의가 기사들을 검열하고 있다는 사실은 잘 알고 있었습니다. 하지만 어떤 경우에도 정확하게 적용될 수 있는 공식적인 가이드라인이 있다는 얘기는 들어 본 적이 없습니다."[44] 우드하우스는 정보기관 사람들이 로젠버그 부부에 대한 레슬리 피들러의 기사를 게재하기 전에 먼저 보았는지에 대해서는 기억이 나지 않는다고 했다. 하지

42 Epstein, "The CIA and the Intellectuals".
43 Tom Braden, interview in Virginia, July 1996.
44 Christopher Montague Woodhouse, telephone interview, December 1997.

만 미국 정부가 매우 중요하게 여기는 문제에 개입해서 그토록 말썽을 일으킬 수 있다면, CIA가 이 문제에 보다 주의를 기울였음은 능히 짐작할 수 있는 일이다.

브레이든이 앞서 언급했던 대중국 정책 관련 기사는 1954년 7월 28일에 조셀슨의 책상 위에 놓였다. 스펜더가 런던에서 보낸 것이었다. 그 글은 자타가 공인하는 중국 전문가이자 『뉴요커』의 기고자로 특이한 성격의 에밀리 한Emily Hahn이라는 사람이 썼다(그녀는 1930~40년대에 홍콩에서 살았으며, 1941년 조지프 알섭이 홍콩을 방문했을 때 그를 아편굴에 데려가겠다고 고집을 부린 적이 있었다. 이 두 사람은 1942년 일본군의 홍콩 침공 당시 수용소에 함께 억류되었던 사이다). 조셀슨은 그 기사를 읽어 보고 다음과 같이 답신을 주었다. "읽어 보니 엄청나게 충격적이었습니다. 확실히 이 기사가 나가면 영국에서 우리의 협조자를 구하기가 더욱 어려워질 것 같습니다. 일단 이 기사를 니콜라스(나보코프)와 프랑수아(봉디)에게 전달하려고 합니다. 이 편지가 편집장님께 닿기 전에 먼저 어빙(크리스톨)이나 편집장님에게 전화를 드리겠습니다."[45] 그로부터 이틀 후 나보코프는 크리스톨과 스펜더에게 편지를 썼다. "에밀리 한의 기사에 대해서 논의하기 전에 몇몇 원칙적인 부분들에 대해서 다시 말씀드려야겠습니다. 『인카운터』 창간 때도 그렇고 그 이후의 여러 회의에서 수차례 얘기를 나눈 끝에 우리 모두 동의한 부분 말이지요. **당시 말썽을 일으킬 소지가 있는 주제라면 그에 대한 모든 기사들은 외부인의 손에 들어가기 전에 우리에게 먼저 검수를 받아야 한다는 데에 우리 모두 동의한 바 있습니다.** 그리고 『인카운터』의 기본 방침은 영국과 미국 간의 이해 증진을 위해 노력해야 하고, 정치적 문제라면 무엇

---

45 Michael Josselson, to Stephen Spender, 28 July 1954(CCF/CHI).

이 되었든 모든 가능성을 염두에 둔 채로 논의되어, 이로 인한 논란이 발생한다 하더라도, 대서양을 둔 양국 간의 국민감정을 해치지 않는 차원에서 언급되어야 한다고 모두들 동의했었지요. 우리 모두 에밀리 한 선생의 기사를 읽어 보았습니다. ······ 그리고 모두가 그 기사에 대해 거북한 반응을 보였습니다. 한 선생이 미국의 대對중국 관계에 대해서 온당치 못하고 피상적이고 또 말도 안 되는 평가를 내리고 있다고 모두들 느끼고 있습니다. 게다가 문체나 어조, 내용 모두 공격적이라는 느낌입니다."[46] 봉디 또한 나보코프의 말을 거들며, 이 기사가 "히스테리로 가득한 비방 글"이라고 평가했다.

히스테리로 가득한 비방이 무엇이었는지 조목조목 짚어 낸 다음 나보코프는 이렇게 물었다. "이제 우리는 어떻게 일을 진행시켜야 할까요? ······ 두 분이 에밀리 한 선생에게 글을 다시 써야 한다고 확실히 말해 주셨으면 합니다. 그래서 가장 비방이 심한 문단을 통째로 들어내고 어조를 **완전히** 바꿔 놓아야 합니다. 한 선생에 대해서 하나 더, 그분이 중국 문제에 관해 글을 수정할 때는 보다 미국의 관점을 대변하도록 하고, 보다 간결한 형식으로 세련되고 품격 있는 수준으로 쓰도록 일러두어야 할 것입니다. 그렇게 할 수 없다면 선생의 글은 삭제되어야 하며, 이 문제는 중요하기 때문에 나중에 그분을 대신해 미국의 관점을 앞세워 글을 쓸 수 있는 보다 책임감 있는 사람이 이 글을 다시 맡아야 한다고 생각합니다."[47]

이런 권고가 충분히 먹혀들지 않을 경우에 대비해, CIA 요원이자 새로이 문화자유회의 사무국의 부총장이 된 워런 맨셜이 8월 19일에 그 글

46 Nicolas Nabokov, to Irving Kristol and Stephen Spender, 30 July 1954(CCF/CHI). 강조는 인용자.
47 Ibid.

에 대한 엄청난 분량의 수정안을 들고 나타났다. "우리는 그 기사의 게재가 적절하지 않다는 데 모두 동의하고 있습니다." 그는 편지에서 이렇게 썼다. "당신이 게재하겠다는 약속을 철회할 수 없고 어떻게 해서든 그 기사를 내보내겠다면, 다음과 같은 부분은 게재를 위한 최소한도의 조건으로서 수정되어야 할 것입니다."[48] 그다음 맨셜은 직접 꼼꼼하게 기재한 수정 내용과 문제가 되는 부분을 적어 놓은 장문의 목록을 제시했다. 하지만 그것도 모자라 맨셜은 "그 에밀리 한이라는 여자가 우리의 계획을 다 망쳐 놓을 것이 불을 보듯 뻔하다"라면서 편집자들에게 다시 생각해 보라고 독촉했다. 결국 기사는 나오지 않았다. 『인카운터』의 독자들이나 관계자들에게는 알려지지 않았지만, 이 기사가 제외된 이유는 나중에 제기된 의혹에 신빙성을 더해 주고 있다. 다시 말해 이 잡지에서 진실을 다루는 시각이란, "소련에 불리하다면 앞으로 널리 폭로될 것이요, 미국에 불리하다면 쉬쉬하며 덮는 것"이었기 때문이다.[49]

---

48 Warren Manshel, to Irving Kristol, 19 August 1954(CCF/CHI).
49 Conor Cruise O'Brien, "Journal de Combat", *New Statesman*, 20 December 1963.

20장

문화적 NATO

예르밀로프Yermilov 선생, 앞으로 고이 죽지는 못할 거요. 당신
도 CIA의 돈을 먹었으니까! — 니콜라스 나보코프

맥도널드가 큰 말썽을 일으키고 얼마 지나지 않아 멜빈 래스키가 『인카운
터』에 초빙되어 어빙 크리스톨의 자리를 이었다. 크리스톨을 갈아 치우려
고 이미 결심을 굳혔던 조셀슨은 래스키가 흔쾌히 런던에 자리를 잡겠다
고 해주니 앓던 이가 빠진 듯 속 시원해 했다. 크리스톨이 짐을 꾸려 떠나
자 마침내 조셀슨은 이제 이 잡지의 정치면이 적임자를 만났다는 생각에
안심할 수 있었다. 이제는 CIA가 저 높은 곳에서 간섭할 필요도 구실도 없
어졌다. 래스키가 편집자로서 자리를 잡아 갈 즈음, 그는 프레드릭 워버그
로부터 스펜더의 급여가 "실제로는 존재하지 않는 단체"[1]인 영국문화자
유학회로부터 지급된다는 사실을 전해 들었다. 『인카운터』가 이 학회가
추진하던 사업을 대신함에 따라, 학회는 스스로 활동을 중지했었다. 그동
안 영국문화자유학회는 MI6가 보조금을 전달하는 데 유용하게 쓸 수 있
는 위장 조직으로 활약했다. 그러나 이제는 주요한 전달 통로가 된 빅터

---

1 Fredric Warburg, to Melvin Lasky, 8 October 1958(ENC/S&W/RU).

로스차일드가 그 일을 이어받았다. 로스차일드, 워버그, 머거리지 사이를 오간 편지들의 내용을 보면, 어떻게 돈이 오고 갔는지 알 수 있다. 돈은 먼저 웨스트민스터 은행의 베리세인트에드먼즈 시 지점의 로스차일드 계좌로 처음 전달되었다가 세커앤드워버그 출판사의 개인 계좌로 예치되었다. 그리고 다시 영국문화자유학회의 바클레이즈 은행 계좌로 이체된 후, 입금된 액수 그대로 『인카운터』에 '기부'되는 형식이었다. 1960년 7월에 워버그가 "머거리지와 워버그 두 사람만이 회원으로 등재되어 있는, 실제로 존재하지도 않는 학회를 통해서 송금이 이루어지는 이 정신 나간 짓"을 "로스차일드家의 저택과 팬턴하우스Panton House(『인카운터』의 주소지) 간의 직접 송금 방식"으로 바꾸자고 제안했던 것이다.[2]

놀랍게도 스펜더가 『인카운터』에서 일했던 기간 내내, 그의 급료는 1년에 2500파운드로 고정되어 있었다. "남편이 거기서 일하는 동안 급여가 오른 적은 한 번도 없었어요." 나타샤 스펜더의 기억에 따르면 그랬다. "그래서 미국에서 온갖 일거리들을 얻어 와야 했지요."

급여가 불충분하다고 생각했기 때문에, 스펜더는 수입을 늘릴 다른 방도를 찾아봐야 했다. 그래서 주로 국제 순회 강연에 참여하는 일로 수입을 벌충했다. 이는 곧 스펜더가 『인카운터』의 사무실을 오래 비우게 됨을 의미했다. 따라서 래스키는 누구의 방해도 받지 않고 잡지에서 정치적으로 민감한 견해들을 마음껏 표출할 수 있는 완벽한 기회를 잡게 되었다. 래스키의 목적은 주로 이 잡지를 영국 노동당의 이론가들과 정치가들의 입장에 근접하도록 만드는 것이었다. 그 이유는 정부의 첩보 전략가들이

---

2 『인카운터』에 대한 로스차일드가의 '기부'와 관련한 서신 왕래는 1958년 6월부터 1960년 10월까지 지속되었다(ENC/S&W/RU).

아주 오래전부터 생각해 온 바가 있었기 때문이다. 바로 이들이 **"만약** 사회주의가 교조적인 계급투쟁 대신에 개인의 복지를 의미한다면, 영국 노동당이 아니라 미국이 어쩌면 보다 실제적인 사회주의에 더 근접한 상태가 아니겠는가, 그리고 미국의 노동자들이 대체로 영국의 노동자들보다 훨씬 잘살고, 게다가 더 자유로운 인간이지 않은가 하는 놀라운 발견을 오랜 시간이 흐른 뒤에야 비로소 깨달을 수 있었기 때문"이었다. "다시 말해서 [그들은] 미국의 민주주의적 자본주의의 역동성에 점차 눈을 뜨고 있었던 것이다."[3]

영국 노동당의 명성은 제2차 세계대전 말, 압도적인 득표를 기록하며 처칠을 실각시켰던 1945년 총선에서 최고조에 달했다. 그러나 1947년의 혹독한 겨울을 지나면서 열기가 시들해졌고, 냉전으로 인해 당에 심각한 균열이 발생했다. 노동당 우파는 공산주의를 타도하기 위해 합심했던 반면, 노동당 좌파는 반스탈린주의 진영과 소련을 옹호하는 진영으로 분열되었다. 이 노동당 우파는 『소셜리스트커멘터리』Socialist Commentary라는 학술지를 중심으로 조직되었고, 가장 눈에 띄는 인사로는 데니스 힐리, 앤서니 크로슬랜드Anthony Crosland, 리타 힌든Rita Hinden, 휴 게이츠켈 등이 있었다. 이들이 바로 그 유명한 국유화에 관한 당헌 4조의 폐지[4]를 포함하여 전력을 다해 노동당을 현대화시키려 했던 사람들로 이른바 '수정주의자들'로 알려진 집단이었다. 당시 CIA는 유럽에서 자신들의 구상에 맞게 영국의 정치계와 사상계를 옭아매고 싶어 했는데, 이 집단이 바로 그러한 활

---

3 C. D. Jackson, to Nelson Rockefeller, 18 November 1954(CDJ/DDE).
4 영국 노동당 당헌 4조는 사회주의를 당의 목표로 설정하고 '생산·분배·교환 수단의 공동소유'를 명시하고 있었다. 하지만 1994년 당 대표로 선출된 토니 블레어(Tony Blair)가 좌파 노선을 포기하고 중도까지 포괄하는 대중정당 노선으로 선회하면서 이 조항을 폐지했다. ─ 옮긴이

동 무대를 제공해 주었다. 그 뒤를 따라서 대서양동맹Atlantic Alliance과 유럽 방위공동체European Defense Community의 통합, 그리고 공동시장Common Market 의 창설에 대한 미국 외교정책상의 주요 문서들이 작성되었다. 유럽의 국가들이 집단 안보라는 목적으로 개별 국가의 권리를 일정 부분 희생할 것을 요구하는 것이 그 문서들의 목적이었다. 그러나 워싱턴의 전략가들도 잘 알고 있듯이, 영국은 특히나 주권에 대한 집착이 대단했다. 그래서인지 미 국무부의 한 보고서는 비관적인 전망을 보여 주고 있다. "영국이 주어진 상황 논리에 의해 강요받지 않고서는 집단 안보라는 이해관계를 명목으로 기꺼이 주권의 일부를 양도할 가능성은 희박해 보인다."[5]

통합된 유럽, 그리고 미국 간의 동반자적 관계라는 개념을 증진하기 위해서 주요한 압력 집단으로 활동했던 단체는 유럽운동이었다. 이 단체는 정치적·군사적·경제적 그리고 문화적 통합을 지향하면서 다양한 범위의 활동을 포괄하는 수많은 산하 단체들의 통솔 기구였다. 윈스턴 처칠, 에이버럴 해리먼, 폴앙리 스파크Paul-Henri Spaak가 주도했던 이 단체는 미국 정보기관과 밀접한 관계를 맺고 그러한 기관으로부터 감독을 받았으며, 거의 대부분의 활동 비용을 CIA에서 제공받았다. 톰 브레이든이 초대 사무국장을 맡은 유럽통합추진미국위원회American Committee on United Europe 라는 위장 단체를 통해서였다. 유럽운동의 문화 부문은 드니 드 루즈몽이 이끄는 유럽문화센터가 맡았다. 게다가 1950년 브레이든이 창설한 유럽 청소년캠페인European Youth Campaign을 포함하여 학생 단체 혹은 청소년 단

---

5 Herbert F. Propps(American Embassy, London), to State Department, "Lack of Published Material on United Kingdom Willingness to Modify Sovereignty in the Interest of Collective Security", 9 December 1952(SD.CA/RG59/NARA).

체에 막대한 액수의 재정 보조 프로그램이 시작되었다. 이러한 조직들은 CIA의 지도를 받아, 유럽인들이 보다 온건한 형태의 사회주의를 받아들일 수 있도록 최선봉에서 정치선전 활동을 전개하고 좌익 정치운동 단체들의 급진성을 완화시키는 일을 했다. 워싱턴 측은 국제주의적 자유주의자들, 즉 미국의 전략적 이해관계를 따르지 않고 유럽 고유의 원칙에 의거하여 유럽을 통합할 가능성에 주목하는 사람들을 그저 중립주의자들이나 마찬가지라고 생각했다. CIA와 심리전전략위원회PSB는 다름 아닌 이러한 이단 행위를 "분쇄할 수 있도록 여러 가지 기획과 대중매체를 이용하라"라는 구체적인 지시를 받았다.

이 모든 작전의 중심에는 어빙 브라운의 상사였던 제이 러브스톤이 있었다. 그는 1955년부터 제임스 지저스 앵글턴의 지시를 받아 왔다. 러브스톤의 임무는 유럽 노동조합에 침투해서 수상쩍은 움직임을 포착하고, 조합의 높은 자리에 워싱턴이 안심할 만한 인사들을 대신 앉히는 일이었다. 이 기간 동안 러브스톤은 영국 노동조합회의Trade Union Congress, TUC나 노동당 인사들과 접촉해 알아낸 정보와 함께, 영국 노동조합 문제에 대한 방대한 분량의 보고서를 작성해서 앵글턴에게 전달했다. 앵글턴은 영국 첩보기관에서 비슷한 일을 하는 사람들(그중에서도 그가 신뢰하던 소수의 사람들)과 러브스톤의 '내부 기밀 정보'를 공유했다. 1950년대 후반 영국 노동계에서 급부상하던 인물들은 거의 모두가 '러브스톤 일파들'the Lovestoneites이었다(물론 당사자들은 스스로를 그렇게 생각하지 않았겠지만 말이다). 이 러브스톤 측 사람들에 서둘러 줄을 대기 위해서 CIA는 세계문화자유회의를 활용했다. 휴 게이츠켈(1955년 당시 영국 노동당 대표)은 문화자유회의 측의 경비 부담으로 인도 뉴델리, 그리스의 로도스 섬, 베를린 등지와 1955년 '자유의 미래' 총회가 열린 밀라노를 방문했다(이 일에 리타 힌든과 데니스 힐리도 끌어들였다). 앤서니 크로슬랜드는 1955년 노동당에서 의원직을 상실한 뒤 조셀슨에게 고용되어 문화자유회의가 주재하는 국제 세미나를 기획하는 일을 도왔다(크로슬랜드는 "영국의 미국화 계획의 청사진 같은"[6] 내용을 담은 영향력 있는 저서 『사회주의의 미래』*The Future of Socialism*의 저자였다). 그리고 이 임무를 수행하기 위해 미국에서 파견된 대니얼 벨의 지시를 받았다. 1960년대 초반에 접어들 때쯤에 크로슬랜드는 문화자유 회의 산하의 국제자문위원회International Council에서 일했다. 런던대학을 중 심으로 활동하던 남아공 출신의 학자 리타 힌든은 조셀슨이 '우리 사람'이 라고 부를 정도였는데, 1960년대 중반 페이비언협회Fabian Society의 기관지 인 『벤처』*Venture*를 확장하려고 할 때 조셀슨에게서 지원금을 따내는 데 중 요한 역할을 했다. 유럽을 강력하게 통합시키기 위한 잡지의 헌신은 점차 게이츠켈 추종자들의 생각과 닮아 가기 시작했다. 그중 데니스 힐리는 범 대서양주의[7]자로서 중요한 인물이었기 때문에 미국의 비공산주의 좌파들 과 긴밀하게 접촉할 수 있었다(그는 『뉴리더』의 런던 특파원이었다). 이로써 그는 세계문화자유회의, 그리고 특히 『인카운터』를 잇는 충성스러운 우군 이 될 수 있었다. 힐리는 영국 정보조사국IRD이 만들어 낸 자료를 받아 보 고 유통시키는 사람 중의 하나였다. 그 대가로 그는 노동당원들과 노동조 합원들에 대한 정보를 IRD에 제공했다.[8]

---

6 Neil Berry, "Encounter", *London Magazine*, February-March 1995.
7 대서양을 사이에 둔 미국과 서유럽이 정치·경제·군사적으로 상호 협력해 소련을 견제해야 한다
  는 사고방식. ― 옮긴이
8 영국 노동당 산하 국제문제 담당 부서에 소속되어 있던 데니스 힐리는 IRD가 작성한 정보 보고를
  유통시키는 데 큰 도움을 주었다. 또한 힐리는 유럽 노동운동계 내부의 공산주의 활동을 감시하는
  보고서를 정기적으로 작성해 IRD에 전송했다. 훗날 그는 유용한 동구권의 이민자들을 IRD 요원들
  에게 소개시켜 주는 중간책으로도 활동했다.

이 중에서도 노동당 지도자였던 휴 게이츠켈은 핵심적인 인물이었다. 래스키는 런던에 도착하기 무섭게, 햄프스테드의 프로그널가든스 거리에 위치한 게이츠켈의 집에 모이던 소규모의 지식인 집단에 합류했다. 게이츠켈은 제2차 세계대전 중에 비밀 공작기관인 특수작전처SOE에서 선전선동 전문가로 교육받았으며, IRD와도 가까운 관계였기 때문에 『인카운터』와 정보기관들 간의 관계를 모르지는 않았을 것이다. 1960년 스카보러에서 열린 노동당 전당대회에서 게이츠켈이 소련의 입장에 동조적인 좌파들에게 그 유명한 공격을 개시했을 때, 몇몇 사람들이 그러면 당신은 어느 편에 동조하고 있느냐고 되물었던 것도 그런 이유에서였다. 전당대회가 끝난 뒤 래스키는 조셀슨에게 보낸 편지에서, 게이츠켈이 『인카운터』가 자기 정책을 지지해 준 데 대해 편집장인 자신에게 개인적으로 감사를 표하더라는 말을 전했다. 게다가 래스키는 전당대회의 토론 석상에서 『인카운터』가 '수많은 찬사'를 받고 있는 잡지로 인용되었다고 편지에 썼다.[9] 해럴드 윌슨Harold Wilson 지도부하의 영국 노동당이 1964년 총선에서 보수당을 누르고 승리했을 때, 조셀슨은 대니얼 벨에게 다음과 같은 내용의 편지를 썼다. "대다수의 우리 친구들이 새로운 정부에 참여하게 되어 모두들 기뻐하고 있습니다"(윌슨의 새 내각에는 『인카운터』의 고정 필진 중 6명이 포함되어 있었다).[10] 래스키는 『인카운터』의 정치적 의제들을 후견인들의 입맛에 더욱 맞게 바꾸어 놓았다. 리처드 월하임에 따르면, 그 대가는 비쌌다. "이는 영국의 문화생활을 매우 심각하게 침해한 사례이며, 베트남 전쟁 당시 노동당과 많은 영국 지식인들이 보여 준 자족적인 뻔뻔함

9 Melvin Lasky, to John Hunt, 11 October 1960(CCF/CHI).
10 Michael Josselson, to Daniel Bell, 28 October 1964(MJ/HRC).

에 큰 책임이 있다."[11]

그러나 『인카운터』가 (구독료를 저렴하게 유지하면서도) 꾸준히 수준 높은 기고문을 확보할 수 있었던 이유는 잡지의 문화면 덕분이었고, 그 점이 바로 CIA가 스펜더에게 빚지고 있는 바였다. 스튜어트 햄셔는 이렇게 말했다. "스티븐이 아니었으면 사람들이 그렇게 『인카운터』에 글을 보내지는 않았을 겁니다. 모든 좋은 기사들, 하지만 래스키가 '엘리자베스 보웬Elizabeth Bowen과 기타 허접쓰레기'라고 부른 것들은 다 스티븐이 의뢰한 것이었어요. 스티븐이 잡지에 품격을 더해 주었죠."[12] 이런 점은 세계문화자유회의가 주로 정치보다 문화에 진력하는 조직이라는 평판을 유지하는데 큰 힘이 되어 주었다.

하지만 냉전은 문화와 정치가 분리되어야 한다는 생각을 계속해서 악용하도록 만들었다. 실제로 1960년 여름 세계문화자유회의가 주최한 톨스토이 사후 50주기 추도 행사에서 볼 수 있듯이 문화 투쟁은 건재했다. 미 정보기관은 오래전부터 "개인의 자유라는 사상"의 상징으로서 톨스토이에 관심을 갖고 있었다. 미 정보기관과 톨스토이의 관계는 미 전략정보국OSS 시절로 거슬러 올라가는데, OSS 장교인 일리야 톨스토이는 러시아 망명자 출신으로 이 저명한 소설가의 손자였다. 톨스토이 가문의 다른 구성원들도 1950년대 초반만 해도 심리전전략위원회PSB와 정기적으로 접촉했고, 뮌헨에 있는 톨스토이재단Tolstoy Foundation에 쓰기 위해 CIA의 자금을 받아 왔다. 1953년에 C. D. 잭슨은 어느 탄원인과 톨스토이재단에

---

11 Berry, "Encounter".

12 Stuart Hampshire, interview in Oxford, December 1997. 스튜어트 햄셔의 평가와 비슷한 아이재이어 벌린의 평가도 있다. 벌린에 따르면 스티븐 스펜더는 『인카운터』에서 "영국 지성계의 확실한 보증 수표" 역할을 했다는 것이다.

지원하는 자금과 관련해서 프랭크 린제이(프랭크 위즈너의 전 보좌관으로 당시 포드재단으로 자리를 옮긴 바 있다)에게 전화를 넣어 주겠다는 약속을 했었다고 자신의 기록 파일에 적어 놓았다.

1958년 12월, 캐스 캔필드는 나보코프에게 소련이 기획한 톨스토이 페스티벌에 대항해, 파필드재단의 주최로 '서방 측만의 톨스토이 기념 행사'를 열려는 생각이 있다고 전한 바 있다. 캔필드가 정확히 예측한 바와 같이, 소련이 기획한 행사는 이 위대한 작가를 볼셰비즘의 선구자로 이용하겠다는 의도가 있었다. "그가 아무리 독립적인 사상가라 하더라도 이 두 행사 간의 대비는 확연하게 드러날 것이며, 우리는 그러한 대립을 탁월한 선전선동의 기회로 삼아야 합니다."[13] 캔필드는 이렇게 설명했다. "공산주의적 선동에 대한 품격 있는 대응"을 궁리하는 일은 나보코프가 맡게 되었고, 이는 1960년 6월에서 7월 사이, 이탈리아 베네치아에 위치한 산조르조 섬에서 열린 호화로운 행사로 모습을 드러냈다. 알베르토 모라비아, 프랑코 벤투리Franco Venturi, 허버트 리드, 아이리스 머독Iris Murdoch, 조지 케넌, 자야프라카시 나라얀, 존 더스패서스 등을 포함하여 많은 저명한 작가들과 학자들이 참석했다. 16명의 소련 학자들도 초청되었으나, 결국 4명의 '꼭두각시들'이 그 자리를 채웠다.

"돌이켜 보면 너무나 우스운 기억이다. 일례로 두 러시아 놈의 면상이 떠오르는데, 하나는 키 크고 마른 놈이요, 다른 하나는 땅딸하고 다부

---

13 Cass Canfield, to Nicolas Nabokov, 23 December 1958(CCF/CHI). 소련과 미국은 당시에 많은 문화계의 존경받는 인물들을 사이에 두고 치열한 격투를 벌였다. 소련은 빅토르 위고(Victor Hugo)와 레오나르도 다빈치(Leonardo Da Vinci)의 이미지를 차용하여 그들이 "소련다운 삶을 보여 주는 빨치산의 전형"이라고 평가했는데, 소련이 저지른 '영적 반달리즘'에 대응하여, 1952년 미국문화자유위원회는 위고와 다빈치가 소련 모델과 "양립할 수 없는" 자유로운 문화의 전형이라며 응수했다.

진 놈이었다." 나보코프는 훗날 이런 기록을 남겼다. "그중 마른 쪽은 소비에트작가동맹의 사무총장이었고, 키가 작은 쪽은 예르밀로프라는 이름의 밉살스러운 개자식으로 조그맣고 지저분한 공산당 똘마니였다. 이 사람들은 두 명이서 내 비서, 아니 문화자유회의의 행정 비서라고 하는 게 낫겠지만, 어쨌든 내 비서에게 일당과 여행 경비를 받겠다고 줄을 서있었다. 이 사람들은 톨스토이 사망 50주기를 기념하려고 총회에 참석한 것이 아니라 그냥 등 떼밀려 온 것이었다." 나보코프는 의기양양하게 회상을 마무리하고 있다. "예르밀로프 선생, 앞으로 고이 죽지는 못할 거요. 당신도 CIA의 돈을 먹었으니까!"[14]

"수당expenses, 현대 영어에서 가장 아름다운 말이다." V. S. 프리쳇v. s. Pritchett은 이렇게 말한 적이 있다. "영혼을 팔려거든 정말로 비싼 값에 팔라." 베네치아에서 일당을 받으려고 줄을 서지 않았던 사람들은 아마도 그해 6월에 베를린에서 개최된 문화자유회의의 또 다른 행사 '자유의 진보' Progress in Freedom 총회에서 줄을 서고 있었을지도 모른다. 메리 매카시는 한나 아렌트에게 보내는 편지에서 이 명사들의 비밀 회합conclave에서 지배적이던 지적 당혹감과 개인적인 경쟁 관계를 탁월하고도 절묘하게 기술하고 있다. "순전히 가십거리에 국한해서 얘기하자면, 실즈 씨와 윌리엄 [필립스] 사이에 연달아 벌어진 격렬한 충돌이 행사의 주요 주제였다고 할 수 있겠네요. 당연히 대중문화라는 주제 때문이었죠. 단언컨대 실즈는 매력과 천진함만 쏙 빼놓고 환생한 팡글로스 박사[15] 같았어요. 저도 싸움

---

14 Nicolas Nabokov, *Bagázh: Memoirs of a Russian Cosmopolitan*, London: Secker & Warburg, 1975.
15 볼테르의 소설 『캉디드』(*Candide, ou l'Optimisme*)에 나오는 등장인물로 "지금 이 세계는 가능한 세계 중에서 최선의 세계"라고 주장하는, 낙관주의의 대명사 같은 인물이다. ― 옮긴이

에 휘말리게 되었을 때, 실즈 씨에게 그 표현 그대로 쏘아붙여 줬죠. 문화자유회의에서 나온 또 다른 유명 인사는 로버트 오펜하이머였어요. 그 사람과 저녁 약속을 잡아 한 번 같이 나간 적이 있는데, 그 사람 완전히, 심하게 말하면 위험스러울 정도로 미친 사람이라는 생각이 들었어요. 편집증에 과대망상에 자기가 신성한 일을 하고 있다는 착각까지. …… 오펜하이머가 니콜라스 나보코프를 돌아보더니, 문화자유회의가 '사랑이 없이' 운영되고 있다고 하더라고요. 그 사람이 여러 번 계속해서 그런 말을 꺼내기에 들어 보니까, 그 '사랑'이라는 말이 이성 간의 관계를 의미하는 것 같았어요. …… 조지 케넌도 그 자리에 있으면서 아주 멋들어지고 감동적인 폐회사를 했는데(이 멋진 폐회사가 실즈 씨와 그 악마 같은 추종자 무리들을 영원히 짓밟아 놓았음이 분명해요), 떠도는 소문으로는 그 사람도 역시 약간은 미친 사람이라고 하데요."[16] 메리 매카시는 이런저런 "공개적인 바보짓"만 빼놓으면, 문화자유회의의 내용은 재미있었다는 기록을 남겼다. "거기서 옛 친구들은 물론이고 새로운 친구들도 사귀게 되어 즐거웠고요. 다들 염소 무리에서 양이 나오듯 악인들 무리 속에서도 눈에 띄는 선량한 사람들이었고, 또 다가올 천년왕국에 어울릴 만한 사람들이었어요."[17]

그해에 CIA의 지원으로부터 혜택을 입은 집단이라면 세계문화자유회의가 설립한 정보 교류 센터clearing house의 이용 허가를 받은 일군의 잡지들일 것이다. 이 센터는 "현재는 다소 제한적인 독자들만 접근할 수 있었던 매우 우수한 자료들을 광범위하게, 그리고 국제적으로 대중들 앞에

16 Mary McCarthy, to Hannah Arendt, 20 June 1960. Carol Brightman ed., *Between Friends: The Correspondence of Hannah Arendt and Mary McCarthy 1949-1975*, London: Secker & Warburg, 1995에서 재인용.
17 Ibid.

내놓기 위한 효율적이고 체계적인 수단으로서" 마련되었다.[18] 이 정보 교류 센터는 문화자유회의 소유의 간행물들이 생산해 낸 자료들의 유통을 위한 활로를 모색할 뿐만 아니라 그 단체의 품에 속한 '전 세계적인 잡지 가족'의 일원으로 자리매김할 수 있게, 서로 다른 문화 잡지들 간의 유통 망 역할을 하도록 되어 있었다. 여기에는 『파르티잔리뷰』, 『케니언리뷰』, 『허드슨리뷰』, 『스와니리뷰』Sewanee Review, 『포이트리』, 『사상사저널』The Journal of the History of Ideas, 『디덜러스』Daedalus(미국예술과학학술원American Academy of Arts and Sciences의 학술지) 등이 포함되어 있었다. 이 잡지들은 미국 문학지협의회Council of Literary Magazines의 비호하에, 그리고 파필드재단의 지원을 받아 해외 판매 부수를 늘려 왔다. 이와 더불어, 문화자유회의는 문학지협의회와 힘을 합쳐, 미국 작가에게 연간 5000달러의 특별 연구비를 지급하는 문학상을 하나 제정했다. 누가 이 문학상을 관리하는 책임을 맡았을까? 1959년 7월에 존 크로 랜섬의 뒤를 이어 『케니언리뷰』의 편집장을 맡은 사람, 바로 로비 매컬리였다.[19]

『케니언리뷰』가 문화자유회의 측과 제휴 관계를 유지하는 동안, 매컬리는 판매 부수를 2000부에서 6000부로 늘릴 수 있었다. 그는 "랜섬은 생각도 못 하던 곳에서 돈 버는 방법을 찾았다"라며 우쭐해했다.[20] 그러나 한

---

18 Congress for Cultural Freedom, press release, 1 July 1959(CCF/CHI).
19 매컬리는 당시에도 여전히 문화자유회의에 배속된 CIA 정보요원 활동을 했기 때문에, 케니언에서의 소임을 다할 수 없었다. 그가 존 크로 랜섬의 부탁으로 『케니언리뷰』를 맡았을 때, 그는 케니언대학에서 주는 연구비를 갓 수령한 상태였고, "이미 그해 내내 해외 연수를 떠나기로 정해져 있는 상태"였다. 매컬리는 1959년 가을까지 돌아올 생각을 하지 않았다. 그 때문에 존 크로 랜섬은 "마음이 갈가리 찢기는 것" 같다며 "내가 은퇴한 뒤, 로비(매컬리)가 돌아오기까지 거의 7주라는 기간은 집이 활활 타는 것을 속수무책으로 바라만 볼 수밖에 없는 심정" 같았다고 말했다(Marian Janssen, The Kenyon Review 1939-1970, Nijmegen: M. Janssen, 1987에서 존 크로 랜섬의 말).
20 Janssen, The Kenyon Review 1939-1970.

편으로 『케니언리뷰』는 매컬리가 편집장을 맡는 바람에 고생깨나 해야 했다. 고압적인 태도와 CIA의 일을 할 때의 필수 조건이라 할 수 있는 장기간의 출타는 이 잡지에 굉장히 부정적인 영향을 주었다(게다가 매컬리는 1963년에 갑자기 편집자문위원회를 폐지해 버렸다). 이와는 반대로, 문화자유회의는 상당한 혜택을 보았다. 이렇게 미국의 권위 있는 학술지들과 공식적인 관계를 맺음으로써 문화자유회의는 이제 생각하는 사람들을 위한 잡지임을 표방하는 타임-라이프와 같이, 영향력과 범위 면에서 유례없는 출판 결합체를 과시할 수 있게 되었기 때문이다.

"우리가 상표를 달아 파는 것은 아니었기 때문에, 문화자유회의의 이름을 쓰는 걸 항상 고집하진 않았어요."[21] 존 헌트는 이렇게 설명했다. 그래서인지 대부분의 문화자유회의 측 학술지들은 쉽게 식별하기 힘들었다. 그중에 『히와르』Hiwar[아랍어로 '담화'라는 뜻)는 1962년 10월에 처음 등장한 이 단체의 아랍어판 잡지로, 창간호에는 T. S. 엘리엇의 인터뷰와 예술의 자율성과 작가의 독립성을 요구하는 이냐치오 실로네의 호소문이 실렸다. 문화자유회의는 이 학술지를 운영하고 있다는 사실을 감추려 했지만 성공하지 못했다. 게다가 이 잡지는 곧바로 '트로이의 목마'라는 비난을 받았다. 한 이슬람계 신문은 "문화자유회의가 여기저기에 돈을 뿌리고, 그럴싸한 잡지들을 만들어 내고, 대규모 리셉션과 회의 등을 개최하여 사악한 사상을 전파하려고 한다"라고 주장했다. 그리고 "문화자유회의는 그 정체를 드러내라"라면서 독자들에게 잡지의 '불매운동'을 호소했다.[22]

---

21 John Hunt, interview in Uzès, July 1997.
22 Peter Coleman, *The Liberal Conspiracy: The Congress for Cultural Freedom and the Struggle for the Mind of Postwar Europe*, New York: The Free Press, 1989.

1960년대에 문화자유회의의 다른 잡지들도 발족하게 되었는데 그중에는 우간다의『트랜지션』Transition도 포함되어 있었다. 이 잡지에는 폴 서루Paul Theroux와 같은 작가들도 참여했고, 1968년에 사무실이 공격받고 편집장이 수감되기 전까지 1만 2000부라는 상당한 판매 부수를 기록했다. 런던에서는『센서십』Censorship이 1964년에 머리 민들린Murray Mindlin에 의해 창간되었다. 이 민들린이라는 사람은 제임스 조이스의『율리시즈』 Ulysses를 히브리어로 번역하는 등 다방면에 재능이 있었다. 편집 자문위원으로는 대니얼 벨과 스위스에서 온 아르망 가스파르Armand Gaspard, 앤서니 하틀리, 리처드 호가트Richard Hoggart, 이냐치오 실로네가 참여했다. 문화자유회의는 이 잡지에 연간 3만 5000달러를 투자했다가 엄청난 손실을 입었다. 1967년 겨울에 이 잡지 사업을 접자『뉴스테이츠먼』은 가슴 아파하며 이 소식을 전했다. "모든 작가, 출판인, 그리고 예술가에게 슬픈 소식이다." 민들린과 사이가 나빴던 조셀슨에게는 그다지 아쉬울 것이 없었겠지만 말이다(조셀슨은 그 잡지가 비교적 성공할 수 있었던 이유는 이따금 성적인 기사를 실었기 때문이라고 했다). 이『센서십』은 포드재단으로부터 상당한 지원금을 받아 마련된 스티븐 스펜더의 인덱스온센서십Index on Censorship[23]의 모델이 되었다.

그러나 문화자유회의가 주관하는 모든 잡지들 가운데서도 가장 흥미로운 사례는 바로『파르티잔리뷰』다. "『파르티잔리뷰』에서 정말로 불가사의한 일은 어떻게 이런 소수의 특별한 관점을 대변하는 잡지가…… 그 진지한 내용에도 불구하고 미국에서 가장 널리 알려진 잡지가 될 수 있었고,

---

23 표현의 자유를 옹호하기 위해 1972년 런던에서 설립된 비영리 단체. 현재까지도 활동을 계속하고 있으며 동명의 잡지도 발간 중이다. ─옮긴이

지적인 야망을 가진 모든 미국 잡지들 중에서도 실제로 유럽 사람들이 가장 많이 읽는 잡지가 될 수 있었는가 하는 것이다."[24] 1956년에 레슬리 피들러는 이 점을 의아해했었다. 이 불가사의한 일은 부분적으로 이 잡지의 투자 부문에 해답이 있다. 피들러가 "『파르티잔리뷰』의 경제적 부침을 상세하게 살펴보면 이 잡지의 전면 기사가 그에 따라 어떻게 바뀌어 가는지 알 수 있다"라고 집요하게 언급했듯이 말이다.[25] 1937년에서 1943년까지 이 잡지는 추상화가 조지 모리스George Morris로부터 대부분의 자금을 지원받았고, 1948년부터는 앨런 B. 다울링Allan B. Dowling이 주된 자금줄이었다. 다울링은 "1951년까지 혼자 힘으로 이 잡지를 지원했고, 그 이후부터 현재까지 이 잡지의 발행을 지원하는 재단의 이사장이자 주요 기부자다".[26] 피들러는 헨리 루스에 대해서는 언급하지 않았다. 1952년 루스가 이 잡지에 막대한 기부를 했지만, 이 같은 사실이 비밀로 묻혀 있었기 때문이다. 하지만 피들러는 다른 몇몇 사람들과 마찬가지로 『파르티잔리뷰』가 "『라이프』나 『타임』과 같이 대량으로 유통되는 잡지들, 그것도 광범한 여론에 호소하여 적절한 반응을 이끌어 낼 수 있다는 명백한 확신으로 움직이는 그런 잡지들"[27]로 언급된다는 사실까지 모르지는 않았다.

미국에서 가장 영향력 있는 지식인들의 잡지와 CIA 사이의 연루설은 오랜 기간 역사가들을 혼란스럽게 만들었지만, CIA는 역시 이에 대해 침묵을 지키고 있다. 1953년 초 『파르티잔리뷰』는 (미국문화자유위원회를 거쳐) 파필드재단으로부터 자금을 받았다고 알려져 있었다. 그리고 이것

24 Leslie Fiedler, "Partisan Review: Phoenix or Dodo?", *Perspectives*, Spring 1956.
25 Ibid.
26 Ibid.
27 Ibid.

은 코드 마이어의 사주에 의한 것이었다. 『파르티잔리뷰』는 1960년대 초반에도 파필드재단으로부터 "사용 경비에 대해 지원금을 제공"받았다.[28] 하지만 재정난에 허덕이던 이 잡지의 형편에서 보면 결코 많은 금액이라고는 하기 힘들다. 1957년이 되자 미 국세청에서 이 잡지의 면세 지위를 문제 삼았다. 그 결과 국세청이 이 잡지의 면세 지위를 박탈할 뿐 아니라, 1954년 이후 『파르티잔리뷰』에 대한 모든 기부금에 소급 적용 하여 과세할 것이라는 얘기가 나왔다. 그러자 C. D. 잭슨은 코드 마이어에게 편지를 썼다. "이거 정말 도가 지나친 일 아니오?"[29]

잭슨과 마이어는 『파르티잔리뷰』를 살리기 위해 힘을 합쳤다. 먼저 이 두 사람은 이 잡지의 역성을 들면서 국세청의 면세 관련 부서에 "입김을 넣었다". 그 결과 윌리엄 필립스(『파르티잔리뷰』의 편집자 겸 공동 발기인)는 국세청 측의 첫 반응이 호의적이었다고 C. D.에게 보고했다. 다음으로 잭슨은 앨런 덜레스를 직접 찾아가 하소연했다. 1957년 11월 12일, 잭슨은 이 문제에 대한 CIA의 입장을 전하는 비밀 메모를 보냈다. "국세청 사람들이야 『파르티잔리뷰』에 직접적인 금전 혹은 운영상의 이해관계가 있는 건 아니잖소. 게다가 지금 『파르티잔리뷰』의 편집장은 세계문화자유회의의 입장에 동조하는 데다가 협조적인 사람이고요. 만약 『파르티잔리뷰』가 재정난에 빠진다면 경영진이 교체될 수밖에 없고, 그렇게 되면 CIA는 손해를 볼 수밖에 없소. 그러니 하는 말인데, 국세청 사람들은 어차피 이 문제를 다룰 때는 간접적인 이해관계밖에 없기 때문에 면세 요청을 호의적으로 고려할 것 같소."[30]

28 Farfield Foundation annual report 1962-1963(CCF/CHI).
29 C. D. Jackson, to Cord Meyer, 1 November 1957(CDJ/DDE).

『파르티잔리뷰』 문제는 1956년 4월 작전조정위원회OCB 회의에서도 논의되었다. 미 공보처 정책기획실Policy and Planning Staff에서 나온 메모에 따르면, OCB는 『파르티잔리뷰』의 수익을 제고해 달라는 제안서를 제시하면서 후속 조치를 촉구했다. OCB의 대리인은 작성자는 밝히지 않은 채 이 제안서의 전문을 인용하고 있는데(피들러의 의견에 따르면, 작성자는 『파르티잔리뷰』의 '공식 대변인'이자 출판 자문위원이었던 시드니 훅일 가능성이 크다고 한다), 제안서는 다음과 같은 내용으로 시작하고 있다. "여러분도 아시다시피, 본인은 오랫동안 특별 재단 지원과는 다른 형태의 지원이 종종 새로운 잡지들에만 집중되고 있는 현실에 불만을 표시해 왔습니다. 반공주의의 전장에서 견마지로를 다하며 오랜 지원군 역할을 하는 『뉴리더』나 『파르티잔리뷰』 같은 잡지들이 지원을 받지 못하거나, 하는 일에 비해 소홀한 대접을 받는 것 또한 불만스럽게 생각합니다."[31]

작성자는 윌리엄 필립스와 이러한 문제를 논의했다면서 다음과 같이 제안서를 이어 나갔다. "미국문화자유위원회를 통해서 『파르티잔리뷰』 같은 잡지들이 이런 유형의 잡지들을 간절히 원하는 외국의 지식인들에게 마치 선물처럼 제공되어 읽힐 수 있다면 이상적인 상황이 될 것입니다. 본인은 확고한 우리 편뿐만 아니라…… 공산주의에 빠져 있지 않다 하더라도, 똑같이 미국을 제국주의적이고, 물질주의에 빠져 있고, 문화가 없는, 그래서 반쯤은 야만적인 나라로 생각하는 유럽 지식인 계층을 고려하고 있습니다."[32] 이 보고서는 다음과 같이 마무리하고 있다. "본인은 이러

30 C. D. Jackson, to Daniel Bell and Allen Grover, 12 November 1957(CDJ/DDE).
31 Edward Lilly(Operations Coordinating Board), to Arthur Vogel(United States Information Service), 9 April 1956(WHO/NSC/DDE)에서 재인용.
32 Ibid.

한 형식의 제안에는 주목할 만한 가치가 있다고 생각하는 바입니다. 특히 미국 정부의 의도를 명확하게 드러내지 않으면서도, 이데올로기적인 접근으로 목표를 성취하려 할 때에 더욱 그렇습니다."[33] 한 달도 지나지 않아 『파르티잔리뷰』는 엘리자베스 비숍에게 2700달러라는 후한 격려금을 지급할 수 있었다. 이 돈은 문학계에 연구비 명목으로 3년 동안 무려 4000달러라는 거액을 쾌척한 록펠러재단의 지원금에서 나온 돈이다. 우연의 일치인지는 모르겠으나, 록펠러재단은 지난 10년간 이 잡지의 편집자들이 수차례에 걸쳐 재정적 지원을 요청했음에도 이를 묵살해 왔었다. 이제 와서 보면 이상한 일이라 하지 않을 수 없다.

　　1958년 초, 윌리엄 필립스는 파리로 건너가 마이클 조셀슨과 『파르티잔리뷰』의 미래에 대해 논의했다. 1958년 3월 28일, 필립스는 "그동안 논의했던 몇몇 문제들이 실행될 수 있겠는지" 조셀슨의 생각을 묻기 위해 편지를 썼다.[34] 그로부터 몇 달 만에, 1957년 1월의 불미스러운 일[35]로 사실상 활동 정지를 당해 빈사 상태에 빠져 있던 미국문화자유위원회는 『파르티잔리뷰』의 공식 발행처 역할을 맡는다는 이유 하나만으로 소생하게 되었다. 이러한 계획은 향후 10년간 유지되었다. 이렇게 상황이 진척되자, 시드니 혹은 조셀슨에게 "『파르티잔리뷰』를 건사하는 일을 빼놓고는, 미국문화자유위원회를 유지시킬 만한 실질적인 의욕은 없지만……" 필립스

33　Edward Lilly(Operations Coordinating Board), to Arthur Vogel(United States Information Service), 9 April 1956(WHO/NSC/DDE)에서 재인용.

34　William Phillips, to Michael Josselson, 28 March 1958(CCF/CHI).

35　미국문화자유위원회는 골수 반공주의자들인 강경파와 친유럽적 비공산주의 좌파를 지원하는 온건파로 나뉘어 분열과 반목을 계속해 왔다. 이에 1956년 여름, 미국문화자유위원회 전국 위원장 제임스 T. 패럴이 사임하고 이 소식이 신문에 대서특필되자 그 본부 격인 세계문화자유회의는 이 위원회에 대한 재정 지원을 철회한 바 있다. 자세한 내용은 14장 참조. ─ 옮긴이

는『파르티잔리뷰』에 도움이 된다면 어떤 일도 할 사람"이라는 말을 전했다.[36] 조셀슨은 훗날 개인적으로는 이렇게 회고하고 있다. "마침내『파르티잔리뷰』의 편집자들로 하여금 면세 지위를 활용할 수 있도록 하는 결정을 내리지 않았다면, 미국문화자유위원회는 완전히 사라지게 되었을지도 모를 일입니다. 그 이후로 이 위원회의 유일한 '활동'은『파르티잔리뷰』를 지원하는 역할로 한정되었습니다."[37] 이러한 이야기들을 종합해 보면, 미국 위원회는『파르티잔리뷰』에 직접 자금을 지원했다기보다는 세금을 회피하는 수단으로 이용되었던 것이다.

그러나 대니얼 벨은 다음과 같이 말했다. "『파르티잔리뷰』는 수년 동안 세계문화자유회의에서 조금씩 재정 지원을 받아 왔습니다. 그 지원 방식은 해외에 있는 개개인들에게 잡지의 무료 구독 기회를 제공하는 형태였습니다. 제가 알고 있는 한에서 말씀드리면, 직접적인 자금 부분은 비밀로 되어 있다고 합니다."[38]『파르티잔리뷰』의 존망은 이제 문화자유회의의 손에 달려 있었다. 이렇듯 문화자유회의 측의 도움으로 판매 부수는 1960년부터 연간 3000부씩 증가했다. 문화자유회의가 잡지를 국외로 배포하는 역할을 맡았기 때문이다. 그와 동시에 이 단체는 오랫동안 돌봐 왔던 다른 수준 높은 문화 잡지들까지 범위를 확대해서 비슷한 도움을 주었다. 정확한 실적은『케니언리뷰』(1500부),『허드슨리뷰』(1500부),『스와니리뷰』(1000부),『포이트리』(750부),『디덜러스』(500부),『사상사저널』(500부) 등이었다. 잡지들의 구입 비용은 연간 2만 달러에 달했다. 원래 3년으

36 Sidney Hook, to Michael Josselson, 8 December 1959(MJ/HRC).
37 Michael Josselson, to Shepard Stone, 12 January 1968(MJ/HRC).
38 Daniel Bell, to John Leonard(editor of *Sunday Times Book Review*), 16 October 1972(MJ/HRC).

로 예정되었던 기간 동안, 문화자유회의의 재정 지원은 총 6000달러, 그리고 행정 처리 비용은 5000달러였다. 프레드릭 워버그는 영국에『파르티잔리뷰』를 배포하기로 계약을 맺었다.[39] 워버그는 또한『파르티잔리뷰』의 기고문들을 모은 일종의 선집인『문학과 모더니티』Literature and Modernity의 판권을 제의받았다(편집자는 윌리엄 필립스와 필립 라브였다). 이 책의 거의 모든 필진은 적어도 한 번쯤은 문화자유회의와 관련을 맺은 사람들이었다(쾨슬러, 키아로몬테, 메리 매카시, 앨프리드 카진Alfred Kazin 등이 포함되었다).

『파르티잔리뷰』의 행운은 계속되었다. "그날 저녁 윌(윌리엄) 필립스를 만났습니다." 1960년 3월에 크리스톨이 조셀슨에게 보낸 편지 내용이다. "필립스가 의아해하면서『파르티잔리뷰』를 괴롭혀 온 문제들이 이제는 완벽히 해결되었다고 하더군요. 그 사람도 깊이 알려고 하지는 않았지만 말입니다. …… 심지어는 돈이 원래 필요하다고 생각했던 만큼보다 더 들어왔다고까지 하던데요!"[40] 하지만 필립스는 훨씬 더 많은 돈을 바랐다. 1년쯤 지나자 조셀슨에게 이렇게 문의해 왔던 것이다. "필요한 업무가 있어서 이번 6월에 유럽에 가려고 하는데 문화자유회의에서 경비를 대주실 수는 없을까요?"[41] 필립스는 훗날 "문화자유회의의 관료주의적인 구조, 그리고 비밀이라고는 했지만 윗선으로부터 내려오는 통제가 뻔하게 드러나는 것이 문제"임을 본능적으로 깨달았다고 기록을 남긴 바 있다. 그럼에도 불구하고, 필립스는 이렇듯 경비 지원을 요구해 왔던 것이다. 1990년에

39 워버그는 그저『파르티잔리뷰』의 영국 유통 책임자 역할로 만족하지 못한 것 같다.『파르티잔리뷰』의 '자문위원'이라는 '공식적' 직함을 이용하다가 발행인 로저 스트라우스(Roger Straus)로 하여금 이렇게 반문하도록 만들었다. "당신 동료들과 얘기해 봤는데, 당신네들 도대체 잡지 유통 일을 어떻게 보는 겁니까?" (Roger Straus, to Fredric Warburg, 30 June 1959(ENC/S&W/RU)).
40 Irving Kristol, to Michael Josselson, 9 March 1960(CCF/CHI).
41 William Phillips, to Michael Josselson, 10 May 1961(MJ/HRC).

남긴 기록에서 필립스는 당당하게도 1950년 개최된 세계문화자유회의의 발족식에 초대받기에는 "필립 라브도 나도 성격 면에서나 정치적으로나 충분히 신뢰받지 못했다"라고 썼다. 필립스의 묘사에 따르면, 이 두 사람은 "쾌활하고 뒷배를 봐주는 사람도 없고 자유분방한 성격이지만, 한편으로는 냉소적이고 반공주의자요, 조직의 논리에는 두말없이 따르는 사람"이었다.[42] 필립스와 서로 모욕적인 언사를 주고받은 사이였던 래스키는 시간이 흐른 뒤, 필립스가 그저 스스로 자유분방한 사람인 양 행세했을 뿐이라고 평가했다. "그 친구는 뭐든지 배 째라는 식으로 처리해 왔던 사람입니다. 어쩌자고 그 친구를 파리로 보냈을까요? 그 친구는 그냥 레되마고 카페에 죽치고 앉아 있었을 뿐인데."[43]

훗날 윌리엄 필립스는 자신이 문화자유회의에 아무것도 빚진 바가 없노라고 주장했다. "전 세계적인 선전선동 판에서 비주류였다"라고 인정하면서도, 이는 실제로 미국문화자유위원회의 상임이사직을 수행하면서 생긴 피치 못할 결과일 뿐이라는 기록을 남겼다. 그의 주장에 따르면, "내부의 의사 진행이나 계획 혹은 재정 문제"에는 전혀 관여한 바가 없다는 것이다. 필립스는 또한 문화자유회의에 대해 다음과 같이 주장했다. "전체 조직의 졸부 같은 외양, 관계자들의 호화스러운 아파트, 언뜻 보기에도 넘쳐나는 여행 경비, 어마어마한 액수의 경비 계좌, 그리고 대기업 간부들이나 누릴 법한 다른 여러 특전들을 보고 충격을 받았다. 아니, 어쩌면 부러웠을지도 모른다. 결국 『파르티잔리뷰』는 매번 간신히 수익을 낼 수 있었고, 나는 경험을 통해서 빈곤이야말로 진정한 정치조직과 문학지에는 일

42 William Phillips, "The Liberal Conspiracy", *Partisan Review*, Winter 1990.
43 Melvin Lasky, interview in London, August 1997.

상적인 상태라고 믿게 되었다." 그는 계속해서 이렇게 주장했다. "나는 비밀리에 이루어진 자금 지원을 자유로운 지적 사업의 본래 취지를 훼손하는 짓으로 보았으며, 특히 잘 조직된 정부 기관이 특정한 정치적 의제를 제시하며 재정적 지원을 제공할 때는 더욱 그러하다고 생각했다."[44]

물론 다른 잡지들은 이러한 비밀 자금 지원에 대해 다른 생각을 갖고 있었다. 『파르티잔리뷰』가 미국문화자유위원회와 재정 문제를 협의하여 그 혜택을 보기 시작할 무렵, 『뉴리더』 또한 배후의 후원자들로부터 새로이 후한 자금을 받았다. 1956년 2월, C. D. 잭슨은 앨런 덜레스에게 이 솔 레비타스의 잡지에 지원금을 인상해 주자며 편지를 썼다. 타임사는 1953년 이후로 무려 연간 5000달러에 이르는 자금을 『뉴리더』에 지원해 오고 있었다. "전 세계의 공산주의 인사들과 전술에 대한 정보를 미국 노동계 내부의 공산주의 활동과 관련한 조사 내용"[45]과 교환하기로 한 대가로 이루어진 지원이었다. 그러나 잡지가 재정난에서 벗어나려면 이 돈은 그리 풍족하지 못한 액수였다. 잭슨의 계산에 따르면 5만 달러는 돼야 수지타산이 맞는 상황이었다. "자본주의 진영의 기업들이 만약 국내외의 특정 집단에게 제시하는 레비타스의 논조가 독특하면서도 특출하게 중요하다는 점을 이해하고, 그 독특한 논조의 진가를 이해하기 위해서 지혜를 발휘한다면, 기꺼이 몇천 달러씩 제공해 주고 뒤를 봐주리라고 봅니다." C. D. 잭슨이 덜레스에게 건넨 편지 내용이다. "저는 귀하께서 상기한 제안을 염두에 두어 일을 추진하시기를 희망하는 바입니다. 제가 여태껏 생각해 온 바

---

44 Phillips, "The Liberal Conspiracy".
45 Contract between Time Inc. and New Leader, 14 May 1964(CDJ/DDE). 이 계약서는 1953년에 초안을 잡은 동일한 내용의 원본이 있다.

로는 우리 모두가 나서서 레비타스를 돌봐 주고 먹고살 길을 마련해 주는 것이 최선의 방도가 될 것 같습니다."[46] 이로써 덜레스를 쉽게 설득할 수 있었다. 덜레스는 예전의 경우처럼, 『뉴리더』에 CIA의 자금을 지원할 경우 "구실도 좋고, 높은 잠재적 성과도 거둘 수 있으리라" 생각했던 것이다. 1956년 여름까지 "『뉴리더』를 살리자"라는 구호 아래, 이 잡지는 원래 필요했던 5만 달러를 벌어들였다. 미 해외공보처USIA에서 1만 달러를 약속했고, 포드재단과 H. J. 하인즈사H. J. Heinz Company,[47] 타임사 역시 같은 액수를 제공하기로 약속했다. 나머지 1만 달러 중 5000달러는 '기부'의 형식으로 『워싱턴포스트』 Washington Post의 발행인인 필립 그레이엄Philip Graham이 댔으며, 나머지 5000달러는 단순히 "언젠가 내려 주실 하나님의 양식"이라고만 목록에 기재되어 있다.[48]

언제나 그래 왔듯이, 세계문화자유회의는 『파르티잔리뷰』와 『뉴리더』 두 잡지 모두를 새로운 협력체로 받아들였다. 문화자유회의와의 협업은 공동 출판, 공식적인 기사 공유syndication 협약, 정보 공유 등으로 이루어졌는데, 이러한 협업은 이 두 잡지에게 훨씬 더 나은 물질적 이익을 안겨 주었다. 이 시기에 보여 준 문화자유회의의 활발한 활동은 서구의 문화생활에서 압도적인 장악력을 보여 주었다. 학술대회와 세미나, 그리고 축적되어 있는 해박한 평론을 바탕으로 지식인들, 예술가들, 작가들, 시인들 그리고 역사가들은 (코민포름을 제외하고는) 그 어떤 조직도 제공해 줄 수 없

---

46 C. D. Jackson, to Allen Dulles, 21 February 1956(CDJ/DDE).
47 케첩과 통조림으로 유명한 미국의 종합 식품 회사. ─ 옮긴이
48 Willam Furth, to Henry Luce and C. D. Jackson, "Confidential memo re. New Reader", 24 July 1956(CDJ/DDE). 이 일을 조직하기 위한 대리인은 베테랑 냉전 반공 투사인 프랭크 린제이였다. 그는 전직 CIA 정책조정실(OPC) 부국장이자 포드재단의 상임이사로, 당시 매킨지앤드컴퍼니 (McKinsey & Company)의 경영 컨설턴트였다.

을 만한 추종자 겸 독자들을 확보할 수 있었다. 파리 본부는 전 세계의 방문객들을 끌어들여 사람들로 들끓었고, 1962년에는 복도에서 폭탄이 폭발하는 사고가 일어났다(문화자유회의의 한 관계자는 이 사건이 일어나자 "이 위대하고 영광된 날을 오랫동안 학수고대해 왔는데, 문화자유회의의 연감에 진정 가치 있고 기억에 남을 날로 실릴 만하다"[49]라며 환호했다).[50] 제2, 제3의 헤밍웨이가 되려는 이들에게는 문화자유회의가 이제 문학의 도시 파리에 관한 모든 낭만적 신화의 저장고가 되었기 때문에, 이제 그들은 파리 본부로 떼지어 몰려들었던 것이다.[51]

명성이 높아지면서 세계문화자유회의는 예기치 않게 방송사의 취재 대상이 되기도 했다. 1962년에 문화자유회의는 케네스 타이넌Kenneth Tynan의 BBC 프로그램 「한 주간의 일을 그대로」That Was The Week That Was 제

---

49 Herbert Luthy, to Michael Josselson, 19 February 1962(MJ/HRC).
50 테러는 드골 대통령 암살 시도로 유명해진 프랑스의 극우단체 OAS(육군 비밀결사대)의 소행으로 알려졌다. 당시 국내 언론에서도 관련 기사를 찾아볼 수 있는데, 1962년 3월 1일자 『경향신문』의 보도에 따르면, 'OAS서 폭탄세례, 문화자유회의 본부'라는 제목으로 문화의 자유를 수호하는 세계문화자유회의의 본부가 OAS 소속의 극우분자 소행의 테러로 대파되었다고 나와 있다. — 옮긴이
51 가끔은 『파리리뷰』가 그 통로 역할을 했다. 이 잡지는 1953년에 조지 플림턴(George Plimpton)과 CIA 요원 피터 매시어슨이 공동으로 창간했다. 넬슨 W. 올드리치 2세(Nelson W. Aldrich Jr., 존 D. 록펠러의 사돈이자 공화당 상원의원을 지낸 넬슨 W. 올드리치의 증손자)는 세계문화자유회의의 일에 참여하기 전, 이 잡지에서 편집장 보조 역할을 했다. 프랜시스 피츠제럴드(Frances Fitzgerald)는 쿠바의 카스트로 암살 작전에 관여했던 CIA 부서장의 딸로, 1962년 여름에 『파리리뷰』에서 일하다가 모로코 탕헤르로 건너가 위즈너 가족과 휴가를 보낸 뒤 문화자유회의에서 더 나은 일자리를 제공받았다. 그러나 플림턴은 훗날 다음과 같이 강조하고 있다. "『파리리뷰』는 문화자유회의 혹은 비슷한 다른 기관으로부터 어떠한 금전적 지원도 받은 바 없습니다. 그리고 이 잡지의 편집장직을 위해 뽑혀 온 피터[매시어슨]가 정치적 혹은 사회학적으로 특정한 무언가에 경도되어 있다는 어떠한 증거도 없습니다. 솔직히 이 말을 꼭 해야겠습니다. 만약에 우리를 경제적인 곤경에서 벗어나게 하기 위해 문화자유회의가 지원금을 내준다면 개인적으로는 기꺼이 받고 싶습니다. 『인카운터』니 『프뢰브』니 그쪽의 지원을 받는 다른 잡지들이 어마어마하게 팔렸으니까요. 제가 보기에도 무엇을 출판하는가에 대해서 어떠한 제한 조건도 없는 것 같았습니다. 그러나 오늘날 추악한 진실을 통해 드러나는 이 모든 것들이 얼마나 개탄스럽습니까? …… 별것도 아닌 조직에서 지원을 받아 이름을 더럽히느니 차라리 우리의 지금 상황이 행운이라 하겠습니다"(George Plimpton, letter to the author, 27 August 1997).

작진에 의해 매우 통찰력 있는 패러디의 대상이 되었다. "자, 이제 문화적 냉전이 후끈 달아오르고 있습니다." 이렇게 설명 화면이 시작되었다. "지금 보시는 그림은 문화계의 소련 진영입니다. 지도에서 보고 계신 점들은 모두 전략상의 공격 지점인데요. 극장으로 이루어진 기지들, 필름을 생산하는 본진, 대륙 간 발레 미사일[52]을 대량 발포하는 무용가 부대들, 수백만의 노예화된 독자들에게 막대한 양의 고전을 제공하는 출판 군수 공장들 말이죠. 하지만 여러분이 아무리 들여다본들 이 어마어마한 문화적 군비 증강을 막을 수는 없겠지요. 그렇다면 우리 서방의 진영은 어떨까요? 문화의 총력전이 발발한다면 우리에게 효과적으로 반격할 만한 능력이 있을까요?" 당연히 있었다. 우리에게는 선량하고 믿을 만한 세계문화자유회의가 있다며 방송은 다음 화면으로 이어졌다. "미국인의 돈을 등에 업은 이 단체는 문화적 반격을 가하기 위해 유럽에 수많은 전진기지들을 설치했으며, 어디서든 공세를 취할 수 있습니다. 이 전진기지들은 잡지사로 위장해 있으며, 다 암호명이 붙어 있지요. 특히 '인카운터'라는 말은 'Encounterforce Strategy'[53]를 줄인 겁니다." 그때 '문화자유회의 대변인' 역할을 맡은 사람이 등장해 이 잡지들을 한데 묶어 '문화적 NATO'라며 이를 한껏 추켜세웠다. 그러면서 문화적 NATO가 노리는 목표에 대해 설명했다. "목표는 문화적 봉쇄 전략입니다. 아니면 몇몇 친구들이 즐겨 쓰는 말로 하면, '빨갱이꽃이 피었습니다'Ring around the pinkoes[54] 같은 거죠.

---

52 대륙 간 탄도 미사일은 영어로 'Intercontinental Ballistic Missile'인데, 'Ballistic'을 'Ballet'로 바꿔 놓음으로써 문화를 냉전의 무기로 삼는 모습을 조롱한 것이다. ─ 옮긴이
53 'Encounter'와 대(對)군사 목표 전략을 뜻하는 'counterforce strategy'를 합친 말이다. ─ 옮긴이
54 노래에 맞춰 원을 돌다가 신호에 맞춰 웅크리는 어린이들의 놀이 이름인 'Ring around a rosy'를 변형한 말. 이 놀이는 '무궁화꽃이 피었습니다' 같은 놀이라고 보면 된다. ─ 옮긴이

목표라고 말씀드리기는 그렇고, 역사적인 사명이라고 해둡시다. 그 사명은 바로 세계적인 독자층World readership[55]입니다. …… 하지만 무슨 일이 일어나든 간에, 문화자유회의의 일원으로서 우리의 임무는 불철주야 우리기지를 지키고, 빨갱이들에 대한 만반의 경계 태세를 갖추는 것이라고 생각합니다. 우리 자신을 반성해 보면서 값진 시간을 낭비하는 대신에, 다른 친구들은 무엇을 하나 항상 주시하면서 말이죠."[56]

이 통렬한 풍자 프로그램은 완벽한 취재 끝에 완성된 것이었다. 문화자유회의의 '대변인'이 소련의 문화상을 무식하다고 깎아내리는 동안, 타이넌은 조금도 비꼬는 기색이 없는 무심한 태도로, 문화자유회의에 빛을 던져 준 후원자들을 일일이 밝혀냈다. 마이애미지역기금, 신시내티 시 정부, 하블리첼재단, 텍사스 주 정부, 헝가리애국자원조스위스위원회Swiss Committee for Aid to Hungarian Patriots가 열거되었다.

이렇게 후원을 받는 단체들이 열거되었지만, BBC 제작진은 프로그램의 궁극적 목표였던 문화자유회의의 진정한 후원자는 밝혀내지 못했다. 하지만 이 정도의 내용만으로도 조셀슨은 밤잠을 설쳤다. 그 진짜 후원자 CIA야말로 문화자유회의의 진정한 아킬레스건이라는 공포심이 엄습했던 것이다. 1957년 초에 미국 위원회가 붕괴된 이후부터는 조셀슨과 CIA의 상관들 사이에 갈등이 생겨났다. 조셀슨은 성격상 악사의 장단에 맞춰 원숭이 노릇을 해줄 만한 사람이 아니었기에, 통제권을 쥐고 놓지 않으려는 코드 마이어와의 불화가 점점 더 깊어지고 있음을 스스로 깨닫게

---

55 '세계적 리더십'(world leadership)을 비꼰 말이다. ─옮긴이
56 Kenneth Tynan, "Congress for Cultural Freedom", *That Was The Week That Was*, BBC television program, 1962.

되었다. 마이어는 1953년에 매카시 추종자들로부터 카프카 소설에 나올 법한 대접을 받고부터 마음을 추스르지 못한 상태였다. 거기에 개인적으로 비극적인 사건들까지 겹치자, 마이어는 점차 우울해졌고 쓸데없이 고집을 부리기 시작했다. 마이어는 1946년 전쟁 경험과 괌 전투 당시 해변에서 부상을 당해 거의 목숨을 잃을 뻔했던 이야기를 담은 단편소설 「암흑의 물결」Waves of Darkness을 발표했다. 이 단편에서 마이어는 앞으로 그의 삶에서 일어날 비극을 예견하는 듯했다. 1956년에 그의 아홉 살 먹은 아들이 과속 차량에 치여 숨을 거두었고, 그 사고로부터 1년이 채 못 되어 아내 메리 핀쇼 마이어Mary Pinchot Meyer와도 헤어졌던 것이다.[57]

점차 고집 세고 불합리한 성격으로 변해 가던 마이어는 자기 생각을 내세울 때마다 억지를 부리고 감정을 주체하지 못했다. 그러면서 그의 비위를 맞춰 주지 않는 사람에게는 편집증적인 불신을 갖게 된 것 같다. 그의 말투는 좋게 말하면 논쟁적이었고, 나쁘게 말하면 과시적이거나, 심하게 말해 호전적이었다. "코드는 풋풋한 이상주의자로 CIA에 들어와서, 주름이 쪼글쪼글한 꼭두각시의 모습으로 나갔습니다." 톰 브레이든의 증언이다. "앵글턴은 흑마술의 대가였습니다. 앵글턴은 시내의 모든 곳을 도청했습니다. 저를 포함해서요. 앵글턴의 생각이 곧 코드의 생각이었지요."[58] 마이어의 오랜 친구였던 아서 슐레진저는 자신이 성난 지식인 감시자로 변한 이상주의자 친구의 희생양이 되었음을 깨달았다. "마이어는 완고하

---

57 메리 핀쇼 마이어는 1964년에 워싱턴의 어느 운하 뱃길 주변에서 사망한 채로 발견되었다. 살해되었지만 그럴 만한 아무런 동기가 없었다. 대신에 핀쇼 마이어는 존 F. 케네디와 염문이 있었던 것 같다. CIA에서 가장 더러운 술수를 구사하기로 유명한 제임스 지저스 앵글턴이 핀쇼 마이어 사후에 그녀의 집에 가서 (문을 강제로 따고) 훔쳐 온 일기장에는 JFK와의 관계가 드러나 있다.
58 Tom Braden, interview in Virginia, July 1996.

고 고집 센 사람이 되었습니다. 한번은 제게 전화를 하더니 만나서 술이나 한잔하자고 하더군요. 그래서 이리 건너오라고 부른 다음에 우리 집 2층에서 같이 앉아 얘기를 나누었습니다. 몇 년 뒤에 CIA에 저와 관련한 파일 열람을 요청했는데, 파일의 마지막 문서가 저에 대해 마이어가 작성한 감시 보고서였지 뭡니까! 내 집에서, 그것도 술잔을 앞에 두고서, 저를 관찰해서 보고서를 작성한 거예요. 참 말도 안 되는 얘기 아닙니까?"[59] 히치콕 Alfred Hitchcock의 영화 「이창」Rear Window에서 제임스 스튜어트James Stewart 가 맡은 인물처럼, 결국 마이어와 앵글턴은 자기들이 막으려고 했던 몹쓸 짓을 똑같이 하고 있었던 것이다.

1960년 10월, 조셀슨은 워싱턴에 있는 호텔 방에서 코드 마이어와 국제조직국IOD 사람들을 만났다. 어느 목격자의 말에 따르면 이미 격한 말다툼이 오고 갔고, CIA 사람들이 조셀슨에게 "번데기 앞에서 주름 잡는 격으로" 이래라 저래라 훈수를 두었다고 한다. 아내 다이애나 조셀슨의 말마따나 "심신이 피폐해져 있던" 조셀슨은 혈압이 치솟았고, 관자놀이의 맥이 쿵쿵 뛰는 것을 느끼는가 싶더니 그대로 바닥에 쓰러졌다. "조셀슨은 감정을 숨기는 사람이 아니었습니다." 존 톰슨은 이렇게 말했다. "말다툼하다가 실신에 심장마비까지 일으키다니. 누가 유럽 사람 아니랄까 봐."[60] 하지만 이번의 심장마비는 심각했다. 파리 현지 시각으로 새벽 2시에, 다이애나는 파리의 CIA 지부장이었던 루 레이섬Lou Latham(이때 그는 워싱턴에 있었다)으로부터 남편 마이클이 쓰러져서 병원으로 실려 갔다는 연락을 받고 잠이 깼다. 다이애나는 그날 아침 네 살 된 딸 제니퍼를 데리고 파리를

59 Arthur Schlesinger, interview in New York, August 1996.
60 John Thompson, telephone interview, August 1996.

떠나는 첫 비행기에 몸을 실었다. 그리고 호텔에 잠시 들러 제니퍼를 어머니에게 맡긴 뒤 조지워싱턴대학 부속 병원으로 갔다. 거기서 다이애나는 산소텐트 속에 누워 있는 남편 마이클을 보았다. 그 후 몇 주 동안을 남편의 곁을 지키며 꾸준히 간호하자 조셀슨은 점차 차도를 보이기 시작했다. 하지만 조셀슨은 이런 상태인데도 시급한 임무를 처리하기 위해 다시 한번 몸을 일으켰다. "마이클은 병원에 있던 내내 제게 '업무 지시'를 내렸고, 저는 그것을 또 받아 적었어요." 다이애나는 이렇게 회상했다. "그러면 다시 문가로 가서 병실에 나타난 리[리 윌리엄스]와 그 멍청한 똘마니들에게 '지시 사항'을 그대로 불러 줬죠. 그런 식으로 앙갚음을 한다고 생각하니 재미있더라고요."[61]

조셀슨이 여전히 호흡기를 쓰고 있는 동안, 마이어 밑에서 국제조직국 부국장을 했던 빌 더키Bill Durkee는 리 윌리엄스와 함께 워싱턴의 거리를 함께 걷다가 이런 얘기를 꺼냈다. "이제야 우리가 쓸모 있는 곳에 조셀슨을 붙잡아 둘 수 있겠군."[62] 몇 년 뒤 다이애나는 이 말을 되새기면서, CIA가 남편 마이클의 업무 능력을 높이 평가했다는 사실을 알게 되었지만 다음과 같이 결론을 내릴 수밖에 없었다. "한편으로 마이클은 자기 식대로 일을 처리했기 때문에 그 사람들에게 틀림없이 눈엣가시 같은 사람이었을 거예요. 통제하려고 할 때마다 저항했겠죠. 마이클은 그 사람들을 만족시켜 주려고 각자에게 말을 달리했을 뿐이고요. 그이의 성격상 중요하지 않은 일은 알리지 않는 편이 낫겠다 싶어 그랬을 거예요. 그래도 그 사람들하고는 친구였고, 가족 문제나 일 문제도 얘기했고요. 그리고 그 사

61 Diana Josselson, interview in Geneva, March 1997.
62 Lee Williams, interview in Washington, July 1996.

람들이 마이클을 존경했다고 생각해요. 이제 와서는 믿음이 흔들리고 있지만요. 이제 더키 씨의 얘기를 듣고 보니, 그 사람들 거의 다 자기네 생각만 했다는 느낌이 드네요. CIA 쪽 사람들이야 지식인들, 게다가 외국인이라면 더더욱 신뢰하지 못했을 것이고요. 미국에서 나오는 권력과 그 모든 돈들을 갖고서도 유럽에서 제대로 인정을 못 받는다는 생각에 시달리고 있었거든요. …… 하지만 마이클은 예일대 출신도 아니었고, 사실 러시아인에 유대인이었지만 유럽의 유명 인사들과 어울렸던 사람은 마이클이지 그 사람들은 아니었어요."[63]

여전히 조셀슨은 건강 문제로 인해 더 이상 문화자유회의에 힘을 쏟을 수 없음이 분명해 보였다. 대신에 그를 스위스 제네바로 이주시킨 뒤, 한 발자국 뒤로 물러서서 문화자유회의 일을 돌보게 하자는 합의가 있었다. 그래서 존 헌트가 CIA와의 업무 연락을 포함해서 문화자유회의 파리 본부 사무국 일을 맡게 되었다. 존 헌트가 문화자유회의에 합류한 때는 1956년이었는데, 처음 두 해 동안을 "청소부처럼 아무 말도 하지 않고 그저 보고 배우기만 하면서" 보냈다고 한다.[64] 점차 그는 자신이 묘사하듯이 마이클의 '작전 장교'에서 '선임 장교'의 모습으로 바뀌어 갔다. 그리고 그의 이러한 역할은 문화자유회의가 존속되는 동안 계속된다. 헌트는 이제 조셀슨이 비서의 도움으로 제네바에 있는 집에서 업무를 보는 이상, 파리 본부의 운영 통제권이 자신의 손아귀에 들어와 있음을 깨닫게 되었다.

63 Diana Josselson, letter to author, 4 April 1997.
64 John Hunt, interview in Uzès, July 1997.

21장

아르헨티나의 시저

모스크바든 로마든
나 그대에게 어디로든 가라지 않으리니.
고된 일을 벗어 버리고
뮤즈를 집으로 불러들이라.
— 윌리엄 버틀러 예이츠, 「그런 이미지들」Those Images

존 헌트는 적절한 시기에 파리 본부를 접수했다. 예술 부문에 흥청망청 돈을 썼던 아이젠하워 행정부의 뒤를 이어, 예술가들과 '건설적인 관계'를 희망한다는 케네디 행정부의 발표가 있었다. 케네디는 156명의 유명한 예술가들을 취임 만찬에 초청해 이와 같은 취지를 밝혔던 것이다(초청된 인사에는 아서 밀러, 앤드루 와이어스Andrew Wyeth, 어니스트 헤밍웨이, 미스 반 데어 로에Ludwig Mies van der Rohe, 이고르 스트라빈스키, 피에르 몽퇴, 파울 힌데미트, 아치볼드 매클리시, 로버트 로웰, 스튜어트 데이비스 등이 있었다). "취임식에 갔더라면 정말 재미있었을 거예요." 엘리자베스 비숍은 로버트 로웰에게 이런 내용의 편지를 썼다. "대신에 뉴스 영화로 되풀이해서 보고 또 봤어요. 그런데 그런 로마제국식의 장엄함은 별로 마음에 들지 않네요. 특히 사열대를 보니 무슨 개선 장군 같더라고요."[1] 하지만 그러한 제국과 같은 분위

---

1 Elizabeth Bishop, to Robert Lowell, 1 March 1961. Ian Hamilton, *Robert Lowell: A Biography*, New York: Random House, 1982에서 재인용.

기는 많은 호전적 냉전주의자들의 마음을 들뜨게 만들었다. 1961년, 어느 케네디 숭배자가 케네디에게 이렇게 말했다. "가는 곳마다 '나는 로마 시민이오!' Civis Romanus sum라고 자랑스레 외치던 옛 시절 로마 시민처럼, 이제 다시 한 번 우리도 그때처럼 가는 곳마다 고개를 높이 들고 자신 있게 외칠 수 있습니다. '나는 미국 시민이오!' Civis Americanus sum라고 말입니다."[2]

1962년 5월 11일, 로버트 로웰은 다시 백악관으로부터 초청을 받았다. 이번에는 당시 프랑스 문화부 장관이었던 앙드레 말로를 환영하기 위한 만찬이었다. 케네디는 피로연에서 백악관이 "지식인들이 모이는 카페"처럼 되어 가고 있다며 농담을 던졌다. 하지만 백악관 만찬이 끝난 뒤에, 로웰은 회의적인 태도로 다음과 같이 썼다. "만일에 만찬 다음 날에, 자네가 아시아 어딘가로 급파된 제7함대의 소식을 신문에서 본다면, 아마 예술가란 얼마나 하찮은 존재인가 하고 우스운 생각이 들걸세. 게다가 이런 게 진열장 장식 같은 것이고, 진짜 정부는 다른 어디엔가 존재하며, 펜타곤 비스무레한 것들이 정말 이 나라를 다스리고 있다고 생각하니 얼마나 우스운지. 나는 우리 지식인들이 정말로 허황되고 시시한 역할만 하고 있다고 보네. 우리는 진열장 장식 window dressing이 아니라 열린 창 windows이 되어야 하지 않겠나."[3]

공개적으로 표현하는 일은 드물었지만 일부 지식인들 사이에서는 이러한 정부의 기부 행위를 의혹의 눈치로 바라보는 경향이 더욱 짙어지고 있었다. 하지만 이것이 매수 행위가 아닐까 하는 의혹만으로는 CIA의 태도를 바꿔 놓지 못했으며, 오히려 CIA의 후원으로 풍부한 지원금이 배분

2 Frank Altschul, to John F. Kennedy, 30 January 1961(FA/COL).
3 Robert Lowell, to Edmund Wilson, 31 May 1962. Hamilton, *Robert Lowell*에서 재인용.

되었다. "차라리 그런 유혹을 받는 게 낫겠다 싶은 순간이 있었을 겁니다."
도널드 제임슨의 말이다. "저는 문화자유회의에서 중요한 위치를 차지하
고 있었던 거의 모든 사람이 돈의 출처가 어디인지 어떤 경로를 통해서든
알고 있었다고 봅니다. 그리고 조금만 자세히 들여다보면, 궁극적으로 오
로지 하나의 논리적인 선택만이 존재한다는 것도 깨닫게 되겠지요. 그래
서 그 사람들은 그렇게 선택한 겁니다. 정말로 대부분의 학자들과 작가들
의 주된 관심사는 어떻게 원하는 일을 하면서 그에 맞는 보수를 받을까 하
는 거겠죠. 그 사람들은 대부분 어디서 돈이 나오는지는 개의치 않고, 주
기만 한다면 받을 사람들입니다. 그렇기 때문에 유럽에서는 동서 진영을
막론하고 문화자유회의 혹은 여타 유사 조직들은 지식인들에게 각자 자
기 일을 보다가 필요할 때면 어느 누구든 와서 언제든 가리지 않고 빨아
댈 수 있는 거대한 젖꼭지 노릇을 하게 되었습니다. 저는 이것이 문화자유
회의가 성공한 가장 큰 이유 중의 하나라고 생각합니다. 감수성이 예민한
지식인으로 행세하면서도 밥을 벌어먹을 수 있게 만들어 주니까요. 이런
일을 하는 또 다른 사람들은 오로지 공산주의자들밖에는 없었을 겁니다."[4]

좋아했든 싫어했든, 알았든 몰랐든 간에, 서구의 수많은 지식인들이
CIA와 '금으로 된 탯줄' 하나로 이어지게 되었다. 크로스먼이 『실패한 신』
서문에서 "지식인들에게 물질적 안락은 비교적 중요하지 않다. 그들이 가
장 중요시하는 것은 정신적 자유다"라고 썼다지만, 이제 대다수의 지식인
들에게 수월한 돈벌이 행렬에 편승하지 않고 버티기란 어려운 일이 되었
다. 문화자유회의가 주최했던 총회 중의 일부는 "대개 보여 주기 위한 쇼
에 지나지 않았고, 여기의 참석자들은 어찌 보면 여름에는 생트로페를, 겨

4 Donald Jameson, interview in Washington, June 1994.

울에는 장크트모리츠나 그슈타트를 오가는[5] 사교계의 멋쟁이를 연상"시켰다고 소련학자 월터 래커는 기록하고 있다. 하지만 래커 또한 이러한 총회의 단골 참석자였다. "총회에서는 특히 영국에서나 볼 법한 속물근성이 만연했고, 겉보기에는 세련되고 재기발랄하며 고급스러워 보였지만 알맹이는 없었다. 마치 교수 식당에서 나누는 대화나 카페로열 호텔[6]의 커피숍에서 떠벌이는 잡담 같았다."[7] "이런 우아하고 값비싼 해외 유람은 정부 지출로 지식인들을 데려갔던 사람들에게는 크나큰 즐거움이었음이 분명합니다. 하지만 그것은 즐거움 이상이었죠. 바로 권력의 맛을 보여 주고 있었기 때문입니다." 제이슨 엡스타인의 말이다. "미국에 방문한 지식인들이 뉴욕에 오면 먼저 큰 규모의 파티에 초대받습니다. 값비싼 음식이 지천에 널려 있고, 시중드는 사람들에, 어쩌면 더 기가 막힌 것도 나오겠죠. 이지식인들이 자기 능력으로 누릴 수 있는 범위를 훨씬 더 능가하는데요. 정치적으로도 정당하고 자리에 걸맞게 후한 보수도 주는데, 어느 누가 그 자리를 거절하겠습니까? 그리고 그다음에는 당연히 매수 행위가 뒤따랐겠지요."[8]

뉴욕에서 일당을 못 받았던 지식인들은 이탈리아 북부의 휴양지 벨라조[9]에 있는 빌라세르벨로니Villa Serbelloni를 이용할 수 있었다. 북부의 레코 호와 코모 호 사이의 곶에 자리한 이 저택은 델라 토레 에 타소 공주

5 생트로페는 프랑스 지중해 연안에 위치한 휴양지이며(1장 각주 2번 참조), 장크트모리츠와 그슈타트 또한 스위스에 위치한 부유층이 애용하는 휴양지다. ― 옮긴이
6 런던에서 명사들이 모이는 호텔. ― 옮긴이
7 Walter Laqueur, "Anti-Communism Abroad: A Memoir of the Congress for Cultural Freedom", *Partisan Review*, Spring 1996.
8 Jason Epstein, interview in New York, June 1994.
9 벨라조 곶에는 조지 클루니(George Clooney), 레오나르도 디카프리오(Leonardo DiCaprio)를 비롯한 할리우드 스타와 유럽·미국 부호들의 별장이 즐비하다고 한다. ― 옮긴이

Principessa della Torre e Tasso (결혼 전 이름은 엘라 워커Ella Walker)가 록펠러재단에 기증한 곳이었다. 록펠러재단은 이 저택을 문화자유회의의 저명인사들이 비공식적인 휴양지이자 숙박시설로 사용할 수 있게 해주었다. 마치 문화 투쟁의 선봉에 서서 싸우는 이들이 원기를 회복할 수 있도록 하는 장교 클럽 같은 곳으로서 말이다. 이 저택에 묵는 작가·화가·음악가 들은 먼저 'V. S.'('Villa Serbelloni'의 약자)라고 새겨진 조그마한 휘장이 옷깃에 달린 청색 유니폼을 입은 운전기사의 영접을 받았다. 이러한 휴양객들은 흔히 말하는 '지원금'을 받지는 않았지만, 이동 비용과 식대는 물론 숙박비가 무료였으며 테니스장과 수영장을 마음껏 이용할 수 있었다. 한나 아렌트는 이 저택의 우아한 필기구로 메리 매카시에게 편지를 띄웠다. "여기 와보시면 갑자기 베르사유 궁전에서 묵는 듯한 느낌이 드실 거예요. 여기에는 정원을 관리하는 사람을 포함해서 53명의 종업원이 일하고 있어요. …… 종업원들은 급사장의 지휘에 따라 움직이는데, 이 급사장이라는 사람은 '공주'가 살던 시절부터 일해 왔던 사람인 데다 외모 하며 행동거지가 15세기 피렌체의 멋진 신사분 같아요."[10] 매카시는 열심히 일하는 데 그런 사치스러운 환경은 좋지 않다고 생각한다며 답장을 보냈다. 이 저택은 또한 1965년 6월 세계문화자유회의가 『디덜러스』와 미국예술과학학술원과 공동으로 '세계 질서의 조건' 세미나를 개최하기에 딱 알맞은 장소이기도 했다.

선택받은 소수의 사람들에게는 (문화자유회의의 백만장자 친구로, 문화

---

10 Hannah Arendt, to Mary McCarthy, 22 August 1972. ed. Carol Brightman, *Between Friends: The Correspondence of Hannah Arendt and Mary McCarthy 1949-1975*, London: Secker & Warburg, 1995에서 재인용.

자유회의 사람들을 그슈타트에 있는 자기 소유의 겨울 휴양지로 초대하기도 했던) 앙시 랑베르Hansi Lambert나 정키 플레이시먼의 요트를 얻어 타고 지중해 크루즈 여행을 할 특전이 있었다. 스펜더 부부는 이 두 사람의 단골손님이었다. 1955년 8월에 스펜더는 그리스 코르푸 섬에서 이탈리아 이스키아 섬으로 향하는 지중해 요트 여행에서 독일인 에른스트 로베르트 쿠르티우스Ernst Robert Curtius에게 이렇게 말했다. "공산주의자였던 사람이 이제는 지중해에서 요트를 즐기는군. 아무렴 그렇지."[11] 육지를 선호하는 사람들을 위해서 문화자유회의는 유럽의 일류급 시설들을 숙소로 준비했다. 런던에서는 커넛 호텔, 로마에서는 인길테라 호텔, 프랑스 휴양지 캅페하 곳에서는 그랑 호텔에 묵게 했다. 파리에서는 어빙 브라운이 출장을 올 때마다 발티모레 호텔의 로열스위트룸을 자기 집처럼 애용했다.

정부의 후원을 기피해 왔던 로버트 로웰도 남미에 갈 때는 그런 마음을 억누르고 기꺼이 비행기 일등석 티켓을 받았다. 지난 몇 년 내내 리우데자네이루에 사는 가장 친한 친구인 시인 엘리자베스 비숍이 계속 놀러오라고 졸랐기 때문이었다. 그러던 차에 문화자유회의 측에서 즉시 돈을 내주니 비숍은 기뻐하지 않을 수 없었다. "브라질에 있는 우리나라 국무부 사람들은 정말 무식한 데다 거만하기 짝이 없어요"라고 비숍은 편지에 썼다. "대부분 변변치 못하고 모자란 소설가나 교수만 보내거든요."[12] 그러나 로웰의 남미 순방은 훨씬 더 흥미진진한 일을 예고하고 있었다.

세계문화자유회의는 남미에서 영향력 확대를 위해 수년에 걸쳐 노력

---

11 Stephen Spender, *Journals, 1939-1983*, London: Faber & Faber, 1985. 마이클 조셀슨은 언젠가 스펜더와 얼굴을 마주치기 힘들다고 불평한 적이 있다. 스펜더가 허구한 날 "어딘가로 크루즈 여행을 떠나거나 강연을 나갔기" 때문이다.

12 Elizabeth Bishop, to Marianne Moore, 17 August 1954. Hamilton, *Robert Lowell*에서 재인용.

중이었다. 문화자유회의가 남미에서 관여한 잡지는 『콰데르노스』로, 편집장은 훌리안 고르킨이었다. 고르킨은 1921년, 스페인 발렌시아에서 공산당을 창건했고 코민테른의 지하 조직망에서 일하면서 여러 가지를 배웠는데, 무엇보다도 유용했던 기술은 여권 위조 기술이었다. 1929년에 모스크바와의 관계가 깨지자 그는 소련이 자신을 암살자로 키우려고 했다고 주장했다. 스페인 내전이 끝나갈 무렵, 그는 도망 중인 볼셰비키들이 다 그러하듯이, 전통적인 도피처인 멕시코로 건너갔다. 고르킨은 멕시코에서 다섯 번에 걸친 암살 시도를 피해 살아남았는데, 결국 그중 한 번의 시도가 두개골에 구멍을 남기고 말았다. 『콰데르노스』의 편집장을 맡으면서, 라틴아메리카에 '극심한 불신'을 퍼뜨리는 일이 그의 임무였다. 고르킨은 라틴아메리카에서 상당한 영향력을 확보할 수 있는 유일한 방법은, 꾸준히 미국을 욕하면서 사르트르나 파블로 네루다Pablo Neruda가 쓴 시구나 글귀를 암송하는 것이라는 얘기를 농담처럼 한 적이 있다. CIA를 등에 업은 1954년의 과테말라 쿠데타나 1958년의 쿠바 혁명은 고르킨에게 도움이 되지 못했다. 미국 정부의 남미 개입 여파로, 이 시기는 "라틴아메리카 공산주의자들과 그 동맹군에게는 더할 나위 없는 호시절"[13]이 되었기 때문이다. 그러나 고르킨은 이 적대적인 상황에 둘러싸인 채, 남미에서 문화자유회의의 주요 거점을 확보하기 위해 홀로 분투하고 있었다.

로웰은 아내 엘리자베스 하드윅, 그리고 다섯 살 난 딸 해리엇과 함께 1962년 6월 첫 주에 리우데자네이루에 도착했다. 나보코프가 엘리자베스 비숍과 함께 공항에 마중을 나왔다. 그해 9월 1일에 아내와 딸이 뉴욕으

---

13 Peter Coleman, *The Liberal Conspiracy: The Congress for Cultural Freedom and the Struggle for the Mind of Postwar Europe*, New York: The Free Press, 1989에서 존 맨더(John Mander)의 말.

로 돌아가는 배에 오르고, 로웰만 파라과이와 아르헨티나 등 남부 여행을
계속하려고 혼자 남았을 때까지만 해도 모든 상황이 순조로워 보였다. 이
여정에는 세계문화자유회의의 '상시 순회 사절'permanent roving representative
역할을 맡은 키스 보츠퍼드Keith Botsford도 함께였다. 하지만 보츠퍼드는 존
헌트가 이 시인을 감시하기 위해 "방문단에 심어 놓은" 사람이었다(CIA의
전문 용어로 말하자면, 로웰의 목에 채워진 '개줄'이었던 셈이다). 방문단이 부
에노스아이레스에 들어설 무렵, 말썽이 일어나기 시작했다. 로웰이 조울
증 처방약을 내던져 버리고, 대통령궁에서 열린 환영 만찬에서 더블 마티
니를 연거푸 들이켜고 나서 자신은 '아르헨티나의 시저'이며, 옆의 보츠퍼
드는 '부관'이라고 떠들어 대기 시작한 것이다. 그리고 히틀러 총통과 초
인 이데올로기를 찬양하더니만,[14] 옷을 홀딱 벗고는 나체로 부에노스아이
레스 시 중앙광장에 있는 기마상에 기어 올라갔다. 이러한 행태를 며칠이
나 보인 끝에, 결국 로웰은 보츠퍼드의 지시로 여러 사람에게 제압되어 구
속복이 입혀진 채로 베들레헴 병원에 실려 갔다. 그는 병원에서 다리와 팔
이 가죽 끈으로 묶인 채, 어마어마한 양의 소라진Thorazine[15] 주사를 맞았다.
로웰이 프로메테우스처럼 사지가 묶인 채로 「양키 두들 댄디」Yankee Doodle
Dandy나 「공화국 찬가」The Battle Hymn of the Republic를 휘파람으로 불어 보라
고 하자, 이를 지켜보던 보츠퍼드의 굴욕감은 극에 달했다.[16]

　　그달 말에 나보코프는 메리 매카시에게 전화를 걸었다. 그는 떨리고

14　로웰은 히틀러에 대해서 강박적이며 병적인 관심을 갖고 있었다. 1950년대 말에 그와 함께 뉴욕
　　에 있었던 조너선 밀러(Jonathan Miller)에게는 이런 기억이 있다. 그는 로웰이 보들레르의 시집
　　『악의 꽃』(Les Fleur du Mal)을 필사한 원고 뭉치(필시 두꺼웠을 것이다) 사이에서 손때 묻은 『나의
　　투쟁』 사본을 발견했던 것이다.
15　항우울제의 일종. — 옮긴이
16　Hamilton, Robert Lowell.

지친 목소리로 로웰이 "부에노스아이레스의 정신병동에 있으며, 마릴린 먼로Marilyn Monroe가 바비〔로버트〕케네디와의 불륜 문제로 자살해서 백악관이 개입했다는 소식"을 알려 왔다.[17] 메리 매카시는 나보코프의 혐오감에 공감하면서 다음과 같이 썼다. "우리 시대는 로마제국 말기의 메살리나나 포파이아 시절을 다룬 장엄하지만 끔찍한 영화 내용과 점점 닮아 가는군요. 바비 케네디의 수영장은 당나귀 젖으로 가득하겠죠."[18]

로웰이 저지른 사고는 완전히 재앙과 같았다. 세계문화자유회의는 "네루다와 같은 공산주의자들에게 …… 대항할 수 있는 탁월한 미국인의 전형"[19]으로 로웰을 선택했지만, 그는 결국 "소라진 주사의 탁월한 효능을 입증해 주는 제약 회사 영업사원 역할"밖에 못 했던 것이다. 로웰은 후원자들에게 큰 실망을 안겨 주었다(보츠퍼드를 실망시켰음은 물론이다). 하지만 헌트와 조셀슨은 놀랍게도 보츠퍼드를 버리지 않았고, 그래서 보츠퍼드는 라틴아메리카에서 '순회 사절' 역할을 계속할 수 있었다. 더욱 놀라운 사실은 사고가 터지고 나서 채 1년도 되기 전에, 로웰을 다시 멕시코에서 열리는 총회에 대표로 참석시키려 했던 것이다. 그러나 조셀슨은 로웰이 "지난번처럼 의사의 권유를 제대로 따르지 않을 수도 있고 …… 히틀러를 찬양하는 정신 나간 연설을 다시는 하지 않으리라는 보장도 전혀 없기 때문에" 그 일을 보류시켰다.[20] 지난번 경험을 되풀이하고 싶은 생각이 조

---

17 Mary McCarthy, to Hannah Arendt, 28 September 1962. ed. Brightman, *Between Friends*에서 재인용.
18 Ibid.〔메살리나Messalina와 포파이아Poppaea는 모두 로마의 황후들이다. 메살리나는 클라우디우스 황제의 세 번째 아내로 과도한 물욕과 성욕, 축재와 간통으로 유명하며, 포파이아는 네로 황제의 두 번째 아내로 네로는 포파이아를 황후로 만들기 위해 어머니를 살해했다. 특히 포파이아는 늙음을 혐오해서 이집트 클레오파트라 여왕의 선례를 따라 갓 짜낸 당나귀 젖으로 목욕을 했다고 한다. 당시 케네디 형제의 불륜 문제가 고대 로마의 궁정 치정극 못지않았음을 비꼰 비유이다.〕
19 Hamilton, *Robert Lowell*에서 키스 보츠퍼드의 말.

금도 없었던 보츠퍼드 또한 로웰을 파견하는 데 반대하면서 우려 섞인 반응을 보내왔다. 그래서 '토르티야의 장막'Tortilla Curtain[21] 너머로 파견할 사절로는 로버트 펜 워런이나 노먼 포도레츠Norman Podhoretz가 훨씬 더 적합하다고 의견 일치를 보았다.

조셀슨이 보츠퍼드를 의심해 왔음에도("저는 정말로 그 친구가 사실을 있는 그대로 말할 능력이나 있는지 의심스럽네요"[22]), 보츠퍼드는 존 헌트의 직속 후배로서 문화자유회의에서 승승장구할 수 있었다.[23] 조셀슨은 헌트에게 브라질의 지식인들이 문화자유회의를 '양키'들의 앞잡이로 생각하기 때문에 그 지역에서 활발하게 논의되는 프로젝트들을 후원만 해주고, 보다 신중하고 겸손하게, 그리고 "눈에 띄지 않도록 움직이자"라고 제안했다. 하지만 헌트는 그러한 접근법을 무시해 버리고, "공산주의와 싸우는 전쟁에서는 세계의 어느 지역도 예외가 될 수 없다"라는 말을 전해 왔다.[24] 그리고 이러한 분위기에서 시인 파블로 네루다의 명성을 훼손하려는 작전이 헌트와 보츠퍼드를 통해서 활발하게 전개되었다.

1963년 초, 헌트는 파블로 네루다가 1964년 노벨문학상 후보로 선정되었다는 제보를 입수했다. 이러한 형태의 내부 정보 유출은 극히 드문 일이었다. 왜냐하면 노벨상 수상 선정위원회는 철저한 보안을 유지한 상태

---

20 Michael Josselson, to John Thompson, 4 September 1963(MJ/HRC).
21 미국 작가 T. 코라게산 보일(T. Coraghessan Boyle)이 쓴 동명의 소설 제목에서 차용한 말로, 토르티야의 장막의 건너편 혹은 안쪽이라 하면 멕시코를 의미한다. ― 옮긴이
22 Michael Josselson, to John Thompson, 10 July 1964(MJ/HRC).
23 보츠퍼드는 문화자유회의를 위해 다양한 일을 했는데, 그중에 콜롬비아눔(Colombianum)이라는 조직을 감시하는 일도 있었다. 이 조직은 예수회 수사들이 운영하면서 라틴아메리카의 좌파 지식인을 육성하는 역할을 하고 있었다. 또한 이 조직을 이끈 사람은 '아르파 신부님'(Padre Arpa)이라는 예수회 수사였는데, 조셀슨은 이 신부를 "동성애자 같은 디오르(Dior) 옷을 걸쳐 입은 예수회 공산주의자"라고 불렀다.
24 John Hunt, to Keith Botsford, 29 March 1963(CCF/CHI).

로 진행되기 때문이다. 어쨌든 1963년 12월부터 네루다를 중상모략하기 위한 작전이 시작되었다. 여기서 문화자유회의의 역할은 신중하게 은폐되었다. 어빙 크리스톨이 헌트에게 이 단체가 네루다에 대해 "소문을 퍼뜨리는 것"이 사실이냐고 물었을 때, 헌트는 귀찮다는 말투로 네루다 따위의 시인이 노벨상 후보에 올랐다니 논란이 가열될 수밖에 없지 않겠느냐고 대답할 뿐이었다.[25]

하지만 실제로 헌트는 1963년부터 네루다에 대한 공격을 준비해 왔었다. 훌리안 고르킨은 이에 앞서 "스톡홀름에 있는 친구"에게 네루다에 관한 편지를 띄웠고, 헌트에게는 "그 친구가 『네루다 문제』*Le Cas Neruda*라는 작은 책을 스웨덴어로 출판 준비 중"이라고 보고했다.[26] 그러나 헌트는 그런 책이 정말로 유용할지 의심스러워하면서, 문화자유회의를 위해 활동했던 르네 타베르니에에게 특정 인사들에게 회람시킬 수 있도록 프랑스어와 영어로 된 충분한 내용의 보고서를 준비하라고 지시했다.[27] 헌트는 네루다가 노벨상을 수상하는 악재를 피하려면 시간이 얼마 없다고 강조하면서, 타베르니에에게 고르킨과 그의 스웨덴 '친구'와 협력해서 보고서를 작성할 수 없겠느냐고 물어보았다.[28]

타베르니에의 보고서는 네루다의 정치적 참여 문제에 초점을 맞추었으며 "예술가 네루다와 정치 선동가로서의 네루다는 분리해서 생각할 수 없다"라고 주장했다.[29] 또한 보고서는 칠레 공산당 중앙위원회 위원인 네

25 John Hunt, to Irving Kristol, 23 December 1963(CCF/CHI).
26 René Tavernier, to John Hunt, 28 February 1963(CCF/CHI).
27 John Hunt, to René Tavernier, 1 July 1963(CCF/CHI).
28 Ibid.
29 René Tavernier, "Pablo Neruda", June 1963(CCF/CHI).

루다가 자신의 시를 "전면적이고 전체주의적인" 정치 참여의 "도구"로 사용했으며, 이는 "호전적일 뿐 아니라 당의 지도를 맹종하는" 스탈린주의자의 예술이라고 표현했다. 네루다가 "그의 주인" 스탈린에게 바치는 시로 1953년에 스탈린상을 수상했다는 점이 최대한 이용되었는데, 타베르니에는 이런 점에 "시적 노예근성"이라는 딱지를 붙였다.[30]

타베르니에는 이와 같은 증거로 이루어진 자료를 6월 말에 헌트에게 보냈다. 헌트는 자료에 좀 더 자극적인 요소를 첨가할 필요가 있다고 결정하고, 보고서 작성자에게 네루다의 정치 참여에 집중하여 스탈린주의자라는 입장에서 비롯되는 시대착오적 성격에 보다 초점을 맞추도록 지시했다. 스탈린주의자로서 네루다의 입장은 보다 관용적으로 변화된 지금 소련의 분위기[31]와 거의 무관하다시피 하다는 것이었다. 헌트는 대학 교수가 조교에게 하듯이, 타베르니에에게 며칠 안에 수정된 보고서를 보고 싶다고 전했다.[32]

"네루다가 노벨상을 받지 못하도록 그 사람들이 조직적인 활동을 해 왔음은 명백한 일이죠. 그건 기정사실이에요."[33] 다이애나 조셀슨의 증언에 따르면 그랬다. 따라서 조셀슨은 문화자유회의의 명예 홍보대사이자 철학자인 살바도르 데 마다리아가가 이 활동에 개입할 수 있도록 편지를 썼다. 이에 데 마다리아가는 반색하면서 다음과 같은 내용의 편지를 보내

---

30 René Tavernier, "Pablo Neruda", June 1963(CCF/CHI).
31 당시는 흐루쇼프가 스탈린을 비판하고 데탕트 분위기가 형성되던 시기였다. — 옮긴이
32 John Hunt, to René Tavernier, 1 July 1963(CCF/CHI).
33 Diana Josselson, interview in Geneva, March 1997. 또한 1963년이라는 해는 CIA가 칠레 총선에 영향을 미치기 위해 300만 달러를 지출한 해이기도 하다. 이 정도의 액수는 1964년 미 대통령 선거에서 골드워터(Barry Goldwater)와 존슨(Lyndon B. Johnson)이 선거전에 쓴 돈과 같으며, 이 두 사람이 각각 유권자에게 쓴 액수에 비하면 두 배에 달한다. 참고문헌은 Evan Thomas, *The Very Best Men: The Early Years of the CIA*, New York: Touchstone, 1996.

594 문화적 냉전

왔다. "이에 대한 스톡홀름 측의 반응은 나무랄 데 없고 간결했습니다. 이미 칠레의 시인 가브리엘라 미스트랄Gabriela Mistral에게 노벨상을 수여한 바 있습니다. 그것으로 이 일은 끝났습니다. 이 일은 정치와 무관합니다."[34] 그러나 당연한 말이지만 정치는 모든 것을 좌우했다.

네루다는 1964년 노벨문학상을 수상하지 못했다. 하지만 수상자가 발표되었을 때 세계문화자유회의는 작전의 성공을 기뻐할 수 없게 되어버렸다. 왜냐하면 수상자가 장폴 사르트르였기 때문이다. 잘 알려져 있다시피, 그는 노벨상 수상을 거부했다. 네루다가 스웨덴 한림원으로부터 노벨상 수상의 영예를 안기 위해서는 1971년까지 기다려야 했다. 당시 그는 친구이자, 민주적으로 선출된 살바도르 아옌데Salvador Allende 정부를 대표해서 주프랑스 칠레 대사로 재직하고 있었다(아옌데는 저 멀리서 CIA의 사주를 받아, 1973년 대통령 자리에서 비민주적인 방식으로 쫓겨난 뒤 살해당했다).

* * *

1962년, 베를린장벽이 건설되고 불과 몇 달 후, 서베를린의 시장 빌리 브란트는 니콜라스 나보코프를 초빙하여, 베를린 시 상원의 국제문화부서 담당 고문 자리에 앉혔다. 나보코프가 이 자리를 차지함으로써 두 사람 간의 오랜 교우 관계가 더욱 공고해졌으며, 나보코프 또한 개인적으로 가장 친숙하게 여기는 도시로 돌아올 수 있었다. "브란트와 나보코프는 매우 친한 사이였습니다." 스튜어트 햄셔는 이렇게 기억하고 있다. "브란트는 미

---

34 Salvador de Madariaga, to Michael Josselson, 1 January 1963(MJ/HRC). 〔원서에서 데 마다리아가의 발언은 프랑스어로 인용되어 있다. 원문은 다음과 같다. "Stockholm aurait une réponse facile et impeccable: on a déjà couronné Nobel la poésie chilienne en la personne de Gabriela Mistral. Un point, c'est tout. Et la politique n'y a rien à faire." 이 부분의 번역은 김지홍의 도움을 받았다.〕

국인들에게서 재정 지원을 받았고, 베를린 시의 문화 프로그램 역시 마찬가지였습니다. 브란트는 이런 점에 전혀 거리낌이 없었죠. 조금도 염려하지 않았다는 말입니다. 니키(나보코프)는 매우 고급 취향을 가진 사람으로 문화 분야의 적임자들을 잘 알고 있었고요. 그래서 훌륭하게 베를린 시의 문화 관련 사업들을 조직할 수 있었습니다."[35] 나보코프가 보기에 서베를린은 '국제주의적인 매력'을 상실한 도시였기 때문에 '문화 경쟁'에서 우위를 확보하기 위해서는 새로운 투자가 필요하다고 생각했다. 존 헌트에 따르면, 나보코프는 "확신을 갖고 세상을 상대할 그릇이 못 되는 사람"이었고, 이제는 닳고 닳은 냉전의 낡은 패러다임에도 흥미를 잃은 듯 보였다고 한다. 이제 콘크리트 벽으로 분할된 베를린에서 나보코프의 제안과 계획은 모두 예전의 반공주의적 수사와는 무관한 일처럼 되었다. "문화를 위해서는 소련과 사회주의 진영의 학자와 예술가 들의 참여와 지지를 얻기 위해 노력해야 한다는 사실이 분명해졌습니다."[36] 그는 데탕트의 따스한 온기를 가득 담아 이런 기록을 남겼다. 그래서 그는 동베를린의 소련 대사 표트르 안드레예비치 아브라시모프Pyotr Andreyetvitch Abrassimov와 친구가 되었다. 이 두 사람은 소련 대사관에서 몇 시간씩 함께 지냈는데, 결국 아브라시모프는 나보코프의 열정적인 제안에 화답해 소련의 예술가들을 베를린예술제Berlin Arts Festival / Berliner Festwochen에 참석시키기로 했다. 아브라시모프에게 이는 대담한 결정이었다. 소련 정보기관이 나보코프를 면밀히 주시하고 있었기 때문이다. 소련 KGB는 스파이를 브란트의 자문 역으

---

35 Stuart Hampshire, interview in Oxford, December 1997.
36 Nicolas Nabokov, *Bagázh: Memoirs of a Russian Cosmopolitan*, London: Secker & Warburg, 1975.

로 심어 놓았기 때문에, 소련 측은 나보코프가 CIA의 지원을 등에 업은 문화자유회의에서 활동하고 있다는 사실을 포함해 모든 것을 알고 있었다.

나보코프가 새로운 직책을 받아들이자 조셀슨은 마음에 썩 들어 하지는 않았지만 "이미 벌어진 일로 받아들일 수밖에 없었다". 다이애나 조셀슨에 따르면, 나보코프가 보다 많은 시간을 베를린에서 보내면서 문화자유회의와 점점 더 멀어지는 것 같았다고 한다. 하지만 그는 문화자유회의의 자금 계좌로부터는 떨어지고 싶어 하지 않았다. 항상 절제할 것을 주장하던 조셀슨이었지만 나보코프의 천성적인 낭비벽은 막을 수 없었다. "그 사람에게는 매우 사치스러운 취향이 있었고, 따라서 그에 맞는 돈이 필요했습니다."[37] 스튜어트 햄셔는 이렇게 말했다. 문화자유회의는 빌리 브란트가 이끄는 서베를린 시 정부와 공식적인 협약을 맺고, 베를린예술제의 주최자 역할을 맡게 되었다. 1964년 문화자유회의 지원으로 귄터 그라스Günter Grass, W. H. 오든, 키스 보츠퍼드, 클리언스 브룩스Cleanth Brooks, 랭스턴 휴스, 로비 매컬리, 로버트 펜 워런, 제임스 메릴James Merrill, 존 톰슨, 테드 휴스Ted Hughes, 허버트 리드, 피터 러셀Peter Russell, 스티븐 스펜더, 로제 카유아, 피에르 에마뉘엘Pierre Emmanuel, 데릭 월콧Derek Walcott, 호르헤 루이스 보르헤스, 월레 소잉카Wole Soyinka 등이 이 예술제에 참석했다(존 헌트와 프랑수아 봉디는 참관인 자격으로 참가했다).

한편 조셀슨은 나보코프의 직무 유기를 바라보면서 분노만 삼키고 있을 수는 없었다. "조셀슨은 나보코프가 자기 손아귀에서 빠져나가려고 하자 화가 났습니다." 스튜어트 햄셔의 말이다. "조셀슨은 지식인들을 두고 '내가 만든 집단'이라고 얘기하고 다녔어요. 지식인들의 비위를 맞춰

---

37 Stuart Hampshire, interview in Oxford, December 1997.

주면, 그 대가로 자기에게는 충성을 바치기를 바랐지요. 니키(나보코프)도 그 집단의 일원이었는데, 당시 그 사람은 다른 데 정신이 팔려 있었어요. 그래서 조셀슨은 화가 났고 또 상처를 받았던 겁니다."[38] 1964년 말이 되자 조셀슨의 인내심은 한계에 이르렀다. 그래서 나보코프에게 명백하게 베를린을 위한 일로 런던을 방문해 놓고, 왜 해당 경비를 문화자유회의에 청구했느냐고 빈정대는 내용으로 편지를 보냈다. 당시 나보코프는 문화자유회의로부터 후한 봉급을 받고 있었기 때문에(조셀슨은 유럽에서 4년간의 활동 경비로 파필드재단으로부터 거의 3만 달러를 받았는데 그중 2만 4000달러가 나보코프의 봉급으로 나갔다), 조셀슨은 어째서 그 경비를 베를린의 납세자들이 주는 문화 고문으로서의 봉급인 5만 마르크에서 꺼내 쓰지 않았느냐고 물었던 것이다. 나보코프가 소련 점령 지역으로 아브라시모프를 방문하러 간 일, 그리고 아브라시모프가 로스트로포비치Mstislav Rostropovich를 데리고 나보코프의 집을 방문한 일에 대해서도 일언반구 언급이 없자, 약이 오른 조셀슨은 분통을 터뜨리며 나보코프에게 이렇게 말했다. "총장님이 뭘 하고 다니는지 눈곱만치도 알고 싶지 않습니다. …… [원래 만나기로 했던] 내년 5월 1일까지는 우리의 공식적인 관계는 일단 보류해 두기로 하지요. 그리고 하시는 일로 우리 우정에 심각한 금이 가는 일이 없기를 빌어 봅시다."[39] 마지막까지 나보코프에 대한 희망을 버리지 않았던 조셀슨은 성탄절 휴가가 나보코프에게 "반성할 기회가 되었으면, …… 그리고 미친 사람처럼 여기저기 쏘다니다가 혹여나 벼랑 끝에 몰리는 꼴을 당하지 말고 얌전히 앉아서 곡이나 쓰는 기회가 되었으면" 하고 바랐다.[40]

38 Stuart Hampshire, interview in Oxford, December 1997.
39 Michael Josselson, to Nicolas Nabokov, 10 December 1964(NN/HRC).

나보코프와 조셀슨의 관계에 점차 먹구름이 몰려오기 시작했다. 나보코프가 베를린예술제에 소련 예술가들을 참가시키려고 아브라시모프와 함께 모스크바 출장 계획을 잡았다는 소식이 조셀슨의 귀에 들어갔다. 그러자 조셀슨은 다급한 어조로 출장을 중지해 달라고 요청하는 편지를 썼다. 결국 나보코프는 막판에 이르러서야 출장을 포기했지만 조셀슨에게 납득할 수 있는 설명을 해달라고 요구해 왔다. 조셀슨의 반응은 적극적이었지만 편지 내용은 아주 모호했다. "저는 단 한순간도 사무총장님의 안전을 의심하거나 총장님과 문화자유회의의 관계로 인한 어떠한 결과에도 염려한 바가 없습니다. 진심으로 저는 총장님과, 지금 당장은 아니더라도 앞으로 한두 해 안에 총장님께 닥칠 당혹스러운 상황이 걱정될 뿐입니다. 이런 일로 편지를 쓰고 싶지는 않지만, 제가 마음에 담아 두고 있는 것이 단순히 허황된 얘기가 아님을 알아 두시기 바랍니다. …… 또한 베를린에는 총장님을 해칠 기회만 엿보고 있는 많은 적들이 있음을 부디 명심해 주세요. 총장님께 주어진 몫을 잘 지켜 나가시려면 그런 사람들, 그리고 그 사람들이 퍼뜨리고 있는 험담에 대해서는 잘 알아서 대처하시겠지만 말입니다."[41] 친구라고 여겼던 나보코프가 새로운 일거리를 찾아 나서자 조셀슨이 반대 의사를 들고 나선 데에는 단순히 개인적인 상처 이상의 무언가가 있었던 것 같다. 나보코프가 이제는 보안상 위험한 인물이 되어 버렸기 때문이다. "사무총장님이 독일에서 하시는 일은 부지불식간에 소련 측의 도구로 이용될 수도 있습니다." 그래서 이렇게 경고했던 것이다. "이제는 그쪽으로 이미 한 발 내디디신 것 같네요."[42]

40 Ibid.
41 Michael Josselson, to Nicolas Nabokov, 29 June 1964(MJ/HRC).

이러한 내용으로 편지를 보내고 얼마 지나지 않은 1964년 8월, 매우 우려
스러운 상황이 발생했다. 하원의원 라이트 패트먼Wright Patman의 주도하
에, 미국 민간 재단의 면세 지위에 대하여 의회 차원의 조사가 이루어졌던
것이다. 이 조사를 통해, 수많은 재단들이 CIA가 설립한 위장 조직임이 밝
혀졌다(도합 8개로 '패트먼의 여덟 재단'The Patman's Eight이라고 불린다). 가텀
재단Gotham Foundation, 미시건기금Michigan Fund, 프라이스기금, 에드셀기금
Edsel Fund, 앤드루해밀턴기금Andrew Hamilton Fund, 보든신탁Borden Trust, 비컨
기금Beacon Fund, 켄트필드기금Kentfield Fund 등이 그것들이다. 이 재단들은
CIA가 다른 곳으로 자금을 전달할 때 합법적인 외양을 띠도록 설립된 유
령 조직으로, 주소지만 등록된 '우편사서함' 같은 것으로 밝혀졌다. CIA가
이 계좌로 돈을 이체하면, 이 재단들을 통해 '재전달' 내지는 '자금 경유'가
일어난다. 다시 말해, 위장 재단이 합법적 활동으로 널리 알려진 유명 재
단들에게 '기부'의 형식으로 자금을 전달한다는 말이다. 이러한 기부 행위
는 미 국세청에 1년에 한 번 제출하게 되어 있는 '990-A' 양식에 따라 적법
하게 재단의 자산으로 기재되었다. 면세 지위를 가진 모든 비영리 조직은
바로 이 양식을 국세청에 의무적으로 제출하도록 되어 있다. 따라서 이러
한 기록은 이와 같은 자금 전달 시스템의 가장 큰 취약점이었다. "아마 그
렇게 하는 외에는 다른 도리가 없었을 겁니다." 도널드 제임슨은 이렇게
말했다. "이러한 재단들은 이런저런 납세 관련 서류들을 보관해야 했어요.
얼마간은 의무적으로요. 그게 무슨 말이냐 하면, …… 재단 사람들이 서류
를 외부 사람에게 노출하게 되면, 누구나 납세 기록을 살펴보고서, 이 기

---

42 Michael Josselson, to Nicolas Nabokov, 29 June 1964(MJ/HRC).

록을 통해서 A를 B로, B를 다시 C로, C를 다시 D로 해서 직접적인 자금의 연결 고리를 파악할 수 있게 되는 것이죠. 그러면 매우 우려스러운 일이 생기게 되는 겁니다."[43]

'삼차 전달'third pass은 이렇게 돈을 받은 적법한 재단이 CIA가 수혜를 받도록 지정한 조직에 자금을 기부하는 행위를 의미했다. 『휴스턴포스트』*Houston Post*의 회장이자 하비재단Hobby Foundation의 이사인 윌리엄 하비 William Hobby는 이러한 자금 전달 방식을 다음과 같이 설명했다. "우리는 먼저 이런 얘기를 들었습니다. …… CIA가 어떤 자금을 우리에게 건네주게 될 거라고요. 그다음에는 X, Y, Z 재단으로부터 자금을 요청하는 편지를 받게 되죠. 그러면 우리는 요청을 받아들여 돈을 보내 줍니다." 여기에 어떠한 질문도 있을 수 없었다. "우리야 그 사람들이 알아서 잘하리라 믿는 수밖에요."[44]

다른 네 개의 재단들이 작성한 990-A 양식은 이러한 '자금 경유' 방식을 잘 보여 주고 있다. 이 네 재단이란 휴스턴에 위치한 M. D. 앤더슨재단 M. D. Anderson Foundation, 댈러스의 하블리첼재단, 뉴욕의 데이비드조세핀앤드윈필드베어드재단David, Josephine and Winfield Baird Foundation, 그리고 캐플런재단으로, 모두가 CIA 국제조직국IOD의 '자산'이었다. 1958년부터 1964년까지 앤더슨재단은 보든신탁이나 비컨기금과 같은 가짜 재단들을 통해 65만 5000달러에 이르는 CIA의 자금을 수령했다. 그런 다음, 같은 액수를 CIA의 지원을 받는 미국자유법률가기금American Fund for Free Jurists, Inc.이라는 단체로 지출했다. 이 단체는 뉴욕에 사무실을 두고 있으며, 훗날 국

43 Donald Jameson, interview in Washington, June 1994.
44 *Newsweek*, 6 March 1967.

제법률가위원회 미국 지부American Council for International Commission of Jurists
로 알려지게 된다. 데이비드조세핀앤드윈필드베어드재단은 1961년부터
1964년 사이에 총액 45만 6800달러를 수령하여 CIA가 중동과 아프리카
에서 전개하는 작전에 전달하는 등 자금의 '통로' 역할을 했다. 뉴욕에서
열리는 '공원에서 셰익스피어를'Shakespeare in the Park[45] 행사의 후원자로 잘
알려진 캐플런재단은 1961년부터 1963년 사이에 국제노동연구소Institute
of International Labor Research Inc.에 100만 달러가량의 자금을 지원했다. 이 연
구소는 남미에서 벌어지는 CIA의 프로젝트에 주력해 왔는데, 여기에는
코스타리카에서 노먼 토머스와 호세 피게레스José Figueres가 운영하던 민
주주의 정치 지도자 양성소인 정치교육원Institute of Political Education도 포함
되어 있었다. 여기에 충당된 자금은 지정된 '자금 통로'를 거쳐 캐플런재
단으로 흘러들어 갔다. 가텀, 미시건, 앤드루해밀턴, 보든, 프라이스, 켄트
필드 등 '패트먼의 여덟 재단' 중에 여섯 개가 그러한 자금 통로에 해당했
다. 훗날 다른 사람들의 기억에 따르면, 캐플런재단의 이사장 겸 재무이사
였던 J. M. 캐플런은 1956년에 앨런 덜레스를 위해 일을 처리해 준 적이
있다고 한다. 하블리첼재단도 1959년부터 1965년까지 비슷한 액수의 금
액을 CIA로부터 받았다. 그중 대부분(43만 700달러)은 세계문화자유회의
에 곧바로 전달되었다.

　패트먼의 폭로는 일부이기는 하지만 은밀하게 이루어진 CIA의 자금
지원의 내막을 열어젖혔다는 데 의의가 있었다. 취재력이 뛰어난 몇몇 기
자들은 국세청의 조사 과정에서 공개된 정보들을 자유로이 결합해서 이
퍼즐을 일부나마 끼워 맞춰 볼 수 있었다. 1964년 9월, 뉴욕의 좌파 주간

45　매년 여름 뉴욕 센트럴파크에서 열리는 셰익스피어 공연 행사. ― 옮긴이

지 『네이션』*Nation*은 다음과 같이 물었다. "CIA가 런던과 뉴욕에 있는 잡지 지사에 자금을 지원하고, 또한 이러한 잡지들이 '여론을 대변하는 잡지'인 양 행세하면서 독자적인 입장을 가진 잡지들과 경쟁을 벌이는 것을 용인해야 하는가? CIA의 지원을 등에 업은 잡지들이 동유럽 혹은 러시아 시인들이 인격이나 다름없는 것을 내던지도록 만들고, 그 대가로 그들이 쓴 시 하나에 맥락상 뇌물이나 다름없는 어마어마한 액수의 돈을 제공하는 것이 정당한 일인가? CIA가 '문화의 자유'나 그와 비슷한 주제로 열린 다양한 회의·집회·회합·총회에 간접적으로 자금을 지원하는 것이 과연 '적법한' 기능인가?"[46]

코드 마이어의 기억에 따르면, "그런 얘기가 『뉴욕타임스』 뒷면에 계속 실렸지만 당시로서는 별다른 반향을 일으키지 못했다고 한다. 물론 CIA 내부에서는 걱정스러운 나머지, 자금 지원 체계와 관련해 보안 문제를 재고하고 개선해 보려는 시도를 했지만 말이다".[47] "당시 CIA에서 우리는 이에 대해 모의 훈련을 했었습니다. 우리는 그 훈련에서, 누군가가 얽혀 있던 자금줄들을 정리하고 이 모든 자금줄들이 어디로 이어지는가를 눈치챘다면, 이에 어떻게 대처해야 하는가 예상 질문들을 서로에게 되묻곤 했습니다." 리 윌리엄스는 이렇게 말했다. "아시다시피 누군가 국세청에 가서 자료를 보고, 어느 재단이 자금을 지원했는데도 수치가 맞지 않는다는 것을 알게 되면 어떡합니까? 소문이 증폭된다면 이야말로 우리가 정말 우려하는 상황이었습니다. 그래서 얘기를 나눈 끝에, 노출될 우려가 있

---

46 Editorial, *The Nation*, 14 September 1964.
47 Cord Meyer, *Facing Reality: From World Federalism to the CIA*, Maryland: University Press of America, 1980.

는 사람이나 조직을 보호할 방법을 찾아보려고 애를 썼지요."[48] 하지만 훗날 이러한 얘기들이 터져 나왔을 때, 헌트와 조셀슨은 런던에 있었다. 엄밀히 말하면 조셀슨은 스태포드 호텔에, 헌트는 듀크 호텔에 따로 있었는데, 갑자기 이들의 존재가 노출되고 말았던 것이다. "곤란한 상황에 빠져버렸소." 이때 조셀슨은 무뚝뚝한 어조로 헌트에게 전화를 걸었다.

패트먼의 폭로가 있기 훨씬 전부터 조셀슨은 이러한 위험을 경계하고 있었다. 사람들이 칵테일파티에서 수군거리기 시작했다. "그런 문제 중에 절반은 워싱턴에 있는 사람들이 입을 나불거리기 때문이었어요." 다이애나 조셀슨은 이렇게 말했다. 폴 굿먼Paul Goodman은 1962년경에 『디센트』에 기고한 글에서 이 폭발력 있는 진실을 우회적으로 암시한 바 있었다. "'문화의 자유'Cultural Freedom와 '사상의 교류'Encounter of Idea라는 개념은 CIA의 도구다." 패트먼의 조사 결과 발표가 있기 2년 전에 조셀슨이 이미 경고를 받았다는 사실은 의심의 여지가 없다. 이로써 1964년 6월에 조셀슨이 나보코프에게 보냈던 그 편지의 모호함이 납득이 가게 된다.

조셀슨은 세계문화자유회의가 세상의 이목으로부터 안전하지 못하다는 생각에 오랫동안 안절부절못하며 지냈다. 그래서 1961년에 새로운 '후원자'들을 많이 발굴해야 한다고 코드 마이어를 설득했다. "마이클과 CIA 내부의 우려에 호응해서, CIA 사람들은 현명하게도 자금원을 다양화해야 한다고 생각했어요. 그리고 또 그렇게 했죠."[49] 다이애나 조셀슨은 당시를 이렇게 회고했다. 한편 나보코프는 1961년 2월, 재단 이사들과 회의가 있어 뉴욕으로 갔다. 그런데 이상스럽게도 그가 접촉하는 재단

---

48 Lee Williams, interview in Washington, June 1994.
49 Diana Josselson, interview in Geneva, March 1997.

마다 모습을 나타내지 않았다. 나보코프의 방문이 마치 세계문화자유회의가 재정적 동반자를 활발하게 공개 모집 하듯 하는 계획된 연막전술처럼 보였기 때문이다. 사실은 그동안에 CIA와 다른 재단들 간에는 막후 거래가 이미 진행되고 있었다. 1963년이 되자 세계문화자유회의의 손익 계산서에는 전혀 새로운 기부자들이 등장했다. 콜트재단Colt Foundation, 플로렌스재단, 리타워재단, 론덜림복지재단Ronthelym Charitable Trust, 셀터록재단('설립자'는 파필드재단의 이사였던 도널드 스트레일럼이었다), 소나벤트재단Sonnabend Foundation, 서넌재단Sunnen Foundation 등이었다.

파필드재단의 경우는 '독립적인' 재단이라는 신뢰가 점점 흔들리고 있었다. "이 재단은 위장 조직으로 만들어졌음에도 불구하고, 실제로는 속이 빤히 들여다보였습니다. 그래서 우리 모두는 이런 점을 비웃으면서, 이 재단을 '무리수 재단'Far-fetched Foundation이라고 불렀지요." 로런스 드 네프빌의 증언이다. "이 재단의 뒤를 누가 봐주는지는 모두가 다 아는 사실인데요. 웃기는 짓이었죠."[50] 게다가 이사장 정키 플레이시먼의 인색한 성격은 전설적인 경지인지라, 이제 이 인색함이 워싱턴이나 뉴욕에서 열리는 모든 파티에서 인구에 회자되기 시작했다. 그래서 플레이시먼이 세계문화자유회의를 돌봐 주는 진짜 '천사 같은 존재'가 아니라는 소문이 더욱더 퍼져 나갈 수밖에 없었다. 시간이 흐르고 난 뒤 나보코프는 조셀슨에게 "정키는 내가 아는 한 가장 인색한 부자요"라고 말했다.[51] 나타샤 스펜더도 다음과 같이 회고했다. "정키는 인색하기로 유명했어요. 정키랑 다른 여러 사람이 신시내티에 있는 식당에서 저녁 만찬을 함께 했는데, 공중

50 Lawrence de Neufville, telephone interview, February 1997.
51 Nicolas Nabokov, to Michael Josselson, 19 March 1977 (NN/HRC).

전화를 써야 해서 정키에게 10센트를 빌릴 일이 생겼어요. 택시를 타고 돌아오는데 스티븐이 그러는 거예요. '이사장님한테 빌린 돈, 내일 아침에는 꼭 갚아야 돼.' 듣고서는 농담인 줄 알았는데, 아니더군요. 그래서 10센트를 다음 날 아침에 다시 돌려드렸죠."[52]

이제 와서 밝혀진 일이지만, 파필드재단이 국제적인 프로젝트뿐만 아니라 국내적인 사안에도 자금을 지출했던 이유는 그 중간에 끼여 있는 CIA와의 이해관계에 관심이 집중되는 것을 피할 수 있었기 때문일 것이다. "파필드재단은 누군가 뒤를 캐고 다닐까 봐 걱정된 나머지, 재단의 주요 업무를 감출 필요가 있었기 때문에 다른 활동도 벌여 나갔어요."[53] 다이애나 조셀슨은 이렇게 설명했다. 1960년 1월부터 1963년 12월 31일까지 기간 동안의 파필드재단 보고서를 보면, 수백 건에 이르는 자금 지출 건이 기재되어 있다. 이 지원금의 수령자를 보면 미국학술단체협의회American Council of Learned Societies, 미국예술과학학술원, 미국 현대언어학회, 무용연구회Dancers' Workshop, 이탈리아 스폴레토에서 열리는 여름음악제Festival of Two Worlds / Festival dei Due Mondi(미국 학생들을 참가시키는 데 소요된 총경비와 시인 테드 휴스의 출장비가 지원되었다), 고등학술연구소 극예술분과Institute for Advanced Studies in the Theatre Arts, 뉴욕리빙시어터Living Theater of New York, 뉴욕프로무시카New York Pro Musica, 미국문예지연합회Association of Literary Magazines of America, 『파르티잔리뷰』(사용경비 보조금), 마드리드국제연구소 Instituto Internacional en Madrid(로르카Federico García Lorca, 오르테가 이 가세트José Ortega y Gasset, 페르난데스 알마그로Fernández Almagro의 개인 장서 보존을 위한 기

---

52 Natasha Spender, telephone interview, May 1997.
53 Diana Josselson, interview in Geneva, March 1997.

금) 등이 포함되어 있었다. 파필드재단은 해외 연수라는 미명하에 수많은 사람들에게 연구비를 지원했다. 그중에는 (새로운 유럽 저작 선집을 준비한다는 이유로) 메리 매카시, 칠레의 화가 다마소 오가스Dámaso Ogaz, (미국 방문 경비 명목으로) 데릭 월콧, 퍼트리샤 블레이크, 마르가레테 부버노이만Margarete Buber-Neumann, (폴란드, 로마, 아테네, 베를린 방문 경비를 받은) 라이오넬 트릴링, 쿠바 체제비를 지원받은 『스펙테이터』객원 기고자 앨프리드 셔먼Alfred Sherman 등이 있었다.

역설적으로 파필드재단이 특별히 정체를 드러낼 수밖에 없었던 이유는 순전히 재단 기부금의 규모 때문이었다. 패트먼의 폭로가 있었음에도, 코넌 도일처럼 이 재단의 뒤를 봐주는 설계자가 누구인지 파헤쳐 보려는 사람이 없었다. 어느 언론인도 더 이상 이 문제를 파고들지 않았다는 사실은 이제 와서 봐도 놀라운 일이다. CIA조차도 "자금 지원 방식을 개선하려고 노력하기는 했다". 하지만 훗날 이 문제를 조사했던 상원 특별 위원회〔처치 위원회〕도 놀랐던 바와 같이, CIA는 "미국의 재단들을 비밀 첩보 작전 프로젝트를 위한 자금 전달 통로로 이용함으로써 재단들의 독립성이 문제시되는 것이 과연 적정한 일인지는 일말의 고려도 하지 않았다".[54] 이는 애초에 패트먼의 폭로를 촉발했던 그러한 상황에 대해서 재고조차 없었다는 말이 된다. "패트먼이 일으킨 소동에서 우리가 얻어야 할 교훈은 자금 지원을 감추는 데 재단을 이용하는 관행을 버리자는 것이 아니라, 앞으로는 이러한 작업을 보다 전문적이고 광범위하게 수행할 필요가 있다는 것이었습니다."[55] 이 말은 CIA 비밀작전 간부인력 양성 프로그램 부서

54 *Final Report of the Church Committee*, 1976.
55 *Ibid.*

장 겸 평가단장의 해명이다.

훗날 일어난 사건들이 보여 주듯이, 이러한 주장은 명백한 언어도단
이다. 조셀슨이 이러한 생각에 찬성하지 않았음은 확실해 보인다. 그는 현
행의 자금 지원 방식이 개선의 여지가 없을 정도로 외부 노출에 취약하며,
물 새는 배에서 노를 젓는 형국이라는 생각을 할 정도였다. "바다는 점점
거칠어 가고 배의 키는 갈수록 말을 듣지 않는데, 여전히 존재하는 위험
속에서 배를 저어 가야만 했죠."[56] 다이애나 조셀슨 또한 이렇게 증언했다.
1964년 말부터, 조셀슨은 임박한 폭로전과 그로 인해 생길 피해로부터 벗
어나려고 열과 성을 다해 세계문화자유회의의 키를 틀어쥐고 방향을 바
꾸려고 애썼다. 그는 문화자유회의라는 조직의 이름을 바꾸어 볼까도 생
각해 보았다. 조셀슨은 또 한 번 CIA와의 재정적 종속 관계를 끊고, 대신
포드재단으로부터 재정 지원을 받을 수 없을까 골몰하게 되었다. 무엇보
다도 그는 문화자유회의를 냉전적 관점에서 벗어나게 하고, 냉전 상황하
에서 미국 정부의 도구로 이용될 수 있는 어떠한 가능성도 최소화하려고
노력했다. 조셀슨은 10월 런던에서 열린 세계문화자유회의 상임위원회
회의에서 이렇게 말했다. "솔직히 말씀드려서 저는 문화자유회의의 존재
이유raison d'être가 냉전이라고 보지 않게 되었습니다. 어느 정도까지는 그
렇다고 생각하지만, 솔직히 말하면 이제는 그런 게 싫어졌습니다."[57]

---

56 Diana Josselson, interview in Geneva, March 1997.
57 Congress for Cultural Freedom, "Minutes of the Executive Committee Meeting", London,
  October 1964(CCF/CHI).

22장

펜클럽 친구들

새로운 모습의 인간이
지복을 내리나니.
다정한 육신을 거슬러,
그를 잉태한 냉전을 끝장내러,
— 앨런 긴즈버그, 「다정히 여길 사람」Who Be Kind To

1964년은 냉전의 전사들에게는 불운한 해였다. 그들이 의지해 왔던 신화들이 체계적으로 붕괴하고 있었기 때문이다. 그 첫걸음으로 『추운 나라에서 온 스파이』The Spy Who Came in From the Cold가 출간되었다. 존 르 카레라는 필명으로, 독일 본 주재 영국 대사관에 근무하는 어느 외교관 후보생이 다섯 달 만에 탈고한 이 소설은 미국에서만 23만 부가 팔렸다. 파라마운트사에서 영화로 나왔던 1965년에는 문고판이 출간되어 기존 판매량에 200만 부가 추가 판매되었다. 르 카레는 "동서 이데올로기 대립을 보면서 끝없이 계속되는 크나큰 환멸감"이 소설을 쓰게 된 계기라고 밝혔다. 당시 CIA의 비밀 작전을 지휘하던 리처드 헬름스는 이 소설을 몹시 싫어했다. 르 카레는 이제 그레이엄 그린과 함께 CIA가 증오하는 작가의 반열에 올랐다 (1955년에 그린이 발표한 소설 『조용한 미국인』 또한 미국 정보기관을 발칵 뒤집어 놓았었다). "그놈들은 속아 넘어가기 쉬운 얼간이들일 뿐이야." 프랭크 위즈너는 이렇게 말했다. "일이 잘못되기만 바라고, 사회에 앙심만 품은 족속들 같으니."

그 뒤를 이어, 냉전 이데올로기의 광기를 풍자한 스탠리 큐브릭Stanley Kubrick의 영화 「닥터 스트레인지러브」Dr. Strangelove가 나왔다. 루이스 멈퍼드Lewis Mumford는 『뉴욕타임스』에 보낸 서한 형태의 칼럼에서 이 영화를 다음과 같이 평가했다. "오랫동안 이 나라 전체를 단단히 옭죄고 있던 냉전 시대의 강박적인 광기를 처음으로 깨뜨렸다. …… 공개적인 토론은 눈곱만치도 하지 않고, 그런 정책을 수립하고 시행하면서, 우리나라가 도덕적이고 민주주의 국가인 체하는 것이야말로 욕지기가 나는 일 아닌가."[1]

그 와중에 1964년 9월 18일에는 미국에서 가장 독보적인 영향력을 발휘하던 냉전의 반공 투사 C. D. 잭슨이 뉴욕의 한 병원에서 사망했다. 사망 며칠 전에는 위중한 잭슨의 병문안을 위해 아이젠하워가 펜실베이니아 주 게티스버그에서 비행기를 타고 날아오기도 했다. 대부분 C. D.의 지원 덕택에 국제적인 명성을 누리게 되었던 보스턴 심포니 오케스트라는 그를 위해 추도 콘서트를 열었다. 이 콘서트에서는 비티야 브론스키Vitya Vronsky와 빅토르 바빈Victor Babin[2]이 모차르트를 연주했다. 이후 이 오케스트라의 여름 음악학교인 탱글우드에서는 그를 기려 C. D. 잭슨 음악상을 제정했다. 이 상의 후원자들은 스승 C. D.가 생전에 주도했던 '전투적 냉전 반공주의'Cold Warriorism라는 특별한 학파가 배출한 수많은 동문들이었다.

1964년에 이르자, 이러한 인사들은 이미 시대착오의 일로에 접어들고 있었으며, 완전히 소멸하지는 않았지만 점차 쇠락하는 일개 분파로 전

---

1 Stephen J. Whitfield, *The Culture of the Cold War*, Baltimore: Johns Hopkins University Press, 1991에서 재인용.
2 비티야 브론스키와 빅터 바빈은 둘 다 뛰어난 피아니스트이자 부부로, '브론스키와 바빈'이라는 듀오로 활동했다. — 옮긴이

락해 가고 있었다. 또한 그들이 대변하던 가치는 이제 일련의 혐오와 저항에 직면하고 있는 듯 보였다. 이제 왕년의 반공 투사들은 '맴돌이 새' whifflebird와 같은 처지가 되어 버렸던 것이다. 이 '맴돌이 새'란 뉴욕의 어느 식자가 만들어 낸 우화에서 나온 동물로 "자기 꽁무니를 따라잡으려고 빙빙 돌면서 점점 줄어들다가 결국 소멸해 버리고 마는 새"를 의미했다.[3] 신좌파와 비트족처럼 미국 사회의 주변부에 머물러 왔던 이 문화적 반역자들이 이제 주류에 진입하면서, 윌리엄 버로스William Burroughs의 말처럼 "관료들, 사회복지사들, 정신과 의사들, 노동조합 간부들의 간사하고 입만 살아 나불거리는 독재"를 경멸하는 분위기가 생겨났다.[4] 조지프 헬러Joseph Heller는 자신의 소설 『캐치22』Catch-22에서 미국이 제정신이라고 여겼던 것이 실제로는 광기였다는 사실을 드러냈다. 앨런 긴즈버그 또한 1956년에 비가悲歌「아우성」Howl을 발표해 황폐하게 변해 버린 세월을 애도했다. "나는 우리 세대 최고의 지성들이 광기에 의해 파괴되는 것을 보았네"라고 말이다. 긴즈버그는 이제 공개적으로 동성애, 그리고 '페요테[5]의 고독'의 환각이 빚어내는 기쁨을 찬양하기 시작했다. 비트족은 LSD를 씹어 먹고, 육체적 흥분을 노래하며, 나체로 시를 읽고, 벤제드린과 헤로인이 만들어 내는 흐릿한 안개 속에서 세상을 유영하면서, 노먼 홈스 피어슨 같은 꼰대들의 손에서 월트 휘트먼Walt Whitman을 되찾아와 히피들의 원조로 숭배했다. 그들은 『인카운터』와 같이 유형화된 잡지들이 격식에 집착했던

3 Michael Wreszin, *A Rebel in Defense of Tradition: The Life and Politics of Dwight Macdonald*, New York: Basic Books, 1994에서 그윈 네틀러(Gwyne Nettler)의 말.
4 Taylor D. Littleton and Maltby Sykes, *Advancing American Art: Painting, Politics and Cultural Confrontation*, Alabama: University of Alabama Press, 1989.
5 환각 성분이 포함되어 있는 선인장. ― 옮긴이

것과 대조적으로, 질서에서 다시 혼돈으로의 회귀를 꿈꾸는 추저분한 반항아들이었다.

상황이 이렇게 흘러가자, 격분한 시드니 훅은 조셀슨에게 보낸 1964년 4월 20일자 편지에서 이렇게 썼다. "유럽에는 부조리극이 있고, 실존주의에는 부조리 철학이 있습니다. 최근 미국 지식인들 사이에서 나타난 현상이 '부조리의 정치'인데, 이 정치의 슬로건은 '미국 타도', '미국은 썩었다', '섹스여, 영원하라' 이런 따위들입니다. 이거 정말 웃기는 일 아닙니까? 메일러나 포도레츠 같은 자들도 그렇고. 이 사람들의 새로운 열성 신봉자 잭 톰슨 씨는 참 안타깝지만 사리분별하는 모양새가 그자들의 지성과 별반 차이가 없는 분이고요."[6] 하지만 사리분별도 용기라고 생각할 만큼 분별력이 있었던 존 잭 톰슨은 파필드재단의 상임이사 자리를 계속 지켰다.

1964년은 『뉴욕리뷰오브북스』의 첫돌이 되는 해이기도 했다. 제이슨 엡스타인과 로버트 실버스의 주도로 탄생한 이 서평 전문지의 즉각적인 성공은 안보 국가의 궤도를 공전하는 정통파 냉전주의자 같은 짓을 모든 미국 지식인들이 곱게 보는 것은 아니라는 사실을 분명하게 드러내 주었다. 또한 지배층의 합의가 분열되기 시작함에 따라, 이 서평지는 새롭고 비판적인 지식인 계층의 등장을 예고했다. 이 지식인 계층은 당시로서는 윗선과의 교감을 통해 통제에 묶여 있던 『인카운터』 같은 잡지들이 실제적으로 제기할 수 없었던 문제들에 대해서도 자유로이 의견을 개진할 수

---

6 Sidney Hook, to Michael Josselson, 20 April 1964(MJ/HRC). 훅이 틀렸다. 특히 노먼 포도레츠에 대해서는 확실히 그렇다. 포도레츠는 비트족 반항아들을 "영적으로 저열한 자들과 절름발이 영혼들의 폭동"이라며 경멸했기 때문이다.

있었다. 그동안 뉴욕의 모든 지식인들이 마치 '금덩이를 쇠부스러기로 바꿔 놓는 연금술'reverse alchemy을 통해, 명석한 급진주의자들이었다가, CIA의 하찮은 금속 부스러기와 냉전 체제의 찌꺼기로 변해 버리고 말았다며 대중의 눈총을 받아 왔다면, 이제 여기에 그동안의 사실이 반대임을 보여 주는 증거가 나타났다. 이 지식인 계층은 미국의 패권을 옹호하기는커녕 『뉴욕리뷰오브북스』를 중심으로 집결하여 공산주의와 마찬가지로 기꺼이 제국주의도 비난할 만한 사람들이었다. 그리고 CIA가 두려워했던 바대로, 이들은 지식인층의 선봉에 서서 베트남전에 반대했다. "당시 우리는 『뉴욕리뷰』쪽 사람들 때문에 물심양면으로 골머리를 썩었습니다. 특히 그 사람들이 베트남전을 극력으로 반대할 때나 너무 좌경화된 입장을 드러낼 때 더욱 그랬지요."[7] 리 윌리엄스는 이런 기억을 들려주었는데, 『뉴욕리뷰』에 대해 어떤 대응이 이루어졌는지는 밝히기를 꺼려 했다. 대신 이렇게 말할 뿐이었다. "그게 서로 치고받고 할 문제는 아니잖아요."[8]

마이클 조셀슨 또한 새로운 정신적 경향의 등장을 외면하고 있을 수만은 없었다. 그 또한 '미국의 과업'American Proposition에 대해 점점 커지는 환멸을 감추려고 몹시 애썼지만, 개인적으로는 마음속에 품었던 환멸이 실체를 갖추기 시작하자 이를 마지못해 받아들였다. 몇 년 후 그는 다음과 같은 기록을 남겼다. "내가 '조직' 안에서, 그리고 그 조직을 위해서 일했던 경험은 실로 큰 마음의 상처를 남겼다. …… 1950년대만 하더라도 우리의 목표는 미국의 역사적 전망에 버팀목이 되어 주는 것이었다. …… 1960년대의 절반쯤 접어들자 우리의 개인적인 가치와 이상은 미국의 베트남 전

---

7 Lee Williams, interview in Washington, July 1996.
8 Ibid.

쟁 개입과 여타의 무분별한 정책들로 인해 파괴되어 갔다."[9] 미사일 격차 missile gap 선언,[10] U-2기 격추 사건, 피그스 만 침공, 쿠바 미사일 위기 등 이 모든 제국주의적 실책들 때문에 미국의 세기, 그리고 이러한 사태를 야기한 책임이 있는 미국 정부에 대한 조셀슨의 믿음은 약화되고 있었다. 심지어 해리 트루먼 또한 임기 중이었던 1947년에 자신의 손으로 창설한 CIA를 두고 "이제껏 기능해 왔던 방식 때문에 그 역사적 입지에 암운이 드리워지게 되었으므로, 이제 나는 우리의 힘으로 이를 바로잡아야 한다고 생각합니다"라고 할 정도였다.[11] 데탕트의 이념을 수용하기 시작하던 시기에, 조셀슨은 세계문화자유회의가 상호격리주의apartheid라는 냉전적 관습을 버리고, 동구권과 대화를 모색하도록 방향을 제시하려 했다. 무엇보다도 국제펜클럽PEN International과의 관계를 통해서, 바로 그 이상적인 준비를 갖추게 되었던 것이다.

국제펜클럽은 1960년대 중반에 이미 55개국 76개 지부를 두고, 유네스코UNESCO의 공식 승인을 받아 세계의 모든 작가들을 대표하는 기관으로 성장해 왔다. 정관에 따른 국제펜클럽의 규정은 어떠한 경우를 막론하고 '국가나 정당 정치'에 관여하는 것을 금지하고 있다. 국제펜클럽은 표현의 자유를 위한 굳건한 방벽이 되었음과 동시에 어떠한 정치적 선입견과 편견에 굴복하지 않았기에, 냉전 기간에도 전 세계적으로 영향력을 확장할 수 있었다. 그러나 펜클럽을 미국 정부의 이익을 대변하는 수단으로 만들

---

9 Michael Josselson, "The Story Behind the Congress for Cultural Freedom", unpublished(MJ/HRC).

10 미국에서 소련이 핵탄두 보유 수에서 미국을 능가한다고 주장하면서 엄청난 군비 증강에 나섰던 일. — 옮긴이

11 *New York Times*, 25 April 1966.

기 위한 CIA의 전방위적인 노력이 있었던 것 또한 사실이다. 세계문화자유회의가 바로 그러한 도구가 되어 주었던 것이다.

세계문화자유회의는 오래전부터 국제펜클럽에 관심을 두고 있었다. 아서 쾨슬러가 이 단체는 문화적 자유 캠페인이 "냉전을 부추길까" 노심초사하는 일군의 "멍청이들"이 운영하는 단체라고 열변을 토했음에도 불구하고 말이다.[12] 처음에 문화자유회의는 공산주의자들이 펜클럽에 침투해서 토론에서 영향력을 확보할까 염려하여 동구권 대표단을 몰아내는 일에 노력을 경주했다. "우리는 러시아 작가, 러시아 화가, 러시아 과학자에게는 대화의 문을 열 준비가 되어 있어요." 나보코프는 1956년 리처드 크로스먼에게 보내는 편지에서 이렇게 썼다. "하지만 그 사람들이 아닌 소련 관리들이나 당 간부들과 만나서 이야기하는 것은 바라지 않아요. 불행히도…… 복종심 강하고 경찰국가의 냄새가 풀풀 나는(그러니까 무표정하고, 각진 어깨에, 감색 양복과 통 넓은 바지를 입은) 소련 관리들을 너무 많이 마주쳐 버렸어요. 그렇게 피하고 싶었는데도 말이죠."[13] 바로 이러한 꼭두각시들을 몰아내려는 목적으로, 문화자유회의는 국제펜클럽의 사무총장인 데이비드 카버David Carver와 손을 잡는 데 성공했다. 1956년, 공산주의자들이 이듬해 일본에서 열린 국제펜클럽 총회에서 엄청난 선전 활동을 개시하려고 획책 중이라는 소식이 조셀슨의 귀에 들어가자, 조셀슨은 문화자유회의가 자랑하는 '필승 선발조'(실로네, 쾨슬러, 스펜더, 미워시 등)가 그 대항마로 나설 수 있도록 쉽사리 카버를 설득하는 데 성공했다.

역시 펜클럽의 회원이기도 했던 존 헌트(1956년 첫 자작 소설 『인간의

12 Arthur Koestler, to Michael Josselson, 24 July 1963(MJ/HRC).
13 Nicolas Nabokov, to Richard Crossman, November 1956(CCF/CHI).

후손들』*Generations of Men*을 출간한 뒤 가입한 바 있다)는 『인카운터』의 비공식 대리인으로 활동하던 데이비드 카버와 '우정'을 지속해 오면서, 국제펜클럽의 회합이 열릴 때면 나타나 문화자유회의의 잡지들을 뿌리고 다녔다. 1964년 헌트는 카버가 과중한 업무에 시달리고 있으므로 도움이 필요하다고 판단했다. 그래서 문화자유회의는 키스 보츠퍼드에게 도움을 요청했다. 보츠퍼드는 솔 벨로와 함께 문학지 『고귀한 야만인』*The Noble Savage*의 공동 편집자를 맡기 위해 미국으로 돌아왔다. 그전까지는 로버트 로웰이 일으킨 대형 사고 이후로 한동안 남미 지역을 떠돌던 참이었다. 보츠퍼드는 친구 헌트를 돕기에는 안성맞춤인 사람이었기에, 1964년 가을 런던에 위치한 국제펜클럽 사무실에 때맞춰 재등장할 수 있었다. "그때는 보츠퍼드가 어떻게 그런 식으로 갑자기 나타나게 되었는지 궁금하게 여기지 않았어요." 국제펜클럽의 어느 상근 직원은 이렇게 증언하고 있다. "그런데 이제 와 생각해 보니, 좀 이상한 일이었네요."[14]

국제펜클럽의 프랑스 지부는 보츠퍼드가 임용되자 격앙된 나머지 카버에게 해명을 요구하는 편지를 보냈다. 카버는 보츠퍼드와 함께 "완벽한 조화와 긴밀한 협조를 이루어 함께 일해 본 적이 있다"라며 그의 임용을 변호했다. "펜클럽에서 보츠퍼드의 지위는 단순하고 명확합니다. 영국의 (펜클럽) 상임위원회는 보츠퍼드를 저의 조수이자 보좌 역으로 임용했으며, 제가 영국 지부의 사무총장과 펜클럽 국제 본부의 사무국장을 겸임하고 있기 때문에, 앞으로는 당연히 그가 제 온갖 업무 영역을 포괄해서 도움을 주기를 바라 마지않는 바입니다."[15] 하지만 프랑스 측에서는 걱정

---

14 Elizabeth Paterson, interview in London, July 1997.
15 David Carver, to Jean de Beer(Secretary General, French PEN), 10 March 1965(PEN/HRC).

할 만한 충분한 이유가 있었다. 보츠퍼드가 문화자유회의 측과 연계된 사람이며, 당연히 이 단체도 미국 정부와 연계되었다는 의심이 들자, 이것이 미국인들이 국제펜클럽을 접수하려는 시도가 아닐까 두려워했던 것이다. 사실 그 의심이 옳았다.

1965년 키스 보츠퍼드는 아서 밀러에게 전화해서 데이비드 카버와 함께 만남의 자리를 마련하자고 전했다. 당시 파리에 있었던 밀러는 『고귀한 야만인』에 단막극 두 편을 기고했던 터라 보츠퍼드와 약간 안면이 있는 사이였다. "펜클럽에 대해 뭐라고 얘기하기는 했지만, 그때는 그저 대충 흘려듣기만 했다." 밀러는 당시를 이렇게 기억했다. 전화를 한 다음 날, 보츠퍼드는 카버를 대동하고 파리에 도착해서 밀러에게 국제펜클럽의 차기 회장직을 맡아 달라고 권유했다. "그 얘기의 요점은 펜클럽 사람들이 이제 막다른 구석에 몰려 있다는 것이었다." 밀러는 훗날 이런 기록을 남겼다. "최근의 데탕트라는 외교정책은 동서 양 진영에게 이념적 차이를 관용으로써 이해하자는 새로운 노력을 요청하고 있었다. 펜클럽에게는 아직 그러한 경험이 없었다. 그래서 새로운 시작이 필요했던 것이고, 그 시작이 바로 나였다."[16] 그러나 밀러는 "나는 혹시 이용만 당하는 것이 아닐까 하는 의심이 들었고, 미 국무부나 CIA 아니면 그와 유사한 일을 하는 영국 기관이 이 특별한 상황에 개입하려는 의도가 아닐지 갑자기 의심하는 마음이 들었다. …… 펜클럽은 일종의 콘크리트 속에 발이 묶여 있었는데, 나는 그것이 소련에 반대한다는 전통적인 냉전적 입장이었음을 곧 알 수 있었다. 그 당시 서방 각국의 정부들처럼, 펜클럽도 동구권 또한 작가들에게 새로이 서구와 접촉할 수 있도록 허용하는 안정된 사회로 이

---

16 Arthur Miller, *Timebends: A Life*, London: Methuen, 1987.

해하려고 노력을 쏟고 있었다." 밀러는 어느 역사가에게 다음과 같이 말했다. "다 지난 일입니다만, 정부 측에서는 제가 펜클럽의 회장이 되기를 바랐을 겁니다. 그렇게 하지 않으면 소련에 침투할 수 없었기 때문이죠. 아마 제가 소련을 방문하게 되면, 그 뒤에 정부에서 나온 사람 몇몇을 붙여 놓을 수 있다는 계산이 있었겠지요. 제게 스파이 짓을 시키지는 못했을 겁니다. 저도 그러고픈 생각이 없었고요. 그런데 펜클럽과 관련해서 제게 접근해 왔던 초기의 사람들 중에 하나가 있었는데요. 지금은 이름이 기억이 나지 않습니다만. 사람들이 나중에 이렇게 얘기하더군요. '저런, 그 사람 원래 정부 요원이었어.' 하지만 이제 와서 보면 아무런 증거도 없지요. 그저 소문일 뿐이죠."[17]

미국에서는 미국인이 국제펜클럽의 회장을 맡기를 바랐고, 그 목표가 현실로 다가오고 있었다. 카버는 사실 (1962년 노벨문학상 수상자인) "존 스타인벡을 잡기 위해 전력을 다해" 왔었다. 하지만 이는 실현되지 못했고, 밀러가 그 차선으로 등장했던 것이다. 하지만 프랑스 지부에서 보기에는 이 중에 어떠한 후보자도 마음에 들지 않았다. 그래서 어떻게 해서든 미국인들을 배제하려 했다. 카버가 미국인 후보자를 물색하고 있다는 사실을 깨닫자마자, 펜클럽 프랑스 지부에서는 같은 지부의 회원이자, 위대한 라틴아메리카의 소설가인 미겔 앙헬 아스투리아스Miguel Ángel Asturias를 내세웠다. 이에 조셀슨은 아스투리아스를 두고 혐오스럽다는 듯이 "니카

---

17 Natalie Robins, *Alien Ink: The FBI's War on Freedom of Expression*, New York: William Morrow, 1992. 1986년에 밀러는 자신에 대해 기록해 놓은 미 연방수사국(FBI)의 문서를 가까스로 접하면서 사실을 확인할 수 있었다. 그가 국제펜클럽의 회장으로 뽑힌 이유에 대해서 그의 예측이 들어맞았던 것이다. 당시 펜클럽의 존망이 기로에 서있을 때, 밀러야말로 동구권과 서구권을 넘나들 수 있는 가장 이상적인 펜클럽 회장으로 생각되었기 때문이다.

라과에서 기어 올라온 저런 늙은 군마軍馬 같은 공산주의 동조자"라고 불렀다.[18] 그래서 다급한 어조로 당시 파리에 살고 있던 마네 스페르버에게 편지를 띄웠다. 드골 정부의 문화부 장관이자 문화자유회의의 오랜 친구였던 앙드레 말로에게 부탁해서 아스투리아스가 후보로 나서지 못하게 막아 달라는 내용이었다. 스페르버는 머뭇거리다, 프랑스 문화부는 펜클럽과 아무런 관련이 없으며, 펜클럽은 독립적인 기관일 뿐이라는 회신을 보내왔다. 그러나 조셀슨은 스페르버에게 이는 다름 아닌 프랑스의 위신이 위태로운 상황이며, 그 때문에 프랑스 정부도 분명히 관심을 가질 것이라고 집요하게 주장했다. 만약 아스투리아스가 선출되면 아마도 조셀슨은 "이것은 파국"임을 선언할 텐데, 이는 곧 "카버와의 친선 관계가 끝장남"을 의미했다.[19]

미국인 친구들의 든든한 후원을 등에 업고 자신의 입맛에 맞는 후보자를 찾고 있던 카버는 1965년 4월 펜클럽 회원들에게 총 8쪽에 달하는 공개 서한을 보내 프랑스 측 후보의 적법성에 문제를 제기했고, 프랑스 지부가 사실을 왜곡했다고 비난하면서, 아스투리아스는 국제펜클럽의 회장직을 맡기에 모든 면에서 자격 미달인 사람이라고 폄하했다. 카버의 공개서한 사본을 받아 본 냉전의 베테랑 투사이자 미국 펜클럽 상임이사였던 루이스 갤런티에르Lewis Galantière는 동료 회원들에게 이렇게 경고했다. "프랑스 측의 도발은······ 미국인이 회장이 되려는 것을 훼방 놓겠다는 의도일 뿐만 아니라, 국제펜클럽 사무국을 집어삼키려는 수작입니다. ······ 본

---

18 사실 아스투리아스는 과테말라 사람이었다. 그는 문화자유회의를 거리낌 없이 비난하는 적이었다. 그중에서도 보츠퍼드가 남미에서 벌이는 '장난'을 굉장히 혐오했기 때문에, 그와는 특별히 앙숙이었다.

19 Michael Josselson, to Manès Sperber, 24 November 1964(MJ/HRC).

인은 프랑스 측의 이러한 움직임이 프랑스식 서열주의가 낳은, 도가 지나친 오만함을 드러내는 또 하나의 실례라고 생각하는 바입니다(그러나 이 일이 프랑스 외교부의 승인하에 발생했다고 믿지는 않습니다).[20]

미국 펜클럽의 상임이사진에는 갤런티에르 외에도 문화자유회의의 친구들이 여러 명 있었다. 특히 그중 한 명은 이 단체의 전용 편지지 상단에도 이름이 새겨져 있는 인물로, 바로 로비 매컬리였다. 매컬리를 통해서 CIA는 미국 펜클럽 이사진에서 영향력을 발휘할 수 있었던 것이다. 그 말은 코드 마이어가 CIA 국제조직국IOD의 정보요원인 매컬리를 펜클럽 회원의 자격으로 런던에 보내기로 결정만 내린다면, 그가 CIA를 대리하여 활동을 하더라도 완벽할 정도로 자연스럽게 보일 수 있다는 의미다. 그런데도 더욱 철저하게 위장하기 위해서, 매컬리는 영국에서 2년을 보내는 동안, 구겐하임 연구교수 겸 풀브라이트 연구교수를 겸했다. 런던에서 보츠퍼드와 매컬리, 그리고 세계문화자유회의(보다 직접적으로는 파필드재단)의 지원금을 수령했던 카버와 함께, CIA는 국제펜클럽에 성공적으로 침투할 수 있었다.

회장직을 둘러싼 선거전이 벌어진 가운데, 카버와 보츠퍼드는 1965년 7월 첫째 주, 유고슬라비아의 블레드에서 개최가 예정되어 있는 차기 대규모 국제펜클럽 총회에 한 발 앞서 계획을 꾸몄다. 존 헌트도 이 총회에 참가하기로 되어 있는 작가들에게 돈을 제공하기로 동의했다. 이때 런던 주재 CIA 회계 감사 담당관 케네스 도널드슨은 문화자유회의에 배정된 계좌에서 펜클럽에 충당할 준비 자금을 조성하라는 지시를 받았다. 대표단으로 제시된 인사들의 목록은 존 헌트가 작성했는데, 다음과 같은 엄

---

20 Lewis Galantière, to the members of American PEN Executive Board, 26 April 1965(PEN/HRC).

격한 계약 조건을 명시하고 있었다. "여기에 포함된 대상자 중 누구 하나라도 참석이 불가하게 되면, 펜클럽 사무국은 타인으로 대체하는 데 소요되는 비용에 대하여 세계문화자유회의 파리 본부 사무국의 승인을 필히 득해야 한다."[21] 헌트가 작성한 명단에는 다비드 루세, (래스키의 뒤를 이어 『데어모나트』의 편집장이 된) 헬무트 예스리히Helmut Jaesrich, 맥스 헤이워드, 스티븐 스펜더, 니콜라 키아로몬테와 이냐치오 실로네 등이 있었다. 파필드재단에서는 별도의 지원을 통해, 카를로스 푸엔테스Carlos Fuentes와 윌레 소잉카의 방문 경비를 제공했다.[22] 그래서 이 작가들이 또 다른 대표단과 합세해서, 아서 밀러를 새로운 펜클럽 회장으로 선출해 주었다.

블레드 회의에서 작전이 성공을 거두자 존 헌트는 다가오는 6월 뉴욕에서 열리기로 되어 있는 차기 펜클럽 총회를 준비하기 시작했다. 국제 펜클럽 총회를 미국 지부가 주최하기는 42년 만에 처음이었다. CIA는 사활을 걸고서 비밀 무기를 총동원하기로 계획했다. 세계문화자유회의에서 중요한 역할을 맡았다(이미 카버에게 1965년 뉴욕에서 벌어질 '작전'에 대비하라고 1000파운드를 건넸는데, 런던 브롬턴 가에 위치한 샹터렐Chanterelle 레스토랑에서 헌트와 함께 점심 식사를 하면서 액수가 일부 조정되었다). 때맞춰 포드재단도 개입해서 1966년 1월 펜클럽 미국 지부에 '상당한 지원금'(7만 5000달러)을 제공했으며, 록펠러재단도 추가로 2만 5000달러를 내놓았다. CIA 또한 아시아재단과 자유유럽위원회를 통해서 자금을 제공했다. 그러

---

21 Tim Foote, to Kenneth Donaldson, 28 April 1965(CCF/CHI).
22 블레드 총회에 대한 펜클럽의 자체 보고서에 따르면, CIA가 후원하는 자유유럽위원회 또한 자금을 제공했는데, 루이스 갤런티에르가 이 위원회의 활동적인 멤버였기 때문이었다. 이 자금을 조성한 사람은 앨런 덜레스였을 가능성이 크다. 덜레스는 CIA에서 은퇴한 상태이기는 했지만, 자신의 손으로 일구어 놓은 냉전에 쓰일 각종 조직들을 통해 계속 능동적인 역할을 수행하고 있었다. 더군다나 덜레스는 당시 새로이 펜클럽의 회원으로 피선된 상태였다.

한 필사적인 투자를 등에 업은 헌트는 1966년 2월 9일 데이비드 카버에게 보낸 편지에서 이렇게 그들의 지원 능력을 시험해 보고 지원 액수의 한도를 설정해 놓은 것은 잘한 일이라고 생각한다고 썼다.[23]

이렇듯 헌트가 마련한 보호 수단 덕에 세계문화자유회의의 세미나 조직위원인 매리언 비버Marion Bieber를 문화자유회의의 경비로 총회 개최에 앞서, 그리고 총회 기간 내내 카버의 사무실과 뉴욕에 심어 둘 수 있었다. 다양한 언어를 구사했던 비버는 런던의 현대사문제연구소Institute of Contemporary History에서 일하던 사람으로 1950년대 문화자유회의의 부총장직을 수행하면서 이런 작전에 잔뼈가 굵은 사람이었다. 국제펜클럽 영국지부와 미국 지부의 심장부에 이런 '최정예 자원'을 심어 두면서, 헌트는 펜클럽에 기울이는 자신의 관심이 드러나지 않으리라 확신했다.

동시에 헌트는 갓 미국 펜클럽의 회장이 된 루이스 갤런티에르에게 편지를 써서 비슷한 제안을 했다. 그렇다면 이러한 일을 하는 데 최근 워싱턴에서 복귀한 로비 매컬리보다 더 나은 사람이 누가 있겠는가? 권위 있는 『케니언리뷰』의 편집장이라는 직함은 그의 비밀 업무를 감춰 주고 의심을 피하게 만들기에는 충분했다. 그 결과 매컬리는 미국 펜클럽을 CIA에 팔아넘길 때, 갖가지 일을 처리해 주는 막후 해결사 역할을 했던 것이다.[24] 또한 헌트는 펜클럽 회의에 참가할 명망 있는(그러나 자신이 직접 선택한) 서구 지식인들의 방문 경비를 지불하도록 승인했다.

제34회 국제펜클럽 총회가 1966년 6월 12일에서 18일까지 열렸다. 명시적으로 또는 암암리에 활약했던 조직위원들은 행사를 개최하는 영예

23 John Hunt, to David Carver, 9 February 1966(CCF/CHI).
24 John Hunt, to Lewis Galantière, 4 March 1966(CCF/CHI).

를 안게 되어 "이로써 미국의 이력에 남은 오점이 지워졌다"라며 자축했다. 총회 보고서는 "뉴욕에서 총회가 개최됨으로써 미국이 현대 문명의 선도자로서 우위에 서게 되었음이 당당하게 확인되었다"라고 자랑스럽게 기록하고 있다. 이 총회는 '작가라는 독립적인 영혼'이라는 주제로 조직되어 "사회 속에서의 작가의 역할과 예술가로서의 작가의 관심사에 충실하면, 그것이야말로 나라의 위신을 높이는 일"이라는 내용으로 열렸다.[25]

그러나 모든 참가자가 같은 결론에 이른 것은 아니었다. 펜클럽 총회 전날, 뉴욕대학에서 있었던 강연에서 코너 크루즈 오브라이언은 지식인의 독립성에 대해 강력한 비판을 가했다. 문화자유회의의 통상적인 주장이기도 한 "'독립적인 영혼으로서 작가'라는 지킬 박사는······ '유명 인사로서의 작가'라는 하이드 씨로 돌변할 위험에 처해" 있으며, 과거의 작가들이 (쥘리앵 방다Julien Benda가 말한 바와 같이) "정치적 열망에 거리를 둠"으로써 비난받았었다면, 오늘날 그들의 처지는 "그런 정치적 열망에 정신을 팔거나, 혹은 그러한 열망에 의해 타락하기 쉽다"라고 말이다.[26] 오브라이언은 계속해서 최근에 실린 『인카운터』의 기사를 간추려서 들려주었다. 그 기사는 데니스 브로건Denis Brogan이 쓴 것으로 『인카운터』가 '지식인들의 배반'la trahison des clercs에 대항하여 싸운다며 찬양한 내용이었다. 이 문구는 쥘리앵 방다가 재능 있는 작가들이 정치적 명분을 위해 대변인이나 선동가로 변신하는 것을 비난하기 위해 쓴 책 제목에서 차용한 것이다. "지배적인 권력 구조의 입맛을 너무나 잘 맞춰 주던" 이 잡지는 오히려 오

---

25 PEN report, June 1966(PEN/HRC).
26 Conor Cruise O'Brien, "Politics and the Writer", 19 May 1966. ed. Donald H. Akenson, *Conor: A Biography of Conor Cruise O'Brien*, Montreal: McGill-Queen's University Press, 1994에서 재인용.

브라이언이 여론을 호도한다며 공격의 포문을 열었다. 그러자 정치 문제에서 침묵해 본 적이 없던 오브라이언은 『인카운터』가 꾸준히 특정한 정치 노선에 따라 움직여 왔음을 밝혀냈다. 그 핵심 노선은 바로 "영국인들이 미국의 정책 수립과 실행에 대해 한결같이 우호적인 태도를 취할 수 있게 알아듣도록 가르치는 것"이었다.[27]

　『뉴욕타임스』가 이러한 오브라이언의 주장을 보도했다. 이로써 펜클럽 총회는 큰 부담을 갖게 되었다. 이는 세계문화자유회의의 종말이 시작되었음을 예고하는 사건이었다.

---

27 O'Brien, "Politics and the Writer". ed. Akenson, *Conor*에서 재인용.

23장

문학계의 피그스 만 침공

> 1840년대의 부르주아 정치인들이 1848년 이후부터는 앞서가는 사람의 옷자락을 낚아채면서도, 자기 옷자락을 낚아채는 사람은 발길로 걷어차 버렸다는 마르크스의 표현을 기억하십니까? 앞으로도 그렇게 낚아채고 낚여 채이다 수많은 옷자락이 찢겨 나갈 텐데 …… 이렇게 옷자락이 찢기고 여기저기 걷어차이는 과정에서 혹여나 고환이 한두 개쯤 터지지나 않을까 심히 두렵습니다. — 제임스 T. 패럴

서구의 지식인들이 '권력 구조'에 봉사하고 있다는 코너 크루즈 오브라이언의 비판이 큰 반향을 일으키며 등장했을 당시는 미군 병사들이 베트남에서 죽어 가고 있던 때였다. 이 나라는 덴마크 왕실처럼 어딘가 썩어 있었고,[1] 세계문화자유회의의 주변에 모여들었던 수많은 직업적 반공주의자들은 이제 스스로 파놓은 깊디깊은 신념의 함정에서 헤어 나올 수 없게 되었음을 깨닫게 되었다.[2] 이러한 '미국의 세기'의 수호자들은 보수 논객인 조지프 알섭과 마찬가지로, 베트남 전쟁을 "전후 미국의 전망과 숙명을 전 세계로 확장시킬 때 도달할 수밖에 없는 정당한 논리적 귀결"이라 믿었다.[3] "덤벼라, 베트남아! 이러면서 반스탈린주의가 우리의 침략을 손쉽

---

[1] 셰익스피어의 『햄릿』(*Hamlet*)에서 덴마크 왕실이 썩어 있다는 햄릿의 한탄에서 차용한 비유. — 옮긴이

[2] Robert W. Merry, *Taking on the World: Joseph and Stewart Alsop, Guardians of the American Century*, New York: Viking Penguin, 1996.

[3] *Ibid*.

게 정당화해 주었던 겁니다." 제이슨 엡스타인은 이렇게 주장했다. "하지만 이렇게 말하는 사람들이야말로 당시에 진짜 곤경에 처해 있었습니다. 정말 속수무책이었죠. 왜냐하면 그 사람들은 너무나 오랫동안 반공주의 노선을 걸어왔기 때문에 베트남 전쟁도 지지해야 했기 때문입니다. 그렇지 않으면 그동안 쌓아 왔던 일이 허사가 될 테니 말입니다. 이런 사람들이 베트남 전쟁을 일으켰고, 또 우리의 대對중국 외교를 가능하게 했으며, 또 매카시와 같은 사람들을 통해서 야만적인 반스탈린주의적 행태를 보여 주었습니다. 게다가 그 사람들은 이 나라 지성계 문화에 침울한 기운을 퍼뜨렸어요."[4]

알섭 형제의 전기를 썼던 작가 로버트 메리Robert Merry도 같은 결론에 도달했다. 그는 다음과 같은 글을 남겼다. "수년의 시간이 흐르고 나면, 이 전쟁을 두고 미국의 지도층이 전쟁에 완전히 빠져들지 않을 정도의 혜안만 가졌더라도 충분히 피할 수 있었을, 정책상의 탈선이나 국가적 재앙이라는 관점이 대세가 될 수도 있다. 하지만 이러한 관점은 미국의 베트남 개입에서 주를 이루는 현실적 문제를 도외시한 것이다. 베트남 전쟁은 당연한, 그러니까 불가피한 결과였는지도 모른다. 미국 외교정책의 전 지구적인 확장은 전후 시대의 여명기를 규정하는 특질이기 때문이다."[5]

"이 도시(워싱턴)에는 문자 그대로 광란에서 나온 살기가 있다. 우리가 지금 벌이고 있는 이 우매하기 짝이 없는 일들을 어떠한 말로 표현해야 할지 모르겠다."[6] 윌리엄 풀브라이트 상원의원이 남긴 기록이다. 이 사람

4 Jason Epstein, interview in New York, June 1994.
5 Merry, *Taking on the World*.
6 William Fulbright, "In Thrall to Fear", *The New Yorker*, 8 January 1972.

은 냉전주의 이론가에서 냉전을 거리낌 없이 비판하는 반대자로 변신한, 특이한 이력의 소유자였다. 풀브라이트는 엄밀히 말해서 신좌파에 속하는 사람은 아니었다. 하지만 팍스 아메리카나라는 개념, 그리고 구제불능일 정도로 비논리적인 미국 외교정책에 독설을 퍼부으면서, 또한 미국의 패권에 대한 무비판적인 묵종에 저항하면서 신좌파를 이끌었다. 또한 그는 다음과 같은 말도 남겼다. "정부의 행정 부서들은 물론 의회에서도 소수의 고립된 목소리만이, 소련이 유럽에서 벌이는 정책들이 세계 정복 계획의 발로에서가 아니라 자체의 안보를 유지하기 위한 병적인 공포 때문일지도 모른다고 지적할 뿐이다. 실제로 권력의 중심부에 있는 어느 누구도 소련의 흉포한 도발이 그들의 강대함이라기보다 허약함에서 나온 결과일지도 모른다는 가정을 인정하려 하지 않는다. 소련이 흉포하다는 생각은 서구 열강들이 볼셰비키 '괴물'들을 요람에서 기어 나오기 전에 목졸라 죽이려는 목적으로 개입했던 1919년의 기억 때문에 강화되었기 때문이다. 따라서 건설적인 반대를 통해 얻을 수 있는 이점이 부재한 가운데 우리의 정책이 만들어졌던 것이다."[7]

소설가 노먼 메일러 또한 같은 생각을 갖고 있었다. 그는 미국이 베트남에서 벌이는 전쟁을 두고 이렇게 주장했다. "이 전쟁은 제2차 세계대전이 종식되고부터 오랫동안 기록에 남아 있지 않은 형태로 연달아 벌어졌던 수많은 사건들의 절정이었다. 이 사회에서 가장 권력을 많이 쥐고 있는 중년의 나이 지긋한 미국의 와스프WASP, 특히 정치가, 기업 중역, 장군, 해군 제독, 신문 편집장, 그리고 국회의원 들은 모두 이념 앞에 충성을 맹세했다. 중세의 기사들에 비견될 만한 태도로 기독교 문화에서는 공산주의

---

7 Ibid.

가 불구대천의 원수임을 서약했던 것이다. 만약 전후 세계에서 공산주의
와 맞서 싸우지 않는다면, 기독교 신앙은 사멸을 면치 못할 것이라고 하면
서 말이다."[8]

　　이렇듯 비판과 반대 여론이 들끓자『뉴욕타임스』도 미국 정부의 벽
장 속 어두운 구석에 무엇이 숨겨져 있나 관심을 보이기 시작했다. 1966
년 4월『뉴욕타임스』의 독자들은 신문에 실린 CIA에 대한 가차 없는 폭로
기사를 보고 경악했다. "국내외를 막론하고, CIA의 활동이 야기한 문제들
은 끝이 없어 보인다." 어느 기사에는 이렇게 나와 있었다. "이제 인공위성
과 전자기기, 각종 정밀 기계들이 스파이 활동의 고역을 대부분 떠맡아 주
고는 있지만, 여전히 인간 활동의 역할은 매우 중요하며 이러한 활동은 또
한 수많은 정책적·윤리적 문제를 야기해 CIA를 외교적 곤경에 빠뜨리기
도 한다. 바로 이러한 이유 때문에 많은 사람들은 CIA에서 어느 누구의 통
제도 받지 않는 프랑켄슈타인 박사의 괴물 같은 존재가 만들어졌다고 확
신하고 있다. …… 자랑스럽고 존경받아야 할 국민의 정부가 마치 세계
의 '뒷골목'을 배회하듯이 '비밀' 첩보 작전, '더러운 눈속임', 무자비한 불
법적 행위에 너무 지나치게 의존하고 있는 것은 아닌가? 총에는 총, 힘에
는 힘, 정부 전복에는 정부 전복, 범죄에는 범죄로 맞서는 일이 너무도 만
연하여 이제는 자부심과 명예를 사악함이나 무자비한 적개심과 혼동하게
되어 버린 상황을 어떻게 보아야 하는가? 이런 의문이야말로 미국의 국민
들이 당연히, 그리고 필수적으로 가져야 할 관심사다."[9]

　　1966년 4월 27일자 다른 기사는『인카운터』가 CIA의 자금을 받고 있

---

8 Norman Mailer, *Armies of the Night*, New York: New American Library, 1968.
9 *New York Times*, 27 and 29 April 1966.

다는, 이제는 상식이 되어 버린 오브라이언의 주장을 다시 게재했다. 래스키가 격하게 대응하지 않았다면, 이 기사는 아마 수많은 보도들 속에 사장되었을지도 모른다. 그러나 래스키는 고로니 리즈Goronwy Rees가 쓴 기고문을 실어 응수했다. 혹자는 고로니 리즈를 두고 "냉전의 강가에서 우스꽝스럽게 허풍만 치다 평판만 깎아 먹은 낚시꾼"으로 평한 바 있다.[10] 이 기고문은 『인카운터』에 대한 오브라이언의 비판에 단순히 반론을 제기하는 것을 넘어 오브라이언이 수년 전 콩고에 UN 대표단으로 가있던 시절의 업무 수행 능력까지 문제 삼는 등 인격 모독적인 내용이 담겨 있었다. 이에 오브라이언은 즉시 『인카운터』 측에 명예훼손 소송을 제기했다. 래스키는 (남미 출장으로 말미암아) 부재중이었고 스펜더는 미국에 있었기 때문에, 『인카운터』에는 공동 편집인으로 갓 잡지에 발을 들여놓은 프랭크 커모드만이 남아서 이 난국을 헤쳐 나가야 했다(하지만 그는 리즈의 기고문을 출판 전까지는 읽어 본 적도 없었다).

그전 해 5월에 스펜더는 조셀슨에게 편지로 자신이 미 의회도서관으로부터 '국민시인'Consultant Poet으로 임명되었다는 소식을 전했다. 국민시인은 영국의 계관시인에 해당되는 직위였다(그 이전에 로버트 프로스트와 로버트 로웰이 국민시인에 임명되었는데, 스펜더의 경우는 미국인이 아닌 사람으로서 최초로 이 영예를 안은 시인이었다). 처음에 조셀슨은 화를 내며, 6월에 머거리지에게 보낸 편지에서 이렇게 썼다. "스펜더 선생님은 세이렌의 유혹을 뿌리치지 못했군요."[11] 애초에 스펜더가 (국민시인으로 있으면서) 『인카운터』를 떠나 있는 1년 동안 해당 급여를 못 받도록 해야 한다는 데

10 Karl Miller, *Dark Horses: An Experience of Literary Journalism*, London: Picador, 1998.
11 Michael Josselson, to Malcolm Muggeridge, 25 June 1965(MJ/HRC).

는 두 사람 모두 같은 생각이었다. 그러나 조셀슨이 스펜더에게 어느 정도 재정적 지분을 보장해 주기를 바랐기 때문에 "계속 그를 관대하게 봐주기로"[12] 결정이 났다. 조셀슨은 머거리지에게 이러한 결정을 "철저한 비밀"로 하자고 했다. 한편 스펜더는 자기가 자리를 비울 때만이라도 그 적임자로서 프랭크 커모드가 그 자리를 대신하도록 해달라고 제안했다.

래스키는 사태가 이렇게 진전되자 기쁜 마음이 들었다. 그와 스티븐의 관계는 항상 삐걱거렸지만 그때쯤에는 거의 파국에 이르렀었기 때문이다(래스키는 항상 '스티븐'을 부를 때 '스티이픈'stee-fen이라고 발음했는데, 커모드는 아마도 이 시인이 자신의 이름을 미국식인 'v', 그러니까 'Steven'으로 쓰지 않았기 때문에 래스키가 이를 은근히 비꼬려고 그랬을 것이라고 설명했다). "지난 몇 년 동안, 일은 많아도 잘된 일은 별로 없었는데, 그중에서도 최악이라고 꼽을 수 있는 것 중 하나는 스티븐이 내 옆방을 쓰는 겁니다." 래스키는 조셀슨에게 이렇게 불평했다. "스티븐이 없다고 생각할 때마다 얼마나 기쁜지, 그리고 그럴 때마다 얼마나 만사가 태평하게 흘러갔는지 모릅니다. …… 과거에는(5년 전, 아니 작년까지만 해도) 그분을 대신할 사람을 뽑는다는 얘기에 회의적이었습니다. 하지만 가끔씩 그분과 앞으로도 함께 한다면 제 삶이 어떻게 될까 두려운 생각에 빠져들고는 합니다. …… 매일 말썽을 일으키고 그 죄책감에 잔소리나 늘어놓고, 또 일은 최소한으로 하면서 영광은 최대한 차지하고, 오로지 자기 책·희곡·시집·기고문·서평·방송에만 신경 쓰는 사람과 함께해야 한다고 생각하면 참담한 심정이 듭

---

12 Michael Josselson, to Malcolm Muggeridge, 25 June 1965(MJ/HRC). 나타샤 스펜더는 훗날 조셀슨이 이렇게 재정상의 문제를 처리했다는 말에 난감해했다. 그녀는 당시에 분수를 모르고 돈을 써왔기 때문이다.

니다. 그게 다 나쁘다는 게 아닙니다. 사실 다 좋은 일이죠. 하지만 남의 눈을 속이면서 그렇게 불편하게 행동하는 데 계속 마음을 쓰는 게 싫습니다. 스티븐이 그런 일을 다 해낼 만한 능력이 있는 사람입니까? …… 언제까지 우리가 그런 불성실하고 무능한 사람 밑에서 일해야 합니까?"[13] 마침내 조셀슨도 래스키의 이런 마음에 공감하게 되었다. "스펜더가 런던에서 오래 있으면 있을수록 더욱 분란만 일으키고 외부 사람들에게 이러쿵저러쿵 투덜거리거나 헛소문을 퍼뜨릴 소지가 더 커질 것 같군요."[14]

하지만 조셀슨과 가장 가깝게 지내는 주변 인사들 중에서는 커모드의 능력을 의심하는 사람들도 많았다. 이 중 어느 누구도 "벼락출세한 책벌레 기생오라비"라는 필립 라킨의 묘사에 동의하지는 않더라도(라킨은 또 시로써 커모드를 모욕했다. "나는 등을 돌려 / 커모드 보라고 엉덩이를 까보였네"), 사람들은 커모드에 대해서 겉으로는 칭찬하는 체하면서 뒤에서 욕을 했다. 에드워드 실즈는 커모드를 "평범하고 별 볼일 없는 교수"로 평가했다.[15] 로비 매컬리는 조셀슨에게 커모드의 책은 즐겨 읽고 있지만, 인간적으로는 싫어한다고 했다. "커모드에 대한 말씀 감사합니다." 조셀슨은 매컬리에게 다음과 같은 의견을 전했다. "저 또한 그 사람의 글을 좋아하지만 만나 본 적은 없습니다. 말씀해 주신 그 친구의 성격을 미루어 보건대, 앞으로 골치 아픈 일이 생길 것 같다는 생각이 듭니다. …… 그런 마음이 드는 한편, 커모드가 충분히 능력이 있는 것으로 판명이 나면, 잡지를 위해서는 많은 역할을 해줄 수 있을 것 같습니다. 『인카운터』는 서평 부분

---

13 Melvin Lasky, to Michael Josselson, undated(MJ/HRC).
14 Michael Josselson, "Memo for the Record: Talks with Muggeridge, London, 25 and 28 February 1964", 3 March 1964(MJ/HRC).
15 Edward Shils, to Michael Josselson, 2 November 1967(MJ/HRC).

을 포함해서 문학 분야가 취약하니까요."[16] 같은 편지에서 조셀슨은 평소와 다르게 속마음을 털어놓았다. "저는 요새『인카운터』와 개인적으로 문제가 있습니다. 이 일에 싫증이 나기 시작한 거죠. 아직까지는 누구에게도 얘기한 바는 없습니다만. 같은 생각을 하고 있는 제 아내 다이애나만 빼놓고요. 요새는『뉴욕리뷰오브북스』가 훨씬 더 재미있고, 만족스럽기로는 『커멘터리』가 훨씬 낫습니다."[17]

조셀슨의 측근들이 그다지 호의적이지 않았음에도 불구하고, 커모드는 1965년 여름『인카운터』에서 래스키와 함께 일할 공동 편집자로 공식 초빙 되었다. 커모드는 자신이 래스키라는 전제적이고 보스 기질이 있는 사람을 거들어 주면서 문학 분야를 책임지기 위해 초빙되었다는 사실을 이해하고는 있었지만, 래스키가 왜 더 나은 자격을 가진 사람을 고르지 않았는지 의아해했다. 최소한 런던에 사는 사람을 고를 수도 있었는데 말이다(당시 커모드는 글로스터셔에 살면서 브리스톨에 있는 학교에서 교편을 잡고 있었다). 하지만 실제로는 그가 멀리 떨어진 곳에서 살아서 매일 잡지사에 출근할 수 없었기 때문에 완벽한 후보자가 되었던 것이다. "내가 나의 결점이라고 생각했던 것이 실제로는 중요한 자질이 되었다. 내 가슴, 아니 내 마음 어딘가에서 순전한 허영심과 뒤섞여 …… 잘못된 길을 가고 있다는 마음을 외면하지 못하고 주저하면서 출셋길에 들어섰음을 깨닫게 되었다."[18]

그렇게 해서 커모드는 제안을 받아들였던 것이다. 그는 곧바로 "『인

16 Michael Josselson, to Robie Macauley, 30 December 1965(MJ/HRC).
17 Ibid.
18 Frank Kermode, *Not Entitled: A Memoir*, London: Harper Collins, 1996.

카운터』의 모든 운영 방식이 수상하게 이루어지고 있다"라는 사실을 깨달
았다. 커모드는 이 잡지의 발행 부수도 몰랐고, 잡지가 어떠한 재정 수입
으로 유지되는지도 몰랐다. 게다가 잡지 편집에 대해서는 거의 발언권이
없었다. 그래서 결국 이렇게 결론 내릴 수밖에 없었다. "내가 굳이 나타나
지 않아도 별로 달라질 일이 없을 것 같다."[19]

커모드도 다른 사람들과 마찬가지로 『인카운터』가 CIA와 연계되어
있다는 소문을 익히 들어 알고 있었다. 스펜더는 커모드에게 그런 주장을
듣고 자신도 마음이 혼란스러웠으나 조셀슨과 파필드재단이 반대의 증거
를 제시하며 부인하자 안심이 되었다고 했다.[20]

실제로 커모드가 취임했을 당시 『인카운터』는 세계문화자유회의의
후원을 받지 않고 세실 킹Cecil King의 데일리미러그룹Daily Mirror Group[21]에서
발간되고 있었다. 어쨌든 최소한 공식적으로는 사정이 그랬다. 킹과의 거
래는 『인카운터』에 대한 일련의 비판적인 보도들이 쏟아져 나오면서 성사

19 *Ibid*.
20 리처드 월하임은 『인카운터』의 이사진에 참여해 달라고 요청을 받았는데, 몇 년 앞서 래스키
   와 스펜더와 함께 이러한 소문을 가지고 대면한 적이 있었다. "우리는 어떤 사교 클럽에서 있었
   던 저녁 식사 자리에서 이 문제를 논의했고, 당시 떠돌고 있던 CIA 관련 소문에 대해 확실한 답
   을 달라고 요청했습니다. 그러자 래스키가 이렇게 말했습니다. '세상에 쉬운 일은 없소. 조사
   를 더 해보실 수 있을 테니 알아서 하시구려.' 그러자 스티븐이 엄청 안심하는 것 같더라고요. 그
   래서 그랬습니다. '봐요, 진심이 안 담긴 말이잖소.' 그러자 래스키가 되받습니다. '물론이죠. 그
   러고 싶은 생각도 없고요. 왜 우리가 장삼이사 같은 양반들 얘기를 다 들어줘야 하죠? 그런 미친
   놈의 소문에 휘둘리는 사람들한테.'" 그러자 스티븐도 입을 딱 닫아 버렸다. 그리고 저녁을 마저
   먹는 내내 아무 얘기도 없었다. 월하임은 그 뒤 이사진 참여 요청을 거부했다(Richard Wollheim,
   telephone interview, December 1997).
21 여기서 데일리미러그룹은 공식 명칭이 아니라 세실 킹이 이룩한 영국의 출판 제국인 국제출판법
   인(International Publishing Corporation, IPC)을 지칭하는 말로 보인다. 국제출판법인은 영국에서
   미국의 타임-라이프와 같은 위상을 지니고 있으며 우리에게도 널리 알려진 『피플』(*People*), 『더
   선』(*The Sun*), 『데일리미러』(*Daily Mirror*) 등을 소유하다 2001년 미국의 타임-워너에 매각되었
   다. ─옮긴이

된 것이다. 특히 이 중에는 『인카운터』가 영국 외교부로부터 비밀리에 정기적인 재정 지원을 받아 왔다고 주장했던 1963년 『선데이텔레그래프』 *Sunday Telegraph*의 사설도 포함되어 있었다. 이러한 보도들은 확실히 『인카운터』의 신뢰성을 위협했고, 그 때문에 1964년 초, 『인카운터』는 개인 후원자를 찾아 나서게 되었다. 그해 7월에 편집자들은 『인카운터』의 장래 모든 재정적·사업적 문제들을 세실 킹의 국제출판법인이 맡게 될 것이라고 발표했다. 이러한 계약의 일환으로 빅터 로스차일드, 마이클 조셀슨, 아서 슐레진저로 이루어진 일종의 경영신탁위원회Controlling Trust가 설립되었다. 이 중에 슐레진저는 에드워드 실즈의 반대에도 불구하고 이 자리에 임명되었다. 실즈가 슐레진저에 반대한 이유는 단순히 의사 결정 구조상 시간 단축을 위해서였다. 어차피 어떤 사건에 대한 스펜더의 왜곡된 견해가 슐레진저에게 전달될 텐데, 그 의견이 다시 또 슐레진저의 손을 거쳐 그의 친구들인 '뉴욕 패거리'에게 전달될 것이기 때문이었다.[22] 그러나 조셀슨은 이를 넓은 아량으로 보아 주었다. "케네디 대통령의 때 이른 서거로 슐레진저 씨가 하는 일 없이 놀고먹게 되었으니 …… 그분의 능력으로는 감당할 수 없을 만한 유럽 여행을 1년에 한 번이라도 보내 드리면, 이야말로 우리 편 사람들에게는 전시적 효과를 거둘 절호의 기회가 될 겁니다."[23]

맬컴 머거리지는 조셀슨에게 새로운 경영진의 교체를 비난하는 내용으로 편지를 보냈다. "사실 킹이 재정상의 책임을 맡는다고 해도 달라질 것은 아무것도 없다는 사실을 이제야 깨달았습니다. 킹은(아니, 차라리 영국 국세청이라고 부르는 것이 낫겠군요) 세계문화자유회의와는 달리 돈이

22 Edward Shils, to Michael Josselson, 28 February 1964(MJ/HRC).
23 Michael Josselson, to Malcolm Muggeridge, 27 April 1964(MJ/HRC).

없는 사람입니다. 반면에 모든 비용은 예전과 똑같이 들겠지요. …… 저는
『인카운터』를 창간할 때 부분적으로나마 책임이 있기 때문에 막연하게라
도 이 잡지를 도우려고 노력해 왔습니다. …… [노력은 성공적이었습니다만]
이 잡지가 창간되던 당시의 환경에서도 어느 정도 위험스러운 점은 있었
습니다. 그 말은 냉전이 끝나 갈 무렵에 너무 뒤늦게 뛰어들었다든지, 문
화자유회의와의 협업도 너무 밀접하고 눈에 띄는 방식이었다든지 하는
것이지요. 이런 것은 처음부터 이미 존재해 왔던 조건이었기는 하지만 [일
련의 폭로 기사들이 터진] 이제 와서는 거추장스럽고 불필요하게 되어 버렸
습니다. 저는 재정 면에서 책임상의 변화가 일어나 어떻게든 이러한 위험
요소들을 우회할 만한 형편이 마련되기를 바랐었습니다. 이제 와서 보니
잘못 생각했다는 것을 깨닫게 되었습니다."[24]

　　머거리지도 잘 알고 있었겠지만, 세실 킹과의 계약은 『인카운터』를
더욱더 첩보의 세계에 묶어 놓았다. 사람들의 주장과는 반대로, 처음부터
문화자유회의는 잡지의 편집권이나 재정적 통제권을 완전히 포기하지
않았기 때문이다. 훗날 조셀슨이 어느 편지에서 분명히 해두었듯이 말이
다. "우리 잡지들의 발행인 역할을 해줄 만한 사람과 관련한 문제점이 하
나 있는데요. 쉽게 말해, 잡지의 편집 노선이나 내용에 부당하게 간섭하지
않고, 또 우리가 앉혀 놓은 편집장을 마음대로 바꾸지 않을 신뢰할 만한
발행인을 찾아야 한다는 것입니다. 이런 점에서 우리는 영국에서는 세실
킹, 독일에서는 피셔 출판사Fischer Verlag를 찾을 수 있었지만, 이런 발행인
이나 발행처를 발견하게 되는 경우는 드뭅니다."[25] 사실 킹과의 계약 내용

24　Malcolm Muggeridge, to Michael Josselson, 9 June 1964(MJ/HRC).
25　Michael Josselson, to James Perkins, 20 July 1966(MJ/HRC).

에는 구체적으로 "두 명의 선임 공동 편집자의 업무에 대한 급여와 한 명의 보조 편집자의 보수 일부"를 문화자유회의가 책임진다고 명시되어 있다. "과거에도 이 비용은 『인카운터』가 직접 지불하는 비용이 아니었기 때문에 계속해서 그들에 대해서는 별도의 경비가 집행될 예정"[26]이라고 일러두었다. 조셀슨의 말에 따르면 『인카운터』가 문화자유회의로부터 정기적으로 수령받는 지원금 연간 1만 5000파운드는 전부 인카운터 출판사 Encounter Books Ltd.에 보조금의 형태로 전용될 것이었다. 피셔 출판사와의 계약도 동일한 형태를 취했다. 국제출판회사International Publications Company가 『데어모나트』의 출판을 책임지고 있었기 때문이다. 하지만 사실상 문화자유회의는 국제출판회사에 "특별 보조금 명목으로 1만 달러"를 지원하고 회사의 주식 65%를 매입하고 있었기 때문에 여전히 이 잡지의 실소유주였다. 이 주식들은 "문화자유회의의 [중개인이 운영하는] 신탁회사를 통해서 운용"되었다.[27] 이 두 경우를 보면, 문화자유회의는 아무리 영향력과 재정적 기여도를 감춘다 하더라도, 여전히 편집권을 쥔 결정권자 역할을 하고 있었던 것이다.

더군다나 맬컴 머거리지가 '음흉한 삼인조'라고 불렀던 빅터 로스차일드, 윌리엄 헤이터 경Sir William Hayter, 그리고 1966년까지 활동했던 앤드루 숀필드Andrew Schonfield와 같은 이사들 때문에라도 『인카운터』는 영국 첩보기관과 밀접한 관계를 맺을 수밖에 없었다. 그렇지 않아도 항상 그래 왔지만 말이다. 헤이터는 옥스퍼드 뉴칼리지의 학장이 되기 전에는 모스크바 주재 영국 대사, 외교부 차관을 역임했다. 그전에는 외교부 지원교섭

---

26 Michael Josselson, to Cecil King, 10 May 1964(MJ/HRC).
27 Michael Josselson, to Ulrich Biel, 14 May 1964(MJ/HRC).

국장과 영연방 합동정보위원회UK Joint Intelligence Committee 의장을 지냈다. 그는 당시 합동참모본부 산하 정보기획실에 근무하면서 정보기관 문제에 관여하게 되었고 해외에 있는 다양한 정보기관들의 거점들을 방문했다. 특히 1948년 12월 '냉전을 수행하기 위한' 영국 정부의 심리전 전담 조직 설립을 요청하는 토대가 되었던 것이 바로 헤이터의 기안서 초안이었다. 이 초안을 통해서 애틀리 내각으로 하여금 정보조사국IRD을 설립하도록 설득했던 것이다. 이러한 사실을 보면 헤이터는 IRD와 밀접한 관계를 맺고 있는 사람이다. 윈체스터에서는 리처드 크로스먼과, 뉴칼리지에서는 휴 게이츠켈과 동창이었던 헤이터는 이 두 사람처럼 사회민주주의자였고 래스키의 『인카운터』가 매우 공들여 손을 잡으려 했던 영국 노동당 일파에 대체로 공감하는 편이었다. 영국 왕립국제문제연구소 소장을 역임했던 앤드루 숀필드 역시 정보기관의 세계에서는 잘 알려진 인물이었다. 물론 로스차일드는 영국 외교부의 앞잡이 역할로 이사진에 참여하고 있었다. 이러한 인적 네트워크의 구성원들은 모두 세실 킹과 막역한 사이였는데, 피터 라이트Peter Wright의 회고록 『스파이를 잡는 사람』Spycatcher에 따르면 킹은 "오랜 기간 MI5의 연락책"으로 활동했다. 킹은 이러한 인맥을 통해서 CIA가 주관하는 문화계의 비밀 작전에 동참하게 되었을 것이다.

하지만 『인카운터』가 세계문화자유회의의 자산이라는 치명적인 주장을 불식시키려는 조셀슨의 노력은 필연적으로 실패할 운명이었다. 이제 조셀슨이 탄 배에 물이 새는 구멍이 더 많아지고 있었던 것이다. 지난 수년간 파리와 뉴욕, 그리고 런던의 사교계에서 떠돌던 추문들이 이제 확고한 사실로 드러났다. 메리 매카시가 훗날 자신의 전기 작가였던 캐럴 브라이트먼에게 해준 말에 따르면, 그녀가 1964년에 문화자유회의의 잡지들이 독립적이라는 주장을 담은 편지를 『뉴욕타임스』에 보내려고 했는데 조셀슨이 이를 가로막았다고 한다. "그 사람도 사실이 아니라는 것을 알고 있었기 때문이었어요. 조셀슨이 그러더군요. '이봐요, 그냥 그만둬요. 잊어 버리라고요.'" 어째서 CIA는 모든 것을 다 포기하고 문화자유회의에서 손을 떼지 못한 것일까? 문화자유회의는 자체의 힘만으로도 충분히 꾸려 갈 수도 있었는데 말이다. 조셀슨도 나서서 독립성을 유지하자고 호소하는 마당에 문화자유회의를 포기하지 않으면서까지 모두에게 불행한 결정을 재촉한 이유는 자만심에서인가 아니면 허영에서인가? "제 생각에 CIA 사람들이 고집을 피운 이유는 문화자유회의야말로 그 사람들이 거둔 몇 안 되는 성공 사례 중의 하나였기 때문일 거예요. 만약 독립성에 신경을 썼다면 손을 진작 뗐어야 옳은 일이지요."[28] 다이애나 조셀슨의 말이다. 하지만 비밀 첩보 작전에는 깨뜨리기 어려운 관료주의적 계기가 있다. 지난 20년 간 CIA의 정보요원들은 줄어들기는커녕 점점 더 비대해져 가는 작전 중심의 시스템에 길들여져 있었다. 전 세계적으로 첩보 '기반'을 비대한 **규모**로 확장하는 데 필요 이상으로 몰두한 나머지, CIA는 이러한 기반의 노출 위험성이 기하급수적으로 증가하는 것에는 주목하지 못했다. "작은 것이 때로는 더 좋을 수도 있다는 사실을 모르는 나라는 전 세계에서 미국이 유일하다."[29] 톰 브레이든은 훗날 이렇게 평가했다.

"누가 세계문화자유회의를 재정적으로 후원하는지 당연히 아무도 모르게 되어 있었죠." 제이슨 엡스타인이 말했다. "그런데 1960년대 중반쯤 되니까 그걸 모르는 사람은 바보 취급을 받더군요. 그때쯤 되니 모두가 알게 되었습니다. 파필드재단의 사무국장[존 잭 톰슨]이 저와 제일 친

28 Diana Josselson, interview in Geneva, May 1996.
29 Tom Braden, "What's Wrong with the CIA?", *Saturday Review*, 5 April 1975.

한 친구였는데, 제가 이 문제로 그 친구를 만나서 이렇게 물었어요. '에이, 잭. 그렇게 아닌 체할 필요가 뭐 있나?' 그러니까 그 친구가 그래요. '어이 구, 아니야, 아니야, 사실이 아니야, 정말 사실이 아니라고. 우리는 독립된 조직이란 말일세. CIA와는 전혀 상관이 없다고.'"[30] 언젠가는 스펜더를 만 나서 점심을 하던 차에 엡스타인이 이렇게 물었다고 한다. "스티븐 편집장 님, 이 모든 단체들이 미 중앙정보국CIA의 돈을 받고 있는 것 같은데요. 이 런 얘기를 들어 보신 적도 없으시다니요. 그러면 당장이라도 어떻게 된 일 인지 알아봐 주셨으면 합니다." 그러자 스펜더는 "그래 보지, 당장 잭 톰슨 에게 얘기해서 자네가 한 말이 사실인지 알아보도록 하겠네"라고 대답했 다. 얼마 후 스펜더는 엡스타인을 불러 이렇게 말했다. "음, 잭을 만나 보기 는 했는데 사실이 아니라더군. 그러고 보니 내가 보기에도 사실은 아닌 것 같네." 엡스타인은 훗날 이렇게 말했다. "그게 다 그런 식이었습니다. 어느 한 사람 누가 진짜로 뒤를 봐주는지 밝히려고 하지 않았죠. 모두가 알고 있었어도, 어느 누구도 입 밖에 꺼내려 들지 않았습니다."[31]

스펜더는 아마 1964년부터 이 소문의 근원지를 파헤치고 있었을 것 이다. (패트먼의 폭로가 있기 석 달 전인) 1964년 5월 25일, 존 잭 톰슨이 스펜 더에게 보낸 편지가 그 증거다. 톰슨은 이 편지에서 파필드재단이 미국 정 부의 앞잡이라는 주장을 말도 안 되는 얘기라며 일축하고 있다.[32] 2년 뒤 스펜더는 잡지의 자금원 문제와 관련해서 같은 질문을 담아 징키 플레이 시먼에게 편지를 띄웠다. CIA 요원이자 파필드재단의 사무국장이였던 프

30 Jason Epstein, interview in New York, June 1994.
31 Ibid.
32 John Thompson, to Stephen Spender, 25 May 1964(MJ/HRC).

랭크 플랫은 스펜더의 편지에 다음과 같은 내용을 부기해서 조셀슨에게 전달했다. "정키에게 갈 이 편지가 자네에게 전달되는 데 너무 오랜 시간이 걸려 송구스럽게 생각하네. 하지만 이로써 편지가 제자리를 찾은 셈이지." 스펜더의 편지를 CIA에 보여 주고 나서야 겨우 플레이시먼은 열심히 부인하는 내용으로 직접 답장을 쓸 수 있었다. "파필드재단에 관해서는, 우리가 정부 기관으로부터 어떠한 자금 지원을 받은 적도 없다는 것을 확실히 말씀드릴 수 있습니다."[33] 이는 물론 대단한 거짓말이었다.

메리 매카시가 들려준 얘기에 따르면, 스펜더는 언젠가 니콜라스 나보코프의 기이한 고백의 희생양이 된 적이 있다고 한다. 매카시는 스펜더로부터 들었다고 주장하면서 다음과 같은 얘기를 들려주었다. 가끔 스펜더는 나보코프와 함께 택시를 타고 다녔는데, 언젠가 갑자기 나보코프가 스펜더를 향해 고개를 돌리더니 비밀스러운 얘기를 귓속말로 전해 주고는 택시 밖으로 뛰쳐나가 버렸다는 것이다. "메리가 들은 얘기를 제게 전해 준 건데요." 메리 매카시의 전기 작가 캐럴 브라이트먼은 이렇게 말했다. "하지만 그런 일이 있었으리라고 상상해 볼 수는 있겠지요. 그런 일들이 수십 차례 되풀이해서 일어났다고 상상이 될 겁니다. 그런 일은 일종의 조롱임에 틀림없습니다."[34] 나타샤 스펜더 또한 이렇게 말했다. "저는 나보코프가 처음부터 그이를 가지고 놀았다고 봐요."[35] 하지만 스펜더는 월하임의 주장대로 1964년부터 이 소문의 진실에 대해 알고 있었다.

그럼에도 불구하고 스펜더는 크리스톨과 래스키가 1966년 5월 10일

33 Julius Fleischmann, to Stephen Spender, 16 September 1966(MJ/HRC).
34 Carol Brightman, interview in New York, June 1994.
35 Natasha Spender, interview in Maussane, July 1997.

자 『뉴욕타임스』에 보낸 성명서에 함께 서명했다. 이 성명서에 보면, "우리는 '정직하지 않은' 자금 지원에 대해서는 아는 바가 없다. 우리는 주체적으로 운영되며, 어느 누구의 정치선전에도 동참하지 않는다"라며 "동유럽과 서유럽을 막론하고 미국 정부를 포함하여 모든 정부가 행할 수 있는 그릇된 술책에 맞서 작가들과 예술가들을 보호해 온 것이 바로 세계문화자유회의가 보유한 독립성의 역사"라고 항변했다.[36] 스펜더는 비공식적으로 이 말들이 전부 진실이라고 믿지는 않았다고 한다. "편집장님이 세상 여기저기 떠들고 다닌 얘기가 제 머릿속 곳곳에서 울려 대는 통에 정신이 돌아 버릴 지경입니다." 그래서 조셀슨은 나중에 이런 내용으로 편지를 써야만 했던 것이다. "요새 편집장님이 좋아하시는 대화거리가 『뉴욕타임스』인 것 같은데요. 사람들에게 말을 걸 때마다 이 주제를 꺼내시는 것 아닌지요. 게다가 갈수록 [CIA가 『인카운터』를 후원하고 있다는] 『뉴욕타임스』의 주장에 자발적으로 동조하시는 듯 보입니다. 일말의 증거도 없이 말입니다."[37]

크리스톨, 래스키, 스펜더 3인방이 보낸 성명서가 신문에 실리기 일주일 전에, 존 헌트는 파리에서 다시 뉴욕으로 날아왔다. 그는 곧장 프린스턴대학교로 가서 로버트 오펜하이머를 만나 『뉴욕타임스』의 주장에 대해 의논하고, 오펜하이머든 아니면 신원이 확실한 다른 사람이라도 문화자유회의의 독립성을 입증해 줄 성명서에 동의하고 서명해 줄 수 있는지 물었다. 오펜하이머는 기꺼이 동의했다. 당시 프린스턴에 와있던 스튜어트 햄셔는 훗날 이렇게 회고했다. "내가 놀라자 오펜하이머도 놀랐습니다.

36 Melvin Lasky, Irving Kristol, and Stephen Spender, letter to *New York Times*, 10 May 1966.
37 Michael Josselson, to Stephen Spender, 2 October 1966(MJ/HRC).

그리고 내가 『뉴욕타임스』의 폭로 기사를 보고 분노하는 것을 보고 또 놀라더군요. 하지만 저는 화가 났어요. 그래요. 그 때문에 난처한 지경에 빠진 사람들이 있었거든요. 오펜하이머는 그쪽에 거의 반쯤 발을 담그고 있었기 때문에 놀라지 않았던 겁니다. 그 사람은 모두 명확히 알고 있었어요. 그 무리의 일원이었으니까요. 저는 그런 일이 오펜하이머에게 도덕적인 가책은 주지 않았을 것으로 봅니다. 당시의 미국인들처럼 제국주의자의 심성을 가졌다면, 그것이 잘한 일인지 잘못된 일인지 그다지 신경 쓰지는 않았을 겁니다. 19세기 대영제국도 그랬으니까요. 아무런 생각 없이 그렇게 했겠지요."[38]

이 성명서는 5월 4일에 『뉴욕타임스』에 전달되어 스펜더, 래스키, 크리스톨 3인방의 성명서보다 하루 전인 5월 9일자 신문에 실렸다. 케네스 갤브레이스, 조지 케넌, 로버트 오펜하이머, 그리고 아서 슐레진저의 서명이 기재된 이 성명서는 다음과 같은 내용으로 시작하고 있다. "세계문화자유회의는…… 전적으로 자주적인 기관으로 존속하여 왔으며, 오로지 상임위원회의 결정 사항과 구성원 및 협조자 들의 바람에만 부응할 뿐이다."[39] 하지만 이 성명서는 CIA와의 연계를 명시적으로 부인하지는 않았기 때문에 드와이트 맥도널드는 다음과 같이 논평했다. "돌려 말해서 그럴 뿐이지, 거짓말은 아닙니다. 문제 제기에 정면 대응한 것도 아니었고요."[40] 슐레진저는 훗날 그 성명서는 자신의 아이디어라고 밝혔다. 오펜하이머 등과 접촉해 협조를 구한 사람이 바로 자신이라는 얘기다. 그러나 시간적

38 Stuart Hampshire, interview in Oxford, December 1997.
39 Kenneth Galbraith, George Kennan, Robert Oppenheimer, and Arthur Schlesinger, Jr., letter to *New York Times*, 9 May 1966.
40 Dwight Macdonald, to Michael Josselson, 30 March 1967(MJ/HRC).

요소를 고려할 때, 이 성명서는 슐레진저가 오펜하이머와 접촉하기 **전부터** 헌트의 승인이 있었음이 틀림없다.

그러한 책략을 간파한 사람들도 몇 사람 있었다. 리틀브라운 출판사에서 하워드 패스트 책의 편집을 맡았던 앵거스 캐머런Angus Cameron은 다음과 같이 말했다(캐머런은 1949년 하워드 패스트의 소설 『스파르타쿠스』의 출판이 거절당하자 이에 항의하며 사직한 바 있다). "일반적으로 말해서, 나는 자유주의자란 사회의 주변적인 이슈에만 비판을 가함으로써 체제를 유지시켜 주고, 일이 위태로워지면 항상 체제에 들러붙어 의존하는 사람이라고 생각한다. 아서 슐레진저 2세는 이러한 자유주의자의 고전적 전형이다."[41] 슐레진저에 대한 정부 기관의 보고서들은 이와 같은 사실을 증명해 주고 있다. 그는 프랭크 위즈너, 앨런 덜레스, 코드 마이어 같은 사람들에게는 정보원이자 무보수 자문 역이었고, 친구이자 믿을 만한 동료였다. 슐레진저는 이 사람들 모두와 20년 넘게 편지로 교유하면서 미국문화자유위원회, 『인카운터』, 보리스 파스테르나크의 『닥터 지바고』 문제를 어떻게 다룰 것인지 조언해 주었다. 심지어는 CIA가 방송했으면 하는 주제들을 보도할 수 있도록 도와주었다. 언젠가 코드 마이어의 제안에 화답하여 "미국 시민들의 자유를 보여 주는 데 대한 동반 기사로 소련 체제 내에서 시민들의 자유 문제에 대한 일련의 기사들을 함께 게재하는 것이 어떻겠느냐"라며 이탈리아의 잡지 "편집자에게 권고한 적도 있다".[42] 그러니 누가 감히 케네디의 사설 고문단Kitchen Cabinet의 일원임을 자부하는 슐레진저의 고결함을 의심하겠는가?

41 Robins, *Alien Ink*.
42 Cord Meyer, to Arthur Schlesinger, 1 February 1954(SCHLES/JFK).

이러한 술책들이 난무하는 가운데, 프랭크 커모드는 런던 최고의 변호사를 만나 오브라이언이 『인카운터』를 상대로 제기한 명예훼손 소송에 대해 조언을 받았다. 이 법정 대리인은 '제한적 특권'qualified privilege[43]이라는 난해한 법적 개념에 의거해 변론을 이끌어 나가자고 권유했다. 커모드와 오브라이언, 두 사람 모두와 친구였던 혹자는 커모드에게 변론을 포기하라고 강권했다. 커모드는 망설였다. 조셀슨은 개릭클럽Garrick Club[44]에서 있었던 커모드와의 점심 식사에서, 오브라이언의 주장이 무엇이건 간에 전혀 사실이 아니라고 진중하게 얘기해 주었다. "내 나이가 자네 아버지뻘쯤 될걸세." 조셀슨이 말했다. "아들에게 거짓말하지 않듯이, 자네에게도 거짓말은 안 해." 물론 조셀슨의 말은 거짓이었다. "마이클은 치명적인 폭로 기사에서 세계문화자유회의를 지켜 내려고 했고, 저도 마찬가지였어요." 훗날 다이애나 조셀슨은 이렇게 말했다. "저는 거짓말하는 데 거리낌은 없었어요. 우리가 일할 때 어느 정도 이중생활은 필요했으니까요."[45] 톰 브레이든 또한 나중에 이런 기록을 남겼다. "진실은 내부인의 몫이다. CIA 사람들은 외부인들에게는 거짓을 말하고 또 거짓을 꾸며 말할 때는 신중하고 꼼꼼하게 하도록 교육받았다. 대부분의 사람들이 일부러 거짓을 말할 때와는 달리, 아주 조금이라도 티가 나서는 안 되었다."[46]

---

43 명예훼손 소송에서 면책특권은 '절대적 특권'과 '제한적 특권'으로 나뉘는데, "절대적 특권은 명예훼손의 소를 전혀 제기할 수 없을 만큼 언론의 자유가 중요시되는 경우이다. 이때 진술이 크게 날조되었거나 발표자의 동기가 지나치게 악의적이라고 하더라도 발표자에게 책임을 물을 수 없다. 제한적 특권은 발표자가 선의로서 악의 없이 발표하였음을 조건으로 하여, 허위의 진술인데도 면책되는 경우이다"(네이버 지식백과, 「명예훼손이란 무엇인가」 항목 중에서. 검색일자: 2016년 7월 21일). ─ 옮긴이

44 런던의 고급 사교 클럽. ─ 옮긴이

45 Diana Josselson, interview in Geneva, May 1996.

46 Braden, "What's Wrong with the CIA?". 코드 마이어는 이러한 확신에 찬 태도를 보여 주는 전형적인 사례이다. 그는 회고록에서 이렇게 썼다. "민주주의를 표방하는 정당과 조직에 대한 미국

조셀슨은 커모드를 개릭클럽에 초대해 점심을 대접한 것 말고 또 어떤 일을 했을까? 『인카운터』와 관련해서 재판을 하게 되면, 통례에서 벗어난 자금 지원, 그리고 출판 계약과 관련해서 증거가 노출될 우려가 있었다. 이러한 증거들은 당국이 공식적으로 반복해서 부인해 왔던 점으로 미루어 특하나 당혹스러운 내용임이 분명했다. 그런데도 조셀슨이 이 모든 것들을 소송까지 가지 않고 합의로 해결하도록 하는 데 실패하고, 대신에 아무것도 모르는 커모드가 법적 분쟁에 휘말리도록 내버려 둔 것은 이상한 일이다. 게다가 오브라이언은 『인카운터』가 사과문을 게재하면 고소를 취하하겠다고까지 했었다. 조셀슨에게는 이 모든 사태를 멈추게 만들 힘이 있었다. 하지만 그는 그렇게 하지 않았다.

그사이 코너 크루즈 오브라이언은 더블린 법정을 선택해 고소장을 제출했다. 익히 두려워했던 바대로, 커모드는 아일랜드 법정이 '제한적 특권'에 의한 변론을 허용하지 않는다는 사실을 깨달았다. 『인카운터』 측의 법률 자문위원들은 어차피 아일랜드에는 잡지사의 유동자산도 없으므로 고소장을 무시하라고 권고했다. 그러나 이러한 조언을 생각도 해보기 전에, 커모드는 곧 오브라이언의 고소 정도는 아이들 장난으로 만들어 버릴 만한 사건에 휘말리게 되었다.

의 도움은 필요한 일인 것 같다. 자유롭고 다원적인 사회가 서유럽에서 살아남을 수 있다면 말이다. 우리의 도움이 비밀로 지켜져야 한다는 사실이 내게는 그리 괴로운 일이 아니었다. 우리 미국의 도움을 간절히 바라는 유럽의 정치적·문화적 지도층은 소련의 기구들보다 우월한 입장에서 투쟁하기를 바라면서도 우리의 도움이 알려지지 않게 해달라는 조건을 요구하고 있었다. 유럽에 대한 우리 미국의 공식적인 지원이 드러나면, 공산주의자들의 선전선동 기관이 이를 유럽 지도층이 미 제국주의의 꼭두각시임을 보여 주는 증거로 활용할 수 있기 때문이다. 우리의 도움이 자멸적인 영향을 미치지 않게 하려면 신중함과 비밀주의적인 태도는 당시 필수 요건이었다"(Cord Meyer, *Facing Reality: From World Federalism to the CIA*, Maryland: University Press of America, 1980).

24장

방벽에서 내려다본 광경[1]

> 버지니아 주 노포크에 소녀가 하나 있었는데, 한 남자를 강간 혐의로 고소했어. 판사가 소녀에게 물었지. "언제 그 일이 발생했나요?" "언제 그랬냐고요? 판사님?" 소녀는 되물었지. "어머나, 세상에. 여름 내내 강간하고, 강간하고, 또 강간했단 말이에요." ─ 마이클 조셀슨[2]

1966년 초, CIA는 캘리포니아에서 발행되는 『램파츠』*Ramparts*라는 잡지가 CIA의 위장 조직 네트워크를 앞장서서 파헤치고 있다는 사실을 알게되었다. CIA 기획 부문 부국장 리처드 헬름스는 이에 대처하기 위해 즉시특별보좌관을 임명하고, "CIA의 향후 대응 방안에 관해서 제안을 궁리해볼 것과 국가 전복 혐의의 증거가 포함된"[3] 이 잡지에 대해서 정보를 수집할 것을 지시했다. 1966년 5월이 되자 헬름스는 『램파츠』의 편집인과 기고자 들을 중상모략하려는 작전의 일환으로 이 잡지에 대한 내부 '첩보'를

---

1 이 장의 원제 'View from the Ramparts'는 아서 밀러의 희곡 『다리에서 내려다본 광경』(*A View From the Bridge*)에서 차용한 것으로 보인다. 또한 '방벽'(防壁, rampart)이라는 단어는 미국 국가 「별이 빛나는 깃발」(The Star-Spangled Banner)의 한 소절인 "O'er the ramparts we watched"에 나오는 단어이기도 하다. ─ 옮긴이

2 조셀슨의 농담은 CIA와 지식인 간의 관계를 반증한다는 점에서 상징적이다. 지식인들의 행위는 CIA의 강압에 의해 '일회적 성격'을 띠고 일방적으로 이루어진 것이 아니라 양자 간의 암묵적인 합의에 의해 '오랜 기간' 이루어진 것이다. 그러나 자신들의 후원자가 CIA였음이 밝혀지자, 지식인들은 일제히 자신의 연루를 부인했다. 강간이 여름 내내 이뤄졌다는 조셀슨의 이 약간은 악의적인 농담은 바로 이러한 지식인들의 태도를 비꼰 것이다. ─ 옮긴이

3 *Final Report of the Church Committee*, 1976.

백악관에 제출했다. 헬름스가 제공한 정보 중의 대부분은 저인망 식으로 CIA 내부 기록을 훑어서 만든 것으로, FBI가 흔쾌히 제공해 준 지저분한 내용도 포함되어 있었다.[4]

소련이 『램파츠』를 선전 도구로 활용하고 있다고 확신했던 헬름스는 이 잡지의 재정 상황을 철저히 조사하라고 엄명을 내렸으나 외국이 이 잡지를 지원했다는 증거를 확보하는 데는 실패했다. 대통령 보좌관 피터 제섭Peter Jessup은 『램파츠』에 대한 보고서를 읽어 본 후에 '왼쪽 관자놀이에 오른쪽 주먹을'A Right Cross to the Left Temple이라는 인상적인 제목을 단 메모를 남겼다. "우리 행정부를 비방하는 데 전념하고 있는 『램파츠』와 이 잡지 후원과 관련한 미심쩍은 배경과 관련하여, 정부 기관이 잡지로부터 무슨 꼬투리를 잡을 만한 게 있는지 고려해 볼 수도 있을 것 같습니다."[5] 일주일 후 『휴먼이벤츠』Human Events라는 잡지에서 '램파츠의 비화'The Inside of "Ramparts" Magazine라는 제목의 음해성 기사를 실었다. 이 기사에서 『램파츠』의 기자들은 "염탐꾼", "괴짜들", "〔소련의〕복화술사들" 그리고 "베트남에서 발을 빼고 싶다는 강박관념에 사로잡힌 덥수룩한 수염의 신좌파들"로 치부되었다. M. M. 모턴M. M. Morton이라는 "국내 안보 문제 전문가의 필명"이 기재된 이 기사는 보면 볼수록 CIA 공작의 모든 특질이 드러나 있다. 같은 주에 나온 『워싱턴스타』The Washington Star의 보도와 '누가 『램파츠』를 운영하는가?'라는 제목을 단 『뉴스위클리』News Weekly의 기사는

---

4 『램파츠』는 다른 모든 '전복적 성향'의 문학지들과 마찬가지로, FBI 본부에 열렬한 독자들을 많이 두고 있었다. FBI의 내부 메모 A25쪽에 보면 이 잡지의 '주제와 소재'를 분석해 놓았는데, 이를 보면 잡지를 괴롭힐 목적임이 확연히 드러난다. 이 메모에 첨부된 CIA의 보고서는 『램파츠』의 목차에 등재된 대부분의 작가들이 "기고문에서 공산주의의 주요 주제들을 매우 빈번히, 그리고 매우 열렬하게 드러내고 있다"라고 단정 짓고 있다.

5 Peter Jessup, to Walt Rostow, 4 April 1967(NSF/LBJ).

"『램파츠』의 진의가 무엇인지에 대한 심각한 의구심"을 표명하면서, 이 잡지를 "추문 폭로 잡지, 그것도 사악한 의도로 보도하는 추문 폭로 잡지"라고 평가했다.

1년이 넘도록, CIA는『램파츠』를 파괴하기 위해 갖은 수단을 모두 활용했다. "『램파츠』의 발행 부수와 재정 상황을 악화시키기 위해 온갖 더러운 짓은 다 해보았습니다." 훗날 부감사관 에드거 애플화이트는 다음과 같은 일이 있었음을 인정했다. "『램파츠』의 경영진들은 협박에 약했습니다. 우리는 내심 독한 마음을 품고 있었는데, 몇 가지는 실행에 옮겼고……CIA는 국내 안보 문제에 아무런 권한이 없었지만 그렇다고 해서 활동하는 데 어떠한 제약도 받아 본 바가 없습니다."[6]

CIA가 무시무시한 계획을 세워 놓았음에도 불구하고『램파츠』가 살아남아 이야기를 전할 수 있었다는 사실을 보면 놀라울 따름이다. CIA가 두려워했던 대로,『램파츠』는 한술 더 떠 CIA의 비밀 첩보 활동에 대한 취재 내용을 출판해 버렸다. 1967년 4월에 출판된 이 잡지의 취재 내용은 전국 유력 신문에 즉각 게재되었고 '폭로의 향연'이 뒤를 이었다. 이를 지켜본 한 평론가는 다음과 같이 결론지었다. "머지않아 미국의 모든 정치 단체, 복지 재단, 대학 동아리, 야구 팀이 CIA의 일선 조직이라고 정체를 밝힐 날이 올 것이다."[7] 미국 국내의 조직들만 노출된 것이 아니었다. CIA의 세계문화자유회의 후원에 얽힌 세부 사항들과 잡지들과의 관계는 물론 오브라이언이『인카운터』에 대해 발언한 내용이 모두 사실인 것으로 판명되었다. 이 모든 이야기들이 폭로되던 당시 미국에 있었던 스펜더는 즉시

6 Evan Thomas, *The Very Best Men: The Early Years of the CIA*, New York: Touchstone, 1996.
7 Andrew Kopkind, "CIA: The Great Corrupter", *New Statesman*, 24 February 1967.

혼란에 빠져 허둥대기 시작했다. 필사적으로 스펜더를 진정시키기 위해 노력했던 조셀슨과 래스키는 "그의 성정을 누그러뜨릴 수 있는 사람"으로 알려져 있었고, 당시 뉴욕시립대학교에서 강의하고 있던 아이재이어 벌린에게 스펜더를 부탁했다. 4월 8일 조셀슨은 벌린에게 편지를 썼다. "친애하는 이사야 멘델레비치, 제가 논의드리고자 하는 사항은 차마 전화로 말씀드리기 어려운 일입니다. 저는 스티븐 편집장이(런던에 있는 나타샤 여사도 물론이고요) 계속 이렇게 불난 집에 부채질이나 하고 다니다가 『인카운터』와 함께 지금 이 야단법석의 희생양이 되어 다 끝장나는 게 아닐까 걱정됩니다. 저는 이 스펜더 부부를 진심으로 좋아하기 때문에 걱정하는 것입니다. 편집장의 마음을 돌릴 수 있는 사람은 선생님뿐이라고 알고 있는데요. 상황이 정말로 심각합니다. 그러나 확실히 『인카운터』의 미래는 억지로 변화를 준다고 해서 해결될 수 있는 문제는 아닌 것 같습니다."[8]

"정말로 스티븐과 『인카운터』가 곤경에 처했군요. 아서[슐레진저]가 래스키에게 여기 미국에서는 그 문제가 진정되었고, 런던에서까지 회의를 열 필요는 없다고 알려 줬다는데, 제가 보기에는 좀 낙관적인 얘기 같습니다." 벌린은 이렇게 답장을 보내왔다. "여기에서 반응이 어떻든 간에 …… 그 문제는 런던에서 계속 뜨거운 논란거리가 될 것이고, 스티븐과 커모드 두 사람이 곤경에 빠지게 될 것이라는 얘기가 있습니다. 제 생각에는 『인카운터』의 미래가 어찌 될지는 모르겠지만 …… 편집자들이 세계문화자유회의의 자금이 어디서 나왔는지 몰랐다고 독자들에게 설명해 주는 일종의 성명서를 발표하는 것이 어느 정도 의미가 있을 것 같습니다. 어쨌든 편집자들이 대부분 몰랐다는 것은 사실일 테니까요. 래스키가 얼마나

8 Michael Josselson, to Isaiah Berlin, 8 April 1967(MJ/HRC).

알고 있었는지, 혹은 전혀 몰랐는지 저로서는 판단할 도리가 없습니다. 어쨌든 제가 보기에는 이 문제를 어떻게 다뤄야 할지, 런던에서 당사자들을 모아 회의를 열어야 할 것 같습니다. 대서양 횡단 국제전화로 시카고에 있는 스티븐, 뉴욕의 아서, 제네바의 당신, 그리고 런던에 있는 다른 사람들에게 일일이 전화를 돌려 봤자 일이 해결될 리 없습니다. 『인카운터』의 도덕적·지적 미래와 조직의 존망을 결정할 일종의 대책 회의를 열지 않고서는 이 상황을 전체적으로 파악하기란 어려운 일일 겁니다."[9]

이때 런던에서는 오브라이언의 명예훼손 소송에 대응하던 커모드의 처지가 돌이킬 수 없는 혼란에 빠져 있었다. 게다가 커모드는 『인카운터』의 새로운 후원자로 나타난 세실 킹 덕택에 "완벽히 합법적인" 외양을 띠고 있을지는 몰라도, 잡지는 "여전히 CIA의 (보다 정교해진 방식을 통해서) 통제를 받으면서 그릇된 방향"으로 나아가고 있다고 확신했다. 커모드는 래스키에게 이러한 불만이 담긴 편지를 보내, "매우 합당한 해명을 주지 않는다면, 더 이상 함께 일하고 싶지 않다"라고 전했다. "래스키는 답장 없이 직접 글로스터셔로 찾아와 이 문제를 의논했다. 커모드는 이런 기록을 남겼다. "정원과 목장 울타리를 따라 몇 시간을 걷고 또 걷다가, 래스키가 내게 『인카운터』의 역사와 문화자유회의와의 관계에 대해 기대했던 중 가장 납득할 만한 설명을 해주었다."[10] 래스키의 이른바 고백의 순간이라고 할 만한 것이었다. 그는 여러 해 전부터 CIA의 지원에 대해 알았지만, 이 사실을 공개적으로 말할 수는 없었다고 인정했던 것이다.

벌린의 재촉으로 곧 『인카운터』의 긴급 이사회가 소집되었다. 래스

---

9 Isaiah Berlin, to Michael Josselson, 16 April 1967(MJ/HRC).
10 Frank Kermode, *Not Entitled: A Memoir*, London: Harper Collins, 1996.

키, 커모드, (항공편으로 미국에서 날아온) 스펜더, 에드워드 실즈, 앤드루 숀필드, 윌리엄 헤이터가 참석했다. 그들은 『인카운터』 사무실에서 불과 몇 미터 떨어진 헤이마켓 거리의 스코츠Scott's 레스토랑 별실에서 만났다. 실즈와 숀필드는 CIA의 입장을 변호했지만 커모드와 스펜더는 이 자리에서 사임 의사를 밝혔다. 반면 래스키는 사임을 거부하고 스펜더를 위선자라고 부르며 맹렬한 비난을 퍼부었다. 그리고 그 자리에서 폭탄선언이 나왔다. 스펜더가 수년간 받아 온 봉급도 원래 영국 외교부에서 나온 돈이고, 이제는 CIA 돈으로 거들먹거리는 짓은 그만하라고 했던 것이다. "스펜더는 몹시 흥분한 나머지, 국립미술관에 가서 그림을 보면서 마음을 진정시켜야겠다고 했다."[11] 이상이 같은 자리에 참석했던 커모드의 회고담이다.

아내 나타샤의 말에 따르면, 스펜더가 세인트존스우드에 있는 집으로 돌아왔을 때쯤, "충격을 받아 제정신이 아닌 상태"였다고 한다. "멜빈이 봉급 문제에 대해서 뭐라고 했다는 것 같은데, 스티븐은 무슨 말인지 도저히 이해할 수가 없다는 말만 하더군요."[12] 스펜더는 맬컴 머거리지에게 얘기해서 단호히 이 문제를 정리하기로 마음먹었다. "맬컴은 스티븐에게는 이 모든 일에 처음부터 끝까지 관여하면서 직업 소개소 같은 역할을 해주었던 사람입니다. 우연히 키티Kitty〔맬컴 머거리지의 아내〕를 만나 얘기를 했더니, 맬컴은 스코틀랜드에 가있어서 얘기를 전할 수 없다고 하더라고요. 바로 그때 맬컴은 BBC 프로그램 「누울 때 불편한 침대」A Hard Bed to Lie On[13]에 출연해서 스코틀랜드의 시토 수도회 수도원 제단 앞에 납작 엎

---

11 *Ibid*.

12 Natasha Spender, telephone interview, May 1997.

13 이 프로그램의 제목은 삶의 고통을 묵묵히 인내한다는 뜻으로 "누울 때 불편한 침대가 죽을 때는 좋은 침대"라는 시토 수도사들의 계율을 요약한 문구에서 인용한 것이다. ― 옮긴이

드러서 기도하는 모습을 촬영하고 있었어요. 어쨌든 한 시간 뒤, 맬컴에게서 전화가 오더라고요. 그때쯤 스티븐은 완전히 분노가 폭발할 지경이었고요. 저는 슬쩍 다른 수화기를 들어서 이 둘이 무슨 말을 하는지 들어 보려고 했어요. 스티븐이 그러더군요. '맬컴! 당신 말이야, 내 봉급이『데일리텔레그래프』Daily Telegraph와 알렉산더 코르다한테서 나온다고 했잖아!' 그러자 맬컴이 이렇게 말합디다. '그랬지, 그래도 돈이 진짜 어디서 나오는지 끝까지 의심은 해봤어야지, 이 친구야!' 영화「39계단」The Thirty-Nine Steps 아시죠. 거기에 보면 손가락이 없는 남자를 찾는 장면이 나오잖아요. 그리고 주인공이 그 남자가 누구인지 알게 되는 끔찍한 장면 있잖아요. 머거리지가 마지못해 인정했을 때 우리도 똑같은 느낌이었어요."[14] 훗날 에릭 벤틀리Eric Bentley는 스펜더에게 래스키 역시 그 비밀에 대해서 알고 있었을 것이라고 말해 주었다. "멜이 저한테도 소문에 대해서는 할 말이 없다고 했습니다. 제가 수년간 그 소문에 대해서 들어 왔었는데도 말입니다. 1년 전부터 그 소문에 대해 수군거리는 소리가 들려왔을 때, '아니'라고 해명해 달라고 래스키에게 단도직입적으로 얘기했더니 그 답변은 오로지…… 침묵뿐이었습니다. 거기에 대한 제 판단은 이랬습니다. 래스키는 어떻게든 냉전을 이끌고 갈 사람이구나."[15] 끝내 참지 못하고 스펜더에게 분노를 터뜨린 데다가 봉급의 출처까지 폭로하는 엄청난 결례를 저지른 래스키는 이제 입지가 매우 위태로워졌다.

하지만 이제 세실 킹의 전폭적인 지지를 얻은 래스키는 아이재이어

14 Natasha Spender, telephone interview, May 1997.
15 Eric Bentley, to Stephen Spender, undated. 이 편지를 선뜻 보여 준 나타샤 스펜더 여사께 감사 드리는 바이다.

벌린에게 의지하게 되었다(세실 킹은 래스키까지 그만두게 하자는 요청이 있자 "목욕물과 함께 아기까지 버리는 일처럼 매우 어리석은 짓"[16]이라면서 그러한 요청을 거절했다). 4월 13일, 래스키는 벌린에게 심한 아첨조의 편지를 보냈다. 래스키는 부담을 주고자 하는 의도는 없다면서, 벌린에게 "선생님의 역할은 영예로운 우리 역사의 크나큰 부분을 차지하고 있습니다. 그리고 슬프게도 우리의 비참함 또한 함께하고 계십니다. 그래서 저는 선생님께서 이 모든 것을 알고 계셔야 한다고 생각합니다"라고 썼다.[17] 그리고 래스키는 "오브라이언 소송 건도 정리할 겸 품위 있게 성명서를 발표해 이 모든 논란을 끝내기로" 의견을 모았다는 소식을 전했다. "가능한 한 단순하고 신속하게 조처해야 합니다. 오브라이언에게 들어갈 위자료 비용 대신에 그쪽이 바라던 대로 열 줄 정도의 사과문만 발표해 주면 되는 일인데 안 될 게 뭐가 있겠습니까? 감정은 주저할지 몰라도 이성이 그러도록 하는데요." 래스키는 이 '위대한 철학자'에게 다음과 같은 물음으로 편지를 끝맺고 있다. "선생님의 생각이 깃든 조언의 말씀을 감히 청하는 바입니다. 아시다시피 그래 주신다면 제게는 진정 크나큰 도움이 될 겁니다!"[18]

이는 지나친 아첨이었다. 수많은 사람들이 벌린을 '예언자'로 추앙했지만, 래스키만큼은 속으로 '자만이 지나친 독불장군'이니 '기회주의자'니 하면서 경멸해 왔었기 때문이다.[19] 래스키의 말에 의하면, 벌린의 문제는 이러했다. "벌린은 십자군 전사가 아니었습니다. 호랑이가 물어 가도 정신

---

16 Cecil King, to Michael Josselson, 28 April 1967(CCF/CHI).
17 Melvin Lasky, to Isaiah Berlin, 13 April 1967. 이 편지를 보여 주신 헨리 하디 박사(Dr. Henry Hardy)께 감사드린다.
18 Ibid.
19 Melvin Lasky, interview in London, August 1997.

차릴 사람은 있게 마련이라고 격정적으로 얘기하는 십자군 전사들도 있었는데도 말이죠. 냉전으로 인한 심리전 캠페인이 절정이던 시기에 벌린처럼 행동한다면 보기에도 맥 빠지는 일 아니겠습니까? 그쯤 되면 헨리 4세처럼 〔조국이 위태로운 이때에〕 '그대는 어디에 **있었는가?**' 하고 묻고 싶은 지경이 될 겁니다."[20] 하지만 벌린은 항상 십자군운동에 발을 담그고 있었다. 게다가 당시 비공산주의 좌파를 포용하자는 아이디어가 처음 등장해 워싱턴 엘리트 지배층의 마음이 그쪽으로 기울고 있다는 사실을 오래전부터 파악하고 있었을 만큼 영악한 사람이기도 했다. 이랬던 그가 CIA의 개입 사실을 전혀 모를 수 있었을까? 실제로 벌린이 능동적인 역할을 맡지는 않았다 하더라도, 일이 돌아가는 내막을 잘 알고 있었음을 예증해 주는 일화들이 있다. 스튜어트 햄셔는 정보기관 사람들이 벌린에게 수차례 접근해 왔다는 사실을 기억하고 있었다. "그 사람들은 벌린이 좀 더 그쪽 일에 참여할 수 있게 거듭 제안해 왔어요. 제 기억으로는 정보기관 요원들이 언젠가 콜로라도의 휴양지 아스펜에서 벌린과 접촉했었습니다. 그 동네는 CIA가 쫙 깔려 있었거든요. 그 사람들이 운영하는 데였으니까요. 제 생각에 그 이유는 벌린이 조직을 이끌 만한 이상적인 자유주의자였기 때문입니다. 그런데 벌린은 관심이 없다고 했다더군요. 대신에 다른 사람을 추천했다고 합니다."[21] 다른 얘기도 있다. "벌린은 언젠가 미국 최대의 재단으로부터 영입 요청을 받은 적이 있었어요. 그 재단이 철학 영역의 자원을 확보해 한번 '거들먹거려' 보겠다는 의도였지요. '우리가 도와 드리려면 어떻게 하면 될까요? 실용주의야 큰 공헌을 했지만 이제는 한물갔습니

20 Melvin Lasky, interview in London, August 1997.
21 Stuart Hampshire, interview in Oxford, December 1997.

다. 그렇다면 실존주의는 어떻습니까?' 당시 벌린은 파리에서 CIA 돈으로 카페나 몇 개 차리고 싶다는 근시안적인 목표밖에 없었습니다. 하지만 대답할 때는 그럴싸하게 자기에게 필요한 것은 종이와 펜과 가끔씩 하는 토론밖에는 없노라고 했었습니다."[22]

래스키는 벌린에게 보낸 편지에 『인카운터』의 이사들이 초안을 작성한 편집진의 성명서를 동봉했다. 이 성명서는 다음 호에 게재될 예정이었다. "문화 혹은 교육 기관들을 지원하기 위한 몇몇 재단들이 CIA의 자금을 활용했다고 나온 최근의 신문 보도와 관련하여, 우리는 다음과 같은 내용의 성명을 발표하고자 한다." 성명서에 나와 있는 내용이다. "우리는 세계적인 명성을 가진 미국의 재단들로부터 나온 이렇듯 다대한 박애정신이, 비밀리에 그리고 떳떳하지 못한 방식으로 정부의 재정적 후원에 의지해야만 했다는 보도를 접하고 개탄의 마음을 금치 못하는 바이다. 이러한 수법은 분별력이 떨어지고 건전하지 못한 것이므로 유감스럽게 생각한다. 과거에 우리가 받은 재정 지원 중 일부가 파리에 소재한 세계문화자유회의에서 나온 것이며, 우리가 선의로 받아들인 후원금이 실제로는 자금원이 알려지지 않은 채 지원된 것이라는 사실을 알게 되어 고통스럽게 생각한다. 파리의 문화자유회의를 신뢰하여 관계를 이어 왔던 뛰어난 작가들과 학자들은 기부자가 과연 누구든, 그리고 알려졌든 그렇지 않든 간

---

22 Ben Whitaker, *The Foundations: An Anatomy of Philanthropy and Society*, London: Eyre & Methuen, 1974. 크리스토퍼 히친스(Christopher Hitchens)는 아이재이어 벌린을 다음과 같이 평가했다. 벌린은 "태생부터가, 그리고 성격상, 그것도 아니라면 축적된 삶의 경험으로 인해 내부 사정에 밝고, 소양을 갖춘 '권력의 하수인' 중의 한 사람으로 행동하게 되어 있었을지도 모른다. 그것도 더 높은 자리를 뽐내고 잘난 체하면서 말이다. 그러나 내적으로는 이를 천박하고 부적절한 처신으로 여기는 성향도 공존했으므로 그로 하여금 욕망하던 바로부터 주저하게 만들었다" (Christopher Hitchens, "Moderation or Death", *London Review of Books*, 26 November 1998).

에 활동이나 방침상에 어떠한 간섭도 없었음을 분명히 하고 있다. 따라서 『인카운터』 또한 나름으로는 처음부터 어떠한 간섭도 받지 않고 전적으로 자유롭고 독립적으로 운영되었다고 생각한다. 그리고 오로지 이 잡지의 편집자들만이 출판 내용에 책임을 질 뿐이며, 문화자유회의는 절대로 어떠한 경우든, 그리고 어떠한 방식으로든, 편집 방침에 개입한 적이 없다. …… 앞으로도 『인카운터』는 스스로 만족할 수 있는 내용만 출판할 수 있는 자유를 행사할 것임을 약속드리는 바이다."[23] 그러나 이 성명서는 잡지에 실리지 못했다.[24]

벌린은 4월 18일 래스키에게 답장을 썼다. 며칠 전 커모드에게 고백한 대로, 당시에 그는 래스키가 『인카운터』의 은밀한 내막에 연루된 것을 모르는 채였다. 벌린은 오브라이언 문제를 재판으로 끌고 가지 않겠다는 결정을 대단한 실용주의적 처사라고 반기면서, 복잡한 실타래처럼 얽히고설킨 일을 풀어 나가는 솜씨를 보니 심지어 짜릿함schadenfreude[25]마저 느낀다고 썼다. "다른 조직과 마찬가지로 재정적인 도움이 필요하여 세계문화자유회의를 찾아갔다는 설명은 완벽할 정도로 잘된 것입니다. 다른 사람들도 그럴 때면 언뜻 보기에 명망 있는 재단부터 손을 벌리니까요. 그리고 그런 자금의 수혜자들은 그저 겉보기에도 존경할 만한 단체가 후원을 해줄 때는 그 자금의 출처가 무엇인지까지는 애써 묻지 않는 경우가 대부분입니다. 하지만 이러한 폭로 기사들 때문에 돈을 받을 때 꺼림칙하거나

---

23 Melvin Lasky, to Isaiah Berlin, 13 April 1967.
24 대신 『인카운터』 1967년 7월호 표지 뒷장에 파묻혀 있던 부분에는 잡지의 편집진이 교체되었다는 공지가 나와 있다. 이들의 서명은 있었지만 CIA에 대한 언급은 없었다.
25 프리모 레비(Primo Levi)의 『가라앉은 자와 구조된 자』(I Sommersi e i Salvati)에 나오는 용어로, 원래는 '남의 불행을 볼 때 느끼는 쾌감'이라는 뜻이지만 문맥에 맞게 옮겼다. —옮긴이

당혹스러워지는 게 당연해졌습니다. 이상의 내용처럼 아시아재단[또 다른 CIA의 일선 조직] 측의 해명도 이와 같으며, 제가 보기에도 이런 식의 해명이 대체로 적절해 보입니다. …… 따라서 『인카운터』가 할 수 있는 적절한 처신은 그저 모르고서 돈만 받았다고 둘러대는 것입니다. …… 그래서 CIA로부터 떳떳치 못한 돈을 받았다는 사실까지 잡지에 적시할 정도로 정직하게 잡지만 만들어 왔을 뿐이며, 그런 지원들은 여타의 큰 조직들이라면 다들 받는 지원이었다, 그런데 어떻게 우리가 궁극적인 자금원 혹은 그런 비슷한 정보들에 대해 알 길이 있었겠느냐, 이런 식으로요. 상식과 선의를 가진 사람이라면 이런 점을 십분 이해해 줄 겁니다. 그런 게 부족한 사람들이라면 무슨 해명을 해도 욕을 하게 되어 있습니다."[26] 벌린은 상기한 내용의 골치 아픈 속임수에 대해 도덕적인 거부감을 느꼈을지는 몰라도 겉으로는 내색하지 않았다. 오히려 그는 열린 사회open society의 수사학적 표현들을 빌려 와서, 실제로는 폐쇄적 소수closed shop가 지배하려는 시도를 정당화해 주었던 것이다.

그러나 벌린은 대외적으로는 다른 입장을 취하도록 되어 있었다. 『인카운터』가 CIA에 연루되어 있다는 보도가 터져 나오자, 벌린은 이 잡지에 경멸적인 태도를 보이면서 조셀슨과 래스키가 "고결한 사람들을 야합에 끌어들였다"라고 비난했다. 벌린의 전기 작가 마이클 이그나티에프Michael Ignatieff는 벌린이 이러한 부도덕한 관계에 누구보다도 충격을 많이 받았으며, "벌린은 영국 첩보기관이든 CIA든 간에 공식적 혹은 비공식적으로 어떠한 관계도 맺은 바 없음이 확실하다"라고 단언했다.[27] 반면에 크리스토

26 Isaiah Berlin, to Melvin Lasky, 18 April 1967 (MJ/HRC).
27 Michael Ignatieff, *Isaiah Berlin: A Life*, London : Chatto, 1998.

퍼 히친스는 이러한 주장을 비웃었다. 그는 이그나티에프의 책을 읽고 나서 이렇게 썼다. "『인카운터』와 CIA 간의 관계를 몰랐다는 벌린의 주장을 액면 그대로 받아들이게 되면, 이는 벌린의 생각이 비정상적으로 단순하거나, 아니면 그가 우리가 생각하는 것보다 더 멍청하거나, 아니면 워싱턴에서 허송세월만 했다는 얘기밖에 안된다." 히친스는 이 모든 문제에 대한 벌린의 이중적인 태도는 "영국과 미국 간의 초국가적 '동맹 관계'"에 대한 충성심의 발로이며, "그에게서 몇 번이고 거듭해서 드러나는 현실 정치에 대한 감각과 이해타산의 징표"라고 했다.[28]

스코츠 레스토랑에서 열렸던 이사들의 모임은 아무런 소득 없이 끝나 버렸었다. 이제 뉴욕에서 아서 슐레진저까지 비행기를 타고 날아왔으므로, 두 번째 긴급 총회가 주말인 4월 21일에 소집되었다. 나타샤 스펜더에 따르면, 이 모임에서는 래스키의 사임이 결정되었고, 래스키 또한 그러기로 동의했다고 한다. 그리고 이 내용은 『인카운터』에 이사진을 대표한 성명서 형식으로 게재될 예정이었다. 그러나 이 자리에서 래스키는 스펜

---

28 Hitchens, "Moderation or Death". 벌린이 영미 정보기관과 맺은 관계의 정확한 성격이 어떠했는가는 십중팔구 잘 알려져 있지 않을 것이다. 영국의 첩보원 로버트 브루스 록하트는 제2차 세계대전 당시의 몇몇 회의들을 녹음해 두었다. 여기에는 워싱턴에서 영국 정부를 위해 일하던 젊은 벌린이 등장하고 있다. 록하트는 여기서 벌린이 영국 정치전간부회의(PWE)를 위해 일했다고 생각하고 있지만, 벌린의 동료들은 이를 거세게 반박하고 있다. 또 다른 정보를 보면, 벌린은 전쟁 당시 영국 비밀정보국(SIS)의 비밀 목록에 등재되어 있다고 한다. 이 목록을 소위 특수 인사 목록(Special Register)이라고 하는데, 이는 벌린이 과거에 SIS에 협력했고 전쟁 중에는 이 조직 소속으로 일했다는 것을 의미했다. 프레야 스타크(Freya Stark), 그레이엄 그린과 휴 그린(Hugh Greene) 형제, 맬컴 머거리지도 이 목록에 등재되어 있었다고 한다. 미국 정보기관과 관련해서는 벌린이 CIA와 비공식적인 친교를 맺고 있었다는 얘기도 전해지고 있다. 스튜어트 햄셔와 로런스 드 네프빌은 CIA의 요원들이 주저하지 않고 이 '철학자'에게 도움을 구했다고 증언했다. 특히 드 네프빌의 말을 들어 보면 벌린은 세계문화자유회의가 CIA에 연루되어 있었다는 사실을 알고 있었다. 이 말은 곧 벌린이 이러한 비밀 작전에 공모 관계였다는 말까지는 아니지만 어느 정도 그럴 만한 가능성이 있었다는 사실을 보여 주고 있다. 하지만 벌린과 정보기관 간의 연루 문제는 자료 조사가 더욱 이루어져야 할지도 모른다.

더에 대한 공격으로 포문을 열었다. "그 자리에서 스티븐을 엄청나게 공격했어요. 일이 어떻게 돌아가는지 스티븐이 몰랐을 리가 없다나. 그러자 다른 모든 이사들이 래스키에게, 당신이 지금 하는 말은 전부 부적절하니까 기록에서 삭제하겠다고 했어요."[29] 나타샤의 회고담이다. 에드워드 실즈는 래스키를 위해 시카고에서의 일자리를 알아봐 주겠다면서, 그다음 주에 귀국할 때는 이 약속을 명심하겠다고 달랬다. 그러나 총회 다음 날, 래스키는 마음을 고쳐먹고, 사임할 의사가 아예 없으며 성명서 내용에도 전혀 동의하지 않는다고 선언했다.

이 긴급 총회가 열리기 며칠 전에, 나타샤는 제네바에서 걸려 온 마이클 조셀슨의 전화를 받았다. "갑자기 저한테 쓸데없이 풍파를 일으키고 다니지 말라고 하더라고요. 그리고는 자기가 스티븐을 감싸 주려고 얼마나 애썼는지 아느냐면서 몇 번이고 얘기를 했어요. 그래서 제가 이렇게 대답했던 것 같아요. '무슨 풍파요? 이제 스티븐과 프랭크는 이제 멜(멜빈)하고 한 배를 탄 신세도 아닌데요.'"[30]

전화만으로는 스티븐과 나타샤를 진정시킬 수 없게 되자, 조셀슨은 다른 방책을 써보기로 했다. 이들 스펜더 부부를 이 난장판에서 빼내기 위해서, 정키 플레이시먼에게 아무래도 이 부부가 휴가를 가고 싶어 하는 것 같다며 넌지시 운을 띄웠던 것이다. 하지만 아무런 소용이 없었다. "그때 저는 정키 때문에 아주 꼭지가 돌아 버린 상태였어요. 온갖 사건들이 마구 터져 나오는 와중에 우리더러 요트나 빌려 줄 테니 한 일주일간 놀다 오라지 뭐예요!" 이 말을 하면서 나타샤는 분을 삭이지 못했다. "그래서 편지

29 Natasha Spender, telephone interview, May 1997.
30 Ibid.

로 대차게 쏘아붙여 줬는데, 그것으로 끝이었어요. 다시는 안 보는 사이가 되었죠."[31]

정키의 제안이 헛수고가 되자 조셀슨이 직접 스펜더에게 편지를 보냈다. 그는 우선 래스키가 이사들과의 모임에서 했던 말은 영국 외교부의 공식적인 보조금을 다른 것과 혼동해서 나온 얘기일 뿐이며, 래스키가 그동안 자신을 심히 괴롭혀 왔던 소문들에 대해서만 언급했을 뿐이라고 스펜더를 달랬다. "혹시나 멜이 너무 속이 상한 나머지 이사들과의 회의에서 그런 일을 저지를까 두려웠습니다. 저는 못 하게 말리려고 애를 썼고, 그래서 편집장님과 나타샤에게 너무 심각하게 받아들이지 말라는 뜻으로 얘기를 한 것이고, 제가 모두를 감싸 주려고 한 의도였음을 이렇게 약속드릴 수 있습니다. 그런데 나타샤가 최근의 파티에서 제게 무시를 당했다고 했다더군요. 이 얘기를 브리짓 래스키Brigitte Lasky(멜빈의 아내)에게 전해 듣고는 너무나 놀랐습니다." 조셀슨은 나타샤가 사람들 듣는 데서 자신에게 심한 비난을 퍼부었다고 썼다. "나타샤가 겪은 일을 참작해서 다 이해하기로 했습니다." 그러나 이렇게 덧붙였다. "하지만 나타샤와 대화를 나눠 보니, 나타샤가 단순히 멜을 싫어하고 말고의 문제가 아니라, 죄송한 말씀이지만 좀 심하게 말하면, 나타샤가 멜을 병적으로 혐오하고 있다는 확신이 들었습니다."[32] 곧이어 조셀슨은 스펜더에게 래스키의 결례에 대해서 사과했다. "래스키가 그 후로는 제게 그때 자중하지 못해 얼마나 후회되는지 모른다고 하더군요." 그러면서 사임 의사 철회를 간청했다. "저는 여전히 『인카운터』가 진정 탁월한 성취였다고 믿고 있으며, 세 분 편집자 모두

31 Natasha Spender, telephone interview, May 1997.
32 Michael Josselson, to Stephen Spender, 26 April 1967(MJ/HRC).

가 사사로운 감정에서 벗어나 냉정하게 사안을 직시하지 않으신다면, 그래서 이제는 멜의 사임도 명백해졌겠다, 세 분이 굳이 사임하시겠다면 저는 『인카운터』가 파멸하는 것, 특히 그렇게 불명예스럽게 파멸하는 것은 차마 볼 수가 없습니다."[33] 조셀슨은 이러한 사태에 대한 임시변통으로 래스키의 신상에 변화가 있을 것임을 강력히 시사해 보기도 했다("이제 래스키는 학계에서 일자리를 찾아야 할 겁니다"). 그리고 스펜더가 『인카운터』의 편집장직을 맡은 지 10년째 되는 해인 1968년이 오히려 사임하기에는 "심리적으로도 좋은 시기"라고 권했다. 또한 조셀슨은 이 모든 일들을 겪으면서 "되살아나는 절망의 순간"을 경험했었노라고 속마음을 털어놓았다. 하지만 "베트남 전쟁에도 불구하고, 여전히 미국 시민임을 자부할 수 있는가…… 하는 훨씬 더 큰 문제" 덕분에 사안을 대국적으로 볼 수 있는 관점을 얻게 되었다고 덧붙였다. 그리고 자금 지원 문제에 대해 함구한 데에는 별다른 의도가 없었음을 분명히 했다. "저는 전 세계의 수백 명에 이르는 사람들이 뜻하는 바를 행할 수 있도록 도울 수 있는 위치에 있었습니다. 그 사람들이 책을 쓰건, 그림을 그리건, 아니면 어떤 주제를 가지고 탐구를 하건, 가고 싶을 때 가고 싶은 곳으로 여행을 하건, 아니면 잡지의 편집 일을 맡건 간에 말이죠. …… 저는 이 모든 일을 즐겁게 해왔는데, 이 일들을 CIA가 뭔가 이용해 먹으려고 꾸민 일이라고 생각하신다면 맹세컨대 잘못 넘겨짚으신 겁니다!"[34]

1967년 5월 8일 『뉴욕타임스』는 "스티븐 스펜더, 『인카운터』 편집장직 사임"을 1면 표제로 장식하면서 관련 이야기를 게재했다. 보도 기사에

33 Ibid.
34 Ibid.

는 스펜더의 말이 인용되었다. 스펜더는 여기서 잡지가 CIA의 자금 지원을 받아 왔다는 소문을 수년간 들어 왔다고 하면서 다음과 같이 말했다. "불과 한 달 전까지만 해도 그 소문이 사실인지 확인해 볼 길이 전혀 없었습니다. 폭로 기사가 나왔고, 『인카운터』의 과거 자금원에 대한 폭로가 지금까지도 나오는 것으로 보아, 편집자 직위에 있는 사람이라면 이러한 자금 수수에 대해 알았든 몰랐든 간에 사임하는 것이 마땅하다고 생각했습니다. 그래서 그렇게 한 겁니다."[35] 커모드도 마찬가지였다. 오로지 래스키만이 여전히 『인카운터』의 키를 놓지 못하고 있었다. 그는 사임해 달라는 요청도 무시하고, 게임이 끝났음을 알게 된 조셀슨이 그렇게 황망해하는데도 계속 편집장직에 매달려 있었다. 그날 늦은 오후에 세실 킹도 성명을 발표했다. "우리가 볼 때, 래스키 없는 『인카운터』는 왕자가 아닌 햄릿 같다." 이런 요지였다.

"이 모든 일들이 벌어졌을 때, 저는 아이재이어 벌린과 다른 친구들과 함께 포르토피노[36]에 있었습니다." 스튜어트 햄셔가 기억을 되살렸다. "우리 여섯 명이서 런던에 있는 스티븐을 변호하기 위해 전보를 보냈던 기억이 납니다. 메리 매카시만이 이렇게 말하면서 서명을 거부하더군요. '아이고, 당신네들은 『뉴욕타임스』 놈들 좋은 일만 시키고 있군요.' 스티븐은 매우 화가 났고, 나타샤는 더욱 그랬을 겁니다. 특히 래스키 때문에요. 하지만 왜 그 사람들이 래스키의 행동에 놀랐을까요? 래스키가 정말로 사임할 거라고 기대했던 걸까요? 제 말인즉슨, 래스키는 절대로 그런 일을 할 사람이 아니라는 겁니다. 그럼요. 아니고말고요."[37] 맬컴 머거리지는 며

35 *New York Times*, 8 May 1967.
36 이탈리아 북부의 휴양 도시. — 옮긴이

칠 뒤 스펜더에게 보낸 편지에 이렇게 썼다. "이 모든 난장판이 벌어졌는데도 멜이 자리에서 저렇게 버티고 앉아 있으니 정말로 환장할 노릇이 아닐 수 없네."[38]

　　스펜더가 사임하고 난 며칠 후, 나타샤는 친구 한 명을 데리고 스펜더의 짐을 챙기러 『인카운터』 사무실에 나타났다. 그때 나타샤에게는 소름이 끼칠 만한 일이 벌어졌다. "잠겨 있던 스펜더의 사물함에 누군가 손을 댄 흔적이 있었던 것"이다. "'아, 네, 저번 주에 도둑이 들었거든요'라고 [래스키의 비서가] 그러더라고요."[39] 스펜더에게 "모든 것을 기록해 두고, 개인적으로 문서를 보관해 두라"라고 간곡히 권유했던 스튜어트 햄셔는 나중의 인터뷰에서 이 얘기를 전해 듣고는 별로 놀란 기색도 없이 말했다. "누가 그랬는지는 보나 마나죠. 뭘."[40]

37　Stuart Hampshire, interview in Oxford, December 1997.
38　Malcolm Muggeridge, to Stephen Spender, 22 May 1967(MJ/HRC).
39　Natasha Spender, telephone interview, May 1997.
40　Stuart Hampshire, interview in Oxford, December 1997.

25장

그렇게 허물어지는 마음

> 떠밀고 있다고 생각하시겠지만,
> 사실은 떠밀리고 있는 것입죠.
> ─ 괴테의 『파우스트』 중에서 메피스토펠레스의 대사

5월 13일, 그러니까 스티븐 스펜더와 프랭크 커모드가 『인카운터』에서 사임한 지 닷새째 되던 날, 마이클 조셀슨과 존 헌트는 파리의 오스망 대로에 위치한 건물의 2층, 한때는 조셀슨의 사무실이었던 곳에 앉아 있었다. 조셀슨은 제네바에서 아내 다이애나와 딸 제니퍼를 데리고 파리에 도착했다. 그는 파리에 오기 전, 제네바에 위치한 플라토드샹펠의 한적한 고급 아파트에서 지난주의 일들이 여파를 일으키지 않도록 쉴 새 없이 씨름해 왔었다. 오스망 대로변 카페들은 봄볕에 쏟아져 나온 일요일의 쇼핑객들을 마중하기 위해 문을 열어 놓고 있었다. 이 쇼핑객들 사이 어딘가에서 다이애나는 딸 제니퍼의 손을 잡고 기말 학예회 발레 공연에서 선보일 의상들을 골랐다. 하지만 그녀의 마음은 딴 곳에 가있었다. 사람들 속을 헤치며 갈르리라파예트 백화점Galeries Lafayette에 당도할 때쯤 이상스럽게 맥이 탁 풀리는 느낌이 들었다.

한편 조셀슨과 헌트가 앉아 있는 곳은 회의장에 딸려 있는 사무실이었다. 세계문화자유회의의 국제총회가 〔인사위원회 성격으로〕 확정되었

던 것이다. 미누 마사니(인도 야당의 당수)가 의장을 맡아 레몽 아롱, 대니얼 벨, 피에르 에마뉘엘, 루이스 피셔, 앤서니 하틀리, K. A. B. 존스퀴티K. A. B. Jones-Quartey, 에제키엘 음팔렐레Ezekiel Mphalele, 니콜라스 나보코프, 한스 오프레히트Hans Oprecht, 마이클 폴라니, 드니 드 루즈몽, 세키 요시히코Yoshihiko Seki, 에드워드 실즈, 이냐치오 실로네, 마네 스페르버 등으로 구성되었다. 이상 세계 각처에서 비행기를 타고 모여든 각계 인사들이 맡은 이 마뜩잖은 임무는 조셀슨과 헌트의 행위를 비판하고 문화자유회의의 존망을 결정하기 위한 것이었다. 그래서인지 두 사람이 앉은 탁자 앞에는 각자의 사직서가 놓였다. 이제 이 둘은 철인왕처럼 앉아 있지만, 앞으로 할 말이 마지막이 될 것임을 직감하고 있었다.

"나와 마이크(조셀슨)는 회의장 옆에 딸린 마이크의 사무실에 하루 종일 앉아 있었습니다." 존 헌트는 이렇게 말했다. "각자 따로 앉아 있었죠. 강당을 가로질러 오고 있는 인사위원들을 앞에 두고 그 와중에 무슨 일을 하겠습니까?"[1] 마이클 조셀슨도 가녀리고 단정한 손가락으로 초조한 듯 책상을 두드리며 침묵 속에서 앉아 있었다. 그는 피곤해 보였다. 아침부터 기다린 데다, 무엇보다도 지난 20년 동안을 치열하게 일해 왔기 때문이다. 머리카락은 드문드문 성기었기만, 정수리를 따라 곱게 빗어 넘긴 머리는 튀어나온 이마와 작은 눈을 도드라지게 만들었으며, 새까만 눈동자가 그 가운데에 자리했다.

그동안 인사위원들은 증거 자료들을 놓고 토의를 계속했다. 지난 20년 동안 마이클 조셀슨은 혼자서 엄청난 거짓말들을 감당해 왔었다. 그 절반의 시간만큼 이 속임수에 참여해 왔던 종범從犯 존 헌트와 함께였다. 은

1 John Hunt, interview in Uzès, July 1997.

폐되어 왔던 진실에서 심각성이 드러나면서 수백 명의 사람들이 즉각 휘말려 들게 되었다. 그러한 것들을 차치하더라도, 이는 쉽게 해결될 수 없는 도덕적 딜레마를 보여 주고 있었다. 두 사람은 CIA와의 관계, 그리고 문화자유회의와의 관계에 대해 진술했다. 조셀슨은 여기서 여전히 그가 숨기고 있던 사실들에 대해 충분한 책임을 인정했다. 그것이 모두 필요한 거짓말이었다는 얘기였다. 하지만 총회는 이러한 불명예를 떠안으려 하지 않았다. 스페르버, 폴라니, 실로네는 조셀슨과 헌트의 역성을 들면서 총회가 '강경한 자세'로 나서라고 요청했다. 스페르버는 다음과 같은 취지로 발언했다. "그런 거 다 집어치웁시다. 『뉴욕타임스』 기사가 어찌 났건 신경 쓰지 말자고요. 우리는 15년 동안 이 모든 것을 준비하고 실행하는 일을 도왔습니다. 우리는 정치적 삶에서 이보다 더 힘든 일도 겪어 왔지 않습니까? 그러니 예전처럼 해나가기로 합시다. 다들 지지하신다면 말입니다."[2] 하지만 지지는 없었다. 특히 레몽 아롱과 피에르 에마뉘엘은 사안을 다르게 보기로 마음먹었다. 조직이 파리에 소재하고 있었으므로, 미국 첩보기관에 협력했다는 오명을 뒤집어 쓴 이 프랑스인들은 이제 위신이 땅에 떨어질 위기에 처했던 것이다. "그분들이야말로 이 일에 크게 이해관계가 달려 있는 분들이었죠."[3] 나중에 헌트는 이렇게 회고했다. 실제로 아롱은 이 일로 인해 마음이 심히 상해 있던 상태였는데, 문화자유회의를 탈퇴하겠노라고 거세게 으름장을 놓고는 문을 쾅 닫고 회의실을 나가 버렸다.

점심시간이 될 때까지 총회는 어떠한 합의조차 이루어 내지 못했다. 그래서 의장인 마사니의 제안으로 잠시 휴식을 취하기로 했다. 오후가 되

<hr>

2 John Hunt, interview in Uzès, July 1997.
3 Ibid.

어 회의가 재개되고, 질질 끌던 회의는 저녁 6시까지 이어졌다. 나보코프와 드 루즈몽이 총회의 성명서 초안을 들고서 조셀슨과 헌트 앞에 나타났다. 다이애나는 마침 새 발레복과 함께 딸 제니퍼를 친구에게 맡겨 두고 남편 옆에 앉은 참이었다. "그 두 사람이 마이클과 헌트, 그리고 제게 그 글을 읽어 줬어요." 다이애나의 말이다. "괘씸했어요. 그동안 마이클이나 존의 노고는 언급조차 없더라고요. 마이클과 존은 표정이 사색이 되어 밖으로 나가 버렸어요. 니콜라스와 드니가 제게 묻더라고요. '성명서 내용을 들으셨는데 어떤 생각이 드십니까?' 그래서 그랬지요. '역겹다고 생각해요.' 그러고 나서 막 울었던 것 같아요."[4] 다이애나가 원통하게 울면서 물어보았다. 어째서 문화자유회의에 대한 남편 마이클의 헌신은 일언반구 언급조차 없느냐, 이 단체는 마이클이 몸을 사리지 않고 헌신해서 만든 것이 아니냐 등등. 어째서 그들은 존 헌트는 물론 조셀슨이 없었다면 문화자유회의도 없었을 것이라는 사실을 외면했을까? 이것이 진정 지식인들이 자신들에게 전적으로 헌신해 준 은인들을 대접하는 방식이었던 것일까? 치맛자락을 들추듯 창피를 주고, 배가 기울자 사방으로 튀어 버리는 것이? 아무도 곁에서 편을 들어 주고 함께 싸워 줄 용의는 없었던 것일까?

이럴 때면 나보코프는 특유의 과장된 제스처로 가슴을 움켜쥐고 심장발작을 일으켰다. 아니, 일으킨 체하곤 했다. 옆에 있던 누군가가 아스피린과 물을 한 컵 받아들고 달려왔다. 발작과 경련은 없었지만 이때의 졸도 행각은 진짜였다. 조셀슨이 여기서 누구를 원망하겠는가? 이런 사람들이 그의 친구들이었고, 그동안 그 친구들을 잘못으로 이끈 사람은 자신이었는데 말이다. 조셀슨은 자신이 CIA 요원이고 세계문화자유회의는 CIA 비

4 Diana Josselson, interview in Geneva, March 1997.

밀 첩보 작전의 산물이라는 사실을 감춰 왔었다. 그런 본성을 가진 사람이 이제 와서 그런 분노와 상처를 보여 준다고 해서 무슨 소용이 있겠는가? 진정 그는 자신이 저지른 죄보다 더 심한 대가를 치르게 되었다는 생각이 들었던 것은 아닐까? 조셀슨과 매우 깊은 우정을 나눠 왔던 나보코프라는 이 지체 높은 신사는 이제 똑똑히 깨닫기 시작했다. 이것은 마이클의 삶이고, 그의 신념이다. 이게 다 마이클 탓이다. 이 사람밖에는 책임질 사람이 없다.

그러나 나보코프와 드 루즈몽은 불경한 짓을 저질렀다는 생각에 겁에 질린 나머지, 다이애나에게 총회 참석자들을 설득해 성명서 초안을 바로잡겠다고 약속했다. 다이애나는 마음이 진정되자 밖으로 나가 마이클과 존을 찾아보았다. 한참의 시간이 흐른 뒤, 수정된 공식 성명서가 나왔다. 그리고 그다음 날 전 세계에 보도자료로 배포되었다.

"세계문화자유회의 국제총회는······ 이 자리에서 미 중앙정보국의 자금을 사용해 왔다는 확인된 보도 사실에 직면하여 깊은 유감을 표명하고자 한다. ······ 문화자유회의에 대한 자금 지원이 필수 사항이었던 관계로, 본 회의의 사무총장을 비롯하여 회의에 속한 어느 누구도 그러한 사실에 무지한 채로 지원을 받아야만 했다. 그러나 국제총회는 1950년 설립된 이래로, 문화자유회의가 이룩한 성취를 자랑스럽게 생각하는 바이다. 또한 문화자유회의 활동이 어떠한 재정적 후원자의 영향력이나 압력으로부터 전적으로 자유로웠음을 확신하며, 업무에 협력해 왔던 모든 분들의 독립성과 고결함에는 추호도 의심의 여지가 없음을 공표하고 싶다. 이제 우리는 CIA가 문화자유회의 관계자들을 기만하고 그들의 헌신을 의혹으로 만들어 버렸다는 강력한 비난 여론에 직면해 있다. 그러나 본 총회는 이러한 비난이 지성계의 담론이라는 우물에 독을 풀어 넣는 행위와 다를 바 없음을 밝혀 두려 한다. 따라서 본 총회는 사상의 세계에서 이러한 방식을 차용하여 비난을 가하려는 일체의 행위를 거부한다. …… 또한 본 총회는 이 자리에서 마이클 조셀슨 씨와 존 헌트 씨가 사임 의사를 밝혀 왔음을 알려 두고자 한다. 그러나 세계문화자유회의의 활동에 수반되는 온갖 어려움에도 불구하고, 이 조직을 완전한 독립성과 지성의 고결함으로써 이끌어 주신 이 두 분께 대하여 다시금 감사를 표하면서, 마땅히 현재의 직무를 계속하여 수행하도록 요청드리는 바이다."[5]

이 성명서에 나온 표현들은 많은 측면에서 의뭉스러운 구석이 있다. 첫째로 조셀슨의 사임은 총회가 억지로 **받아낸** 것이다. 이는 훗날 다이애나 조셀슨과 존 헌트도 확인해 준 사실이다. 특히 존 헌트는 이렇게 말했다. "제 유별난 기억력에 따르면, 당시 회의 의사록에는 어떻게 나와 있는지 모르겠지만 실제로 더 이상 그 일을 계속할 수 없겠다는 얘기를 들은 사람은 마이크 쪽이었습니다. 그 사람들 심정으로는 저한테도 사직서를 받아내고 싶었겠지만, 저야 다른 분야에 있었기 때문에 그렇게 못 했었지요."[6] 두 번째로, 그리고 더욱 중요한 사실인데, "문화자유회의에 속한 어느 누구도 그러한 사실에 무지"하게 만들고, CIA의 자금을 받아 온 장본인이 조셀슨 혼자라고 주장한다면 이는 너무나 터무니없는 말이라는 점이다. 헌트는 훗날 이런 얘기를 털어놓았다. "이제 와서 말씀드리는 얘기지만, 문화자유회의에서 아주 중요한 위치에 있던 몇몇 인사들은 진실을 알고 있었습니다. 정부 기관에서 먼저 얘기해 주었기 때문이지요. 레몽 아롱도 알고 있었습니다. 앙드레 말로는 [프랑스 문화부 장관이었으니] **더 말할**

---

5 General Assembly of the Congress for Cultural Freedom, press release, 13 May 1967 (CCF/CHI).
6 John Hunt, interview in Uzès, July 1997.

나위도 없지요. 그리고 맬컴 머거리지와 프레드릭 워버그도 마찬가지였습니다. 『인카운터』 문제에 대해서 양국의 정보기관이 합의를 도출한 뒤에 MI6가 말해 주었기 때문이에요."[7]

"누가 그 사실을 몰랐겠어요? 나라도 궁금했을 텐데. 그건 공공연한 비밀이었습니다."[8] 로런스 드 네프빌도 이렇게 말했다. 이 진실을 알고 있는, 혹은 알고 있다고 간주되는 사람들의 명단에는 충분히 많은 사람들이 있었다. 스튜어트 햄셔, 아서 슐레진저, 에드워드 실즈(나타샤 스펜더에게 이 사실을 1955년부터 알고 있었노라고 고백한 바 있다), 드니 드 루즈몽, 대니얼 벨, 루이스 피셔, 조지 케넌, 아서 쾨슬러, 정키 플레이시먼, 프랑수아 봉디, 제임스 버넘, 빌리 브란트, 시드니 훅, 멜빈 래스키, 제이슨 엡스타인, 메리 매카시, 피에르 에마뉘엘, 라이오넬 트릴링, 다이애나 트릴링, 솔 레비타스, 로버트 오펜하이머, 솔 스타인, 드와이트 맥도널드 말이다. 이 모든 사람이 기만 행위를 알고서witting 참여했다고 보기는 어렵다. 하지만 이 사람들은 모두 사실을 **눈치챘거나**, 진즉부터 알고 있었다. 그리고 만에 하나 몰랐다고 한다면, 교양은 갖췄으나 철저하게 무식한 사람일 것이라고 평론가들은 말하고 있다. "마이크가 몇 사람에게 사실을 털어놓으려고 하기는 했습니다만, 그 사람들이 먼저 알고 싶어 하지 않던데요." 헌트 또한 이렇게 주장하고 있다. "그 사람들은 알고 있었습니다. 알려고 하는 만큼 알 수 있었을 겁니다. 더 이상 알려고 하지 않았다면, 그때는 그 사람들이 이제는 발을 **빼야** 한다는 것을 눈치챘기 때문일 테고, 그래서 아예 알기를 거부한 것이지요."[9] 오스트레일리아의 시인 제임스 매컬리는 『쿼드런트』

7 John Hunt, interview in Uzès, July 1997.
8 Lawrence de Neufville, telephone interview, February 1997.

의 초대 편집장 겸 참관인 자격으로 이 국제총회에 참석했었다. 그는 다음과 같이 기록해 두었다. "그들에게는 모순적인 바람이 있었다. ① 우정으로 마이크를 지지해 주는 것, 솔직히 말해서 그들 중 **사실상** 기만당한 사람은 아무도 없었기 때문이다. 아니면, ② 대외적으로 아무것도 몰랐다며 격렬하게 결백을 주장하는 것."[10] 한때는 잠시 문화자유회의에서, 그리고 총회 당시에는 프랑스 문화부에서 일하고 있었던 존 헌트의 아내 샹탈 헌트 Chantal Hunt는 이렇게 도덕적으로 애매모호한 태도를 경멸했다. "프랑스의 모든 사람들이, 적어도 제 주변에 있는 사람들만 해도 누가 문화자유회의의 뒤를 봐주는지 진실을 알고 있었습니다." 샹탈은 이렇게 주장했다. "다들 그 얘기를 했거든요. 이렇게 얘기하곤 했습니다. '왜 거기 가서 일하려는 거야? 거기 CIA란 말이야.' 다 알고 있었어요. 빤한 얘기지만, 거기서 일하고 있는 사람들만 빼고는요. 이거 좀 이상하지 않나요? 저는 항시 그렇게 생각했었는데."[11] 다이애나 조셀슨도 비슷한 얘기를 했다. "그 사람들 거의 모두, 자기들이 알고 있다는 사실을 인정하려고 하지 않았어요. 대신에 불쌍한 거짓말쟁이들(조셀슨과 헌트)만 만들어 낸 거죠."[12]

한편 니콜라스 나보코프의 경우는 어땠는가? 이 사람이야말로 초기 베를린 시절부터 지금의 고통스러운 대단원에 이르기까지 조셀슨과 보조를 맞추어 같은 길을 걸어오지 않았던가? 그는 CIA에 연루되었다는 혐의에 화를 내면서 다음과 같이 반박했다. "저는 모두 부인하겠습니다. 세계

9 John Hunt, interview in Uzès, July 1997.
10 Peter Coleman, *The Liberal Conspiracy: The Congress for Cultural Freedom and the Struggle for the Mind of Postwar Europe*, New York: The Free Press, 1989에서 재인용.
11 Chantal Hunt, interview in Uzès, July 1997.
12 Diana Josselson, interview in Geneva, May 1996.

문화자유회의는……CIA와 어떠한 직간접적인 관계도 맺은 바가 없습니다.……이 모든 것들이 소련이 짜놓은 계략 아닙니까?"[13] 진정 그렇게 믿고 있었을까? 나보코프가 "우리 뒤에는 '저 버지니아 숲'의 든든한 화력 지원이 있다"(실제로 그가 한 말이다)라는 말을 그 긴 세월 동안 한 번도 입 밖으로 내놓은 적이 없다고 둘러댄다면 어느 누가 이를 진지하게 믿어 주겠는가? 런던의 택시 안에서 스펜더에게 분명히 진실을 털어놓았다는 메리 매카시의 증언을 보면 진실은 그 반대편에 있음을 보여 주고 있다. 게다가 "나보코프가 어느 날 점심 식사 자리에서 조용히 속삭여 줬다"라는 스튜어트 헌트의 기억에 따르면 그는 진실을 알고 있었다. 훗날 스튜어트 햄셔 또한 나보코프가 "폭로 기사를 보고도 별로 놀라지 않은 것"은 다소 역설적이라고 기록해 두었다.[14] 그 비참했던 5월 13일, 동료들을 기만했다며 조셀슨을 비난하고자 단호한 얼굴로 그의 앞에 섰을 때조차, 다른 사람은 몰라도 나보코프만큼은 치밀어 오르는 분노를 억누른 얼굴로 심판관의 역할을 맡기에는 매우 부적합한 사람이었다.

나보코프는 그의 회고록에서 "CIA를 통해서 문화계의 단체에 돈을 지원하기 전에 그러한 결정을 내린 사고방식(혹은 사고의 부재)은 심히 불필요하며 부적절한 일"이었다며 비난했다.[15] 그는 다음과 같이 덧붙였다. 이는 "냉전이 19세기 초 이래로 가장 가혹하고 가장 복잡한 사상전이었음을 고려할 때, 또한 알베르 카뮈가 말한 '정치적 사고가 도덕의 형태로 드러나는 일'이 백 년 묵은 전통처럼 되어 버린 나라에서 이러한 부도덕한

---

13 Nicolas Nabokov, July 1966, unidentifiable clipping (CCF/CHI).

14 Stuart Hampshire, interview in Oxford, December 1997.

15 Nicolas Nabokov, *Bagázh: Memoirs of a Russian Cosmopolitan*, London: Secker & Warburg, 1975.

일이 일어났음을 상기할 때, 특히 확연하게 드러난다. '부도덕하다는 악의적인 험담', 그리고 탁월할 정도로 지적이고 헌신적이며 극도로 청렴한 신사 숙녀 자유사상가들의 사랑과 애정으로 이룩한 이 훌륭한 조직이 가장 오래되고, 가장 집요한 오만함 때문에 진창 속으로 끌려 들어가 파괴되었다는 사실을 떠올릴 때면 나는 아직까지도 가슴이 아프다. 정말로 납득할 수 없는 행동이었다".[16] 나보코프는 개인적으로 도덕적인 분노를 결코 내비치지 않았지만, "저는 문화자유회의가 CIA의 자금을 받은 데 대해서는 어느 누구도 죄책감을 가질 필요가 없다고 생각합니다"라고 어느 기자에게 말한 적이 있다. "우리 중에 많은 사람들이 그런 형태의 자금 지원을 받았다는 의심을 받고 있고, 유럽·아시아·남미·아프리카의 수많은 도시에서 '화젯거리'가 되고 있어요. 그러나 여러분들이 주지하셔야 할 것은 CIA의 자금을 받고 말고의 문제가 아니라 세계문화자유회의가 그동안 이룩한 성취입니다."[17]

'완벽하고 강직한' 성품 때문에 고난에 빠져 버렸다는 점에서, 부쩍 현대판 욥[18]과 같은 기분이 된 조셀슨은 먼저 의사의 진찰을 받고 맥조지 번디를 만난 뒤 파리를 떠났다. 아마도 폭로 보도 때문에 향후 CIA에 미칠 여파들에 대해 논의하기 위해서였을 것이다(『워싱턴포스트』의 보도에 따르면, 맥조지 번디는 케네디와 존슨 행정부 밑에서 CIA의 첩보 작전을 총괄하던 사람이었다). 제네바로 돌아왔을 때, 쌌던 짐을 풀 새도 없이 마치 화산이 폭발하듯 사건이 커져 버렸다. CIA가 문화자유회의 측에 자금을 지원했다

16 *Ibid*.
17 Nicolas Nabokov, to J. E. Slater, 11 August 1971 (MJ/HRC).
18 성경 『욥기』에 나오는 고난과 시험의 대표적인 인물. — 옮긴이

는 국제총회의 발표가 나오자, 전 세계의 신문들이 이 발표 내용을 신이나서 떠들어 댔기 때문이었다. 조셀슨은 아내 다이애나를 분노한 사람들의 전화 세례 속에 내버려 둔 채로 쓰러져 버렸다. 다이애나는 스펜더 부부에게 편지를 썼다. 남편 조셀슨의 "끊임없는 압박 속에서 밤낮없이 계속되는 싸움"에 대해서였다. "그이는 어떠한 식으로든 건강이 허락하는 한 문화자유회의의 업무를 쌓아 놓고 일하려고 하기 때문에 저는 항상 걱정이 앞섭니다. …… 혼란은 계속되고 있어요. 마치 히드라처럼요." 그러고는 완전히 맥이 빠져 이렇게 선언했다. "저는 다 벗어던지고 새 삶을 시작하고 싶네요. 이 모든 사람들과 절대로 다시는 어울리고 싶지 않아요. 친구들과 우정은 지속하고 싶지만요."[19]

그러나 우정 문제도 이제 가망이 없는 혼란 속에 빠져들고 있었다. 나타샤 스펜더도 "친애하는 마이크에게" 편지를 썼다. "**사람이라면** 그토록 고통스러워하는 모습이 당연하겠지요. 이제 와 깨달은 바에 비추어 과거를 되돌아보면, 모든 사람들이 각기 양상과 정도는 달랐지만 그런 상황 속에 묶인 죄수였던 거예요. 친구들을 속이는 일은 당신에게는 끔찍한 일이었을 게 틀림없어요. 당신이 그토록 자상하게 대해 왔던 친구들에게 말이죠. 개인적인 고통이나 인간관계에서 오는 심리적인 충격은 끝이 없을 텐데, 그런 일을 당신에게 바랐다는 점에서 CIA는 확실히 잘못한 것 같네요. 그리고 그런 일에 깊이 마음을 쓰는 사람이라면, 사실 다시는 돌이킬 수 없을 정도로 신뢰가 깨졌다는 사실에 마음이 아플 거예요. …… 하지만 누군가가 동료들에게 정보를 감추고 있다는 사실을 돌이켜 보면, 그 사람은 동료들로부터 자유와 신망을 앗아 가는 것이나 다름없는 거예요. 그

---

19 Diana Josselson, to Stephen Spender, 26 May 1967(MJ/HRC).

래서 친구들 간의 신뢰 관계를 파괴하고, 결국에는 너무 많은 사람들이 고통을 받게 되지요. …… 저는 당신도 그런 그릇된 상황에서 벗어나기를 바랍니다. 왜냐하면 당신도 친구들에게 솔직한 사람이 되어야 하기 때문이죠. …… CIA가 당신에게 강요하고 있는 그 침묵이 정말로 잘못된 이유는 (그들이 보기에도) 이런 식으로 친구들을 대하게 만드는 게 공산주의자들과 똑같은 윤리의식을 강요하기 때문이에요. 그런 점에서 보면 서유럽에서 CIA 사람들이 사용하는 방법이 동구권에서 공산주의자들이 쓰는 방법과 다를 바 없게 되거든요."[20]

훗날 조셀슨은 이를 두고 '오물 세례'라고 불렀다. 하지만 이러한 경우는 계속 늘어나기만 했다. 게다가 믿었던 톰 브레이든마저 『새터데이이브닝포스트』에 글을 기고해서 새삼 조셀슨의 화를 돋웠다. "나는 CIA가 '도덕적이지 않아서' 좋다." 이런 제목을 달고 5월 20일자 잡지에 글이 실렸다. 브레이든은 이 글을 쓴 이유가 "잘못되고 정신 나간 일련의 헛소리들"을 바로잡기 위해서라고 밝혀 두고 있다. 하지만 브레이든은 부정확한 정보를 바로잡는 데 그치지 않았다. 대신에 지금껏 어떠한 방식으로도 절대 공개된 적이 없었던 비밀 정보들을 자진해서 내놓았다. 특히 그가 내놓은 정보들은 모든 모호한 사실들을 명확히 밝혀 주는 움직일 수 없는(그리고 더 이상 부인할 수 없는) 증거들이었다. 그는 이 글에서 1950년대 유럽의 좌파들을 "공산주의와 싸울 때 유일하게 관심을 가져준 사람들"이라고 설명하고 있다.[21] 그리고 CIA 국제조직국IOD이 이런 사람들을 포섭하기 위해 얼마나 애를 썼는지 자세하게 밝혔다. 특히 IOD와 미국 노동조합의 간부

---

20 Natasha Spender, to Michael Josselson, undated (MJ/HRC).
21 Tom Braden, "I'm Glad the CIA is 'Immoral'", *Saturday Evening Post*, 20 May 1967.

들 간의 관계를 평가하면서, 심지어 빅터 루서Victor Reuther[22]가 "정확한 사리분별 없이" CIA의 돈을 써버렸다고 비난하기까지 했다. 게다가 "『인카운터』의 발행에 쓸" 돈을 CIA가 제공했다는 사실을 시인했을 뿐만 아니라 "CIA 요원이 『인카운터』의 편집자로 들어갔다"라고 주장했다. 그리고 이렇게 CIA 요원을 심어 두는 방식으로 "각종 단체의 공식적인 지도급 인사들에게 반공주의 프로그램을 제시해 줄 뿐 아니라, 항상 맞닥뜨리게 마련인 예산 관련 문제를 해소할 방식과 수단을 제공해 주었다"라고 덧붙였다. "(미국의 단체가) '미국의 재단'에서 필요한 돈을 충당하겠다는데 안 될 게 뭐 있겠는가? 국가적 이익에 복무하는 한, CIA로부터 출자를 받은 미국의 재단들은 더욱 후한 지원을 제공했다."[23] IOD가 활용했던 일선 조직들을 열거하면서, 브레이든은 다음과 같이 말했다. "1953년쯤 되자 우리는 모든 분야의 국제적인 단체들을 직접 관리하거나 이 단체들에 영향력을 발휘할 수 있게 되었다."[24] 그런데 직접 관리를 했다는 것인가? 영향을 미쳤다는 것인가? 물론 CIA는 마음 가는 대로 했겠지만, 그는 글에는 단순히 "지원해 주었다"라거나 "우정 어린 충고를 제공"했다고만 쓰고 있다. CIA와 항시 연줄을 대고 있던 공식 라인이 마침내 모습을 드러냈던 것이다.

브레이든의 기고문은 CIA가 비공산주의 좌파와 맺어 오던 비밀스러운 관계를 단번에 끝장내 버렸다. 그렇다면 무슨 이유에서 그는 이런 글을 쓰게 된 것일까? 브레이든이 스스로 설명한 바에 따르면, 캘리포니아에서 그의 오랜 친구 스튜어트 알섭이 전화를 걸어와 『새터데이이브닝포스트』

---

22 미국의 탁월한 노조 운동 지도자. 문제가 되었던 드와이트 맥도널드의 글 「아메리카여! 아메리카여!」에서 비난받았던 월터 루서와는 형제간이다(19장 각주 11번 참조). — 옮긴이
23 Braden, "I'm Glad the CIA is 'Immoral'".
24 Ibid.

에 글을 좀 써보라고 요청해 왔기 때문이라고 한다. 오해를 바로잡기 위해서라는 것이다. "저는 그 글을 쓰는 게 역사를 바로잡는 일이라고 생각했습니다." 브레이든은 이렇게 말했다. "저 또한 처음부터 그 일에 관여해 왔었고, 그때는 20년도 더 지난 일이었지만, 또 계속되는 일이기도 했지요. 생각해 보니 그것 참 우습더군요. 그러다 보니 엉터리 쇼를 끝장내야겠다는 생각이 들었습니다."[25] 브레이든은 그해 3월 초에 기고문의 초안을 잡았다. 거의 석 달 가까이 질질 끌다시피 한 후에야 겨우 퇴고를 할 만한 충분한 시간이 생겼다. 그는 알섭과 몇 번이고 전화로 내용을 의논하면서 초안을 몇 개 써서 보냈는데, 그러면 그럴수록 폭로의 성격이 더욱 가미되었다.

브레이든의 주장으로는 진실을 밝히고 "오해를 바로잡기 위해" 썼다고 한다. 그러면서도 기고문에서는 정교하게 요원들의 암호명을 숨기고 있다. 자신의 암호명은 워런G. Warren G.로, 호머 D. 하스킨스Homer D. Hoskins의 경우는 해스킨스Haskins로 말이다. 엄청난 폭로 와중에도 어째서 브레이든은 수고롭게 암호명을 숨기려 했을까? CIA 요원이 될 때 모든 요원들이 선서하는 과정에서 비밀 엄수 서약에 서명했던 사실이 떠올랐던 것은 아닐까? 비밀 엄수 서약에 대해 묻자 브레이든은 희한한 대답을 내놓았다. "비밀 엄수 서약이 생각나기는 하지만, 그때 서명했는지는 기억이 나지 않습니다. 저 하늘에 맹세컨대 그 서약에 서명한지도 몰랐습니다. 서명은 **했었어요.** 근데 기억은 안 납니다. 기억이 났다면 그렇게는 안 했겠죠."[26]
"톰이 은퇴자답게 행동했다면, 써놓은 글에 대해서는 인가를 받았겠지

25 Tom Braden, interview in Virginia, August 1996.
26 Tom Braden, telephone interview, October 1997.

요." 로런스 드 네프빌의 얘기다. "그런데 톰은 은퇴자로서 지킬 것은 지키지 못했던 것 같네요."[27]

또 다른 시나리오도 있다. 몇몇 CIA 요원들, 심지어는 브레이든 스스로도 흥미롭게 생각한 부분이다. "톰은 회사형 인간이었어요. 그러니 비밀 엄수 서약에 대해서는 전부 알고 있었습니다." 존 헌트는 이렇게 증언했다. "이 서약이 과거로까지 소급되는 것이다 보니, 브레이든이 진정 독자적으로 행동한 것이라면 매우 두려운 마음이 들었을 겁니다. 하지만 저는 그 사람이 누군가의 노선에 따라 움직였을 것으로 믿고 있습니다. 저 어딘가에 NCL〔비공산주의 좌파〕과 아예 절연하고 싶었던 사람이겠지요. 외로운 서부의 총잡이가 세상에 어디 있습니까? 케네디 암살 사건만 봐도 미친 짓이지요. 그 일에는 이해관계가 있는 사람들이 꽤 있었습니다. 브레이든은 어느 정도까지만 관여했을 테고요. 아마 헬름스〔당시 CIA 국장〕가 불러서 이렇게 얘기했겠지요. '자네가 나서서 뭐 하나 해줘야 할 일이 생겼네.' 이렇게 말입니다. 저는 세계문화자유회의 또는 그 비슷한 프로그램들을 손봐 주고 싶어 하는 조직 내부의 결정이 있었을 것으로 굳게 믿고 있습니다. 마이크하고도 브레이든의 글을 놓고 논의해 봤는데요. 당시 우리는 이 글이 CIA와 NCL의 동맹 관계를 끝장내려는 목적으로 위로부터 승인을 받아서 잘 정리된 작전의 일환일 것으로 가정했습니다. 끝까지 파헤치지는 못했지만요."[28]

잭 톰슨 역시 비슷한 추측을 내놓았다. "어떤 작전의 발목을 잡고 싶을 때 쓸 수 있는 오래된 수법이 있습니다. 그냥 터뜨려 버리는 거죠. 머릿

27 Lawrence de Neufville, telephone interview, April 1997.
28 John Hunt, interview in Uzès, July 1997.

속에 시나리오가 하나 떠오르는데요. 린든 존슨 대통령이 백악관 집무실 책상 앞에 앉아 있습니다. 그리고는 서류를 이리저리 훑어보는 거죠. 그러다가 『인카운터』를 발견하는 겁니다. 그러면서 '이보게! 이게 뭔가?' 그러면 주위에서 누가 대답하겠죠? '대통령님, 그거 대통령님 잡지입니다.' 그러면 그러겠죠? '내 잡지라고? 그래 **내 잡지** 맞지. 그런데 **내가** 벌인 전쟁이 틀려먹었다고 하는 작자들이 있잖나. **내 잡지**에다 이런 걸 써놓는단 말이야?' 그러면 그것으로 끝인 거죠."[29]

톰슨이 지어낸 시나리오는 좀 더 깊이 들여다봐야 할 필요가 있다. 린든 베인즈 존슨은 1930년대 사람으로, 동부의 상류층 사이에 섞이지 못하고 떠돌던 불쌍한 텍사스 촌사람이었다. 이 모든 지식인들과 교제도 없었으며 매력도 없었던 그는 J. F. 케네디가 보여 준 아테네풍의 막간극에서 헤어 나올 능력도 없는 사람이었다. 존슨 대통령은 문화제를 "부인네들이나 신나는 일" 정도로밖에 이해하지 못했다. 브레이든의 기고문이 나오기 2년 전인 1965년 6월 14일, 존슨의 정책고문이 "베트남 전쟁에 대한 반대 여론을 무마하기 위해" 기획한 백악관예술제White House Festival of the Arts가 열렸는데, 미국의 지식인들이 이 행사를 베트남 전쟁을 성토하는 장으로 만들어 놓은 적이 있었다. 로버트 로웰은 존슨 대통령의 초대를 거절했으며(이 사실은 로웰을 사찰한 FBI 파일에 지체 없이 기록되었다), 에드먼드 윌슨Edmund Wilson은 "퉁명스러운 태도"로 예술제의 주최자인 에릭 골드먼Eric Goldman을 당황하게 만들었다. 드와이트 맥도널드도 참석은 했지만, 로웰의 입장을 지지하고 미국의 정책을 비난하기 위한 탄원서를 품속에 품고 왔다. 이 탄원서에는 (예술제에 초대를 받지 못한) 한나 아렌트, 릴리언 헬먼,

---

29 John Thompson, telephone interview, August 1996.

앨프리드 카진, 래리 리버스Larry Rivers, 필립 로스, 마크 로스코, 윌리엄 스타이런William Styron, 메리 매카시 등의 서명이 들어 있었다. 저녁 만찬 시간 동안, 맥도널드는 9개의 서명을 더 받았는데, 그 와중에 영화배우 찰턴 헤스턴Charlton Heston[30]과는 주먹다짐 일보직전까지 가기도 했다. 헤스턴이 맥도널드에게 "기껏 초대를 해준 주인한테 반대하는 탄원서를, 굳이 그 사람 집까지 들어와서 서명을 받아야겠소?"라고 되물으면서 "기본적인 매너가 안돼 있다"라고 듣기 싫은 소리를 했기 때문이었다.[31] 한편 존슨 대통령은 이때 감정의 앙금이 남았는지, '반역자 무리들'이 백악관을 접수해 버렸다는 말을 남겼다.[32]

이 예술제는 재앙 그 자체였다. 에릭 골드먼의 말에 따르면, "존슨 대통령의 반응을 살펴보니 대통령과 지식인 집단 간에 안 그래도 갈라져 있던 틈이 더욱 갈라져" 버렸기 때문이었다. "대부분의 내막이 알려지지 않은 것은 천만다행이었습니다. 하지만 대외적으로는 동서 베를린 사이에 철조망을 두른 콘크리트 방벽처럼 둘 사이에도 서로 왕래할 수 없는 벽이 생겨 버린 셈이죠."[33] 또한 존슨은 "이 작자들이" 자신과 백악관을 욕보이려고 흉계를 꾸몄으며, "국가 위기 상황에서 조국에 상처를 주었다"라는 말을 남겼다고 한다.[34] 그래서 이 "개새끼들", "멍청이들", "역적들"이 가뜩이나 보잘것없는 행사를 "더욱 보잘것없는 대의나 선전하는 자리"로 망쳐

---

30 존 웨인과 더불어 미국의 대표적인 보수 연예인. 「벤허」(Ben-Hur), 「십계」(The Ten Command-ments), 「혹성탈출」(Planet of the Apes) 등에 출연했으며 전미총기협회(National Rifle Association, NRA) 회장을 지냈다. — 옮긴이

31 Ian Hamilton, *Robert Lowell: A Biography*, New York: Random House, 1982.

32 Carol Brightman, *Writing Dangerously: Mary McCarthy and Her World*, New York: Lime Tree, 1993.

33 Hamilton, *Robert Lowell*.

34 *Ibid.*

버렸다고 했다. 존슨 대통령은 또한 두 측근 리처드 굿윈Richard Goodwin과 빌 모이어스Bill Moyers에게는 이렇게 말했다고 한다. "이제는 그 자유주의자 놈들과는 상종도 하지 않겠네. 그놈들이 나에게 하는 짓도 돼먹지 않았으니까 말일세. 그 작자들 모두가 다 공산주의 노선을 따르고 있어. 자유주의자들, 지식인들, 공산주의자들, 이 모두가 다 똑같이 한패거리일세."[35]

세계문화자유회의를 그 초창기부터 CIA에 묶어 두는 데 한몫을 했던 제임스 버넘은 이 난장판이야말로 그가 오랫동안 경고해 왔던 CIA적 사고방식의 '근본적인 결함'을 보여 주는 실례라고 보았다. 나름 현실 정치를 매우 보수적으로 해석하여 그렇게 한 것이겠지만 말이다. "CIA는 '비공산주의 좌파'의 관점에서 이와 같은 일을 대부분 실행해 왔다." 그는 이렇게 쓰고 있다. "CIA는 NCL을 믿을 만한 반공주의 세력으로 평가했다. 실제로 이들이 친미나 친서방 세력은 아니라 하더라도, 어쨌든 반미·반서방은 아니지 않느냐는 논리였다. 이러한 정치적 판단은 오해였다. 비공산주의 좌파는 신뢰할 만한 세력이 아니었던 것이다. 결정적인 순간에 압박을 받으면 비공산주의 좌파는 사분오열한다. 다른 나라에서와 마찬가지로, 이 나라에서도 대부분의 여론이 반공주의적 성향으로 쏠리는 데 반해, 거의 모든 비공산주의 좌파는 공산주의나 공산주의 국가에 대한 태도를 희석하는 데 일조한다. 이처럼 그와 같은 조직적 붕괴는 정치적 실수에서 기인한다. 여기서 정치적 실수란 공산주의에 대항하는 전全 지구적 투쟁이 NCL 세력의 힘에 의존해야 한다는 주장을 뜻한다. 이러한 주장은 앨런 덜레스 시절 CIA의 지지를 받았다. 그리고 쿠바, 도미니카공화국, 그리

---

35 Stephen J. Whitfield, *The Culture of the Cold War*, Baltimore: Johns Hopkins University Press, 1991.

고 무엇보다도 베트남은 이 NCL 독트린의 결정적인 실험장이 되었다. 결국 이 NCL이라는 처방전에 입각하여 CIA가 육성한 이러한 조직들 혹은 개인들은 국가의 의지를 갉아먹고, 국가의 안보를 무력화시키거나 훼방을 놓는 세력으로 판명이 났다."[36] 사정이 이렇다 보니 린든 존슨이 결국 CIA와 비공산주의 좌파와의 관계를 끝장내겠다고 마음먹었을 것으로 어렵지 않게 유추할 수 있다.

브레이든의 비밀 엄수 서약 문제와 관련해서 매우 재미있는 단서가 될 만한 사건이 실제로 일어났다. 1967년 4월 19일 수요일 오후 2시, 존슨 대통령의 특별보좌관 월트 로스토는 대통령에게 보내는 '비밀 메모'를 작성했다. 이 메모에는 다음과 같은 내용이 적혀 있었다. "『새터데이이브닝포스트』에 곧 실릴, 브레이든이 CIA에 대해 쓴 글에 대해서 알고 계셔야 할 것 같습니다. 여기에 헬름스가 전해 온 얘기가 있습니다." 브레이든의 기고문이 1967년 5월 20일자에 실렸으니, 로스토가 이 글의 존재를 대통령에게 알려 준 지 딱 한 달 뒤의 일이다. 로스토의 메모를 보면 당시 CIA의 국장이었던 리처드 헬름스는 이 기고문에 대해 알고 있었다. 또한 그 내용에 대해서 알고 있었을 수도 있다. CIA에서도 브레이든에게 비밀 엄수 서약을 들이대면서, 기고문을 게재하지 못하도록 막을 수 있는 충분한 시간이 있었다는 얘기다.

이 문제에 대한 로스토의 기억은 명확하지 않았다. "저는 브레이든을 사적으로 친해지고 싶은 상냥한 사람으로 기억할 뿐입니다. 메모는 기억이 나지 않고, 기고문에 대해서도 잘 모르겠습니다. 그리고 보니 헬름스가 얘기했던 것 같네요. 그래서 제가 대통령께 말씀드린 것 같기도 하고. 하

---

36 James Burnham, "Notes on the CIA Shambles", *National Review*, 21 March 1967.

지만 그리 중요한 문제는 아니었습니다. 당시에 대해 별 기억이 없는 것을 보면요."[37] 그렇다면 어째서 로스토는 쓸데없이 대통령에게 보내는 비밀 메모를 작성했던 것일까? 그다지 중요한 문제도 아니라면서 말이다. "대통령 권한에 관계될 만한 정치적인 문제라면 그 어떤 것이라도 대통령께 알리도록 되어 있었습니다."[38] 로스토는 이렇게 대답했다. 하지만 그렇게 보면 그의 주장은 다소 모순적이다.

사실 로스토와 헬름스는 대통령에게 보고해야 할 경우가 많이 있었다. 로스토의 제안으로 헬름스는 화요일 오찬 모임의 초대를 받았었다. 로스토는 이렇게 증언하고 있다. "대통령께 정보 분야에서 의논할 만한 상대가 하나 있어야겠다고 생각해서 그랬습니다."[39] 이 오찬 모임은 존슨 시절에 국가 안보 문제와 관련하여 가장 중요한 고위층의 모임이었다. 1967년까지 주마다 한 번씩 있었던 이 오찬 모임의 주제는 거의 모두가 베트남 전쟁과 관련된 문제였다.

여기서 또 다른 질문 하나. CIA는 『램파츠』 문제에 첩보 작전을 전심전력으로 가용하면서까지 그토록 신경을 썼으면서 브레이든의 기고문에 대해서는 왜 막을 생각조차 하지 않았을까? "그 사람들이 이 모든 것에서 다 손을 떼버리고 싶어 했다는 설명이 일리가 있는 것 같네요." 브레이든은 이렇게 단정했다. "스튜어트[알섭]는 알고 있었는지도 모르겠습니다. 그때 당시까지만 해도, 저는 항시 CIA 내부에 이런 일들에서 손을 떼고 싶어 하는 사람들이 필경 있을 것이라 추측했습니다. 게다가 이런 작전들이

37 Walt Rostow, telephone interview, July 1997.
38 Ibid.
39 Ibid.

이미 실제로 노출되었잖아요. 그래서 모든 사람들이 알게 된 겁니다. 스튜어트 같은 전문가는 더 말할 나위도 없고요. 이 모든 게 다 CIA의 위장 조직이라는 사실 말이죠. 저도 마음 속 깊은 곳에서는 그 사람들이 이 조직들을 다 없애려고 한다고 생각했었지요. 증명할 수는 없지만 말입니다."[40]

어느 CIA 고위 관계자의 증언에 따르면 스튜어트 알섭은 "CIA 요원이었다". 다른 취재원들의 얘기를 들어 보면, 알섭은 특히 외국 정부의 관료들과 협의할 때 유용한 사람이었다고 한다. CIA가 답을 구하려 할 때 답을 찾아주고, 미국 정부에 유리하도록 잘못된 정보를 흘리고, 믿을 만한 외국인들을 CIA가 활용할 수 있도록 해주는 사람 말이다. 스튜어트의 형이었던 조지프 알섭은 "스튜어트가 요원"이라는 주장을 "정말 말도 안 되는 얘기"라며 일축했다. "스튜어트가 CIA와 가까운 관계이기는 했습니다. 제가 스튜어트보다 CIA와 더 가깝기는 했지만요."[41] 그런데 이런 말을 꺼냈다. "조심스레 말씀드리지만 스튜어트가 몇몇 임무들을 수행하기는 했었습니다. 미국인으로서 마땅히 바로잡아야 할 일을 했던 거지요. …… CIA '건국建局의 아버지들'이 우리 형제와 사적으로도 아주 친한 친구들이었어요. …… 일종의 사교 행위였던 셈입니다. 돈 한 푼 받은 것도 아니었고, 비밀 엄수 서약을 한 것도 아니었지만요. 굳이 해야 할 필요도 없었고요. …… 하지만 올바른 일이고 해야 할 일이었기 때문에, 그 친구들을 위해서 해줬던 겁니다. 시민으로서 해야 할 의무를 한 것이라고 봐야죠. …… CIA는 신뢰할 수 없는 사람들에게는 아무것도 내보여 주지 않습니다. 스튜와 저는 그러고 보면 신뢰받을 만한 사람들이었고요. 어찌 보면

---

40 Tom Braden, telephone interview, October 1997.
41 Carl Bernstein, "The CIA and the Media", *Rolling Stone*, 20 October 1977.

감개무량한 일입니다." 스튜어트 알섭은 앨런 덜레스와 그 부하들을 '용감한 동부인들'이라고 불렀다. 그러면서 "긴밀하게 엮인 기성 체제, 즉 일종의 형제단의 일원임"을 즐겨 왔던 것이다.[42]

　브레이든의 기고문은 결정적인 면에서 보면 의도했던 결과가 아니었다. 그는 CIA가 『인카운터』에 요원을 심어 놓았기 때문에 이 요원의 신분이 노출되면 사임을 종용당할 수도 있다고 주장했다. 브레이든의 상세한 설명에 따르면, 이 사람은 "우리 요원 중의 한 사람으로 박학다식하고 글재주가 있는 사람이었다. 우리 CIA가 이 사람의 급여를 지급했다".[43] 그러자 당시 『퍼블릭인터레스트』Public Interest라는 잡지에서 대니얼 벨과 공동편집자로 일하고 있던 어빙 크리스톨은 즉시 난감한 상황에 빠지게 되었다(이 잡지는 조셀슨에게서 나온 1만 달러의 후한 지원금 덕분으로 창간되었다). "톰 브레이든의 기고문이 잡지에 게재되었을 때, 『인카운터』에 CIA 요원이 있었다는 얘기도 실렸어요. 저는 무척 화가 났습니다. 왜냐하면 저는 절대로 CIA 요원이 아니었을뿐더러, 스티븐 스펜더도 요원이 아니라는 사실을 누구보다도 잘 알고 있었기 때문입니다." 크리스톨은 훗날 이렇게 말했다. "아니, 도대체 브레이든 씨는 무슨 생각으로 그런 글을 썼는지 알다가도 모를 일이네요."[44] 스펜더 또한 그런 의혹을 부인하면서 다음과 같이 말했다. "크리스톨이 CIA 요원이라니 믿을 수가 없네요. 정말 그럴 일은 없었거든요. 그렇다고 저라는 얘기는 아닙니다."[45]

　그렇다면 래스키만 남았다. 몇 년 뒤 래스키는 브레이든의 주장에 예

42 Ibid.
43 Braden, "I'm Glad the CIA is 'Immoral'".
44 Irving Kristol, interview in Washington, June 1994.
45 Stephen Spender, interview in London, July 1994.

상했던 대로 완전히 냉소적인 반응을 보였다. 그러면서 브레이든을 "노망이 난 바보 같은 늙은이"라고 불렀다. 그는 이 모든 일들이 007 제임스 본드 영화가 아니며, "첩자들과 이중 첩자들을 찾아내려는 병리적인 현상"이라면서 이렇게 말했다. "저는 CIA 잡지를 편집한 게 아니고요. 그런 적도 없고 그러지도 않을 겁니다."[46] 그렇다면 누가 CIA 요원이었다는 말인가? "당신입니까? 아니면 접니까? 그렇다면 누굽니까?" 그는 이렇게 대답했다. "보세요, 우리는 우리 일을 했을 뿐입니다. 아니, 아니, 아니 그런 건다 꾸며 낸 망상이라고요. 그런 얘기를 진지하게 받아들이지는 마세요. 역사학자시라 어디를 봐도 안 그러시겠지만."[47] 30년이 지나서야 브레이든은 그 요원이 누구인지 지목해 주었다. 역시 누군가가 꾸며 낸 망상은 아니었다.

조셀슨은 브레이든의 배신으로 절망에 빠져 버렸다. "6일간 함께한 자전거 여행 등을 비롯해서 저는 항상 당신과 보낸 좋은 기억을 간직하고 있었어요. 당신의 직업이 가진 특성을 깊이 고려해서 굳이 말씀드리려고 하지 않았었지만, 이번에 쓰신 글에서 마이크와 친구들에 대한 뜬금없는 배신 행위는 생각하면 할수록 슬프더군요." 다이애나 조셀슨의 편지 내용이다. "당신이 그 글에서 완전히 잘못 짚고 있는 사람은 어빙 K. 임이 분명한데, 그 사람은 아무것도 모르는 사람임을 확실히 잊고 계신 것 같네요. 그 글은 혼란스러운 상황을 만들어 낸 데다 개인적인 상처까지 남겼지요. 저는 당신이 짐작도 못 하실 거라고 믿고 있지만요. 알고 계신지나 모르겠지만 당신은 그 훌륭한 잡지의 숨통을 끊어 놓은 거예요. …… 이 모든 가

46 Melvin Lasky, interview in London, July 1994.
47 Ibid.

혹한 세월을 겪으면서 얻은 경험을 통해 알고 있다시피, 톰 당신도 마음속으로는 잘 알고 계시겠지요. 만약 그런 사람이 있다면, 그렇게 **자유**를 행사하는 사람free agent[48]이 있었다면, 오로지 양심의 명령에 의해서만 움직이는 사람이겠죠. 마이크 말이에요."[49] 다이애나는 브레이든에게 기고문을 게재한 것에 대해 사과할 것과 CIA가 문화자유회의에 심어 놓은 사람은 조셀슨이라고 언급한 내용을 철회해 달라고 간청하면서 편지를 끝맺고 있다. 하지만 브레이든은 답장이 없었다.

CIA의 기술적인 용어로 '말썽'flap이라고 알려진 일이 벌어졌음에도 불구하고, "드디어 올 것이 오고야 말았다는 식으로 관심조차 제대로 받지 못했다는 사실"[50]은 아무리 봐도 이상스럽다. 톰 브레이든은 아무런 심의도 받지 않고 글을 실을 수 있었다. 그리고 그 글에서 폭로된 비공산주의 좌파 프로그램에 밀접한 관계가 있던 요원들은 경력상에 아무런 불이익도 받지 않았다. 코드 마이어와 그의 동료들 모두 더 높고 더 나은 자리를 찾아 신속히 움직였다(마이어의 경우, 서유럽에서 CIA의 모든 작전을 총괄하는 책임자인 런던 지부의 부장으로 영전했다). 오로지 비공산주의 좌파 진영에서 충원된 인력들만이 용도 폐기의 운명을 맞았다. 로비 매컬리의 경우, 약간 저항도 해보았지만 다이애나 조셀슨의 말에 따르면 "결국 질질 끌려나가 버렸다". 매컬리는 『케니언리뷰』, 아니, CIA를 떠나 『플레이보이』Playboy의 연재소설 분야 편집자가 되었다. 1960년대 중반부터 신좌파 진영을 기웃거렸던 존 톰슨 역시 그가 '사탕과자 비행선'Good Ship Lollipop[51]이라고 불

48 '자유를 행사하는 사람'과 '자유 재량을 가진 요원' 두 의미로 해석될 수 있다는 점에서 중의적이다. ─옮긴이
49 Diana Josselson, to Tom Braden, 5 May 1967(MJ/HRC).
50 Lee Williams, interview in Washington, June 1994.

렀던 곳에서 떨어져 나오고 말았다. 그는 조셀슨 부부에게 보낸 편지에서 1968년의 미국에서는 "베트남에 대한 얘기가 아니면 모두 아프리카계 미국인에 대한 얘기"뿐이라고 말했다(아프리카계 미국인을 지칭할 때 원래 사용했던 단어는 확연히 식민주의자스러웠지만 말이다).[52]

조셀슨은 5월 13일 국제총회가 있기 얼마 전 이미 CIA에서 퇴직한 상태였음에도 불구하고, 회복 불가능한 상태에 빠져 버렸다(퇴직에 대해서 다이애나는 이렇게 말했다. "그가 CIA에서 나온 이유는 무엇보다도 문화자유회의를 보호하기 위해서였어요. 그래서 질문을 받았을 때, 이제는 CIA와는 관계없는 일이라고 대답할 수 있었던 거죠"[53]). 조셀슨의 연금은 대폭 삭감되었으며, 그의 지대한 공헌도 필시 반영되지 않았을 것이다. 조셀슨은 파필드재단에 '고용'되어 2년 동안 12회 분할로 지급되는 2만 1000달러의 급여를 받고 국제부장 자리에 앉았다. 이제 최소한 원칙상으로는 CIA가 조셀슨을 재정적으로 뒷바라지하지 않는 것처럼 보였다. 하지만 프랭크 플랫과 존 톰슨은 조셀슨이 겉으로는 면직처럼 보일지 몰라도, 이미 은퇴 후의 계획을 세워 놓았다는 사실을 알아차렸다. 그래서 조셀슨은 파필드재단에 적립된 자금에서 1년에 3만 달러씩 수령할 수 있었던 것이다. 톰슨의 증언에 따르면, 이 적립금 총액은 100만 달러에 달했다. 몇 가지 이유 때문에 이 돈을 최초의 기부자에게 돌려줄 수 없게 되었으므로, 톰슨은 즉시 재단에서 가용할 수 있는 자금으로 돌려 놓자고 제안했었다.[54] 하지만 조셀슨은

---

51 미국의 아역 배우 셜리 템플(Shirley Temple)이 부른 노래 「사탕과자 비행선에서」(On the Good Ship Lollipop)에서 따온 표현. 사탕 나라를 떠다니는 비행선을 의미한다. —옮긴이
52 John Thompson, to Michael Josselson, 7 July 1968(MJ/HRC).
53 Diana Josselson, interview in Geneva, March 1997.
54 John Thompson, to Michael Josselson, 28 October 1967(MJ/HRC).

마지못한 듯이 파필드재단의 '청산금'termination fund으로 벌써 돈을 분산해 놓았다고 해명했다. 그런데 이렇게 남은 자금이 어떤 방식으로 분산되었는지 그 행방에 대한 기록은 남아 있지 않다.

『램파츠』의 폭로가 있기 전에도, 마이크 맨스필드Mike Mansfield 상원의원이 CIA의 재정 지원을 통한 모든 비밀 첩보 활동에 대해서 의회 차원의 광범위한 진상 조사를 촉구했다. 존슨 대통령은 그 대신에 국무장관 니콜라스 캐첸바크Nicholas Katzenbach의 주도하에 보건복지교육부장관 존 가드너John Gardner, CIA 국장 리처드 헬름스, 이렇게 도합 세 명으로 이루어진 특별 위원회를 구성하자고 제안했다. 이 캐첸바크 위원회의 최종 보고서는 1967년 3월 29일에 발표되었는데, 다음과 같은 결론을 담고 있었다. "미합중국 정부의 정책상 어떠한 연방 기관도 직접적으로든 간접적으로든 여하간의 비밀 재정상의 원조 혹은 지원을 국가가 설립한 교육 목적의 조직 혹은 민간의 자발적 조직에게 제공해 주어서는 아니 된다."[55] 이 보고서는 1967년 12월 13일을 이러한 모든 비밀 자금 지원을 종결짓는 예정 기한으로 설정해 놓았다. CIA는 이러한 시간상의 유예 덕택에 "실질적인 청산금 조로 많은 산하 조직들에 막대한 액수의 돈"을 제공할 수 있었다. 이러한 기술을 '자금 쇄도'surge funding라고 불렀다(자유유럽방송의 경우, 2년 동안 충분히 운용할 수 있는 자금이 한꺼번에 주어졌다).

캐첸바크 보고서는 CIA가 향후 이런 활동을 하게 될 때, 정부가 자금 지원을 제한하는 논리로서 널리 활용되었다. 그러나 CIA는 캐첸바크 이후의 시대에 어떠한 활동을 할 수 있는가에 대해서는 매우 다른 해석을 갖

---

55 *Final Report of the Katzenbach Committee*. White House, press release, 29 March 1967(NSF/LBJ)에서 재인용.

고 있었다. 1976년 정보기관 활동에 대한 특별 위원회 보고서[처치 위원회 보고서]에 따르면, CIA 기획 부문 부국장Deputy Director of Plans 데즈먼드 피츠제럴드Desmond FitzGerald는 이 보고서가 인쇄되어 나오자 모든 일선 지부들에 다음과 같은 지침을 회람시켰다고 한다. "ⓐ 상업적 목적을 띤 미국 내의 조직과 비밀리에 협조하는 것은, 반복해서 명시하지만, 제한된다. ⓑ 단, 해외에 근거를 둔 국제 조직에 한하여 비밀리에 재정 지원을 하는 것은 허용된다."[56]

바꾸어 말하면, 국제적 단위의 비밀 첩보 작전의 경우는 전혀 아무것도 변한 것이 없다는 얘기다. 그렇기 때문에 CIA가 1967년 이후에 (세계문화자유회의의 자회사 격인) 포럼월드피처스에 아무런 제재 없이 계속해서 자금을 지원할 수 있었던 것이다. 존슨 대통령이 캐첸바크 보고서를 정부의 공식적인 방침으로 수용했다 하더라도, 이를 대통령령으로 발효시키거나 법제화하지는 못했다. 확고한 법적 지위를 얻지 못했다는 얘기다. (별다른 요점이 없어 보이는) 『네이션』 사설의 행간을 잘 읽어 보면, 이 사설은 캐첸바크 보고서를 "위선적인 임시변통", "명확한 정의定義로부터 교묘하게 회피하기" 등으로 규정하고 있다. 그리고 이 사설은 "존슨 대통령의 강력한 슬로건인 '위대한 사회'The Great Society는 부르봉 왕조를 비아냥거리는 소리와 더욱 닮아 가기 시작했다"라는 말로 끝을 맺고 있다.[57]

10년 뒤 정부 차원의 조사[처치 위원회의 조사]가 있고 나서 다음과 같은 비판이 나왔다. "1967년에 일어난 사건에 대응하여 CIA가 마련해 둔제한 규정들은 오히려 대외적인 폭로에 민감한 CIA의 작전을 위태롭게

56 Final Report of the Church Committee, 1976.
57 Editorial, The Nation, 10 April 1967.

할 수 있기 때문에, 이를 방지하기 위한 안전장치임이 판명되었다. 이러한 제한 규정들은 CIA가 자유사회를 규정짓는 범위가 어디까지인지에 대하여 심각하게 재고해 보지 않았음을 그대로 방증하는 것이다."[58]

58 *Final Report of the Church Committee*, 1976.

26장

값비싼 대가

이 비루한 세상에서는, 들여다보는 유리의 색이 어떠냐에 따라
서 옳고 그름이 결정된다.
— 페드로 칼데론 델라 바르카Pedro Calderón de la Barca

1967년이 지나고 1968년이 다 되도록 조셀슨은 심적으로나 육체적으로
나 지쳐 있는 상태였으며, 날마다 자신의 행동이 불러온 혼란과 환멸을 곱
씹고 있었다. "이 열린 사회에서 자유를 신봉하고 목적과 수단을 도덕적
으로 조화시킨다는 사람이 국제적 첩보 행위를 수행하는 정부 기관으로
부터 돈을 받는 것을 어떻게 적절한 행위라고 생각하는지 저로서는 이해
불가한 일입니다." 세계문화자유회의 인도 지부의 의장이었던 자야프라
카시 나라얀은 이런 글을 남겼다. "문화자유회의가 항상 독립적으로 기능
했다고 자부하는 것만으로는 충분하지 못합니다. ······CIA는 오로지 자
기들에게 유리하다고 판단했기에 그렇게 했을 뿐입니다."[1] K. K. 신하K. K.
Sinha는 인도 사무국을 그만두겠다면서 편지에 이렇게 썼다. "파리 본부에
시한폭탄이 설치되었다는 사실을 알았더라면 ······ 저는 문화자유회의에
손도 대지 않았을 겁니다."[2] 몇몇의 경우에는 진짜 폭탄들이 기다리고 있

---

1 Jayaprakash Narayan, to Raymond Aron, 22 June 1967(CCF/CHI).

었다. 일본에서는 어느 문화자유회의 활동가의 집에 화염병이 날아드는 바람에, 경찰의 보호를 요청해야만 했다. 아프리카 우간다에서는 『트랜지션』의 편집장 라자트 너지Rajat Neogy가 자신이 당국에 체포되어 감옥에 갔을 때보다 잡지에 더 심대한 타격이 왔음을 곧 깨달았다.

"진짜 피해자들이 있었죠." 다이애나 조셀슨의 말이다. "그리고 마이클은 이따금씩 비통해하며 후회하기도 했어요. 그동안 일을 진행하면서 했던 판단이 옳았는지에 대해서였죠. 우리 부부는 목적이 수단을 정당화해 준다는 예수회적인 노선 앞에서 번민하기도 했지만, 결국 그 일이 옳기 때문에 해야 할 일이라는 데 마음을 모으게 되었어요. 하지만 사람들의 평판을 훼손시켜 버렸다는 생각이 그이를 심히 괴롭혔죠."[3] "인도, 레바논, 아시아, 아프리카에 있던 사람들, 그러니까 저와 마이크와 그 밖의 사람들이 만들어 낸 대의에 기대어 문화자유회의와 운명을 함께하기로 한 신사 숙녀 분들이 폭풍 속에 휘말리게 되었던 겁니다." 존 헌트는 이렇게 말했다. "제가 알기로도 많은 분들이 심각한 고통을 받았습니다. 아무리 도덕적으로 반성을 하고 토의를 해도 그 사실이 없던 일이 되는 것은 아니었겠죠. 그분들은 삶과 명예를 다 바쳤고, 저도 이를 잊어 본 적이 없습니다. 그런 도덕적 딜레마는 '국가 이성'raison d'etat이라든지, '역사의 간지' 같은 말들로 무마될 수 있는 성질의 것이 아니었습니다. 하지만 그 일이 다시 제게 주어진다면, 처음부터 다시 그렇게 할 겁니다. 후회는 하겠지만 그 일은 모두 해야 할 만한 가치가 있는 일이니까요."[4]

---

2 K. K. Sinha, to John Hunt, 1 June 1967(CCF/CHI).
3 Diana Josselson, interview in Geneva, March 1997.
4 John Hunt, interview in Uzès, July 1997.

유럽과 미국에서의 반응은 복합적이었다. K. K 신하가 "시끄러운 소리를 내며 다가오는 위협"이라고 했던 말과는 거리가 멀었던 것이다. 마이클 폴라니는 CIA 폭로 보도를 둘러싼 소동이 "하찮은 것에 불과"하다며 이렇게 말했다. "가능했다면 제2차 세계대전이 끝난 이듬해부터 저는 기꺼이 CIA에 복무했을 겁니다(그런 조직이 있다는 걸 알았다면 말이죠)."[5] 쾨슬러 역시 곧 잠잠해질 "찻잔 속의 태풍"으로 보았다. 예후디 메뉴인은 "우리와 같은 부류의 사람들과 어울리는 데 CIA만큼 좋은 곳이 없다"라고 생각했다.[6] 조지 케넌은 예상했던 대로 강력한 반론을 제기했다. "CIA의 돈문제와 관련하여 일어난 '말썽'은 다소 용납하기 힘든 것이며, 원래는 일어났어야 할 고통보다 한결 더한 고통을 야기했습니다. 저는 여기에 대해 조그마한 양심의 가책도 느끼지 않습니다. 이 나라에는 문화부도 따로 없고, 그 일을 누군가가 메워야 했기에 CIA가 그 일을 떠맡을 수밖에 없었던 겁니다. 그렇게 했으면 비난이 아니라 칭찬을 받아야 하는 것 아닙니까?"[7]

CIA가 서유럽의 문화생활에 개입했다는 사실이 드러나자, 이에 대한 생각은 민주주의가 심화될수록 점점 더 소수의 후원자를 필요로 하게 된다는 논리로 합리화되었다. 앤드루 콥카인드Andrew Kopkind는 "도덕적 환멸에 대한 더욱 깊은 인식"이라면서 다음과 같이 주장했다. "열린 사회라는 수사와 지배적 현실 간의 간극은 생각보다 더욱 깊다. …… 미국의 조직에서 일하려고 해외로 나가는 모든 사람들은 어떤 형태로든 세계는 공산주의와 민주주의로 갈라서 있고, 그 중간지대는 이적 행위일 뿐이라는 이론

---

5 Peter Coleman, *The Liberal Conspiracy: The Congress for Cultural Freedom and the Struggle for the Mind of Postwar Europe*, New York: The Free Press, 1989.
6 Yehudi Menuhin, to Nicolas Nabokov, 14 May 1966(CCF/CHI).
7 George Kennan, to Shepard Stone, 9 November 1967(CCF/CHI).

의 산증인이 되었다. CIA가 사회주의적 냉전주의자, 파시스트적 냉전주의자, 그리고 흑인 냉전주의자와 백인 냉전주의자의 뒤를 봐주자,[8] (그럼에도 불구하고) 이들이 사회의 진보적 저항 세력dissent이라는 망상은 지속되었다. CIA 작전의 포용력과 유연함은 이 조직의 가장 큰 강점이었다. 하지만 이러한 점은 가짜 다원주의이며 철저한 타락이었다."[9] 이러한 입장은 너무나도 많이 되풀이되어 왔음에도, 그 단순한 도덕성 덕분에 호소력을 얻을 수 있었다. 하지만 단순해도 너무 단순했다. 진정한 요점은 이와 같은 저항이 회복 불가능할 정도로 타격을 받아 왔다거나(그렇다면 콥카인드가 이러한 주장을 제기하기조차 어려웠을 것이다), 지식인들이 억압을 받거나 타락했다는 점이 아니라(그 또한 일어날 수 있는 일이지만 말이다), 지식인들이 질문을 던지는 자연스러운 행위가 방해를 받았다는 점이다. 제이슨 엡스타인은 이렇게 썼다. "우리를 가장 괴롭혔던 것은 정부가 남모르게 노다지행 열차를 운영하는 것 같은데, 그 일등석이 항상 일등 승객에게 제공되지는 않았다는 사실이다. 여러 기관 중에서도 CIA와 포드재단은 그들의 냉전적 시각에 알맞은 지식인들을 선발해 출세시키고, 조직을 꾸려 자금을 제공했다. 그래서 이러한 행위가 개인의 재능이나 성취가 이데올로기보다 더 값진 것으로 생각되고 기존의 교조주의에 대한 의심이 모든 질문의 출발점이 되는, 사상의 자유시장이라고 부를 만한 것을 대체해 버렸다. …… 마침내 지식인들이 얼마나 '값비싼 대가'를 치렀는지가 분명해졌다. 그것은 예술이나 문학의 견지에서도 아니요, 심사숙고의 결과도 아니

---

8 냉전적 입장을 고수하는 한, CIA는 그게 누구든 어떠한 진보적 담론이든 지원할 준비가 되어 있었다는 뜻이다. ─ 옮긴이

9 Andrew Kopkind, "CIA: The Great Corrupter", *New Statesman*, 24 February 1967.

었으며, 인간애일 수도 없었다. 국가의 이성에 봉사하는 그런 지식인들에게는 말이다."[10]

"제가 미국 정부가 비밀리에 뒷돈을 준다는 사실을 알면서도 1956년에서 57년까지 『인카운터』의 월급을 계속 받고 다녔으리라고 생각하시는 건가요?" 1967년 3월에 드와이트 맥도널드는 성을 내며 조셀슨에게 물었다. "그렇게 생각하셨다면 당장 절교하겠습니다. 드러내 놓고 정부를 위해 일하는 잡지에서 일하기도 주저하는 판국인데…… 내가 그동안 호구 짓을 했군요."[11] 호구였을까? 아니면 위선자였을까? 맥도널드는 1958년에 기고문이 퇴짜를 맞은 일이 있었음에도 불구하고,[12] 1964년에 이 'CIA 일선 조직의 메테르니히'(조셀슨)와 우연히 마주치자 주저하지 않고 아들 닉을 여름 동안만이라도 데려다 써달라고 청탁한 적이 있었다. 이 얘기는 최소한 문화자유회의가 CIA와 관계를 맺고 있다는 풍문을 들어 봤던 사람이라면 알고 있던 얘기였다. 그렇다면 스펜더는 어땠을까? 스펜더는 1967년 여름 시카고 인근 에반스턴에서 열린 한 파티에서 울음을 터뜨렸다. 파티에 함께 참석했던 귀빈들이 결백을 주장하는 그의 항변에 냉담하게 반응해서일까? "그 파티에는 데이비드 레빈David Levine[13]이 캐리커처를 그려

10 Jason Epstein, "The CIA and the Intellectuals", *New York Review of Books*, 20 April 1967. 일등석에 앉아 가는 이등 승객이라는 엡스타인의 표현은 그보다 먼저 코너 크루즈 오브라이언이 사용했었다. 오브라이언은 『인카운터』와 같은 CIA 첩보 작전이 성공할 수 있었던 것은 고결한 원칙을 지닌 작가들을 끌어들여 "겸손한 재능과 적절한 열망"을 지닌 사람들로 포장해 주었기 때문이라고 말했다. 이들은 실제로 트로이의 목마였고, "워싱턴의 권력 체제의 이익을 위해 봉사하는 한결같고 꾸준한 정치적 활동"을 유지해 왔다는 것이다(Conor Cruise O'Brien, "Politics and the Writer", 19 May 1966. ed. Donald H. Akenson, *Conor: A Biography of Conor Cruise O'Brien*, Montreal: McGill-Queen's University Press, 1994에서 재인용).

11 Dwight Macdonald, to Michael Josselson, 30 March 1967(CCF/CHI).

12 19장에 상술된 것처럼, 「아메리카여! 아메리카여!」가 『인카운터』에 실리지 못한 것을 가리킨다. ─ 옮긴이

13 유명인을 주로 그리는 캐리커처 화가. ─ 옮긴이

주었을 법한 사람들뿐이었죠." 이들보다 덜 유명했던 어느 참석자는 이렇게 기억하고 있었다. 참석자들은 대니얼 벨과 펄 카진 벨Pearl Kazin Bell 부부, 리처드 D. 엘먼, 한나 아렌트, 스티븐 스펜더, 토니 태너Tony Tanner, 솔 벨로, 해럴드 로젠버그, 폴라니 부인(마이클 폴라니의 아내) 등이었다. "이 사람들은 다 어떤 식으로든 문화자유회의와 관계를 맺고 있던 사람들이었습니다. 스파게티로 식사를 마치고 나더니, 서로 화를 내며 '순진해 빠졌다'라고 욕하기 시작했어요. 누가 진짜로 뒷돈을 대는지도 몰랐다면서요. 아니면 알고도 왜 그런 정보를 알려 주지도 않았느냐 이런 얘기로 싸웠던 겁니다. 한나 아렌트가 먼저 이런 말을 했습니다. '어쩐지 나는 어빙(크리스톨)은 도무지 못 믿겠더라고.' 그러면서 멜빈 래스키도 마찬가지라고 했지요. 대니얼 벨은 이 두 친구를 변호해 주느라 바빴습니다. 말다툼이 점점더 격화되니까 스펜더가 훌쩍거리기 시작하더라고요. 나는 이용당했다, 속아 넘어갔다, 아무것도 몰랐다, 그렇다고 내가 뭘 얻은 게 있느냐, 이러면서요. 몇몇 초대 손님들은 스티븐이 '순진해서' 그랬다는 얘기를 들었을 겁니다. 하지만 다른 손님들은 그가 그저 '순진한 척만 했을 뿐'이라고 생각했었지요."[14]

"스티븐에게는 정말로 뒤집어질 노릇이었겠죠." 스튜어트 햄셔의 말이다. "사람들은 당신이야말로 다 알고 있었지 않느냐고 지나치게 스티븐을 몰아세웠습니다. 저는 스티븐이 몰랐을 거라고 생각했는데요. 아마 알았다면 그렇게 내막을 알아내려고 발버둥치지는 않았겠지요. 하지만 정말로 그 양반은 정부라든가 정보라든가 이런 일은 하나도 몰랐습니다."[15]

14 Richard Elman, interview in New York, June 1994.
15 Stuart Hampshire, interview in Oxford, December 1997.

반면에 로런스 드 네프빌의 기억은 이와 달랐다. "제가 아는 사람 중에 스펜더가 어떤 사람인지 잘 아는 사람이 있었는데요. 그 양반이 관계를 부인했다고 비난하시기는 힘들 겁니다. 왜냐하면 당시 우리가 하는 모든 일이 겉으로는 다 부인하도록 되어 있었거든요. 그리고 스펜더는 그럴싸하게 잘해 냈습니다. 그가 얘기를 들어 알고 있다는 사실은 조셀슨도 알고 있었어요. 그리고 스펜더는 제게도 알고 있다고 얘기했었지요."[16] 한편 톰 브레이든은 이렇게 말했다. "이 모든 일이 벌어지고 나서 그분의 감수성이 상처를 입었다는 얘기를 들었을 때 스펜더에 대해 전해들은 얘기에 대한 제 입장도, 어쩌면 제 죄책감의 발로인지도 모르겠지만, 그분에게 알렸어야 했다는 것이었습니다. …… 그런데 다시 생각해 보니 그분도 이미 알고 계셨던 것 같습니다."[17] 끝까지 남편의 결백을 주장하며 싸웠던 나타샤 스펜더 또한 애석한 결론을 내릴 수밖에 없었다. 스티븐 스펜더는 도스토옙스키의 『백치』에 나오는 미시킨 공작의 역할을 했던 것이라고 말이다.

다시 한 번 더, 호구였을까? 아니면 위선자였을까? 1967년 여름 윌리엄 필립스가 초안을 잡아 『파르티잔리뷰』에 실린 그 유명한 글 「CIA 문제에 대한 성명서」Statement on the CIA를 톰 브레이든에게 보여 주자, 그는 파안대소했다. "우리는 CIA가 비밀리에 문학계 혹은 지성계의 출판물이나 단체에 보조금을 지급하는 행위에 대해 공개적으로 반대 의사를 표명하고자 한다. 그리고 CIA의 정기적인 자금 지원이 그러한 출판물 혹은 단체에 지적으로나 도덕적으로나 불신을 초래할 수 있음을 확신한다." 그 글에는 또한 다음과 같은 내용이 나와 있다. "우리는 CIA가 보조금을 지급했다고

---

16 Lawrence de Neufville, telephone interview, February 1997.
17 Tom Braden, interview in Virginia, July 1996.

알려진 잡지들을 신뢰하기는 힘들게 되었으며, 그들이 제기된 문제에 대해 답하는 방식도 적절하지 않았다고 본다."[18] 서명한 사람들을 보면, 도합 17명이고 한나 아렌트, 폴 굿먼, 스튜어트 햄셔, 드와이트 맥도널드, 윌리엄 필립스, 리처드 포이리어Richard Poirier, 필립 라브, 윌리엄 스타이런, 앵거스 윌슨Angus Wilson 등이었다. 브레이든은 그들 모두는 "물론 사실을 알고 있던 사람들"이라고 간단히 증언해 주었다.[19] 아마도 제임스 패럴이 옳았는지도 모른다. 그는 다음과 같이 말했기 때문이다. "저런 『파르티잔리뷰』 사람들은 악마가 성수를 두려워하듯이, 명명백백함을 두려워합니다."[20]

스위스 제네바의 주거 지구 플라토드샹펠에서는 일주일에 한 번 정적을 깨는 채소 시장이 섰다. 조셀슨은 이제 국제문화자유협회International Association for Cultural Freedom로 개칭한 옛 세계문화자유회의를 바라보듯, 씁쓸한 표정으로 시장이 열리는 광경을 바라보았다. 국제문화자유협회는 조셀슨 없이 새로운 사무국장 셰퍼드 스톤이 운영하고 있었다. 개칭된 첫 해에 존 헌트는 셰퍼드 스톤이 "예산과 관련해서 좀 도와 달라"라고 했던 것을 기억하고 있었다. 처음에 조셀슨은 그의 전직 '신참 소위'second lieutenant[21]에게 매일같이 전화를 걸어왔다. "'이거 좀 해봅시다' 아니면 '저거 좀 해봅시다' 그러더라고요." 헌트의 회고다. "그래서 제가 그랬습니다. '이봐요, 마이크. 이제 책임자는 셰퍼드예요.' 정말 가슴 아픈 일이었죠. 마

---

18 "Statement on the CIA", *Partisan Review*, vol.34/3, Summer 1967.

19 Tom Braden, interview in Virginia, July 1996.

20 James T. Farrell, to Meyer Shapiro, 27 July 1942(MS/COL).

21 존 헌트는 실제로는 예비역 중위(first lieutenant)였다(15장 참조). 저자가 계급을 착각했을 리는 없고, 별다른 추가 언급이 없는 것으로 보아, 문화계 방면 작전에서 잔뼈가 굵은 조셀슨이 경험 많은 부사관이 신임 장교를 대하듯, 상관이지만 경험이 없는 존 헌트를 '소위'라고 부른 것으로 유추할 수 있다. ― 옮긴이

이크는 아무것도 달라지지 않은 것처럼 계속 행동했으니까요.[22] "조셀슨은 약간 비극적인 인물이었습니다." 스티븐 스펜더는 이렇게 말했다. "제가 보기에 조셀슨은 한 나라에 오래 머물 수 없는 순회 외교사절 같았습니다. 원래는 자기를 파견해 준 나라 사람들을 위해 봉사했어야 하는데, 어느덧 자기가 파견된 곳 사람들을 위해 봉사하기 시작했습니다. 그래서 한 나라에 오래 머물 수 없는 외교사절 같다고 한 겁니다. 왜냐하면 CIA 사람들은 이런 식으로 사람을 교체했기 때문입니다. 조셀슨도 이런 식으로 교체되었다는 생각이 듭니다. 이 과정을 대국적으로 보신다면 조셀슨은 무슨 대부 같아 보이겠지요. 실제로 조셀슨은 우리 모두를 사랑해 주었고, 문학과 음악 등에 굉장히 정통한 극도로 교양 있는 사람이기도 했어요. 하지만 사람들을 겁박하고 지배하려는 사람이기도 했지요. 자기 일을 끔찍할 정도로 챙기는 사람이었고, 절대로 빈틈이 없는 사람이었습니다. 그런 사람이 모든 진실이 폭로되자 거리로 나앉을 수밖에 없었던 거예요."[23]

박애주의라는 명목으로 문화자유회의에 수백만 달러를 알선해 주었던 포드재단의 중역 셰퍼드 스톤이 조셀슨의 후계자 자리에 응모했다. 이에 다이애나 조셀슨은 이렇게 말했다. "마이클은 그래서는 안 될 일이라고 생각했어요. 하지만 그때 마이클은 자문위원 정도로 자리만 유지하던 상태였거든요. 문화자유회의는 마이클의 삶 그 자체였어요. 문화자유회의를 위해서 많은 메모들을 써서 보냈는데 그쪽 사람들은 답장도 없었어요. 셰퍼드도 난처했겠죠. 마이클의 부하로 바지 사장 노릇을 하고 싶은 생각이라고는 없었을 테니까요. 일이 그다지 세련된 방식으로 돌아가지는 않

---

22 John Hunt, interview in Uzès, July 1997.
23 Stephen Spender, interview in London, July 1994.

앉어요. 마이클은 셰퍼드가 해놓은 일을 못마땅해했고요. 셰퍼드의 관심 사항이 아니었던 많은 나라들과 지역 단위의 단체들이 떨어져 나갔거든요. 자세히 말씀드리자면 인도나 오스트레일리아처럼 유럽 지역이 아닌 곳들 말이죠. 셰퍼드는 이런 나라들에 아무런 관심도 없었어요. 거기에 가본 적도 없고요. 그래서 그쪽 나라 사람들이 먼저 떨어져 나갔어요. 게다가 셰퍼드는 지식인들에 대해서 완전한 이해 부족 상태임을 드러내고 말았죠. 포드재단에서 자금을 받으려면 해마다 프레젠테이션을 해야 했는데, 셰퍼드는 마이클에게 그 일을 부탁했어요. 혼자서는 그런 일을 감당할 능력이 못 된다나."[24]

이제 포드재단에 재정적으로 완전히 의존하게 된 문화자유회의는 조셀슨을 소외시키면서 겉보기에는 독립성을 성취한 것 같아 보였다. 그러나 존 헌트에 따르면, 그 배후에서는 1967년 여름부터 영국, 프랑스, 미국의 정보기관들이 지배권을 탈취하기 위해 지독한 각축전을 벌이고 있었다. "항상 두려웠던 점은 처음부터 미국과 관계를 맺어 온 이러한 단체 중의 하나가 우방국 정보기관의 수중에 떨어지는 것이었습니다." 그는 다음과 같이 설명했다. "[유럽 정보기관들이 각축전에 뛰어든 이유는] 아마 이런 생각에서였을 겁니다. 서투르고 멍청하고 천하태평인 미국인들이 계속 돈을 대면, 우리 유럽인들은 비상한 머리를 제공하겠다. 그러면 완벽하고 제대로 된 작전이 탄생하는 것이고, 우리 유럽인들이 이 단체를 접수해 버리면 된다."[25] 결국에는 모두가 문화자유회의를 조각조각 찢어서 나눠 가지게 되었다. 미국 정보기관 측에서는 사무총장과 이사장 후보자를 냈고

24 Diana Josselson, interview in Geneva, March 1997.
25 John Hunt, interview in Uzès, July 1997.

(셰퍼드 스톤의 이력은 독일 주재 고등판무관실 시절부터 포드재단을 거쳐 문화자유회의에 이르기까지 정보기관과의 관계들로 어지럽혀져 있었다. 동독의 스파이 조직 수장인 마르쿠스 볼프Markus Wolf는 회고록에서 스톤이 CIA 정보요원일 것이라고 단언했다), 프랑스 측에서는 이사 자리에 그들의 피후견인인 피에르 에마뉘엘을 끼워 넣었는데, 그는 프랑스군 정보기관인 제2국Deuxiéme Bureau과 협력해 왔다는 풍문이 오랫동안 떠돌았던 적이 있었다. 영국 측에서는 뜸을 좀 들이더니 한 명을 이사 자리에 앉혔다. 바로 애덤 왓슨으로, 1950년대 초반 워싱턴에서 영국 비밀정보국SIS과 CIA 사이에서 연락책으로 활약했고, 역시 심리전 전문가로 비밀리에 세계문화자유회의와 영국 정보조사국IRD의 관계를 책임졌던 사람이었다. 이제 모든 것이 바뀌었다. 그러나 실제로 바뀐 것은 하나도 없었다.

조셀슨이 진정으로 자신감을 갖고 수년간 지속시켜 왔던 경쟁 관계와 긴장만 빼고 바뀐 것은 없었다는 얘기다. 냉전의 절정기에서 이 탁월한 조직의 바탕을 이루었던 목적의식과 생기는 사라지고, 이제는 모든 지식인 사회에 내재한 비열하고 나약한 성격이 조직을 뒤덮었다. 제네바에 있던 조셀슨은 새로이 조직된 세계문화자유회의(즉 국제문화자유협회)가 레테 강을 향해 노를 저어 가는 데도 속수무책일 수밖에 없었다. 나보코프가 이따금씩 편지로 소식을 전해 주었고, 새로운 주인들을 '공범들'이라고 불렀다. 에드워드 실즈도 문화자유협회를 똑같이 헐뜯기는 마찬가지였다. 실즈는 1970년에 조직을 탈퇴했다. 그가 전해 온 말에 따르면 문화자유협회가 자기만족에 빠져 있고 개기름이 낀 지식인들의 지루한 반상회처럼 되어 버렸다는 것이 그 이유였다.[26] 조셀슨에게 보낸 다른 편지에서, 실즈

---

26 Edward Shils, to Michael Josselson, 11 November 1975 (MJ/HRC).

는 문화자유협회에 대해서 전할 만한 소식은 없다고 했다. 그러면서 어떤 '거물급 비유대인goyim[27]'을 만날 수 있도록 초대장을 받았음에도 불구하고 무심히 거절했다고 전해 왔다.[28] 그는 스톤에 대해서는 시드니 혹과 같은 감정을 갖고 있었다. 그래서 "말 더듬는 얼간이" 또는 "자리나 탐내고 좋아하는 멍청이, 심할 정도로 분에 넘치는 대접을 받는 특권층이라고 불렀다".[29] 실즈는 스톤이 세상사에 대해 알고 있는 것이라고는 접대비 쓰는 법밖에는 없다고도 했다. 하지만 실즈가 전하는, 그를 가장 괴롭힌 문제는 어떻게 공산주의자들이 그동안 저지른 모든 사악한 행위에도 불구하고 높은 도덕적 위상을 선점하고 유지할 수 있었는가 하는 것이었다. 아울러 그는 도저히 그 비결을 알아낼 수 없다는 말도 전했다.[30]

오랫동안 특권계급nomenklatura을 이루었던 인사들도 활동에 흥미를 잃고 후원자들의 관심마저 잃어버린 국제문화자유협회는 1979년 1월, 마침내 해체를 위한 표결에 들어갔다.

*　　*　　*

1959년에 조지 케넌은 니콜라스 나보코프에게 다음과 같은 내용의 편지를 쓴 바 있다. "어떤 사람이나 단체도 사무총장님이나 총장님의 동료들보다 지난 세월 동안 우리의 세계를 함께 지켜 내기 위해 더 많은 일을 해오

---

27 'goyim'은 유대인들이 비유대인을 지칭할 때 쓰는 말이다. 실즈는 조셀슨에게 같은 유대인으로서의 동질감을 환기하기 위해 이런 단어를 쓴 것으로 보인다. 한편 조셀슨은 자신과 같은 러시아계인 아이재이어 벌린에게는 '이사야 멘델레비치'라는 러시아식 이름을 부름으로써 친밀감을 표현한다. ― 옮긴이

28 Ibid.

29 Sidney Hook, to Michael Josselson, 23 September 1973 and 2 November 1972(MJ/HRC).

30 Edward Shils, to Michael Josselson, 10 February 1976(MJ/HRC).

지 못했을 것입니다. 특히 이 나라에서는, 오로지 소수의 사람들만이 총장님이 이룩한 성취의 크기와 중요성을 이해할 수 있으리라 생각합니다."[31] 지난 수십 년 동안 케넌은 팍스 아메리카나라는 구상을 정당화하는 데 일조했던 자신의 글을 잘못된 것이라 의심해 본 적이 없었다. 하지만 1993년이 되자 그는 사멸해 버린 '일원론적 신념'monist credo을 포기했다. 그러면서 다음과 같은 말을 남겼다. "나는 미국의 세계사적 사명을 비롯한 일체의 메시아주의적 개념을 전적으로 그리고 단호하게 거부함을 분명히 해두어야겠다. 즉, 우리 미국인들이 스스로를 인간성의 구세주나 교사의 이미지로 보는 시각을 거부한다는 말이며, '미국의 세기'니 명백한 사명 Manifest Destiny이니 재잘거리면서 떠들어 대는, 우리 미국인들이 특유하고 우월하다는 환상을 거부함을 뜻한다."[32]

케넌이 거부한 주장은 다음과 같은 전제, 그러니까 낡아 빠지고 명성이 실추된 유럽을 대신하여 20세기의 지배권을 당연한 일로 여기는 미국의 사명, 다시 말해서 냉전의 중요한 신화로 만들어진 그러한 전제들에 기초하고 있었다. 그러나 결국 이는 잘못 만들어진 개념임이 드러났다. "냉전은 투쟁을 가장하여 현실적 이해관계를 올바르게 보지 못하도록 하는 기망欺罔이었다." 1962년에 비평가 해럴드 로젠버그는 이런 글을 남겼다. "냉전을 보면서 가장 우스웠던 점은 각자 적대하는 두 진영이 상대편의 사상이 실천에 영역에 들어오기만 하면 압도적일 것이라고 생각했다는 사실이다. …… 서방 진영은 자유의 개념이 사적 소유나 이윤과 조화를

31 George Kennan, to Nicolas Nabokov, 19 June 1959. Coleman, *The Liberal Conspiracy*에서 재인용.
32 George Kennan, *Around the Cragged Hill: A Personal and Political Philosophy*, New York: Norton, 1993.

이룰 수 있는 범위까지만 한정되기를 바랐다. 한편 소련 측 역시 사회주의를 공산주의의 관료주의적 독재를 훼손하지 않는 범위로 한정 지으려 했다. …… [사실] 20세기에 일어난 혁명들은 자유와 혁명, **이 두 가지 모두를** 갈구하며 일어났다. …… 현실적인 정치가 필수적으로 요청된다. 이 정치는 바로 자유와 사회주의가 서로 대항한다는 협잡 행위로부터 단호하게 해방을 요구하는 그런 정치이다."[33] 로젠버그는 이런 말로 (냉전의) 마니교적 이원론-Manichean dualism을 비난했다. 동서양 진영이 '틀에 박힌 교조주의'에 사로잡혀 서로에게 문호를 닫아 걸은 채 미친 듯한 파드되를 추고 있다는 주장이었다.

밀란 쿤데라는Milan Kundera 언젠가 '확신에 빠진 인간'을 강력히 비판한 적이 있다. 그는 이렇게 물었다. "확신이란 무엇인가? …… 경직된 사고방식이다. …… 그 때문에 소설가는 자신의 사고 체계를 체계적으로 벗어나야 한다. 소설가는 자신의 사고 주변에 둘러쳐 놓은 그런 장벽을 걷어차 버려야 하는 것이다." 쿤데라는 그래야만이 '불확실성의 지혜'가 솟아오른다고 했다. 그러나 1967년 폭로 사태의 유산은 일종의 불확실성일 수는 있겠으나, 쿤데라가 말한 '지혜'라고 보기는 어려웠다. 만약 불확실성이 있었다 하더라도, 기왕에 일어났던 일을 덮으려고 의도된 것이었거나 그 충격을 최소화하기 위한 목적을 띠고 있었다. 소설가 리처드 엘먼은 CIA가 자행한 '문화계의 조작 행위'를 통해 "선동에 넘어가거나 원조를 받은" 지식인들이 책임의식을 결여하고 있다는 사실을 발견하고는 욕지기를 느꼈다. 그는 다음과 같은 사실을 간파했다. "권태를 가장한 태도는 모든 것

---

33 Harold Rosenberg, "The Cold War", *Discovering the Present: Three Decades in Arts, Culture and Politics*, Chicago: University of Chicago Press, 1973.

을 엇비슷한 것으로 보거나, 혹은 누군가의 생각처럼 세계를 본질적으로 권태의 틀로 파악하여 돈과 권력을 맹종하는 태도 혹은 부패를 일종의 당연한comme il faut 것으로 만들어 버린다. ······ 그래서 사리분별은 어떠한 것에도 적용되지 못하며, 진정으로 정직한 사람은 아무도 없다고 주장했다."[34] 또한 레나타 아들러Renata Adler의 실화소설인 『쾌속선』Speedboat은 이러한 도덕적 타락을 잘 포착하고 있다. "지식인들은 어떤 핑계라도 끌어다 대면서 사실을 부인했다. 그 부인 행위마저 거짓되었다고 증거를 들이대면, 그 사람들은 자기네들이 그런 일을 했을지는 몰라도 거짓말을 한 건 아니며 기억이 나지 않을 뿐이라고 말했다. 반면에 그들이 그런 일을 하고 거짓말을 한 게 들통나면, 자신의 생각을 정확하지 않게 표현했기 때문이라고 할 것이다. 이해관계 때문이라기보다는 한술 더 떠, 정말로 한 말과 거짓말의 본성을 모두 뒤바꿔 놓음으로써 말이다."[35]

프리모 레비는 『가라앉은 자와 구조된 자』에서 이와 유사하지만 심리학적으로 보다 정교한 통찰을 제공하고 있다. "의식적으로 거짓말하는 사람들, 즉 현실 자체를 냉철하게 왜곡하는 사람들이 ······ 있다. 하지만 더 많은 수의 사람들은 잠시 또는 영원히 실제의 기억에서 벗어나거나 떠나가 버린다. 그래서 사람들은 대부분 자신을 위해서 편리한 기억을 지어낸다. ······ 이렇듯 거짓에서 교활한 기만으로 조용히 이행하게 되면, 이는 유용한 수법이 된다. 따라서 확신을 갖고 거짓을 말하는 사람은 그나마 형편이 나은 사람이다. 왜냐하면 그런 사람은 거짓을 보다 자세히 말할 수 있고, 그렇게 되면 사람들이 그를 쉽게 믿을 수 있기 때문이다."[36]

---

34 Richard Elman, "The Aesthetics of the CIA", 1979(http://richardelman.org/cia).
35 Ibid.에서 재인용.

문화적 냉전에서 한몫을 담당했던 사람들이 실제로 그들이 무엇을 하고 있는지에 대해 확신을 갖고 그렇게 한 것이라면, 이를 두고 의식적으로 사람들을 속였다고 말하기는 어려울 것이다. 정말로 모든 것이 허구이며 가짜 기억일 뿐이라면, 진실조차 없을 것이다. 누군가 이런 얘기를 한 적이 있다. 개 한 마리가 노트르담 성당에 오줌을 쌌다고 해서 대성당이 잘못되는 것은 아니라고 말이다. 하지만 또 다른 격언도 있다. 니콜라스 나보코프가 즐겨 인용했던 말이다. "몸을 적시지 않고 호수 밖으로 나올 수는 없다." 서구 문화계의 강경파 냉전주의자들은 민주주의적 과정을 통해서 정당성을 획득하려고 했지만 공명정대한 의지가 결여되어 있었기에 그 토대가 위태로워질 수밖에 없었다. 그렇게 주어진 자유는 '필요한 거짓말'이라는 모순된 원칙에 얽매여 있는 한 '자유롭지 않은 상태'로 격하될 뿐이다. 냉전이라는 상황 속에서, 그리고 세계문화자유회의의 보다 전투적인 지식인들이 만들어 놓은 환경에 따라, 지식인들은 이념에 대한 충성으로 벌이는 총력전으로부터 영향을 받을 수밖에 없었을 것이다. 목표가 수단을 정당화했다. 다른 동료들에게 (고의였던 아니든 간에) 거짓말을 하는 것을 포함해서 말이다. 윤리는 정치에 종속되었다. 지식인들은 특정한 결과를 얻어 내려는 목적에서 이쪽이든 저쪽이든 편향된 태도를 선택한 뒤, 사람들의 정신 상태에 영향을 발휘함으로써 지식인으로서의 역할을 혼동했다. 그 역할은 정치인이 맡았어야 마땅한 일이었기 때문이다. 무릇 지식인의 책무는 정치가들이 진실을 놓고 벌이는 흥정, 객관적 사실을 널리 알리는 데 보이는 그들의 인색함과 현상 유지를 옹호하려는 태도를 폭로하는 것이라야 한다.

36 Primo Levi, *The Drowned and the Saved*, London: Michael Joseph, 1988.

이러한 지식인들은 자유를 교조주의적 이념으로 추구했지만, 그 결과는 다른 이데올로기로 나타났다. 바로 '맹목적 자유주의'freedomism 또는 자유에 대한 자기도취적인 성향으로, 이러한 태도는 이단적인 시각마저 포용하는 고결한 정치적 주장이 되었다. "물론 '진정한 자유'는 단순히 자유라고만 짧게 줄여서 말하는 것보다 더 나은 명칭일 뿐이야." 소설 『가자에서 눈이 멀어』에서 화자인 앤서니가 한 말이다. "'진정한'이라는 말은 마법의 단어지. 이 말이 '자유'라는 또 다른 마법의 단어와 결합하면, 그 효과는 끝내 주거든. …… 꼬치꼬치 알고 싶은 게 많은 사람이라면 진정한 진리true truth 같은 말 따위는 꺼내지도 않는다고. 나도 그건 진짜 괴상한 말 같아. 진정한 진리, 진정한 진리 …… 아니, 그런 말은 없어. 그건 '베리베리'beri-beri나 '와가와가'Wagga-Wagga 같은 말이거든."[37]

---

37 Aldous Huxley, *Eyeless in Gaza*, London: Chatto & Windus, 1936. ('베리베리'는 각기병, '와가와가'는 오스트레일리아의 지명이다. 결국 진정한 자유나 진정한 진리란 동어반복에 불과한 내용 없는 공허한 수사에 불과하다는 이야기다.)

에필로그

어떤 사람들의 마음은 얼어붙어 있다.
— 데이비드 브루스

재앙과도 같았던 1967년 여름이 지나간 뒤, 니콜라스 나보코프는 파필드 재단으로부터 3만 4500달러에 달하는 후한 퇴직금을 받았다. 그리고 아서 슐레진저의 도움으로 뉴욕시립대학에서 '예술과 그 사회적 환경'이라는 제목으로 강의를 맡게 되었다. 나보코프와 스티븐 스펜더는 과거의 공범으로서 사소한 얘기들을 주고받았고 편지에 농담도 써놓을 정도로 친하게 지냈다. "재미난 고골풍의 이야기를 꾸며 보았는데요. 한 남자가 무슨 일을 하든, 누구를 위해서 일하든 항상 CIA가 돈을 대줬다는 사실을 깨닫게 되는 이야기랍니다."[1] 1972년에 이 두 사람 사이에는 사소한 다툼이 있었다. 아이재이어 벌린이 나서서 나보코프에게 그만 다투라고 충고했다. "그 사람은 그렇게 살도록 내버려 두세요." 또한 벌린은 나보코프가 1976년에 반 장난, 반 협박으로 『CIA와 함께한 화려한 나날』*Les Riches Heures du CIA*이라는 제목으로 책을 쓰자, 이 작곡가에게 문화자유회의 시절에 있었

---

1 Stephen Spender, to Nicolas Nabokov, 26 August 1970(NN/HRC).

던 일은 공개하지 말라고 주의를 주었다. "진지하게 받아 주실 의향이 있다면, 그러지 마시라고 엄중하게 권고해 드리고 싶군요." 그러면서 타일렀다. "기억이 확실한 사람은 없습니다. 즉 제가 여기서 드리고자 하는 말씀은 민감한 부분은 말을 아끼시란 얘기입니다. …… 제가 보기에 끊이지 않는 사람들의 행렬 가운데서 여생을 보내고 싶은 마음이 혹여 없어지신 게 아닌지 의문이 듭니다. …… 그래서 단호하게 충고를 드립니다. 그런 위험 지대에서 발을 빼시기 바랍니다."[2]

이렇게 과거사를 들추는 일을 꺼리는 풍토는 많은 사례에서 찾아볼 수 있다. 1972년 나보코프와 다툰 뒤, 우정을 회복한 스펜더는 1976년 3월, 일기장에 나보코프가 프랑스의 레지웅도뇌르 훈장을 받게 되어 뉴욕 주재 프랑스 영사관에서 열린 훈장 수여식에 참석했던 경험을 기록해 놓았다. "프랑스 영사가 [나보코프의] 생애를 되짚어 가면서 '작품'과 '경력'을 구별해 가며 축사를 읊자 묘하게 우스운 분위기가 되어 버렸다. 나보코프가 조직했다는 예술제들이 열거되었지만 세계문화자유회의의 이름은 교묘하게 피해 갔기 때문이다. 그런 상황에서 프랑스적 수사법의 공허함이란 너무나 빤해서 정말로 진심처럼 보일 정도였다."[3]

남은 생애 동안 나보코프는 계속해서 강의와 작곡을 해나갔다. 그의 마지막 주요 프로젝트는 뉴욕시립발레단이 공연할 발란신George Balanchine의 「돈키호테」Don Quixote에 쓸 음악을 작곡하는 것이었다. 『뉴요커』의 앤드루 포터Andrew Porter는 다음과 같은 평을 남겼다. "슬프게도 나보코프의 참혹한 악보에는 제대로 된 것이 아무것도 없었다. 마치 이 저녁을 무기력한

2 Isaiah Berlin, to Nicolas Nabokov, 18 December 1972, 21 December 1976(NN/HRC).
3 Stephen Spender, *Journals, 1939-1983*, London : Faber & Faber, 1985.

손으로 뒤덮는 것 같다. 쾌활하게 흘러야 할 부분이 트럼펫 독주나 타악기 소리 때문에 숨 가쁘고 반복적이고 맥 빠진 소리가 되어 버렸다."[4] 나보코프의 친구가 알려 준, 그의 진면목을 알 수 있는 격언은 이런 것이었다. "둥글게 둥글게, 좋은 게 좋은 것" Go along, Get along. 아마도 이런 기질은 그의 아버지로부터 물려받은 것 같다. 전후 베를린에서 근무했던 한 젊은 정보 장교는 어느 파티에서 나보코프의 90세 되는 아버지와 만난 적이 있었다. "그 노인은 다른 모든 나보코프 가문 사람들과 마찬가지로 제정 러시아의 자유주의자였다. 나는 그 노인이 높은 계급의 소련 장교에게 가서 말을 거는 모습을 보았다. '이보시오, 나는 항상 민중의 편이라우.' 그러더니 사람들을 헤치고 방 반대편에 있던 파티 주최자에게 똑같이 알랑거리는 미소를 지으며 다가갔다. 그리고 이렇게 말했다. '내가 자네 아버지를 매우 잘 알고 있네. 황제 폐하의 신하 알렉산드르 미하일로비치Alexander Mikhailovich 대공 전하 말일세!' 나는 아흔 살이나 먹은 노인이 저토록 위선적으로 살 필요가 있을까 하는 생각이 들었다."[5]

나보코프는 1978년에 사망했다. 그의 장례식에 대해서 존 헌트는 이렇게 언급하고 있다. "참으로 장관이었습니다. 전처들까지 다섯 명의 아내가 전부 참석했더라고요. 퍼트리샤 블레이크는 스키 사고로 목발을 짚고 나타났습니다. 계속 이러더군요. '난 아직도 그이랑 결혼해서 살고 있는 것 같아.' 마리클레르는 앞줄을 독차지했습니다. 마치 자기가 현재 부인인 양 말이지요. 도미니크는 나보코프 사망 당시의 아내였는데, 이제는 자기

---

4 *The New Yorker*, 17 February 1973.
5 David Chavchavadze, *Crowns and Trenchcoats: A Russian Prince in the CIA*, New York: Atlantic International, 1990.

도 존재하지 않는 사람이 되어 버린 느낌이 든다고 했습니다. 장례식장에서는 그분이 유일하게 자리를 오래 지킨 사람이었습니다. 나보코프의 전처들 가운데 또 다른 하나는 관 위에 풀썩 엎어지더니 죽은 남편에게 입을 맞추려고 했어요."[6] 과연 과장된 몸짓으로 일생을 지탱해 온 사람에게 걸맞은 퇴장이 아니랄 수 없다.

존 헌트는 계획대로 1968년 말에 국제문화자유협회를 떠났다. 그는 파리 센 강 위를 떠가는 유람선 위에서, CIA가 수여하는 메달을 받았다. 그 뒤에는 캘리포니아 주에 위치한 소크연구소Salk Institute에서 부소장직을 맡았다. 처음에는 베트남 전쟁에 대해서 "때려잡자 호치민" 식의 시각을 갖고 있었던 헌트는 미국에서 벌어지는 상황을 비통하게 생각했고, 점차 전쟁의 진실을 알게 되면서 마음이 산란해졌다. 그는 조셀슨에게 이제 모국에서 외국인으로 살아가는 것 같은 심정이 되었다고 술회했다.[7] 『플레이보이』에서 로비 매컬리와 함께 일해 볼까 생각도 해봤지만, 결국 펜실베이니아대학교의 부총장직을 맡았다. 1976년에는 앨저 히스 사건을 가지고 희곡을 써서 케네디센터에서 상연했다. 그리고 한참 뒤 은퇴해서 프랑스 남부로 가서 살았다.

1969년 대니얼 벨과 함께 『퍼블릭인터레스트』를 창간했던 어빙 크리스톨은 뉴욕대학교에서 도시가치론을 가르치는 헨리 R. 루스 석좌교수가 되었다. 크리스톨은 그때부터 이미 '신보수주의자'neo-conservative(네오콘 neocon)로 자처했다. 그는 신보수주의자의 뜻을 "현실의 강제를 받아 온 자유주의자"라고 정의했다. 또한 미국기업연구소American Enterprise Institute, AEI,

6 John Hunt, interview in Uzès, July 1997.
7 John Hunt, to Michael Josselson, undated, 1969(MJ/HRC).

『월스트리트저널』Wall Street Journal에 들러붙어 어마어마한 강연료를 받고 강연을 다녔으며, '뉴라이트의 수호성인'이라는 칭호를 얻었다. 크리스톨의 글은 어떻게 젊은 급진주의자가 가면 갈수록 세계와 불화하는 성마른 반동주의자로 변모하는가를 드러내 주고 있다. 크리스톨과 불화하는 세계란 성적인 방종, 다문화주의, 생활보조금을 받는 편모 가정, 반항적인 학생들을 의미했다. 크리스톨은 래스키 혹은 다른 많은 사람들처럼 아서 쾨슬러가 말한 '20세기인', 즉 "자기 두개골 속에 철의 장막을 쳐놓은 정치적 신경증 환자"[8]가 되어 버렸다. 1981년에 「펜타곤에 보내는 서한」Letter to the Pentagon을 써서 미국의 병사들이 국가가 연주되는 동안에 제대로 차려 자세도 유지하지 못한다며 한탄했던 사실이 그 예일 것이다. 그러면서 "미군의 군사 행진을 재개하자"라고 주장했는데, "대중에게 군대에 대한 존경심을 부여하는 데 군사 행진만 한 것이 없다"라는 이유에서였다.[9] 또한 CIA의 문화계 개입을 되돌아보면서 다음과 같은 언급을 남겼다. "망측하게도 CIA가 첩보기관으로서 구제불능의 수다쟁이〔톰 브레이든〕를 채용해서 썼다는 사실은 논외로 하고, 나에게는 이제 CIA를 싫어해야 할 이유가 없다. CIA는 이를테면 우체국과 같은 국가기관 아닌가."[10] 『인카운터』 문제에 대해서는 이렇게 단언했다. "그 당시 영국 잡지들 가운데서 유일하게 볼 만한 잡지가 CIA의 돈을 받고 만든 잡지라니 흥미로운 일이 아닐 수 없습니다. 영국인들은 진짜 고마운 줄 알아야 합니다."[11]

8 Arthur Koestler, "A Guide to Political Neuroses", *Encounter*, November 1953.
9 Hugh Wilford, *The New York Intellectuals*, Manchester: Manchester University Press, 1995에서 재인용.
10 Irving Kristol, *Neo-Conservatism: The Autography of an Idea, Selected Essays 1949-1995*, New York: The Free Press, 1995.
11 Irving Kristol, interview in Washington, June 1994.

멜빈 래스키는 1990년에 『인카운터』가 폐간할 때까지 편집장 자리를 지켰다. 이때쯤 되자 소수의 사람들만이 『인카운터』로부터 적절한 영예를 받을 만한 자격을 갖추게 되었다. 이 잡지의 말년에 대해서 이런 얘기가 있다. "『인카운터』는 가끔씩 과거 자신의 서투른 모방 같은 구석이 있어 보였다. 냉전 시기 약장수 노릇을 했듯이, 핵군축 혹은 핵무기 철폐 운동의 위험성을 경고하는 등 뻔한 주제에 몰두했기 때문"이다.[12] 『타임스리터러리서플먼트』의 보수적인 편집자 퍼디낸드 마운트Ferdinand Mount는 『인카운터』의 성취에 대해 일종의 고별사를 썼다. 그는 이 글에서 멜빈 래스키를 격찬했다. "그를 데려다 기른 두 번째 모국(영국)에서는 아무런 영예도 받지 못한, 그야말로 독창적인 예언자"라고 말이다.[13] 하지만 이렇듯 외로이 흘러나오는 찬사는 어쩌면 래스키가 자신의 진짜 모국(미국)에서 아예 건너오지 않는 편이 차라리 나았겠다고 생각한 사람들에게는 별로 소용이 없는 얘기였다.

CIA가 재정 지원을 철회하자, 『인카운터』는 휘청거리면서 재정 위기에서 헤어 나오지 못했다. 그래서 래스키는 이 잡지의 마지막까지 대부분의 시간을 후원자를 찾는 데 썼다. 1976년 (당시 아직까지 CIA에 소속되어 있던) 프랭크 플랫은 조셀슨에게 편지를 보냈다. "얼마 전 래스키가 덴버에 있는 맥주 제국 쿠어스Coors의 과격한 극우파 회장과 만난 적이 있다는데, 그 양반에 대면 우리 노친네 존 헌트 씨는 거의 거스 홀Gus Hall[14] 수준이지. …… 듣자 하니 참으로 가관일세. 원래는 그 양반이 자기 손으로 잡지

---

12 Neil Berry, "Encounter", *London Magazine*, February-March 1995.
13 Ibid.에서 재인용.
14 미국 공산당의 전설적인 지도자. ─ 옮긴이

를 운영해 보고 싶어서 만남이 이루어진 거라네. 그런데 그 회장이라는 작자가 45구경 콜트 권총에 가죽 권총집까지 차고 나와서 회의 내내 그러고 앉아 있었다지 뭔가! 됐네요, 쿠어스 나리!"[15] 래스키가 "돈을 어떻게 좀 융통해 보려고 별짓을 다 하는" 동안 플랫 역시 윌리엄휘트니재단William Whitney Foundation에 자금을 요청하는 등 힘을 보태 주었다. 나중에 래스키와 만나 CIA가 『인카운터』를 지원한 문제를 다시 제기하자 그는 이렇게 되받았다. "봐요. 누가 돈을 내놓겠습니까? 아이오와 주 디듀크에 운동화 신고 다니는 늙은 할머니한테 돈 달라고 손 벌려 보세요. 그럼 그 할머니가 '오 냐' 하면서 100만 달러를 준답디까? 꿈 깨라는 얘깁니다! 누가 우리에게 돈을 주겠습니까?"[16]

래스키와 함께 일했던 영국인 편집자들(스티븐 스펜더, 프랭크 커모드, 나이젤 데니스Nigel Denis, D. J. 엔라이트D. J. Enright)은 앤서니 하틀리만 빼놓고 모두 사임해 버렸다. 래스키는 옛날 동지들과 함께 이룩해 놓은 것을 지켜 내려 최선을 다했다. 1992년에서는 '마지막 만남'Last Encounter이라는 이름으로 냉전 종식 축하연을 조직했는데, 이 자리에서 래스키는 주빈의 자리를 차지했다. "래스키의 까칠한 턱수염은 공산주의 동조자들을 찔러 죽일 듯한 기세였다."[17] 이 자리에는 문화 투쟁을 함께 이끌던 왕년의 동지들이 모두 모였다. 이 축하연에는 어빙 크리스톨과 그의 아내이자 보수주의 역사학자인 거트루드 히멜파브, 에드워드 실즈, 프랑수아 봉디, 로버트 콩퀘스트Robert Conquest, 레오폴드 러베즈, 피터 콜먼, 그리고 자유방송Radio

---

15 Frank Platt, to Michael Josselson, 13 October 1976(MJ/HRC).
16 Melvin Lasky, interview in London, July 1994.
17 *The Times*, 15 October 1992에서 버나드 레빈(Bernard Levin)의 말.

Liberty[18]과 자유유럽방송에서 온 신사 숙녀들이 자리했다. 이제 몇몇은 기력이 노쇠해졌으나 열의만큼은 여전히 대단해 보였다. 버나드 레빈은 다음과 같이 말했다. "우리는 총 한 발 쏴본 적 없지만, 거짓에 맞서 진실을, 환상에 맞서 현실을, 굴종에 맞서 기개를, 야만에 맞서 문명을, 과격한 폭력에 맞서 평화로운 언어를, 비겁한 변명에 맞서 찬탄할 만한 용기를, 더 단순하게는 폭압에 맞서 민주주의를 위해 싸워 온 다종다양한 사람들이 섞인 외인부대였다. 우리는 옳았다. 그것도 전적으로, 완전히, 확실히, 행복한 마음으로, 인내 끝에 드디어, 그리고 참된 자세를 통해서 옳음을 증명해 냈다."[19] 이 '진실의 군대'의 행렬은 잇따른 죽음으로 인해 그 수가 줄어 있었다. 훅, 쾨슬러, 아롱, 말로, 나보코프, 스페르버 등이 잇따라 사망했다. 이 모든 사람들이야 래스키 혼자 대신할 수도 있었겠지만, 『인카운터』의 편집진에서 오래 근무했던 래스키의 동료들은 초대도 받지 못했다. 마고트 웝슬리도 다이애나 조셀슨도 스펜더 부부도 초대받지 못했다. 마이클 조셀슨의 이름은 아예 언급조차 없었다.

레빈이 말한 '외인부대'는 드디어 소비에트 체제가 붕괴했음에도 기쁨의 눈물조차 흘리지 않았다. 하지만 라디오 선동가 조지 어번은 방송에서 이들 모두를 대신하여 이런 생각을 드러냈다. "이상하게 상실감이 듭니다. 이때까지 제게 잘 맞춰 주던 스파링파트너가 중도에서 낙오한 기분입니다. 저 언덕 너머에 눈에 잘 띄지는 않으나 가끔씩 소리만 들려오던 예

---

18 자유유럽방송과 자유방송은 성격은 같았지만 대상이 달랐다. 자유유럽방송은 소련의 위성국가를 타깃으로 한 반면, 자유방송은 소련에 대해 선전전을 수행했다. 양자는 1976년에 통합되었고, 현재 '자유유럽방송/자유방송'(Radio Free Europe/Radio Liberty)을 공식 명칭으로 쓰고 있다. — 옮긴이

19 The Times, 15 October 1992.

측 가능한 적의 존재는 역설적으로 우리 자신을 단속할 수 있도록 해주었습니다. 훌륭한 적이 있다는 건 훌륭한 친구가 있다는 사실만큼이나 멋진 일이었습니다. 어쩌면 더 좋은 일이었는지도 모르지요. 우리들 중에서도 달리 생각하는 이들도 많겠지만 말입니다. 친구는 친구로 남을 뿐이지만 좋은 적수는 신의 선물이라 할 수 있습니다. 가끔씩 이상한 생각이 들기도 합니다. '변증법'에 대한 오랜 강박관념이 그동안 저를 철저히 물들여 놨기 때문에 이제는 적대자 없는 삶을 상상할 수 없게 되어 버린 것이 아닐까요?"[20]

베를린 장벽이 무너지고 얼마 지나지 않아, 어느 전직 KGB 관료가 크렘린에서 선전선동술을 위한 학교를 운영해 보겠다면서 조지 어번에게 접근해 왔다. 이때 어번은 이렇게 물었다. "『인카운터』에 실었던 우리의 글들이 '적들'의 계획을 파악하는 데 유용한 역할을 했다고 보십니까?" 그러자 이런 대답이 되돌아왔다. "유용하다마다요. 그게 참 매력적이어서, 점차 당신과 당신 동료들은 저를 신념과 이데올로기로부터 점점 떼어 놓는 정도를 넘어서 거의 반체제 인사로까지 만들어 놓았었지요." 또한 "아시다시피 『인카운터』가 집어내는 요점들은 꽤나 납득이 가는 주장들이었습니다. 그러다 보니 먼저 체제에 대한 의심이 생겼고, 이따금씩 체제에 반항하도록 만들었지요. 그래서 결국 이 첩보계 베테랑의 마음속에서도 체제에 대한 반발심이 자라나게 된 것 아니겠습니까!"[21] 한때 조지 어번은 잠시 래스키와 어울렸었다. 래스키는 적들이 『인카운터』를 연구한다는 사

20 George Urban, *Radio Free Europe and the Pursuit of Democracy: My War Within the Cold War*, New York: Yale University Press, 1997.
21 *Ibid*.

실을 전해 듣고 뛸 듯이 기뻐했다. "정말 깜짝 놀랐습니다. 이보다 더한 찬사가 어디 있겠습니까? KGB가 우리 잡지를 쓰다니요! 당시 우리가 생각했던 바가 목표에 적중했고, 결국 우리가 옳았다는 게 밝혀지니까 이 잡지야말로 적을 꿰뚫는 이데올로기의 창끝이라는 생각이 들었습니다."[22] 이에 대해 나타샤 스펜더는 다음과 같이 단언했다. "래스키 같은 사람은 러시아 사람들의 생각과 똑같은 방식으로 행동했어요. 그 모두가 그런 부류의 사람들에게는 일종의 전략 게임이었을 뿐이죠."[23]

프랭크 플랫은 1969년까지 사무국장 자격으로 파필드재단에 재직했다(1967년 이전의 자금은 아직도 용처를 알 수 없다). 1976년 9월에 플랫은 런던에 위치한 국제펜클럽 산하 투옥작가위원회Writers in Prison Committee를 위해 '연락책' 및 '정보 교환책'으로 활동했다. 두 달 후, 그는 조셀슨에게 편지를 보냈다. "커트[커트 보네거트Kurt Vonnegut]와 잭 맥[마이클 스캐멀Michael Scammell]이 다른 몇 사람들과 함께 요청을 해왔네. 내게 투옥작가위원회 일을 맡아 보고 관리 감독을 좀 해줄 수 없겠느냐더군. 국제펜클럽에서 이 일을 맡아 처리하고 있는 런던의 인덱스온센서십에 있는 스캐멀과 계속 연락을 주고받으면서 말일세. 일종의 조정자 역할인 셈이지. 그래서 물론 하겠다고 했네. 일도 재미있을 것 같고 여행도 시켜 주니까."[24]

플랫은 CIA를 '초콜릿 공장'이라고 불렀는데, 조셀슨과 이런 연락을 주고받으면서 '초콜릿 덩어리'nuggets라고 부르는 CIA 내부 정보들을 정기적으로 건네주었다. 1975년 코드 마이어의 신분이 공개적으로 드러나면

22 Melvin Lasky, interview in London, August 1997.
23 Natasha Spender, interview in Maussane, July 1997.
24 Frank Platt, to Michael Josselson, 11 November 1976(MJ/HRC).

서 CIA 런던 지부장으로 승진하자(당시 영국 노동당 의원 34명이 마이어의 추방을 요구하고 나서기도 했다), 플랫은 짜증이 난 나머지 편지에 이렇게 썼다. "아마 장님들 나라에서는 외눈박이가 왕 노릇 하는 게 아니겠나? 혹시 모르지. 내가 아는 바라고는 CIA가 지금 엉망진창이라는 것뿐일세. 참으로 점입가경이라네."[25] 그로부터 얼마 뒤 조지타운대학에서 열린 파티에서 어느 논객은 마이어가 어느 나이 든 캐나다 외교관을 퀘벡 주 분리 독립 문제로 괴롭히는 광경을 보고 경악했다. "심히 마음이 언짢아진 그 캐나다 외교관은 눈에 띌 정도로 괴로워했다. 그러나 마이어는 그 문제를 끈질기게 붙들고 늘어졌다. 재치도 예의도 자비도 없이 말이다." 이 논객은 이렇게 쓰고 있지만, 향후 약 10여 년 뒤에 있을 기괴한 광경을 이해하지 못할 것이다. 바로 조셀슨이 심장마비를 일으켰을 때의 얘기다. 또 다른 참석자는 또한 다음과 같은 평을 남겼다. "마이어의 세대, 그리고 마이어 같은 부류는 결코 크롬웰처럼 될 수는 없을 것이다. 왜냐하면 자신들을 그리스도 정신에 깊이 뿌리박고 있는 사람이라 생각하고 있기 때문이다. 아마 그런 생각은 그들의 오해일지도 모른다."[26]

1983년 2월 23일, 제임스 버넘은 로널드 레이건 대통령으로부터 최고 훈장인 대통령자유메달The Presidential Medal of Freedom을 받았다. 그의 정치 경력이 자유십자군운동의 기치 아래서 출발한 덕택이었다. 표창장에는 이렇게 나와 있다. "제임스 버넘 씨, 상기인은 1930년대 이래로 세계 지도자로서의 사고를 구체화하였으며, 탐구를 통하여 사회를 변화시켰고 글을 통하여 진리를 추구함으로써 인류에게 지표 역할을 해주었다. 자유,

25 Frank Platt, to Michael Josselson, 15 December 1977(MJ/HRC).
26 Godfrey Hodgson, "Superspook", *Sunday Times Magazine*, 15 June 1975.

이성, 품위의 측면에서 보아, 이 20세기를 통틀어 제임스 버넘 씨를 능가할 인물은 극히 소수에 불과하다."[27] 한 달 뒤 아서 쾨슬러가 런던에 있는 자신의 아파트에서 바르비투르산염과 술로 자살해 버렸다. 세 번째 아내 신시아 제프리스Cynthia Jeffries와 함께였다. 쾨슬러는 77세, 신시아는 그보다 20세 어린 57세였다. 쾨슬러는 공공에 전시되어 있던 그의 황동 흉상이 에든버러대학교에서 치워질 때쯤 문학계의 권좌에서 내려와야만 했었다. 전기 작가 데이비드 세서래니David Cesarani가 쾨슬러를 오랫동안 폭력적인 강간범으로 살아온 사람이라고 폭로한 뒤였다. 세서래니의 책을 읽고 난 어느 평론가는 다음과 같은 내용의 서평을 남겼다. "쾨슬러는 시대에 뒤떨어진 싸움과 별 볼일 없는 작품만 양산하는 다작의 기질과 전 생애에 걸친 나쁜 성벽性癖에 포박되어 버렸다. 그래서 그의 시대는 쉬 흘러가 버렸던 것이다."[28] 제임스 버넘은 1987년에 사망했다. 하지만 그의 사상은 생전에 편집을 맡았던 『내셔널리뷰』의 윌리엄 버클리가 이어받았다. 1990년 버클리는 "미합중국이 장구한 시간 동안 공산주의를 막는 보루로 기능해 온 사실은 무엇과도 바꿀 수 없는 우리 미국인들의 고귀한 경험"이라고 주장했다.[29]

톰 브레이든은 다방면의 매체에 출연·기고하는 칼럼니스트이자 CNN의 대담 프로그램 「십자포화」Crossfire의 공동 진행자로 계속해서 성공적인 이력을 만끽했다. 1975년 정부의 특별 위원회〔처치 위원회〕가 미국 정부의 첩보 활동에 대한 역사상 가장 철저한 조사를 준비하는 동안, 브레

27 Unidentified clipping, 23 February 1983(MJ/HRC).
28 *Guardian*, 23 January 1998에서 마이클 호프먼(Michael Hofmann)의 글.
29 Gore Vidal, *Palimpsest*, London : André Deutsch, 1995.

이든은 CIA가 늘어놓은 거짓말과 권력, 오만함과 강박증에 관하여 이 기관에 가장 통렬한 타격을 안길 글 하나를 집필했다. "CIA에서 일어났던 일은 수치스러운 일이다." 그는 이렇게 쓰고 있다. CIA는 "정보를 분석할 수백 명의 학자들, 중요한 위치에 있는 수백 명의 첩보원들, 드물게 발생하는 더욱 대담한 임무를 수행할 수 있는 수백 명의 비밀 공작원들로 구성된 조직으로 성장할 수도 있었다. 대신에 전 세계에 걸쳐 자산을 보유한 가르강튀아와 같은 크기의 괴물이 되어 버렸다. 항공사, 신문사, 라디오 방송국, 은행과 군대, 함대를 운영하며, 역대 국무부 장관을 미혹시키고, [닉슨] 대통령에게는 반짝반짝 빛나는 아이디어를 제공해 주면서 말이다. '모략을 실행할 수 있는 국가기관이 버젓이 있는데, 무엇을 주저하십니까?' 이런 식으로 말이다."[30] 브레이든은 CIA의 해체와 그 잔여 기능(여전히 정당화될 수 있는 건 얼마 없겠지만)의 타 부서 이관을 주장하면서 이 글을 끝맺고 있다. "나는 심리전 전문가들과 선전선동 전문가들을 '미국의 소리' 방송으로 전직시켜야 한다고 본다. 이 사람들은 어쩌면 비밀 첩보기관에는 절대 속해서는 안 되는 사람들일지도 모른다."[31] 브레이든은 또 『여덟이면 충분해』*Eight is Enough*라는 썩 괜찮은 연재물도 썼다. 모두 백인으로 이루어진 미국 가정의 이야기로 텔레비전 드라마 대본으로 개작되었고, 훗날 TV 시리즈 「유쾌한 브레이디가家」The Brady Bunch에 영감을 준 작품이다. 마침내 은퇴한 뒤에는 버지니아 주 우드브리지로 내려간 뒤, 덩치는 크지만 겁 많은 셰퍼드 두 마리에 둘러싸여 살고 있다.

로런스 드 네프빌은 1956년 헝가리 봉기 직후 CIA를 떠났다. 그는 다

---

30 Tom Braden, "What's Wrong with the CIA?", *Saturday Review*, 5 April 1975.
31 Ibid.

양한 직업을 전전하다가 주식 중개인이 되었다. 그가 한때 베를린에서 채용했던 마이클 조셀슨과의 우정은 변함없이 유지되었다. 이 책을 위한 인터뷰는 코네티컷 주 웨스트하트퍼드에 있는 그의 자택에서 진행되었는데, 신분상의 비밀 유지로부터 벗어났을 당시를 회고할 때는 즐거운 기분이 드는 듯했다. "이 동네 사는 영감탱이들이 이 얘기를 들으면 꽤나 놀랄 걸요?"[32] 하면서 농담부터 건넸다. 그는 정말로 동네 사람들의 반응이 어땠는지 알려 주지 못한 채 사망했다.

윌리엄 콜비는 계속해서 베트남의 피닉스 프로그램을 지휘했다. 이 프로그램에는 2만 명 이상의 베트남인들에 대한 고문과 살해가 포함되어 있다. 그는 1973년에서 1976년까지 CIA 국장으로 재직했는데, 제임스 지저스 앵글턴을 해고할 때 책임자였다. 콜비가 국장으로 재직하는 동안 CIA의 대외 이미지에는 재앙과도 같이 큰 타격이 계속되었다. 은퇴한 뒤에는 소련 붕괴 이후 동유럽 정보기관 수장들의 고문으로 활동하면서 첩보 영역에서 쌓은 경력을 백분 활용했다. 그리고 1996년 4월에, 소용돌이치는 포토맥 강에 몸을 던져 자살했다.[33]

『인카운터』를 사임했던 스티븐 스펜더는 다시 신좌파에 들러붙어, 예전 젊었을 적 가졌던 혁명에 대한 열정을 되새겼다. 1968년 6월, 메리 매카시는 학생 시위대로 둘러싸인 소르본대학의 어느 회의에서 그를 마주쳤다. "스펜더는 아주 잘 지내고 있었어요." 한나 아렌트에게 보낸 편지 내용이다. "저는 그의 어마어마한 역량을 봤어요. 마치 CIA에 앙갚음하려는 것

---

32 Lawrence de Neufville, telephone interview, April 1997.
33 자살이 아닌 건강상의 문제에 따른 사고였을 가능성도 제기되고 있다. 당시 부검의는 먼저 심장과 동맥에 문제가 생긴 다음 익사했다고 소견을 밝혔다. 콜비의 가족들도 자살은 콜비의 성격과 맞지 않는 일이라고 증언하고 있다. — 옮긴이

같더라고요.[34] 스펜더에게 도덕적인 문제들이 프로방스에 있는 집 꾸미기로 승화된 것은 즐거운 일이었어요. 스펜더 부부는 폐허 상태의 집을 사서 수입이 들어올 때마다 조금씩 고쳐 나갔고요. 그 수입이란 게 미국에서 강의료로 나오는 얼마 안 되는 돈이었거든요. 스펜더는 집에 들어온 첫날부터 혁명이 일어나면 이 집을 '소유'하지 않겠노라고 마음먹었다고 하네요. 뭐, 아무래도 좋죠. 특히나 과격한 학생을 만날 때마다 이렇게 얘기하겠죠. '그래, 그래, 자네가 내 집을 갖게!' 물론 마음속으로겠지만요. 그 사람은 미국인 베트남전 징병 거부자들을 위해서도 손을 벌리고 다녔어요. 징병 거부자들이 어느 단과대학 강의실에서 완벽하게 고립된 채로 모여 있더라나. 실제로 보기에도 굶주린 것 같더래요."[35] 1972년, 그는 포드재단으로부터 자금을 받아 인덱스온센서십을 창립했다. 그리고 1983년에는 문단의 원로로서 기사 작위를 받았다. 노년에 접어들면서 스펜더는 사람들이 『인카운터』가 CIA와 연계되었다는 얘기를 수년에 걸쳐 귀띔해 주었었다는 사실을 인정했다. "그렇지만 사람들이 와서 당신 아내가 바람을 피운다고 얘기하는 것과 같은 일이었습니다. 그러면 아내에게 직접 물어보겠죠. 그리고 아내가 아니라고 하면 안심이 되는 것과 같습니다."[36] 스펜더는 다시는 『인카운터』를 보지도, 사지도 않았다. 1995년에 그의 사망으로, 붉

---

34 메리 매카시는 니콜라 키아로몬테의 경우에서도 거의 같은 결론에 도달했다. 1969년 5월 22일에 매카시는 이렇게 쓰고 있다. "그는 마음의 상처를 크게 받은 데다 거의 무기력한 상태에 빠져 버렸을지도 모른다. 불쌍한 사람 같으니. CIA와 관련한 경험 때문인지 그가 무슨 글을 쓰든 어떤 생각을 하든 어떤 면에서는 다 이를 거듭 정당화하려는 의도처럼 보였다." 키아로몬테는 1972년 1월 18일 이탈리아에서 라디오 방송을 마치고 나오던 중 엘리베이터 안에서 사망했다.
35 Mary McCarthy, to Hannah Arendt, 18 June 1968. ed. Carol Brightman, *Between Friends: The Correspondence of Hannah Arendt and Mary McCarthy 1949-1975*, London: Secker & Warburg, 1995에서 재인용.
36 Stephen Spender, interview in London, July 1994.

게 물든 여명으로 시작해 시대의 어둠으로 변해 버린 1930년대를 이어 주는 마지막 고리가 끊어졌다. 남겨진 아내 나타샤 스펜더는 씁쓸하게 옛일을 되새겼다. 남편 스티븐이 세계문화자유회의와 함께했던 시간들은 "모두 시간 낭비, 말다툼, 불화뿐"이었다고 말이다. 그러면서 이렇게 말했다. "문화자유회의는 그이에게 끔찍한 경험이었어요. 그 와중에 매우 지쳐 버렸고요. 모든 논쟁들에 넌덜머리를 냈고, 시를 쓸 시간조차 없어 보였어요. 시는 그이가 제일 하고 싶어 하던 것이었는데."[37]

마이클 조셀슨 역시 1978년 1월에 사망했다. 일자리를 알아보려고 그토록 열렬히 노력했음에도 예전의 협력자들은 모두 그를 뿌리쳤다. 1972년에는 미국학술단체협의회 입회도 거부당했다. 셰퍼드 스톤이 『브리태니커백과사전』의 소유주이자 발행인인 윌리엄 벤턴 상원의원에게 조셀슨의 추천서를 써주었으나, 벤튼은 조셀슨에게 아무런 일도 맡기지 않았다. 심지어 조셀슨의 오랜 직장이었던 짐벨삭스 백화점에서도 일자리가 없었다. 타임사는 그의 "범상치 않은 경력"에도 불구하고, 맞는 일자리가 없다고 퇴짜를 놓았다. 1973년 3월에는 구겐하임 연구기금을 놓쳤다는 소식을 전해 들었다. 후버연구소Hoover Institution에서도 역시 문전박대를 당했다.

사망하기 8년 전에는 아내 다이애나와 공동으로 러시아 장군 바클라이 드 톨리Barclay de Tolly의 전기를 집필했다. 이 장군은 1812년 나폴레옹과 싸울 때 미하일 쿠투초프Mikhail Kutuzov 원수와 교체될 때까지 전 러시아군을 지휘했던 사람이다. 그런데 이 장군의 직계 자손인 니콜라스 드 톨리 Nicholas de Tolly 소령이 베를린 주둔 미 육군에서 복무했었다. 아마도 조셀슨

---

37 Natasha Spender, telephone interview, August 1997.

은 이 사람을 만난 적이 있었을 것이다. 그래서 푸시킨의 시를 통해서 부당하게 모욕적인 대접을 받았던 이 위대한 에스토니아 사람의 이야기가 특히 인상 깊게 다가왔는지도 모르겠다.[38]

헛되도다! 일찍이 그대가 파종했던 승리를 경쟁자가 먼저 수확하였나니.
그대는 고결한 마음에도, 잊혀지고 그 영예마저 빼앗겨
제전의 후원자가 그대의 마지막 숨결을 거두리라.
어쩌면 이는 죽음의 시간 동안 우리에게 보낼 경멸일지니.

1978년 1월, 조셀슨의 장례식은 조용히 거행되었다. 시드니 훅에게 보내는 편지에서 래스키는 이렇게 썼다. "조셀슨이 심장 수술을 받았던 14년 전에 죽어 버렸더라면, 장례식이 어쩌면 더 유럽적이고 서구적인 방식이 되었을 테지요. 그리고 1000여 명의 지인들이 작별을 고하려고 장례식에 왔을 겁니다."[39] 그러나 다이애나의 말에 의하면, 래스키가 "장례식에 나타나서 '주인공 자리를 대신 차지'해 버렸다"라고 한다.[40] 장례식의 압권은 역시 조셀슨의 공로 메달을 다이애나에게 대신 수여해 주기 위해 나타난 CIA의 대리인이었다. "매우 부적절했다고 생각해요. 그 사람들이 이렇게 얘기하는 것 같았어요. '당신은 이 메달을 받으실 만한 일을 하셨습니다. 전부 진실하고는 거리가 먼 일들이었지만요.' 이렇게요. 저는 그래서

38 주지하다시피 조셀슨 또한 에스토니아계 미국인이었다. ― 옮긴이
39 Melvin Lasky, to Sidney Hook. Peter Coleman, *The Liberal Conspiracy: The Congress for Cultural Freedom and the Struggle for the Mind of Postwar Europe*, New York: The Free Press, 1989에서 재인용.
40 Diana Josselson, interview in Geneva, May 1996.

안 받았어요."[41] 다이애나는 세계문화자유회의 시절의 추억과 사진들에 둘러싸인 채, 제네바 플라토드상펠에 있는 아파트에서 계속 살았다. 다이애나에게 그 시절은 프랑스 혁명기나 옥스퍼드 운동 혹은 케네디 행정부가 출범한 첫 100일 동안과 같이 들뜬 나날들이었다. 다이애나가 말하길, 마이클은 "문화자유회의를 위해서 살았던 사람이었어요. 결국 문화자유회의를 위해 죽은 셈이죠. 그렇지만 제게는 그때가 인생 최고의 순간들이었어요. 정말 즐거운 시절이었죠".[42]

형제단의 그 밖의 다른 일원들은 어떻게 되었을까? "덜 극단적이지만 더 애국적이었던 정보기관 핵심 인사들의 동아리"의 일원들 말이다. 그들은 다른 모든 사람들에게 알려야 했음에도 그러지 않고 핵심 정보들을 쥐고 있으며, 계몽의 새 시대라는 미명하에 독단적으로 행동했던 사람들이다. "그들은 햇빛 속으로 걸어 들어가면서, 동시에 악마와 함께 어둠 속으로 은밀하게 빠져들고 싶어 했다."[43] 어느 CIA의 베테랑 요원이 들려준 말이다. 대다수의 사람들에게 이 두 가지 경향이 보이는 대비는 무척 클 것이다. 냉전의 수호자들이었던 그들 역시 어떤 면에서는 냉전의 희생자였다. 이 '거대한 게임'이 안겨 준 도덕적 모호함이 그들을 파괴해 버렸던 것이다.

제이슨 엡스타인의 말에 따르면, 세계문화자유회의의 말기에 '파필드호號'(CIA 요원들이 파필드재단을 부를 때 쓰던 별명)의 키를 놓아 버린 존 크로 랜섬의 제자 잭 톰슨은 "점차 소련 사람들의 손에서 아프리카인들을

---

41 Diana Josselson, interview in Geneva, May 1996.
42 Diana Josselson, interview in Geneva, March 1997.
43 Richard Elman, interview in New York, June 1994에서 에드거 애플화이트의 말.

구해 내야 한다는 강박관념에 사로잡혀, 자주 아프리카에 갔다"라고 한다. "그 사람은 아프리카의 학자와 지식인 들에게 미국 대학의 연구원 자리를 제공해 주려고 했어요. 아프리카 각국의 정부들 역시 이 지식인들을 이처럼 다시는 되돌릴 수 없는 상황 속으로 빠져들게 내버려 두었습니다. 기꺼운 마음으로 떼어내 버리려는 목적에서였겠죠. 그래서 잭 톰슨이 벌인 일은 부지불식간에 이 지식인들을 고국으로부터 추방시켜 버린 결과를 낳고 말았습니다. 사람들이 정부에서 늘어놓는 주장을 곧이곧대로 받아들인다면 곤경에 빠질 것은 자명한 일입니다."[44] 프랭크 위즈너는 1965년에 스스로 목숨을 끊었다. 헝가리 혁명이 실패로 끝난 후부터 발병한 신경쇠약에서 다시는 회복하지 못했기 때문이다. 로열 타일러를 비롯해서 다른 사람들의 자살도 잇따랐다. 타일러는 앨런 덜레스의 가장 촉망받는 초기 협력자 중의 한 사람이었다. 그는 1953년에 목숨을 끊었다. 제2차 세계대전 후 국방부 장관을 역임했으며, 미국의 비밀 첩보 조직을 설계하는 데 공헌했던 제임스 포레스털James Forrestal도 1949년에 자살했다. 『워싱턴포스트』의 발행인 필립 그레이엄도 1963년에 산탄총의 총구를 거꾸로 돌려 세워 자살했다. "그레이엄은 모든 상투적인 형태의 성공, 바로 그러한 성공의 화신 같은 사람이었습니다. 아주 어마어마한 규모로 성공을 거두었죠. 그렇게 되고 보니, 다 헛되고도 헛된 짓이었다는 것을 깨닫게 되었던 겁니다."[45] 조지프 알섭이 아이재이어 벌린에게 보낸 편지 내용이다. 이 말은 그들 모두의 묘비명이 될 수도 있을 것 같다.

---

44 Jason Epstein, interview in New York, June 1994.
45 Joseph Alsop, to Isaiah Berlin. Robert W. Merry, *Taking on the World: Joseph and Stewart Alsop, Guardians of the American Century*, New York: Viking Penguin, 1996에서 재인용.

"미국 첩보계의 '황금기'를 아무런 반성 없이 그리워하는 태도"의 이면에는 훨씬 더 통렬한 진실이 숨어 있다. 예일대학교를 다니고 단테를 읽으며 시민적 미덕에 의해서 교육받은 사람과 나치를 채용하고 민주적인 선거 결과를 조작하고 정보기관 내부의 실정을 잘 모르는unwitting 대상에게 환각제를 주고, 수많은 미국 시민들의 우편함을 열어 보고, 정부를 전복시키고, 독재를 지원하며, 암살을 획책하고, 피그스 만 침공 같은 재앙을 계획한 사람이 사실은 모두 같은 부류의 사람들이라는 사실이다. "무엇을 위해 그런 일을 했는가?" 한 평론가는 묻고 있다. "시민적 미덕은 아닐 터, 곧 제국을 위해서."[46]

46 Doug Henwood, "Spooks in Blue", *Grand Street*, vol.7/3, Spring 1998.

발문— 이 책의 출간에 부쳐

한형식(당인리대안정책발전소)

이 책은 유명 지식인 예술가들에 대한 뒷담화가 아니다. 우리가 이 책을 번역 출판하는 것 또한 호사가들에게 술자리 이야깃거리를 제공하려는 것이 아니다. 새움이 지난 10여 년간 해온 대로 지식의 민중적 확산을 통해 지식인과 민중의 분리를 극복하는 실천의 하나로 이 긴 책을 번역했다.

사상·학문·예술·언론의 자유를 요구하는 것과 그것들이 무엇보다 경제적 조건으로부터 온전히 자율적이라는 주장은 구별해야 한다. 학문과 예술 활동의 자유를 지향한다고 해서 사상가와 예술가 들이 어떤 정치적·사회적·경제적 이해관계로부터도 자유로운 것은 아니다. 하지만 많은 지식인들이 이런 환상으로 남과 자신을 속이려 한다. 지식인들 중에 누가 왜 자신들을 먹여 살리고, 자신들의 '자유로운' 사상이 대중들에게 전달되는 물질적 매체를 제공하는지 그 주체와 동기에 대해 궁금해하는 이들은 찾기 힘들다. 사회를 움직이는 경제의 힘과 작동 방식에 대한 물음은 자신들의 물질적 존재 기반도 드러나게 한다. 사실 문화 예술이라는 주제에서 경제문제가 배제된 것과 문화 예술 분야 지식인들이 자신들이 기반하고 있는 물질적 토대에 대해 무관심한 것은 동일한 정신세계의 표현이다. 세상을 경제의 관점에서 바라보는 일은 탐욕스러운 자본가나 낡은 마르크스주의자의 사고일 뿐이라고 경멸하는 태도는 문화 예술의 영역에서는 혼하다. 정치적 입장으로 보면 보수 우파보다 진보 좌파 지식인들에게 이런 폭로는 치명적이다. 진보 좌파 지식인들은 스스로 지배계급의 일부이거나 경제적·사회적 지배계급에 기생하는 존재 방식을 가짐에도, 기층 민중들을 대변한다고 주장하기 때문이다. 그들의 존재 방식과 명분, 담론 사이의 괴리는 세 가지 문제를 낳는다.

첫째는, 진보 좌파 지식인들의 기만적이고 위선적인 말과 행동이다. 하지만 이는 주로 개인의 도덕성에 관한 것일 뿐이다. 둘째, 지배계급에 속한, 그래서 먹고살 만한 지식인들은 삶의 토대는 논외로 하고 다른 것만을 바꾸자고 주장한다. 예를 들어 자본주의가 아니라 민주주의만이 문제가 된다. 경제와 다른 사회현상들 사이의 이런 구분이 애초에 가능한 걸까? 셋째, 민중들이 스스로 자신들의 이해관계를 표현할 수 없게 만든다. 기층 민중의 실질적 이해관계는 기존의 사회체제와 대체로 조화를 이룰 수 없다. 따라서 민중들의 이해관계를 충실하게 표현하는 생각과 말은 기존 지배 체제에 의해 금지된다. 그럼에도 불구하고 이런 말을 퍼트리는 지식인은 지식인으로서 존재하기 위한 물적 토대, 즉 안정된 임금이 주어지는 직장, 사회적 지위와 명망, 그리고 무엇보다 자신의 생각을 전할 매체를 박탈당한다. 그는 더 이상 지식인으로 존재할 수 없게 되어, 다만 '많이 배운 민중'이 된다.

사실 사상과 예술이 지배계급에 의해 용인된 한계 내의 것일 때만, 비로소 사상가와 예술가 들에게 안정된 직장, 수입, 명성 그리고 매체 접근권이 주어진다는 비판은 오래된 것이다. 지식인들은 한결같이 이런 비판이 인신공격이라거나 토대와 상부구조 사이의 상호 과정의 복잡성을 이해하지 못하는 속류 유물론적, 즉 스탈린주의적 접근이라며 무시해 왔다. 정말 그런가?

제2차 세계대전 후의 서구 사회에서 이와 같은 기로에 선 지식인들이 어떤 삶을 선택했는지를 이 책은 잘 보여 준다. 지식인들은 대체로 자신들의 지식인으로서의 특권적 지위를 유지하기 위해 민중들을 배신했다. 이런 선택을 하지 않은 이들도 많았을 것이다. 그러나 지배계급이 통제하는 지식의 제도 안에서 그들의 흔적은 거의 남아 있지 않다. 체제 내에서 남기 위해 노골적으로 우경화된 경우도 많다. 급진적 트로츠키주의자 출신인 네오콘의 초기 주역들이 대표적인 사례이다. 또 진보 좌파적 지향을 고수하지만 자신들의 생각을 순화시키거나 교묘하게 변형시키는 경우도 있다. 사실 지배계급에게 더 유용한 것은 후자다. 20세기 전반기에는 흔히 '개량화'라고 경멸적으로 불리던 급진적 성향의 완화가 지식인이 변절하는 주된 방식이었다. 20세기 말에는 스릴 넘치지만 자신의 삶을 망치지는 않는 적당한 모험이 레저가 된 것처럼, 세상을 확 뒤집겠다는 도덕적 명분을 내세우지만 지배계급의 지배적 지위와 자신들의 삶의 평안함을 결코 흔들지 않는 진보 좌파 노선이 등장했다.

이 경향의 담론은 신자유주의적 금융화의 부산물로 팽창하게 된 문화산업의 생산과 유통망을 따라 전 세계로 확산되었다. 즉 저항의 상품화가 이루어진 것이다. 당사자들은 이런 유행이 자신들 생각의 훌륭함으로 인한 당연한 대가라고 주장하겠지만 문화산업의 팽창이라는 물질적 토대 없이 난해하고 급진적인 생각이 대규모로 단기간에 유행할 수 있었을까? 그들에게 돈을 주고 지적 활동에만 전념하게 하고 그들의 생각을 대중들에게 전달하는 매체를 제공하는 누군가가 없었다면 어땠을까? 사상의 훌륭함이 대중적 지지를 낳는다는 것은 선불교나 초능력의 세상에서나 통할 생각이다.

"사유하는 자들로서 사상들의 생산자들로서 지배하며, 그들 시대의 사상들의 생산과 분배를 규제한다는 것; 따라서 그들의 사상들이 그 시기의 지배적 사상들이라는 것이다"(「독일 이데올로기」 중에서). 마르크스는 지배계급의 사상이 그 사회의 지배적인 사상이 될 수 있는 것은 지배계급이 사상의 생산과 유통을 규제하기 때문임을 꿰뚫어 보았다. 지배계급은 사상 자체를 통제하는 단순한 통제 방식을 결코 포기하지도 않지만 동시에 사상의 생산과 유통을 통제하는 것이 근본적이고 효과적인 방식임을 잘 안다. 자본가들이 교육과 대중매체에 투자하고 그것을 지배하려 하는 이유가 이것이다. 따라서 사상이 생산되고 유통되는 장치와 그것의 작동 방식에 대한 과학적 이해가 지배계급의 사상을 극복하려는 민중에게 필요하다. 사상과 예술이 자율적이라는 환상은 자본주의 사회에서는 반反민중적이다. 상부구조와 경제적 토대, 사상과 그 사상의 생산과 유통의 장치 사이의 관계를 분리시키는 것은, 전업의 지식인들이 지배계급이 만들어 주고 관리하는 지식 생산과 유통의 장치 안에 포획되어 있다는 사실을 은폐한다.

바로 이런 맥락에서 『문화적 냉전』이 던지는 물음은 의미가 깊다. 지식인들의 위선과 부도덕함, 미국 정보기관의 비열한 술수를 폭로하는 것이 문제가 아니다. 지식과 지식인들이 자본주의 사회에서 생산되고 유통되는 메커니즘을 드러내는 것이 문제다. 유명 지식인들의 생각, 말, 예술 작품 뒤에 가려졌던 뒷이야기로서가 아니라, 오히려 그것의 본질로서 지식인의 존재 방식, 사상과 예술의 생산과 유통의 방식을 반성해야 한다. 『문화적 냉전』에서 소개된 역사적 '사실'들을 뒷담화로, CIA의 활동을 일종의 음모론으로 받아들이는 태도를 경계해야 한다. 이 책에서 다루는 내용은 민중의 사상적 독립과 자유를 위해 반드시 필요한 과학적 분석의 대상이 되어야 한다.

이 과학적 분석은 현대사회에서 지식인의 존재 방식을 밝혀 줄 것이다. 전업 지식인은 계급사회의 산물이다. 특히 피착취 민중을 대변하는 전업 지식인은 모순적 현실에서만 존재할 수 있는 기형적이고 과도적인 존재다. 그들이 지배계급의 물적 후원에 의존해 존재하는 방식은 이론과 실천의 괴리를 낳는다. 지배계급의 한 분파 또는 지배계급에 의존하는 지식인이 피지배 민중의 '머리' 역할을 하는 조건은 피지배 민중이 현실에 대해 자연스럽게 반항하는 방식과 일치되기 힘들다. 민중의 '머리'로서의 지식인이 스스로의 존재 방식과 생각 사이의 모순을 극복할 때 이론과 실천의 괴리가 메워질 조건이 갖추어진다.

이 과학적 분석은 또한 사상의 생산과 유통의 장치를 민중이 통제하지 못하는 한, 민중의 사상적 자율성은 주어지지 않는다는 것도 깨닫게 해 줄 것이다. 그 깨달음은 민중이 스스로 지식의 주체가 되는 과정의 출발점이다. 오랜 시간이 걸릴 수도 있지만 민중의 지적 역량이 성숙하고 스스로 만든 지식을 스스로의 이익을 위해 유통시키는 사회에서 비로소 민중적 이론과 실천의 괴리는 소멸할 것이다. 민중들이 스스로의 이해관계를 말할 수 있게 하려면 지금 당장은 힘들더라도 스스로 생각하고 말하는 경험을 가져야 한다. 일하면서 공부하고 글 쓰고 말하는 이들의 세상이 와야 한다. 그래서 전업 지식인들의 자리는 줄어들어야 한다. 지금 단계에서 민중적 지식인들의 역할은 민중이 스스로 지식의 주인이 되는 과정에 복무하는 것이다. 그 과정은 동시에 지식인의 전업 지식인으로서의 존재 방식을 변화시킬 것이다. 민중적 지식인은 지식인으로서 존재하지 않기 위해, 지식인이라는 정체성으로서가 아니라 지식을 가진 민중의 일부로 존재하기 위해 존재해야 한다. 그들은 사라지기 위해 존재해야 하는 것이다.

이 책이 나오기까지 거의 5년이 걸렸다. 그동안 새움에서 함께 읽고 공부하고 번역한 모든 분들의 노력으로 독자들을 만날 수 있게 되었다. 특히 번역 과정을 책임진 유광태, 임채원 두 회원은 직장을 다니며 이렇게 방대한 책을 번역했다. 일하는 대중이 스스로 지식의 주체가 될 가능성을 조금이나마 보여 주었다고 우리는 자부한다.

참고문헌

● 출처로 등장하는 문헌들

Akenson, Donald H.(ed.), *Conor: A Biography of Conor Cruise O'Brien*, Montreal: McGill-Queen's University Press, 1994.

Alsop, Joseph and Stewart Alsop, "Why Has Washington Gone Crazy?", *Saturday Evening Post*, 29 July 1950.

Alsop, Susan Mary, *To Marietta from Paris 1945-1960*, New York: Doubleday, 1975.

Aron, Raymond, "Does Europe Welcome American Leadership?", *Saturday Review*, 13 January 1951.

Barnes, Trevor, "The Secret Cold War: The CIA and American Foreign Policy in Europe 1946-1956, part II", *The History Journal*, vol.25/3, September 1982.

Barr, Alfred, "Is Modern Art Communistic?", *New York Times Magazine*, 14 December 1952.

_____, *Painting and Sculpture in the Museum of Modern Art 1929-1967: An Illustrated Catalogue and Chronicle*, New York: Museum of Modern Art, 1977.

Barrett, Edward, *Truth is Our Weapon*, New York: Funk & Wagnalls, 1953.

Barrett, William, "A Prize for Ezra Pound", *Partisan Review*, vol.16/4, 1949.

Beevor, Antony and Artemis Cooper, *Paris After the Liberation, 1944-1949*, London: Hamish Hamilton, 1994.

Bellow, Saul, *Humboldt's Gift*, New York: Viking, 1975.

Bernstein, Carl, "The CIA and the Media", *Rolling Stone*, 20 October 1977.

Berry, Neil, "Encounter", *London Magazine*, February-March 1995.

Bissell, Richard, *Reflections of a Cold Warriors: From Yalta to the Bay of Pigs*, New Haven: Yale University Press, 1996.

Braden, Tom, "I'm Glad the CIA is 'Immoral'", *Saturday Evening Post*, 20 May 1967.

_____, "What's Wrong with the CIA?", *Saturday Review*, 5 April 1975.

Bradlee, Ben, *A Good Life: Newspapering and Other Adventures*, London: Simon & Schuster, 1995.

Brightman, Carol, *Writing Dangerously: Mary McCarthy and Her World*, New York: Lime Tree, 1993.

Brightman, Carol(ed.), *Between Friends: The Correspondence of Hannah Arendt and*

Mary McCarthy 1949-1975, London: Secker & Warburg, 1995.

Burnham, James, "Notes on the CIA Shambles", *National Review*, 21 March 1967.

_____, "Rhetoric and Peace", *Partisan Review*, vol.17/8, 1950.

Carew, Anthony, "The American Labor Movement in Fizzland: The Free Trade Union Committee and the CIA", *Labor History*, vol.39/1, February 1998.

Cesarani, David, *Arthur Koestler: The Homeless Mind*, London: William Heinemann, 1998.

Chambers, Whittaker, *Witness*, Chicago: Regnery, 1952.

Chavchavadze, David, *Crowns and Trenchcoats: A Russian Prince in the CIA*, New York: Atlantic International, 1990.

Churchill, Clarissa, "Berlin Letter", *Horizon*, vol.13/75, March 1946.

Cockburn, Alexander, *Corruptions of Empire*, London: Verso, 1987.

Cockloft, Eva, "Abstract Expressionism: Weapon of the Cold War", *Artforum*, vol.12/10, June 1974.

Cohn, Roy, *McCarthy*, New York: New American Library, 1968.

Colby, William, *Honorable Men: My Life in the CIA*, New York: Simon & Schuster, 1978.

Coleman, Peter, *The Liberal Conspiracy: The Congress for Cultural Freedom and the Struggle for the Mind of Postwar Europe*, New York: The Free Press, 1989.

Cook, Blanche Wiesen, *The Declassified Eisenhower: A Divided Legacy of Peace and Political Warfare*, New York: Doubleday, 1981.

Corson, William, *The Armies of Ignorance: The Rise of the American Intelligence Empire*, New York: Dial Press, 1997.

Cox, Annette, *Art-as-Politics: The Abstract Expressionist Avant-Garde and Society*, Ann Arbor: UMI Research Press, 1982.

Crockatt, Richard, *The Fifty Years War: The United States and the Soviet Union in World Politics 1941-1991*, London: Routledge, 1995.

Crossman Richard(ed.), *The God That Failed: Six Studies in Communism*, London: Hamish Hamilton, 1950.

Davison, Peter(ed.), *The Complete Works of George Orwell*, London: Secker & Warburg, 1998.

Elman, Richard, "The Aesthetics of the CIA", 1979, unpublished (http://richardelman. org/cia).

Epstein, Jason, "The CIA and the Intellectuals", *New York Review of Books*, 20 April 1967.

Fiedler, Leslie, "A Postscript to the Rosenberg Case", *Encounter*, October 1953.

_____, "McCarthy", *Encounter*, August 1954.

_____, "Partisan Review: Phoenix or Dodo?", *Perspectives*, Spring 1956.

Filreis, Alan, "Beyond the Rhetorician's Touch: Steven's Painterly Abstractions", *American Literary History*, Spring 1992.

Flanner, Janet, "Festival of Free World Arts", *Freedom and Union*, September 1952.

_____ , "Letter from Paris", *The New Yorker*, 20 May 1952.

Fletcher, Richard, "How CIA Money Took the Teeth out of British Socialism", Philip Agee and Louis Wolf, *Dirty Work: The CIA in Western Europe*, New York: Dorset Press, 1978.

Fulbright, William, "In Thrall to Fear", *The New Yorker*, 8 January 1972.

Fyvel, T. R., "The Broken Dialogue", *Encounter*, August 1954.

Ginsberg, Allen, "T. S. Eliot Entered My Dreams", *City Lights Journal*, Spring 1978.

Goodman, Celia(ed.), *Living with Koestler: Marmaine Koestler's Letters 1945-51*, London: Weidenfeld & Nicolson, 1985.

Gopnik, Adam, "The Power Critic", *The New Yorker*, 16 March 1998.

Greenberg, Clement, "Art", *The Nation*, 1 January 1944.

_____ , "Avant-Garde and Kitsch", *Partisan Review*, Fall 1939.

_____ , "The Decline of Cubism", *Partisan Review*, March 1948.

Greene, Graham, *The Quiet American*, London: Bodley Head, 1955.

Guilbaut, Serge, *How New York Stole the Idea of Modern Art*, Chicago: University of Chicago Press, 1983.

_____ , "Postwar Painting Games", *Reconstructing Modernism*, Cambridge: MIT Press, 1990.

Hamilton, Iain, *Koestler: A Biography*, London: Secker & Warburg, 1982.

Hamilton, Ian, *Robert Lowell: A Biography*, New York: Random House, 1982.

Hauptman, William, "The Suppression of Art in the McCarthy Decade", *Artforum*, October 1973.

Hellman, G., "The Imperturbable Noble", *The New Yorker*, 7 May 1960.

Henwood, Doug, "Spooks in Blue", *Grand Street*, vol.7/3, Spring 1998.

Hitchens, Christopher, "Moderation or Death", *London Review of Books*, 26 November 1998.

Hixson, Walter L., *George F. Kennan: Cold War Iconoclast*, New York: Columbia University Press, 1989.

_____ , *Parting the Curtain: Propaganda, Culture and the Cold War, 1945-1961*, New York: Macmillan, 1997.

Hodgson, Godfrey, "Superspook", *Sunday Times Magazine*, 15 June 1975.

Hook, Sidney, "Report on the International Day Against Dictatorship and War", *Partisan Review*, vol.16/7, Fall 1949.

_____ , "The Berlin Congress for Cultural Freedom", *Partisan Review*, vol.17/7, 1950.

_____ , "The New Failure of Nerve", *Partisan Review*, January 1953.

_____ , "To Counter the Big Lie: A Basic Strategy", *New York Times Magazine*, 11 March 1951.

Hughes, Robert, *American Visions: The Epic History of Art in America*, New York: Knopf, 1997.

Hunt, E. Howard, *Undercover: Memoirs of an American Secret Agent*, California:

Berkeley Publishing Corporation, 1974.

Huxley, Aldous, *Eyeless in Gaza*, London: Chatto & Windus, 1936.

Ignatieff, Michael, *Isaiah Berlin: A Life*, London: Chatto, 1998.

Janssen, Marian, *The Kenyon Review 1939-1970*, Nijmegen: M. Janssen, 1987.

Jones, Joseph, *Fifteen Weeks*, New York: Viking, 1955.

Kahn, E. J., "Man of Means", *The New Yorker*, 11 August 1951.

Kennan, George, *Around the Cragged Hill: A Personal and Political Philosophy*, New York: Norton, 1993.

_____ , "International Exchange in the Arts", *Perspectives*, Summer 1956.

Kennan, George(writing as "X"), "The Sources of Soviet Conduct", *Foreign Affairs*, vol.26, July 1947.

Kermode, Frank, *Not Entitled: A Memoir*, London: Harper Collins, 1996.

Kimmelman, Michael, "Revisiting the Revisionists: The Modern, its Critics, and the Cold War", *Studies in Modern Art 4*, New York: Museum of Modern Art, 1994.

Kirkpatrick, Lyman, *The Real CIA*, New York: Macmillan, 1968.

Kissinger, Henry, *The White House Years*, London: Weidenfield & Nicolson, 1979.

Kobler, John, *Henry Luce: His Time, Life and Fortune*, London: Macdonald, 1968.

Koestler, Arthur, "A Guide to Political Neuroses", *Encounter*, November 1953.

Kopkind, Andrew, "CIA: The Great Corrupter", *New Statesman*, 24 February 1967.

Kristol, Irving, *Neo-Conservatism: The Autography of an Idea, Selected Essays 1949-1995*, New York: The Free Press, 1995.

Larkin, Philip, *Selected Letters of Philip Larkin, 1940-1985*, London: Faber & Faber, 1992.

Larson, Deborah, *The Origins of Containment: A Psychological Explanation*, New Jersey: Princeton University Press, 1985.

Lasch, Christopher, "The Cultural Cold War", *The Nation*, 11 September 1967.

Laqueur, Walter, "Anti-Communism Abroad: A Memoir of the Congress for Cultural Freedom", *Partisan Review*, Spring 1996.

Levi, Primo, *The Drowned and the Saved*, London: Michael Joseph, 1988.

Littleton, Taylor D. and Maltby Sykes, *Advancing American Art: Painting, Politics and Cultural Confrontation*, Alabama: University of Alabama Press, 1989.

Lockhart, Robert Bruce, *The Diaries of Robert Bruce Lockhart, 1939-1965*, ed. Kenneth Young, London: Macmillan, 1980.

Lucas, Scott, "The Psychological Strategy Board", *International History Review*, vol.18/2, May 1996.

Lynes, Russell, *Good Old Modern: An Intimate Portrait of the Museum of Modern Art*, New York: Atheneum, 1973.

Macdonald, Dwight, "Action on West 53rd Street", *The New Yorker*, 12 and 19 December 1953.

_____ , "America! America!", *Dissent*, Fall 1958.

_____, "Politics Past", *Encounter*, March 1957.

Mailer, Norman, *Armies of the Night*, New York: New American Library, 1968.

_____, *Harlot's Ghost*. London: Michael Joseph, 1991.

Mangold, Tom, *Cold Warrior: James Jesus Angleton, The CIA's Master Spy Hunter*, New York: Simon & Schuster, 1991.

Matthews, Jane De Hart, "Art and Politics in Cold War America", *American Historical Review*, vol.81/4, October 1976.

Mayne, Richard, *Postwar: The Dawn of Today's Europe*, London: Thames & Hudson, 1983.

McCarthy, Kathleen D., "From Cold War to Cultural Development: The International Cultural Activities of the Ford Foundation 1950-1980", *Daedalus*, vol.116/1, Winter 1987.

Merry, Robert W., *Taking on the World: Joseph and Stewart Alsop, Guardians of the American Century*, New York: Viking Penguin, 1996.

Meyer, Cord, *Facing Reality: From World Federalism to the CIA*, Maryland: University Press of America, 1980.

Miller, Arthur, *Timebends: A Life*, London: Methuen, 1987.

Miller, Karl, *Dark Horses: An Experience of Literary Journalism*, London: Picador, 1998.

Mitford, Jessica, *The Trial of Dr. Spock, The Rev. William Sloane Coffin, Jr., Michael Ferber, Mitchell Goodman and Marcus Raskin*, London: Macdonald, 1969.

Muggeridge, Malcolm, "An Anatomy of Neutralism", *Time*, 2 November 1953.

_____, *Chronicles of Wasted Time: The Ingernal Grove*, London: Collins, 1973.

_____, *Like It Was*, London: Collins, 1981.

Nabokov, Nicolas, *Bagázh: Memoirs of a Russian Cosmopolitan*, London: Secker & Warburg, 1975.

_____, *Old Friends and New Music*, London: Hamish Hamilton, 1951.

O'Brien, Conor Cruise, "Journal de Combat", *New Statesman*, 20 December 1963.

Orwell, George, "The Freedom of the Press"(1944). *New Statesman*, 18 August 1995.

_____, "The Prevention of Literature", *Polemic*, no.2, 1945.

O'Toole, G. J. A., *Honorable Treachery: A History of U.S intelligence, Espionage, and Covert Action from the American Revolution to the CIA*, New York: Atlantic Monthly Press, 1991.

Philby, Kim, *My Silent War*, New York: Grove Press, 1968.

Phillips, William, "The Liberal Conspiracy", *Partisan Review*, Winter 1990.

Podhoretz, Norman, *Making It*, London: Jonathan Cape, 1968.

Ransom, John Crowe, "Address to the Scholars of New England"(23 June 1939), *Selected Poems*, New York: Knopf, 1964.

Robins, Natalie, *Alien Ink: The FBI's War on Freedom of Expression*, New York: William Morrow, 1992.

Rosenberg, Harold, "The Cold War", *Discovering the Present: Three Decades in Arts, Culture and Politics*, Chicago: University of Chicago Press, 1973.

Ross, Andrew, *No Respect: Intellectuals and Popular Culture*, London: Routledge, 1989.

Ross, Clifford, *Abstract Expressionism: Creators and Critics*, New York: Abrams, 1990.

Salisbury, Harrison E., *Without Fear or Favor: The New York Times and its Times*, New York: Ballantine, 1980.

Saunders, Frances Stonor, *Hidden Hands: A Different History of Modernism*, London: Channel 4 Television, 1995.

Schlesinger, Arthur M., Jr., *A Thousand Days: John F. Kennedy in the White House*, London: Andre Deutsch, 1965.

_____, *The Vital Center: A Fighting Faith*, Cambridge: Riverside Press, 1949.

Scott-Smith, Giles, *The Politics of Apolitical Culture: The Congress for Cultural Freedom and the Cultural Identity of Post-War American Hegemony 1945-1960*, ph.D thesis, Lancaster University, 1998.

Shaw, Tony, *The British Cinema and the Cold War: The State, Propaganda and Consensus*, London: I. B. Tauris, 2001.

Sheldon, Michael, *Orwell: The Authorised Biography*, London: Heinemann, 1991.

Shostakovich, Dmitri, *Testimony: The Memoirs of Dmitri Shostakovich*, ed. Solomon Volkov, New York: Harper & Row, 1979.

Silone, Ignazio, *Emergency Exit*, London: Gollancz, 1969.

Simmons, James, "The Ballad of Bertrand Russell", *Judy Garland and the Cold War*, Belfast: Blackstaff Press, 1976.

Sinfield, Alan, *Literature, Politics and Culture in Postwar Britain*, London: Athlone Press, 1997.

Smith, R. Harris, *OSS: The Secret History of America's First Central Intelligence Agency*, Los Angeles: University of California Press, 1972.

Sontag, Susan, "Pilgrimage", *The New Yorker*, 21 December 1987.

Spender, Stephen, *Journals, 1939-1983*, London: Faber & Faber, 1985.

_____, *Collected Poems*, 1928-1985, London: Faber & Faber, 1985.

Steinfels, Peter, *The Neoconservatives: The Men Who Are Changing American Politics*, New York: Simon & Schuster, 1979.

Taubes, Frederic, "New Art", *Encyclopaedia Britannica*, 1946.

Thomas, Evan, *The Very Best Men: The Early Years of the CIA*, New York: Touchstone, 1996.

Todorov, Tzvetan, "The Communist Archives", *Salmagundi*, Summer 1997.

Truman, Harry S., *Memoirs: Year of Decisions*, New York: Doubleday, 1955.

Tynan, Kenneth, "Congress for Cultural Freedom", *That Was The Week That Was*, BBC television program, 1962.

Urban, George, *Radio Free Europe and the Pursuit of Democracy: My War Within the*

Cold War, New York: Yale University Press, 1997.

Vansittart, Peter, *In the Fifties*, London: John Murray, 1995.

Vidal, Gore, *Palimpsest*, London: André Deutsch, 1995.

Wallock, Leonard(ed.), *New York 1940-1965*, New York: Rizzoli, 1988.

Warner, Michael, *Cold War Records: The CIA Under Harry Truman*, Washington: Center for the Study of Intelligence, CIA, 1994.

_____ , "Origins of the Congress for Cultural Freedom", *Studies in Intelligence*, vol.38/5, Summer 1995.

Whitaker, Ben, *The Foundations: An Anatomy of Philanthropy and Society*, London: Eyre & Methuen, 1974.

Whitfield, Stephen J., *The Culture of the Cold War*, Baltimore: Johns Hopkins University Press, 1991.

Wilford, Hugh, *The New York Intellectuals*, Manchester: Manchester University Press, 1995.

Wise, David and Thomas B. Ross, *The Espionage Establishment*, New York: Random House, 1967.

Woodhouse, Christopher Montague, *Something Ventured*, London: Granada, 1982.

Wormser, Rene, *Foundations: Their Power and Influence*, New York: Devin-Adair, 1958.

Worsthorne, Peregrine, "America: Conscience or Shield?". *Encounter*, November 1954.

Wreszin, Michael, *A Rebel in Defense of Tradition: The Life and Politics of Dwight Macdonald*, New York: Basic Books, 1994.

Zelevansky, Lynn, "Dorothy Miller's 'Americans' 1942-1963", *Studies in Modern Art 4*, New York: Museum of Modern Art, 1994.

Zhdanov, Andrei, "Report on the International Situation", *Politics and Ideology*, Moscow, 1949.

Final Report of the Select Committee to Study Governmental Operations with Respect to Intelligence Activities, Washington: United States Government Printing Office, 1976.

Foreign Relations of the United States, vol.3, 1947, Washington: United States Government Printing Office, 1947.

"Our Country and Our Culture", *Partisan Review*, May-June 1952.

"Statement on the CIA", *Partisan Review*, vol.34/3, Summer 1967.

"The Big Chill", *Sunday Times*, 5 January 1997.

● 더 읽을거리

Abel, Lionel, *The Intellectual Follies: A Memoir of the Literary Venture in New York and Paris*, New York: Norton, 1984.

Acheson, Dean, *Present at the Creation*, New York: Norton, 1969.

Agee, Philip, and Louis Wolf, *Dirty Work: The CIA in Western Europe*, New York: Dorset Press, 1978.

Bell, Daniel, *The End of Ideology: The Exhaustion of Political Ideas in the Fifties*, New York: The Free Press, 1960.

Bernstein, Barton J.(ed.), *Toward a New Past: Dissenting Essays in American History*, New York: Knopf, 1967.

Brands, H. W., *The Devil We Knew: America and the Cold War*, Oxford: Oxford University Press, 1993.

Broadwater, Jeff, *Eisenhower and the Anti-Communist Crusade*, Carolina: University of North Carolina Press, 1992.

Chiaromonte, Nicola, *The Worm of Consciousness and Other Essays*, New York: Harcourt, 1976.

Church, Senator Frank(chairman), *Final Report of the Select Committee to Study Governmental Operations with Respect to Intelligence Activities*, Washington: United States Government Printing Office, 1976.

Cline, Ray, *Secrets, Spies and Scholars*, Washington: Acropolis, 1976.

Diggins, John Patrick, *Up From Communism: Conservative Odysseys in American Intellectual History*, New York: Harper & Row, 1975.

Fromkin, David, *In the Time of the Americans*, New York: Vintage, 1995.

Green, Fitzhugh, *American Propaganda Abroad*, New York: Hippocrene, 1988.

Gremion, Pierre, *L'Intelligence et L'Anticommunisme: Le Congrès pour la liberté de la culture à Paris, 1950-1975*, Paris: Fayard, 1995.

Grose, Peter, *Gentleman Spy: The Life of Allen Dulles*, London: André Deutsch, 1995.

Hersh, Burton, *The Old Boys: The American Elite and the Origins of the CIA*, New York: Scribner's, 1992.

Hofstadter, Richard, *The Paranoid Style in American Politics and Other Essays*, New York: Knopf, 1965.

Hook, Sidney, *Out of Step: An Unquiet Life in the Twentieth Century*, New York: Harper & Row, 1987.

Howe, Irving, *A Margin of Hope: An Intellectual Autobiography*, London: Secker & Warburg, 1983.

Kahn, E. J., *Jock: The Life And Times of John Hay Whitney*, New York: Doubleday, 1981.

Keller, William H., *The Liberals and J. Edgar Hoover: The Rise and Fall of a Domestic Intelligence State*, New Jersey: Princeton University Press, 1989.

Koestler, Arthur, *The Stranger on the Square*, London: Hutchinson, 1984.

Lasch, Christopher, *The Agony of the American Left*, New York: Vintage, 1969.

Lottman, Herbert, *The Left Bank: Writers, Artists, and Politics from the Popular Front to the Cold War*, Boston: Houghton Mifflin, 1982.

Malraux, André, *Anti-Memoirs*, New York: Random House, 1968.

McAuliffe, Mary S., *Crisis on the Left: Cold War Politics and American Liberals*, Amherst: University of Massachusetts Press, 1978.

Michaud, Yves(ed.), *Voire, Ne Pas Voire, Faux Voire*, Nimes: Editions Jacqueline Chambon, 1993.

Miscamble, Wilson D., *George F. Kennan and the Making of American Foreign Policy*, New Jersey: Princeton University Press, 1992.

Pells, Richard H., *Not Like Us: How Europeans Have Loved, Hated, and Transformed American Culture Since World War II*, New York: Basic Books, 1997.

Phillips, William, *A Partisan View: Five Decades of the Liberty Life*, New York: Stein, 1983.

Podhoretz, Norman, *The Bloody Crossroads: Where Literature and Politics Meet*, New York: Simon & Schuster, 1986.

Ranelagh, John, *The Agency: The Rise and Decline of the CIA*, New York: Simon & Schuster, 1987.

Reich, Carey, *The Life of Nelson Rockefeller, 1908-1958*, New York: Doubleday, 1997.

Riebling, Mark, *Wedge: The Secret War Between the FBI and CIA*, New York: Knopf, 1994.

Ross, Thomas B., and David Wise, *The Espionage Establishment*, New York: Random House, 1967.

Sonnenberg, Ben, *Lost Property: Confessions of a Bad Boy*, London: Faber & Faber, 1991.

Spender, Stephen, *Engaged in Writing*, New York: Farrar Straus, 1958.

Stone I. F., *The 'I. F. Stone's Weekly' Reader*, ed. Neil Middleton, New York: Random House, 1973.

Walker, Martin, *The Cold War and the Making of the Modern World*, London: Fourth Estate, 1993.

Winks, Robin, *Cloak and Gown: Scholars in the Secret War, 1939-1961*, New York: William Morrow, 1987.

Woods, Randall B., *Fulbright: A Biography*, Cambridge: Cambridge University Press, 1995.

Young, Kenneth(ed.), *The Diaries of Robert Bruce Lockhart, 1939-1965*, London: Macmillan, 1980.

● 인터뷰 목록

Bird, Kai, interview in Washington, June 1994.

Braden, Tom, interview in Virginia, June 1994; July 1996; August 1996.

_____, telephone interview, October 1997; June 1998.

Brightman, Carol, interview in New York, June 1994.

Colby, William, interview in Washington, June 1994.

de Neufville, Lawrence, telephone interview, February 1997; April 1997; July 1997.

Dodd, Philip, interview in London, July 1994.

Elman, Richard, interview in New York, June 1994.

Epstein, Jason, interview in New York, June 1994; August 1996.

Hampshire, Stuart, interview in Oxford, December 1997.

Hunt, Chantal, interview in Uzes, July 1997.

Hunt, John, interview in Uzès, July 1997.

Jameson, Donald, interview in Washington, June 1994.

Josselson, Diana, interview in Geneva, May 1996; March 1997.

Kermode, Anita, interview in Devon, July 1997.

Kristol, Irving, interview in Washington, June 1994; July 1996.

Lasky, Melvin, interview in London, July 1994; August 1997.

Paterson, Elizabeth, interview in London, July 1997.

Rasmussen, Waldo, interview in New York, June 1994.

Ridley, Jasper, telephone interview, August 1997.

Rostow, Walt, telephone interview, July 1997.

Schlesinger, Arthur, interview in New York, June 1994; August 1996; February 1997.

Simpson, Christopher, interview in Washington, June 1994.

Sonneberg, Ben, interview in New York, February 1997.

Spender, Natasha, interview in Maussane, July 1997.

_____, telephone interview, May 1997; August 1997.

Spender, Stephen, interview in London, July 1994.

Thompson, John, telephone interview, August 1996.

Trevor-Roper, Hugh, interview in London, July 1994.

Watson, Adam, telephone interview, August 1998.

Williams, Lee, interview in Washington, June 1994; July 1996.

Wollheim, Richard, telephone interview, December 1997.

Woodhouse, Christopher Montague, telephone interview, July 1997; December 1997.

● 약어 목록

AB/MoMA	Alfred H. Barr Papers, Museum of Modern Art, New York
ACCF/NYU	American Committee for Cultural Freedom Papers, Tamiment Library, New York University, NY
AWD/PU	Allen Welsh Dulles Papers, Seeley Mudd Manuscript Library, Princeton University
BC/FO924/PRO	British Control Records, Public Records Office, Kew, London
BCCB/FO924/PRO	British Control Commission, Berlin, Public Records Office, Kew, London
CCF/CHI	Congress for Cultural Freedom Papers, Joseph Regenstein Library, University of Chicago, Illinois
CDJ/DDE	C. D. Jackson Papers and Records, Dwight D. Eisenhower Library, Abilene, Kansas
CIA.HSC/RG263/NARA	CIA History Source Collection, National Archives & Records Administration, Washington, DC
DM/STER	Dwight Macdonald Papers, Sterling Memorial Library, Yale University
FA/COL	Frank Altschul Papers, Butler Library, Columbia University, New York
GG/DDE	Gordon Gray Papers, Dwight D. Eisenhower Library, Abilene, Kansas
GO/UCL	George Orwell Papers, University College, London
HL/COL	Herbert Lehman Papers, Butler Library, Columbia University, New York
IB/GMC	Irving Brown Papers, American Federation of Labor-Congress of Industrial Relations, George Meany Center, Washington, DC
IRD/FO1110/PRO	Information Research Department, Public Records Office, Kew, London
MJ/HRC	Michael Josselson Papers, Harry Ransom Humanities Research Center, Austin, Texas
MS/COL	Meyer Schapiro Papers, Butler Library, Columbia University, New York
NN/HRC	Nicolas Nabokov Papers, Harry Ransom Humanities Research Center, Austin, Texas
NSF/LBJ	National Security Files, Lyndon Baines Johnson Library, Austin, Texas
NSF/JFK	National Security Files, John F. Kennedy Library, Boston

University

OCB/Cen/DDE   Operations Coordinating Board, Central File Series, Dwight D. Eisenhower Library, Abilene, Kansas

OMGUS/RG260/NARA   Office of Military Government United States, National Archives & Records Administration, Washington, DC

PEN/HRC   International PEN Papers, Harry Ransom Humanities Research Center, Austin, Texas

SD.PPW/RG59/NARA   State Department, Political and Psychological Warfare, National Archives & Records Administration, Washington, DC

PSB/DDE   Psychological Strategy Board Records, Dwight D. Eisenhower Library, Abilene, Kansas

PSB/HT   Psychological Strategy Board Records, Harry S. Truman Library, Independence, Missouri

RH/COL   Random House Papers, Butler Library, Columbia University, New York

SCHLES/JFK   Arthur M. Schlesinger, Jr. Papers, John F. Kennedy Library, Boston University

SD.CA/RG59/NARA   State Department, Cultural Affairs Office, National Archives & Records Administration, Washington, DC

ENC/S&W/RU   Encounter Papers, Secker & Warburg, MS 1090, Reading University, Reading

WHO/DDE   White House office, Office of the Staff Secretaries: Records 1952-1961/Cabinet Series, Dwight D. Eisenhower Library, Abilene, Kansas

WHO/NSC/DDE   White House Office, National Security Council Staff Papers 1948-1961, Dwight D. Eisenhower Library, Abilene, Kansas

찾아보기